백세시대를 위한 서양철학사 시리즈
②

서양 경험론과 정치철학
로크에서 섀프츠베리까지
From Locke To Shaftesbury

공자의 눈으로 읽고 따지다

백세시대를 위한
서양철학사 시리즈 2

서양 경험론과 정치철학 **로크에서 섀프츠베리까지**

공자의 눈으로 읽고 따지다

초판	1쇄 인쇄 2024년 9월 24일
	1쇄 발행 2024년 9월 26일
지은이	황태연
펴낸이	김영훈
펴낸곳	생각굽기
출판등록	2018년 11월 30일 제 2018-000070호
주 소	(07993) 서울 양천구 목동로 230 103동 201호
전 화	02-2653-5387
팩 스	02-6455-5787
이메일	kbyh33@naver.com

ⓒ 2024, 황태연

* 책값은 뒤표지에 있습니다.
* 잘못된 책은 바꾸어 드립니다.
* 이 책의 내용은 저작권법의 보호를 받는 저작물이므로 무단 전제 및 복제를 금합니다.
* 이 책의 본문은 ㈜한글과컴퓨터의 '함초롬' 서체를 사용하였습니다.

ISBN 979-11-989095-0-3

백세시대를 위한 서양철학사 시리즈

서양 경험론과 정치철학
로크에서 섀프츠베리까지
From Locke To Shaftesbury

공자의 눈으로 읽고 따지다

지은이 황태연黃台淵은 서울대학교 외교학과를 졸업하고, 같은 학과 대학원에서 「헤겔에 있어서의 전쟁의 개념」으로 석사학위를 받고, 1991년 독일 프랑크푸르트 괴테대학교에서 『지배와 노동(Herrschaft und Arbeit)』으로 박사학위를 받았다. 그는 1994년 동국대학교 정치외교학과 교수로 초빙되어 30년 동안 동서양 정치철학과 정치사상을 연구하며 가르쳤다. 그러다 2022년 3월부로 명예교수가 되었다. 그는 지금도 동국대학교 학부와 대학원에서 강의를 계속하며 집필에 매진하고 있다.

그는 근 반세기 동안 동서고금의 정치철학과 제諸학문을 폭넓게 탐구하면서 동·서양 정치철학과 정치사상, 그리고 동서통합적 도덕·정치이론에 관한 연구에 헌신해 왔다. 그는 반세기 동안 총 85권(저서 49부작 73권+역서 12권)의 책을 썼다.
그는 서양정치 분야의 연구서로 *Herrschaft und Arbeit im neueren technischen Wandel*(최신 기술변동 속의 지배와 노동, Frankfurt/Paris/New York: 1992), 『환경정치학』(1992), 『포스트사회론과 비판이론』(공저, 1992), 『지배와 이성』(1994), 『분권형 대통령제 연구』(공저, 2003), 『계몽의 기획』(2004), 『서양 근대정치사상사』(공저, 2007), 그리고 본서 「서양 경험론과 정치철학」의 연작에 속하는 『베이컨에서 홉스까지』(2024), 『로크에서 섀프츠베리까지』(2024), 『데이비드 흄에서 다윈까지』(2024) 등 여러 저서를 출간했다.

동서통합적 연구서로는 『감정과 공감의 해석학(1, 2)』(2014-15)과 『패치워크문명의 이론』(2016)을 냈고, 2023-24년에는 『놀이하는 인간』(2023), 『도덕의 일반이론(상·하)』(2024), 『정의국가에서 인의국가로(상·하)』(2024), 『예술과 자연의 미학』(2024) 등을 출간했다.
공자철학과 공자철학의 서천西遷에 관한 연구서로는 『실증주역(상·하)』(2008), 『공자와 세계(1-5)』(2011), 『공자의 인식론과 역학』(2018), 『공자철학과 서구 계몽주의의 기원(1-2)』(2019), 『근대 영국의 공자숭배와 모

Profile

황태연 黃台淵

럴리스트들(상·하)』(2020·2023), 『근대 프랑스의 공자열광과 계몽철학』(2020·2023), 『근대 독일과 스위스의 유교적 계몽주의』(2020·2023), 『공자와 미국의 건국(상·하)』(2020·2023), 『유교적 근대의 일반이론(상·하)』(2021·2023) 등을 냈다. 그리고 『공자의 자유·평등철학과 사상초유의 민주공화국』(2021)에 이어 『공자의 충격과 서구 자유·평등사회의 탄생(1-3)』(2022)과 『극동의 격몽과 서구 관용국가의 탄생』(2022), 『유교제국의 충격과 서구 근대국가의 탄생(1-3)』(2022) 등을 연달아 공간했다. 공자관련 저서는 15부작 전29권이다.

한국정치철학 및 한국정치사·한국정치사상사 분야로는 『지역패권의 나라』(1997), 『사상체질과 리더십』(2003), 『중도개혁주의 정치철학』(2008), 『조선시대 공공성의 구조변동』(공저, 2016), 『대한민국 국호의 유래와 민국의 의미』(2016), 『갑오왜란과 아관망명』(2017), 『백성의 나라 대한제국』(2017), 『갑진왜란과 국민전쟁』(2017), 『한국 근대화의 정치사상』(2018), 『일제종족주의』(공저, 2019·2023), 『사상체질, 사람과 세계가 보인다』(2021·2023), 『대한민국 국호와 태극기의 유래』(2023), 『한국 금속활자의 실크로드』(2022)와 『책의 나라 조선의 출판혁명(상·하)』(2023), 『창조적 중도개혁주의』(2024) 등 여러 연구서를 냈다.

해외로 번역된 저자의 책으로는 중국 인민일보 출판사가 『공자와 세계』 제2권의 대중보급판 『공자, 잠든 유럽을 깨우다』(2015)를 중역中譯·출판한 『孔夫子與歐洲思想啟蒙』(2020)이 있다.

최근 저자는 「서양 합리론과 정치철학」 연작 6권의 집필을 마치고, 이어서 『공감적 해석학과 공감장의 이론』 원고를 방금 탈고했다. 현재 저자는 이 책들을 집필하느라 한동안 중단했던 '100년 한국현대사'의 연구로 다시 돌아갔다.

2018년부터 유튜브 "황태연아카데미아"를 통해 위 저서들과 관련된 대학원 강의를 시청할 수 있다. – 편집부 –

책머리에

'공자의 눈으로 읽고 따지는' 전全3권의 「서양 경험론과 정치철학」은 모두 9권으로 이루어진 <백세시대를 위한 서양철학사 시리즈>의 제1권·2권·3권이다. 에피쿠로스와 베이컨으로부터 흄과 다윈까지 총 14명의 서양 경험론자와 경험과학자의 원전을 읽고 논한 「서양 경험론과 정치철학」 연작 3권은 다음과 같다.

제1권 『베이컨에서 홉스까지』
제2권 『로크에서 섀프츠베리까지』
제3권 『데이비드 흄에서 다윈까지』

참고로 '서양 합리론과 정치철학'을 다룬 <백세시대를 위한 서양철학사 시리즈>의 4-9권은 출판사에서 편집 중에 있다. 공자의 눈으로 읽고 따지는 「서양 합리론과 정치철학」 전6권은 다음과 같다.

　제4권 『플라톤에서 아퀴나스까지』
　제5권 『밀턴에서 데카르트까지』
　제6권 『라이프니츠에서 루소까지』
　제7권 『칸트에서 헤겔까지』
　제8권 『마르크스에서 쇼펜하우어까지』
　제9권 『니체에서 하버마스까지』

　공자의 눈으로 읽고 따진 전9권의 「백세시대를 위한 서양철학사 시리즈」는 이렇게 구성되었고 이 구성으로 편찬된다. 독자는 서양의 모든 경험론자(14명)와 합리론자(20명) 도합 34명이 집필한 600여 권의 서양 철학원전을 70분의 1로 압축한 이 전9권의 <백세시대를 위한 서양철학사 시리즈>만 읽으면 읽을 가치가 있는 모든 서양 철학자들의 인식론과 정치철학을 익히 통달할 수 있다. 이 시리즈 전9권을 독파하는 데는 아마 9개월이면 족할 것이다.
　이 <백세시대를 위한 서양철학사 시리즈>는 저자가 1974년 대학 1학년 때 플라톤의 『향연』을 힘들여 읽고 요약문을 철학개론 수업시간에 발표한 것을 시작으로 이 <서양철학사 시리즈>에서 다룬 34명의 철학자들이 쓴 600여 권의 원전을 반세기 동안 모조리 정독하고 저술한 것이다. 이 오랜 독서와 연구는 저자가 반세기 동안 저술한 64권의 저서에 흩어져 있다. 따라서 이 방대한 서양철학사를 집필하는 작업은 이 흩어진 연구들을 빠짐없이 찾아 집대성하는 과정이었다. (이 <서양철학사 시리즈>로 집대성된 필자의 단편 글들의 출처는 일부 밝히기도 했지만 번거롭게 느껴져서 일일이 밝히는 것을 삼갔다.)

보통 서양철학사 저서들은 몇몇 철학자들이 쓴 소수의 주요 원전만 읽고 나머지 철학자들의 원전은 직접 읽지 않은 채 남들이 써 놓은 글을 발췌해 실어놓았다. 헤겔의 '철학사강의'가 그렇고, 버트란트 러셀의 '철학사'가 그렇다. 아니면 수많은 전문가들의 글을 모아 편찬한 철학사나 사상사였다. '케임브리지·옥스포드 *Companion* 철학사'가 그렇고 이링 페처·뮝클러의 사상사 핸드북이 그렇다. 따라서 이런 철학사·사상사 시리즈들은 관점의 일관성과 연속성을 잃어 중구난방이다. 그래서 이런 철학사들은 아무리 읽어도 이해할 수 없었다. 그러나 이 <백세시대를 위한 서양철학사 시리즈>는 총 34명의 철학자들이 평생 저술한 600여 권의 영어·불어·독어·한문 원전 전집들을 저자가 희랍어·라틴어 원전인 경우에는 일일이 원문을 찾아 대조하면서 청년기 글에서 노년기의 작은 글 조각에 이르기까지 구석구석 꼼꼼하게 정독하고 정확하게 따져서 집필한 세계 최초의 서양철학사라고 자부한다. 그리고 이 <백세시대를 위한 서양철학사 시리즈>는 한 저자가 수미일관 '공자의 눈'으로 읽고 저술했으므로 논지가 일관되고, 또 저자가 모든 원전을 직접 읽고 썼기 때문에 내용이 정확하고 정통적이며 서양 철학자들의 말을 직접 듣고 있는 듯이 생생하고 구체적이어서 이해하기 쉽다.

***

인문·사회과학도와 일반 지식인들은 대부분 경험론을 서양철학 고유의 독창적 과학방법론으로 생각한다. 그러나 서양철학과 정치사상을 역사적으로 면밀히 추적해 보면 서양 경험론이 고대로부터 2000여 년 동안 서천西遷한 공자철학과 극동의 자연철학, 그리고 4000년 동안 누적된 중국의 경험적 과학기술과 천문·역사기록으로부터 발생했다는 것을 알 수 있다.

이 책은 공자철학이 서양 경험론의 발생과 발전에 지대한 영향을 미친 역사를 사실 그대로 밝혀 보이고, 이 관점에서 서양 경험론을 '공자의 눈'으로 조감照鑑·분석한다. 독자는 이 책에서 동에서 서로 전해진 경험론의 역사를 수많은 실증적 증거·증언·논증과 함께 읽게 될 것이다. 이 때문에 역대 서양 경험주의 이론들을 낱낱이 '공자의 눈'으로 조감하여 대조·평가·비판할 수 있는 것이다. 이 대조적 비판은 필수적이다. 왜냐하면 공자의 경험론 철학과 정치사상이 서양으로 전해지는 과정에서 독창적 리메이크와 개선이 없지 않았지만 동시에 많은 왜곡과 누락, 변조와 위조가 끼어들었기 때문이다.

공자와 맹자는 '서술적 경험론자'였다. 여기서 '서술적'의 '서술'은 서술敍述이 아니라, '서술序述'을 말한다. 이 '서술'은 논리적 순서에 따라서가 아니라 사실적 순서와 사실적 이치에 따라서 사변적 작화作話 없이 일관되게(일반적으로) 기술하는 "술이부작述而不作"이다. 이 선후순서에 따른 서술이 바로 진정한 지식으로서의 '참 지식'(과학적 지식)이다. 그래서 공자는 "앞서고 뒤서는 순서를 알면 도道(진리)에 가까워진다(知所先後 則近道矣)"고 천명한 것이다. 물론 '서술序述'은 사유思惟 작업이다. 다만 그것이 사변적 작화가 아니라, 작화를 완전히 추방하고 경험사실과 사실적 순서를 충실하게 따르는 사유일 따름이다. 올바른 인식과 이해를 위한 과학적 사유는 형이상학으로 치닫는 '사변적' 사유가 아니라, 경험과 실험으로 증명되는 '사실'에 충실한 실사구시實事求是의 '서술적' 사유다.

공자의 '서술적 경험론'은 인식과 이해의 과정에서 '감성적(감각적·감정적) 경험과 실험'으로 얻은 경험지식을 '기본지식'으로 간주하고, 경험지식들에 근거한 귀납적 추리·해석·서술序述(일이관지의 체계적·일반적 정리)의 신중한 이성적 사유작업을 통해 일반화된 지식을 '학적 지식'으로 간주한다. 경험적 기본지식을 결缺한 사변적 지식은 이중적으로 위험하다. 이런 사변적 지식은 오류의 위험과, 슬그머니 이데올로기가 되어 사회에 큰 해독을 끼칠 위험이 있기 때문이다.

실사구시實事求是 없는 순수한 사변적 작화는 사실무근의 공담에 불과하다. 반면, 신중한 이성적 사유를 통해 일관되게 체계화되지 않은, 즉 '일반화'되지 않은 경험지식은 공허한 것이다. 이런 일반화되지 않은 경험지식은 진정한 참 지식, 즉 '과학적 지식'으로 올라서지 못한 '노하우'에 지나지 않기 때문이다. 이 순전한 경험지식은 물론 유용하지만 과학적 측면에서 보면 빈탕인 반면, 실사구시 없는 저 순수한 사변적 작화는 공언무실空言無實해서 무용無用할 뿐만 아니라, 사실과 배치되는(contra-factual) 오류와 형이상학적 '허학虛學 이데올로기'로 추락하기 십상이라서 위태롭고, 그 실천적 결과는 니체의 '과학적' 인종주의가 히틀러를 통해 보여주고 마르크스의 '과학적' 사회주의가 스탈린과 공산독재자들을 통해 보여주었듯이 인류에게 무시무시할 해독을 끼칠 정도로 위험하기도 하다.

공자경전에서 '다문다견多聞多見', '징험徵驗', '학學', '박학博學'과 '다학多學'이라는 술어들은 대개 오늘날의 '경험(experience)'을 뜻하고, 자세히 살피고 묻는다는 뜻의 '심문審問'은 '실험(experiment)'을 뜻한다. 주지하다시피 공자는 "경험하기만 하고 사색하지 않는 것(學而不思)"과 "사색하기만 하고 경험하지 않는 것(思而不學)"을 둘 다 멀리하고 반드시 "경험하고 나서 사색하되(學而思之)", 먼저 "널리 경험하고 사색은 신중하게(경험지식을 바탕으로 조심스럽게) 해야(博學而愼思)" 한다고 설파했다. 공자의 이 "박학博學"과 "다학多學"은 "다문다견多聞多見"과 동의어다.

'박학(다학)'과 '다문다견'은 한 사람이 많이, 널리 보고 듣는 것을 뜻하기도 하지만, 수많은 사람들이 널리 보고 듣는 것을 뜻하기도 한다. 한 사람이 아니라 가급적 많은 사람, 나아가 온 백성, 온 인류가 보고 듣는 것이면 거의 하늘같은 경지의 '일반적' 경험일 것이다. 그래서 무왕은 「태서泰誓」에서 "하늘도 우리 백성이 보는 것을 통해 보고 우리 백성이 듣는 것을 통해 듣는다(天視自我民視 天聽自我民聽)"고 천명했던 것이다. 그러므로 공자의 경험론은 온 백성의 다문다견을 제일로 치고 온 천하의 협력적 인식과 이해를 추구한다. 합리론이 단도적 천재 또는 소수의 천재적 철학자의 이성적 인식과 형이상학적(사변적) 판단을 제일로 치고 인민의 '경험'과 '민심'을 독사(δόξα), 즉 비이성적 '의견'(플라톤)으로, 또는 '동물적 지식'(라이프니츠)으로 무시하지만, 경험론은 온 백성의 박학적 경험, '민심(공감장)'과 '여론'을 하늘같은 지식으로 중시한다.

그리하여 경험론은 지금까지 자연스럽게 정치적·철학적으로 민주주의와 친화적이었다. 반면, 합리론은 고대로부터 현대에 이르기까지 민주주의를 정면으로 부정하는 철인치자론(플라톤)·철인입법자론(데카르트)·신적 철인입법자론(루소)·철인군주론(라이프니츠·칸트)·철인혁명가론(철인서기장·철인주석론·철인수령론)·철인총통론(니체·히틀러) 등 온갖 독재론을 산출하고 정당화해왔다.

경험적 인식론에서는 우선 다문다견의 넓은 경험과 실험을 행한 다음 신중한 사색과 분명한 변별辨別을 수행한다(先搏學審問而後愼思明辨). 그러므로 공자는 "(경험으로) 알지 못하면서 (사유로) 작화하는 자들이 있는 것 같은데 나는 그런 짓을 하지 않는다고 말했다(子曰 蓋有不知而作之者 我無是也)". 소위 "나면서부터 안다(生而知之)"는 거만한 합리론적 인식론을 멀리하고 "경험해서 아는 것(學而知之)"을 힘써 추구하고, "옛 것

(지난 경험)을 쌓아 되풀이하고 익혀 새로운 것을 아는 것(溫故而知新)"(여기서 '溫'은 쌓다, 익히다, 되풀이하다), 그리고 "작화하지 않고 서술序述할 뿐이고 지난 경험을 믿고 중시하는 것(述而不作 信而好古)"은 사물의 '속성'과 '속성관계'에 대한 '인식'과 '설명'("格物致知", 즉 '地物')을 위한 공자의 인식론적(epistemological) 모토였다. 나아가 "사람(들)의 뜻을 힘써 탐구하기(務民之義)" 위해 "공감을 충실히 하는 것을 근도近道(개연적 지식)로 삼는 것(忠恕違道不遠)"은 (인간적·사회적) '의미'와 '의미관계'의 '이해와 해석'(공자의 "知人")을 위한 공자의 해석학적(hermeneutic) 모토였다. 이에 따라 도덕률도 여러 본성적 도덕감정과 도덕감각에 대한 공감적 경험으로부터 도출했다. (이에 대해서는 저자의 선행 저서 『공자의 인식론과 역학』과 『감정과 공감의 해석학』에서 충분히 상론했다.)

공자는 이 경험적 공감의 원리를 정치철학으로도 확장했다. 알다시피 "무위지치無爲之治"로서의 공자의 덕치 철학은 "자기가 싫은 것을 남에게 베풀지 않고(己所不欲 勿施於人)", 나아가 "자기가 서고 싶으면 남을 먼저 세워주고 자기가 달하고 싶으면 남을 먼저 달하게 해주는(己欲立而立人 己欲達而達人)" 인仁의 공감적 실천원리에 따라 국가(위정자)가 "백성의 부모(民之父母)"처럼 "백성이 좋아하는 것을 좋아하고 백성이 싫어하는 것을 싫어하는(民之所好 好之 民之所惡 惡之) 공감정치였다. 공자의 이 뜻을 이어 맹자도 위정자가 "백성과 더불어 즐기고(與民同樂) 백성의 근심을 근심하는(憂民之憂)" 공감정치, 즉 "천하와 더불어 즐기고 천하와 더불어 근심하는(樂以天下 憂以天下)" 동고동락의 공감정치를 '인정仁政'의 본질로 간주했다.

따라서 공자는 귀머거리도 알아들을 수 있을 만큼 명확하게 자신이 경험을 중시하는 경험론자라고 스스로 천명했다. 공자는 "나면서부터 안다(生而知之)"고 거드름피우며 "사색하기만 하고 경험하지 않는(思而不學)" 합리론자가 아니라, 성실히 "경험하여 아는(學而知之)" 경험주의자였다. 반면, 소크라테스·플라톤 같은 합리론자는 사람에게 나면서부터 아는 생득적 본유지식(innate knowledge)이 있다고 믿고 본유적 이데아론과 인식론적 상기설想起說을 주창했고, 데카르트·라이프니츠 같은 합리론자들은 플라톤을 계승해 생득적 '본유관념(innate idea)'의 존재를 확신하고 이 본유관념으로부터 지식을 도출해서 벽돌 쌓듯 쌓아가야 한다는 '정초주의(foundationalism)'를 설파했다. 본유관념(이데아)의 존재를 부인하는 아리스토텔레스나 칸트 같은 비판적 합리론자들은 경험을 출발점으로 삼았으나 인식을 위해 경험자료에 적용할 '지성범주들(Verstandeskategoien)'을 '순수이성'으로부터 연역함으로써 결국 독단적 합리론으로 되돌아갔고, 사회도덕론에서는 아예 플라톤의 이데아론과 독단적 합리론을 다른 말로 되풀이했다.

공자는 '생이지지生而知之'를 믿고 '사이불학思而不學'하는 이 합리론자들에 맞서 이렇게 천명했다. "나는 생이지지자가 아니라 지난 경험을 중시하여 힘써 탐구하는 자다.(我非生而知之者 好古敏而求之者也)" 이것은 요샛말로 "나는 합리론자가 아니라 경험론자다"라고 외친 것이다. 그는 정확히 "알지 못하면서 작화하는 것(不知而作)"을 거부하는 '서술적序述的' 경험론자였던 것이다.

서양에서 에피쿠로스·홉스 등은 "학이불사學而不思" 식의 '전全관념외래설'을 주장했다. 그들은 플라톤과 데카르트의 독단적 합리론에 맞서 인간의 사물 인식에서 공자가 말한 "서술序述"이나 베이컨이 말한 "자연의 해설(interpretation of nature)"과 연상적·인과적 귀납추리(associative induction)로서의 사유의 역할은커녕 우리 영혼의 타고난

감각적 '인상印象' 또는 공자의 타고난 '심상心象'마저도 인정치 않고 나이브하게 오직 경험만을 지식의 유일한 출처로 간주했다. 그래서 이들의 경험론은 '소박경험론(naive empiricism)' 또는 '교조적(독단적) 경험론'이라 불린다. 이들과 달리 베이컨과 흄의 '비판적' 경험론은 공자의 '서술적' 경험론과 유사하게 먼저 주유천하의 폭넓은 경험과 실험으로 인식자료를 얻고 나서 신중한 사색과 명변明辨으로 일관되게 서술하여 새로운 지식을 구한다.

이 서양 경험론은 "부지이작不知而作"을 거부하는 공자의 서술적 경험론이 서천西遷한 뒤 발생했다. 공자의 서술적 경험주의는 극동에서 철저히 반反형이상적인 '유학'을 낳았다. 줄곧 사이불학思而不學하고 부지이작不知而作하는 형이상학적 '허학虛學'과 반대되는 '실학實學'으로 이해되어온 경험론적 실사구시의 '유학'은 요샛말로 '과학'을 뜻한다. 공자의 서술적 경험론을 수용한 베이컨과 흄의 비판적 경험론은 근대 서양에서 이른바 '경험과학(empirical science)'을 완성해서 공언무실한 형이상학적 공리공담을 몰아냈다.

그런데 공자의 경험론은 앞서 시사했듯이 서양에 전해지는 과정에서, 그리고 서양고유의 관점에서 해석·응용되는 과정에서 '재창조'·'재발명'·'리메이크'만이 아니라 '오류와 일탈'도 적지 않았다. 이래서 서양 경험론의 철학사를 공자의 눈으로 다시 대조·비판할 필요가 생긴 것이다. 그간 필자는 공자의 눈으로 서양 경험론의 철학사를 읽고 비판하는 철학서를 쓰려고 오랜 세월 서양 경험주의자들의 서적들을 찾아 정독·다독·심독心讀하고 이에 대한 이해와 비판을 심화시켜 왔다. 이 노력의 중간 결실들은 『공자와 세계』의 제1권과 제4권(2011), 『감정과 공감의 해석학』(2014-2015), 『공자의 인식론과 역학』(2018), 『공자철학과 서구 계몽주의의 기원』(2019), 『근대 영국의 공자 숭배와 모럴리스트들』(2023), 『도덕의 일반이론』(2024) 등 여러 저서에 흩어져 있다.

  이 책은 서양 경험론을 공자의 눈으로 다시 대조·비판하기 때문에 단순히 소개하거나 이전의 눈먼 한·중·일 철학자들처럼 서양철학을 찬양하는 책이 아니다. 이 책은 공자의 관점에서 대조하고 비판적으로 정리한 저자의 축적된 파편적 중간 결실들을 집대성하여 체계화한 책이다.

  이 책은 공자철학의 서천에 대한 지식을 배경으로 서양 경험론의 철학사적 흥기와 과학적 석권을 살피는 점에서 오늘날 부활하는 동아시아 유교문명의 비전과 직결되어 있다. 이 저작은 동서문명의 역전과 재역전의 문명사적 관점과 동서고금을 넘나드는 비교철학적 관점에서 서양 경험론을 해석하기 때문이다. 고대로부터 현대에 이르는 서양 경험론과 경험과학 전체를 공자와 맹자의 눈으로 점검하는 이 저서는 인문사회과학의 역사에서 신기원적인 것이다.

  여기서 간간히 소개되는 공자철학은 전통적 해석 속에서 말라 비틀어지고 성리학적으로 파손된 공자철학이 아니라, 바르게 '재해석된' 공자철학이다. 이 '재해석된' 공자철학은 경험과학적 엄정성과 엄밀성(exactness & rigorousness)의 앵글로 정밀하게 분석되고 고금의 서양철학과의 치열한 대결과 치밀한 비교 속에서 되살려낸 새로운 유학철학이다. 따라서 이 새로운 공자철학은 포효하는 외래 사조들에 대한 공포에 갇힌 자폐적 동양철학 속에서, 그리고 반反과학적 애매성과 모호성을 '즐기는' 전통적 해석 속에서 무시되고 매장된 심오하고도 선명한 의미맥락의 씨줄과 날줄을 발굴하여 판명하게 분석하고 정밀하게 직조하여 명쾌하게 언명한다. 따라서 과학적 엄정성과 엄격성의 잣대와 비교철학적 방법으로 재해석된 '공자'는 도학주의적 왜곡에 의해 지겹고 따분한 모습으로 변질된 '구태의연한 공자'가 아니라, 애매하고 모호한 '사이불학思而不學'의 사변적 궤변과 '부지이작不知而作'에 의해 질식당해 숨통이 끊긴 '죽은 공자'가 아니라, 온갖 신분제적·성리학적 변조와 봉건적·권위주의적 날조로부터 해방된 '숨 쉬는 공자', 이 시대를 호흡하며 미래를 내다보며 '다시 일어서는 공자', 고색창연한 사색死色을 불식한 '새롭고 심오하고 겸손한 공자'다.

이 공자의 '재해석'은 공자의 진의眞意를 복원한다는 의미에서의 재해석이 아니다. '진의의 복원'이란 2500여 년 전 공자가 의도한 참뜻을 지금 시점에서 제대로 다 알 수 있는 것처럼 논단한다는 점에서 가당치 않은 말일뿐더러, 공자의 직계 제자들과 이후 걸출한 유학자들의 계속된 주석과 훈고 작업을 통해 밝혀진 '진의'를 제치고 이제 와서 '또 다른' 진의를 캐낼 수 있는 것처럼 독단한다는 점에서 주제넘은 짓이다. 또 공자의 시대와 우리의 시대가 엄청난 간격을 두고 떨어져 있다는 점에서 아직 복원될 '진의'가 더 있다손 치더라도 그것은 분명 시대착오적일 것이다. 여기서 말하는 공자철학의 '재해석'은 보석세공 작업과 비슷하다. 이 세공작업은 보석 원석을 다양한 굴절각도로 엄정하게 절삭하고 그간 돌팔이들이 입힌 손상과 흠집들을 없애 아롱진 광택을 내는 정교한 절차탁마의 창조적 세공 작업을 통해 빛나는 보석을 만들어낸다. 보석 원석이 없다면 아무리 뛰어난 장인도 빛나는 보석을 만들 수 없을 것이지만, 원석이 아무리 크고 질이 좋다고 하더라도 창조적 세공작업이 없다면 그것은 보석이 되지 못하고 그저 단순한 '돌멩이'로 남을 것이다.

이와 마찬가지로 공자의 '재해석'이란 경전으로 전해져 온 공자철학의 원석 속에 들어 있는 결과 맥을 찾아 여러 각도에서 원석을 새로 절차탁마하여 서술적 경험론의 유학적 인식론과 해석학을 찾아내고 공맹의 인정仁政과 "백성자치百姓自治"를 "홍익인간弘益人間"의 개천開天이념과

"접화군생接化群生"의 풍류도로 전해지는 K-정신으로 새롭게 광택을 내어 현대인의 관심을 능히 사로잡고 세계인들을 다시 한번 어질게 만들어 세계를 밝힐 수 있는 "광명이세光明理世"의 'K-유학'을 창조하는 것이다.

절차탁마와 광택내기의 창조적 세공 작업을 통한 'K-유학' 수립의 구체적 방법은 바로 한국철학을 포함한 동서고금의 다양한 철학사조들과 국제적으로 비교하고, 다양한 관점에서 공자경전을 정교하고 치밀하게 풀이하고 체계화함으로써 내용적으로 풍요롭고 질적으로 견실하게 만들어 공자철학을 높이 발전시키는 것이다. 공자철학이 아무리 위대하고 심오하더라도 유학의 경험주의적 본질을 파괴한 성리학적(합리론적)·양명학적(직관주의적) 변조와 변색을 벗겨내고 본질을 다시 찾아 광내는 절차탁마를 하지 않는다면 시대를 이끌 빛나는 미래철학으로 올라서지 못하고 '골동품' 철학으로 역사의 뒤안길로 사라지고 말 것이다.

'K-유학'의 수립과정에서 필자를 오랜 세월 지탱해 준 한 가닥 신념이 있다면, 그것은 '서술적 경험주의'로 이해된 '숨 쉬는 공자'가 인간에 대한 대량학살과 자연에 대한 대량파괴를 자행해 온 서구 합리주의 철학의 오류와, 자기의 신분제적 특권을 고수하려다 친일매국으로까지 흘러간 성리학의 오류를 극복하고 서구 경험주의 및 생태주의와의 굳은 연대 속에서 동아시아 유교문명과 세계 인류의 미래를 능히 개척해 나갈 수 있을 것이라는 신념이었다. 이 신념은 연구가 깊어질수록 더욱 확고해졌다.

'K-컬처'가 각광을 받으며 글로벌화되듯이 'K-공자철학'이 과연 인류의 철학사상을 부흥시키고 미래를 개척할 잠재력을 지녔는지를 잠시 가늠해 보는 것은 그리 어렵지 않다. 공자철학은 과거에 서양으로 건너가 고대 그리스철학의 흥기를 자극하고 16-18세기에는 계몽주의를 일으키고 유럽을 부흥시킨 '괴력'을 발휘해 왔기 때문이다. 사실 16-17세기 서구에서 일어난 뷰캐넌·벨라르민·수아레스·밀턴·웹·템플 등의 변혁적 '바로크사상'의 흐름과[1] 18세기 경험론적 '계몽주의' 운동은 서구 철학자들이 공자철학을 무기로 유럽의 철학과 학문·예술·정치·사회 전반을 비판하고 계몽·변혁한 '공자의 유럽 계몽' 외에 다른 것이 아니었다. 호주의 저명한 철학자 패스모어(John Passmore)에 의하면, 이 '공자의 유럽계몽'은 유럽과 유럽철학의 "공자화(Confucianization)"였다. 이것은 1721년 존 트렝커드와 토머스 고든(John Trenchard & Thomas Gordon)이 바라던 유럽혁명, 즉 전 유럽인을 "정신 맑은 중국인(sober Chinese)"으로 변화시키는 유럽혁명이었다. 이런 까닭에 아돌프 라이히바인(Adolf Reichwein)은 "공자는 18세기 계몽주의의 수호성인(Schutzpatron der achzehnten Aufklärung)이 되었다"고 단언했던 것이다. 본서에는 공자의 영향을 받은 계몽주의 경험론자들의 원전과 관련 구절들이 거의 망라되어 철두철미하게 분석되어 있다.

서구의 정신은 17-18세기에 공자철학으로 자기 계몽을 수행하고 자성적 자세에서 스스로를 해방하고 갱신했다. 그러나 서구 계몽주의 정신은 19세기 들어 다시 오만한 합리주의, 지성주의, 과학주의, 식민주의와 제국주의로 회귀하여 세계대전과 대량학살, 전지구적 인간파괴와 자연파괴를 자행하는 가운데 다시 망가져 버렸다. 이런 마당에 한때 전 유럽을 격동시켜 부흥시키는 '괴력'을 발휘한 적이 있는 공자철학을 다시 절차탁마해 제대로 광채를 내게 한다면 현재 인류가 처한 세계사적 혼돈을 극복하는 데 결정적으로 기여할 수 있을 것이라고 기대하는 것도 결코

---

[1] 뷰캐넌·벨라르민·수아레스·밀턴 등의 변혁적 '바로크사상'의 흐름에 대한 상론은 참조: 황태연,『공자철학과 서구 계몽주의의 기원(상)』(파주: 청계, 2019), 739-857쪽; 황태연,『근대 영국의 공자 숭배와 모럴리스트들(상·하)』(서울: 한국문화사, 2020·2023), 391-470쪽(뷰캐넌), 529-751쪽(밀턴).

무리가 아닐 것이다.

  이 책은 공자의 눈으로 고대에서 현대 메타도덕론까지 서양의 경험론과 정치철학을 조감하는 책이다. '메타도덕론'은 도덕 자체(도덕감정과 도덕감각, 도덕과 도덕률)를 논하는 도덕이론이 아니라, 이 생득적 도덕본능의 본유本有를 전제로 하고 이 도덕이 어떻게 사회적 동물로서의 인간의 본성 속에 DNA로 심어지게 되었는가를 진화론적·사회생물학적·실험심리학적·뇌과학적·신경과학적으로 논하는 경험과학이다. 따라서 이 메타도덕론적 인간과학(인문사회과학) 분야에서는 찰스 다윈의 인간·도덕진화론이 신기원을 이루었고, 제임스 윌슨, 래리 안하트, 리처드 조이스, 데니스 크렙스, 크리스토퍼 뵘이 수행한 도덕성 형성에 관한 진화론적 연구와 프란스 드발 등의 경험과학적 동물사회학과 사회생물학, 또 안토니오 다마시오, 지아코모 리촐라티, 마르코 야코보니, 조수아 그린, 리안 영 등의 뇌과학과 실험심리학 그리고 자크 팽크셉의 신경과학이 혁혁한 연구성과를 올리고 있다.

  독자는 이 전9권의 <백세시대를 위한 서양철학사 시리즈>를 읽음으로써 고대로부터 현대까지 서양의 거의 모든 인식론과 도덕철학, 그리고 인간과학(인문·사회과학) 전체를 공자의 눈으로 읽고 따질 수 있게 될 것이다. 많은 이들이 이 시리즈를 재미있게 독파할 수 있기를 바라마지 않는다. 끝으로, 이 책만이 아니라 필자의 여타 저서들을 출판하는 데 애써온 김영훈 '생각굽기' 출판사 사장에게 특별한 감사의 마음을 표한다.

2024년 9월 어느 날
서울 송파구 바람들이에서
황태연 지識.

백세시대를 위한
서양철학사 시리즈

2

서양 경험론과 정치철학 **로크에서 섀프츠베리까지**
공자의 눈으로 읽고 따지다

책머리에 · 9

제5장/ 존 로크의 회의주의적 경험론과 근대 정치철학 · 27

- **제1절/ 로크의 공자철학 접촉과 유교문명 학습 · 31**
  - 1.1. 유교문명과 공자에 대한 로크의 학습과 지식 · 32
  - 1.2. '자연적' 자유·평등개념의 유교적 기원에 대한 인지 · 59
- **제2절/ 인간적 지혜와 인식의 한계에 대한 계몽 · 73**
  - 2.1. 평이한 박문지적 경험론과 중도적 지식론 · 73
  - 2.2. 궐의궐태의 중도적 회의론과 피로니즘의 거부 · 77
- **제3절/ 본유관념과 본유인상의 부정 · 81**
  - 3.1. 관념과 심상(인상)의 본유성에 대한 양면적 부정 · 81
  - 3.2. 로크의 소박경험론과 인식론적 성백설性白說 · 83
- **제4절/ 객체적 인과성과 실체의 부정 · 87**
  - 4.1. 객관적 인과관계의 부정 · 87
  - 4.2. 개연적 자연지식: 자연과학의 불가능성 · 90
- **제5절/ 로크의 도덕적 성백설性白說과 공리주의 · 95**
  - 5.1. 도덕적 성백설 · 95
  - 5.2. 쾌락설적 공리주의 · 99
- **제6절/ 사회계약론과 시민정치이론 · 115**

C·O·N·T·E·N·T·S 차례

    6.1. 필머의 태생적 만인노예론에 대한 로크의 축조비판 · 117
    6.2. 로크의 자연적 자유·평등이념의 방어와 재건 · 163
    6.3. 자연적 권리의 총체적 양도를 통한 사회로의 이행 · 200

- **제7절/ 로크의 유교적·근대적 혁명이론 · 253**
      7.1. 로크의 홉스적 안보국가관과 혁명론의 축소·왜곡 · 253
      7.2. 인민의 혁명권과 혁명의 요건 · 286

- **제8절/ 로크의 귀천차별과 신분제의 재생산 · 299**
      8.1. 귀천차별 교육과 신분제의 재생산 · 302
      8.2. 노예의 정당화와 노예제 인정 · 306

- **제9절/ 제한적 관용론과 가톨릭·무신론 탄압의 이론 · 315**
      9.1. 유교적 관용론의 영향과 로크의 초기 관용론의 제한성 · 316
      9.2. 후기 관용론과 가톨릭·무신론자에 대한 박해의 이론 · 324

- **제10절/ 로크 정치이론에 대한 총평: 위선·보수주의·자가당착 · 341**
      10.1. 로크의 종교적 불관용론에 대한 제퍼슨의 비판 · 341
      10.2. 로크의 위선성과 이론적 자가당착성 · 343

제6장/ 아이작 뉴턴의 경험론적 자연철학과 과감한 '궐의궐태' · 347

- **제1절/ 뉴턴의 과감하고 경건한 '궐의궐태' · 353**
      1.1. 불가지적 '원인'의 제외 · 353

1.2. '중력의 원인'의 불가지와 '부지이작不知而作'의 거부 · 360

제2절/ 현상적 인과관계와 자연지식의 시효적 성격 · 371

2.1. 현상적 인과성과 자연지식: 귀납적 시효지식으로서의 자연지식 · 371

2.2. 오늘날 인과율 개념의 변모: 통계적 평균치(확률) · 378

제7장/ 섀프츠베리의 도덕감정론적 도덕과학 · 383

제1절/ 섀프츠베리의 친중국 성향 · 387

1.1. 섀프츠베리와 피에르 벨의 절친관계 · 388

1.2. 섀프츠베리와 벨 간의 친중국적 철학사상의 공유 · 394

제2절/ 로크의 성백론에 대한 섀프츠베리의 비판 · 401

2.1. 성백론에 대한 맹박 · 401

2.2. 본유적 도덕감정에 대한 섀프츠베리의 확고한 논변 · 406

제3절/ 섀프츠베리의 시비감각론 · 417

3.1. 섀프츠베리의 최초의 도덕철학 시론(1699) · 417

3.2. 섀프츠베리의 시비감각론(1713) · 434

제4절/ 섀프츠베리의 도덕감정적 도덕이론 · 457

4.1. 본성적 도덕감정에 기초한 도덕이론 · 458

4.2. 반反합리론적·반기독교적 도덕이론의 국제적 파장 · 476

제8장/ 프랜시스 허치슨의 경험론적 도덕감각론 · 487

제1절/ 섀프츠베리의 철학적·종교적 방어 · 491

1.1. 성백론과 공리주의에 대한 반격과 섀프츠베리 방어 · 492

1.2. 교단의 비난에 대한 섀프츠베리의 종교적 방어 · 494

제2절/ 허치슨의 도덕감각 개념 · 497

2.1. 도덕감각의 본유성에 대한 허치슨의 논증 · 497

2.2. 모성애의 본성에 대한 경험론적 논변 · 504
2.3. 사회적·일반적 애정(인애)의 본유성 · 508
2.4. 허치슨 도덕철학의 두세 가지 문제점 · 510
- 제3절/ 허치슨의 미학: '다양성 속의 일률성' · 519
  3.1. 미감의 발견: 미美와 이利의 구분 · 519
  3.2. 절대미(원천미)의 본질: 다양성 속의 일률성? · 521
  3.3. 허치슨 미학의 한계 · 524

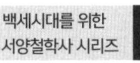

서양 경험론과 정치철학 **베이컨에서 홉스까지**

들어가기/ 공자철학의 서천西遷과 경험론의 세계사적 승리
제1장/ 에피쿠로스의 소박경험론
제2장/ 프랜시스 베이컨의 비판적 경험론
제3장/ 토머스 홉스의 에피쿠리언적 경험론과 정치적 절대주의
제4장/ 리처드 컴벌랜드의 인애적 자연상태론

서양 경험론과 정치철학 **데이비드 흄에서 다윈까지**

제9장/ 데이비드 흄의 '온고지신'과 '비판적 경험주의'
제10장/ 애덤 스미스의 도덕감정론과 시장경제론
제11장/ 찰스 다윈의 경험과학적 인간진화론
제12장/ 현대의 진화론적 경험과학과 메타도덕론

백세시대를 위한 서양철학사 시리즈·2

5 존 로크의 회의주의적 경험론과 근대 정치철학

제1절/ 로크의 공자철학 접촉과 유교문명 학습
제2절/ 인간적 지혜와 인식의 한계에 대한 계몽
제3절/ 본유관념과 본유인상의 부정
제4절/ 객체적 인과성과 실체의 부정
제5절/ 로크의 도덕적 성백설性白說과 공리주의
제6절/ 사회계약론과 시민정치이론
제7절/ 로크의 유교적·근대적 혁명론
제8절/ 로크의 귀천차별과 신분제의 재생산
제9절/ 제한적 관용론과 가톨릭·무신론 탄압의 이론
제10절/
로크 정치이론에 대한 총평: 위선·보수주의·자가당착

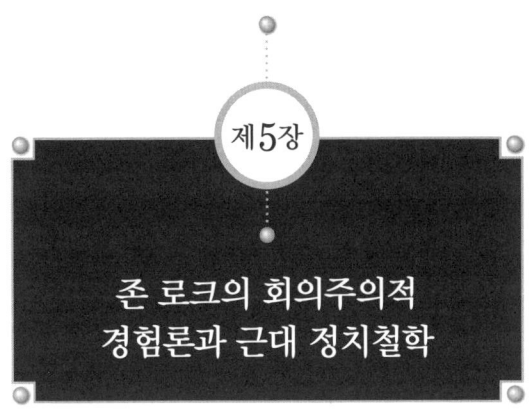

존 로크(John Locke, 1632-1704)는 에피쿠로스와 홉스를 잇는 소박경험론적 견지에서 인간 지성의 한계를 밝히고 일체의 본유관념만이 아니라 일체의 본유심상까지도 부정함과 동시에 자연'과학'과 인간'과학'의 불가능성을 주장하고, 홉스의 계약이론을 약간 수정해서 계승한 새로운 사회계약론을 바탕으로 근대적 민주주의·혁명론을 전개한 '명예혁명의 철학자'다. 그는 홉스가 한사코 부정한 '자연적 자유와 평등' 이념의 유교적 기원을 알면서도 이 이념을 수용했다. 공자의 도덕·정치철학을 일부 수용하고 일부 거부했지만 로크는 공자철학을 나름대로 잘 알고 있었다. 그리고 그는 중국의 정치문화를 존숭하고 중국과 일본의 관용적 종교문화를 학습해 속속들이 알고 있었다. 이 극동제국의 철학과 정치문화에 대한 그의 지식과 의식은 그의 이론체계에 대해 암암리에 큰 영향을 미쳤다.

제1절

로크의 공자철학 접촉과 유교문명 학습

로크의 경험론과 정치철학에 대한 공자와 극동 유교제국의 영향은 베이컨·컴벌랜드·푸펜도르프·벨·섀프츠베리·라이프니츠·흄과 애덤 스미스에 대한 극동의 영향만큼이나 컸다. 로크는 1683년 네덜란드로 망명하기 이전부터도 중국·일본 등 극동제국의 종교·정치상황에 대해 서적들을 찾아 읽고 극동제국과 공자를 이미 알고 있었고, 당시 동방무역과 유교문화 수입의 중심지였던 네덜란드로 망명해 5년간(1683-1688) 해외체류를 하는 동안에도 소수의 친親중국적 스피노자 추종자들 및 피에르 벨(Pierre Bayle, 1647-1706)과만 교류하며 생활했기 때문에 이들을 통해 극동의 정치·도덕문화에 더 정통해져 중국을 '위대한 문명국가'로 찬양하는 선까지 나아갔다. 주지하듯이 로크는 영국의회의 휘그당 수장(섀프츠베리 백작)의 비서였다. 그는 이 백작의 손자이자 나중에 로크를 능가하는 유교적·도덕감정적 도덕철학자로 우뚝 서는 앤터니 섀프츠베리의 가정교사로서 일찍이 그와 사승師承관계를 맺고 있었다.

1.1. 유교문명과 공자에 대한 로크의 학습과 지식

로크는 공맹·극동(중국·조선·일본) 관련 서적들을 많이 읽었고, 나아가 스스로 공자를 친숙하게 거듭 언급한 것으로 보면, 적어도 '무위無爲'를 'nihil agens'로 번역한 쿠플레·인토르케타 등의 『공자 중국철학자』(1687)나, 이보다 먼저 나온 『중국의 지혜(Sapientia Sinica)』(1662), 『중국 정치·도덕학(Sinarum Scienta Politicco-moralis)』(1667) 등도 거의 다 읽었을 것으로 보인다. 그는 공자철학과 극동의 정치·도덕문화를 당대로서 가장 잘 알고 있던 가장 선구적인 철학자였다.

로크는 오래 전부터 야당진영에 가담해 있어서 섀프츠베리 백작이 네덜란드로 망명할 때 같이 망명했다. 로크는 1688년 명예혁명 당시 이 혁명을 가장 과격하게 옹호하는 10명 안팎의 고립된 극소수 급진그룹에 속한 상태에서 영국으로 귀국했다.[2] 로크가 명예혁명을 지지한 이 급진적 소수파에 속해 있었기에 그의 사상적 영향은 18세기 초에도 잘 알려지지 않았고, 18세기 중반을 넘어서서야 볼테르의 홍보로 비로소 국제적으로 확산되기 시작했다. 그의 사상이 현실로 실현된 것은 더욱 늦어져 미국혁명(1776)과 프랑스혁명(1789)이 차례로 일어난 18세기말이었다. 17세기 말 『통치이론二論』(1689)이 나온 지 거의 100년만의 일이었다.

따라서 로크는 자신의 저작들 여기저기서 중국·중국인·일본, 그리고 공자를 직접 언급하고 평가하고 있다. 자신의 주저 『인간지성론』에서 로

---

2) Jonathan I. Israel, *Enlightenment Contested Philosophy, Modernity, and the Emancipation of Man 1670-1752* (Oxford: Oxford University Press, 2006), 327쪽.

크는 피에르 벨의 영향으로서 예수교 소속 선교사들의 보고를 무시하고 예수교의 유신론적 공자해석에 적대적인 나바레테 등 도미니크회 선교사의 입장만을 편파적으로 취해 중국인들과 유자儒者들("공자의 제자들")을 무신론자들로 단정 짓고 이를 가지고 자신의 성백론性白論을 정당화하고 있다.

■ 로크가 읽은 공자·극동 관련 서적 목록

로크는 중국·일본·한국(조선) 등 극동에 대한 서양인들의 저작들이나 중국열광자들과 공자숭배자들의 책들을 아주 많이 읽었다. 그가 직접 접한 책들을 그의 전집 안에 언급되었거나 독서리스트가 발견된 대로 열거해보면 이렇다.

1. 포르투갈 역사가 주앙 데 바로쉬(João de Barros, 1496-1570), 『아시아의 시대(Décadas da Ásia, I·II·III·IV)』(1552, 1553, 1563, 1615). 이 방대한 시리즈 책은 르네상스 말엽에 유럽에서 나온 최초의 아시아·중국연구서다. 바로쉬는 이 책에서 벌써 중국의 인쇄술과 대포의 발명과 같은 기술과학 분야의 업적들을 높이 찬양하며 중국문명이 그리스·로마문명보다 훨씬 우월하다고 결론지었다.[3] 로크는 "A Catalogue and Character of Most Books of Voyages and Travels"에서 이 책을 이렇게 설명하고 있다. "그는 인도 역사의 30년을 그만큼 많은 권수로 완결했다. 이에 대해 박식한 안토니우스(Nicholaus Antonius)는 그의 책 *Biliotheca Hispana* (498쪽)에서 이것은 편찬자의 영예로 영원히 영속될 완벽한 저작이라고 말한다. 그가 불완전하게 남겨놓은 제4권의 네 번째 10년은 펠리페 2세의 사가 라반하(John Baptist Labanha)에 의해 완결되었다. 그

---

3) Blue, "China and Western Social Thought in the Modern Period", 60쪽 각주7.

러나 이후에 데 쿠토(John de Couto)는 바로쉬가 집필을 멈춘 세 번째 10년으로부터 역사를 계속 쓰는 것을 떠맡아 9개의 10년을 더 썼다. 그리하여 전체 저작은 12개의 10년으로 구성되지만, 이 중 오직 7개의 10년만 리스본에서 인쇄되었다."[4]

2. 갈레오티 페레이라(Galeote Pereira), 중국보고(1564). 페레이라는 중국의 신사(노야老爺)들, 즉 신사관리들이 유럽의 세습귀족과 같은 '귀족'이 아니라는 사실과, 왕족 이외에 어떤 귀족신분제도도 인정되지 않는다는 사실을 유럽 최초로 보고하고 있다. 로크는 페레이라의 이 중국보고를 새뮤얼 퍼채스의 『하클류투스 포스트후무스, 또는 퍼채스, 그의 순례(Hakluytus Posthumus, or Purchas his Pilgrimes)』(1625)의 제10권(또는 판본에 따라 제12권)에 실린 발췌본으로 소개하고 있다.[5]

3. 디에고 데 판토하(Diego de Pantoja), 중국보고. 로크는 판토하의 이 중국 보고도 퍼채스의 『하클류투스 포스트후무스』(1625)의 제10권에 실린 발췌본으로 소개하고 있다.[6]

4. 가스파르 다 크루즈(Gaspar da Cruz), *Tratado em que se côtam muito por estenso as Cousas da China* (Ebora: 1569). 이것은 『중국풍물론(Treatise on Things Chinese)』이다. 다 크루즈는 이 책에서 중국에 세습노비제가 없다는 사실을 유럽인으로서 최초로 정확하게 파악하고 유럽사회에 보고하고 있다.[7] 로크는 "A Catalogue and Character"

---

[4] John Locke, "A Catalogue and Character of Most Books of Voyages and Travels", 534쪽. *The Works of John Locke*, Vol.10 in 10 volumes (London: Prinred for Thomas Tegg et al., 1823; 1963, reprinted by Scientia Verlag Aalen). 바로쉬의 『아시아의 시대』에 대한 상세한 것은 참조: 황태연, 『공자철학과 서구 계몽주의의 기원(상)』, 634-635쪽.

[5] Locke, "A Catalogue and Character of Most Books of Voyages and Travels", 544쪽. 페레이라에 대해서는 참조: 황태연, 『공자철학과 서구 계몽주의의 기원(상)』, 651-661쪽.

[6] Locke, "A Catalogue and Character of Most Books of Voyages and Travels", 544쪽.

[7] Gaspar da Cruz, *Treatise in which the things of China are related at great length* [1569], 151-152쪽.

에서 이 책을 이렇게 소개한다. "저자는 도미니크회 소속 탁발승으로서 인도, 페르시아, 중국을 선교사로 여행했고, 그곳에서 그는 관찰보고서를 써서 그의 저작을 포르투갈 국왕 세바스티안에게 헌정했다. 여러 저명한 저자들이 그를 언급하고 있다."[8] 로크는 이 책이 새뮤얼 퍼채스의 『하클류투스 포스트후무스, 또는 퍼채스, 그의 순례(*Hakluytus Posthumus, or Purchas his Pilgrimes*)』(1625)의 제10권(또는 판본에 따라 제12권)에도 "가스파르 다 크루즈 신부의 중국논고"으로 실렸다고 소개하고 있다.[9]

5. Juan Gonzles de Mendoza, *Historia de las cosas mas notables, ritos y costumbres del gran Regno de la China* (1-2권, Madrid & Bercelona, 1586; Medina del Campo, 1595; Antwerp, 1596). 이것은 앞서『중국제국의 역사』로 소개되었다. 로크는 이 책을 이렇게 설명한다. "중국의 가장 특기할 만한 것들과 관습과 예절에 관한 이 이야기는 성 아우구스티누스 수도회 소속 후앙 곤젤레스 데 멘도자 신부에 의해 쓰였다. 그는 1580년에 스페인의 펠리페 2세에 의해 중국으로 파견되었고, 그는 거기서 그의 이야기 자료를 수집하고 돌아와서 이 이야기를 지었다."[10]

6. *Historica relation de legatione regis Sinemsium ad regem Japonum* (Rome, 1599). 존 로크는 이 책을 "A Catalogue and Character"에서[11] "중국황제에 의해 1596년 타이코소마(Taicosoma)

---

8) Locke, "A Catalogue and Character of Most Books of Voyages and Travels", 535쪽.
9) Locke, "A Catalogue and Character of Most Books of Voyages and Travels", 544쪽. Locke, "A Catalogue and Character of Most Books of Voyages and Travels", 544쪽. 크루즈에 대해서는 참조: 황태연,『공자철학과 서구 계몽주의의 기원(상)』, 661-671쪽.
10) Locke, "A Catalogue and Character of Most Books of Voyages and Travels", 535쪽. 멘도자의 이 책에 대한 상론은 참조: 황태연,『공자철학과 서구 계몽주의의 기원(상)』, 682-701쪽.
11) Locke, "A Catalogue and Character of Most Books of Voyages and Travels", 513쪽.

일본왕에게 파견된 특사단과, 특사단이 오기 전에 일어난 이상한 불가사의들에 관한 보고"라고 소개하고 있다. 그리고 뒤에 이 책의 저자를 "루이스 프로에스(Lewis Froes) 신부"로 소개한다.[12]

7. *Epistoloe viginti sex de rebus Japonicis* (출판연도 미상). 로크는 "A Catalogue and Character"에 이 책을 "이런 종교의 편지들의 여러 수집록에 보이는 일본사日本事에 관한 26통의 편지들"이라고 소개하고 있다.[13] 그리고 이 책의 저자도 로크가 다음에 소개하듯이 루이스 프로에스다.

8. *Historica relation de rebus per Japoniam, An. 1596, à patribus societatis duranre persecutione gestis*. 로크는 "A Catalogue and Character"에서 이 책을 "박해 동안 1596년에 있었던 일본 주재 예수회 신부들의 회의록에 관한 보고서"라고 소개하고 있다.[14] 그리고 이렇게 덧붙이고 있다. "위 세 권의 책은 루이스 포로이스(Lewis Froes) 신부가 저술했다. 그는 동방에서 49년을 살았고 그 중 36년을 선교사로 일본도島에 산 예수회 신부다. 이 보고들은 저자가 포르투갈어로 쓰고 나중에 라틴어로 번역된 것으로 생각된다."[15] 로크는 '루이스 프로이스'(Luís Fróis, 1532-1597)를 영어식으로 'Lewis Froes'라고 표기하고 있다. 임진왜란과 관련된 프로이스의 보고들은 『임진난의 기록』이라는 제목으로 우리말로 편역編譯되었다.[16] 로크는 이것 말고도 스페인어로 출판된 두 권의 일본 관련 서적을 소개하고 있다.[17]

---

12) 루이스 프로이스(Luis Prois) 신부는 임진왜란 때 종군해서 전쟁상황과 조선의 사정에 대한 기록을 남겼다. 이에 대해서는 후술한다.
13) Locke, "A Catalogue and Character of Most Books of Voyages and Travels", 513쪽.
14) Locke, "A Catalogue and Character of Most Books of Voyages and Travels", 514쪽.
15) Locke, "A Catalogue and Character of Most Books of Voyages and Travels", 514쪽.
16) 루이스 프로이스(정성화·양윤선 역), 『임진난의 기록: 루이스 프로이스가 본 일진왜란』 (파주: 살림출판사, 2008, 2016).
17) Locke, "A Catalogue and Character of Most Books of Voyages and Travels", 540쪽.

9. *Litaræ annuæ*. 이것은 *Cartas Ânuas*(연례서간문집)의 라틴어 역본일 것이다. 프로이스는 1580년대 이후에 이 서간문집의 집필을 맡았다. 이 서간집은 코임브라에서 필사되어 유럽의 여러 도시에서 라틴어로 출판되었다.[18] 로크는 이 서간문집을 "에티오피아·중국·인도와 기타 지역들로부터 온 연례 서간들"로 소개하면서 이 서간들이 "그 나라들에서 일어난 사건들을 많이 밝혀준다"고 말하고, 이 서간들은 "여러 책들과 기행문수집록들에서 발견되는" 것들이라고 덧붙인다.[19]

10. 새뮤얼 퍼채스(Samuel Purchas) 신부의 『퍼채스, 그의 순례 (*Purchas, His Pilgrimes*)』(1613). 이 책은 로크가 1703년 (죽기 1년 전)에 작성한 「신사를 위한 독서와 학습에 관한 약간의 생각들(Some Thoughts Concerning Reading and Study for a Gentleman)」이라는 독서권장 리스트에 속에 들어 있다.[20] 상론했듯이 이 책은 발리냐노·산데의 『일본사절단』(1590)에 이어 공자와 공자철학을 "본성의 빛의 철학"으로 유럽에 소개한 두 번째 책이다.

11. Fernão(Fernan) Mendes Pinto, *Peregrinação de Fernão Mendes Pinto* (Lisboa: 1614). 이것은 핀토의 유고집 『페르남 멘데즈 핀토의 편력』이다. 핀토는 이 책에서 중국사회에 확립된 종교적 자유와 무제한적 관용의 실상을 전했다. 핀토는 이슬람교도를 악의 가장 어두운 색깔로 그리고 포르투갈사람도 마찬가지로 잔악하고 기만적인 사람들로 묘사한 반면, 이교도들, 특히 중국 이교도를 '유토피아에서 살고 있는 사람들'로 묘사한다. 중국인들은 그리스도에 대해 들어 본 바 없지만, 신의 율법에 순종한다는 것이다. 그들은 마찬가지로 신의 법에 순종하는

---

18) 참조: 프로이스(정성화·양윤선 역), 『임진난의 기록』, 15쪽("역자 서문").
19) Locke, "A Catalogue and Character of Most Books of Voyages and Travels", 514쪽.
20) John Locke, "Some Thoughts Concerning Reading and Study for a Gentleman", 353쪽. Locke, *Political Essays*, edited by Mark Goldie (Cambridge: Cambridge University Press, 1997·2006); John Locke, "Locke's reading list", 379쪽. Locke, *Political Essays*.

왕들에 의해 정의와 인애·자비로 다스려진다. 핀토는 이것을 그들이 신에 의해 이 땅의 모든 좋은 것과 부의 풍요로 축복받은 이유로 해석한다. 카츠는 말한다. "중국인들 사이에서는 관용이 존재하고, 그들은 신을 여러 가지 다른 방식으로 숭배할 자유가 있고, 심지어 신을 숭배하지 않을 자유도 있다. 이것은 당대 사람에게는 과감한 관념이다. 환언하면, 핀토는 기성 교회의 경계 바깥에서도 도덕성이 가능하다고 말하고 있는 것이다."[21] 핀토는 기독교를 믿지 않아도 지고지순한 도덕생활이 가능할 뿐만 아니라 신의 존재를 부정하며 신을 숭배하지 않는 불경한 무신론자들과 무신론사회도 기독교인들보다 더 지고지순한 도덕생활을 한다는 현실을 본 것이다. 이 무신론사회의 존립가능성과 도덕생활, 그리고 무신론사회의 무제한적 종교자유와 종교적 관용은 훗날 피에르 벨이 그의 '무차별적 관용론'의 관점에서 집요하게 파고들며 유럽의 불관용을 우회적으로, 그러나 신랄하게 비판하는 데 동원한 중국 종교생활의 실상이었다. 로크는 이 책을 이렇게 소개한다. "핀토의 인도 여행은 아주 동화적이어서 몇몇 소수의 사람들이 저 키메라들을 방어할지라도 세상은 만장일치로 이 여행기의 잘못을 논파해 버릴 정도였다."[22] 그리고 로크는 이 책이 새뮤얼 퍼채스의 『하클류투스 포스트후무스, 또는 퍼채스, 그의 순례(Hakluytus Posthumus, or Purchas his Pilgrimes)』(1625)의 제10권(또는 제12권)에도 "핀토의 편력의 발췌문"으로 실렸다고 소개하고 있다.[23] 이 발췌문의 제국은 "페르남 멘데즈 핀토의 편력으로부터 뽑은 중

---

21) Rebecca Catz, "Fernão Mendes Pinto and His *Peregrinação*", *Hispania*, Vol. 74, No. 3 (September 1991), 501쪽; Rebecca D. Catz, "Introduction", xlii("Satire and the Fictive Author"). Fernão Mendes Pinto, *The Travels of Mendes Pinto*, edited and translated by Rebecca D. Catz (Chicago: University of Chicago Press, 1989).
22) Locke, "A Catalogue and Character of Most Books of Voyages and Travels", 538쪽.
23) Locke, "A Catalogue and Character of Most Books of Voyages and Travels", 544쪽.

국, 타타르, 그리고 세계의 다른 동방지역들에 대한 관찰의견"이다.[24]

12. 마테오 리치·트리고의 『중국인들 사이에서의 기독교 포교(De Christiane expeditione apud Sinas)』(1615). 로크는 마테오 리치의 이 책(1615)의 불역본(Lyon, 1616)을 소장하고 있었다.[25] 주지하다시피 마테오 리치는 이 책에서 공자를 유신론자로 소개하고 소크라테스·플라톤·아리스토텔레스·세네카 등 그리스·로마 이교철학자들보다 대체로 "우월하다"고 평가하고 있다. 또 로크는 퍼채스의 『하클류투스 포스트후무스』(1625)의 제10권에 실린 마테오 리치의 이 책의 발췌본도 소개하고 있다.[26]

13. 도미니크회 소속 신부 모랄레스(P. F. Juan Baptista Morales), Historia evangelica del regno de la China (연도 미상). 모랄레스는 공자와 관련된 전례논쟁에서 예수회의 적응주의 선교노선을 공격한 신부다. 중국에서 그의 수난은 그의 불관용 노선에 따른 자업자득이었다. 로크는 이렇게 소개한다. "이 중국 역사는 언제나 좋은 명성 속에 있었다. 저자는 도미니크회 소속이었고 캄보디아에 주재한 최초의 선교사였고, 그 다음에 중국에 주재했다. 그는 중국에서 많은 고생을 했다. 그는 고문을 받고 두 번이나 채찍질을 당했으며 그다음 추방되었다. 로마로 돌아와서 그는 교황에게 그 나라의 사건들에 관한 좋은 보고서를 봉정했다. 그는 중국으로 돌아가서 그의 여생을 거기서 보내고 70세의 나이에 복건성에서 죽었다. 그가 쓴 것을 잘 알고 있었고 그가 받은 일반적 인정을

---

24) Purchas, *Hakluytus Posthumus, or Purchas his Pilgrimes*, vol.12 [1625], Reprint [1906], Chapter 2 "Observation of China and other Easterne Parts of the World, taken from Fernam Mendez Pinto his Peregrination" (59-141쪽). 핀토의 저작에 대한 상론은 참조: 황태연, 『공자철학과 서구 계몽주의의 기원(하)』, 963-975쪽.

25) 참조: Carey, Daniel, *Locke, Shaftesbury and Hutcheson* (Cambridge: Cambridge University Press, 2006·2009), 83쪽 각주46. 마테오리치의 이 책에 대한 상론은 참조: 황태연, 『공자철학과 서구 계몽주의의 기원(상)』, 682-701쪽.

26) Locke, "A Catalogue and Character of Most Books of Voyages and Travels", 544쪽.

좋이 받을 만하다는 것을 보여주기 위해 그에 관해 이렇게 많이 얘기했다."[27]

14. 예수회 신부 아타나시우스 키르허(Athansius Kircher), *China, monumentis, qua Sacris qua Profanis, illustrata fol.* 이것은『삽화를 곁들인 중국 해설』이다. 주지하다시피 아타나시우스 키르허의 이 책은 1667년 암스테르담에서 출판되었다. 로크는 "이 책은 완전한 중국역사이고 상당 기간 동안 큰 명성을 얻었다. 그러나 최근 그 명성이 하락했다. 이 제국에 관한 많은 책들이 거기에 많은 햇수에 걸쳐 주재한 선교사들에 의해 쓰여 나왔기 때문이다. 이들은 키르허의 책에서 커다란 오류들을 발견했다."[28] 로크의 이 설명은 그가 다른 중국기中國記들도 많이 보았다는 것을 뜻한다.

15. 푸펜도르프(Samuel Pufendorf),『자연법과 국제법(*De Jure Naturae et Gentium*)』(1672, 1699년까지 개정증보 4판). 이 책은 로크의 독서권장 리스트에 들어있는 도서다.[29] 이 책은 법학서적이지만, 상론했듯이 공자의 도덕철학적 견해와 중국의 제한군주정을 많이 다루고 있다. 로크는 이『자연법과 국제법』이 "이런 종류의 책 중 가장 좋은 책"이라고 평하고 있다.[30]

16. 프랑수와 베르니에(François Bernier), *The History of the Late Revolution of the Empire of the Great Mogul* (1671), *A*

---

27) Locke, "A Catalogue and Character of Most Books of Voyages and Travels", 540-541쪽.
28) Locke, "A Catalogue and Character of Most Books of Voyages and Travels", 514쪽. 키르허의 이 책에 대한 상론은 참조: 황태연,『공자철학과 서구 계몽주의의 기원(상)』, 987-989쪽.
29) Locke, "Some Thoughts Concerning Reading and Study for a Gentleman", 352쪽: Locke, *Political Essays*, 377쪽.
30) Locke, "Some Thoughts Concerning Reading and Study for a Gentleman", 352쪽. 푸펜도르프의 자연법사상에 대한 상론은 참조: 황태연,『독일과 스위스의 유교적 계몽주의』(서울: 한국문화사, 2023), 26-70쪽.

Continuation of the Memoires (1672) 및 기타 여행 저작들. 이 책들도 로크의 독서권장 리스트에 올라 있는 도서들이다.[31] "A Catalogue and Character of Most Books of Voyages and Travels"에서는 *The History of the Late Revolution of the Empire of the Great Mogul* (1671)을 불어(*Histoire de l'empire du Mogul*)로 소개하고 있다.[32] 베르니에(1620-1688)는 공자열광자로서 중국과 기타 아시아 지역들을 여행하고 "아시아 제국諸國의 국부·국력·정의와 쇠락의 원칙적 원인"을 다루었다. 베르니에는 『이교도의 덕성에 관하여(*De La vertu des payens*)』(1640)에서 공자를 "중국의 소크라테스"로 격상시킨 라 모트 드 베예와 인토르케타·쿠플레·뤼지몽 등의 공자경전 역주서 『중국철학자 공자』를 읽고 감격해 그것을 불역佛譯하는 구상을 하면서 '공자철학 발견의 감격'을 이렇게 토로했다. "아! 공자가 인간의 내면(*l'intérieur de l'homme*)을 얼마나 잘 이해했는지, 그리고 군주의 행동과 국가의 통치에 대해 얼마나 위대한 안목을 가졌는지, 그 분은 그들이 덕스러울 때만 행복하다고 여길 정도였습니다! 내가 아는 한, 지금까지 어떤 인간도 그토록 많은 지혜, 그토록 많은 현명, 그토록 많은 진실성, 그토록 많은 경애심, 그토록 많은 박애심을 가진 것으로 보이지 않았습니다. 덕성을 추구하든, 또는 훌륭한 정부를 위해서든, 삶의 특별한 행동을 위해서든 그 어떤 현명한 가르침을 내포하지 않는 단 하나의 단락도, 단 하나의 단편도, 단 하나의 일화도, 단 하나의 요구도, 단 하나의 대답도 없었습니다. 나는 라 모트 르 베예 씨를 읽고 그가 '거룩한 공자님이시여, 우리를 위해 기도해주소서!'라고 말하는 것을 자제하려고 애썼다는 것을 알게 되었다고 확신합니다. 그가 만약 그 분의 저작을 보았더라면 그가 무슨 말

---

31) Locke, "Some Thoughts Concerning Reading and Study for a Gentleman", 353쪽.
32) Locke, "A Catalogue and Character of Most Books of Voyages and Travels", 529쪽.

을 못했겠습니까? 아니면 그 분이 기독교인이었다면 우리는 무슨 말을 못하겠습니까?"[33] 동시대인으로서 로크는 베르니에의 이런 공자 극찬을 다 알고 있었을 것으로 보인다. 로크는 첫째, 두 도서목록에서 베르니에의 책을 언급하고 있기 때문이고, 둘째는 이 공자 극찬이 실린 *Journal of Scavant*를 구독하고 있었기 때문이다.[34]

17. 마르티니우스 마르티니의 『중국기中國記(*Sinicæ Historiæ*)』(1659)와 『타타르 전쟁기記(*De Bello Tartarico Historia*)』(1654). 로크는 이 두 책을 읽은 것으로 보인다. 로크는 「통치에 관한 제2논고(Second Tract on Government)」(1662)에서 당시로서 최근 사건에 속하는 중국 이야기를 인용하고 있기[35] 때문이다. 「통치에 관한 제2논고」의 이 중국 이야기의 출처는 마르티니의 『타타르 전쟁기戰爭記』다.[36]

18. 알바레즈 세메도(Alvarez Semedo)의 『중국제국기(*Relatione della Grande Monarchia della Cina*)』(1643). 영역본 *History of Great and Renowned Monarchy of China* (1655). 상술한 관계로 보아 로크가 세메도의 이 책도 읽었음이 틀림없다.[37]

19. 헨드릭 하멜(Hendrick Hamel), 『하멜 표류기(*An Account of the Shipwrck of a Dutch Vessel on the Coast of the Isle of Quelpaert*)』(1668). 이 책은 네덜란드어로 쓰이고 1668년 출판되었

---

33) Bernier, "Introduction à la lecture de Confucius (…)", 38-39쪽.
34) 베르니에의 공자예찬에 대한 상론은 참조: 황태연, 『프랑스의 공자 열광과 계몽철학』(서울: 한국문화사, 2023), 31-32쪽.
35) John Locke, "Second Tract on Government", 59-60쪽. John Locke, *Political Essays*, edited by Mark Goldie (Cambridge: Cambridge University Press, 1997·2006).
36) 마르티니에 대한 상론은 참조: 황태연, 『공자철학과 서구 계몽주의의 기원(하)』, 983-987쪽.
37) 세메도에 대한 상론은 참조: 황태연, 『공자철학과 서구 계몽주의의 기원(하)』, 975-983쪽.

고,[38] 불역본은 1670년 파리에서 나왔다.[39] 영역본 *An Account of the Shipwrck of a Dutch Vessel on the Coast of the Isle of Quelpaert*는 최초 발행연도를 정확히 확정할 수 없으나 늦어도 1681년 이전에 나왔다고 봐야 한다. 로크의 이 책 소개문이 1681년 전에 쓰였기 때문이다. 이 책을 불역본(1670)으로 읽은 것 같은 로크는 "A Catalogue and Character"에서 이 책을 이렇게 소개하고 있다. "제주도(the isle of Quelpaert) 해안에서 1653년에 발생한 네덜란드 선박의 난파에 관한, 코리아(Corea) 왕국의 기술을 겸한 보고 서책. 이 책은 스스로를 그때 망실된 선박의 서기라고 부르는 사람에 의해 원래 네덜란드어로 쓰였다. 그는 저 나라에서 13년을 살았고 마침내 몇몇 다른 사람들과 함께 탈출을 했다. 그것은 불역될 가치가 있다고 생각되었고, 지금은 마침내 영역되었다. 이 책은 중국의 동편에 있고 땅의 작은 목에 의해 위력적인 제국과 연결된 반도인 Corea에 관한 지금까지 존재하는 유일한 보고다. 코리아가 멀다는 것 외에도 저자가 우리에게 코리아 사람들이 어떤 이방인들도 허용하지 않는다고 말해주기 때문에 우리가 이 나라에 대해 아주 많이 낯선 사람들이라는 것은 놀랄 일이 아니다. 또는 누군가가 그가 당한 것과 같은 불행을 당해 코리아 사람들의 손아귀에 떨어진다면 그 사람들은 그가 한 것과 같은 기적적인 탈주를 할 수 없다면 결코 집으로 돌아올 수 없다. 이 보고 자체는 번역자가 쓴 특별한 역자 서문(불역자 서문을 말하는 것으로 보임 – 인용자)을 싣고 있는데, 독자의 주목을 요한다."[40]

---

38) 원제목: *Verhaal van het vergaan van het jacht "de Sperwer" en van het wedervaren der schipbreukelingen op het eiland Quelpaert en het vasteland van Korea, 1653-1666*. Met eene beschrijving van dat rijk. Uitgeg. door B. Hoetink.
39) M. Minutoli(역), *Relation du Naufrage d'un vasseau Holandois, Sur la Coste de IIsle de Quelpaert: Avec la Description du Royaumes de Corée* (Paris: Chez Thomas Jolly, 1670).
40) Locke, "A Catalogue and Character of Most Books of Voyages and Travels", 563쪽.

20. 가브리엘 마젤란(le R. P. Gabriel de Magaillans) 예수회 신부, *Nouvelle relation de la Chine* (新中國記, 1668). 로크는 이 책을 이렇게 소개한다. "이것은 원래 포르투갈어로 쓰였고, 우리가 수에 제한 없이 꼽는다면 그 언어의 여행기들 속에 끼어 있어야 한다. 이것은 먼저 불어로 번역되었다가 거기로부터 영어로 번역될 가치가 있다고 생각되었지만, 결코 원어로 인쇄된 적이 없었다. 이 책은 정확하고 충실한 보고서로서 명성을 얻었다."[41]

21. 예수회 신부 그레슬론(P. Greslon), *Histoire de la Chine sous la domination des Tartares* (만주족 지배 아래서의 중국의 역사, 파리: 1672). 로크는 이 책을 이렇게 소개한다. "이것은 그곳에 수많은 연수年數 동안 주재했던 선교사에 의해 제공되는 1651-1669년까지의 간명한 중국역사다. 그의 주요 주제는 중국의 천문학인데, 중국천문학은 제일 먼저 선교사들에게 들어갔다. 그는 그것에 관해, 그리고 그 모든 부분에 관해, 그리고 거기서 어떻게 사용되고 시행되는지에 대해 아주 독창적으로, 그리고 박식하게 다루고 있다."[42]

22. 저자 미상, 1645년 모스크바로부터 중국으로의 모스크바공국 사절의 육로여행기. 로크는 "A Catalogue and Character"에서 이 책을 이렇게 해설한다. "이 책은 아주 짧아서 이에 대해 얘기할 필요가 거의 없지만, 이 책은 모스크바에서 북경으로 가는 길을 묘사하고, 우리에게 이 도시가 그토록 많이 얘기되었지만 거의 알려지지 않았던, 만주에 소재하는 것으로 잘못 가정된 캄발루와 같은 도시라는 것을 보여준다. 이 사절은 황제의 알현이 허용되지 않아서 중국 궁전에 대해 아무것도 알

---

41) Locke, "A Catalogue and Character of Most Books of Voyages and Travels", 526-527쪽. 마젤란의 이 중국기에 관한 상론은 참조: 황태연, 『공자철학과 서구 계몽주의의 기원(하)』, 995-1013쪽.
42) Locke, "A Catalogue and Character of Most Books of Voyages and Travels", 529쪽.

수 없었다. 그러므로 그는 우리에게 이것과 관련된 어떤 것도 알려주는 척할 수 없었다."[43] "캄발루"는 북경의 몽고어다.

23. 나바레테(Domingo Fernandez Navarrete), 『중국왕국의 역사·정치·윤리·종교적 보고』(1676). 영역본은 *An Account of the Empire of China: Historical, Political, Moral and Religious* (London: H. Lintot, J. Osborn, 1681)이다. 이 책은 로크가 『인간지성론』에서 직접 인용하고 있다.[44] 그리고 로크는 "A Catalogue and Character"에서 이 책을 자세히 소개한다. "저자는 1646년 그의 교단에 의해 필리핀제도에서 교회 기능을 행사하도록 파견된 도미니크회 소속 탁발승이다. 그러나 그곳에서 어떤 큰 고무 받을 만한 일을 발견하지 못하고 중국으로 넘어가는 모험을 했다. 그는 중국에서 그가 그곳에서 발견한 기독교인들의 봉사업무를 하며 여러 해를 보내면서 중국어를 배우고, 중국역사를 읽고, 선교사들 사이에서 벌어지는 논쟁에서 논점들을 공부하고, 이 위력적인 군주국에 관한 정확한 보고를 작성할 만한 능력을 철저히 갖추었다. 그는 스페인어로 집필했고, 지금까지 번역된 적이 없다."[45] 이 마지막 말로 보아 내릴 수 있는 판단은 로크의 이 글은 영역본이 나오기(1681) 전에 쓰였고, 그가 나바레테의 이 책을 원어로 읽은 것이 틀림없다는 것이다. 참고로 그는 스페인어에 능통했었다. "그의 책을 원어로 읽은 사람들은 그의 학식, 판단력, 진실성을 높이 칭찬한다. 그의 책에서 언급된 세부사항들을 다루면서 그는 그가 그곳에 있었기에 목격자로서 최선의 근거에 기초해서만, 또는 그가 추적하고 아주 잘 이해한 중국 역사책들의 권위에 기초해서만, 또는 믿을 만한 인물들의 정보에 근거해서만 기술하기 때문이다. 이 근거들 중 어느 것을 항상 언급해서 독자가 그가 이야기하는 것의

---

43) Locke, "A Catalogue and Character of Most Books of Voyages and Travels", 529쪽.
44) Locke, *An Essay concerning Human Understanding* [1689], Bk.I, Ch.IV, §8.
45) Locke, "A Catalogue and Character of Most Books of Voyages and Travels", 554쪽.

진실성을 신뢰할 수 있도록 한다. 그는 종종 논쟁이라고 부르는 제2권을 인용하는데, 이것의 주요 논제는 선교사들 사이에서의 지금 논쟁되고 있는 그 항목들이다. 이 책은 (우리가 들은 바대로) 인쇄되었으나, 예수회 신부들의 이해관계와 술수에 의해 이 인쇄본은 공간되기 전에 종교재판소에 의해 압류되어서, 아주 소수의 부수만이 해외로 나왔다. 그는 고대와 현대의 엄정한 중국역사를 우리에게 제공하고 있다. 온갖 세부사항에서 완벽한 나라와 백성의 묘사다. 중국인들의 위대한 철학자 공자의 도덕들의 진실한 번역, 중국 학문의 완전한 개관과, 그가 어떤 다른 저자도 그 나라의 종교에 관한 그토록 완전한 보고를 주지 못했을 정도로 아주 주도면밀하고 아주 세밀한, 종교문제에서의 그들의 견해에 대한 현명한 설명 등이다. 또한 그는 중국에만 국한하지 않고 거기까지의 길에서 그가 뉴스페인으로의 여행 중에 한 많은 신기한 관찰들을 제공하고, (그가 상당 기간 머무른) 필리핀제도, 필리핀 주변의 도서들, 인도의 기타지역들, 그리고 그가 귀국 중에 겪은 우연한 사건들에 관한 보고들을 위시해 이 나라에 대한 아주 훌륭한 보고를 주고 있다. 그는 해외에서 26년을 보낸 뒤 1673년에 귀국했다. 그는 유럽에 도착했을 때 선교사들 간의 논쟁 문제 때문에 종종 로마교황청에 갔다. 그는 교황청에서 그의 덕성 때문에 전적으로 영예롭게 대접받았다. 그리고 그는 스페인에 돌아온 직후 에스파뇰라의 대주교로 승진했다."[46] 로크의 이 자세한 설명은 그가 나바레테의 책에 대한 애착과 신뢰와 함께 이 책에 소개된 공자와 맹자의 철학과 일화들을 정독했다는 것을 보여준다.

24. 테브노(Melchisédech Thvenot), *Recuil de divers voyages curieux* (여러 신기한 항해기 수집록, 1681). 이 책은 로크의 독서권장 리

---

[46] Locke, "A Catalogue and Character of Most Books of Voyages and Travels", 554-555쪽.

스트에도 들어 있고,[47] "A Catalogue and Character"에도 들어 있다.[48] 아시아 여행기 저널 『다양한 신기한 항해 이야기(Relations de divers voyages curieux)』의 편집을 맡은 테브노 예수회신부는 1673년 이 저널의 제4권(1672-1673)으로 인토르케타의 '중용' 번역서 『중국인들의 정치·도덕학(Sinarum Scientia Politico-Moralis)』(1667)을 라틴어-불어 대역 『중국인의 과학, 또는 공자의 책(La Science des Chinois, ou le Livre de Cum-fu-çu)』으로 출판했다. 로크는 "A Catalogue and Character"에서 "공자의 두 번째 경전", 즉 『중용』을 언급하여 이런 긴 설명을 붙이고 있다. "그가 신기한 기행문의 수집록을 2절판의 두 권으로 편찬한 덕택에 독자들의 일반적 호평을 받았다는 것 이상으로 이 책의 저자의 특성을 더 제시할 필요가 없다. 제1권은 그리브스의 이집트 피라미드 묘사와 부라티니의 미이라 보고를 담고 있다. 또 코사크의 보고, 타타르의 또 다른 보고, 밍그렐리아와 조지아의 이야기도 있다. 또 타타르로의 네덜란드 사절단의 초록. 중국인들에 의한 대만 섬의 정복에 관한 보고, 토마스 로우 경과 테리의 모굴 여행, 동인도의 그리스어 묘사. (…) 골콘다, 타나사리, 아라칸 왕국들과 벵골 만과 태국에 대한 이야기. 본테쿠에의 인도 여행. 테라 오스트레일리아의 발견. 인도로 가는 항해 노선. 인도와 일본 무역에 관한 가르침. 볼리외의 동인도 여행. 필리핀제도, 일본, 예조(Yedso) 땅의 발견에 관한 이야기. 중국의 식물과 화초의 묘사. 중국에 있는 기독교의 고대적 기념물들. 제2권은 다음 기록들을 담고 있다. 네덜란드의 중국 사절단. 중국 지도집. (…) 중국으로 가는 육로 여행. 중국 철학자 공자의 두 번째 경전(중용 - 인용자). 이집트와 그 주변의 몇몇 나라의 역사. (…) 중국(Cathay) 황제에게 파견된 두 사절

---

47) Locke, *Political Essays*, 379쪽.
48) Locke, "A Catalogue and Character of Most Books of Voyages and Travels", 519쪽.

단. 중국 왕조의 연대기적 일람표. 바로의 아시아 또는 인도정복. 기독교인들에 관한 성 존의 보고. (…) 테브노는 모스크바의 차르로부터 육로로 중국으로 파견된 사절단에 관한 이야기를 담은 8절판의 단행본도 편찬했다."[49] 로크 자신이 "중국 철학자 공자의 두 번째 경전(중용)"을 언급하고 있기 때문에 틀림없이 『중용』 번역문을 직접 읽었을 것이다.

25. 익명의 저자, *Voyages de l'empereur de la Chine dans la Tatarie, ausquels on a joint une nouvelle decouverte au Mexique*, 12°. 로크는 "A Catalogue and Character"에서 이렇게 해설한다. "이 책은 중국 황제가 동부 만주와 서부 만주로 떠났던 2회의 여행을 다루고 있다. 다른 부분은 1683년에 캘리포니아 섬에서 스페인사람들이 이룬 정주를 보여준다. *Journal of Scavant*, vol. XIII, 446쪽."[50]

26. Mr. l'Abbé de T.(수도원장 T.), *Histoire de l'eglise du Japon*, 2 vol.s 4°. 1689년 파리에서 나온 책이다. "Mr. l'Abbé de T."는 장 크라세 신부(P. Jean Crasset)의 가명이다. 로크는 이 책에 대해 이렇게 해설한다. "이 책은 솔리에(Solier) 예수회 소속 신부에 의해 쓰였고, 이 수도원장(l'Abbé)에 의해 출판되었다. 수도원장은 언어를 정제했다. 이것은 교회사일지라도 모두 그 나라의 여행자들이었던 저 신부들이 쓴 기행문 책들에서 발견되는 온갖 다양한 세부사항들을 담고 있다. 이것은 10책으로 된 탁월한 책이다. *Journal of Scavant*, vol. XVII, 486쪽."

27. 라 루베르(Simon de La Loubère)의 『태국왕국론(Description du Royaume de Siam)』(1691; 영역: 1693). 이 책은 로크가 『인간지성론』에서 직접 거론하는 도서이고,[51] "A Catalogue and Character"에서도

---

49) Locke, "A Catalogue and Character of Most Books of Voyages and Travels", 519-520쪽.
50) Locke, "A Catalogue and Character of Most Books of Voyages and Travels", 523쪽.
51) Locke, *An Essay concerning Human Understanding* [1689], Bk.I, Ch.IV, §8.

소개하고 있다.[52] 이 책은 1693년 *A New Historical Relation of the Siam*로 영역되었다.[53] 로크는 아마 불어본이나 영역본으로 읽었을 것이다. 상론했듯이 이 책은 제목이 당시 '중국의 속방'이었던 태국을 말하고 있지만, 중국과 공자의 논의도 많이 담고 있다. 라 루베르는 이 책에서 공자의 기론적氣論的 천인감응론天人感應論과 천명론, 백성이 "자연본성을 움직이는 힘 이상으로 왕권의 중압을 지각하지 않는", 즉 국가강제 정치를 최소화하는 무위이치, 중국인과 공자의 반전·평화주의, 폭군방벌과 혁명의 중국역사, 중국인과 공자의 반전·평화주의, 덕치·예치론 등을 상론하고 있다. 이 주제들은 근대적 자유와 평등의 유교적 기원을 규명하려는 우리의 논의 맥락에서 아주 중요한 것들이다. 그밖에도 로크는 "A Catalogue and Character"에서 성직자(아베 드 수아시)의 태국여행·방문 일지, 태국의 자연적·정치적 이야기, 타사르(Tachard)와 예수회 신부들의 태국여행 1·2권 등 네 개의 태국 보고를 더 열거하고 있다.[54]

28. 피에르 벨, 『역사비판사전』(1697). 주지하다시피 벨은 당대 최고의 공자·중국전문가였다.[55] 이 책도 로크의 독서권장 리스트에 들어 있다.[56] 그리고 로크는 벨의 『혜성에 관한 다양한 생각들』(1682)에 대해 주석을 가하고 있기도 한다.[57]

---

52) Locke, "A Catalogue and Character of Most Books of Voyages and Travels", 525쪽.
53) Monsieur de La Loubere, *A New Historical Relation of the Kingdom of Siam*, T. 1 in Two Tomes, done out of French, by A.P. Gen. R.S.S. (London: Printed by F. L. for Tho. Horne, 1693).
54) Locke, "A Catalogue and Character of Most Books of Voyages and Travels", 523-524쪽.
55) 푸펜도르프, 베르니에, 퍼채스, 벨 등의 독서 리스트에 관해서는 참조: John Locke, *Political Essays*, edited by Mark Goldie (Cambridge: Cambridge University Press, 1997·2006), 376-379쪽.
56) Locke, *Political Essays*, 379쪽.
57) John Locke, "Secerdos", John Locke, Political Essays, edited by Mark Goldie (Cambridge: Cambridge University Press, 1997·2006), 343-345쪽.

29. 조아킴 부베의 『중국황제의 역사적 초상』(파리, 1697).[58] 로크는 이 책을 토이나드(Nicolas Toinard)가 보내준 불어원본으로 읽었다.

30. 루이 르콩트(P. Louis de Comte), *Nouveax memoirs sur l'estat present de la China* (1696)의 영역판 *Memoirs and Observations made in a Late Journey through the Empire of China* (1699).[59] 로크는 1699년 2월 지인에게 이 책의 불어원본을 구해달라고 요청했는데,[60] "A Catalogue and Character"에는 불어판을 제시하고 있다. 그는 이 카탈로그에서 *Journal des Scavant* 지를 인용해 이 책을 이렇게 소개한다. "르콩트 신부의 중국 비망록이 영어로 나왔다. 이 비망록은 아주 특기할 만한 구절들과 독특한 호기심거리들을 풍부하게 담고 있다. 이 책은 너무 많이 얘기되어 이에 대해 많이 얘기할 필요가 없을 정도다."[61] 이 말은 로크가 이 책의 내용에 아주 정통했다는 말로도 들린다.

31. 파티넬리(Giovanni Jacopo Fatinelli) 편, 『중국문화사(*Historia cultus Sinensium*)』(Colonae, 1700). 이 책도 로크가 『인간지성론』에서 직접 거론하는 도서다. 남아있는 원본 책의 뒷장에 로크에 의해 페이지 수자가 표시되어 있다.[62]

32. 리처드 하클류트(Richard Hakluyt), *The Principal Navigations ... of the English Nation*(『영국 국민의 (…) 주요 항해』)(1589). 이 책도 로크의 독서리스트에 올라 있다.[63] 앞서 지적 했듯이 이 책의 제5장은 발리

---

58) Joachim Bouvet, *Portrait historique de l'Empereur de la Chine, presenté au Roy* (Paris: Estienne Michalet, 1697); Joachim Bouvet, *The History of Cang-Hi, the Present Emperor of China, pesented[sic] to the Most Christian King* (London: Printed for F. Coggan, 1699). 강희제를 영역본에서 "가장 기독교인 왕"으로 묘사한 것은 이채롭다.
59) Carey, *Locke, Shaftesbury and Hutcheson*, 84쪽 각주49.
60) Carey, *Locke, Shaftesbury and Hutcheson*, 84쪽 각주49.
61) Locke, "A Catalogue and Character of Most Books of Voyages and Travels", 530쪽.
62) Carey, *Locke, Shaftesbury and Hutcheson*, 84쪽 각주48.
63) Locke, *Political Essays*, 379쪽.

냐노·산데의 『로마교황청 방문 일본사절단』(1590)의 제33장 "중국제국, 그 관습과 행정"을 "중국황제에 대한 논고(An Treatise of the King of China)"라는 제하에 전재하고 있다.

33. 보시어스, *Etymologicon Linguae Latinae* (1662). 보시어스의 이 라틴어 어원 책은 로크의 독서권장 목록에 올라 있다.[64] 이것으로 보아 이 책 외에도 로크가 보시어스의 중국 관련 글들을 읽었을 것이다.

로크의 이 독서 리스트는 16세기 중반 포르투갈·스페인·이탈리아 신부·선교사들이 쓴 아시아·중국학 저서와 여행기 및 『하멜표류기』를 포함한 한국·일본 관련 항해기와 한국기韓國記·일본기를 포함하고 있다. 우리는 이 독서목록을 통해 그가 16세기 중후반 중국에 귀족신분이 없다는 것을 최초로 알린 갈레오테 페레이라의 중국보고(1564), 중국에 세습노비제가 없다는 사실을 유럽인으로서 최초로 정확하게 파악하고 유럽사회에 보고한 크루즈의 『중국풍물론』, 귀족신분 없는 중국의 태생적 평등주의와 능력주의 관리행정을 소개한 멘도자의 『중국제국의 역사』(1595), 발리냐노·산데의 『로마교황청 방문 일본사절단』(1590)의 제33장 (중국과 공자에 대한 보고), 17세기 초에 마찬가지의 정보를 계속 전하는 『퍼채스, 그의 순례여행』(1613), 마테오 리치·트리고의 『중국인들 사이에서의 기독교 포교』(1615), 르콩트의 『중국의 현재상태에 대한 신비망록』(1696)의 영역판(1699) 등을 읽었다는 사실을 분명히 알 수 있다. 물론 로크는 이런 책들 외에도 더 많은 중국 및 공자 관련 서적들을 읽었다.

로크는 학계의 통상적 억측과[65] 달리 공자철학과 극동의 정치·종교

---

64) Locke, *Political Essays*, 379쪽.
65) W. Demel은 로크·밀턴 등이 공자와 중국을 잘 알고 적절히 활용했다는 사실을 전혀 모른 채 홉스·로크·밀튼·해링턴에 대해 이렇게 그릇된 논평을 가하고 있다. "유사한 '민족적 편견'이 중국에 관한 상대적으로 적은 양의 정보에 더해 영국인들에게도 있었을 것이다. 토머스 홉스의 『리바이어던』과 『시민론(De cive)』, 존 밀턴의 저작들,

문화를 잘 알고 있었고, "중국의 선교사들, 심지어 중국인에 대한 대단한 찬미자들인 예수회 회원들"의 여러 보고서를 읽었노라고 직접 밝히고 있기[66] 때문이다. 그는 인간의 본성이 도덕적으로 '백지白紙(white paper)'라는 자신의 도덕적 성백론性白論 때문에 공자의 '도덕철학'을 수용하지 않았을지라도『관용에 관한 서한』(1689)에서[67] 논한 그의 관용론과 관련된 핵심적 영감을 극동의 관용적 종교문화로부터 얻었고, 공맹철학으로부터『통치이론二論』(1689)에서 개진된 주요 정치개념들(자유·평등·혁명)에 관한 결정적 아이디어를 공자철학과 중국 정치제도로부터 직접, 또는 우회적으로 뷰캐넌·수아레스·밀턴 등으로부터 받아들였다.

■ 로크의 공자 언급과 중국찬양, 그리고 극동문화론

로크는 공자와 유교에 대해 어느 정도 이해하고 있었으며, 당시 한창이던 중국전례典禮논쟁에도 예민한 관심을 보였다. 따라서 로크는 틀림없이 중국의 평등사회를 논하면서 영국과 유럽의 귀족들을 비판한 로버트 버튼의『우울증의 해부』(1621), 17세기 중후반에 나온 존 웹의『중국제국의 언어가 원시적 언어일 개연성의 입증을 시도하는 역사적 논고』(1669), 즉『중국의 유구성』(1678), 보시어스의「중국의 예술과 과학에 관하여(De artibus et scientiis Sinarum)」(1685), 나다나엘 빈센트의 궁정설교문『영예의 바른 개념』(1685)에서 설파된 공자철학 등도 틀림없이

제임스 해링턴의『오세아니아』, 존 로크의『통치이론(二論)』은 영국사의 위기적 시기에 쓰였고, 이 저자들이 그들 자신의 나라의 문제를 푸는 데 너무 사로잡힌 나머지 유럽의 경계를 넘을 수 없었다." Walter Demel, "China in the Political Thought of Western and Central Europe, 1570-1750", 47쪽. Thomas H. C. Lee, *China and Europe: Images and Influence in Sixteenth to Eighteenth Centuries* (Hong Kong: The Chinese University of Hong Kong Press, 1991).

66) Locke, *An Essay concerning Human Understanding* [1689], Bk.I, Ch.IV, §8.
67) John Locke, *A (First) Letter concerning Toleration* (1689). *The Works of John Locke*, in ten volumes, vol. VI (London: 1823; Aalen, Germany: Reprinted by Scientia Verlag, 1963). 이후「관용에 관한 제2서한」(1690)과「제3서한」(1692)이 이어 나온다.

읽었을 것이다.

이런 학습배경에서 로크는 네 번이나 공자의 이름을 직접 언급한다. 우선 위에서 보듯이 1681년 이전에 작성된 독서목록 "A Catalogue and Character"에서 그는 공자를 두 번이나 언급하고 있다. 테브노와 관련된 소개문에서 그는 『중용』을 "중국철학자 공자의 두 번째 경전(the second book of *Confucius* the Chinese philosopher)"으로 소개하고 있다.[68] 그리고 나바레테의 『중국왕국의 역사·정치·지리·종교적 보고』(1676)와 관련된 소개문에서는 나바레테의 경전발췌번역문을 "중국인들의 위대한 철학자 공자의 도덕들(the morals of *Confucius*, their great philosopher)의 진실한 번역"이라고 칭찬하고 있다.[69]

그리고 일반적 논의 속에서도 공자를 언급한다. 로크는 1686년경에 집필한 「윤리 일반에 관하여(Of Ethic in General)」에서 공자를 아리스토텔레스, 스키타이 현군 아나카르시스와 동렬로 놓고 언급한다.

- 아리스토텔레스나 아나카르시스, 공자, 그리고 우리들 사이의 누구든 이 행동이나 저 행동을 덕성 또는 악덕이라고 명명할지라도 그들의 권위는 다 똑같고, 그들은 만인이 가진 능력만을 발휘하는데, 이것은 그들의 말이 얼마나 복잡한 관념들을 표현하는지를 입증하는 것이다.[70]

그리고 로크는 1695년에 집필한 『기독교의 순리성(The Reasonableness of Christianity)』(1695)에서 '공자'를 그리스 신화 속의 위대한 군주(비아스), 솔론, 키케로와 동렬로 놓고 도덕률을 논한다.

---

68) Locke, "A Catalogue and Character of Most Books of Voyages and Travels", 519쪽.
69) Locke, "A Catalogue and Character of Most Books of Voyages and Travels", 554쪽.
70) John Locke, "Of Ethic in General" (1686~8?), 302쪽. John Locke, *Political Essays* (Cambridge·New York: Cambridge University Press, 1997). 아나카르시스(Anacharsis)는 솔론의 동시대인으로서 위대한 현자로 알려진 스키타이 군주다.

- 누군가 구세주 시대 이전의 지혜로운 이교도들의 어록으로부터 기독교 안에서 발견되는 저 모든 도덕률들의 수집록이 만들어질 수 있다고 생각한다. (…) 이것은 그리스의 솔론과 비아스로부터, 저것은 이탈리아의 툴리(키케로)로부터 발췌하고, 그리고 작품을 완성하기 위해서, 중국에 관한 한, 공자를 참조하라.[71]

로크는 공자와 서양인들의 이런 철학적 접촉이 이미 17세기 중후반에 깊어졌기 때문에 공자와 공자의 경전들을 읽고 잘 알았고 이런 접촉으로부터 극동아시아의 철학패러다임에 대해 친숙했다.

또한 로크는 극동제국의 종교상황과 종교적 관용을 잘 알고 있었고 그의 최초 관용론 논의에서 일본의 종교상황을 인용한다. 그는 1637년 스페인·포르투갈 선교사들의 배후조종으로 일어난 일본의 '시마바라(島原)의 난'(가톨릭농민반란)을 통해 극동의 종교적 관용을 악용하고 유린하는 가톨릭선교사들의 야만적 행각도 잘 알고 있었다. 로크는 1667년에 쓴 「관용에 관한 에세이(An Essay on Toleration)」에서 1637년의 '시마바라의 난'을 포르투갈 가톨릭선교사들이 일본에서 종교적 통일성을 기도하는 음모적 의도가 일본 치자에 의해 발각되자 저지른 범죄행위로 비판했다.[72]

당시 일본에서 활동하던 포르투갈 선교사들은 어리석게도 처음에 선교사들이 낯선 땅에 들어가 참을성 있게 원주민을 개종시키는 '관용적' 선교활동을 전개해 원주민 사이에서 상당한 정도로 영향력을 얻은 다음 국경 밖의 포르투갈 군대가 가톨릭 원주민과 내응해 원주민의 원조요청

---

71) John Locke, *The Reasonableness of Christianity* [1695], 141쪽. *The Works of John Locke*, vol.6 (London: 1823; Aalen, Germany: Reprinted by Scientia Verlag, 1963). '비아스'는 그리스 신화에서 여성들의 전염성 정신병을 치료해주고 왕이 된 인물이다.
72) John Locke, "An Essay on Toleration" [1667], 158쪽. John Locke, *Political Essays* (Cambridge: Cambridge University Press, 1997·2006, 6th printing).

을 받고 침입해 중남미제국을 정복하고 완전히 가톨릭으로 통일시킨 방법을 일본 치자들에게 자랑했다. 일본 승려들은 이것을 역이용했다. 로크에 의하면, 감언이설로 일본 통치자를 속여 포교를 허가받은 가톨릭 사제들은 함부로 활동했다. 승려들은 이것을 처음에 어쩔 수 없이 견디어야 했다. 하지만 승려들은 가톨릭 사제들이 마각을 드러내 국가를 위태롭게 할 때를 기다렸다가 역공을 가했다고 한다. 로크는 12년 뒤에 쓴 『관용에 관한 서한』(1689)에서도 가톨릭 선교사들의 이 음모적 선교활동을 다시 지적한다.[73]

동시에 로크는 '시마바라 가톨릭농민반란'과 관련해 일본의 전통적 종교자유와 다종교 간 관용을 언급한다.[74] 위에서 제시된 일본 관련 기행문과 역사서에서 얻은 로크의 이 비교적 정확한 극동 정보는 그가 1689년의 『관용에 관한 서한』에 결정적 영향을 미쳤다.

로크의 이 『관용에 관한 서한』은 특히 당대 최고의 공자전문가 피에르 벨과의 교우 속에서 그의 관용사상에 크게 감화를 받아 1667년에 썼던 「관용에 관한 에세이」를 상기해서 쓴 관용론이다. 로크가 『관용에 관한 서한』에서 개진한 관용론은 물론 여전히 밀턴의 종교자유·관용론처럼 가톨릭과 무신론자를 관용의 대상에서 제척除斥하는 '제한적 관용론'이다. 따라서 이 제한적 관용론은 밀턴의 제한적 관용론을 비판하고 '무차별적 관용론'을 전개한 피에르 벨에 의해 마찬가지로 비판받을 수 있는 수준의 관용이론이었다.[75]

---

73) 가톨릭 사제들은 "아직 주인이 될 권력을 얻지 못해 박해를 가할 수 없는 곳"에서 "관용을 설교하고", "이웃의 우상숭배·미신·이단의 접촉을 지극히 참을성 있게, 흔들림 없이 견디지만", "세속권력에 의해 보강될 경우에는 종교의 권력이익 때문에 이런 접촉을 극단적으로 싫어한다." Locke, *A (First) Letter concerning Toleration* [1689], 19-20쪽.
74) Locke, "An Essay on Toleration", 158쪽.
75) 벨의 '무차별적 관용'의 모델이 된 공자와 중국의 '무제한적 관용' 원칙과 대비되는 로크의 제한적 관용론, 그리고 벨의 '무차별적' 관용론과 볼테르의 '보편적' 관용론과 종교자유론에 대한 상론은 참조: 황태연, 『극동의 격몽과 서구 관용국가의 탄생: 유교제국의 무

로크는 「통치에 관한 제2논고(Second Tract on Government)」(1662)에서 당시로서 최근 사건에 속하는 만주족의 중국정복과 더불어 강행된 변발編髮정책에 대한 중국인들의 사활적 저항 사건을 인용하면서 문화적 정체성의 중요성을 논하고 있다.[76]

- 우리는 최근 장기화된 포위 뒤에 마침내 항복으로 내몰린, 중국인들 사이에서 동부에 위치한 한 도시에 관한 보고를 들었다. 대문은 적에게 활짝 열렸고, 모든 주민들은 승자의 의지에 굴복했다. 그들은 적의 손에 자기 자신, 아내, 가족, 자유, 재산, 간단히 신성하고 세속적인 모든 것을 내던졌다. 그러나 그들은 민족적 관습에 의해 머리에 착용한 땋은 머리카락을 자르라는 명령을 받았을 때 무기를 다시 들고 마지막 한 사람까지 다 살육될 때까지 맹렬하게 싸웠다. 이 사람들은 그들의 전 시민적 실존이 적의 노예상태로 영락하는 것을 허용하기로 각오했을지라도 조상의 전통에 따라 땋은 머리카락에 조금이라도 간섭하는 것을 허용할 수 없어서 생명 자체와 자연의 튼실한 혜택보다 가장 경미한 것과 전혀 중요하지 않은 것, 즉 신체의 단순한 배출물에 불과한 것, 그러나 일반적 판단과 그 종족의 관습에 의해 거의 신성불가침한 것을 쉽사리 선택할 정도였다.[77]

로크는 '문화적 정체성'이 '생명'보다 더 중요하다는 사실을 논하는 맥락에서 중국 고유의 두발 형태로 표현된 문화적 정체성을 지키려는 중국인들의 이 목숨 건 저항사건을 들고 있다. 중국의 이 만주족의 정복전쟁과 변발사건에 대한 정보 출처는 마르티니의 『타타르 전쟁기』(1654)다.

제한적 관용사회의 서천』(서울: 솔과학, 2022), 494-552, 568-789쪽.
76) Locke, "Second Tract on Government", 59-60쪽.
77) Locke, "Second Tract on Government", 59-60쪽.

이 책은 알바레즈 세메도의 *Relatione della Grande Monarchia della Cina*(『중국제국기』, 1643)의 영역본 *History of Great and Renowned Monarchy of China*(1655)에도 부록으로 실려 있다. 따라서 로크는 마르티니의 저 라틴어 원본이든, 세메도의 영어본『중국제국기』에 실린 부록이든 마르티니의『타타르 전쟁기』를 정독했을 것이다.

로크는 중국의 종교 상황에 대해서도 논했다. 그는 그의 인식론 철학의 주저『인간지성론』(1689)에서도 신의 관념이 본유적이지 않다고 주장하면서 굳이 동아시아와 중국의 철학적 종교관을 소개한다.

- (…) 이런 문자와 훈육, 학문과 예술을 아주 크게 향유해왔지만 이 방향으로의 자기 사상의 적당한 활용이 없어 신의 관념과 지식을 결여한 여타 민족들도 존재한다. 나는 이런 범주의 태국민족들을 발견하는 것이 나에게 그런 것처럼 다른 사람들에게도 놀라움일 것이라는 것을 의심치 않는다. 그러나 이를 위해서는 중국인들에 대해서도 더 나은 보고를 제공하지 않는 프랑스국왕의 사절을 참조하라. 우리가 이 라 루베르(La Loubere) 특사, 중국의 선교사들, 심지어 중국인에 대한 대단한 찬미자들인 예수회 회원들 자체를 믿으려고 하지 않을지라도, 중국의 오랜 종교를 고수하는 선비 또는 학자 종파와 그곳의 통치집단이 모두 다 무신론 집단이라는 사실에 마지막 한 사람까지 모두가 동의하고 우리를 확신시켜 줄 것이다. 나바레테(Navarette)의 여행기수집록 제1권과 (파티넬리의)『중국문화사(*Historia cultus Sinensium*)』를 보라.[78]

---

78) Locke, *An Essay concerning Human Understanding* [1689], Bk.I, Ch.IV, §8. "Navarette"는 'Navarrete'의 오기이고, '여행기수집록'이란『중국왕국의 역사·정치·윤리·종교적 보고』(1676)를 가리킨다. 그리고 *Historia cultus Sinensium* (Colonae, 1700)의 편저자는 Giovanni Jacopo Fatinelli다.

로크는 여기서 여러 가지 극동 관련 서적들을 단숨에 열거하고 있다. 라 루베르 특사의 보고서, 예수회 신부들의 수많은 저작들, 나바레테의 『중국왕국의 역사·정치·윤리·종교적 보고』(1676), 파티넬리(Giovanni G. Fatinelli) 신부의 『중국문화사(Historia cultus Sinensium)』(1700) 등이 그것들이다. 1700년에 나온 파티넬리의 책도 소개하는 것으로 보아 로크는 이 책을 『인간지성론』의 초판(1689)에 인용한 것이 아니라 1700년 이후에 출판된 재판이나 3판에 추가한 것으로 보인다.

중국문화에 대한 로크의 논의에서 무엇보다도 중요한 것은 그가 중국국민을 '문명인'으로 아주 높이 찬양했다는 사실이다. 그는 익명으로 출판한, 그리고 생전에 자신이 저자임을 끝내 밝히지 못한 '아주 위험한' 『통치이론統治二論』(1690)에서[79] "중국인"을 "아주 위대하고 아주 문명적인 백성(a very great and civil people)"으로 극찬하고 있다.[80]

로크는 조용하게 중국에 열광했던 것이다. 상론했듯이 그는 사적 친교관계에서도 친親중국적 인맥에 싸여 있었다. 로크의 제자는 섀프츠베리였고, 섀프츠베리는 극동철학을 깊이 이해하고 계몽을 선두에서 이끌고 있던 피에르 벨과 절친한 관계였다. 로크도 섀프츠베리를 매개로 벨과 개인적으로 친밀한 관계였을 뿐만 아니라 그로부터 막대한 철학적 감화를 받았고 이런 감화로 관용문제에 다시 관심을 돌림으로써 1689년에 『관용에 관한 서한』을 집필·출판할 수 있었다.

1.2. '자연적' 자유·평등개념의 유교적 기원에 대한 인지

---

79) John Locke, *Two Treatises of Government: In the Former, The False Principles and Foundation of Sir Robert Filmer and His Followers, are Detected and Overtjrown. The Latter is an Essay concerning The True Original, Extent, and End of Civil-Government*, edited with an introduction and notes by Peter Laslett (Cambridge: Cambridge University Press, 1988 student edition).
80) Locke, *Two Treatises of Government* [1690], Book 1, Ch.11, §141 (243쪽).

로크의 『통치이론統治二論』은 1689년 12월 익명으로 출판되었다. 이 초판의 출판연도는 그러나 당시 관례에 따라 책 표지에 1690년으로 표기되었다. 그러나 이 『통치이론』의 완성은 20여 년에 걸쳐 이루어진다. 이 책은 초판을 교정·수정한 재판, 다시 재판을 재수정한 제3판, 이 제3판을 다시 대대적으로 수정·보충한 재개정·증보판이 나옴으로써 최종 완성되었다. 따라서 이 재개정 증보판(제4판)은 내용적으로 초판과 몰라볼 정도로 달라졌다. 이 재개정 증보판은 그의 사후 9년이 지난 1713년에 출판되었다.[81] 로크는 이 『통치이론』에서 로버트 필머의 가부장적 절대군주론과 자연적·태생적 종속(부자유)·불평등론을 끈질긴 논변으로 논파하고 극동의 유교국가에서 들어온 인간과 백성의 자연적 자유·평등이념을 탁월한 논변으로 논증하고 방어했다.

■ 신비적 고대헌법론에 대한 불가피한 의례적 굴복

로크의 명성은 그 당시에도 '명예혁명의 이론가'로 묶여 있었다. 이 때문에 그는 명예혁명을 군주와 귀족 간의 견제와 균형을 담은 게르만적 원천계약(Original Contract)으로서의 '고대헌법'의 '복고(Restauration)'로 이해하는 명예혁명 주도세력의 비위를 맞춰야 했다.

그리하여 로크는 찰스 2세의 왕정복고(1660)에 반대해 집필했던 원고를 셀 수 없이 수정하고 또 『통치이론』의 서문에서 윌리엄 3세(오렌지 공)를 게르만 숲속에서 유래했다는 고대헌법의 "복고자(*Restorer*)"라고 '칭송'하면서 『통치이론』의 출간 목적을 윌리엄 3세의 왕권을 확립하는 것으로 제시했다.

---

81) Peter Laslett, "Introduction", 10쪽. John Locke, *Two Treatises of Government*, edited with an introduction and notes by Peter Laslett (Cambridge: Cambridge University Press, 1988 student edition).

● 독자여,
당신은 여기서 통치에 관한 논의의 시작과 종말을 읽게 된다. 어떤 운명이 시작과 종말 사이의 중간을 채웠을, 그리고 나머지 모든 양보다 더 많은 지면들을 달리 처분할지는 당신에게 말할 가치가 없다. 남은 이 지면들은 우리의 위대한 복고자(Restorer), 우리의 현재 국왕 윌리엄의 왕좌를 확립하기에 충분하기를 나는 희망한다. 우리의 국왕은 기독교세계의 어떤 군주보다 더 완전하게, 그리고 더 명백하게 그의 모든 합법적 정부들 중 유일한 정부라는 타이틀을 백성의 동의로 지켜야 한다.[82]

로크는 명예혁명 당시의 정치적 분위기에 위축되어 자기검열을 하듯이, 또는 치욕적이지만 어쩔 수 없이 윌리엄 3세를 게르만 숲속으로부터 유래했다는 영국의 - 결코 실존한 적이 없었던 - '고대헌법'의 "복고자"로 칭송하고 있다. 그러나 로크는 사석에서 1689년의 타협을 개탄했다. 그는 "통치의 거대한 틀"을 고치고 "국가의 모든 신민들의 시민권과 자유와 재산의 안정을 위해" 오래갈 신新국가체제를 수립할 "대단히 귀중하지만 짧은" 기회가 열린 마당에 혁명의회가 왜 일상적 의회처럼 "작은 일들"을 다루고 있는지 답답해했다. 로크가 바란 것은 "정부를 녹여 완전히 새로운 것을 만드는 것"이지, 정부를 고치는 것이 아니었다.[83] 군주와 귀족들만이 설치는 소위 '고대헌법론'에 중국에서 유래한 자연적 자유와 평등의 이념을 쑤셔 넣음으로써가 아니라, 오직 "정부를 녹여 완전히 새로운 것을 만듦"으로써만 이 자연적 자유·평등이념을 영국에 정착

---

82) Locke, *Two Treatises of Government*, 137쪽("The Preface").
83) Hugh Trevor-Roper, "Epilogue: The Glorious Revolution", 493-494쪽. Jonathan I. Israel, *The Anglo-Dutch Moment. Essays on the Glorious Revolution and its World Impact* (Cambridge: Cambridge University Press, 1991).

시킬 수 있었기 때문이다.

그러나 로크는 외국군대를 불러들인 대귀족들의 군사쿠데타로서의 귀족적 명예혁명의 복고적 보수주의에 비위를 맞추는 이런 이념적 타협 속에서 수사修辭와 표현법만을 수정하는 것이 아니라, 현실 앞에 굴복해 자연적 자유와 평등의 본질적 내용까지도 삭감하게 된다. 뒤에 상론하듯이 그는 신화적 고대헌법론을 우회하는 대신, 홉스의 자연·사회상태 이원론을 받아들여 '자연적 자유와 평등' 이념을 자연상태에서 방어하지만, 경직된 이원적 자연·사회상태론에 맞춰 인간들이 자연상태에서 사회상태로 이행하면서 자연적 자유와 평등을 국가에 (홉스보다 한 술 더 떠) 남김없이, 그리고 (홉스 식으로) 암암리에 '돌이킬 수 없이' 양도한다는 궤변을 폄으로써 궁극적으로 사회상태에서도 잔존하는 불가양의 '자연적 자유와 평등'을 말살해 버리고 만다. 그럼에도 그는 필머에 맞서 자연상태에서의 자연적 자유·평등만은 끈질기게 논증하고 방어한다.

■ '자연적 자유·평등이념'의 중국 기원에 대한 로크의 명확한 인지

로크가 필머에 대항해 논증하고 방어한 자연적 자유와 평등의 이념은 '중국산'이었다. 여러 정황으로 볼 때 그는 인간과 백성의 자연적(본성적)·태생적(생득적) 자유·평등개념의 중국적·유교적 유래를 명확하게 알고 있었던 것이 틀림없다. 다시 상기하자면 중국사회의 일반적 자유(자치)와 탈신분적 평등은 공자의 "민유방본民惟邦本(백성은 나라의 근본이다)"·"무위이치無爲而治"·"유이불여有而不與(군주는 나라를 영유하나 통치에 관여하지 않는다)"·"백성자치百姓則君以自治(백성은 임금을 표준으로 세우고 자치한다)"·"성상근性相近"·"천하무생이귀자天下無生而貴者(천하에 나면서부터 귀한 자는 없다)"·"사무세관士無世官(선비는 관직을 세습하지 않는다)"·"사이덕使以德 작이공爵以功(덕으로 부리고 공으로 관작을 준다)" 등 일련의 자연적·태생적 자유·평등 명제의 구현물이었다. 공맹철학과 중국 국가제도의 서천과정에 대한 추적을 통해 드러나듯이 16-17세기 서구의 '자연적 자유와 평등' 이념은 중국의 정치철학과 국가제도에서 유래한 것이다. 따라서 1680-90년대 당시에 로크가 당연한 이념으로 흡수·체화한 그 자연적 자유·평등이념도 궁극적으로 중국적 기원으로 소급되는 것이었다.

따라서 로크가 옹호·수호하려는 그 자연적 자유·평등이념의 기원을 추적해 올라가면 논의는 찰스 1세의 목을 앗아간 유혈낭자한 청교도혁명과 그 이데올로그 존 밀턴을 떠올리지 않을 수 없고, 더 올라가면 '주홍글씨' 뷰캐넌과 '영국의 국적國賊' 가톨릭 신학자 수아레스에 닿고, 여기서 더 나아가면 이교철학자 공자와 이교국가 중국제국으로 유입되게 되어 있었다. 따라서 '자연적 자유·평등이념'이란 영국에서 '혈전血戰'과 '이교異敎'의 이미지를 둘 다 풍기는 말이었다. 이런 까닭에 자연적 자유·평등 테제를 방어하는 본격적 논변을 전개하기 전에 그 기원과 원천에 대한 소급 추적을 제쳐놓자는 제안을 한다.

- 누가 최초로 이 독트린(자연적 자유·평등원리)을 제기하기에 이르렀고, 그리고 누가 우리들 사이에서 유행시키게 되었는지, 그리고 그것이 무슨 슬픈 결과를 야기했는지는 역사가들에게 이야기하도록 맡기거나, 또는 십소프(Sibthorp)나 맨워링(Manwaring)과 동시대인들이었던 사람들의 기억에 회상하도록 맡긴다. 지금 당장 내가 할 일은 단지 이 논변을 가장 멀리 끌고 가는 것을 허락받고 그것을 완벽에까지 밀고 나간 것으로 생각되는 로버트 필머 경이 그 논변 안에서 말한 것을 고찰하는 것일 뿐이다.[84]

---

84) Locke, *Tow Treatises of Government*, Book I, §5 (143쪽).

십소프(Robert Sibthorp, ?-1662)와 맨워링(Roger Manwering, 1590-1653)은 찰스 1세의 절대왕정을 지원하기 위해 자연적 자유·평등론을 부정하고 왕권신수설을 강력히 옹호했던 주교들이다. 1627년 그들은 각각 왕의 절대권력을 찬양하는 악명 높은 논고 *Of Apostolique Obedience*와 *Religion and Allegiance*를 설교하고 출판했다. 찰스 1세의 뜻을 받든 이 설교의 핵심 논지는 "왕이 신이었다"는 것이었다. 이에 의회는 그들을 탄핵했고, 상원은 그들을 고발했다. 이에 따라 1628년 그들은 투옥당해 벌금형에 처해졌고, 목사직과 성직록을 박탈당했다. 찰스 1세는 이에 격노해서 즉각 칙령으로 그들을 사면하고 주교로 복권시켰다. 이후 십소프와 맨워링은 청교도를 표적으로 박해했다. 그러자 1647년 장기의회는 그들을 다시 투옥했다. 그러나 왕정복고 후에 찰스 2세는 그를 다시 석방했고, 로크는 그들을 이후에도 줄곧 '자유의 적'으로 규탄했다. "십소프나 맨워링과 동시대인들이었던 사람들"은 주교들과 동시대에 살았던 사람들", 말하자면 영국내전과 크롬웰 공화국시대에 살았던 청교도 독립파·수평파를 우회적으로 표현하는 것이다. 로크는 저 두 가지 사실을 추적하는 일을 역사가와 십소프·맨워링과 동시에 살았던 청교도들'에게 나눠 맡긴다고 말하고 있는 것이다. 즉, "누가 최초로 이 독트린(자연적 자유·평등원리)을 제기하기에 이르렀고, 그리고 누가 우리들 사이에서 유행시키게 되었는지"는 "역사가들"에게 맡기고, 이 독트린이 "무슨 슬픈 결과를 야기했는지"는 영국내전에 참여했던 청교도들의 기억에 맡긴다는 것이다.

  로크는 무엇보다도 자연적 자유·평등이념의 최초 제기자와 유포자들을 역사적으로 소급·추적하는 일을 "역사가들"에게 맡긴다고 말함으로써 자연적 자유·평등이념의 기원 문제를 황급히 덮어버리고 있다. 이 기원에 대한 역사적 추적은 이 이념의 수용·확산과정으로 거슬러 올라가

이 중국 이념이 서천西遷하는 데 징검다리 역할을 한 수많은 중국·공자 관련 서적들을 주제로 삼기에 이를 것이다. 이 서적들은 '중국에 귀족신분이 없다'는 충격적 사실을 최초로 알린 갈레오테 페레이라의 중국보고(1564), 중국에 세습노비제가 없다는 사실을 유럽인으로서 최초로 정확하게 파악하고 유럽사회에 보고한 가스파르 다 크루즈『중국풍물론』, 귀족신분 없는 중국의 태생적 평등주의와 능력주의 관리행정을 소개한 곤잘레스 데 멘도자의『중국제국의 역사』(1595), 발리냐노·산데의『로마교황청 방문 일본사절단』(1590)의 제33장, 17세기 초에 마찬가지의 정보를 계속 전하는『퍼채스, 그의 순례여행』(1613), 마테오 리치·트리고의『중국인들 사이에서의 기독교 포교』(1615), 로버트 버튼의 장기 베스트셀러『우울증의 해부』(1621, 1652), 중국에 귀족이 부재하다는 것을 알리는 보디에의『중국 왕조의 역사』(1626), 귀족을 대체한 중국 신사를 상론한 알바로 데 세메도의『중국제국기』(1642), "민유방본民惟邦本"을 서양 최초로 "Hunc[Populo] enim regni radicem esse"로 번역·소개한 마르티니의『중국기』(1659), 중국 내각제를 상론한 니우호프의『네덜란드로부터 북경에 파견된 사절단』(1665), 중국의 통치를 선비의 통치로 소개한 키르허의『삽화를 곁들인 중국 해설』(1667), 가브리엘 마젤란의『신중국기新中國記』(1668) 등이다. 위에서 우리는 로크의 독서목록의 치밀한 복원을 통해 그가 이 책들을 거의 다 섭렵했다는 사실을 정확하게 확인했다. 로크는 이 독서를 통해 중국제국의 탈신분제적 자유·평등 제도와 종교자유·관용을 잘 알고 있었고, 따라서 자연적 자유와 평등 이념의 궁극적 출처가 중국이라는 것을 인지하고 있었다고 봐야 할 것이다.

그러나 로크는 신·구교 간의 대결로 발발한 일종의 국제적 종교전쟁인 명예혁명의 전후前後시기에 '이교국가' 중국으로 넘어갈 수밖에 없는 역사적 추적문제를 "역사가들에게 맡긴다"는 말로 덮어버릴 수밖에 없었다. 개신교파 대귀족들이 가톨릭 국왕을 내쫓은 이 종파적 방벌 시기에 이교국가 중국과 이교철학 유교를 끌어들여 필머와의 끝장 논쟁을 통해 자연적 자유와 평등을 방어한다는 것은 거의 '자책골'이나 다름없었기 때문이다.

그러나 '자연적 자유·평등 이념의 논증적 방어'가 『통치이론』의 핵심 목적 중에 하나이기 때문에 이 역사적 추적문제는 이렇게 덮어버리고 거두절미 이 이념을 논증하기만 하면 될 성질의 문제가 아니었다. 로크가 주로 맹공을 가하는 로버트 필머의 주저 『가부장, 또는 왕들의 자연적 권력(Patriarcha, or the Natural Power of Kings)』(1680)에서 필머 자신이 이 자연적 자유와 평등 이념의 역사적 출처를 들먹이며 이 이념을 이교적 이단으로 몰아 비판했기 때문이다. 주지하다시피 필머의 『가부장』은 밀턴의 『왕과 치자의 재임권』에서 전개된 정치계약이론과 폭군방벌론을 비판하기 위해 쓰였는데, 그 원고는 크롬웰공화국 시기(1650-1660)에 전국적으로 회람되고[85] 사람들 사이에서 널리 회자되었다. 이 원고는 왕정복고 후 1680년 인쇄되어 책으로 출판되었다. 『가부장』의 핵심논지는 '인간과 백성의 자연적 자유'를 부정하고 그 대신 "왕들의 자연적 권력"을 주장하는 것이다. 따라서 로크는 『통치이론』에서 축조逐條비판 방식으로 이 『가부장』에 대한 철저한 비판을 수행한다. 필머가 자연적 자유와 평등을 돌비적突飛的 주장이라고 지적하고 있기 때문에 그는 '자연적 자유와 평등' 독트린의 궁극적 출처가 중국이라는 것을 누구보다도 잘 알고 있었을 것이다.

상론했듯이, 필머는 뷰캐넌·수아레스·밀턴의 폭군방벌론의 핵심요소를 '자연적(본성적)·태생적 자유·평등' 개념으로 규정하고 먼저 이 개념을

---

[85] Charles R. Geisst, *The Political Thought of John Milton* (London: The Macmillan Press LTD, 1984), "Appendix III. Filmer's Critique of Milton", 110쪽.

분쇄하려고 시도했다. 그는 뷰캐넌·벨라르민·수아레스의 자연적 자유·평등 개념과 왕권민수론의 출처를 갑자기 늘어난 '세미나리'(seminary, 신학교)의 신학으로 지목했다. 그리고 여기서 필머는 인간의 자연적(본성적)·태생적 자유와 인민대중의 정부선택·통치권력수여론(인민주권론)이라는 "공통견해"가 뷰캐넌·벨라르민·수아레스 등이 다닌 "신학교"의 "신학"이 "번창하기 시작한 때"부터 출현했다고 단정했다.[86] 필머의 이 말에서 자연적 자유·평등과 왕권민수론은 유럽에 전통이 없던 전대미문의 이론이고, 신학교가 번창하기 시작한 16세기 후반에야 비로소 등장했음이 명확해진다. 그러면서 필머는 이 '불온사상'이 맨 처음 개신교국가와 개신교국왕을 타도하려는 '흑심'을 가진 가톨릭 세계의 신학교에서 발생해서 교황파들에 의해 육성되고 개신교파에게도 전파되었다고 지적했다. 필머는 "자유의 욕구가 아담의 타락의 첫 번째 원인이었다"고 단언한다. 따라서 그의 눈에 '자연적 자유' 이론은 분명한 반反성서적·반反기독교적 이단성격의 이론이었다. 그럼에도 불구하고 이 이론은 이후 일파만파를 일으키며 유럽에 확산되었다. 16세기 말부터 자연적·태생적 자유·평등사상은 영국과 유럽의 도처에서 설교하는 신·구교 성직자들과 철학자들, 그리고 심지어 독립파 청교도의 크롬웰 신형군新型軍에 가담한 "보통백성들"과 "대중의 가장 천박한 사람들"이 "가장 그럴싸한" 사상으로 "소중하게 가슴에 품고" 있거나, 또는 "마치 인간적 지락至樂의 정점이 오로지 자유 안에만 들어 있는 것처럼 자유를 더 극적으로 과장

---

86) Robert Filmer, *Patriarcha: or the Natural Power of Kings* [1652-3년경] (London, Printed for Ric. Chiswell in St. Paul's Church-Yard, Matthew Gillyflower and William Henchman in Westminster Hall, 1680), 2쪽. "신학교 신학(School-Divinity)이 번창하기 시작한 때부터 다음과 같은 것을 인정하는 공통견해가 신학자들에 의해서만이 아니라 다양한 다른 식자들에 의해 주장되어왔다. "인간은 자연적(본성적)으로 모든 굴종으로부터의 자유를 부여받았고 또 이런 자유를 가지고 태어나서 인간의 마음에 드는 어떤 정부형태든 선택할 자유가 있다. 그리고 어떤 인간이든 이 인간이 다른 인간들에 대해 가지는 권력은 처음에 대중의 재량에 입각해 부여되었다."

할" 정도로 널리, 멀리 유포되었다는 것이다.[87]

필머는 다시 자연적 자유와 평등에 관한 이런 명제들이 원시교회의 고대 교부들과 박사들로부터 기원하는 것이 아니라고 확언했다. 이 명제들은 성서의 교리와 모순되는 '가장 뜬금없는' 주장이고 '가장 위험한' 주장이라는 것이었다. 필머는 신학적으로 "그릇되기" 짝이 없고 정치적으로 "위험하기" 짝이 없는 이 '자연적 자유·평등' 테제와 왕권민수론王權民授論(궁극적으로 공맹의 이론)이 헤브라이즘 전통에도 없었고, 유럽 군주국의 전통에도 없었고, 전통적 자연법사상에도 없었던 사상이라고 확인한다.[88] 즉, 그것은 '갑자기 날아들어 고색창연한 교회들의 창문을 깨는 돌멩이'와 같이 '돌비적突飛的인 사상'이었던 것이다.

그리고 필머는 뷰캐넌, 파슨스(Robert Parsons, 1546-1610, 영국 예수회 신부), 벨라르민, 칼뱅주의자들(잉글랜드 청교도, 스코틀랜드 장로교도, 프랑스 위그노 등)을 이 자연적 자유·평등 명제를 확산시킨 주범으로 고발했다. 필머는 가톨릭과 청교도의 칼뱅주의를 둘 다 배격하는 영국 국교도(성공회교도)였다. 그래서 그는 칼뱅주의자들까지도 탄핵한 것이다.[89]

---

87) Filmer, *Patriarcha*, 2-3쪽. "이 교의는 스콜라 신학교에서 처음 부화되었고, 대를 이은 모든 교황파들에 의해 훌륭한 신학을 위해 육성되었다. 개신교 교회의 성직자들도 그것을 받아들였고, 보통백성들은 도처에서 그것을 보통사람들에게 가장 그럴싸한 것처럼 소중하게 가슴에 품고 있다. 왜냐하면 이 명제는 자유의 욕구가 아담의 타락의 첫 번째 원인이었다는 것을 결코 상기하지 못한 채 마치 인간적 지락至樂의 정점이 오로지 자유 안에만 들어 있는 것처럼 자유를 더 극적으로 과장하는 대중의 가장 천박한 사람들에게도 한 조각의 자유를 분배해주기 때문이다."
88) Filmer, *Patriarcha*, 3쪽. "그러나 이 천박한 견해는 최근에 커다란 명성을 획득했을지라도 원시교회의 고대 교부들과 박사들에게서 찾아볼 수 없다. 그것은 성서의 교리와 역사, 모든 고대 군주국들의 불변적 관행, 그리고 자연법의 바로 그 원칙들과 모순된다. 그것이 신학에서 더 그릇된 것인지, 정치에서 더 위험한 것인지를 말하기는 어렵다."
89) Filmer, *Patriarcha*, 3쪽. "하지만 이 독트린의 근거 위에서 예수회 회원들과 제네바 계율의 다른 일부 열성추종자(녹스·포넷·뷰캐넌 등 같은 칼뱅주의자 - 인용자)들은 둘 다 백성 또는 대중이 군주가 국법을 위반한다면 군주를 처벌하고 면직할 권력이 있다는 위험한 결론을 만들어 왔다. 파슨스와 뷰캐넌을 똑똑히 보라. 전자는 '돌맨(*Dolman*)'이라는 필명으로 『제1책』의 제3절에서 왕들이 자기들의 국가

상론했듯이 필머는 '자연적 자유와 평등'을 이단적 왕권민수론의 씨앗으로 비판한다.[90] 그리고 필머는 "인간의 자연적 자유라는 이 제일 항목을 뒤따르는 반란적 결과는 내가 이 항목의 본래적 진리성에 대한 적절한 검토를 해볼 충분한 이유일 수 있다"고 선언하며 많은 사람들의 긍정하기만 하는 이 자연적 자유를 부정적 관점에서 다룰 것이라고 선언한다.[91] 그의 "바람과 희망"은 "영국의 백성이 천하의 어떤 국민만큼 광범한 특권을 향유할 수 있고 또 향유하는 것"인바, "세계에서 가장 큰 자유"는 "백성들이 한 군주 아래 사는 것"이고, 이것이 "이 왕국의 대헌장"이라고 선언한다.[92] 그리고 그는 이에 잇대서 외친다. "자유의 다른 모든 허식과 핑계는 노예적 예종의 여러 등급일 따름이고, 자유를 파괴할 자유일 뿐이다."[93] 필머는 홉스처럼 자유를 방종과 구별하지 못하고 있다.

필머는 "백성들이 한 군주 아래 삶"으로써 얻은 "세계에서 가장 큰 자유"를 '파괴할 자유'에 불과한 '자연적 자유'의 출처를 세미나리(신학교)의 새로운 신학으로 지목했는데, 그 이유는 포르투갈과 스페인의 이 세미나리들이 뷰캐넌이나 파스스도 열심히 드나들던 곳이끼 때문이다. 신학교(세미나리)는 트렌트공의회(Council of Trent, 1545-1563) 이후 가톨릭 자체의 종교개혁 차원에서 설립되었고, 16세기 말엽 번창하기 시작했고, 예수회선교사들을 통해 중국문화와 공자철학을 열심히 받아들였다. 자연적 자유·평등 이념은 1670년대와 1690년대 사이에 각국 예수회의 세미나리를 중심으로 등장했다.

(*Commonwealth*)에 의해 법적으로 견책당해 왔음을 입증하려고 애쓰고, 후자는 그의 책『스코틀랜드의 왕권』에서 자기들의 군주를 면직할 백성의 자유를 주장한다. 벨라르민 추기경과 칼뱅도 둘 다 이 길을 곁눈질로 보고 있다."

90) Filmer, *Patriarcha*, 4쪽.
91) Filmer, *Patriarcha*, 5쪽.
92) Filmer, *Patriarcha*, 6-7쪽.
93) Filmer, *Patriarcha*, 6-7쪽.

그런데 가령 갈레오테 페레이라가 1561년에 쓴 보고서는 1564년 출판되기도 전에 이미 1561년 말부터 고야의 세미나 학생들에 의해 복사되어 회람되었고, 유럽의 본부로 올리는 예수회 연말보고서의 부록으로 첨부되기도 했다.[94] 이 보고서는 '중국에 세습귀족이 없다'는 사실을 최초 알린 보고서였다. 이런 연결고리를 추적하면 자연적 자유·평등 이념의 기원 또는 궁극적 원천은 중국이라는 것이 금방 드러난다. 따라서 로크는 필머의 『가부장』을 통해서도 인간과 백성의 자연적 자유·평등 이념이 기독교세계에 갑자기 날아든 돌비적 사상이고 그 출처가 '이교국가 중국'이라는 사실을 분명히 알 수밖에 없었다.

그러나 로크는 상술한 종교전쟁의 이유에서 필머에 대한 끝장 비판에서 '이교국가 중국'의 정치사상을 인용할 수 없었다. 그럼에도 불구하고 로크는 엄청난 찬사를 붙여 '중국인들'을 들이대서 필머를 반박한다.

- 필머는 "지구상의 가장 문명적인 국민들은 대부분 노아의 아들들이나 조카들의 몇몇 사람들로부터 그들의 기원을 가져오려고 애쓴다"고 말을 이어간다. (『가부장』, 14쪽). 가장 문명적인 국민들의 수는 얼마나 많고, 그 국민들은 누구인가? 나는 동서남북의 여러 다른 백성만이 아니라, 중국인들, 아주 위대하고 아주 문명적인 백성(*the Chinese, a very great and civil people*)도 이 문제로 전혀 고민하지 않을까봐 두렵다.[95]

로크는 지구의 한 귀퉁이 땅에 불과한 서구의 기독교 세계 안에 갇혀 사는 '우물 안 개구리' 필머의 근시안近視眼을 경멸하는 문맥에서 중국

---

94) Boxer, "Introduction", lv-lvi.
95) Locke, *Two Treatises of Government*, Book 1, Ch.11, §141 (243-244쪽).

인들을 동원하고 있는데, 그것도 "아주 위대하고 아주 문명적인 백성"이라는 최대의 찬사를 붙여 동원하고 있다. 로크는 필머가 노아로부터 기원하는 "지구상의 가장 문명적인 국민들"을 들먹이지만, "동서남북"의 덜 문명적인 "여러 다른 백성"은 그렇다고 치더라도 막상 "아주 위대하고 아주 문명적인 백성"인 "중국인들"도 그들의 기원을 노아로부터 끌어오는 문제로 전혀 고민하지 않고, 또 아예 노아가 누군지도 모를 것이라고 비웃은 것이다.

로크는 이교적 논변으로 반격을 받지 않을 맥락에서 필머의 '우물 안 개구리' 논리를 재빨리 낚아채 "아주 위대하고 아주 문명적인 백성"으로 중국인을 내세워 반격을 가하고 있다. 그의 이 논변에서 우리는 그가 중국을 얼마나 내세우고 싶어 마음속으로 안달했는지를 알 수 있다. 나아가 그가 자연적 자유·평등이념의 논증적 수호에서 "아주 위대하고 아주 문명적인" 유교국가 중국의 탈신분적 자유·평등사회를 얼마나 높이 찬양하고 또 중국을 마음속 깊은 곳에서 그 자신의 주장에 실현가능성을 보장해 주는 '실존하는 유토피아'로 얼마나 굳게 믿고 있었는지를 짐작케 한다.

자유·평등 독트린의 기원 문제를 역사가들에게 맡긴다는 로크 자신의 말이나, 중국의 탈신분적 자유·평등사회를 전한 중국 관련 서적들에 대한 그의 섭렵, 또 자연적 자유·평등 이념의 출처로 16세기 말엽에 번창하기 시작한 신학교를 지목하는 필머의 사실 확인, 페레이라·크루즈 등의 중국 보고들이 각국의 세미나로 필사되고 인쇄되어 회람·회자되었다는 역사적 사실, 그리고 중국인을 "아주 위대하고 아주 문명적인 백성"이라 칭송하는 로크 자신의 찬사 등은 모두 다 일목요연하게 로크 자신이 힘주어 옹호하는 자연적 자유·평등이념의 궁극적 출처가 중국이라는 사실을 그가 명확하게 인지하고 있었다는 사실을 입증해 준다.

이런 배경지식을 알고서 로크의 정치이론을 논하는 것이 안전하다. 그러나 그의 인식론과 도덕철학은 공자와 중국의 서술적 경험론을 '경험과 학'으로 재현·수립한 베이컨의 비판적 경험론과 공맹의 도덕감정론적·본성론적 도덕과학보다 홉스를 거쳐 에피쿠로스로 거슬러 올라가는 소박경험론과 쾌락설적 공리주의 도덕론을 더 많이 대변하고 있다.

제2절

인간적 지혜와 인식의 한계에 대한 계몽

존 로크는 에피쿠로스와 홉스를 잇는 소박경험론적 견지에서 인간 지성의 한계를 밝히고 일체의 본유관념만이 아니라 일체의 본유심상까지도 부정했다. 동시에 그는 자연'과학'과 인간'과학'(인간·사회과학)의 불가능성을 강도 높게 주장했다.

2.1. 평이한 박문지적 경험론과 중도적 지식론

로크는 수와 도형의 '참된 관념들' 및 '신과 신의 피조물들의 참된 관념'에 기초한, 따라서 '논증 가능한' 수학과 논증 가능한 도덕론의 '지식'을[96] 제외한 '지식 일반(자연지식과 사회지식)'은 단순한 개연성을 넘지

---

96) John Locke, "Knowledge B", 281쪽. John Locke, *Political Essays*, edited by Mark Goldie (Cambridge·New York: Cambridge University Press, 1997).

못한다고 생각했다. 이런 개연적 지식은 실은 '지식(knowledge)'이 아니라 '의견(opinion)'이다. 따라서 로크는 "우리의 지성이 우리가 가진 사물들의 개념들을 얻기에 이르는 방법"을 베이컨의 박물지적 방법을 계승하는 "평이한 박물지적 방법(historical, plain method)"으로,[97] 즉 공자의 '다문다견'의 '박학·다학'과 유사한 방법으로 설정한다.

- 자연적 물체와 그 작용에 대한 지식은 자연물체와 그 작용이 산출되는 방식과 방법에 대한 완전한 관념도 가지고 있지 않고 이 물체들이 의존하는 현행적 원인에 대한 완전한 관념들도 가지고 있지 않으므로 단순한 사실문제(matter of fact)를 넘어 도달하지 못한다. 또한 자연사물들, 정체政體, 현명 등에 대한 확정된 관념에 의존하지 않고 우리가 세상에서 관계하는 인간들의 다양하고 모르는 기질·관심·능력에 의거하는 공적·사적 업무들의 적절한 관리는 논증될 수 있는 것이 아니라, 원칙적으로 사실문제의 박물지(history)의 도움, 그리고 개연적 원인들을 탐구하여 이것들의 작용과 결과에서의 유사성을 발견해내는 총명의 도움을 받는다. 그러므로 지식은 올바르고 참된 관념들에 의존하고, 의견은 박물지와 사실문제에 의존하는 것이다.[98]

따라서 인간의 자연적·사회적 지식은 경험적 한계가 있을 수밖에 없다. 그러나 이 한계를 아는 것은 한계 너머의 것을 알려고 애쓰는 헛수고를 덜어 주므로 유용한 것이다. 로크는 말한다.

- 우리 인식의 한계를 아는 것은 유용하다. 지성의 본성에 대한 이런 탐

---

97) Locke, *An Essay concerning Human Understanding*, Book I, ch.1. 2.
98) Locke, "Knowledge B", 282쪽.

구를 통해 내가 이 지성의 능력을 깨닫고, 이 능력이 얼마나 멀리 도달하는지, 이 능력이 어떤 것에 비례하는지, 이 능력이 어디에 미치지 못하는지를 깨닫는다면, 나는 바쁜 인간 정신에게 이해력을 초월하는 일에 간섭하는 것에 보다 조심할 것을 납득시키는 것, 그리고 이해력의 극한에 있을 때는 멈추는 것, 그리고 정사精査를 하자마자 우리의 역량의 범위를 넘어가는 것으로 드러나는 저 사물들에 대한 조용한 무지 속에 눌러앉는 것이 유용하다고 생각한다. 이럴 경우 아마 우리는 보편지普遍知의 허영심에서 우리의 지성이 부적격하고 우리가 인간 정신 속에 그 어떤 명백하거나 판명한(clear or distinct) 인식을 형성할 수 없거나 우리에게 (아마도 너무 자주 일어나듯이) 어떤 개념도 전혀 없는 일들에 대한 문제를 제기하고 이에 관한 논쟁으로 우리 자신과 남들을 당혹하게 할 정도로 앞질러 나가 있으면 아니 될 것이다. 지성이 그의 시야를 얼마나 멀리 넓힐 수 있는지, 지성이 얼마나 멀리 그 확실성을 얻을 수 있는지, 그리고 어떤 경우에 지성이 단지 판단·추측만 할 수 있는지를 우리가 알 수 있다면, 이런 상태에서 우리가 얻을 수 있는 것에 만족하는 것을 배울 수 있을 것이다.[99]

로크는 여기서 '보편지(universal knowledge)'를 얻을 수 있다는 전지주의全知主義의 허영심을 버리고 "우리의 역량의 범위를 넘어가는 것으로 드러나는 저 사물들에 대한 조용한 무지 속에 눌러앉을 것(to sit down in a quiet ignorance)"을 권하고 있다.

이어서 로크는 만물·만사에 대한 전지주의적 '보편지식'이란 애당초 인간의 능력 밖이므로 유용한 만큼 알면 족하다는 중도적 지식론을 피력한다.

---

99) Locke, *An Essay concerning Human Understanding*, Book I, ch.1. 4.

- 우리의 역량은 우리의 상태와 관심에 적당하다. – 우리의 지성의 이해력이 사물의 방대한 범위에 턱없이 미치지 못하지만 우리는 우리 존재의 조물주가 우리에게, 지금까지 무엇보다도 우리의 이 별에 살고 있는 나머지 모든 것들에게 부여한 지식의 분량과 한도에 대해 이 원대한 조물주를 찬미할 충분한 이유가 있어야 한다. 인간들은 성 베드로가 말하듯이 "삶의 편의에 필요한 모든 것과 덕성의 정보"를 조물주가 인간들에게 주었기 때문에 인간들에게 알맞다고 생각한 것에 기꺼이 만족하고 이 삶을 위한 편안한 비품備品과, 더 나은 삶으로 이끌 방도를 인간들의 발견의 범위 안에 놓을 이유가 있다. 존재하는 모든 것에 대한 보편적 이해 또는 완벽한 이해에 얼마나 모자라든, 인간들을 조물주의 지식으로 이끌 만큼 충분한 빛과 인간 자신의 의무를 볼 시각이 있다는 것은 인간들의 커다란 관심사를 확실히 해 준다. 인간은 만물·만사를 다 알 만큼 충분히 크지 않기 때문에, 그들이 오만하게 자신의 생김새에 대해 시비 걸지 않고 그들의 손에 가득 찬 축복을 내던지지 않는다면, 다양성·환희·만족으로 그들의 머리를 바쁘게 만들고 그들의 손을 부릴 만큼 물질이 충분하다고 인식해도 된다. 우리의 정신을 우리에게 쓸모 있는 것에만 쓴다면 우리는 우리의 정신이 협소하다고 불평할 이유가 많지 않다. 왜냐하면 우리의 정신은 쓸모 있는 것에 쓰는 것을 잘할 수 있기 때문이다.[100]

로크는 여기서 인간적 인식능력의 범위를 분명히 알고 전지주의적 '보편지'의 허영심을 버리되, '우리의 상태와 관심에 적당한' 우리의 제한된 인식능력을 발휘할 것을 주장하고 있다. 이 정도의 인간적 이해력과 이

---

100) John Locke, An Essay concerning Human Understanding [1689] (New York: Prometheus Books, 1995), Book I, ch.1. 5.

를 통해 얻어지는 중도적 지식으로도 "삶의 편의에 필요한 모든 것과 덕성의 정보"를 다 얻을 수 있기 때문이다.

우리 지성의 이해력이 미치지 못하는 '방대한 범위의 사물', 즉 '만물·만사'에 대한 지식, 환언하면 "존재하는 모든 것에 대한 보편적 이해 또는 완벽한 이해"는 "이 삶을 위한 편안한 비품과, 더 나은 삶으로 이끌 방도"를 얻는 데 불필요한 것이다. 따라서 인간은 인간들에게 알맞은 중도적 지식에 기꺼이 만족해야 할 것이다. 다문다견多聞多見하되 인간의 지혜로 알 수 없는 것이라서 알고자 해도 끝내 그 진리성이 의심스러운 문제들은 연구범위에서 비워두거나, 핵폭탄 지식, 생명공학적 DNA조작 지식, 인간복제 지식 등과 같이 알면 위험한 것을 비워두는 것을 공자는 '궐의궐태闕疑闕殆'라 하고, 그 나머지 것을 신중히 말하고 신중히 행하면(愼言其餘·愼行其餘) 과오와 후회가 적을 것(寡尤寡悔)이라고 결론짓고 "말이 과오가 적고 행동이 후회가 적으면 복록이 그 안에 있다(言寡尤 行寡悔 祿在其中矣)"고 말했다. 로크의 회의론적 지식철학은 공자의 이 중도적 지식철학과 상통한다.

2.2. 궐의궐태의 중도적 회의론과 피로니즘의 거부

로크는 우리가 인식의 한계로 인해 만물·만사를 다 알지 못한다고 해서 알 수 있는 것은 아무것도 없다는 식의 '극단적 회의주의'를 표방하는 것을 어리석은 일이라고 생각했다. 로크는 베이컨처럼 피론(Πύρρων, 기원전 360?-270?)의 회의론과 같은 '완전한' 극단적 회의론을 거부한다.

- 우리의 지식의 범위 바깥에 놓인 어떤 것들이 있다는 이유에서 이 지식의 편익을 과소평가하고 이 지식을 우리에게 이것이 주어진 목표로

향상시키는 것을 소홀히 한다면, 이것은 용서할 수 없고 유치한 성마름일 것이다. 광활한 햇볕이 없다는 핑계로 촛불의 빛에 의거해서 일을 보지 않으려는 게으르고 다루기 힘든 하인에게는 변명의 여지가 없을 것이다. 우리 안에 켜져 있는 촛불은 우리의 모든 목적에 충분하리만치 밝게 빛난다. 우리가 이 촛불로 이룰 수 있는 발견은 우리를 만족시킬 것임이 틀림없다. 그 다음 우리는, 우리가 우리에게 알맞고 이런 까닭에 우리에게 제시될 수 있는 대상들을 그러한 방식과 비율 그대로 맞아들일 때, 우리의 지성을 바르게 사용해야 한다. 그리고 우리는 오직 개연성만 있을 수 있을 뿐인 분야에서 또 이것만으로 우리의 모든 관심사를 다스리기에 충분한 분야에서 – 독단적이든 비독단적이든 – 증명을 요청하거나 확실성을 요구해서는 아니 된다. 우리가 만물·만사를 확실하게 알 수 없다는 이유에서 만물·만사를 불신한다면, 날 수 있는 날개가 없다는 이유에서 다리를 쓰지 않고 그대로 주저앉아 멸망하는 사람처럼 지혜롭게 뭔가 많이 해야 할 것이다.[101]

 "지혜롭게 뭔가 많이 해야 할 것"이라는 이 마지막 구절은 '진짜 지혜로워서 뭔가를 많이 한다'는 말이 아니라, 날개가 없음을 한탄하며 아무 것도 하지 않은 채 아무것도 하지 않아야 할 이유를 계속 짜내거나 무한히 머리를 굴려 의심을 증폭시키기만 하는 피로니즘적 회의론자들을 비아냥거린 것이다.

 그러나 "우리는 오직 개연성만 있을 수 있을 뿐인 분야에서 (…) 증명을 요청하거나 확실성을 요구해서는 아니 된다"는 구절은 경험지식 분야와 관련된 말로 보이는데, 이 말은 경험지식이 모두 개연성뿐이라는 말처럼 읽힌다. 그러나 경험지식 분야에서도 적어도 지금까지는 100% 확

---

101) Locke, An Essay concerning Human Understanding, Book I, ch. 1. 5.

실한 '증명된 지식'이다. 앤드류 램세이(Andrew Michael Ramsay, 1686-1743)는 인간적 지혜로 얻는 지식을 세 가지로 구별했다. "피로니즘은 종종 논증·증명·개연성의 미분화로 말미암은 것이다. 논증은 모순적인 것이 있을 수 없는 경우이고, 증명은 믿을 강한 이유가 있고 믿음에 반대되는 것을 믿을 이유가 전혀 없는 경우이고, 개연성은 믿을 이유가 의심할 이유보다 더 강한 경우다."[102] 논증의 지식은 수학과 논리학의 경우다. 그리고 "믿을 강한 이유가 있고 믿음에 반대되는 것을 믿을 이유가 전혀 없을" 정도로 "증명"된 지식의 경우는 "모든 사람은 죽는다"와 같은 경험지식이다. 이 인간의 필멸적 죽음은 전 지구의 80억 명의 인간, 미래의 인간들까지 포함하여 다문다견의 경험으로 증명한 적이 없지만, 2백 세, 1천 세 이상 영구히 살고 있는 사람은 지금까지 전무하기 때문에 아직은 인간의 필멸성(mortality)을 "믿을 강한 이유가 있고 믿음에 반대되는 것을 믿을 이유가 전혀 없다". 이것은 '경험과학적' 지식이다. 그리고 "믿을 이유가 의심할 이유보다 더 강한" 개연적 지식은 확률적 지식이다. 경험과학적 증명의 지식과 개연적 지식은 경험지식의 두 종류다. 그러나 로크는 개연적 지식만을 경험지식으로 인정하고 인간과 동물의 수명과 필멸성, 또는 지구상에서는 '매일 일출과 일몰이 있다'는 지식과 같은 '증명된' 과학적 경험지식을 인정치 않았다. 이런 까닭에 로크는 자연'과학'과 인간'과학'의 가능성을 부정한 것이다.

아무튼 로크는 자포자기적 피로니즘 수준의 회의주의를 거부하고 이런 "회의주의와 게으름에 대한 치료제(cure)"를 "우리의 역량에 대한 지식", 즉 인간의 인식능력의 한계를 정확히 아는 것으로 제시한다. "자기의 능력을 알 때 우리는 성공의 희망을 안고 무엇을 도모해야 할지를 보

---

102) Andrew Michael Ramsay, *New Cyropaedia: or The Travels of Cyrus* [1727], 6쪽. Hume, *A Treatise of Human Nature*, 460쪽, Norton의 주에서 재인용.

다 잘 알 것이다. (…) 여기서 우리의 할 일은 만물만사를 다 아는 것이 아니라 우리의 행위와 관련된 것들을 아는 것이다(Our business here is not to know all things, but those which concern our conduct). 어떤 합리적 피조물이 세계 안에서 인간이 존재하는 그 상태에 놓여 인간의 의견과, 이 의견에 의거한 인간의 행동을 다스릴 수 있고 또 다스려야 하는 그러한 방법들을 우리가 발견해내기만 한다면, 우리는 여타의 몇 가지 것들이 우리의 지식을 피한다고 해서 애먹을 필요가 없다."[103]

로크는 이와 같이 '지성에 의한 세상의 계몽'이 아니라, 베이컨의 정신에 따라 '완전한 회의주의'에 빠지지 않으면서 '지성의 한계'에 대한 계몽, 즉 지성이 자기 한계를 알도록 하는 '지성에 의한 지성의 계몽'을 추구한다. "인간들이 탐구를 인간의 능력 이상으로 확대하고 인간의 생각들을 확실한 발판이 없는 심연 속으로까지 배회하도록 한다면, 인간들이 문제를 제기하고, 어떤 확실한 결정에 결코 이르지 못할 것이라서 인간들의 의심을 계속 증폭시켜 마침내 완전한 회의주의를 확고히 하기에만 적절할 뿐인 논란을 증폭시키는 것은 놀랄 일이 아니다. 반면에, 우리의 지성의 역량이 잘 헤아려지고, 우리의 지식의 범위가 일단 밝혀져 있고, 사물의 계몽된 부분과 어두운 부분 간의 경계, 우리가 인식할 수 있는 것과 우리가 인식할 수 없는 것 사이의 경계를 설정하는 지평선이 드러나 있다면, 인간들은 후자의 공언된 무지를 더 적은 망설임으로 인정하고, 더 편리하고 더 만족스럽게 전자, 즉 '우리가 알 수 있는 것'에 인간의 생각과 사고력을 집중시킬 것이다."[104] 이와 같이 로크는 공자와 마찬가지로 '독단적 합리주의'와 '완전한 회의주의(피로니즘)', 이 양자를 둘 다 거부하는 '비판적 경험론'의 중도적 지식철학을 대변한다.

---

103) Locke, *An Essay concerning Human Understanding*, Book I, ch.1. 6.
104) Locke, An Essay concerning Human Understanding, Book I, ch. 1. 7.

제3절

본유관념과 본유인상의 부정

3.1. 관념과 심상(인상)의 본유성에 대한 양면적 부정

 인간이 인식할 수 있는 것을 인식하기 위해서는 감각으로 외부세계를 받아들이고 사물들을 경험해야만 한다. 로크는 이 이유로 감각적 심상과 내적 감정에 대한 경험 없이도 지식을 산출할 수 있는 소위 '본유적 지식'이나 '성품으로 타고난 도덕성'은 존재하지 않는다는 사실을 든다. 로크는 플라톤과 데카르트가 주장한 선험적 본유관념의 존재를 단호하게 부정한다.

- 그 어떤 본유적 원리들(innate principles), 즉 영혼이 바로 최초의 존재에서 받아들여 이를 갖고 세상으로 나오는, 인간의 정신에 각인된 것 같은 얼마간의 일차 개념들, 공통 개념들(코이나이 엔노이아

이 κοιναὶ ἔννοιαι), 성품들이 지성 안에 들어 있다는 것은 몇몇 사람들 사이에 확립된 의견이다. 인간들이 어떻게 본유적 인상(innate impression)의 도움 없이 오직 자연적 역량만으로도 인간이 보유한 지식을 얻을 수 있고, 이러한 원초적 개념이나 원초적 원리 없이 확실성에 도달할 수 있는지를 내가 보여주기만 한다면, 이 가정의 그릇됨을 편견 없는 독자들에게 확신시켜 주기에 충분하다. 왜냐하면 신이 외부 대상으로부터 눈으로 색깔들을 받아들일 힘과 시력을 갖춰준 그런 피조물 속에 본유하는 색깔 관념들이 있다고 가정하는 것은 당치않다고 누구나 인정할 것이라고 생각하기 때문이다. 흡사 이 역량이 원래 정신에 각인되어 있는 것만큼이나 쉽고 확실한 진리의 지식을 달성하기에 적합한 역량을 우리가 우리 자신 안에서 관찰할 수 있는데도, 별도의 진리를 자연의 인상과 본유적 성품 덕택으로 돌리는 것은 못지 않게 불합리할 것이다.[105]

로크는 여기서 데카르트의 '본유관념론'에 대한 배격이 너무 지나쳐서 네오에피쿠로스와 홉스의 소박경험론적 오류에 빠지고 있다. 공자가 "심상은 하늘에서 만든다(在天成象)"고 갈파했듯이, '눈을 통해 외부 대상으로부터 특정한 파동의 광파(가령 610-700nm의 빨강 광파)를 받아들여 이에 합당한 상을 일으켜 느낄 능력'을 하늘로부터 받은 인간은 주지하다시피 - 그 영혼 속에 색깔의 '관념들', 색깔에 대한 '지식들'을 본유적으로 가지고 있지 않지만 - 색깔의 '심상' 또는 '인상'은 본유적으로 지니고 있기 때문이다. 이 빨강색 심상의 본유성은 기형적으로 빨강색 심상을 타고나지 않아서 빨강색을 보지 못하는 빨강색 색맹인간에 의해 반증된다.

---

105) Locke, *An Essay concerning Human Understanding*, Book I, ch.2. 1.

흄은 로크가 '관념(idea)'과 '인상(impression)'을 구별하지 않은 채 위 인용문에서 뒤섞어 씀으로써 홉스와 같은 오류를 범하고 있다고 지적했다. 흄은 로크가 본래 의도한 명제가 "우리의 모든 관념, 즉 약한 지각은 우리의 인상, 즉 강렬한 지각으로부터 유래한다는 것, 그리고 우리는 우리가 우리의 바깥에서 보거나 우리 자신의 정신 안에서 느끼지 않은 어떤 것도 사유할 수 없다"는 명제였을 것이라고 말한다.[106] 하지만 로크도 홉스와 마찬가지로 '관념'의 본유성을 부정하면서 관념은 영혼 속에 본유하는 것이 아니라 '인상'이라는 '바깥'으로부터 오는 것이라고 주장하고 '인상(심상)'의 본유성마저도 부정함으로써 반절의 오류를 범하고 만 것이다. 공자가 지각("致知")을 가능케 하는 '심상'과 '의념'('誠意'의 '의意')을 구분하듯이 '인상'과 '관념'을 구별하는 흄의 말대로 "우리의 모든 인상은 본유적이지만, 우리의 관념은 본유적이지 않기" 때문이다.[107] 따라서 인상만이 아니라 관념까지도 본유한다고 우기는 합리론자들의 주장이 그릇되었다면, "인간들이 본유적 인상의 도움 없이 오직 자연적 역량만으로도 인간이 보유한 지식을 얻을 수 있다"는 로크의 주장도 그릇된 것이다.

3.2. 로크의 소박경험론과 인식론적 성백설性白說

아리스토텔레스의 말대로 인간 정신이 '빈 석판(tabula rasa)'이라면, 또는 베이컨의 말대로 인간 지성이 편견 없는, 본유관념의 우상들로부터 자유로운 "빈 석판(a blank slate)"이라면, 우리는 모든 지식재료를 바깥 세상으로부터 감각을 통해 받아들여야 한다. 경험은 이성과 지식의 모든

---

106) David Hume, "An Abstract of a Book lately Published, entitled *A Treatise of Human Nature*", 408쪽. Hume, *A Treatise of Human Nature*의 부록.
107) Hume, *An Enquiry concerning Human Understanding*, 18쪽.

자료의 출처인 것이다. 로크는 에피쿠로스와 홉스처럼 전全관념외래설을 계승해서 우리의 영혼적 본성이 하얀 백지와 같다는 '성性백지론', 즉 '성백론性白論' 주장을 폈다.

이런 의미에서 로크는 인간 정신을 '백지白紙(white paper)'로 보는 성백론을 이렇게 전개한다.

- 모든 관념은 감성 또는 반성(sensation or reflection)으로부터 생겨난다. - 우리의 정신을, 말하자면 모든 성품이 텅 빈, 어떤 관념도 없는 백지라고 가정해 보자. 어떻게 정신이 자료를 공급받게 되는가? 정신은 인간의 바쁘고 무한한 표상들이 거의 무한한 다양성으로 정신 위에 색칠하는 그 방대한 축적물을 어디서 얻는가? 정신은 어디서 이성과 지식의 모든 자료를 얻는가? 이것에 대해 나는 한 마디로, 경험으로부터라고 대답한다. 이 경험에 우리의 모든 지식이 기초하고, 이 경험으로부터 모든 지식이 궁극적으로 유래한다.[108]

이것은 공자가 지식의 출처를 다문다견의 '박학'에서 구하고 사이불학思而不學의 위험성을 지적한 것과 일맥상통한다. 로크가 말하는 '감성'은 반복된 외감적 지각의 경험을, '반성'은 '내감'에 의한 내적 경험을 가리킨다.

로크에 의하면, 경험이 지성에 관념을 제공하는 두 원천은 '외감(외적 감각)'과 '내감(내적 감각)'이다. 내감은 "우리 안에서 우리 자신의 작용에 대한 지각"이다. 로크의 "반성"은 이 둘 중 '내감'을 가리키고 이것의 연장선상에서 내감이 전달한 인상들을 사유작용이 '관념'으로 제조하는 것을 가리킨다.

---

108) Locke, *An Essay concerning Human Understanding*, Book II, ch.1. 2.

- 이러한 (내적) 작용들은 영혼이 반성하고 고찰할 때 외부 사물로부터 얻어질 수 없는 또 다른 관념 세트를 지성에 제공한다. 정신의 이런 작용들은 지각·생각·의심·믿음·추론·앎·의욕 등 우리 자신의 정신의 온갖 상이한 작용들이다. 이런 작용들로부터 우리는 우리 안에서 의식하고 관찰하여 저 작용들을 우리의 지성 속으로 받아들이되, 우리의 감각에 영향을 가하는 물체들부터 우리가 받아들이는 것만큼 판명한 관념들로서 받아들인다. 모든 사람이 전적으로 자신 안에 가지고 있는 관념들의 이 원천은 외부 대상과 아무런 관계가 없는 것인 만큼 감각이 아닐지라도 감각과 아주 똑같고 그러므로 충분히 정확하게 '내적 감각(internal sense)'이라고 부를 수 있겠다. 하지만 다른 원천(외물에 대한 감각)을 '감성(sensation)'이라고 부른 만큼, 나는 저것을 '반성(reflection)'이라고 부르겠다. 정신이 마련하는 이 관념들은 오로지 정신 그 자체 안에서 정신 자신의 작용을 반성함으로써 정신이 얻는 그런 것일 뿐이다.[109]

그러나 '반성'이 "외부 사물로부터 얻어질 수 없는 또 다른 관념 세트를 지성에 제공하는" 영혼의 '내적 감각'이라면, 우리의 정신은 본유관념, 즉 본유지식은 없지만, 결코 '백지'가 아니라 일정한 본유적 감각(인상)과 "지각·생각·의심·믿음·추론·앎·의욕 등" 온갖 상이한 작용의 능력을 가지고 있다. 로크의 이 비일관성은 나중에 라이프니츠와 흄이 예리하게 지적한다.

그러나 로크는 이 인식론적 성백설을 도덕에도 적용한다. 하지만 다시 이 성백설을 잊고 부분적으로 본성적 도덕감정들을 인정하기도 하고 에피쿠로스처럼 쾌락과 불쾌 감정을 도덕의 원천으로 보는 공리주의를 표

---

109) Locke, *An Essay concerning Human Understanding*, Book II, ch.1. 4.

방하는 등 도덕론적으로 좌충우돌한다.

제4절

객체적 인과성과 실체의 부정

4.1. 객관적 인과관계의 부정

공자에 의하면, 물체의 본말(실체-우유태 관계), 일의 시종始終 등 사물의 선후관계를 아는 것은 객관적 인과관계(데카르트, 라이프니츠) 또는 선험적 인과관계(칸트)에 대한 '득도得道'가 아니라, '근도近道'에 불과한 것이다. '근도'란 유사한 사실의 지각을 데우고 또 데우는 반복적 경험('溫故' 또는 '學而時習') 덕택에, 즉 경험이 반복될수록 선후관계의 상대적 정규성에 대한 영혼의 인상이 뜨거워지고 익어지는(습관화되는) 우리의 '지각' 본성 덕택에 선후관계를 인과관계('故')로 '느끼는' 단순한 관성적 간주看做를 말한다. 따라서 '근도'는 '개연성'으로서의 '도의 근사치'를 뜻하는 것이다. 이와 유사하게 로크도 인과관계 또는, 결과를 야기한다는 원인의 능동적 힘을 자연의 도道가 아니라 정신의 '익숙해진' 가정으로, 또 '실체' 개념을 '정신의 산물'로 규정한다.

로크는 일단 능동적 힘(원인적 힘)의 가장 명백한 관념은 "정신(spirit)으로부터 얻어진다"고 주장한다.

- 무슨 변화가 관찰되든, 정신은 사물 자체 안에서 이 변화를 받아들이는 가능성과 마찬가지로 이 변화를 만들 수 있는 힘을 어디에선가 가져와야 한다. 그러나 우리가 주의 깊게 이 힘을 고찰하고자 하면, 물체들은 정신의 작용에 대한 반성에서 얻는 경우처럼 그렇게 명백하고 판명한 능동적 힘의 관념을 감각기관들에 의해 우리에게 제공하지 않는다. 모든 힘은 작용과 관련되는데, 관념의 대상이 되는 작용은 오직 두 종류, 즉 생각과 운동(행동)밖에 없기 때문에 우리가 이 작용들을 산출하는 힘에 대한 가장 명백한 관념을 어디서 얻는지를 고찰해 보자. (…) ① 물체는 우리에게 생각과 관련된 어떤 관념도 전혀 제공하지 않는다. 우리는 이 생각에 대한 관념을 오로지 반성으로만 얻는다. ② 또한 우리는 운동의 단초에 대한 관념도 물체로부터 얻지 않는다. (…) 우리 자신 안에서 벌어지는 것에 대한 반성 속에서 우리는 오직 그것을 의욕함에 의해서만, 즉 오직 정신의 사유작용에 의해서만 앞에 정지해 있던 물체들의 일부를 움직일 수 있다는 것을 경험에 의해 발견한다. 우리는 운동의 단초에 대한 관념을 오로지 이러한 반성으로부터만 얻는다. 그래서 나의 관점에서는, 우리는 물체의 작용에 대한 감각적 관찰로부터 단지 능동적 힘에 관한 아주 불완전하고 모호한 관념만을 얻는다. 물체는 우리에게 어떤 운동, 즉 동작이나 생각을 시작하게 할 힘에 대한 관념 자체를 제공하지 않기 때문이다.[110]

---

110) Locke, An Essay concerning Human Understanding, Book II, ch. 21. 5.

로크가 여기서 주장하는 바는, 우리가 우리의 의지(정신의 두 능력, 지성과 의지 중 하나)와 우리의 근력으로 외부의 물체를 움직일 수 있다는 인과적 사실에 대한 반성적 인식을 물체들 간의 객관적 운동관계에까지 확대하여 이 객관적 물체-물체 관계도 마치 인간의 의지-물체 간의 인과관계인 양 '간주'한다는 말이다. 이것은 『대학』이 사물과 사건 속에는 본말과 시종이라는 '선후'관계만이 존재한다고 말하고 공자가 마음속에서 이 선후관계를 거듭 데워 인과관계로 바꾸는 '온고지신溫故知新'을 말한 것과 상통한다. 그리하여 우리는 물체의 작용에 대한 감각적 관찰로부터 얻는 '능동적 힘에 관한 아주 불완전하고 모호한 관념', 가령 사건 A가 먼저 발생하고 사건 B가 뒤에 발생하는 시계열적 선후관계의 관념을, 한편으로는 정신적 편의 때문에, 다른 한편으로는 사고습관 때문에, 객관적 인과관계로 규정하는 것이다.

로크에 의하면, '실체(substance)' 개념도 언어행위와 사고의 편의를 위한 관례적인 정신적 가정일 뿐이다. "정신은 (…) 외물外物들 안에서 발견되는 그대로의 감각과, 정신 자신의 작용에 대한 반성에 의해 전달되는 수많은 단순관념들을 제공받기 때문에 또한 일정 수의 이러한 단순관념들이 항상 함께 다닌다는 것에도 주목한다. 그리하여 이 단순관념들이 한 사물에 속하는 것으로 가정되고(presumed), 통상적 이해에 적합하고 빠른 전달을 위해 말이 만들어져 한 주체 안에 통합된 것으로 한 명칭에 의해 불리어진다. 이 명칭을, 주의력에 의해, 우리는 쉽사리 나중에 하나의 단순관념으로 언급하고 고찰하는데, 실은 이것은 많은 관념들을 함께 묶은 복합물이다. (…) 이 단순관념들이 어떻게 독자적으로 존재할 수 있는지를 상상하지 않고 우리는 이 관념들이 들어 있다가 거기로부터 결과하는 어떤 기체基體를 상정하기에 익숙해져서, 우리가 이것을 '실체'라고 부른다."[111]

'실체'의 개념은 인과관계처럼 대상 속에 존재하는 것도 아니고 순수이성의 산물도 아니다. 그것은 '통상적 이해에 적합하고 빠른 전달'을 위해 이 명칭을 지어내는 정신의 '익숙한' 상정, 즉 습관화된 가정일 뿐이다.

4.2. 개연적 자연지식: 자연과학의 불가능성

수학은 '논리필연적 귀결(consequence)'의 인식이 가능하고 따라서 순수이성에 의한 명백하고 판명한 연역적 추리(deductive reasoning)가 가능하다. 따라서 수학은 '엄정과학'이다.

이에 반해, 비非수학적인 '경험적 추론', 즉 '귀납(induction)'에 기초한 개연적 '지식' 개념에서는 '과학적' 지식이 생산될 수 없고, 오로지 '유용한' 지식만이 생산될 뿐이다. 왜냐하면 이 '지식' 개념에 본질적으로 중요한 저 근본(실체)과 말단(우유태) 및 원인과 결과의 관계가 객관적인 도道(필연성)가 아니라 주관적 정신의 사유관례적思惟慣例的 범주('近道')인 한에서 개연적 지식만이 가능할 뿐이기 때문이다. 따라서 사회·인문'과학'은커녕 자연'과학'도 불가능한 것이다. 우리가 오늘날 인문과학, 사회과학, 자연과학이라고 부르는 것은 수학적 '엄정과학'의 관점에서 보면 허풍이거나, '사이불학思而不學'의 독단·오류의 위험을 안은 합리주의적인 '지적 오만'과 과학주의적 미신에 불과하다.

로크는 말한다. "물체들의 과학(science of bodies)은 나올 수 없다. 그러므로 나는 의심하기를, 인간의 근면성이 물리적 사물들에서의 유용한 경험철학을 아무리 멀리 발전시키더라도 여전히 과학적 철학에는 도

---

111) Locke, An Essay concerning Human Understanding, Book II, ch. 23. 1.

달할 수 없을 것이라고 생각하곤 한다. 왜냐하면 우리는 우리와 가장 가깝고 가장 많이 우리의 휘하에 들어 있는 바로 그 물체들에 대한 완벽하고 적합한 관념들이 없기 때문이다. 우리가 혹시 우리의 감각들의 정밀검토 아래에 들어 있는 여러 가지 종류의 물체들에 대한 판명한 관념들을 지닐 수 있지만, 나는 혐의를 두기를, 그들 가운데 어떤 물체에 대해서든 적합한 관념을 갖지 않았을 거라고 생각한다. 이 물체들에 대한 전자의 판명한 관념들이 공동의 활용과 논의를 위해 우리에게 이바지할 것이지만, 후자의 적합한 관념들이 없는 한 우리는 과학 지식(scientific knowledge)을 손에 넣을 수 없다."[112] 따라서 사회과학은커녕, 자연과학도 불가능한 것이다.

우리가 얻을 수 있는 개연적 지식은 자연지식을 자연'과학'으로 격상시킬 수 없고 예나 지금이나 자연'철학'에 머물게 한다. "적지 않게 중요한 무지"의 "원인"은 "우리가 가진 그런 관념들 간의 연관을 발견할 가능성의 부재다. 이 관념들 간의 연관을 발견할 수 없는 이상 우리는 어느 경우든 보편적이고 확실한 지식을 전혀 입수할 수 없고 (…) 오로지 관찰과 경험에만 맡겨질 뿐이다."[113] 우리의 수학적 관념들 속에는 "그 관념들 자체의 본성 속에 아주 명시적으로 포함된 확실한 관계·관성·연관이 존재한다". 그리하여 우리는 어떤 힘을 구사하더라도 이 확실한 관계·관성·연관을 저 수학적 관념들로부터 분리시킬 수 없다. "이런 관념들에서만 우리는 확실하고 보편적인 지식을 입수할 수 있다. 그리하여 직각삼각형의 관념은 이 삼각형의 각들이 2직각과 같다는 것을 필연적으로 수반한다. (…) 그러나 물질의 부분들의 긴밀성과 계속성, 충격과 운동에 의한 우리 안에서의 색깔과 소리 등의 산출, 아니 운동의 원천적 규칙과 전

---

112) Locke, An Essay concerning Human Understanding, Book IV, ch. 3. 26.
113) Locke, An Essay concerning Human Understanding, Book IV, ch. 3. 28.

달이 우리가 지닌 관념과의 어떤 자연적 연관도 발견할 수 없는 그런 것들이라서, 우리는 이 모든 것을 지혜로운 조물주 건축가(Architect)의 자의적 의지와 더할 나위 없는 기쁨 탓으로 돌리지 않을 수 없다. 우리의 관찰이 도달할 수 있는 한에서 우리가 규칙적으로 진행하는 것으로 보는 물체들은 그것들에게 정해진 법칙에 따라 움직인다고 우리는 결론지을 수 있되, 우리가 모르는 법칙에 따라 움직이는 것이다. 따라서 원인들이 끊임없이 작용하고 결과가 이 원인으로부터 변함없이 흘러나올지라도 이 원인·결과들 간의 연관과 의존성이 우리의 관념 안에서 발견될 수 없기 때문에 우리는 오직 그들에 관한 경험적·실험적 지식(experimental knowledge)만을 가질 수 있을 뿐이다. 우리는 특수한 경험이 우리에게 사실문제에 대해 알려주는 것보다, 그리고 그 유사한 물체들이 다른 실험에서 어떤 결과를 산출하는 성향을 보이는지를 추측하는 유추법(analogy)에 의한 것보다 더 멀리 갈 수 없다. (…) 자연적 물체들에 관한 완벽한 과학에 관한 한, 우리는 이러한 것을 손에 넣을 수 있는 능력과는 아주 멀어서, 나의 결론에 의하면 그것을 추구하는 것이 노력의 낭비라고 나는 생각한다."[114]

하지만 과학의 수준에 이르지 못하는 이 개연적 지식도 우리의 삶에 아주 이롭고 충분한 것이다. "이 물체에 대한 지식은 우리에게 과학을 마련해 주는 것이 아니라, 편익을 마련해 준다. - 나는 합리적이고 규칙적인 실험에 익숙한 어떤 사람이 이것에 낯선 문외한이 할 수 있는 것보다 더 멀리 물체의 본성을 들여다보고 아직 알려지지 않은 속성들을 보다 더 올바로 추측할 수 있다는 것을 부정하지 않는다. 하지만 내가 말했던 것처럼, 이것은 지식과 확실성이 아니라 판단과 의견이다. 우리가 이 승에서 처해 있는 이 범속성(mediocrity) 상태의 취약성이 도달할 수 있

---

[114] Locke, An Essay concerning Human Understanding, Book IV, ch. 3. 28.

는 모든 것인 경험과 실사實査 기록에만 의거하는 실체들에 관한 지식의 이러한 획득·향상 방법은 자연철학이 과학이 될 수 없다는 회의를 갖게 한다. 내 생각에, 우리는 물체와 그 속성들에 관해서는 아주 적은 일반지식(general knowledge)만을 얻을 수 있다. 우리는 실험과 역사적(박물지적) 관찰들을 가질 수 있고 이것으로부터 편의와 건강의 편익을 끌어내고 그를 통해 이 세상을 위한 이기利器의 축적(stock of conveniences)을 늘릴 수 있지만, 이것 이상은 우리의 재능이 도달할 수 없다고 생각하고, 또한 우리의 역량도 진보할 수 없다고 추정한다."[115] 이것으로부터 얻어지는 분명한 결론은 "우리의 역량이 물체들의 내적 조직과 실재적 본질(internal fabric and real essence)을 꿰뚫어 볼 힘을 가진 것은 아니지만, 우리의 의무와 커다란 관심사를 완전하고 명백하게 발견하도록 이끌어 주기에 충분한, 신의 존재와 우리 자신에 관한 지식은 우리가 명백하게 발견할 수 있기 때문에, 우리가 가진 역량들을 그에 가장 적합한 대상에 투입하고, 자연이 우리에게 길을 제시해 주는 경우에 자연의 지시(direction of nature)를 따르는 것이 합리적 피조물로서의 우리에게 알맞은 일이라는 사실"이다. 왜냐하면 이런 "탐구"와, "우리의 자연적 능력에 가장 적합한 그런 종류의 지식" 안에서 "우리의 가장 큰 이익, 즉 우리의 영원한 재산 상태를 이룬다고 결론짓는 것이 순리적이기" 때문이다.[116]

따라서 로크는 물체에 대한 지식에서 우리는 "이삭을 줍듯이 조금씩 모으는 것(glean)으로 만족해야 한다"고 천명한다. 우리는 합리주의적 형이상학에서 허풍떨듯이 이른바 "실재적 본질의 발견"으로부터 단번에 "전체 묶음"을 파악하고, 전 종류의 본성과 속성들을 "다발째'로 함께

---

115) Locke, An Essay concerning Human Understanding, Book IV, ch. 12. 10.
116) Locke, An Essay concerning Human Understanding, Book IV, ch. 12. 11.

이해할 수 없기 때문이다.[117]

'이삭줍기'로 이해된 로크의 이러한 자연·사회지식은 공자의 '근도'만큼 매우 겸손한 지식이다. 이러한 겸손한 지식 또는 지혜는 공자의 지덕처럼 권력을 요구할 정치적 오만이 없다. 따라서 로크는 홉스처럼 플라톤적 '철인치자'의 냄새를 풍기는 어떤 논의도 전개하지 않고, 주지하다시피 홉스처럼 백성의 동의에 기초한 사회계약을 국가지배권력의 기초로 정립했다.

---

117) Locke, An Essay concerning Human Understanding, Book IV, ch. 12. 12.

제5절

로크의
도덕적 성백설과 공리주의

5.1. 도덕적 성백설

로크는 도덕감정이 본유심상으로 존재한다는 사실을 전혀 몰랐다. 그리하여 그는 인식론적 성백론을 도덕에 적용한다. 그렇기 때문에 그는 에피쿠로스처럼 도덕이 '여론'이나 '계약'에 의해 '제정'되는 것으로 착각하고 인류보편적 도덕의 존재를 부정하는 도덕무정부주의에 빠져든다. 그럼에도 동시에 희한하게도 에피쿠로스처럼 쾌락과 불쾌가 도덕의 원천이라는 쾌락주의적 도덕론을 펴기도 하고, 도덕은 수학과 같이 엄정하게 논리적으로 도출할 수 있다는 합리적 도덕론을 펴기도 하는 등 도덕철학적 좌충우돌을 노정한다.

로크는 일단 성백론을 도덕론에도 적용하여 도덕의 본유성을 부정한다. 그리고 도덕률이 여론에 달려 있고 따라서 지역마다, 나라마다 도덕률이 다르다고 주장한다. "어떤 도덕적 원칙"도 "그렇게 명백하게 그리고 그렇게 일반적으로 받아들여지지 않는다". 실천적 도덕원칙은 "인류로부터 현실적인 보편적 동의를 얻어" 보편적으로 수용된 것일 뿐이다. "신념과 정의는 만인이 원칙으로 소유하고 있지 않다". 즉, "만인이 동의하는 어떤 그런 도덕적 원칙"은 존재하지 않는다는 것이다.[118] 그야말로 '도덕무정부주의'다.

상론했듯이 로크는 다른 곳에서 공자까지 들먹이며 이 '도덕무정부론'을 피력한다.[119] 따라서 "도덕률은 증명(proof)을 필요로 한다". 그러므로 "도덕률은 본유적이지 않은 것이다".[120] 로크는 그릇되게도 '현상적' 차원에서 나타나는 정식화된 도덕적 원칙들 간의 차이를 들어 '본성적' 차원의 본유적 도덕감정의 존재를 부정하고 있다.

로크는 이 현상론적·경험론적 '도덕무정부주의'를 각 나라의 종교나 관습, 그리고 풍토에 따라 상이할 수밖에 없는 도덕 행위들의 구체적 항목들의 차이나 사람마다 상이할 수도 있는 도덕적 규범에 대한 관점의 차이를 들어 정당화하고자 한다. 계약준수의 예를 들어 보면, 사람들의 계약을 지키는 것이 확실히 부인할 수 없는 도덕적 규칙이지만, 기독교인은 '영원한 삶과 죽음의 권능을 가진 신이 우리에게 그것을 요구하기 때문'에 계약을 준수한다고 말하고, 홉스주의자는 '공공이 그것을 요구하고 리바이어던이 당신이 하지 않으면 당신을 처벌할 것이기 때문'에

---

118) Locke, *An Essay concerning Human Understanding*, Book I, ch.3, §1·2·4.
119) Locke, "Of Ethic in General"(1686-88?), 302쪽: "아리스토텔레스나 아나카르시스(Anacharsis, 솔론의 동시대인으로서 위대한 현자로 알려진 스키타이 군주), 공자, 그리고 우리들 사이의 누구든 이 또는 저 행동을 덕 또는 악덕이라고 명명할지라도 그들의 권위는 다 똑같고, 그들은 만인이 가진 능력만을 발휘하는데, 이것은 그들의 말이 얼마나 복잡한 관념들을 표현하는지를 입증하는 것이다. 왜냐하면 이러저러한 행동을 명하고 금하는 법칙을 입증하지 못한다면, 도덕적 선은 공허한 소리에 지나지 않을 것이고, 여기서 말하는 저 학파들이 덕이나 악덕이라고 부르는 행동들은 동일한 권위에 의해 다른 나라에서 반대되는 이름으로 불릴 것이기 때문이다.". 괄호는 인용자.
120) Locke, *An Essay concerning Human Understanding*, Book I, ch.3, §1·2·4.

준수한다고 말하고, 이교적 고대 철학자는 '달리 행동하는 것은 부정직하고, 인간의 존엄에 반하고, 덕에 반대되기 때문'에 준수한다고 말한다는 것이다.[121]

이와 같이 도덕률에 대한 이해와 설명이 사람들의 전망과 관점에 따라 아주 상이하고 다양하다는 것은 본유적 도덕률의 부재를 증명한다는 것이다. 로크는 마치 천재적 직관, 정확한 실증과 실험, 수리적 증명을 통해서만 입증하고 확인할 수 있는 가령 특수상대성 이론의 공식 $E=MC^2$을 연금술사, 프톨레마이오스, 아르키메데스, 코페르니쿠스, 케플러, 뉴턴, 고등수학을 모르는 산술가 등에게 물어 부정하는 식의 황당무계한 논변을 펴고 있다. 그는 모든 구체적 도덕 행위들의 기저에 놓인 본유적 도덕감정을 전혀 고려치 않고, 그릇되게도 나라와 지역의 종교·관습·풍토에 따라 상이할 수밖에 없는 도덕률의 구체적 항목이나 학자들마다 상이할 수도 있는 설명과 견해 차이로부터 '본유적 도덕성의 부재'를 도출하고 있다.

아무튼 도덕률에 관한 의견은 "사람들이 전망하거나 그들 자신에게 제안하는 상이한 종류의 행복에 따라 아주 다양하다"고 로크는 생각한다. "실천원칙이 본유한다면, 실천원칙이 신의 손에 의해 우리의 정신 속에 각인되어 있다면", 저 "의견의 다양성"은 "존재할 수 없을 것이다".[122] 이것은 마치 언어가 나라마다, 종족마다 다르므로 '언어본능'이 존재하지 않는다는 식의 망언, 아니 종족마다, 집단마다 직립 보행하는 관습(동·서양인의 상이한 보행법, 마사이걸음, 양반집단의 팔자걸음, 각종 육상선수의 상이한 달리기 방법, 각국 군인들의 제각기 상이한 보행법 등)이 다 다르므로 인간에게 직립보행 본능이 없다고 주장하는 식의 망언이다. 그러나

---

121) 참조: Locke, *An Essay concerning Human Understanding*, Bk.I, Ch.3, §5.
122) 참조: Locke, *An Essay concerning Human Understanding*, Bk.I, Ch.3, §6.

인간의 직립보행은 완전본능이고, 인간의 본성적 도덕은 언어와 거의 다름없는 반半본능이다. 이것은 다윈 이전부터 과학적 상식이다.

그리고 도덕원칙이 "인류로부터 현실적인 보편적 동의를 얻어" 보편적으로 수용된 것이라는 말과, "만인이 동의하는 어떤 그런 도덕적 원칙"은 존재하지 않는다는 말은 실은 본질적으로 모순되는 말이다. "인류로부터 현실적인 보편적 동의를 얻어" 보편적으로 수용된 도덕원칙이 존재한다는 것은 이 도덕원칙에 대한 보편적 동의를 가능하게 하는 '단초적' 요소들이 인간의 본성 속에 들어있다는 것을 암시하는데도 로크는 한사코 만인이 동의하는 도덕원칙의 존재를 부정하고 있기 때문이다.

로크의 도덕적 성백론은 인식론적 성백론만큼 강하다. 로크는 인간을 도덕적 "백지" 또는 "사람이 원하는 대로 주조하고 빚어낼 수 있는 왁스"로 간주하기 때문이다.[123] 인간은 악한 본성도 없지만 선한 본성도 없다는 것이다. 그런 도덕적 본성이 있다면, "전 인류사회가 공개적으로 그리고 명백하게, 그들 자신의 정신 속에서 틀림없이 법이라고 확신하지 않을 수 없는 규칙을 부인하고 배척하는 것은 상상할 수 없다". 왜냐하면 "본유적인 실천적 원칙이라면 그 무슨 원칙이든 만인에게 정의롭고 선한 것임이 알려지지 않을 수 없기" 때문이다.[124] 이런 것이 전 세계의 '만인'에게 알려지지 않는 것으로 보아 '선한 본성'의 본유성은 인정될 수 없다는 것이다.

그러나 로크는 관념의 본유성을 부정하다가 인상의 본유성마저 부정하는 오류를 범했듯이, 덕성의 원리가 본성 속에 실천적 '이성'으로 본유한다는 합리론적 도덕론을 부정하다가, 즉 도덕원리의 본유성을 부정하

---

123) John Locke, *Some Thoughts Concerning Education* [1690], §216.. *The Works of John Locke* (London: Rivington, 1824 12th ed), vol. 8.
Accessed from http://oll.libertyfund.org/title/1444 on 2010-11-13).
124) Locke, *An Essay concerning Human Understanding*, Book I, ch.3, §11(32).

다가 관념의 '단초'인 인상처럼 이 도덕원리의 '단초' 또는 맹아가 본성 속에 도덕적 심상(감정)들로 본유한다는 사실마저도 부정하는 오류를 범하고 있다. 이로써 로크는 매일 경험하는 사랑, 우정, 측은지심, 부끄러움, 겸손 등 인간 본성의 사회적·도덕감각적 성정이라는 선덕의 본성적 단초들마저도 목욕물을 아기와 함께 내버리듯이 완전히 내동댕이치고 말았다.

5.2. 쾌락설적 공리주의

상론한 바와 같이 로크는 처음에 자신의 성백설에 따라 "어떤 도덕적 원칙"도 "그렇게 명백하게, 그리고 그렇게 일반적으로 받아들여지지 않는다"고 단언하고, "신의와 정의는 만인이 원칙으로 소유하고 있지 않다"고 천명했다. 즉, 만인이 공유하고 동의하는 어떤 그런 도덕적 원칙은 원천적으로 존재하지 않는다는 것이다. 실천적 도덕원칙은 "인류로부터 현실적인 보편적 동의를 얻어" 보편적으로 수용된 것일 뿐이라는 것이다.

■ 본유적 양심과 원죄적 성악설에 대한 부정

로크는 도덕감정과 도덕감각을 결집한 '양심'을 인간의 영혼 속의 도덕적 본유관념으로 여기는 것도 '오류'로 단정하고 이에 대항해 '양심'을 관습과 교육의 소산으로 규정한다. 양심이 도덕적 위반에 대해 "우리를 제재하는" 것으로서 작용해 "도덕률의 내적 의무와 확립"을 보존하는 데 기여하지만, "양심은 어떤 본유적 도덕률의 증거도 아니다"라는 것이다. 이 '양심'은 "몇 가지 도덕률에 동의하고 그 의무를 확신할 수 있다"는 사실에서 형성되는 것이기 때문이다. 따라서 "다른 사람들도 역시 그들의 교육·교제와 그들 나라의 관습에서 동일한 정신상태가 될 수 있다". 이런 정신적 "확신"이 양심을 작동시키는 데 기여한다는 것이다. 즉, "양심이란 우리 자신의 행위의 도덕적 정직과 타락에 대한 우리 자신의 의견 또는 판단에 불과한 것이다".[125]

도덕감정과 도덕성의 본유성을 부정하는 로크의 이 일련의 주장들은 인간의 영혼이 인식적으로 본유관념을 갖지 않는 '백지(white paper)'이듯이 도덕적으로도 '백지'라는 말이다. 따라서 로크는 인간을 도덕적 "백지", 나아가 "사람이 원하는 대로 주조하고 빚어낼 수 있는 왁스"로 간주한다.[126] 왜냐하면 "편향된 자연적 기질을 전혀 타고나지 않을 정도로 행복한 아담의 자녀들이 극소수"일지라도, 교육은 어떤 편향을 "제거하거나 상쇄시킬" 수 있기 때문이다.[127]

따라서 인간의 도덕적 선악은 본유적인 기질이 아니라 교육의 산물이라는 것이다. "우리가 만나는 모든 사람들 가운데 10명 중 9명은 선하게 또는 악하게, 쓸모 있든, 쓸모없게 교육에 의해 만들어진 것이다".[128] 여기서 왜 10명 중 1명을 제외하고 생각하는지는 알 수 없다. 아무튼 교육이 인간을 '선하게 또는 악하게, 쓸모 있게 또는 쓸모없게' 만든다는 것이다.[129] "교육에서 목표로 삼아야 하는 어렵고 가치 있는 자질"은 "덕성, 직접적 덕성인데", 이것이 로크가 교육에서 얻으려고 설정하는 제1목표다.[130]

로크는 도덕적 성백론의 관점에서 일단 일종의 기독교적 성악설인 원죄설도 부정한다. 『관용에 관한 서한』(1689)에서 로크는 문제를 제기한다.

---

125) Locke, *An Essay concerning Human Understanding*, Bk.I, Ch.3, §7·8.
126) Locke, *Some Thoughts Concerning Education* [1690], §216.
127) Locke, *Some Thoughts Concerning Education*, §139.
128) Locke, *Some Thoughts Concerning Education*, §1.
129) Locke, *Some Thoughts Concerning Education*, §1.
130) Locke, *Some Thoughts Concerning Education*, §70.

- 원죄론은 신앙조목 39조와 기도서의 여러 구절에서 분명히 쓰여 있듯이 영국국교의 구성원들에 의해 공언되고 고백되는 것이다. 그러나 나는 영국국교 공동체 안에 들어 있는 사람이 스스로 학문을 탐구하는 자일지라도 그를 퍼즐 속에 빠트릴 원죄설에 관한 난제를 – 진리를 진실로 구하는 가운데 – 그 자신에게 제기하지 않을 정도로 '부지런히 그리고 진실하게 진리를 구하는 모든 이들에게' 이 원죄설이 '아주 분명해 보이는지', 그리고 그의 의견을 동요시킬 정도로 그의 탐구를 밀어붙이지 않는지를 당신에게 묻는다.[131]

로크는 여기서 이처럼 원죄설을 의문시함으로써 기독교의 원죄적 성악설을 부정하고 있다. 로크의 생각은 인간이 아담의 원죄로 인해 죽어야 할 숙명을 타고났지만, 원죄까지 타고나지는 않았다는 것이다. 원죄적 성악설의 부정은 로크의 도덕적 성백론의 당연한 귀결이다.

로크는 양심의 본유성을 부정하는 것과 같은 이치에서 성선설도 부정한 것이다. 이것도 그의 도덕적 성(性)백지론에서 도출되는 필연적 귀결이다. 로크의 생각은 인간이 악한 본성도 없지만 '서로에 대한 인애(benevolence)의 성향'을 부여받은 선한 본성도 없다고 확신했다.[132] 그래서 앞서 살펴보았듯이 "인간들의 전 사회가 공개적으로 그리고 명백하게, 그들 자신의 정신 속에서 틀림없이 법이라고 확신하지 않을 수 없는 규칙을 부인하고 배척하는 것은 상상할 수 없다"고 단언하고, "본유적 실천원칙이라면 그 무슨 원칙이든 만인에게 정의롭고 선한 것임이 알려지지 않을 수 없는데"도 그렇지 않는 것을 보면 그런 것은 본유하지 않

---

131) John Locke, *Four Letters concerning Toleration* [1689], "A Third Letter of Toleration", Chapter IX, §411. The Works of John Locke, Vol.5 in 9 Vols. (London: Rivington, 1824 12th ed.).
132) 참조: Passmore, *The Perfectibility of Man*, 244쪽.

는다고 확신한 것이다.

그러나 덕성의 원리가 본성 속에 실천적 '이성'으로 본유한다는 합리론적 도덕론도 물론 그릇된 것이지만, 도덕(덕성)의 원리가 아니라 이 원리의 '단초' 또는 '맹아'로서의 도덕감정이 본성 속에 본유한다는 사실마저도 부정하는 로크의 이 입장도 그릇된 것이다. 이 오류는 로크가 인식론에서 합리론자들이 주장하는 '본유관념'을 부정하려다가 본유인상 또는 본유심상마저 부정한 오류와 평행하는 것이다. 여기서 로크는 스콜라철학의 합리론적 도덕론을 배격하려다가 활시위를 너무 많이 당겨서 매일 일상적으로 경험하는 동정심·인애심·정의감·공경심·죄책감(미안·죄송·송구) 등 인간본성 속의 도덕감정마저도 몽땅 내동댕이치는 오류를 범하고 있다.

■ 성백설과 모순된 로크의 도덕감정 인정

로크의 성백설은 동정심·인애·정의감·공경심·죄책감 등 본성적 도덕감정을 몽땅 부정하는 것이다. 하지만 그는 이 성백설과 완전히 모순되게 『통치이론』에서 본성적 사랑·유대·친교·박애·신의 등 도덕감정들이 사회계약 이전 자연상태에서도 이미 존재한다고 말한다. 로크는 『통치이론』에서 16세기 신학자 리처드 후커(Richard Hooker)의 『교회정체의 법에 관하여』의 제1책을 인용해 상호적 사랑과 박애를 말하고 있다.

- 본성(자연)에 의한 인간들의 이 평등을 현명한 후커는 인간들 간의 상호적 사랑에 대한 저 의무의 기초로 만들 정도로 아주 자명하고 모든 의문을 초월한 것으로 간주한다. 그리고 그는 이 상호적 사랑 위에 우리가 서로에 대해 짊어지는 의무를 세우고 이 사랑으로부터 그는 정의

와 박애의 대大준칙을 도출한다.[133]

"본성(자연)에 의한 인간들의 이 평등"은 평등한 대우를 받으면 흡족해하고, 반대로 불평등한 대우를 받을 때는 본성적으로 불만족스럽게 여기는 것으로 표출되는 대등한 자존감이다. 이 대등한 자존감도 "본성에 의한" 감정이다. "본성(자연)에 의한 인간들의 이 평등"을 언급하는 것 자체가 이미 성백론을 부정하는 것이다.

나아가 로크는 본성적 사랑 의무에 관한 후커의 글을 더 인용한다.

- 유사한 본성적 유인誘引 덕택에 인간들은 남들을 사랑하는 것도 역시 그들의 의무라는 것을 깨닫게 됐다. 평등한 것들은 모두 하나의 잣대를 가지지 않을 수 없다는 것을 보았기 때문이다. 내가 어떤 인간이든 심지어 그 자신의 영혼에 원할 수 있는 만큼 많이 복리를 모든 개개인의 손에 받기를 원할 수밖에 없다면, 나는 나 자신이 의심할 바 없이 하나의 동일한 본성을 가진 다른 인간들에게도 있는 유사한 욕구를 신경 써서 만족시키지 않는다면 어떻게 내 욕구의 어떤 부분이든 여기서 만족시키기를 기대한단 말인가? (…) 그러므로 본성이 나와 같은 사람들에게서 가급적 많이 사랑받기를 바라는 나의 욕구는 유사한 애정을 나와 같은 사람들에게 완전하게 주어야 할 본성적 의무를 내게 부과한다. 자연적 이성이 삶의 지도를 위해 우리 자신과 - 우리와 마찬가지인 - 그들 간의 이런 평등 관계로부터 무슨 여러 수칙과 규범들을 끌어냈는지에 대해 어떤 인간도 무지하지 않다.[134]

---

133) John Locke, *Two Treatises of Government* [Dec., 1689, marked 1690] (Cambridge: Cambridge University Press, 1960-2009), Book II, Ch.2, §§4-5 (269-270쪽).
134) Locke, *Two Treatises of Government*, Book II, Ch.2, §5 (270쪽)에서 재인용.

여기서 로크는 후커가 말하는 "본성적 유인(inducement)"에 기인한 인간들 간 "사랑"의 "의무", "본성이 나와 같은 사람들에게서 가급적 많이 사랑받기를 바라는 나의 욕구"가 내게 "부과하는", 나와 같은 사람들에게 "유사한 애정"을 완전하게 주어야 할 "본성적 의무" 등을 언급함으로써 사랑 의무의 본성도덕을 인정하고 있다. 나아가 그는 전제적 폭군을 "인간 종種을 하나의 교우관계와 교제집단 속으로 통합하는 공동적 유대를 떠난" 자로 탄핵하는 것도[135] 서슴지 않는다. 따라서 『인간지성론』의 성백설은 같은 해에 출간된 『통치이론』의 '본성적 사랑도덕론'에 의해 이렇게 완전히 분쇄되고 있다.

■ **논증가능한 쾌락설적·합리적 공리주의 도덕론**

로크는 구체적 도덕행위들을 이해하는 근거가 사람마다, 문명마다 다르다는 경험적 이유를 들어 "본유적" 도덕감정을 부정하고 '도덕적 무정부주의'를 강도 높게 주장했었다. "그러한 사변적 준칙들이 (…) 모든 인류로부터 실제적인 보편적 동의를 얻지 않는다면 그것들이 보편적 수용에 미치지 못한다는 사실은 실천원리와 관련해 훨씬 더 가시적이다. 그리고 나는 '존재하는 것은 존재한다'와 같이 일반적이고 준비된 동의를 자처하거나 '동일한 것이 존재하면서 동시에 존재하지 않는 것은 불가능하다'는 것과 같이 명백한 진리이고자 할 수 있는 어떤 단 하나의 도덕적 규칙도 입증하는 것이 힘들 것이라고 생각한다. 따라서 그것들이 '본유적(innate)'이라는 표제로부터 더 동떨어져 있다는 것은 명백하다. (…) 이 도덕적 규칙들이 증명될 수 있다는 것으로 충분하다. 그러므로 우리가 이 규칙들에 대한 일정한 지식에 이르지 않는다면 그것은 우리 자신의 잘못이다. 그러나 많은 사람들이 이 규칙에 대해 무지한 것과, 타인들

---

135) Locke, *Two Treatises of Government*, Book II, Ch.11, §172 (383쪽).

이 이 규칙을 받아들이는 동의의 더디고 느림은 이 규칙들이 본유하지 않다는 사실, 탐색 없이는 타인들의 시야에 자신을 드러내는 것이 아니라는 사실에 대한 명백한 증거다."[136)

그러나 로크가 어떤 본유적 도덕성의 존재를 의심하는 또 다른 이유가 있었다. 그것은 존재하는 모든 도덕률이 논증으로부터 도출되어야 한다고 생각한 때문이다.

- 나로 하여금 어떤 본유적 실천원리의 존재도 의심하게 만드는 또 다른 이유는 어떤 사람이 정당하게 이유를 요구해서는 아니 되는 어떤 단 하나의 도덕규칙도 제시될 수 없다고 생각하는 것이다. 만약 그 규칙이 본유적이거나 자명하기까지 하다면 이유를 요구하는 것은 완전히 우스꽝스럽거나 황당할 것이다. (…) 그리하여 이 모든 도덕적 규칙의 진리는 이 규칙에 선행하는 다른 어떤 규칙에 분명히 의존하고 있고, 이 선행규칙으로부터 도덕규칙이 연역되어야 한다. 이 연역은 도덕규칙이 본유적이거나 거의 자명하기까지 하다면 있을 수 없을 것이다.[137)

거의 칸트적이다. 그러나 로크가 성백설에 서 있는 반면, 칸트는 원죄적 성악설을 주장한 점에서 양인은 다르다. 한 마디로, 로크의 핵심적 주장은 도덕이란 도덕규칙이 이성적 '증명'을 필요로 하므로 '본유적이지 않다'는 말이다. 도덕률이 본유적이지 않고(?) 이성적 논증으로만 증명될 수 있고 증명되어야 한다는 이 입장은 뒤에 가면 더 원칙적으로 강화되는데 앞질러 그 이유를 시사하자면 그가 도덕성의 기원을 '쾌·통감(快

---

136) Locke, *An Essay concerning Human Understanding*, Bk.I, Ch.3, §1.
137) Locke, *An Essay concerning Human Understanding*, Bk.I, Ch.3, §4.

痛感' 또는 '이익'에 두기 때문이다. 이것은 에피쿠리언적·쾌락설적 공리주의다. 그러나 그는 이 쾌감과 통감도 본유적 감정심상이라는 것을 몰각한다.

로크는 앞서 신이 결코 우리에게 본유적 도덕률을 주지 않은 것이 틀림없다고 단정했지만 이와 모순되게 본유적 쾌락감정에 의거한 공동이익 또는 보편이익을 바탕으로 인류의 일반적 동의를 얻는 도덕률들도 있다고 말한다.

- 그러나 나는 몇몇 도덕률들은 도덕성의 참된 근거를 알거나 승인하지 않은 채 인류로부터 아주 일반적인 가부미좀승인(very general approbation)을 얻는다는 사실이 인정되어야 한다고 생각한다. 도덕성의 참된 근거는 오로지 어둠 속의 인간들을 보며 그의 손 안에서 상벌을 쥐고 가장 오만한 위반자를 평가하도록 부르기에 충분한 권력을 가지고 있는 신의 의지와 법일 수 있을 뿐이다. 왜냐하면 신은 불가분적 연결에 의해 덕성과 공공행복을 결합했고 이 결합의 실행을 사회의 보존에 필수적이고 덕자가 관계하는 모든 사람들에게 가시적으로 유익하게 만들었기에 만인이 저 도덕규칙을 타인들에게 허용할 뿐만 아니라 권장하고 확대하고 만인이 타인의 도덕규칙 준수로부터 자신에게 이익을 거둘 것으로 확신하는 것은 놀랄 일이 아니기 때문이다. (…) 우리는 이기심과 이승의 편의가 많은 사람들에게 도덕규칙의 외적 고백과 승인을 하게 만든 것을 발견한다.[138]

로크가 말하는 도덕규칙의 이 보편화 동력은 '이기심'과 '편의' 욕구라는 감정이다. 그리고 도덕규칙의 그 '참된 근거'는 "보상과 처벌"의 권능

---

138) Locke, *An Essay concerning Human Understanding*, Bk.I, Ch.3, §6.

을 발휘해 "덕성과 공공 행복을 결합시키고 덕행을 사회의 보존에 필요한 것으로" 만들고, 덕행을 "덕자가 관계하는 모든 이들에게 가시적으로 이로운 것"으로 만드는 "신의 의지와 법", 즉 신이 우리의 본성으로 품부한 본유적 감정심상이다. 따라서 "모든 사람이 그 규칙의 준수로부터 그 자신에게 이익을 거둘 것으로 확신하는 그 규칙들을 남들에게 허용할 뿐만 아니라 권하고 확대함"으로써 도덕규칙이 보편화된다. 결론적으로 말하자면, 덕성은 본유적이기 때문에 일반적으로 승인되는 것이 아니라, 유익하거나 이롭기 때문에 일반적으로 승인된다는 말이다. 덕성은 인간의 이익(쾌락)을 증대시키는 이유에서 인간들에 의한 후천적 동의 또는 승인으로부터 생겨난다는 말이다. 이 대목에서 로크는 오직 소덕에만 몰입하는 공리주의적 속류 도덕철학을 선취하고 있고, 소덕의 핵심요소인 이익과 편익도 쾌·불쾌의 본유적 감정에 기인한다는 것을 망각하고 있다.

로크는 덕성과 도덕이 이런 이기적·쾌락적 이익에 대한 타산에 기초한 암묵적 사회계약의 소산이라는 에피쿠리언적 관념을 바탕으로 도덕을 '정확하게 정의될 수 있다'고 주장하고, 그렇기 때문에 '도덕은 논증가능한 것'이라는 '황당한' 명제를 전개한다.

- 도덕에 속하는 혼합양상들은 대부분 정신이 제 선호대로 합쳐놓은 결합물이고, 실존하는 것으로 드러나는 상비적 패턴이 항상 존재하는 것이 아니기 때문에 이것들의 명칭들의 관념은 실물을 보여줌으로써 단순한 관념들의 이름으로 알도록 만들 수 없지만, 이에 대한 보상으로 완벽하게 그리고 정확하게 정의될 수 있다. 왜냐하면 그것들이 인간의 정신이 어떤 전형에 대한 참조도 없이 자의적으로 합쳐놓은 여러 관념들의 결합물이기 때문에 사람들은 기분 나면 각각의 구성에 들어간 관

념들을 정확히 알 수 있고 둘 다 이 말들을 확실하고 의심할 수 없는 관념으로 쓸 수 있으며, 기회가 닿으면 그것들이 뜻하는 것을 천명할 수 있다. 이것은, 잘 생각하면, 도덕적 문제들에 대한 논의를 아주 명백하고 판명하게 하지 않는 사람들을 크게 꾸중하는 것이 될 것이다. 혼합양상들의 이름들의 정확한 관념 또는 같은 말이지만 각 종류의 실제적 본질이 알려져 있으므로 또 이것들이 자연의 작품이 아니라 인간의 작품이므로 도덕적 문제들을 불확실하게 그리고 모호하게 논하는 것은 커다란 태만과 괴팍성이다.[139]

로크는 여기서 한 걸음 더 나아간다. 도덕은 수리로까지 '논증가능하다'고 주장한다.

- 도덕은 논증이 가능하다. 감히 내가 도덕이 수학처럼 논증할 수 있다고 생각하는 것은 이러한 바탕 위에서다. 도덕적 말들이 표현하는 것들의 정밀한 실제적 본질은 완벽하게 알 수 있다. 도덕적인 것들 자체의 합치성 또는 비합치성은 확실하게 드러낼 수 있고, 이것에 '완전한 지식'의 본질이 있다.[140]

로크는 자연 분야에서 알 수 없는 모호한 것들이 있으므로 '지식의 한계'를 인정하고 자연지식의 '과학성'을 부정한 반면, 인간이성의 산물인 도덕 분야에서는 오히려 '확실하고 완벽한 지식'의 가능성을 인정하는 황당하기 짝이 없는 역설을 펴고 있다. 정확한 "정의定義(definition)"는 "도덕 논의를 명백하게 만든다." 이 '정의' 작업에 의해 "도덕 지식은 아

---

139) Locke, *An Essay concerning Human Understanding*, Bk.III, Ch.XI, §15.
140) Locke, *An Essay concerning Human Understanding*, Bk.III, Ch.XI, §16.

주 큰 명백성과 확실성에 도달할 수 있다". 정의는 도덕적 단어들의 정밀한 의미가 알려질 수 있는 유일한 길, 그것도 그 의미가 확실하게, 그리고 이것과 관련된 어떤 경쟁의 여지를 남겨줌 없이 알려질 수 있는 길이기 때문이다. 그러므로 "도덕에서의 논의가 자연철학에서의 논의보다 훨씬 더 명백하지 않다면, 인류의 태만이나 괴팍성은 변명거리가 될 수 없다". 조회하고 상응해야 하는 원형을 위한 어떤 외부적 존재들을 갖지 않는 이 도덕의 단어들은 정신 속의 관념들에 관한 단어들이기 때문이라는 것이다.[141] 로크는 베이컨이 경고한, 언어의 부정확성에 기인하는 '극장의 우상'을 완전히 몰각하고 있다. 개념을 정의하는 수단이 다시 '언어'라는 사실을 망각한 것인가? 그렇지 않다면 정확한 "정의(definition)"가 "도덕 논의를 명백하게 만든다"는 황당한 말을 내뱉지 않았을 것이다.

따라서 로크는 "우리를 작품으로 창조하고 우리가 의존하는, 힘·선·지혜에서 무한한 최고존재의 관념과, 지성과 합리적 존재로서 우리 안에서 명백한 것인 우리 자신의 관념은, 적합하게 고찰되고 추구된다면, 도덕을 논증가능한(논증할 수 있는) 과학의 대오에 위치시킬 수 있는, 우리의 행위 의무와 수칙의 그런 기초를 제공할 것이다"고 생각한다. 이 점에서 로크는 "오로지 자명한 명제로부터만, 수학의 논리적 연관성만큼 논쟁여지가 없는 논리필연적 연관성에 의해 올바름과 그릇됨의 척도가, 과학들 중 다른 과학들에 전념하는 것과 동일한 중립성과 주의력을 갖고 이런 과학에 전념하는 어떤 사람에게든, 작성될 수 있다는 것을 의심치 않는다". 수와 연장의 양상들과 마찬가지로 다른 양상들의 관계도 "확실하게" 인식될 수 있기 때문이라는 것이다.[142]

---

141) Locke, *An Essay concerning Human Understanding*, Bk.III, Ch.X1, §17.
142) Locke, *An Essay concerning Human Understanding*, Bk.III, Ch.X1, §18.

합리론자들 못지않게 아주 그릇되게도 로크는 인간의 영혼 속에는 '도덕적으로 중립적인', 도덕적 선악을 초월한 '쾌락과 고통' 외에 아무것도 없다고 생각한다. '쾌락과 고통'의 감정을 도덕성의 기준으로 삼는 한, 이 감정들을 '도덕적으로 중립적인', 도덕적 선악을 초월한 것으로 보는 것은 어불성설이다. 그것은 쾌락을 선과, 고통을 악과 동일시하는 것이기 때문이다. 그러나 로크는 오로지 개인의 이 비사회적·이기적 쾌락과 고통만이 인간의 행동을 추진한다고 말한다. 로크는 쾌·통감, 즉 쾌락과 고통을 다음과 같이 정의한다.

- 기쁨 또는 불쾌(불만), 이 둘 중 하나는 감흥과 반성의 관념들, 또는 이 둘 다의 온갖 관념들과 결합된다. 외부로부터 온 어떤 감각들의 감정이든, 안의 정신의 어떤 외진 생각이든 거의 다 우리 안에서 쾌락이나 고통을 산출할 수 있다. 나의 '쾌락'과 '고통'의 정의는 우리를 기쁘게 하거나 괴롭히는 모든 것을 – 이것이 우리 정신의 생각들로부터 생겨나든, 아니면 우리의 육체에 작용을 가하는 어떤 것으로부터 생겨나든 – 표현하는 것이다. 우리가 그것을 한편으로 '만족, 기쁨·쾌락·행복' 따위로 부르든, 다른 한편으로 '불만·괴로움·고통·고뇌·고민·불행' 따위로 불리든, 이것들은 동일한 것의 정도차일 뿐이고, 다 쾌락과 고통, 기쁨과 불쾌의 관념에 속한다.[143]

쾌락과 고통은 우리를 움직이는 감흥과 반성의 모든 관념과 결합되어 있는 한에서, "우리가 쾌락을 추구하는 우리의 능력처럼 고통을 피하는 능력을 기꺼이 투입하는 만큼, 고통은 우리를 움직이게 만드는, 쾌락과

---

143) Locke, *An Essay concerning Human Understanding*, Book II, Chapter 7, §2 (80).

동일한 효과와 용도를 가지고 있다".[144] 로크는 단순감정 '쾌락'과 공감감정 '즐거움', 단순감정 '고통'과 공감감정 '괴로움'을 구별하지 못하고, 또 본성적 재미감각·미추감각·시비감각이 쾌통감각과 별도로 존재한다는 사실을 아예 전혀 모른다.

그러나 플라톤·아리스토텔레스·에피쿠리언들처럼 쾌락과 즐거움(행복), 고통과 괴로움(불행)을 구별하지 못하는 로크는 행복을 바로 쾌락과 등치시키고 불행을 고통과 등치시키는 에피쿠리언적·쾌락주의적(hedonist) 행복론을 전개한다. 욕망은 결핍으로 인한 불쾌·불만(uneasiness)으로 나타난다. 따라서 "욕망의 불만"이 이 불만을 없애려는 "의지를 결정한다"는 것이다. 그리고 "이것이 행동의 원천이다"는 것이다. 따라서 "최대의 적극적 복리"는 이 복리에 대한 욕망을 야기하기 때문에 "의지가 아니라 불쾌감을 규정한다".[145] 그러므로 "불쾌감의 제거는 행복으로 가는 첫걸음이다". 왜냐하면 "불쾌감만이 현존하고" 또 "욕망은 모두 불쾌감을 동반하기" 때문이다.[146]

그리하여 "가장 당면적인 불만이 자연적으로 의지를 정한다"는 것이다. 한편, "만인은 행복을 욕구한다". 그러므로 "만약 욕구를 동動하게 하는 것이 무엇이냐고 더 깊이 물어 들어온다면, 나는 그것이 행복이고, 오로지 이 행복일 뿐이라고 대답한다. 행복과 불행은 두 극단의 명칭이고, 이것들의 극한적 범위를 우리는 모른다. (…) 행복이란 무엇인가? 행복은 우리가 가질 수 있는 극도의 쾌락이고, 불행은 극도의 고통이다. (…) 우리 안에서 기쁨을 생산하기 쉬운 것을 선이라고 부르고, 고통을 생산하기 쉬운 것은 악이라고 부른다."[147] 여기서 로크의 쾌락주의적 선악

---

144) Locke, *An Essay concerning Human Understanding*, Bk.II, Ch.7, §4.
145) Locke, *An Essay concerning Human Understanding*, Bk.II, Ch.21, §32·33·34·35.
146) Locke, *An Essay concerning Human Understanding*, Bk.II, Ch.21, §36·37·39.
147) Locke, *An Essay concerning Human Understanding*, Bk. II, Ch.21, §40·41·42.

개념이 완결되고, 로크의 행복 개념은 덕성 개념의 도움 없이 이기적 쾌락과 고통의 개념만으로 완결된다. 덕성과 행복(덕행의 자기보상)의 연관관계가 완전히 해체된 것이다.

그리하여 로크의 이 쾌락주의적 행복론은 "신의 의지와 법"이 인류의 공동이익을 근거로 "보상과 처벌"의 권능을 발휘해 "덕과 공적 행복을 결합시키고 덕행을 사회의 보존에 필요한 것으로" 만들고, 덕행을 "덕자가 관계하는 모든 이들에게 가시적으로 이로운 것"으로 만든다는 명제와 별개로 놓고 있다. 우리에게 남는 추정은 로크가 덕성을 보편적 공동이익(만인의 행복)의 충족으로서의 '공적' 행복과만 관련된 것으로 여긴다는 것이다. 즉, 덕성을 개인들의 '사적' 행복과는 무관한 별개의 것으로 제쳐둔다.

요약하면, 로크는 인간이 도덕적 선심을 본성적 단초로도 가지고 있지 않고 대신 인간을 기쁘게 하는 행복을 향하고 또 인간을 고통스럽게 하는 불행으로부터 벗어나는 본성을 가지고 있다고 생각한 것이다. 사적 인간은 덕성 없이도 쾌락을 통해 행복을 이룰 수 있다. 이것은 보편적 관찰을 통해 의심할 바 없이 확인되어 온 사실이라는 것이다. 로크는 영혼이 '도덕적으로' 선한 것을 향하고 악으로부터 벗어나는 이러한 성향이 있다는 것은 인간의 관찰에 포착된 바 없고, 따라서 인정될 수 없다고 말한다.

- '덕성이 신에 대한 최선의 경배다'는 명제는 (…) 덕성이 가장 흔한 의미에서 여러 나라의 상이한 의견에 따라 칭찬할 만할 것으로 여겨지는 저 행동들로 이해된다면, 확실한 것과 아주 거리가 멀고 따라서 참되지 않은 명제일 것이다. 그 자신의 본질에 따라 바르고 선한 것이라는 뜻으로 쓸 경우의 덕성을 덕의 유일한 참된 척도인 규칙으로서 신

에 의해 규정된 규칙이나 신의 의지에 순응하는 행동으로 정의한다면, '덕성이 신에 대한 최선의 경배다'는 명제는 가장 참되고 확실하지만, 인간적 삶 속에서 거의 쓸모없는 것이다. 왜냐하면 이 명제는 "신이 그가 명하는 것을 행하는 것을 기뻐한다"는 명제에 지나지 않기 때문이다. 어떤 사람은 신이 명한 것이 무엇인지를 알지 못하더라도 "신이 그가 명하는 것을 행하는 것을 기뻐한다"는 이 명제가 참이라는 것을 확실하게 알지도 못하지만, 이 명제는 이전과 마찬가지로 여전히 그의 행동의 규칙 또는 원리들과 거리가 먼 것일 것이다. 그리고 나는 거의 아무도 "신이 자기가 명하는 것을 행하는 것을 기뻐한다"는 명제에 지나지 않는 것을 모든 인간들의 정신에 새겨진 본유적 도덕원리로 (이것이 얼마나 참되고 확실하든 간에) 받아들이지 않을 것이라고 생각한다. 왜냐하면 이 명제는 거의 아무런 가르침도 주지 않기 때문이다.[148]

결국, 로크에 의하면 인간들은 하나의, 오직 하나의 본성적 충동, 즉 인간들에게 쾌락을 주는 것을 추구하고 고통을 주는 것을 피하는, 도덕적으로 중립적인 충동만을 가지고 태어날 뿐이고,[149] 이 하나의 본성적 충동 외에 인간 정신은 타인들을 사랑하며 이들과 연대해 살려는 어떤 선한 사회적·공감적 본성도 전적으로 결여하고 있다는 말이다. 이것은 실로 정약용의 반反악심적 성기호론(性嗜好論)과 상통하는, 무식하기 짝이 없는 주장이다. 이것은 로크의 성백론이 필연적으로 도달할 수밖에 없는 상스런 쾌락주의 도덕론이자 천박한 행복론이다.

---

148) Locke, *An Essay concerning Human Understanding*, Book I, Ch.3, §18.
149) 참조: Passmore, *The Perfectibility of Man*, 244, 245쪽.

제6절

사회계약론과 시민정치이론

로크는 그가 1668년부터 주군으로 모시게 된 휘그당 당수 애슐리 쿠퍼 경(훗날 섀프츠베리 백작 1세)과 함께 「캐롤라이나 기본헌법」을 공동으로 기초했다. 그의 나이 37세였다. 이 기본헌법은 1669년 3월 1일 캐롤라이나 식민지의 '8인 소유자 귀족들(Lord Proprietors)'에 의해 채택되었다. 캐롤라이나 지방은 버지니아와 플로리다 사이에 있는 대부분의 땅이다. 식민지개척자들은 1669년 3월 1일 헌법을 모태로 삼은 1669년 7월 21일 버전의 헌법을 공식 승인하고 6명의 소유권자들이 그 날짜로 이 헌법을 "통치의 영원히 불변적인 형태와 수칙"으로 봉인했다. 이 헌법은 정치적으로 보수반동적이었고 봉건적 사회구조를 부추기도록 설계된 비非관습법 체계를 실험하는 내용을 담고 있었으나 종교적으로는 뜻밖에 '진보적'이었다.

캐롤라이나 기본헌법이 캐롤라이나 식민지 소유권자 집단에 속하는 섀프츠베리 백작 1세에 대한 존 로크의 봉직 기간에 기초되었기 때문에 로크가 이 헌법의 제정과정에서 주된 역할을 했다. 당시 로크는 종교적으로 진보적이고, 정치적으로 보수적·복고적이었다. 이 「캐롤라이나 기본헌법」의 내용적 기괴성은 종교적으로 진보적이면서 정치적으로 보수반동적인 당시 로크의 이념적 심리상태를 대강 반영한 것이었다. 당시 로크는 캐롤라이나 식민지의 경제적 최대이익을 위하여 귀족제·농노제·노예제를 담은 엽기적·봉건적 헌법을 승인할 만큼 정치적으로 보수반동적이었던 것이다. 「캐롤라이나 기본헌법」은 북미식민지에서 귀족제와 노예제를 장려했다. 노예소유주는 노예에 대한 생사여탈권을 부여받았다. 캐롤라이나의 8인 소유권자 귀족들에 대한 왕의 원래 특허장이 영국에서 이미 쓰이는 백작이나 남작 같은 타이틀을 수여하는 것을 금지했기 때문에 그들은 새로운 세습 칭호를 2개 창설했다. 그리고 기본헌법은 노예제에 더해 '리트멘(leetmen)'이라고 불리는 세습적 농노제도(serfdom system)도 도입했다. 그리하여 진보와 퇴보가 뒤엉킨 이 헌법은 종교자유와 귀족제·노예제·농노제를 승인한 기괴한 헌법이었다. 로크의 이 헌법은 북미 전역에 노예제를 확산시켰다.

　로크의 전 경력들을 종합하면, 그는 공식문서 「캐롤라이나 기본헌법」의 기초자 또는 입법자로서 귀족제만이 아니라 노예제와 농노제를 공식 제도로 승인한 인물이었고, 1671년 왕립아프리카회사를 통한 영국 노예무역에 자본을 투자한 주요투자자였다. 게다가 그는 1673-1674년 영국정부 무역·플랜테이션국(Board of Trade and Plantations)의 서기 겸 캐롤라이나 총독의 서기 자격으로 캐롤라이나 식민지를 직접 운영했다. 그리고 명예혁명 이후 『통치이론』 출판 후인 1696년부터 1700년까지 5년 동안 그는 이 무역·플랜테이션국의 감독관으로서 사실 제諸식민지를 설치하고 식민지 노예체계를 수립하고 감독한 정확히 6인 중의 1인으로

활동했다.[150]

 이것은 로크의 이론과 실천 간의 모순을 표현하는 것이 아니다. 그는 이론적으로도 노예를 승인했기 때문이다. 그는 『통치이론』 안에서도 정의의 전쟁을 통한 포로의 노예화와 노예제도를 법학적으로 정당화하고 인정했다. 그리고 자연상태의 가족 안에 노예의 존재를 인정했고 정치사회에서 이들의 참정권을 부정했다. 그러나 로크 자신의 삶의 궤적과 노예제의 이러한 이론적 인정과 정당화는 노예제도를 규탄하는 『통치이론』의 첫 구절과 사뭇 모순되는 것이었다.

6.1. 필머의 태생적 만인노예론에 대한 로크의 축조비판

 로크는 식민지신분제도와 노예제도를 기획하고 노예를 정당화했음에도 불구하고 아무런 자기반성도 없이 표리부동하게 『통치이론』의 첫 구절을 이런 뻔뻔한 거짓말 명제로 시작한다.

- 노예제 또는 노예상태는 인간의 아주 비루하고 비참한 상태이고 우리 국민의 관대한 기질과 용기에 아주 직접적으로 반대되는 것이어서 영국인이 그것을 변호하는 것은 생각하기 어렵고, 신사는 훨씬 더 어렵다.[151]

 이 글은 전세계적 노예무역과 노예사역으로 돈벌이를 하던 잔인한 영국인과 영국 젠틀맨을 미화하는 그야말로 새빨간 거짓말이고, 로크의 경력을 생각할 때 지극히 '뻔뻔한 위선'이다. 우리가 로크를 굳이 변호한다

---

150) Martin Cohen, *Philosophical Tales* (Hoboken: Wiley-Blackwell, 2008), 101쪽.
151) Locke, *Two Treatises of Government*, Book 1, Ch.1, §1 (141쪽).

면, 그가 1670년대부터 1688년까지 18년 동안 정치사상 면에서 단절적으로 진보했다고 말해줄 수 있을 것이다. 하지만 이 변호가 『통치이론』을 출판한 뒤에도 5년간 대영제국의 고위관리로서 전 세계에 식민지를 설치하고 수많은 식민지에 노예제도를 도입·수립한 사실까지 덮어주거나, 그가 『통치이론』 안에서 노예제를 인정하고 정당화하고 노예와 예농의 참정권을 부정한 이론적 주장들까지 감춰줄 수는 없다.

로크의 정치사상은 1660년대와 1670년대 초까지 필머의 보수반동주의와 그리 멀지 않았었다. 하지만 로크는 찰스 2세에 의한 휘그당수 섀프츠베리 백작의 투옥(1677-78)과 정치적 박해, 불온서적 분서·금서조치(1683), 그리고 네덜란드 망명기간(1683-89)의 중국관련 서적의 독서와 친중親中인사들과의 사회적 교류를 체험하면서 휘그당세력과 함께 급진화되었다.

로크는 이러한 사상적 급진화의 연장선상에서 노예제를 비판하는 저 화려한 거짓말에 바로 이어서 필머를 사정없이 평가절하하며 비난하기 시작한다.

- 참말로, 나는 책의 제목과 서한의 무게, 책 표지의 화보, 그리고 이 책에 뒤따른 박수갈채가 저자와 발행자가 둘 다 진지하다는 것을 내게 믿도록 요구하지 않았더라면, 로버트 필머 경의 『가부장』을 진지한 뜻으로 말해진 심각한 논고로 받아들이기보다 차라리 만인에게 '만인이 노예이고 노예이어야 한다'고 설득하고 싶어 할 어떤 다른 논고처럼 '네로(Nero) 찬양'을 쓴 사람의 것과 같은 또 다른 위트 발휘로 받아들였을 것이다. 그러므로 나는 온갖 기대를 하며 이 책을 내 손안에 쥐어 잡았고, 세상에 공간되었을 때 그 요란한 소음을 만든 그런 논고에 마땅히 주어져야 할 모든 주의력을 모아 이 책을 통독했고, 전 인류에게

쇠사슬을 제공하려고 한 책에서 나는 먼지를 일으키고 사람들을 구속하는, 차라리 사람들을 오도하는 기술을 가진 사람들에게 유용한 '모래로 꼰 로프(Rope of Sand)' 외에 아무것도 발견할 수 없었다고 크게 놀라 고백하지 않을 수 없다. 그러나 그런 기술을 가진 사람들은 실은 아무리 정성껏 쇠사슬을 문지르고 광내더라도 '쇠사슬이란 나쁜 착용물에 불과하다'고 생각할 정도로 많은 자기 지각을 가지고 눈을 뜨고 있는 사람들을 속박기제 속으로 끌어넣을 어떤 힘도 없다.[152]

로크는 20년 전까지만 해도 필머와 거의 비슷한 보수반동적 사상을 가졌었고, 앞서 시사했듯이 『통치이론』 공간 후에도 5년간이나 식민지 노예체계를 수립하고 감독하는 무역·플랜테이션국의 감독관으로서 활동했다. 그럼에도 그는 아무런 자기비판이나 '양심의 가책'도 없이 필머를 이렇게까지 경멸적으로 비판하고 있다.

자기비판도 없고 양심의 가책도 없는 로크의 이 위선적 필머 비판과 그의 전·후기 사상의 불연속성 또는 비일관성은 『통치이론』의 한복판에서도 순서가 뒤집힌 형태로 변형되어 어지럽게 출몰한다. 그는 '자연적 자유와 평등'을 완강하게 부정하는 필머를 치밀하게 비판한 다음, 사회상태로의 이행을 논하면서는 표변하여 아무런 가책도 없이 스스로 이 '자연적 자유·평등' 이념을 깨끗이 청산해버린다. 이것은 논리적 자가당착이고, 현실과의 무원칙적 타협이다. 이것은 일생 동안 그의 정치사상의 단절적 변화와 발전에도 불구하고 그의 마음속에 숨겨진 '반동적 심기心氣'의 표출처럼 느껴진다. 그의 이 '반동적 심기'는 결코 필자의 '짐작'이 아니라, 『통치이론』 출판 이후에도 무역·플랜테이션국 감독관으로서 벌인 표리부동한 활동에서 여실히 탐지될 수 있는 그의 '사상적 타성'

---

152) Locke, *Two Treatises of Government*, Book 1, Ch.1, §1 (141쪽).

이다.

 이 때문에 로크의 정치이론을 전체적으로 보면, '이론과 실천의 모순'과 이론적 '자가당착'이 동시에 부각된다. 여기서 특히 문제시되는 이론적 자가당착의 핵심은 자연적 자유와 평등을 방어하는 데 전력투구한 다음, 허무하게도 이 자유와 평등을 간단히 말소해 버리는 것이다. 사회상태의 논의단계에서의 자연적 자유·평등의 소거 작업이 자연상태의 논의단계에서의 이 자유·평등의 공들인 전력 방어의 의미를 완전히 무효화해 버리는 것이다.

■ 필머의 태생적 불평등론에 대한 로크의 끝장 비판

 일단 로크는 완강하게 만인의 태생적 종속·불평등론을 피력한 필머의 반동적 논변에 대한 '끝장 비판'을 통해 자연적 자유와 평등을 총력 방어하고 논증한다. 그는 필머의 이론을 다음 두 명제로 압축한다.

- 필머의 체계는 작은 반경 안에 들어 있는데, 그것은 이것 이상의 것이 아니다.
  "모든 정부는 절대군주정이다."
  그리고 그가 이 명제를 이런 근거 위에서 세운다.
  "어떤 인간도 자유롭게 태어나지 않았다(no man is born free)."[153]

 로크는 이 두 명제와 관련된 왕정복고 이후의 정치상황을 이렇게 요약·설명한다.

- 이 최근 시대에 우리들 사이에 튀어나온 한 세대의 사람들은 군주가

---

153) Locke, *Two Treatises of Government*, Book 1, Ch.1, §2 (142쪽).

절대권력에 대한 신적 권리를 가졌다는 의견으로, 군주가 임명되고 다스리는 데 있어 근거가 되는 법률들과, 군주가 그의 권위를 획득하는 조건을 그가 하고 싶은 바대로 되게 한다는 의견으로, 그리고 군주의 공약은 엄숙한 서약과 약속에 의해 그것을 준수하도록 결코 그렇게 잘 비준된 적이 없다는 의견으로 군주에게 아첨하고 싶어 한다. 이 독트린으로 가는 길을 만들기 위해 그들은 인류에게 자연적 자유에 대한 권리를 부정했고, 이럼으로써 그들은 자기들이 할 수 있는 한 힘껏 모든 신민들을 폭정과 억압의 극도의 불행에 노정시켰을 뿐만 아니라, 귀족 칭호들을 불안정하게 하기도 하고 군주의 왕좌를 흔들기도 했다. (왜냐하면 그들도 역시 이 사람들의 이론체계에 의해 단 한 사람을 제외하고 모두 노예로 태어났고, 신적 권리에 의해 아담의 정당한 상속인에 종속되어 있기 때문이다.) 이것은 마치 그들이 모든 정부에 대해 전쟁을 일으키고 그들에게 현재 도움이 되도록 인간사회의 바로 그 기초를 뒤집어엎으려고 작심한 듯한 짓이다.[154]

여기서 지난 시대에 튀어나온 "한 세대의 사람들"은 왕정복고 이후 형성된 왕당파들, 특히 필머와 그의 추종자들을 가리킨다.

이어서 로크는 비꼰다. "하지만 우리는 그들이 우리에게 '우리가 모두 노예로 태어났고(we are all born slaves) 우리는 계속 그렇게 남아 있어야 하고 이에 대해서는 어떤 치료책도 없는 바, 우리는 생생과 동시에 노예적 예속 속으로 들어갔고, 생과 결별할 때까지 결코 예속을 벗어날 수 없다'고 말할 때 그들을 그들의 발가벗은 말대로 믿어야 한다."[155] 그러나 로크는 이 말을 믿지 않고 바로 비판한다.

---

154) Locke, *Two Treatises of Government*, Book 1, Ch.1, §3 (142쪽).
155) Locke, *Two Treatises of Government*, Book 1, Ch.1, §4 (142-143쪽).

- 나는 확신컨대, 성서나 이성은 마치 신적 권위가 우리를 타인의 무제한적 의지에 종속시킨 양 신적 권리의 소음이 요란해도 어느 곳에서도 그렇게 말하지 않는다. 인류의 찬미할만한 상태, 그리고 인류가 충분히 지혜를 가지지 못해 이 최근 시대까지 발견해내지 못한 그 상태! 왜냐하면 로버트 필머 경이 *Patriarcha*(『가부장』) 3쪽(1680년 판본의 쪽수 - 인용자)에서 반대 의견의 새로움을 비난하는 것처럼 보일지라도 그가 군주정이 신적 법(*jure divino*)이라고 주장해온 이 시대를 제외하고 어떤 다른 시대나 세계의 어떤 다른 나라를 발견하는 것이 어려울 것이라고 나는 생각하기 때문이다. 그리고 그는 *Patriarcha* 4쪽에서, "왕들의 권리가 정당함을 대부분의 항목에서 훌륭하게 입증한 헤어워드, 블랙우드, 바클레이, 그리고 다른 사람들(Heyward, Blackwood, Barclay and others)"은 결코 이렇게 생각한 것이 아니라, "만장일치로 인류의 자연적 자유와 평등을 인정했다"라고 고백한다.[156]

로크는 여기서 필머를 그대로 인용하지 않고 약간의 오차나 작은 오류(이 인용문에서 가령 'Heywood'를 'Heyward'로 잘못 옮기고 있다)를 보이거나 변형시켜 간략하게 인용하고 있는데, 이것은 필머를 인용하는 다른 여러 문장에서도 마찬가지다. 필머의 원래 문장은 이렇다. "존 헤이우드 경(Sir John Heywood), 아담 블랙우드(Adam Blackwood), 존 바클레이(John Barclay)와 몇몇 다른 사람들이 (…) 대부분의 항목에서 군왕의 권리가 정당함을 훌륭하게 입증했을지라도, 그들 모두는 (…) 만장일치로 그것(인류의 자연적 자유와 평등으로부터 도출된 논변 - 인용자)을 의심할 수 없는 진리로 인정한다."[157] 그리고 이것은 필머의 고백이 아니라, 그

---

156) Locke, *Two Treatises of Government*, Book 1, Ch.1, §4 (143쪽).
157) Filmer, *Patriarcha*, 4쪽.

들에 대한 그의 핀잔이다. 왜냐하면 바로 이어서 필머는 "반대로 그들이 이 그릇된 첫 번째 원칙을 논박하기만 했다면, 인민봉기를 선동하는 이 방대한 엔진의 전체적 체계는 저절로 쓰러지고 말 것이다"라고[158] 아쉬워하는 말을 덧붙이고 있기 때문이다.

아무튼 로크는 필머 자신의 말로 절대군주정을 옹호하는 학자들도 '인간의 자연적 자유·평등'을 "의심할 수 없는 진리"로 인정한다는 점을 예리하게 끄집어내 필머에게 일격을 가하고 있다. 아울러 이로써 쟁점은 분명하게 '자연적 자유·평등 이념의 부정이냐, 방어냐'로 모아졌다. 그래서 로크는 지금 당장 자기가 할 일은 필머의 논변을 고찰하는 것이라고 선언한다. 그리고 그는 이유를 댄다.

- 프랑스어가 궁정에서 유행이었던 만큼 유행을 따르고 싶어 하는 모든 사람들은 그로부터 배웠고 이 짧은 정치이론에 이끌리고 있기 때문이다. 즉, "인간들은 자유롭게 태어나지 않았고, 그러므로 결코 통치자나 정부형태를 선택할 자유를 가질 수 없다. 군주들은 절대권력을 가졌고, 그것도 신적 권리에 의해 가졌다. 왜냐하면 노예들은 결코 계약이나 동의에 대한 권리를 가질 수 없기 때문이다. 아담은 절대군주였고, 이후 모든 군주들도 그렇다.[159]

"필머 경의 거대 명제는 '인간들이 자연적(본성적)으로 자유롭지 않다'는 것이다. 이것이 그의 절대군주정이 올라서 있는 기초이다". 그리고 로크는 바로 이 명제를 비아냥댄다. "이 기초로부터 이 군주정은 그 권력이 구름 속의 머리(Caput inter nubila)처럼 모든 권력 위에 있을 정도로 높

---

158) Filmer, *Patriarcha*, 4쪽.
159) Locke, *Tow Treatises of Government*, Book I, Ch.1, §5 (143쪽).

이, 생각이 그것에 닿지 않을 정도로, 아니 무한한 신성神性도 구속하는 약속과 서약도 그것을 가둘 수 없을 정도로 모든 세속적이고 인간적인 것들 위로 아주 높이 서 있다."[160] 로크는 위대한 신神의 "약속과 서약"은 "무한한 신성神性도 구속한다"고 생각한다. 하느님도 자기가 한 약속과 서약을 지켜야 한다는 말이다.

다른 곳에서 로크는 이에 관해 이렇게 논한다. "나는 지금 군주들이 자기 나라의 국법에서 면해져 있는지에 대해 논란하는 것이 아니라, 나는 다음의 이 말을 확신한다. 군주들은 하느님과 자연의 법에 복종할 의무가 있다. 어떤 존재도, 어떤 권력도 군주들을 이 영원한 법이 부과하는 책무로부터 면해줄 수 없다. 군주들은 전능성 자체도 약속에 의해 구속될 수 있을 정도로 약속의 경우에 아주 위대하고 아주 강하다. '증여, 약속, 그리고 선서'는 '전능자도 붙들어 매는' 오랏줄(bonds)이다. 모모 아부꾼들이 군주들과 결부된 모든 백성과 더불어 모두 다 함께 위대한 하느님과 빗대지만 물동이 속의 한 방울 물이나 천칭 위의 티끌로서 하찮은 무無인 세상의 군주들에게 무슨 말을 하든 간에!"[161]

그런데 로크는 바로 필머 논변의 "기초", 즉 "인간들이 자연적(본성적)으로 자유롭지 않다"는 명제를 공격 포인트로 잡는다. "그러나 이 기초가 망가진다면, 그의 모든 직조물은 그것과 함께 무너지고, 정부는 다시 고안에 의해 만들어지는 옛 방법에, 그리고 서로를 사회로 통합하기 위해 자기들의 이성을 사용하는 인간들의 동의(Ἀνθρωπίνη κτίσις, 앤스로피네 크리시스; 인간적 제도)에 다시 넘겨진다. 필머는 그의 이 거대한 명제를 증명하기 위해 '인간들은 자기의 부모에 대한 종속 속에서 태어났고', 그러므로 자유로울 수 없다고 우리에게 말한다. 그리고 부모

---

160) Locke, *Tow Treatises of Government*, Book I, Ch.2, §6 (144쪽).
161) Locke, *Tow Treatises of Government*, Book II, Ch.16, §195 (395-396쪽).

의 이 권위를 그는 '왕권적 권위(Royal Authority)'라고(12, 20쪽[책명 제시가 없는 경우는 언제나 『가부장』임 – 인용자], '가부장적 권위(Fatherly Authority)', '아버지 지위의 권리(Right of Fatherhood)'라(12, 20쪽) 부른다."[162] 저 "앤스로피네 크리시스(Ἀνθρωπίνη κτίσις), 즉 "인간적 제도"는 베드로전서 13절("인간들 사이에 설치된 모든 제도에 순종하라")의 표현에서 따온 것이다.

로크는 그런데도 필머가 이 '가부장적 권위'가 무엇인지 정의하지 않았다고 필머를 비판한다.

- 사람들은 군주들의 권위와 신민들의 복종을 좌지우지하는 이와 같은 저작의 서두에서 명시적으로 그 가부장적 권위가 무엇인지 우리에게 말해줄 것이라고, 즉 그의 몇몇 다른 논고에서 그것이 무제한적이고 또 제한할 수 없다고 우리에게 말해주고 있기 때문에 그것을 제한하지는 않을지라도 그것을 정의해줄 것이라고 생각했을 것이다. 필머는 적어도 그의 저작들 안에서 우리가 그것을 만날 때마다 이 '아버지 지위'나 '가부장적 권위'의 완전한 개념을 가질 수 있도록 하는, 이것들에 대한 설명을 우리에게 주었어야 했다. 나는 이것을 그의 『가부장』의 첫 절에서 발견하기를 기대했다.[163]

로크는 『홉스, 밀턴 등에 대한 논평(Observations on Hobbs, Milton, etc.)』을 "O"로 표시하는데, 필자도 이에 따를 것이다. 로크는 이 인용문의 "그것이 무제한적이고 또 제한할 수 없다"는 구절에다 『홉스, 밀턴 등에 대한 논평』에서 따온, 다음과 같은 각주를 달고 있다. "아버지의 권력

---

162) Locke, Tow Treatises of Government, Book I, Ch.2, §6 (144쪽).
163) Locke, Tow Treatises of Government, Book I, Ch.2, §6 (144쪽).

처럼 하느님이나 자연으로부터 생겨난 기원을 가지는 증여와 선물에서는 어떤 열등한 권력도 이것들을 제한할 수 없고, 또한 이것들에 반대되는 어떤 규정상의 법률도 만들 수 없다.(O. 158) 성서는 최고권력이 기원적으로 아버지에 있고, 어떤 제한도 없다고 가르친다.(O. 245)"[164]

그러나 필머는 "가부장적 권위", "아버지 지위"의 정확한 정의定義를 바라는 로크의 이 기대에 부응하지 않고 전혀 무관한 엉뚱한 언술을 했고, 이 때문에 로크는 필머에게 이렇게 핀잔을 준다.[165]

정의定義가 없는 "아버지 지위(Fatherhood)"는 "환영幻影(Phantom)"일 것이다.[166] 로크는 필머가 이 "아버지 지위"라는 "환영"을 이용해 아담의 무제한적 통치권을 만들어냈다고 비판한다.

- 그는 이 아버지 지위가 어떻게 아담에게서 시작되어 그 행정을 계속해서, 홍수 때까지 가부장의 시대 내내 세계를 질서 잡고, 노아와 그의 아들들을 실은 방주에서 나와서 이집트에서의 이스라엘 사람들의 유수流囚 때까지 지상의 모든 왕들을 만들고 뒷받침했고, 그 다음은 빈약해진 아버지 지위가 "하느님이 이스라엘 사람들에게 왕을 줌으로써 가부장적 통치의 계보적 계승에 대한 고대적·시원적 권리를 재확립할" 때까지 부화 중에 있었다고 우리에게 확언한다. 그다음 그는 "왕권적 권력의 자연권을 확인하기 위해" 절반의 이유로 하나의 반론을 제거하고 한두 난관을 청소하면서 제1절을 끝낸다.[167]

---

164) Locke, *Tow Treatises of Government*, Book I, Ch.2, §6 (144쪽) 각주*.
165) Locke, *Tow Treatises of Government*, Book I, Ch.2, §6 (144-145쪽): "그러나 그 대신에 1. 지나가는 말로 국가기밀(*Arcana Imperii*)에 대해 경의를 표했고(5쪽), 2. "이 국민의, 또는 어떤 다른 국민의 권리와 자유"를 칭찬했고(6쪽), 지금은 그가 이 권리와 자유를 무효화시키고 파괴하는 중이다. 그리고 3. 문제를 그 자신만큼 멀리 파고들어 보지 않은 저 배운 사람들에게 인사를 했다.(7쪽)"
166) Locke, *Tow Treatises of Government*, Book I, Ch.2, §6 (145쪽).
167) Locke, *Tow Treatises of Government*, Book I, Ch.2, §6 (145쪽).

'절반의 이유'는 "너의 아버지와 어머니를 공경하라"는 십계명의 제5명과 관련된 말이다. 이것은 실은 필머의 가부장적 주권론에 대한 로크의 가장 강력한 비판이다.

- 나는 절반의 인용을 '절반의 이유'라고 부르는 것이 무례가 아니기를 희망한다. 왜냐하면 하느님은 "너의 아버지와 어머니를 공경하라"고 말하기 때문이다. 그러나 우리의 저자는 절반으로 만족하고, "어머니"를 그의 목적에 거의 이바지할 수 없는 것으로 조용히 빼놓는다. 그러나 이것에 대해서는 다른 곳에서 더 논할 것이다.[168]

필머는 『가부장』에서 "너의 아버지와 어머니를 공경하라"는 십계명의 제4명에서 '어머니'를 자의적으로 잘라내 버리고 나머지 절반 문장 "너의 아버지를 공경하라"만 인용해 군주적 가부장권의 근거로 삼는다. "왕권적 권력의 이 자연권을 확인하기 위해 우리는 십계명 안에서 왕에 대한 복종을 명하는 율법이 마치 모든 권력이 기원적으로 아버지에게 있는 양 '너의 아버지를 공경하라'는 표현으로 전해지는 것을 발견한다."(23쪽) 원래 제5명을 그대로 복원하면 자식에 대한 권리는 결코 아버지만의 권리가 아니라 아버지와 어머니의 공동권리이다. 위 인용문에 마지막에 언급한 "더 논하는 다른 곳"은 『통치이론』의 제1에세이의 제6절을 말한다.

로크는 가부장적 권력을 왕권적 권력과 동일시하는 필머의 논리를 비판한다.

- (…) 아마 필머 경은 그가 우리에게 그런 거상적트像의 형태로 전체 설계도를 다 준다면, 그것을 그 자신의 환상 속에서 그린다면, 이 가부장

---

168) Locke, *Tow Treatises of Government*, Book I, Ch.2, §6 (145쪽).

적 권위, 아버지들의 권력과 왕들의 권력이, 그가 이 권력들을 둘 다 같은 것으로 만들기 때문에(24쪽), 이상하고 경악스런 꼬락서니를 할 것이고 자식들이 자기의 부모에 대해 상상하거나 신민들이 자기의 왕에 대해 상상하는 것과 불일치하다는 것을 발견했을 것이다. 그러므로 환자에게 모종의 거친 액체나 부식성 액체를 삼키도록 할 때 용의주도한 내과의사가 하듯이 필머는 여기저기 흩어진 부분요소들이 더 적은 느낌으로 내려가서 역겨움을 줄일 수 있도록 가부장적 권위를 대량의 희석물질과 섞는다.[169)]

로크는 필머도 그가 말하는 '가부장적 권위'라는 것이 "모종의 거친 액체나 부식성 액체"와 같은 것으로 인정했다고 내재적 비판을 가하고 있다.

'가부장적 권위'에 대한 필머의 설명은 "그의 저작들의 여러 부분에 여기저기 흩어져 있다." 로크는 열거한다. "첫째, 그것이 아담에게 부여되어 있듯이 '아담만이 아니라 대를 이은 가부장들이 아버지 지위의 권리에 의해 자기들의 자식들에 대한 왕권적 권위를 가졌다'(12쪽)고 필머는 말한다. '아담이 계명에 의해 전 세계에 대해 가지는, 그리고 그로부터 내려가는 권리에 의해 그 가부장들이 누리는 지배자적 지위는 창세기 이래 존재해 온 모든 군주의 절대지배권만큼 크고 광대했다.'(13쪽) '생사여탈의 지배권은 전쟁을 일으키고 평화를 맺을 지배권'이다. 아담, '그리고 가부장들은 생사여탈의 절대권력을 가졌다.'(37쪽) '왕들은 부모의 권리로 최고관할권의 행사를 계승한다.'(19쪽) '왕의 권력은 하느님의 율법에 의거하는 만큼, 그것을 제한할 어떤 열등한 법률도 없다. 아담은 만물의 주인이다.'(40쪽) '한 가족의 아버지는 그 자신의 의지에 의해서 아니라면

---

169) Locke, *Tow Treatises of Government*, Book I, Ch.2, §7 (146쪽).

어떤 다른 법에 의해서도 다스리지 않는다.'(78쪽) '군주들의 우월성은 법률 위에 있다.'(79쪽) '왕들의 무제한적 관할권은 사무엘에 의해 그만큼 광대하게 묘사되어 있다.'(80쪽) '왕들은 법 위에 있다.'(93쪽) 그리고 이 점에 대해서는 우리의 저자가 보댕의 언어로 쏟아놓는 더 많은 것을 보라." 그리고 로크는 『가부장』과 『논평』에서 오가며 9개의 흩어진 말 조각들(92쪽, O. 279쪽 등)을 열거한다.[170]

필머에게 '아버지 지위가 무엇인지' 알아내기 위해 아버지와 왕의 절대권력과 관련된 이 산재된 말 조각들은 모두 다 유사한 내용이다. "우리의 저자의 의미에서 이 가부장적 권위 또는 아버지 지위는 아버지나 군주에게 자기의 자식들과 신민들의 생명·자유·재산에 대한 절대적·자의적이고 무제한적이고 제한할 수 없는 권력을 주는 불변의 신적 주권(a divine unalterable right of sovereignty)이다. 그리하여 아버지나 군주는 자식과 신민의 재산을 빼앗거나 양도하고 그들의 인신을 마음대로 팔거나 거세하거나 사용할 수 있다. 그들은 모두 아버지나 군주의 노예이고, 아버지나 군주는 만물의 주인이고 소유권자이고 아버지나 군주의 무한정적 의지는 그들의 법이기 때문이다."[171] 필머는 "이런 위력적 인물상을 아담에게 부여해놓고 이 가정 위에서 모든 정부와 군주들의 모든 권력을 정초했으므로 그가 대의명분의 무게에 적합한 명백하고 분명한 논변들로 이것을 증명했을 것이라고 기대하는 것이 합당하다. 인간들이 그 밖의 어떤 것도 그들에게 남겨진 것이 없기 때문에 인간들이 노예상태에서 이 노예상태의 필요성에 대한 이러한 부정할 수 없는 증거가 있을 것이라고, 즉 그들의 양심이 확신하여, 그들의 통치자들이 권리를 갖고 그들에 대해 행사하는 그 절대적 지배권에 평화적으로 복종할 의무감

---

170) Locke, *Tow Treatises of Government*, Book I, Ch.2, §8 (146-147쪽).
171) Locke, *Tow Treatises of Government*, Book I, Ch.2, §9 (147-148쪽).

을 그들에게 갖게 하리라고 기대하는 것은 합당하다는 말이다."[172]

로크는 즉각 필머를 반박한다. "이것이 없다면, 우리의 저자는 이러한 무제한적 권력을 수립함으로써 어떤 권력을 보유하든 너무 쉽사리 성장하고 증가하기 일쑤인 인간들의 국민적 허영과 야망에 아부하는 것 말고 무슨 도움을 주겠는가, 아니 무슨 도움을 주는 척이나 할 수 있겠는가? 그것도 그들의 동료 인간들의 동의에 의해 크지만 제한된 정도의 권력에 오른 사람들에게 그들에게 주어진 일부분에 의해 그들이 자기들에게 주어지지 않은 모든 것에 대한 권리도 가진다고, 그러므로 그들이 다른 사람들보다 더 많은 것을 할 권위를 가지기 때문에 그들의 마음에 드는 것을 해도 된다고 설복하고 그들 자신의 이익도, 그들의 보호 아래 있는 사람들의 이익도 아닌 것, 따라서 굉장한 해악을 초래하지 않을 수 없는 것을 하도록 그들을 유혹함으로써 무슨 도움을 주겠는가?"[173] 여기서 예리한 핵심적 비판은 가부장권이나 군주의 권력은 자식이나 백성의 동의로 부여된 '부분 권력'에 불과한데 필머가 이 '부분권력'을 전능한 '절대권력'으로 과장하며 인간의 허용과 야망에게 아부하고 있다는 취지의 말이다.

로크는 『가부장』에서 필머가 아담의 주권이 그의 위력적 절대군주정이 올라서 있는 "확실한 기초"다는 주主명제를 이 명제가 요구하는 논변의 온갖 명증성으로 증명하고 확실히 할 것이라고 기대했으나, "이 논고 전체에서" 그는 "이런 방향의 경향을 보이는 논변을 거의 전혀 발견할 수 없었다". 그는 "이 논고를 주의 깊게 읽으면서 이 근본명제의 단순한 상정 위에 세워진 아주 위력적인 구조물을 발견했을 때" 그가 "거의 스스로 확신할 수 있는 것이 증거도 없이 그렇게 인정되는 것으로 받아

---

172) Locke, *Tow Treatises of Government*, Book I, Ch.2, §9 (148쪽).
173) Locke, *Tow Treatises of Government*, Book I, Ch.2, §10 (148쪽).

들여지고 있을" 따름이었다. 확신할 수 있는 증거가 없는 이유는 "필머가 '인간의 자연적 자유'의 '그릇된 원리'를 논박하는 척하는 논의 안에서 그가 아담의 권위에 대한 어떤 증거도 제공하지 않으면서 '아담의 권위'의 단순한 상정에 의해 그것을 하는 것이 거의 신뢰할 수 없기" 때문이다.[174]

진정, 필머는 확신에 차서 "아담은 왕권적 권위를 가졌었다"고 말한다.(12, 13쪽) "절대적 지배권과 생사여탈의 지배권"을 가졌었다.(13쪽) "보편적 군주정"이다.(33쪽) "생사여탈의 절대권력"이다.(35쪽) 로크에 의하면, 필머는 이런 주장으로 아주 바빴다. 그러나 이상한 것은 그의 『가부장』 전체에서 그의 이 굉장한 통치 기반을 확립할 이유에 대한 단 하나의 핑계도 발견할 수 없다는 것이다. 이 말 외에 논증 같은 것으로 보이는 어떤 것도 발견할 수 없었다. "왕권적 권력의 이 자연적 권리를 확인하기 위하여 우리는 십계명 안에서 왕에 대한 복종을 명하는 율법이 마치 모든 권력이 기원적으로 아버지에게 있는 양 '너의 아버지를 공경하라'는 표현으로 전해지는 것을 발견한다." 로크는 물으면서 필머의 '불리한 것을 빼고 부정확하게 인용하는' 논법에 강편치를 한 방 먹인다. "내가 왜 십계명에서 여왕에게 복종을 명하는 계율이 마치 모든 권력이 기원적으로 어머니에게 있는 양 '어머니를 공경하라'는 표현으로 말해진다는 것도 마찬가지로 덧붙이지 말아야 하는가? 필머 경이 표현하듯이 논변은 저것에 대해서처럼 이것에도 좋이 타당할 것이다. 그러나 이에 관해 더 많은 논의는 적당한 곳에서 할 것이다."[175] 이 적당한 곳은 다시 제1에세이의 제6절이다.

그러나 "필머는 마치 아담의 절대권력을 제1절에서 확실한 증명 위에

---

174) Locke, *Tow Treatises of Government*, Book I, Ch.2, §11 (148-149쪽).
175) Locke, *Tow Treatises of Government*, Book I, Ch.2, §11 (149쪽).

확립한 양 제2절을 '성서의 권위 있는 출처로부터 인용된 이 증거와 이유들을 참조함으로써'라는 이 말로 시작한다." 그러므로 로크는 비판한다. "그가 11쪽에서 '이 말 속에서 우리는 명백한 고백을 얻는다'고 말하는 것, 즉 벨라르민에 대해 '창조가 인간을 그의 후손의 군주로 만들었다'고 말하는 것이 성서로부터 인용된 증거와 이유들로, 또는 모종의 증거로 전혀 받아들여질 필요가 없다면, 새로운 추론 방식에 의해 위에서 언급된 '너의 아버지를 공경하라'는 표현으로부터 즉각 뒤따르는 말로 그가 아담에게 충분히 확립된 그의 왕권적 권위를 결론으로 끌어낼지라도 '너의 아버지를 공경하라'는 표현을 빼고 아담의 주권에 대한 저 증거와 이유들이 어디에 있는지 나는 발견할 수 없다고 고백한다."[176)]

로크는 필머의 논점을 요약하고 조목조목 비판하기 위해 논점을 세 개로 분할한다.

- 나는 그가 그의 『홉스 씨의 리바이어던에 관한 논평』에서 그의 저작들 안에서 내가 그가 이용하고 있는 것을 어디에서든 발견하는, 아담의 주권에 대한 모든 논변을 몽땅 약술하고 있다고 생각한다. 그의 말은 이것이다. "하느님이 오직 아담만을 만들고 그의 한 조각으로부터 여자를 만들었는지, 그리고 그들 둘로부터의 생식에 의해 모든 인류가 번식했다면, 하느님이 또한 아담에게 여자에 대한, 그리고 그들로부터 생겨날 자식들에 대한 지배권을 주었을 뿐만 아니라, 땅을 정보하기 위해 모든 땅과, 그 위에 사는 모든 피조물에 대한 지배권을 주었는지, 그리하여 아담이 살아있는 동안 어떤 인간도 아담으로부터의 증여·양도·허가에 의하지 않고는 어떤 것도 요구하거나 향유할 수 없었는지, 나는 이것이 궁금하다."(O. 165) 여기에서 우리는 내가 그의 다른 논고

---

176) Locke, *Tow Treatises of Government*, Book I, Ch.2, §12. (149쪽).

들의 여기저기에서 발견하는 아담의 주권을 위한, 그리고 자연적 자유에 반대하는 그의 모든 논변의 총화를 본다. 그리고 그것들은 이런 것이다. "하느님의 아담 창조," 하느님이 "이브에 대해" 준 "지배권", 그리고 아담이 "아버지로서 그의 자식들에 대해" 가졌었던 "지배권"이다. 이 모든 것을 나는 따로따로 고찰할 것이다.[177]

여기서 세 개로 분할된 논점은 실은 ① 창조에 의한 아담의 주권의 권리, ② 증여에 의한 아담의 주권의 권리, ③ 이브의 복속에 의한 아담의 주권의 권리, ④ 아버지 지위에 의한 아담의 주권의 권리 등 네 부분이다.

■ **창조론에 기초한 아담주권론에 대한 비판**

로크는 필머가 자연적 자유의 인정이 아담의 창조에 대한 부정이라고 주장하는 것을 이해할 수 없다는 말이라고 비판한다. "필머 경은 그의 『아리스토텔레스의 정치학에 대한 논평』에서 우리에게 '인류의 자연적 자유는 아담의 창조의 부정 없이 상정될 수 없다"고 말한다.(O. 188) 그러나 아담이 전능자와 하느님의 손으로부터 직접 존재를 받은 것에 불과한 아담의 피조 방식이 아담에게 모든 것에 대한 주권을 주었다는 것을 나는 알 수 없고, 따라서 자연적 자유의 상정이 어떻게 아담 창조의 부정인지 이해할 수도 없고, 다른 누군가가 (우리의 저자는 그런 호의를 베풀어주지 않기 때문에) 그를 위해 그것을 밝혀주면 좋겠다."[178]

그리고 로크는 자연적 자유와 아담의 창조라는 두 가지 사실은 모순되지 않는다고 논변한다. "왜냐하면 나는 언제나 아담의 창조를 믿을지라

---

177) Locke, *Tow Treatises of Government*, Book I, Ch.2, §14 (150-151쪽).
178) Locke, *Tow Treatises of Government*, Book I, Ch.3, §15 (151쪽).

도 인류의 자유를 상정하는 데 아무런 어려움을 느끼지 않기 때문이다. 아담은 하느님의 직접 권력에 의해 부모의 개입 없이 또는 그를 낳을 어떤 동종의 기旣존재 없이 그가 존재하는 것이 하느님을 기쁘게 할 때 창조되었거나, 존재하기 시작했다. 그 앞에 있는 짐승들 중 왕인 사자도 하느님의 동일한 창조력에 의해 존재하기 시작했다. 이 창조력에 의한, 그리고 이런 방식으로의 단순한 존재가 더 이상 노력도 없이 지배권을 준다면 우리의 저자는 이 논변에 의해 아담만큼 탄탄한 지배의 권리를, 그것도 더 오래된(ancienter) 권리를 사자에게 갖도록 만들 것이다."[179] 이것은 하느님에 의한 아담의 직접적 창조로부터 지배권을 도출하는 필머의 논변에 대해 호된 치명적 비판이다. 아담 이후에 나오는 이브나, 이 둘의 생산으로 생겨나는 나머지 모든 인류가 아담의 이 선행적 직접 출현 때문에 아담의 지배에 복속되어야 한다면, 여섯째 날에 창조된 아담은 넷째 날과 다섯째 날에 창조한, 따라서 지배권에 대한 "더 오래된 권리"를 가진 온갖 생물과 새, 물고기와 날짐승, 길짐승에게 지배당해야 할 것이다.

그런데 필머는 "천만에!"라고 말할 것이다. "왜냐하면 그는 다른 곳에서 아담이 그의 권리를 하느님의 임명(Appointment)에 의해 얻었다고 말하기 때문이다."[180] 그러나 이것은 더 큰 문제를, 즉 '아담의 창조'와 '인간의 자연적 자유' 간의 모순 주장을 부정하는 문제를 야기한다. "그렇다면 단순한 창조는 아담에게 지배권을 주지 않고, 아담을 군주로 만든 것이 하느님의 임명이기 때문에 우리는 아담의 창조를 부정함이 없이 인류가 자유롭다고 상정했어도 될 것이다."[181] 이것은 실로 치명적 비판이다.

---

179) Locke, *Tow Treatises of Government*, Book I, Ch.3, §15 (151쪽).
180) Locke, *Tow Treatises of Government*, Book I, Ch.3, §15 (151쪽).
181) Locke, *Tow Treatises of Government*, Book I, Ch.3, §15 (151쪽).

그러나 이 '임명에 의한 아담의 주권의 권리 획득' 테제도 또 다른 문젯거리다. 필머는 말한다. "아담은 피조되자마자 하느님의 임명에 의해 신민이 한 명도 없어도 세계의 단독치자(군주)가 되었다. 왜냐하면 신민이 생길 때까지 실제적 통치가 존재할 수 없어도 자연의 권리에 의해 그의 후손의 통치자가 되는 것은 아담에게 주어져야 하는 것이 마땅하다. 행위에서가 아니라도 적어도 습성에서 아담은 그의 창조로부터 왕이었다."(O. 289쪽)

이에 대해 로크는 "하느님의 임명"의 의미가 무엇인지를 묻는다. "나는 필머가 여기서 우리에게 그가 '하느님의 임명'이라는 말로 무엇을 뜻하는지 말해주기를 바란다. 왜냐하면 섭리가 무엇을 명하든, 자연법이 무엇을 지시하든, 또는 명확한 계시가 무엇을 천명하든 그것은 하느님의 임명에 의해 존재하는 것으로 얘기되기 때문이다. 그러나 나는 그것이 여기서 첫 번째 의미로, 즉 섭리를 뜻하는 것으로 얘기되었다고 상정하지 않는다. 그것은 자연의 권리에 의해 아담이 마땅히 그의 후손의 통치자이어야 하므로 아담이 피조되자마자 사실상 군주였다고 말하는 것에 불과하기 때문이다. 그러나 그는 실제로 아무런 정부도 없고 다스려질 아무런 신민도 없고 – 이것은 우리의 저자도 고백하는 바다 – 때에 섭리에 의해 세계의 통치자로 선정될 수 없을 것이다. 세계의 군주는 또한 우리의 저자에 의해 다르게 쓰이기도 한다. 왜냐하면 그는 때로 '세계의 군주'에 의해 나머지 인류를 배척하는 '세계의 소유권자'를 뜻하고, 그는 앞서 인용된 그의 서문의 같은 페이지에서 그렇게 하기 때문이다. 그는 말한다. '아담은 번성하고 땅에 충만하고 땅을 정복하라는 명을 받고 그에게 부여된 모든 피조물에 대한 지배권을 부여받았으므로 이럼으로써 온 세계의 군주였다. 그의 후손의 아무도 그의 인가認可나 허가에 의하거나 그로부터의 승계에 의하지 않는 방식으로 어떤 것이든 보유할 어떤 권리도 가지지 못했다.'(O. 187-188쪽)"[182]

로크는 이것을 '군주'를 '세계의 소유권자'로 보는 경우와, '임명'을 아담에 대한 하느님의 실제적 증여와 계시된 명확한 인가로 보는 경우(창세기 1:28)로 나누어 논한다. 필머는 말한다. "하느님의 명확한 인가에 의해 아담은 피조되자마자 세계의 소유권자였다. 자연의 권리에 의해 그의 후손의 통치자인 것은 아담에게 마땅히 주어져야 한다." 로크는 "이 말 속에는 두 개의 명백한 거짓이 들어 있다"고 비판한다.[183]

첫째, "문맥상 아담의 창조 직후에 있는 일로 쓰여 있을지라도 이브를 만들어 그에게 데려올 때까지 아담에게 말해질 수 없었다는 것이 빤하기 때문에 아담이 창조되자마자 하느님이 아담에게 그 인가를 주었다는 것은 거짓이다. 그리고 특히, 내가 실수하는 것이 아니라면, 필머가 하느님이 이브에게 말하는 것(창세기 3:16, 이브 처벌 - 인용자)을 아담이, 적어도 시간상 얼마간, 그리고 상황상 아주 많이 그의 창조로부터 멀리 떨어진 때인 타락 이후에야 있었던 통치의 시원적 인가(original grant of government)라고 부르기 때문에 아담이 어떻게 피조되자마자 임명에 의해 군주일 수 있었는지, 그리고 우리의 저자가 이런 의미에서 '아담은 피조되자마자 하느님의 임명에 의해 세계의 군주가 되었다'라고 말할 수 있는지 나는 알 수 없다."[184]

창세기 1장 28절에서 하느님으로부터 땅을 "정복하고" 바다의 물고기와 공중의 새와 땅의 길짐승을 "다스리라"는 명령을 받는 자는 아담만이 아니라, "남자와 여자", 즉 아담과 이브. '이브의 만듦'은 '아담의 창조' 뒤에 이루어졌으므로 아담과 이브, 이 둘에 대한 '세계통치'의 명령은 이브가 만들어진 뒤에 내려진 것이다. 따라서 아담의 창조 시점과 이

---

182) Locke, *Tow Treatises of Government*, Book I, Ch.3, §16 (152쪽).
183) Locke, *Tow Treatises of Government*, Book I, Ch.3, §16 (152쪽).
184) Locke, *Tow Treatises of Government*, Book I, Ch.3, §16 (152-153쪽).

명령의 하달 시점 간에는 아담이 잠자는 동안 그의 갈비뼈를 빼내 이것으로 이브를 만들고 다시 아담에게 데려오는 사건들이 끼어 있고, 따라서 두 시점 사이에는 상당한 시차가 있다. 그러므로 "아담은 피조되자마자" '세계의 군주'로 임명되었다는 말은 엄밀히 말하자면 그릇된 말일 수밖에 없다. 이것이 로크의 비판적 논점이다. 한편, 아담과 이브가 하느님으로부터 땅을 "정복하고" 바다의 물고기와 공중의 새와 땅의 길짐승을 "다스리라"는 명을 받았다면, 이브도 이 동물들에 대해 아담과 동일한 통치권을 가진 '공동통치권자'다. 따라서 아담이 세계의 '단독치자(군주)'라고 하는 필머의 말도 거짓이다. 그러나 로크는 이 비판을 놓치고 있다.

로크는 두 번째 거짓을 비판한다. "둘째, 하느님의 실제적 증여가 '아담이 피조되자마자 아담을 세계의 군주로 임명했다'는 것이 사실이더라도 여기서 그것에 주어진 이유는 그것을 증명하지 않을 것이다. 그러나 하느님이 명확한 증여에 의해 '후손의 통치자가 되는 것은 자연의 권리에 의해 아담에게 마땅히 주어졌기 때문에 아담을 세계의 군주로 임명했다'는 것은 언제나 그릇된 추론일 것이다. 자연에 의한 통치의 권리를 아담에게 준 것에 관한 한, 명확한 증여의 필요가 전혀 없었다. 적어도 이것은 결코 이러한 증여의 증거가 아니다."[185]

다른 한편, 로크에 의하면, '하느님의 임명'을 자연법으로, '세계의 군주'를 인류의 주권적 지배자로 이해하면 교정내용이 많지 않을 것이다. "그러면 고찰해야 할 문장은 이와 같아야 하기 때문이다. '후손의 통치자가 되는 것이 자연의 권리에 의해 아담에게 마땅히 주어져야 하므로, 자연법에 의해 아담은 창조되자마자 인류의 통치자였다.' 이것은 '아담은 자연의 권리에 의해 통치자였으므로 자연의 권리에 의해 통치자였다'는 말로 귀결된다. 그러나 우리가 한 인간이 자연본성에 의해 자기 자식들

---

185) Locke, *Tow Treatises of Government*, Book I, Ch.3, §16 (153쪽).

의 통치자라는 인정하는 것을 상정하므로 이 때문에 아담은 창조되자마자 군주일 수 없다. 이 자연의 권리가 그가 자식들의 아버지라는 데 기초하므로, 오직 아버지가 됨으로써만 그 권리를 가질 수 있는데, 아버지가 되기도 전에 아담이 어떻게 통치자가 될 자연적 권리를 가질 수 있었는지는, 필머가 아담이 아버지가 되기 전에 아담을 아버지이게 만들고 그 권리를 가지기 전에 권리를 가지게 하지 않을 것이라면, 이해하기 어렵다고 나는 생각한다."[186]

로크의 이 비판은 주석을 필요로 하지 않을 만큼 명쾌하다. '창조에 의한 아담의 주권의 권리' 테제에 대한 비판은 이것으로 그쳐도 될 것이다. 많은 논점들이 중복되고 뒤 논의와 얽히기 때문이다.

■ 증여(창세기 1:28)에 의한 아담의 주권론에 대한 비판

필머는 존 셀던(John Selden)의 언어로 "아담이 하느님으로부터의 증여(창세기 1:28)에 의해 만물의 총總주인으로 만들어졌고, 그의 인가 없이는 자기의 자식들도 배제한 만큼 그 자신에게만 속하는 사적 지배권도 없지 않다"고 말한다. 또 필머는 "이 셀던의 판단은 성서의 역사와 자연적 이성과 일치한다"고 말한다.(O. 210) 그리고 『아리스토텔레스에 대한 논평』의 「머리말」에서 그는 "세계의 첫 번째 정부는 모든 중생의 아버지에서 군주정적이었고, 아담이 땅에서 번성하고 땅에 충만하고 땅을 정복하라는 명령을 받았고 그에게 모든 피조물들에 대한 지배권을 부여받았다는 것은 이 때문에 온 세계의 군주였다"고 말한다. "그의 후손의 아무도 아담의 인가나 허가에 의하지 않고는 또는 그로부터의 승계에 의하지 않고는 어떤 것이든 소유할 아무런 권리도 없다. 시편은 아담이 땅을 인간들의 자식들에게 주었다고 말하는데, 이것은 권리가 아버지 지위로부

---

186) Locke, *Tow Treatises of Government*, Book I, Ch.3, §17 (153쪽).

터 생겨나는 것을 보여준다."

필머의 이 주장들과 관련하여 로크는 필머가 "그의 통상적 방법에 따라 이런 의미로 시작해서 저런 의미로 결론짓는데, 여기서는 그가 증여에 의한 아담의 소유권 또는 사적 지배권으로 시작하는데, 그의 결론은 '그것의 권리가 아버지 지위로부터 온다는 것'이다" 비판한다.[187]

성서의 창세기 1장 28절의 해당 구절을 보자. "하느님은 그들을 축복하고 그들에게 이르시되 생육하고 번성하고 땅에 충만하라, 땅을 정복하라, 바다의 고기와 공중의 새와 땅 위에서 움직이는 모든 생물(모든 산 피조물)을 다스리라 하시니라." 이것으로부터 필머는 "아담이 여기서 그에게 부여된 피조물들에 대한 지배권을 가지므로 이럼으로써 온 세계의 군주였다"고 결론짓는다. 이것은 하느님의 이 인가가 아담에게 땅과 모든 열등하거나 비합리적 피조물들에 대한 소유권을, 또는 필머가 부르듯이 땅에 대한 "사적 소유권"을 주었다는 것을 뜻하지 않을 수 없다. 따라서 아담은 이것에 의해 군주였다는 말이다.[188]

그러나 로크는 필머의 이 해석을 비판한다. 첫째, "창세기 1장 28절의 이 인가認可에 의해 하느님은 아담에게 인간들, 그의 자식들, 그 자신의 종의 사람들을 지배할 직접적 권력을 주지 않았다. 그러므로 아담은 이 특허에 의해 지배자나 군주로 만들어지지 않았다."[189] 그리고 둘째, "이 인가에 의해 하느님은 아담에게 열등한 피조물들에 대한 사적 지배권을 준 것이 아니라 모든 인류와 공동으로 권리를 주었다. 그래서 아담은 여기서 그에게 주어진 소유권 때문에 군주도 아니었다."[190]

로크는 이 비판을 부연한다. "창세기 1장 28절의 이 증여가 아담에

---

187) Locke, *Tow Treatises of Government*, Book I, Ch.4, §22 (156쪽).
188) Locke, *Tow Treatises of Government*, Book I, Ch.4, §23 (157쪽).
189) Locke, *Tow Treatises of Government*, Book I, Ch.4, §24 (157쪽).
190) Locke, *Tow Treatises of Government*, Book I, Ch.4, §24 (157쪽).

게 인간들에 대한 어떤 권력도 주지 않았다는 것은 우리가 그 구절의 단어들을 고찰하면 밝혀질 것이다. 모든 명확한 인가들이 이 인가들이 표현되는 명시적 단어들이 실어 나르려고 하는 것보다 많은 것을 전달하지 않기 때문에 이 단어들 중 어느 단어가 인류 또는 아담의 후손들을 포함할 것인지를 보자. 그리고 나는 그것들이 이것들, 즉 '움직이는 모든 생물'이어야 한다. 이 단어들은 히브리어로 הַרֹמֶשֶׂת הַיָּה, 즉 '기는 짐승(bestiam reptantem)'이고, 성서 자체가 이 단어들의 가장 훌륭한 번역자다. 하느님이 물고기와 새들을 다섯째 날 창조했기에 여섯째 날의 처음은 하느님은 마른 땅의 비합리적 거주자들을 창조하고, 이 일은 24절에서 이런 말로 묘사된다. '땅은 생물을 그 종류대로 내되 육축과 기는 것들과 땅의 짐승들을 그 종류대로 내라 하고, 25절에서 하느님은 땅의 짐승들을 그 종류대로 만들었고, 육축을 그 종류대로 만들고 땅 위에서 기는 모든 것을 그 종류대로 만들었다.' 여기에서, 즉 땅의 사나운 주거자들의 창조에서 하느님은 처음에 그것들을 모두 하나의 일반 명칭 아래, 즉 '생물(loving creatures)'을 말하고 그 다음 나중에 그들을 세 서열로 분할한다.

   1) '육축' 또는 순치되었거나 순치될, 그리하여 특정한 사람들의 사적 보유물이 될 피조물들. 2) 우리 성서 24, 25절에서 '짐승(beats)'으로, 70인역 성서에서 세리아(θηρία), 즉 '야수(wild beasts)'로 번역된 חַיָּה은 아담에게 이 커다란 특허를 주는 여기서, 즉 우리의 명문 28절에서 '생물(living thing)'로 번역되었다. 이것은 이 인가가 노아에게 갱신되는 창세기 9장 2절에서 쓰인 것과 같은 단어이기도 하다. 거기에서는 마찬가지로 '짐승'으로 번역되어 있다. 3) 세 번째 대오는 24, 25절에서 단어הַרֹמֶשֶׂת 아래, 즉 여기 28절에서 쓰인 것과 같은 단어 아래 포괄되는, '움직이는', 그러나 더 앞의 절들에서 '기는', 그리고 70인역 성서의 모든 곳

에서 에리페타(ἑρπετὰ), 즉 파충류로 번역된 '기는 동물들'이었다. 이것으로부터 우리가 여기 신의 증여에서 번역하는 단어들, 즉 28절의 '움직이는 생물'이 창세기 24, 25절에서 두 대오의 지상 피조물들, 즉 야수와 파충류를 뜻하고 '70인 성서'에서 그렇게 이해되는 것과 동일하다는 것이라는 것이 분명해진다."[191]

이것을 정리하면, 하느님이 세계의 비합리적 동물들을 서식장소로부터 세 종류로 나누어, 바다의 물고기, 공중의 새들, 땅의 생물들로 나누고 이 생물들을 다시 육축, 야수, 파충류로 나누어 만들었을 때, 하느님은 인간을 만드는 것을 고려하고, 인간이 26절의 땅 세계에 대해 지배권을 가져야 하고, 그 다음 그는 이 세 왕국의 거주자들을 요약하지만, 육상생물에서 두 번째 대오 חיה, 즉 야수를 빼고 있다. 그러나 그가 실제로 이 계획을 실현해 인간에게 이 지배권을 주는 여기 28절에서 명문은 "바다의 물고기"와 "공중의 새들"을 언급하고, "야수"와 "파충류"를 뜻하는 단어들로 육상 피조물을 언급하고, "움직이는 생물"로 번역할지라도 육축을 빼고 있다. 이 두 곳에서 야수를 뜻하는 단어가 한 곳에서 빠졌을지라도 하느님이 한 곳에서 하느님이 다른 곳에서 계획한 것을 천명하는 것을 집행했기 때문에 우리는 두 곳에서 동일한 것을 인식하지 않을 수 없고, 여기서는 단지 이미 창조되었고 육축·야수·파충류의 세 가지 판명한 대오로 창조 시에 요약된 육상의 동물들이 어떻게 여기 28절에서 실제로 인간의 지배권 아래 26절에서 계획된 대로 놓였는지에 대해 설명만을 얻을 뿐이다. "더욱이 이 단어들은 그 안에 하느님이 이 사람에게 저 사람에 대한 지배권을, 즉 아담에게 그의 후손들에 대한 지배권을 주는 것을 뜻하는 것으로 견강부회될 수 있는 어떤 것의 징조도 전혀 포함

---

191) Locke, *Tow Treatises of Government*, Book I, Ch.4, §25 (158쪽).

하고 있지 않다."[192]

　로크는 온갖 히브리 성서원전과 다른 성서번역본을 두루 참조하여 해당 성서구절들이 동물들에 대한 지배권만을 말할 뿐이고 인간에 대한 지배권에 대해서는 전혀 언급하지 않는다는 사실을 명쾌하게 밝히고 있다. 그리고 28절의 "움직이는 모든 생물"도 '육축·야수·파충류' 등 세 가지 종류의 동물을 뜻할 따름이고 '결코 인간을 포함하지 않는다는 점도 확실히 밝히고 있다.

　로크는 이것으로써 창세기 1장 28절의 증여에 의해 인간들에 대한 아담의 주권의 권리가 창설되었다는 필머의 주장을 철저히 부정한다. 이것으로 로크의 이 비판은 이미 충분하기 때문에 이와 관련된 로크의 논변을 더 추적할 필요가 없을 것 같다.

■ '이브의 복속' 구절에 기초한 아담주권론에 대한 비판

　필머는 성서의 창세기 3장 16절에 쓰인 이브에 대한 아담의 지배권으로부터도 아담의 군주정을 도출한다. 3장 16절의 명문은 이렇다. "하느님이 여자에게 이르시되 내가 네게 잉태하는 고통을 크게 더하리니 네가 수고하고 자식을 낳을 것이며 네 욕망이 네 남편을 향해 있을 것이니 네 남편은 너를 지배할 것이니라(he will rule over you) 하셨다." 필머는 "여기에서 우리가 통치의 시원적 인가認可를 얻는다"고 말하고, 여기로부터 그는 "최고권력이 아버지 지위에 확립되어 있고 한 종류의 통치로, 즉 군주정으로 제한된다"는 결론을 도출한다.(O. 244쪽)

　이에 대해 로크는 이렇게 비판한다. "그의 전제가 그들이 의지로 하려는 것이 되게 하라, 이것이 언제나 결론이다. 지배(rule)를 어떤 맥락에서든 한 번만 거명되게 하라, 그러면 당장 '절대군주정'이 신적 권리에 의

---

192)　Locke, *Tow Treatises of Government*, Book I, Ch.4, §26 (159쪽).

해 수립된다. 누구든 필머 자신이 이 말로부터 추론하는 것을(O. 244쪽) 주의 깊게 읽고 무엇보다도 '아담의 계보와 후세'를 그가 거기서 그들을 관여하게 하는 대로 고찰하기만 한다면, 그는 필머가 말하는 것을 이해하는 데 상당한 어려움을 느낄 것이다. 그러나 우리는 이것이 당장 그의 특유한 글쓰기 방법이 되게 허용하고 현재 다루고 있는 텍스트의 효력을 고찰하게 허용할 것이다. 말은 여성이 불복종에서 첫 번째이고 가장 앞선 자이기 때문에 여성에게 퍼붓는 하느님의 저주다. 그리고 우리가 하느님이 여기서 우리의 첫 번째 부모에게 말하는 것의 이유, 하느님이 그들의 불복종 때문에 판단력을 탄핵하고 그 둘에 대해 그의 분노를 표명하는 것의 이유를 고찰하고자 한다면, 우리는 이것이 하느님이 아담에게 대권과 특권을 인가하고 있는 때, 아담에게 존엄과 권위를 부여하고 있는 때, 아담을 지배권과 군주정으로 고양시키고 있는 때라고 상정할 수 없다. 왜냐하면 유혹에서의 조력자로서 이브가 아담 아래 놓이고 그래서 아담이 그녀에 대한 더 큰 처벌 때문에 우연치 않게 그녀 위에 우위를 점했을지라도 아담도 죄뿐만 아니라 타락에서도 그의 몫이 있었고 다음 절에서 보듯이 더 낮은 데 놓이게 되었기 때문이다. 그리고 하느님이 같은 숨에 아담을 온 인류를 지배하는 보편적 군주와 평생의 날품팔이로 만들고, 23절에서 '천국'으로부터 추방해 '땅을 갈도록' 만들고 동시에 그를 왕좌로, 절대권력의 모든 특권과 안락으로 올려 보낸다고 상상하기 힘들다."[193] 이것은 보통 떠올리기 어려운, 그러나 적확한 비판이다. 그때 펼쳐진 마당은 하느님이 아담과 이브를 둘 다 처벌하는 마당이지, 하느님이 이브를 비난하고 아담을 상찬賞讚하여 '이브의 군주'로 고양시키는 마당이 아니기 때문이다.

　로크는 이 점을 다시 확인하며 이브에게 남편의 지배를 받으라고 명한

---

193) Locke, *Tow Treatises of Government*, Book I, Ch.5, §44 (171-172쪽).

하느님의 처벌을 '통치의 시원적 인가認可'로 해석하는 필머의 성서독해를 오류로 비판한다.

- 이것은 아담이 어떤 시혜나 어떤 특권인가特權認可를 기분이 상한 조물주로부터 기대할 수 있는 때가 아니었다. 이것이 우리의 저자가 우리에게 말하듯이 "통치의 시원적 인가"라면, 그리고 필머 경이 아담을 무엇으로 생각하고 싶든, 아담이 이때 군주로 만들어졌다면, 하느님이 그를 단지 아주 빈곤한 군주로만, 단지 우리의 저자 자신이 군주임(to be)을 어떤 커다란 특권으로 치지 않는 그런 군주로만 만들었다는 것은 명백하다. 하느님은 그를 그의 삶을 위해 일하도록 만들고, 그 거주자들을 지배하라고 왕홀을 쥐어주기보다 차라리 땅을 정복하라고 그의 손에 삽을 쥐어주는 것처럼 보인다. 19절에서 하느님은 아담에게 "너는 네 얼굴에 땀을 흘리며 네 빵을 먹으리라"라고 말한다. 아마 아담이 아직 신민이 없었고 그를 대신해 일할 사람이 아무도 없었기 때문에 이것은 불가피했다고 답변될지 모른다. 그러나 나중에 900년 동안 살면서 그는 그가 그를 위해 일하라고 명령할 사람들을 충분히 가졌을 것이다. 천만에, 하느님은 말한다. 너는 너의 아내 외에 다른 도움이 없는 동안뿐 아니라, 네가 살아있는 한 길이 너는 네 노동으로 먹고살아야 한다. "너는 땅으로부터 취해졌으니 땅으로 돌아갈 때까지 네 얼굴에 땀을 흘리며 네 빵을 먹어야 한다. 너는 흙먼지이기에 너는 흙먼지로 돌아가야 할지어다."(13장 9절.)[194]

로크는 그래도 반대편 사람들이 또 대꾸할 것이라고 예상한다. 그는 사람들이 다시 필머를 편들어 "이 말은 아담에게 개인적으로 얘기된 것

---

194) Locke, *Tow Treatises of Government*, Book I, Ch.5, §45 (172쪽).

이 아니라, 이것이 타락 때문에 내려지는 인류에 대한 저주이므로 온 인류의 대표자로서의 아담을 통해 온 인류에게 얘기되는 것"이라고 아마 답할 것이라고[195] 생각한다.

이에 대해 로크는 필머의 예상되는 대꾸에 대해 '준비된 반박'을 가한다. 하느님이 아담 한 사람에게 단수로 말한 것을 온 인류에게 복수로 말한 것으로 이해하라면, 하느님이 복수로 말한 것은 단수로 이해해야 한단 말인가?

- 나는 하느님이 더 많은 진리, 더 많은 확실성을 갖고 말하기 때문에 인간들과 다르게 말한다고 생각지만, 하느님이 인간에 말해주실 때는 하느님이 인간들 사이에 통용되는 언어규칙을 어기면서까지 인간들과 다르게 말한다고 생각하지 않는다. 이렇게 말하는 것은 하느님이 황공하게도 인간들에게 얘기해주실 때 인간들의 능력에 맞춰 겸손하게 말하는 것이 아니라, 이렇게 얘기되면 인간들이 이해하지 못할 것을 말하는 가운데 자기의 목적(design)을 잃는 것일 게다. 하지만 필머의 독트린을 유지하는 데 필요한 성서 해석들이 유효한 것으로 받아들여져야 한다면 우리는 하느님에 대해 그리 생각해야 할 것이다. 그리하여 하느님이 여기서 아담에게 단수로 말하는 것이 온 인류에게 말하는 것으로 이해되어져야 한다면, 통상적 언어규칙에 의해 하느님이 말하는 것을 이해하는 것은 아주 어려울 것이고, 창세기 1장 26·28절에서 하느님이 복수로 말하는 것('우리의 형상에 따라 우리의 모양대로'; '그들을 축복하고 그들에게 이르시되' - 인용자)은 다른 모든 사람을 배제하고 아담 한 사람에 대해서만 말해진 것으로 이해되어야 하고, 창세기 9장에서 하느님이 노아와 그의 자식들에게 공히 말하는 것은 노아 한

---

195) Locke, *Tow Treatises of Government*, Book I, Ch.5, §45 (173쪽).

사람에게 말하는 것으로 이해되어야 할 것이다.[196]

　따라서 3장 19절에서 하느님이 한 말은 아담 한 사람에게만 말해진 것이라는 것이 로크의 주장이다. 따라서 하느님이 아담에게 '죽을 때까지 땀 흘려 일해서 먹고 살아라'라고 저주하는 분위기에서 남편의 지배를 받으라는 이브에 대한 처벌은 결코 '이브에 대한 아담의 통치권의 시원적 인가'라는 '포상'으로 해석될 수 없다.
　더구나 이 '남편의 지배를 받으라는 이브에 대한 처벌을 가부장적 통치권의 창설로 볼 수 없는 또 다른 이유는 하느님이 아담의 지배라는 저주의 말을 이브에게만 해주고 아담에게는 해주지 않았다는 것이다. 그리고 축복의 말이 아니라 그녀를 처벌하는 저주의 말이라는 것이 반드시 유의해야 할 점이다.

- 나아가 주목해야 하는 것은 우리의 저자가 '통치권의 시원적 인가'라고 부르는 창세기 3장 16절의 여기 이 말이 아담에게 얘기되지 않았고, 더구나 진정으로 그 말 안에 아담에게 준 어떤 인가(Grant)가 들어 있는 것이 아니라, 이브에게 내려진 처벌이 들어 있다. 그리고 우리가 이 말을 따로 그녀에게 향한 것으로, 또는 대표자로서의 그녀를 통해 다른 모든 여성들에게 향한 것으로 받아들이는 경우에도 이 말은 기껏해야 여성과만 관계하고, 그녀들이 보통 그들의 남편에 대한 복종으로서 처해 있어야 하는 그런 복종 외에 더 이상의 의미를 담고 있지 않을 것이다. 그러나 그녀의 상태의 정황이나 남편과의 계약이 그녀를 그 복종으로부터 면해준다면, 이 고통에 대한 치료책이 있을 수 있더라도 그녀가 아이를 고통 속에서 낳는 것 같은 저주의 일부 외에 그녀를 그

---

196) Locke, *Tow Treatises of Government*, Book I, Ch.5, §46 (173쪽).

러한 복종으로 강제할 법률이 여기에 없다. (…) 나는 아담에게 말해진 것도, 아담을 두고 말해진 것도 아닌 이 저주의 말 속에서 우리의 저자만 빼고 누구든 '아담에게 군주정적 통치권'의 인가를 발견해내는 것은 어려운 일이었을 것이라고 생각한다. (…) 이브나 다른 여성이 하느님이 그녀를 여기서 협박할 때 쓴 저 가중된 고통 없이 섹스를 했다면 그녀가 죄를 지었다고 누구든 말할 것인가?[197]

또 로크는 묻는다. 여왕이 결혼했다면 어찌 되는가? 여왕이 여전히 남편의 정치적 통치자로 남는가, 아니면 남편이 여왕의 정치적 통치자가 되고 여왕은 남편의 신하가 되는가?

- 또는 누구든 우리의 여왕 중 어느 분이, 메리나 엘리자베스 여왕이 신민들 중 어느 사람과 결혼했다면 (3장 16절의) 이 텍스트에 의해 그 사람에 대해 정치적 복종 속으로 집어넣어졌다고 말할 것인가? 또는 그 사람이 이것에 의해 그녀에 대한 군주정적 지배권을 가졌다고 말할 것인가? 하느님은 이 텍스트에서 내가 아는 한 아담에게 이브를 지배할, 또는 남편들에게 아내들을 지배할 어떤 권위도 주지 않고, 다만 무엇이 여성의 운명이야 하는지, 또 어떻게 하느님이 그녀가 남편에게 복속되어야 하는 것을, 우리가 일반적으로 인류의 법률과 제諸국민의 관습이 명한 것을 보듯이, 그렇게 하느님의 섭리에 의해 명할 것인지를 예고해줄 뿐이다. 나는 이것을 위한 원천이 자연 속에 들어 있다고 시인한다.[198]

---

197) Locke, *Tow Treatises of Government*, Book I, Ch.5, §47 (173쪽).
198) Locke, *Tow Treatises of Government*, Book I, Ch.5, §47 (174쪽).

여기서 로크가 여왕과 남편 간의 관계를 들어 반증하듯이, 성서 창세기 3장 16절의 내용은 생사여탈 관계, 즉 가파른 지배-피지배 관계의 통치권이 아니라 우리가 세계 각국에서, 그리고 자연 안에서 흔히 보는 선후·안팎만 있을 뿐인 부부관계, 좀 기울어졌으나 거의 대등한 남녀관계를 말하고 있다. 로크는 참으로 예리하고, 또 정밀하게 성서를 해독하고 치밀하게 논박하고 있다. 그러나 앞에서도 보았듯이 로크도 성서해석에서 중요한 부분을 빼먹는 부분이 있다. 여기서는 가령 지배의 조건 부분이다. 16절의 "네 욕망이 네 남편을 향해 있을 것이니 네 남편은 너를 지배할 것이니라(he will rule over you)"라는 저주에서 핵심적 조건은 "네 욕망은 네 남편을 향해 있을 것이다"는 것이다. 그러나 여성들은 미성숙·학구·수도·종교생활·노쇠·병환·환멸·공포·자유추구 등 여러 가지 이유에서 남편을 향한 욕망이 없을 수 있다. 이런 조건에서 여성들은 혼인하지 않을 수 있거나 못할 수 있다. 그러면 남편이 없을 것이고, 따라서 그런 가벼운 지배 굴레도, 산고産苦도 겪지 않을 것이다. 로크는 신약에서도 인정되는 여성의 미혼 경우를 빼먹고 있다.

■ **아담이 아버지로서 주권을 얻었다는 논변에 대한 비판**

다른 한편, 필머는 "아담만이 아니라 대를 잇는 가부장들은 아버지 지위의 권리에 의해 그들의 자식들에 대한 왕권적 권위를 가졌다"고 말하고, "자식의 이 복속이 모든 왕권적 권위의 원천이다(the fountain of all regal authority)"라고 천명한다.(12쪽) 필머는 『홉스, 밀턴 등에 대한 논평』에서 "태어난 모든 개개인은 자유로운 것과 거리가 멀고, 바로 그 탄생에 의해 모든 개개인은 그를 낳는 사람의 종(a subject)이 된다"고(O, 156쪽) 말하고, 이것을 그의 목적에 필수적인 명제로 정한다. 이에 대해 로크는 말한다.

- 아담이 '창조된 유일한 인간'이고 그 이래로 만인은 출산되었으므로 아무도 자유롭게 태어나지 않았다. 우리가 어떻게 아담이 그의 자식들을 지배하는 이 권력을 획득하는지 묻는다면, 필머는 여기서 우리에게 '그것은 자식들을 낳음으로써 획득한다'고 말해준다. 그리고 그래서 그는 다시 O, 223쪽에서 말한다. "아담의 이 자연적 지배권은 '생식에 의해 자식을 다스릴 권리는 부모에 의해 획득된다(generatione jus acquiritur parentibus in liberos)'고 우리에게 가르치는 그로티우스 자신으로부터 입증될 수 있다." 그리고 정말로, 낳는 작용이 한 인간을 아버지로 만드는 작용임이므로 자기의 자식들에 대한 그의 아버지 권리는 당연히 그 밖의 다른 어떤 것으로부터도 생겨날 수 없다.[199]

이와 관련하여 로크는 가부장권을 지배권과 동일시하는 것으로 의심하면서 바로 '가부장권의 범위'를 물으며 그로티우스를 오·남용하는 것을 지적하고 필머를 비판한다.

- 그로티우스는 여기서 우리에게 "자식에 대한 권리(jus in liberos)", 즉 자기 자식들에 대한 부모들의 이 권력이 얼마나 멀리 확장되는지를 말해주지 않고 있다. 그러나 우리의 저자는 이 점에서 언제나 아주 명백한데 그것은 최고권력이라고, 자기의 노예들에 대한 절대군주의 권력, 생사여탈의 절대권력이라고 우리에게 확언해준다. 자식을 낳는 것이 어떻게, 또는 무슨 이유에서 아버지에게 자식에 대한 그러한 절대적 권력을 주는지를 필머에게 묻는 사람은 그가 아무런 답변도 하지 않는다는 발견할 것이다. 우리는 여러 다른 것들처럼 그의 말을 곧이곧대로 받아들여야 하고, 이것에 의해 자연법과 통치제도가 서고 쓰러져야

---

199) Locke, *Tow Treatises of Government*, Book I, Ch.6, §50 (176-177쪽).

한다. 필머가 절대군주였다면 이렇게 말하는 방식은 충분히 적합했을 것이다. "이성 대신에 의지(pro ratione voluntas)"는 그의 입안에서 힘이 있을 수 있지만, 증명이나 논증의 방법에서는 아주 부적합하고, 절대군주정을 위한 그의 변명에 거의 도움을 주지 않을 것이다.[200]

로크는 필머가 자식을 낳는 작용이 아버지에게 그런 절대권력을 주는 이유를 논증하지 못한 채 절대권력을 주려는 그의 '의지'만을 앞세우고 있다고 비판하고 있다. 로크는 다른 곳에서 가부장적 권력이 절대권력이 아니라 보호의 의무를 반드시 동반하는 제한적 권력이라고 말한다. "그렇다면 '부모가 가진 권력'은 유아기 불완전한 상태 동안 그들의 자식을 보살필, 그들에게 지워진 의무로부터 나오는 것이다."[201] 그리하여 "자기의 자식들에 대한 아버지의 명령권은 임시적인 것에 불과하고, 자식들의 생명과 재산에는 미치지 못한다."[202] 따라서 "아버지의 지배권은 그 때(자식이 판단력을 갖출 때) 끝나고, 거기서 더 나아가 아버지는 다른 인간의 자유를 처분할 수 없듯이 아들의 자유도 처분할 수 없다. 그리고 아버지의 지배권은 절대적 관할권 또는 영구적 관할권으로부터 아주 거리가 멀지 않을 수 없고, 남자는 '아버지와 어머니를 떠나 그의 아내와 굳게 결합할' 인가를 신적 권위로부터 얻었으므로 저런 관할권을 철회한다."[203]

로크는 만인이 자연적으로 평등하지만 필머의 주장대로 태어난 자들이 다 노예라 하더라도 모든 노예는 적어도 저들끼리 자연적으로 평등하다고 주장하고, 동시에 낳는 작용이 모든 자식을 노예로 만드는지 그 정

---

200) Locke, *Tow Treatises of Government*, Book I, Ch.6, §51 (177쪽).
201) Locke, *Tow Treatises of Government*, Book II, Ch.6, §58 (306쪽).
202) Locke, *Tow Treatises of Government*, Book II, Ch.6, §65 (311쪽).
203) Locke, *Tow Treatises of Government*, Book II, Ch.6, §65 (311쪽). 괄호는 인용자.

확한 이유를 묻는다.

- 필머 경은 한 신민의 권위를 너무 많이 축소해서, 그가 단지 말만 하면 무엇이든 확립하는 희망을 스스로 버릴 수 없다. 증거(근거) 없는 한 명의 노예의 견해는 온 인류의 자유와 재산을 처분할 만큼 충분히 무게 있지 않다. 내가 모든 인간이 자연적으로 평등하다고 생각하는 것과 달리 모든 인간이 본성적으로 평등하지 않다고 하더라도 나는 모든 노예들이 평등하다고 확신한다. 그래서 나는 '나'라는 단 한 사람의 견해를 주제넘지 않게 필머의 의견에 대립시켜도 된다. 그리고 "자식을 낳는 행위가 자식들을 아버지의 노예로 만들지 않는다"는 나의 말은 필머의 반대 단언이 자식들 모두를 노예로 만드는 만큼 확실하게 온 인류를 자유로이 해방한다. 나는 이것을 확신해도 된다.[204]

로크는 아버지의 '낳는 작용'의 의미를 극소화한다. 다른 곳에서 로크는 잘라 말한다. "(…) 권력은 다른 자식의 생부生父만큼 많이 유기된 자식의 양부養父에도 속한다. 남자의 모든 보살핌이 낳는 작용에서 끝난다면, 그리고 단순한 '낳는 작용'은 남자에게 그의 새끼에 대해 아주 작은 권력을 주고, 이 아주 작은 권력이 한 아버지의 이름과 권위에 대해 그가 가진 타이틀일 것이다."[205]

따라서 로크는 아버지와 아들의 관계를 '만인의 자연적 평등'에 귀속시키고 있다. 그리고 적어도 아담을 빼면 모든 자식들은 필머가 주장하듯이 비록 노예라고 하더라도 저들끼리 평등하다고 주장한다. 그러나 로크는 군주정을 "신적 법제"로 만들고 싶어 하는 모든 사람들의 독트린인

---

204) Locke, *Tow Treatises of Government*, Book I, Ch.6, §51 (177쪽).
205) Locke, *Tow Treatises of Government*, Book II, Ch.6, §51 (310쪽).

필머의 저 명제가 온갖 페어플레이를 하도록 "다른 사람들"이 어떤 이유를 대는지, 들어보자고[206] 제안한다. "필머가 아무런 이유를 제공하지 않기" 때문이다. 다른 사람들의 논변은 "아버지들이 자기 자식들에게 생명과 존재(life and being)를 주었기 때문에 그들의 생명에 대한 권력을 가진다"는 것이다. "자연적으로 한 인간이 타인에게 있는 것, 즉 그 인간의 것이 아니라, 즉 그 인간이 부여한 것이 아니라 또 다른 타자의 하사품으로부터 받은 것에 대한 권리의 어떤 요구나 핑계를 가지는 아무런 이유도 존재할 수 없다."[207]

이에 대해 로크는 부연한다. "1. 나는 타인에게 어떤 것이든 주는 모든 개개인은 그것에 의해 언제나 그것을 다시 빼앗아 올 권리를 가지고 있지 않다고 답한다. 그러나 2. 아버지가 자식에게 생명을 준다고 말하는 사람들은 군주정에 아주 의식이 혼미해져서 그들이 마땅히 상기해야 하는데도 '생명의 조물주요 수여자'인 하느님을 상기하지 않는다. '오직 하느님 안에서만 우리는 살고 움직이고 우리의 존재를 가진다.' 그 자신의 생명이 어디에 있는지도 모르는 자가 어떻게 타인에게 생명을 주는 것으로 생각될 수 있는가? 철학자들은 가장 근면한 탐구 뒤에 그것에 대해 헷갈려 한다. 해부학자들은 해부에서 보낸 자기들의 한평생과 연구, 그리고 인간 육체의 근면한 정밀조사 뒤에 인간 육체의 많은 부위의 구조와 용도에 대한 무지와, 생명이 전체에 존재하게 하는 작용에 대한 무지를 고백한다. 조야한 농부나 더 무식한 색마가 이것과 같은 찬탄할만한 엔진을 짜맞추거나 제작한 다음 이 엔진 안에 생명과 감각을 집어넣는가? 어떤 인간이 자기 자식의 생명에 필요한 부품들을 만들었다고 말할 수 있는가? 아니면 그가 생명을 준다고 생각하지만 어떤 주체가 그것을

---

[206] Locke, *Tow Treatises of Government*, Book I, Ch.6, §51 (177-178쪽).
[207] Locke, *Tow Treatises of Government*, Book I, Ch.6, §52 (178쪽).

받을 자격이 있는지도 모르고, 어떤 작용이나 기관이 생명의 수령과 보존에 필요한지도 모를 수 있는가?"[208]

로크는 첫 번째 부연설명은 실로 압권이다. 생명을 주었으면 이제 그 생명은 받은 수령자의 것이다. 이것은 아버지에 대해서는 말할 것도 없고, 두 번째 부연설명에서 등장하는 '조물주 하느님'이 인간에게 생명을 준 경우에도 마찬가지로 이제 이 생명을 받은 인간이 생명의 주인이다. 따라서 자식이 자기를 죽이면 '자살'이지만, 아버지가 이 자식을 죽이면 '살인'이고, 마찬가지로 하느님이 아담과 그의 후세들을 죽여도 '살인'이고 노아 시대처럼 대홍수로 씨를 말리면 '집단학살', '인종청소'다. 두 번째 부연설명은 자식에게 주는 자는 그저 성욕을 좇을 뿐인 아버지가 아니라 하느님이라는 말이다. 자식의 수태와 출생에서 아버지의 역할은 미미하고 하느님의 역할은 거의 전부다. 따라서 아버지의 이 미미한 역할에서 자식에 대한 아버지의 생사여탈 지배권을 도출하려는 것은 난센스다.

"아직 존재를 가지지 않는 것에 생명을 주는 것은 산 피조물을 짜 맞추고 만들고 부품을 형성하고 이것을 그 용도에 따라 주조하고 적합하게 부품들을 서로 조율하고 적응시켜 이것들 안에 산 영혼을 집어넣는 것이다. 이것을 할 수 있는 자가 진정으로 자기의 작품을 파괴할 약간의 구실일 가질 수 있을 것이다."[209] 그러나 아버지나 어머니는 결코 "이것을 할 수 있는 자"가 아니다.

그래도 "지금까지 감히 정당한 이유 없이 전능자의 이해할 수 없는 작품들을 자기 것으로 돌릴 정도로 겁 없는 모모인이 있는가? 처음에 홀로 했고 여전히 계속 산 영혼을 만드는 자만이 홀로 생명의 숨결 속에서 숨

---

208) Locke, *Tow Treatises of Government*, Book I, Ch.6, §52 (178쪽).
209) Locke, *Tow Treatises of Government*, Book I, Ch.6, §53 (179쪽).

쉴 수 있다. (…) 그러므로 필머가 그의 아버지 지위를 크게 보이게 하기 위해 O. 159쪽에서 기꺼이 '하느님 자신이 인류에 대해 행사하는 지배적 권력조차도 아버지 지위의 권리에 의한 것이다'라고 말할지라도, 이 아버지 지위는 세속적 부모에게 있는 권리원천의 모든 구실을 극도로 배제하는 아버지 지위다. 하느님이 진정으로 우리 모두의 조물주이고 어떤 부모도 자기 자식의 조물주인 체할 수 없기 때문에 하느님은 왕인 것이다.[210]

필머가 주장하는 아버지의 권리는 양육 행위의 경우에 길에서 주운 아이를 양육해 키웠어도 아버지의 양육 역할로부터 도출될 수 있지만, 자식을 낳는 작용의 경우에는 아버지의 역할이 성욕충족 외에 거의 전무하기 때문에 이 낳는 작용으로부터 도출될 수 없다. "인간들이 자기 자식들을 만들 기술과 능력을 가졌다면 그것은 그것을 설계하지 않고 자식들을 만들 수 있다고 상상할 수 있을 정도로 가벼운 조각의 솜씨가 아니다. 1천 명의 아버지 중 어느 아버지가 자식을 낳을 때 그의 현재의 욕구를 충족시키는 것 이상으로 생각하는가? 하느님은 그의 무한한 지혜에서 인간들의 만듦새 속에 강력한 성교의 욕망을 집어넣어 인류의 종을 계속 잇게 만들었고, 이 작용을 통상 의도 없이 종종 낳는 자의 동의나 의지에 반해서 행한다. 그리고 진정, 자식들을 바라고 계획하는 자들은 자식들의 존재의 기회에 불과하고, 자식들을 낳기로 계획하고 바랄 때, 신화 속에서 듀칼리온(프로메테우스의 아들)과 그의 아내가 인류를 만들려고 그들의 머리 위로 조약돌을 던진 것보다 조금 더 많은 것을 자식을 만들기 위해 할 따름이다."[211]

한편, 필머는 남자가 "생식에서 더 고귀하고 주된 행위자"라고 주장

---

210) Locke, *Tow Treatises of Government*, Book I, Ch.6, §53 (179쪽).
211) Locke, *Tow Treatises of Government*, Book I, Ch.6, §53 (179쪽).

한다.(O. 172쪽) 그러나 백보 양보해 필머의 논지를 다 인정한다고 해도 "이것은 아버지에게 어머니와 공동 지배권만을 줄 뿐이다".[212] 성서 속에서 하느님도 "자식을 낳는 아버지와 어머니를 말하고 있다".[213] 필머가 십계명의 제5명을 왜곡 없이 하느님이 표현한 한 대로 적었다면 모든 독자는 그것이 직접 필머를 공격하는 말로 읽었을 것이고, "아버지의 군주정적 권력"을 수립하기는커녕 어머니를 아버지와 대등하게 세워 아버지와 어머니 둘 다에게 마땅히 주어져야 할 것 외에 아무것도 요구하지 않았다는 것을 알았을 것이다.[214] 왜냐하면 "너의 아버지와 어머니를 공경하라"는 계명처럼 아버지와 어머니를 나란히 거명하는 것은 "성서의 불변적 기조(the constant tenor of the scripture)"이기 때문이다. 로크는 출애굽기 21:15·17, 레위기 19:3, 마태 15:4, 레위 19:3, 신명기 21:18·19·20·21, 이사야 등등을 들어 성서가 언제나 아버지와 어머니를 동시에 거명한다는 것을 입증한다.[215]

한편, 필머는 아버지가 자기의 자식들에 대한 절대적 관할권을 가졌으므로 자식들의 자손들에 대해서도 동일한 관할권을 가진다고 말한다. 아버지가 이러한 권력을 가진다면 결과가 좋을 것이다. 하지만 할아버지가 주권에 의해 손자를, 제5계명에 의해 아버지에게 마땅히 바쳐져야 할 공경을 그의 아버지에게 바치는 것으로부터 면제할 수 있는가? 할아버지가 "아버지 지위의 권리"에 의해 단독의 주권적 권력을 그 안에 가지고 있다면, 그리고 최고 치자에게 마땅히 바쳐야 할 복종이 "너의 아버지를 공경하라"는 말로 명령된다면, 할아버지가 손자가 그의 아버지를 공경하는 것을 필요 없게 만들 수 있을 것이라는 것은 확실하다. 그런데 상

---

212) Locke, *Tow Treatises of Government*, Book I, Ch.6, §55 (180쪽).
213) Locke, *Tow Treatises of Government*, Book I, Ch.6, §55 (180쪽).
214) Locke, *Tow Treatises of Government*, Book I, Ch.6, §61 (184-185쪽).
215) Locke, *Tow Treatises of Government*, Book I, Ch.6, §61 (185쪽).

식에서 그가 그것을 할 수 없다는 것은 분명하기 때문에 여기로부터 귀결되는 것은 "너의 아버지와 어머니를 공경하라"는 계명이 주권적 권력에 대한 절대복종이 아니라, "그 외의 다른 어떤 것"을 뜻한다는 결론이다.[216] "너의 아버지와 어머니를 공경하라"는 계명의 의미가 "주권적 권력에 대한 절대복종"이라는 뜻 "외의 다른 어떤 것"이라는 것은 말하자면 '정치적' 계명이 아니고, 정치적 주권이나 지배권과 무관한 불변의 '사회적' 계명이라는 말이다.

결론적으로 로크는 잘라 말한다. 부모가 "본성에 의해" 가지는 권리, 즉 "제5명에 의해" 부모에게 속하는 것으로 확인된 권리는 필머가 이 계명으로부터 끌어내는 "그 정치적 지배권"일 수 "없다". 왜냐하면 이 정치적 지배권은 모든 시민사회 안에서 어디에서든 최고(supreme)이므로 어떤 신민이든 그의 동료신민들에 대한 어떤 정치적 복종으로부터도 면하게 할 수 있지만, "치자의 어떤 법률"도 자식에게 "그의 아버지와 어머니를 공경하지 않을" 자유를 줄 수 없기 때문이다. 그리고 로크는 못박는다. "그것은 순수하게 부모와 자식 간의 관계에 합체된 영원법(eternal law)이고, 그것은 그래서 그 안에 치자治者의 권력과 관련된 것은 아무것도 포함하지 않고, 이 치자의 권력에 복속되어 있지도 않다."[217]

로크는 제5명이 정치적 복종과 아무런 관계가 없다고 함으로써 필머의 주장보다 훨씬 더 많은 것을 탄핵하고 있다. 그는 기독교 신학의 전통을, 특히 개신교신학의 전통을 공격한 것이다. 가령 루터는 『선한 행위들에 관하여(*Von den Guten Werken*)』(1520)에서 정치적 권위와 사회적 권위에 관한 그의 전 독트린을 제5명의 주석으로 전개했었다. 윌리엄 틴들(William Tyndale, 1494-1536)도 『기독교적 인간의 복종(*Obedience of a*

---

216) Locke, *Tow Treatises of Government*, Book I, Ch.6, §64 (187쪽).
217) Locke, *Tow Treatises of Government*, Book I, Ch.6, §64 (187쪽).

Christian Man)』(1528)에서 진짜 정확하게 유사한 방식의 논변을 전개했었다.[218]

이로써 생사여탈의 주권적·정치적 지배권은 생사여탈권이 배제되는 부부간의 소프트한 권위관계와도 다르고, 자식의 공경의무에 기초한 자식에 대한 부모의 권위관계와도 다르다. 전자는 '정치적·공적' 관계인 반면, 후자의 부부·부자관계는 '사회적·사적'관계이기 때문이다. 양자는 질적으로 차원이 다르고, 또 양적으로 강도가 다르다. 전자의 권력은 강력하고 견강堅剛한 반면, 후자의 권위는 유약하고 부드럽다. 그러나 전자의 권력은 후자의 프라이버시 영역을 침범할 수 없다. 전자의 목적은 후자의 영역을 침범하는 것이 아니라, 후자의 영역을 보호하는 데 있다. 따라서 자식에 대한 권위와 아내에 대한 남편의 권위가 결합된 가부장권도 사적 권위라서 정치권력과 무관한 것이고, 역사적으로도 후자는 전자로부터 자라나지 않았다. 오늘날 과학적 고고인류학에 의하면, 선사시대 원시집단은 동성同姓의 '씨족사회'가 아니라, 이성異姓받이 가족들이 모여 형성된 70-100명 안팎의 소규모 집단이었다. 씨족사회 또는 이른바 '문중사회'는 국가발생 후에 국가의 벼슬아치 집단이 권문세가를 이루면서야 나중에 등장한 것이다. 원시집단을 씨족사회로 본 반反경험론적·관념론적 인류학의 오류는 국가 성립 이후에 발생한 '문중사회' 또는 '동성마을'을 선사시대로 투사해서 생겨난 것이다. 그러나 "가부장적 권력(paternal power)"을 논하면서 로크는 원시집단을 동성의 씨족사회로 오해한 당시의 인류학적 관념론 때문에 부분적으로 필머의 가부장론에 말려들어 그에게 양보하기도 한다.[219]

---

218) 참조: Locke, *Tow Treatises of Government*, Book I, Ch.6, §64 (187쪽). 래슬렛(Peter Laslett)의 주석.
219) 가령 참조: Locke, *Tow Treatises of Government*, Book II, Ch.6, §74 (316-317쪽); §76 (318쪽); §§105-112 (336-344쪽).

그러나 로크는 최종적으로 가부장적 권력을 생사여탈을 결한 권력으로 정리한다.

- "가부장 권력" 또는 "부모권력(Paternal or Parental Power)"은 부모가 자식들이 스스로를 다스리는 그런 규칙을 그것이 자연법이든, 자기 나라의 국내법이든 이해할 능력을 갖췄다고 생각될 만한 이성의 사용 또는 지식의 상태에 이를 때까지 그들의 복리를 위해 다스리기 위해 자식들에 대해 가지는 권력 외에 아무것도 아니다. 나는 자유인들(freemen)로서 그 법 아래 살고 있는 여러 다른 사람들과 마찬가지로 그 규칙을 알 능력을 말한다. 하느님이 부모의 가슴 속에 자식들을 향해 심어놓은 애착과 애정(affection and tenderness)은 이것이 가혹한 자의적 통치가 아니라 오로지 그들의 새끼들에 대한 도움, 훈육, 그리고 보존만을 위해 존재하는 것을 의도한다는 것을 분명하게 해준다.[220]

로크는 자식들을 "자유인들(freemen)"로 육성하는 것을 전제로 하여 논변하고 있다. 바로 이것으로부터 로크가 사용하는 '인민(the people)'이라는 술어가 노예와 예농(cotters), 그리고 가난한 임금노동자 또는 날품팔이나 무일푼의 부랑아까지 포함한 '백성'의 자유를 말하고 있지 않다는 것이 드러난다. "freeman"은 중세 때 삼부회의 제3신분의 특권평민(왕으로부터 각종 상공업 특허장을 받은 부르주아지)을 가리키기도 했으나, 중세 영어에서는 대개 '프랭클린(franklin)' 계급과 동의어로 쓰였다. '프랭클린'은 애초에 토지에 농노나 예농으로 붙박인 사람이 아닌 평민 자영농을 의미했으나 나중에는 토지소유자를 가리켰다. 북미 식민시대

---

[220] Locke, *Tow Treatises of Government*, Book II, Ch.15, §170 (381쪽).

에 'freeman'은 법적 억압하에 있지 않는 사람, 즉 노예가 아닌 사람을 뜻했다. 따라서 자식들을 "freemen"으로 양육한다는 로크의 말은 국가를 구성하는 그의 인민에는 노예와 농노, 그리고 가난한 평민들이 들어있지 않다는 것을 뜻한다. 따라서 로크의 정치이론은 전반적으로 노예·농노·빈민 이상의 중상층을 위한 신분제 정치이론인 셈이다.

로크는 그 권력이 자식들에 대한 "도움, 훈육, 그리고 보존"만을 위한 것이라는 이 대전제로부터 가부장 권력이 생사여탈권에 미치지 않는 권력임을 입증한다.

- 그러나 그것이 아무리 될 대로 되더라도 (…) 그 가부장 권력이 언제든 그 밖의 모든 다른 사람들에 대한 권력보다 더 많이 그들의 자식들에 대해 생사에까지 뻗치는 것으로 생각되어야 할 이유는 존재하지 않는다. 부모로부터 생명과 교육을 받은 것이 자식에게 평생 양친에게 존경·공경·감사·원조·부양을 줄 의무를 지운다는 것 이상으로 가부장 권력이 어린이를 다 자라서 성인이 되었을 때도 계속 부모의 의사에 대한 복종 속에 묶어두어야 할 어떤 핑계도 존재할 수 없다. 그리하여 가부장적 통치는 자연적 통치라는 것은 참이지만, 전혀 정치적 통치의 목적과 관할권에까지 확장되지 않는다. 그리고 "아버지의 권력"은 오직 자식의 처분에만 맡겨져 있는 자식의 "고유권리들(property = 생명+자유+재산)"에까지 전혀 "미치지 않는다".[221]

이로써 최종적으로 로크는 생사여탈권이 없는 부모의 부드럽고 애정어린 보호권력인 '가부장 권력'을 생사여탈권을 가진 통치자의 '정치적 통치권력'과 명확하고 판명하게 구별한다.

---

221) Locke, *Tow Treatises of Government*, Book II, Ch.15, §170 (381쪽). 괄호는 인용자.

결론적으로, 아담은 하느님의 창조에 의해서든, 하느님의 인가에 의해서든, 증여에 의해서든, 부부관계에 의해서든, 아버지 지위의 자연적 권리에 의해서든 군주가 아니었다.[222] 즉, 아담의 '자연적 왕권'은 존재하지 않았다. 존재하지 않았던 아담의 이런 자연적 왕권이 상속에 의해 대대로 계승되어 오늘날의 모든 군왕이 아담의 왕권에서 유래한다는 필머의 주장을 로크는 성서의 문구들을 들어 일일이 반박하고 있는데, 이것은 불필요한 논의일 것이다. 아담의 '자연적' 왕권이 존재한 적이 없었으므로 이 왕권이 계승될 일도 없었기 때문이다.

그럼에도 지루한 논증 후에 로크는 이 상속과 계승의 문제를 이렇게 종합한다. "아담의 상속자들이 생겨날 수 있는 모든 경우에 어느 자손이 바른 상속자인지를 결정하는 어떤 자연법도 하느님의 실정법도 존재하지 않으므로 계승의 권리, 따라서 지배권을 보유할 권리를 가졌는지는 확실하게 결정되지 않았을 수 있다. 심지어 이것이 결정되었더라도 어느 계보가 아담 후손의 최연장자 계보인가에 관한 지식은 완전히 망실된 이래, 최연장자 가문이라서 상속권을 가진다고 주장할 최소한의 구실이 인류의 종족들과 세계의 가족들 안에 대대로 남아 있지 않을 정도로 아주 오래되었다."[223]

로크는 이렇게 결론짓고 새로운 논증과제를 던진다. "이 모든 전제들이 내가 생각하는 것처럼 명백하게 밝혀져서, 지금 지상의 지배자들이 모든 권력의 원천, 즉 '아담의 사적 지배권과 가부장적 관할권'으로 여겨지는 것으로부터 어떤 혜택도 만들어 내거나 권위의 어떤 최소한의 그림자도 도출하는 것이 불가능하다. 그리하여 세상의 모든 정부가 단지 물리력과 폭력의 산물일 뿐이라고 생각할 정당한 이유를 주고 (…) 싶지 않

---

222) 참조: Locke, *Tow Treatises of Government*, Book II, Ch.1, §1 (267쪽).
223) Locke, *Tow Treatises of Government*, Book II, Ch.1, §1 (267쪽).

는 사람은 반드시 로버트 필머 경이 우리에게 가르쳐준 것과 다른 근원(rise)의 통치권, 다른 기원(original)의 정치권력, 이 권력을 가지는 사람들을 예정하고 아는 다른 방법을 발견해 내야 한다."[224]

한편, 아담의 '자연적 왕권'이 존재하지 않기 때문에 이 왕권에 대한 아내와 자식들의 '자연적 종속'과 이에 따른 '자연적 불평등'도 존재하지 않는다. 아담의 아내와 자식들은 그의 노예도 아니고, 그의 신하도 아니다. 따라서 모든 인간은 누구의 아내, 누구의 자식으로서 종속되어 부자유 속에 태어나지도 않았고, 불평등하게 태어나지도 않았다. 이 자연적 종속과 불평등이 사실이 아니라면, 만인은 누구의 자식으로 태어나더라도 자연적·본성적으로 자유롭고 평등하게 태어난 것이고, 누구의 아내가 되더라도 자유롭고 평등하게 남아있다. 이브는 남편의 보조자(helpmate)로서 불평등하게 창조되고, 남편의 지배를 받도록 처벌을 받았다. 성서 창세기 3장 16절은 정확하게 "네 욕망이 네 남편을 향해 있을 것이니 네 남편은 너를 지배할 것이니라"고 쓰고 있다. 이 구절을 엄밀하게 해석하면, 남편의 '지배'는 남편에 대한 여자의 '욕구'를 조건으로 한다. '지배'는 남편의 '권리'가 아니라 여자의 욕망에 따른 '선택'이라는 말이다. 따라서 남자에 대한 여자의 욕구가 없거나 없어지거나 약하다면, 여자는 남편을 맞지 않을 수 있고, 남편이 '지배권자'처럼 굴어 남편에 대한 여자의 혐오·공포·대립·갈등·적대가 남편에 대한 욕구보다 더 크다면, 여자는 고용인(servant)이 고용주(master)를 버리고 떠나듯이 남편을 버리고 떠날 수도 있다. 남편은 여자로부터 버림을 받거나(여자가 도망쳐버리거나) 여자들로부터 따돌림을 당할 위험 때문에 남편은 여자와의 만남이나 혼인 중에도 당당한 '지배권자'로서 여자를 '지배'할 수 없다. 남편의 지배가 그의 '권리'가 아니고 여자의 '선택'에 달려있기 때문

---

224) Locke, *Tow Treatises of Government*, Book II, Ch.1, §1 (267-268쪽).

에, 남편의 여성 지배는 지배권자와 피지배자 간의 관계로 경직될 수 없다. 여성의 피지배와 종속은 필연이나 운명이 아니라는 말이다. (물론 이것은 기독교 성서논리에 따라 사고해 주는 것이고, 유교에서는 상론했듯이 남녀 또는 부부 사이에는 존비가 없다.) 그러므로 성서의 엄밀한 해석에 의하면, 남녀관계도 필연적 불평등 관계도 아니고, 취소불가능한 불평등 관계도 아니다. 그리고 혼인하지 않은 상태나 혼인하기 전의 상태, 그리고 혼인을 해소한 상태에서 보면, 여자도 남자와 마찬가지로 본성적으로 자유롭고 평등하게 '태어난' 만인에 속한다.

따라서 부부관계는 고용주와 고용인의 관계와 유사한 것이다. 고용인과 고용주는 계약에 의해 일정한 한계 내에서 상하관계를 맺더라도 둘 다 이 관계를 자유로이 해지할 수 있으므로 둘 다 서로에 대해 자유·평등 하듯이, 아내와 남편도 남편만이 아니라 아내도 그녀의 욕구의 존부와 다소多少에 따라 자유로이 상하관계를 맺거나 해지할 수 있으므로 본질적으로 자유·평등한 셈이다.

종합하면, 성서에 따를 때, 여자는 남편에 대한 그녀의 욕구를 조건부로 남자의 지배를 받아들이도록 처벌받았다. 그리고 더 거슬러 올라가면 여자는 애당초 남자의 '보조자'로 예정되어 남자의 갈비뼈에서 만들어졌다. 따라서 여자는 불평등하게 '창조'되었다. 그러나 여자를 포함한 만인은 자연적(본성적)으로 자유롭고 평등하게 '태어났다'. 조지 메이슨(George Mason, 1725-1792)과 제임스 매디슨(James Maddison, 1751-1836)이 기초해서 1776년 6월 12일에 의결된 「버지니아헌법」의 제1항(권리장전)에서 "만인은 본성에 의해 평등하게 자유롭고 독립적이다(all men are by nature equally free and independent)"고 천명했음에도, 토머스 제퍼슨은 '자연적 창조'(진화와 태생)의 만인평등창조론으로 성서의 남녀불평등창조론을 혁제革除해버리기 위해 「미국 독립선언문」(1776.

7. 4.)에서 굳이 "우리는 만인이 평등하게 '창조'되었다(created)"고 선언했던 것이다.

만인을 종속시키는 아담의 '자연적 왕권'이 존재한 적이 없기 때문에 '만인의 자연적·태생적 자유와 평등'은 다음 단계로 충분히 논증될 수 있는 것이다. 이후 로크는 거의 한없이 정밀한 성서해석에 기초한 끝장비판을 통해 성서를 왜곡해서 인용하는 필머의 만인의 태생적 종속·불평등론을 완전히 해체시키고 있다. 그러나 여기서는 이것을 끝까지 추적할 필요가 없을 것이다. 성서의 정밀 해석에 의해 아담의 '가부장적 왕권'이 존재하지 않았다는 것이 이미 논증되었기 때문만이 아니라, 오늘날 성서논쟁이 정치적·학술적으로 무의미해졌기 때문이다.

결론적으로, 필머의 아담의 자연적 왕권론과 만인의 태생적·자연적 종속·불평등론은 분쇄되었다. 그렇다면 공자의 민본주의적 백성자치론과 태생적 만인평등론, 그리고 만인평등교육론에 기초한 자연적 자유·평등론이 재건될 수 있다. 로크는 자연상태에서 이 자연적 자유·평등론을 논증한다.

6.2. 로크의 자연적 자유·평등이념의 방어와 재건

로크는 지배-피지배의 정치적 권력관계, 부모와 자식의 한정적 공경·권위관계, 남편과 아내의 선택적·조건부적 권위·순종관계를 뒤섞는 필머의 뒤범벅 논법을 비판하고 이 관계들을 구분해냈다.

■ 권력들의 구분과 '정치권력'의 정의

로크는 '자연적 자유와 평등'의 논증을 시작하기 전에 이 관계를 다시 구분하는 개념 정의定義를 제시한다.

● 이 목적을 위해 나는 내가 정치권政治權이라고 이해하는 것을 정하는 것이 나쁘지 않다고 생각한다. 나는 피치자(Subject)에 대한 "치자(Magistrate)"의 권력은 자식들에 대한 "아버지"의 권력, 고용인에 대한 "고용주"(Master over his Servant)의 권력, 아내에 대한 "남편"의 권력, 노예에 대한 "주인"(Lord over his Slave)의 권력과 구별된다고 생각한다. 이 모든 판이한 권력들이 때로 같은 사람에게서 나타나기에 그가 이 상이한 관계 아래에서 고찰된다면, 그것은 이 권력들을 서로 구별하고 나라의 지배자, 가정의 아버지, 갤리선의 선장 간의 차이를 보여주는 데 도움이 될 수 있다.[225]

로크는 다섯 가지 권력, 즉 ① 피치자에 대한 치자의 권력, ② 자식들에 대한 아버지의 권력, ③ 고용인에 대한 고용주의 권력, ④ 아내에 대한 "남편"의 권력, ⑤ 노예에 대한 주인의 권력을 구분하고 있다.

그러나 로크가 다른 철학자들과 마찬가지로 '면식面識사회(acquainted society)'와 '익명사회(anonymous society)' 간의 본질적 차이에 대한 인식이 없기 때문에 이 다섯 가지 권력의 구별도 명쾌하지는 않다. 가정·소집단(마을과 군소 단체, 중소기업 등) 등의 '면식사회'는 지도자와 구성원들이 상호 면숙面熟하기 때문에 구성원들의 행동이 상호 간의 사랑(친애와 우의)과 상호주관적(intersubjective)·인격적(personal)·개인적 도덕의식과 윤리의식, 그리고 이에 기초한 지도자의 제언·부탁과 설명·지시·호령 등의 인격적 지도만으로도 조절되는 소소공동체다. 반면, 나라나 초지역·초국가 집단의 '익명사회'는 군중끼리 익명적이고 백성이 지도자에게 익명적이기 때문에 서로의 행동과 의도에 대한 정보가 상호 부족하고 작은 차이에도 상호 오해할 위험이 항상 커서 엄격한 보

---

225) Locke, *Tow Treatises of Government*, Book II, Ch.1, §2 (268쪽).

편적·객관적·비인격적(impersonal) 규칙(법·규약·계약·약관·관습)과 객관적 공감대(민심)로만 조절될 수 있는 광역공동체다. 입법권력을 가진 국가공동체의 수립은 지도자 또는 지도자집단이 익명적 백성들의 '민심'을 얻는 경우에만 가능하다. 상론했듯이 공자는 이를 "민중을 얻으면 나라를 얻는다(得衆則得國)"고 표현했고,[226] 맹자는 "들녘의 백성을 얻으면 천자가 된다(得乎丘民而爲天子)"라고도 표현했다.[227] 즉, "천하의 그 백성을 얻으면 천하를 얻고, 그 민심을 얻으면 백성을 얻는다(得其民 斯得天下矣. [..] 得其心 斯得民矣)."[228]

로크는 "정치권력(Political Power)"을, "사형의 형벌을 포함한, 그리고 당연한 귀결로서 재산의 규제와 보존을 위한 더 적은 모든 형법을 포함한 법을 만들고, 이러한 법의 집행과 외침에 대한 국방(defence of the commonwealth from foreign injury)에서 공동체의 공권력을 투입하는 권리인 것(to be a right)"으로 정의한다. 그리고 "이 모든 것은 오로지 공공복리를 위한 것을 따름이다"라고 덧붙인다.[229]

이 "정치권력"의 정의에 의해 뭔가 좀 더 명쾌해진 것으로 느껴진다. 그러나 로크는 '연대적' 권력(power)과 '도구적' 강권(violence) 간의 차이를 의식하지도 않고, 정치적 '권력(power)'을 '권리(right)'로 이해함으로써 법률주의적 한계를 노정하고 있다. 정치권력은 입법·사법·국방의 '권리'이기 전에 국가구성원들의 지지와 동의에서 산출되는 공적 힘(public force)이고, 입법·사법·국방의 권리들을 만드는 공공적 권세다. 그리고 로크는 법과 이 법을 제정할 권리가 왜 필요한지에 대한 설명이 없다. 이것은 그가 법률 없이 상호주관적·인격적 도덕과 인격적 지도로

---

226) 『大學』(傳10章).
227) 『孟子』「盡心下」(14-14).
228) 『孟子』「離婁上」(7-9).
229) Locke, *Tow Treatises of Government*, Book II, Ch.1, §3 (268쪽).

상호작용의 조절이 가능한 '면식사회'와 객관적·비인격적 규칙으로서의 법률이 필수적인 '익명사회' 간의 근본적 차이에 대한 인식이 없기 때문이다. 이런 까닭에 로크는 『통치이론』 전반에 걸쳐 자연상태의 자연적 '원시집단'이 왜 사회상태의 '나라'로 이행해야 하는지도 명확하게 설명하지 못한다. 그는 자기소송에서 자기가 판사 노릇을 하는 부조리를 피하기 위해 사회상태로 이행한다고 말해 놓고는, 다시 개인의 생명과 재산에 대한 안팎의 위해(injuries)를 막기 위해서 국가단계로 이행한다고 말한다. 그러나 소송과 재판이 있으려면 이전에 이미 '법'이 존재해야 하고, 안팎의 위해를 막는 행위는 국가 이전에도 개인, 가족, 원시집단들이 하던 일이다. 따라서 공정한 재판과 자위自衛만을 위해서면 굳이 국가를 세울 이유까지 없을 것이다. 이런 국가개념은 라이프니츠의 말대로 플라톤·홉스 등의 안보·야경국가 개념을 벗어나지 못한 것이다.

■ **자연상태에서의 자연적 자유와 평등**

로크는 자연상태를 완전한 자연적 자유와 평등의 상태로 본다. 그리고 '완전한 자유'를 자기 재량으로 만사를 처분할 자유로, '평등의 상태'를 모든 권력과 관할권의 교호적 상태로 이해한다.

- 정치권력을 올바로 이해하고 이 정치권력을 그 기원으로부터 도출하기 위해 우리는 만인이 어떤 상태에 자연적으로 들어있는지를, 즉 자연법의 경계 안에서 어떤 타인의 허락을 구하거나 타인의 의지에 종속됨이 없이 자기들이 적합하다고 생각하는 바대로 자기들의 행동을 규제하고 자기들의 재산과 인신을 처분하는 완전한 자유의 상태(a state of perfect freedom)를 고찰해야 한다. 평등의 상태도 역시 모든 권력과 관할권이 교호적이고 아무도 다른 사람보다 더 많은 권력을 가지고

있지 않는 상태다. 자연의 온갖 동일 이익과 동일 능력의 사용을 얻는 식으로 잡다하게 뒤섞여 태어난 동일한 종류와 동일한 신분의 그 피조물들이, 그들 모두의 주인과 고용주가 그의 의지의 그 어떤 명백한 선언에 의해서 상호 간에 상하를 정립하고, 분명하고 명백한 임명에 의해 지배와 주권의 의심할 수 없는 권리를 그에게 부여하지 않는다면, 종속이나 복속 없이 상호 간에도 평등해야 한다는 것보다 명증적인 것은 없다.[230]

그런데 뜻밖에도 로크는 리처드 후커(Richard Hooker, 1554?-1600)를 인용하며 이 자연적 평등을 '상호적 사랑'과 관련시킨다. 후커는 개신교 극단주의자들(청교도)에 반대했으나 국회를 개신교의 한 종류로 이해한 16세기의 가장 중요한 영국 신학자다. 1594·1597년과 사후에 1692년으로 나뉘어 출판된 그의 주저서 『교회정체의 법에 관하여(Of the Laws of Ecclesiastical Polity)』는 청교도들과 영국국교회에 대한 그들의 공격을 비판한 책이다. 중국으로부터 들어온 '자연적 자유와 평등'을 주장하는 청교도에 대한 합리적 비판을 통해 오히려 청교도의 논리에 많이 말려든 후커의 이 저서의 제1책은 정치철학을 다루고 있다. 그는 여기서 그가 아퀴나스와 더불어 아리스토텔레스를 자주 인용한다. 그는 아리스토텔레스처럼 인간들이 본성적(자연적)으로 사회 안에서 살도록 '유인'된다고 생각한다. 그는 정부들이 이 자연적 사회본능과 피치자들의 명시적·묵시적 동의에 기초한다고 논변한다. 로크는 자연법 윤리와 인간이성을 방어하기 위해 『통치이론』에서 후커를 수없이 인용한다. 후커의 중도적 절제와 정중한 논변 방식은 그 당시의 종교적 분위기에서 특기할 만했다. 로크는 후커에 붙인 '현명한(judicious)'이라는 칭호를 통용시켰

---

230) Locke, *Tow Treatises of Government*, Book II, Ch.1, §3-4 (269쪽).

다. 그는 그의 철학과 정치이론에서 후커에게 진정으로 빚졌다. 그러나 『통치이론』에서 그가 후커를 자주 인용한 것은 "후커의 입장에 존경의 가치를 부여해 그의 적대자들의 측면, 특히 이들 중 훌륭한 국교도들의 측면을 돌아 그들을 뒤로 따돌리려는 의도도 있다".[231]

로크는 '현명한 후커'의 『교회정체의 법에 관하여』의 제1책을 인용해 자연적 평등을 말한다.

- 본성(자연)에 의한 인간들의 이 평등(this equality of men by nature)을 현명한 후커는 인간들 간의 상호적 사랑(mutual love)에 대한 저 의무의 기초로 만들 정도로 아주 자명하고 모든 의문을 초월한 것으로 간주한다. 그리고 그는 이 상호적 사랑 위에 우리가 서로에 대해 짊어지는 의무를 세우고 이 사랑으로부터 그는 정의와 박애의 대원칙(the great maxims of justice and charity)을 도출한다.[232]

그러고 나서 로크는 욕구의 평등, 사랑의 평등에 관한 후커의 글을 앞서 소개했듯이 이렇게 길게 인용한다.

- 유사한 본성적(자연적) 유인(natural inducement) 덕택에 인간들은 남들을 사랑하는 것도 역시 그들의 의무라는 것을 깨닫게 됐다. 평등한 것들은 모두 하나의 잣대를 가지지 않을 수 없다는 것을 보았기 때문이다. 내가 어떤 인간이든 심지어 그 자신의 영혼에 원할 수 있는 만큼 많이 복리(good)를 모든 개개인의 손에 받기를 원할 수밖에 없다면, 나는 나 자신이 의심할 바 없이 하나의 동일한 본성을 가진 다른 인간

---

231) Locke, *Two Treatises of Government*, Book II, Ch.2, §§4-5 (270쪽), 래슬릿의 편자 각주.
232) Locke, *Two Treatises of Government*, Book II, Ch.2, §§4-5 (269-270쪽).

들에게도 있는 유사한 욕구를 신경 써서 만족시키지 않는다면 어떻게 내 욕구의 어떤 부분이든 여기서 만족시키기를 기대한단 말인가? 이 욕구와 배치되는 어떤 것이든 그들에게 제공하는 것은 모든 점에서 나를 슬프게 하는 만큼 많이 그들도 슬프게 하지 않을 수 없고, 그리하여 내가 해를 입힌다면 나도 해를 입을 것을 예상해야 한다. 다른 사람들이 나에 의해 얻는 것보다, 즉 그들에게 보여준 것보다 더 큰 정도의 사랑을 그들이 내게 보여주어야 할 아무런 이유도 없기 때문이다. 그러므로 본성이 나와 같은 사람들(my equals in nature)에게서 가급적 많이 사랑받기를 바라는 나의 욕구는 유사한 애정을 나와 같은 사람들에게 완전하게 주어야 할 본성적 의무를 내게 부과한다. 자연적 이성이 삶의 지도를 위해 우리 자신과 우리와 마찬가지인 그들 간의 이런 평등 관계로부터 무슨 여러 수칙과 규범들을 끌어냈는지에 대해 어떤 인간도 무지하지 않다.[233]

로크는 후커를 동원해 공자나 중국의 정치제도, 또는 뷰캐넌이나 수아레스, 또는 밀턴을 인용할 경우에 자신을 '이단'으로 몰 보수적 논적들의 공격을 예상하고 100년 전의 보수적 신학자를 방패막이로 내세워 공자와 유교국가의 탈신분적 평등제도 또는 뷰캐넌·수아레스·밀턴의 자연적 평등 이념을 '밀반입'해 몰래 토착화시키려는 전술을 쓰고 있다. 명예혁명 당시 10명 안팎의 고립된 극소수 급진그룹에 속했던 로크는 『통치이론』을 익명으로 출판했음에도 불구하고 100년 전의 보수적 신학자 후커를 보수적 정적들과 반동적 성직자들의 공격을 막는 방패로 이용해 "천하에 태어나면서부터 귀한 자는 없다"는 공자와 유교국가 중국에서 온, 1640-50년 청교도혁명에서 과격하게 표현된 '태생적' 평등 이념을 마치

---

233) Locke, *Two Treatises of Government*, Book II, Ch.2, §5 (270쪽)에서 재인용.

기독교 황금률의 '자연적' 평등인 양 영국사회에 슬그머니 재투입하고 있는 것이다.

상술했듯이 유럽에서는 16세기 중반부터 중국 관련 서적들이 쏟아져 나왔고 이 흐름은 중세 말기의 기독교 정치철학에 일정한 변화를 야기했었다. 후커의 생전에 쏟아져 나온 중국 관련 서적들로는 핀토의 중국서한(1550), 바로쉬의 『아시아의 시대』(1552-1563), 바레토의 중국보고서(1558), 포르투갈 무명씨의 중국기(1561), 페레이라의 중국보고(1564), 크루즈의 『중국풍물론』(1569-1570), 에스칼란테의 『중국론』(1577), 멘도자의 『중국제국의 역사』(1585), 발리냐노·산데의 『로마교황청 방문 일본사절단』(1590) 등이 있었다. 중국 정보·지식의 이런 홍수 속에서 암암리에 이를 수용한 칼뱅주의자 뷰캐년과 예수회신학자 수아레스는 1570년대부터 '갑작스럽게' '자연적 자유·평등' 사상과 왕권민수론을 전개하기 시작했다. 후커는 중국 정치문화의 냄새가 물씬 풍기는 뷰캐년·수아레스와 영국 청교도의 신학적 정치철학에서 전개된 '자연적 자유평등' 사상과 왕권민수론을 의식적으로가 아니더라도 부지불식간에 수용할 수밖에 없었다. 로크는 법으로 판금당하고 또 분서처분당한 '주홍글씨' 뷰캐년과 밀턴의 저작을 피하고 가톨릭 신학자 벨라르민과 수아레스의 직접인용을 피해 영국국교회 신학자 후커를 집중 활용함으로써 본성적(자연적) 평등개념을 17세기 말에 갑자기 부활시켜 18세기 정치사상 속으로 성공적으로 정착시킨 것이다.

영국내전 초기에 의회파의 기마부대 부대장이었던 동명의 법조인 존 로크의 아들이었던 정치철학자 '존 로크 주니어'는 체포와 탄압, 재再망명을 면하려면 이런 우회적인 길을 택해야 했다. 토리와 휘그 대귀족들은 서로 내통해 비밀 묵계로 가톨릭 군주 제임스 2세를 추방한 종파적 '이단군주파문' 성격의 제한적·퇴보적 정변을 연출한 처지라서 최근의 정치변혁을 '혁명'이라고 부르지 못하고 '국왕의 도주' 또는 "왕좌의 방기"라고만 부르는 제한적·보수적 담론 속에 들어 있었다. 상황이 그랬던 까닭에 급진적 공화주의자 리처드 애쉬크래프트는 1689년 망명지 스위스로부터 29년 만에 귀국했다가 의회의 요청으로 체포영장이 발부되자 황급히 다시 스위스로 도주하는 망명길에 올라야 했었다.

이런 마당에 후커의 정치이론은 로크에게 새로운 길을 제시해주었다. 상론했듯이 로크는 "로버트 필머 경이 우리에게 가르쳐준 것과 다른 근원의 통치권, 다른 기원의 정치권력, 이 권력을 가지는 사람들을 예정하고 아는 다른 방법을 발견해 내야" 했다."[234] 그렇다고 대귀족들의 의회가 '혁명'이라는 술어사용를 거부하며 제시한 신화적·비과학적 "고대헌법론"과 고대헌법의 '복고론'을 채택할 수는 없었다. 그런데 후커는 일찍이 국가와 정부가 아리스토텔레스에 '정치적 동물'로 표현된 정치적(공동체적) 본능과 '피치자들의 명시적·묵시적 동의'에 기초한다고 논변한다. 본능은 국가를 만들고, 동의는 정부형태를 결정한다. 그러나 로크는 후커의 이 테제를 사회(공동체)상태·국가·정부형태로의 이행을 다 사람들의 '동의'에 의거하는 것으로 살짝 변형시켰다. 물론 이 변조는 로크의 이론체계에서 큰 문제를 일으킨다.

로크는 다른 곳에서 위의 "인간들의 자연적 평등"을 구체화한다. "내가 제2절에서 '만인이 본성에 의해 평등하다'고 상술했을지라도 내가 온갖 평등을 뜻하는 것으로 상정될 수 없다. 나이나 덕성은 사람들에게 정당한 우위를 주어도 된다. 재능과 성적의 탁월성은 다른 사람들을 보통수준보다 높은 곳에 위치시킨다. 천성·사은謝恩 또는 다른 점들 때문에 경복敬服(observance)을 당연히 받았을 수 있는 사람들에게 이 경복을 바치기 위해 출생은 이 사람들을 복종시키고, 결연이나 은전恩典

---

234) Locke, *Tow Treatises of Government*, Book II, Ch.1, §1 (268쪽).

(alliance or benefits)은 저 사람들을 복종시킨다. 하지만 이 모든 것은 서로에 대한 관할권이 지배권의 관점에서 만인이 들어있는 평등과 일치된다. 이것은 내가 거기서 당장 할 일에 고유한 것으로 얘기한 평등이었다. 그것은 모든 개개인이 어떤 타인의 의지나 권위에든 복종하지 않고 보유하는, '자기의 자연적 자유'에 대한 그 '평등한 권리'다."[235] 로크는 여기서 최초로 '자연적(본성적) 평등'을 '자연적 자유에 대한 평등한 권리'로 파악하고 있다. 이것은 나중에 1776년의 「버지니아 권리장전」에서 "만인은 본성에 의해 평등하게 자유롭고 독립적(equally free and independent)이다"는 표현으로 수용된다.

그러나 여기서 로크도 한편으로 '평등'을 '동일성'으로 착각하고 있다. 그의 이런 착각은 나이·덕성·재능·성적 등을 드는 데서 엿볼 수 있다. 상론했듯이 나이·덕성·재능·성적의 '동일성'이 아니라 '평등'은 나이·덕성·재능·성적·출생의 차이에도 불구하고 준수되는, 인간적 지위·존엄·자유에서의 '동등 대우'를 뜻한다. 그러나 로크는 신분적 서열과 귀천의 세습을 초래하는 출생(혈통)과 결연(혼인)을 인정함으로써 슬그머니 '자연적 자유에 대한 만인의 평등한 권리'로서의 '자연적 평등'을 완전히 무효화시키고 있다. 로크는 영국 대귀족의 위세에 눌려 공자의 "본성은 서로 가까운 것이니(性相近)", "천하에 나면서부터 귀한 자는 없다(天下無生而貴者也)"는 명제와 "선비는 관직을 세습하지 않는다(士無世官)"는 명제를 어기고 귀천 없는 중국사회의 선례를 무시하고 영국귀족들의 '출생·결연·은전'과 이를 통한 귀족의 권력독과점과 과두정치를 곧이곧대로 승인하고 있다. 이 세습적 귀천제도의 인정은 나중에 영국의 신분제사회를 재생산하는 그의 신분적 차별교육론으로 완결된다.

한편, 로크는 '자유의 상태'에 관심을 돌려 말없이 밀턴을 표절해 '자

---

235) Locke, *Tow Treatises of Government*, Book II, Ch.6, §54 (304쪽).

유'를 '방종'과 구별해 정의한다. 자연상태의 '자연적 자유'도 반드시 지켜야 할 법, 즉 자연법을 따른다.

- 그러나 이것은 자유의 상태일지라도 방종의 상태(state of licence)는 아닙니다. 인간이 이 상태에서 자신의 인신이나 재산을 처분할 통제할 수 없는 자유를 가졌을지라도 인간은 그 자신을 파괴할 자유나, 어떤 피조물의 단순한 보존보다 더 고상한 모종의 사용이 파괴를 요구하는 경우 외에 인간의 보유 속의 어떤 피조물조차도 파괴할 자유가 없다. 자연상태는 이 상태를 다스릴, 모든 개개인에게 의무지우는 자연법이 있다. 바로 이 법인 이성은 이 법을 참조하기만 할 뿐인 온 인류에게 모두 평등하고 독립적이므로 아무도 생명·건강·자유나 재산에서 타인을 해쳐서는 안 된다고 가르친다. 왜냐하면 인간들은 모두 한 분 전능하고 무한히 지혜로운 조물주의 작품이기 때문이다. 모두 그분의 명령에 의해 세상에 보내지고 그의 일에 종사하는 한 분 주권적 고용주의 고용인들이다. 인간들은 그분의 작품으로서, 타인의 기쁨이 아니라 그분의 기쁨 동안 지속되도록 만들어진 그분의 소유물이다.[236]

자연상태에도 자연상태를 다스리는 자연법이 있으므로 자연적 자유는 이 자연법을 준수한다. 그렇지 않으면 그것은 방종이다. 다른 곳에서 로크는 사회상태에서도 자유와 방종을 구분한다. "인간의 '자연적 자유'는 지상의 어떤 우월적 권력으로부터도 자유로운 것이고, 자연법을 자기의 규칙으로 가지는 것 외에 인간의 의지나 입법적 권위 아래 있지 않는 것이다. '사회 안에서의 인간의 자유'는 나라 안에서 동의에 의해 확립된 권력 외에 어떤 다른 입법적 권력 아래에도 처하지 않는 것이고, 이 입법

---

[236] Locke, *Two Treatises of Government*, Book II, Ch.2, §6 (271쪽).

부에 주어진 신탁에 따라 이 입법부가 제정할 것 외에 어떤 의지의 지배나 어떤 법의 통제 아래에도 처하지 않는 것이다. 그렇다면 자유는 로버트 필머 경이 O, A. 55쪽에서 우리에게 말해주는 것, 즉 '모든 개개인이 자기가 하고 싶은 것을 하는, 마음대로 사는, 어떤 법에 의해서도 구속되지 않는 자유'가 아니다. 정부 아래에서의 인간들의 자유는 그 사회의 모든 개개인에게 공통된, 그리고 그 사회 안에 수립된 입법권에 의해 제정된, 살면서 준수하는 상설규칙을 가지는 것이다. 규칙이 규정하지 않는 모든 일에서 나 자신의 의지를 따를 자유, 타인의 일정치 않고 불확실하고 알려지지 않은 자의적 의지에 종속되지 않는 자유다. 이것은 자연(본성)의 자유(Freedom of Nature)가 자연법 외에 다른 어떤 속박 아래 처하지 않는 것과 유사하다."[237]

자연법은 이성이고, 이성은 인간의 자기파괴(자살)와 무의미한 재산 파괴, 평등하고 독립적인 타인의 생명·건강·자유·재산에 대한 침해를 금한다. 이것은 자유와 방종의 차이에 대한 인식을 내포한다. 이 자유와 방종의 구분은 존 밀턴으로부터 유래한다. 밀턴은 『왕과 치자들의 재임권』(1648)의 서두에서 "진정으로 선한 인간들 외에 아무도 자유를 충심으로 사랑할 수 없고, 나머지 인간들은 자유가 아니라 방종(licence)을 사랑하는 것"이라고 단언한 바 있다.[238] 자유와 방종의 단호한 구분은 여기서

---

237) Locke, *Two Treatises of Government*, Book II, Ch.4, §22 (283-284쪽). §57에서는 자유와 방종에 관해 이렇게 말한다. "그리하여 아무리 오해될지라도 법의 목적은 자유를 폐지하거나 억제하는 것이 아니라 자유를 보존하고 확장하는 것이다. 왜냐하면 법을 만들 수 있는 피조된 존재자들의 모든 국가에서 '법이 없는 곳에서는 자유도 없기' 때문이다. 자유는 타인들로부터의 속박과 폭력으로부터 자유로운 것인데, 이런 자유는 법이 없는 곳에서 존재할 수 없다. 그러나 자유는 우리가 들었듯이 '모든 개개인이 자기 좋아하는 것을 하는 자유'가 아니라 (…), 자기의 몸, 행동, 소유물들과 자기의 전 소유권을 자기가 적용받는 저 법률들의 허용 안에서 그가 좋아하는 대로 처분하고 정돈하고 또 그 안에서 타인의 자의적 의지에 종속당하는 것이 아니라 자유롭게 그 자신의 의지를 따를 자유다." Locke, *Two Treatises of Government*, Book II, Ch.6, §57 (305-306쪽).
238) John Milton, *The Tenure of Kings and Magistrates* [1649], 374쪽. *The Prose*

처음 등장한 것으로 보이고, 로크는 몰래 금서가 된 밀턴의 저서들을 읽은 것으로 보인다.

 그런데 여기서 로크는 앞뒤가 맞지 않는 말을 하고 있다. 이곳에서는 인간의 자기파괴(자살)가 금지된 것처럼 말하나, 뒤에서는 노예의 지위와 관련하여 자살할 수 있어야 하는 것으로 말한다. "절대적·자의적 권력으로부터의 이 자유는 한 인간의 보존에 아주 필수적이고 이 보존과 아주 긴밀하게 결합되어서 이 인간이 그의 보존과 생명을 함께 몰수당하지 않고는 자유와 결별할 수 없다. 왜냐하면 자신의 생명에 대한 권력을 가지지 않은 인간은 계약에 의해, 또는 자기의 동의에 의해 자신을 어떤 사람의 노예로 만들고, 또한 마음이 내킬 때 그의 생명을 빼앗을 타인의 절대적·자의적 권력 아래 자신을 처하게 하기 때문이다. 아무도 그 인간이 스스로 가진 것보다 더 많은 권력을 줄 수 없다. 그리고 자신의 생명을 빼앗을 수 없는 자는 타인에게 이 생명에 대한 권력을 줄 수 없다. 진정으로, 자신의 잘못으로, 즉 죽음을 당할 만한 모종의 행동에 의해 자신의 생명을 몰수당했기에 그가 몰수당한 이 생명을 손에 넣은 자는 (그를 그의 권력 안에 장악할 때) 이 생명을 취하는 것을 미루고 그를 자신의 서비스에 사용해도 되고, 그는 이 서비스로 인한 어떤 손해도 그에게 가하지 않는다. 왜냐하면 그가 그의 노예상태의 역경이 그의 생명의 가치보다 더 무거운 것으로 느낄 때면 언제든 그의 주인의 의지에 저항함으로써 그가 원하는 죽음을 자기 자신에 끌어오는 것은 그의 권력 안에 들어 있기 때문이다."[239] "자신의 생명을 빼앗는" 것은 자살을 말하는 것이고, 자살할 능력은 자기의 생명에 대한 권력을 말하는 것이다. 자살을 할 권력에 대

 Works of John Milton, vol.1 in 2 vols., edited by Rufus W. Griswold (Philadelphia: John W. Moore, 1847).

239) Locke, *Two Treatises of Government*, Book II, Ch.4, §23 (284쪽). 같은 문장은 다른 곳에서도 반복된다. 참조: Ch.11, §135 (357쪽).

한 이 요구는 자연법에 의해 "인간은 그 자신을 파괴할 자유가 없다"는 말과 충돌한다. 로크는 앞뒤가 맞지 않는 논변을 전개하고 있다.[240]

한편, 로크는 위 인용문에서 인간이 "조물주의 소유물"이라고 말하고 있으나, 앞서의 논법에 따르면 인간은 '조물주의 소유물'이 아니라, '인간의 소유물'이다. 로크는 앞서 "타인에게 어떤 것이든 주는 모든 개개인은 그것에 의해 언제나 그것을 다시 빼앗아 올 권리를 가지고 있지 않다"는 논법을 내놓았다.[241] 이에 따를 때, 어떤 개인이 어떤 것이든 내게 주어서 내가 받으면 이 어떤 것의 소유자는 '나'이고, 이 논법에 따라 하느님이 인간에게 생명과 육체를 주어 만들었다면, 이 인간의 소유자는 하느님이 아니라, 인간이다. 즉, 피조된 인간은 인간의 소유이지, 하느님의 소유가 아니다. 이처럼 로크의 논변에는 정교하지 않고 앞뒤가 모순되는 대목들이 드물지 않게 출몰한다.

한편, 로크는 자연법에 따라 인간들이 서로 유사한 능력을 구비했으므로 상호파괴가 아니라 상호보존을 지향해야 한다고 말한다. 이 자연법에 따르면 자연상태는 사회를 파괴하는 전쟁이 배제된 상태일 것이다.

- 그리고 유사한 능력을 구비하고 하나의 자연공동체 안에서 모든 것을 공유하므로, 하등서열의 피조물들이 우리를 위해 존재하듯이 마치 우리가 서로의 사용을 위해 만들어진 것인 양 우리에게 상호 파괴하는 것을 인가할 수 있는 그런 어떤 종속이 우리들 사이에서 상정될 수 없다. 모든 개개인은, 그 자신을 보존하고 자의적으로 그의 위치를 버리고 떠나버리지 않을 의무가 있는 것처럼, 유사한 이성에 의해 그 자신의 보존이 경쟁 속에 들어가지 않을 때 할 수 있는 한 힘껏 나머지 인

---

240) Locke, *Two Treatises of Government*, Book II, Ch.4, §23 (284쪽). 래슬렛의 편자 각주.
241) Locke, *Tow Treatises of Government*, Book I, Ch.6, §52 (178쪽).

류를 보존해야 하고, 범법자를 제대로 다루는 것이 아니라면, 타인의 생명이나 생명의 보존 경향을 가진 것, 자유·건강·팔다리, 또는 재물을 빼앗거나 손상시켜서는 아니 된다.[242]

전쟁은 "타인의 생명이나 생명의 보존 경향을 가진 것, 자유·건강·팔다리, 또는 재물을 빼앗거나 손상시키는" 극악한 사태다. 따라서 로크의 말에 따르면 적어도 자연법이 준수되는 자연상태에서는 맨 먼저 전쟁이 배제될 것이다. 그리하여 자연상태는 전쟁상태와 구별된다. 이로써 로크의 자연상태는 평화로운 자연상태로서 홉스의 전쟁적 자연상태와 대립된다. 그리고 자연법의 집행과 이를 통한 이 평화상태의 수호는 개개인이 모두 수행한다.

- 모든 인간들이 타인의 권리를 침해하는 것으로부터, 그리고 서로에 대해 상해를 가하는 것으로부터 억제되고, 온 인류의 평화와 보존(the peace and preservation of all mankind)을 의지意志하는 자연법이 준수되도록 자연법의 집행은 이 상태에서 모든 개개인의 손안으로 놓여지고, 이에 따라 모든 개개인은 이 법의 위반자들을 그 침범을 저지할 수 있을 정도까지 처벌할 권리를 가진다. 왜냐하면 이 세상에서 인간들과 관계되는 다른 모든 법률처럼 자연법도 자연상태에서 이 법을 집행하고 이로써 결백한 사람들을 보존하고 범법자들을 억제할 권력을 가진 사람이 아무도 없다면 허사이기 때문이다. 그리고 누구나 자연상태에서 타인이 범한 어떤 악행 때문에든 타인을 처벌할 수 있다면, 모든 개개인은 그렇게 해도 된다. 왜냐하면 자연적으로 저 사람에 대한 이 사람의 우위나 관할권이 없는 이 완전한 평등상태(that state

---

242) Locke, *Two Treatises of Government*, Book II, Ch.2, §6 (271쪽).

of perfect equality)에서 누구나 이 법의 소추 중에 해도 되는 것을 모든 개개인이 할 권리를 가질 수밖에 없기 때문이다.[243]

따라서 자연상태에서도 자연법의 집행으로 처벌하는 사람은 처벌받는 사람에 대해 사법적 '권력'을 획득한다.

- 그리하여 자연상태에서 "이 사람은 저 사람에 대한 권력을 획득하지만", 범죄자를 자기의 손안에 장악했을 때 감정적 화기나 그의 의지의 끝없는 과도함에 따라 이 범죄자를 사용할 어떤 절대적·자의적 권력이 아니라, 차분한 이성과 양심이 명하는 한에서 단지 그의 위반에 비례하는 것을 되갚을 권력만을 획득할 뿐이다. 이것은 배상과 억제에 이바지하기도 한다. 왜냐하면 이 두 가지는 이 사람이 저 사람에게 합법적으로 해를 가해도 되는 유일한 이유이기 때문이다. 이것을 우리는 처벌이라고 부르는 것이다. 자연법을 위반할 때, 위법자는 하느님이 인간들의 상호 안보를 위해 그들의 행동에 설정한 척도인 이성과 통상적 공정성의 규칙과 다른 규칙에 의해 살 것이라고 스스로 선언하는 것이다. 그리하여 그는 인류에게 위해지고, 인간들을 위해와 폭력으로부터 안전하게 지켜주는 끈이 그에 의해 무시되고 분쇄된 것이다. 이것은 온 인류에 대한, 그리고 자연법에 의해 마련된 이 인류의 평화와 안전에 대한 침해다. 모든 개개인은 이 점에서 그가 인류 일반을 보존하기 위해 가지는 권리에 의해 인류에게 해로운 것들을 억제하거나, 필요한 경우에 이런 것들을 파괴해도 되고, 그 법을 위반한 어떤 자에게든 그를 그 짓을 저지른 것에 대해 후회하게 만들어 이로써 그를 억지抑止하고 그의 본보기에 의해 다른 사람들이 유사한 악행을 저지르

---

243) Locke, *Two Treatises of Government*, Book Ⅱ, Ch.2, §7 (271-272쪽).

는 것을 억지할 수 있는 정도의 그런 해를 가해도 된다. 그리고 이런 경우에, 그리고 이런 근거에서 "모든 개개인은 위법자를 처벌하고 자연법의 집행자가 될 권리가 있다".[244]

로크는 여기서 자연상태에서 개개인이 모두 자연법의 집행자요 사법적 소추자라고 말하고 있다. 개인이 자기의 재판에서 자기가 원고가 되고 재판관이 되는 것을 함의한다. 그러나 뒤에 논하듯이 인애(인간애)로 단합한 인간들의 자연적·원시적 집단생활을 배제한 자연상태의 과도한 단순화에 불과한 원자론적 사고방식이다.

한편, 로크는 사회상태로 미리 이행한 상태를 설정하고 어떤 국가 안에서 외국인의 실정법 위반을 벌할 수 없으나 외국인의 자연법 위반을 단죄할 수 있다고 논한다. 그는 이로써 의도치 않게 자연법이 자연상태와 사회상태의 양편에서 유효하다고 밝힌다.

- 나는 이것이 어떤 사람들에게는 아주 이상한 독트린으로 보일 것이라는 것을 의심치 않는다. 그러나 그들이 이것을 비난하기 전에 나는 그들이 내게 어떤 군주나 국가가 무슨 권리로 어떤 외국인이 그들의 나라에서 저지른 그 어떤 범죄 탓에 이 외국인을 사형에 처하거나 처벌할 수 있는지 하는 의문을 해결하도록 해주기 바란다. 그들의 법률이 그들이 입법부의 반포된 의지로부터 받는 그 어떤 재가에 의해 이방인에게 미치지 않는 것은 확실하다. 그들은 그에게 말하지 않고, 또한 그들이 말한다면 이방인이 그들에게 경청할 의무도 없다. 법률들에다 그 나라의 신민들을 다스릴 효력을 부여하는 입법적 권위는 그 이방인에 대해 아무런 권력도 가지지 못한다. 영국, 프랑스, 또는 네덜란드에서

---

244) Locke, *Two Treatises of Government*, Book II, Ch.2, §8 (272쪽).

법률을 제정할 최고권력을 가진 사람들은 인디언에게 세계의 나머지 사람들과 같은 존재에 불과하다. 즉 권위 없는 사람들일 뿐이다. 그러므로 자연법에 의해 모든 개개인이 맑은 정신으로 그 소송을 필요하다고 판단하는 만큼 자연법 위반을 처벌할 권력을 가지지 않는다면, 나는 그 어떤 공동체의 치자들이 어떻게 다른 나라의 외국인을 처벌할 수 있는지 알지 못한다. 외국인과 관련해서는 치자들이 모든 개개 인간이 자연적으로 타인을 다스리도록 가져도 되는 것 이상의 권력을 가질 수 없기 때문이다.[245]

로크는 특정 국가의 입법부가 만든 실정법은 외국인에게 미치지 않지만, 자연법과 합치되는 그 국가의 법은 외국인에게 미친다고 말하고 있다. 그러나 이것은 오늘날 인정되지 않는 법리다. 로마에 가서는 로마의 법을 따라야 하듯이, 오늘날은 어느 나라든 자연법이나 실정법을 가리지 않고 외국인에게도 국내법을 적용한다. 그런데 로크는 부지불식간에 자연상태를 떠나 사회상태로 들어가 수립된 국가에서도 자연법이 실효적으로 적용된다는 것을 인정하고 있다. 사회상태에서 '자연법'이 유효함을 이렇게 인정하는 것은 '자연적 자유와 평등'도 자연상태와 사회상태에서 공히 기본적으로, 또는 본질적으로 유효함을 인정하는 것으로 확장될 수 있다.

로크는 필자가 앞서 시사한 문제, 즉 자연상태에서 자기의 소송(재판)에서 자기가 판사가 되는 '자가사법自家司法(self-justice)' 또는 '자기의 자기재판' 문제를 거론한다.

● 자연상태에서 모든 개개인이 자연법의 집행권력을 가진다는 이 이상

---

245) Locke, *Two Treatises of Government*, Book II, Ch.2, §9 (272-273쪽).

한 독트린에 대해 나는 누군가 인간들이 자기들의 재판에서 재판관이 되는 것은 불합리하고, 자기애가 인간들을 자기들 자신과 자기들의 친구들에게 편파적이게 만들 것이라고, 비뚤어진 성격, 감정, 복수심이 인간들을 타인들을 처벌하는 것을 너무 멀리 밀어붙일 것이라고, 그리하여 혼란과 무질서 외에 아무것도 뒤따르지 않을 것이라고, 그러므로 하느님이 인간들의 편파성과 폭력을 억제하기 위해 확실히 정부를 임명했다고 반박할 것임을 의심치 않는다. 나는 시민적 정부(civil government = 공공정부)가 자연상태의 폐단(inconveniencies)에 대한 적절한 시정책이라고 어렵지 않게 인정한다. 왜냐하면 자기 형제에게 위해를 가할 정도로 아주 불의한 자가 그것 때문에 자기 자신을 심판할 정도로 아주 정의롭지 않을 것이라는 것은 쉽게 상상되기 때문이다. 그러나 나는 이 반론을 제기하는 사람들이 절대군주도 인간에 지나지 않는다는 사실을 상기하기를 바랄 것이다. 그리고 정부가 인간들이 자기 소송에서 재판관이 되는 것으로부터 필연적으로 생겨나는 저 해악의 시정책이어야 한다면, 그러므로 자연상태가 지속되지 않아야 한다면, 나는 이것을 알고 싶다. 그것은 어떤 종류의 정부인가? 그리고 다중을 호령하는 한 사람이 자기의 소송에서 재판관이 될 자유를 가지고 그가 좋아하는 것을 집행하는 자들을 의무시하거나 통제할 최소한의 자유가 어떤 사람에게도 주어지지 않은 채 그가 좋아하는 것을 그의 모든 신민들에게 해도 되는 경우에 그것이 자연상태보다 얼마나 더 좋은가? 그가 하는 무슨 일에서든 이성에 의해 이끌어지든, 실수나 감정에 의해 이끌어지든 복종해야 하는가? 인간들이 타인의 불의한 의지에 복종할 의무가 없는 자연상태가 훨씬 더 나을 것이다. 재판하는 자가 자기 소송에서, 또는 어떤 다른 소송에서든 잘못 재판한다면

그는 그것에 대해 나머지 인류에게 책임을 져야 한다.[246]

로크는 모든 개개인이 자연법을 집행할 자유가 있는 자연상태에서 자기 소송에서 자기가 재판관 노릇하는 것을 "폐단" 또는 "해악"으로 인정하고 이를 시정할 정부수립을 구제책으로 인정하고 있다. 그러나 그는 절대군주가 독단하는 정부의 경우에는 자연상태가 절대군주정적 사회상태보다 낫다고 말한다.

그러나 뒤에 가서 로크는 자기가 자기를 재판하는 이 "폐단"을 들어 자연상태에서 사회상태로의 이행을 주창하고 정당화한다. 미리 말하지만, 기껏 이따위 폐단 때문에 찰스 1세 같은 '절대군주', 네로 같은 참주들, 걸주 같은 폭군들, 칼뱅 같은 신정神政독재자, 크롬웰 같은 군사독재자, 스탈린과 김일성, 박정희와 전두환, 아디 아민과 고메스·바티스타·소모사 같은 종교적·공산주의적·파쇼적·군사적 독재자들이 빈발하는 고高위험군의 우범지대에 지나지 않는 사회상태로 이행해야 한단 말인가? 이행 후에도 직면할 수 있는 이런 가공스러운 정치적 위험을 감안할 때 이 사회적 우범지대로의 이행의 구실치고는 너무 변변치 않고 너무 어쭙잖다.

또 묻자면, 자연상태의 자연적 원시집단 안에서 개인이 자기의 소송에서 자기를 재판했는가? 그렇지 않았고, 또 현재 잔존하는 원시적 수렵채집 집단에서도 그렇지 않다. 고대의 원시적 수렵·채집 집단에서, 지금도 밀림 속에 남아 있는 수천 개의 원시적 수렵·채집 집단에서 자기가 자기 소송에서 재판관 노릇을 하는 정황은 확인되지 않는다. 인애(인간애)로 뭉친 이 원시적 수렵·채집 집단에서는 오히려 원시적 구성원들이 가령 사냥한 짐승의 고기를 공정하게 배분하기 위해 사냥에서 공을 가장 많이

---

246) Locke, *Two Treatises of Government*, Book II, Ch.2, §13 (275-276쪽).

세운 사람을 배분자 역할에서 배제하고 공정한 제3자를 배분자로 세워 고기를 분배할 정도로 공정성을 추구한다.[247] 원시집단에서도 자기의 재판에서 자기가 재판관이 되는 경우는 찾아볼 수 없다. 원시집단에서 모든 재판은 집단의 성원들이 모인 공중 속에서 입방아로 진행되고, 판결은 공중이 내린다.

로크는 자연상태의 실재성을 반박하는 논변에 대해 홉스의 논변과 거의 똑같은 문형으로[248] 국제관계를 들어 답변한다.

- 어떤 인간이든 "어디에서 이러한 자연상태에 처해" 있는가? 또는 "이런 자연상태에 있는 그 어떤 사람들"이 존재한 적이 있는가?라고 종종 위력적 반박으로 물음이 제기된다. 이에 대해서는 "독립적" 정부의 모든 군주와 지배자들이 세계를 완전히 관통해서 자연상태에 있기 때문에 세계가 이런 상태에 처한 수많은 사람들이 없었던 적이 없고 또 항상 그럴 것이 빤하다는 것이 당장 답변으로 충분할 것이다. 나는 치자

---

247) Christopher Boehm, *Moral Origins: The Evolution of Virtue, Altruism, and Shame* (New York: Basic Books, 2012), 140-142, 158-161쪽. 이에 대한 상세한 분석은 참조: 황태연, 『감정과 공감의 해석학(2)』, 1846-1866쪽; 황태연, 『도덕의 일반이론(하)』, 1143-1170쪽.
248) 『리바이어던』에서 홉스는 이렇게 주장한다. "혹시나, 이러한 때가 없었고 또한 이와 같은 전쟁상태도 없다고 생각될지 모르겠다. 나는 그것이 전 세계에 걸쳐서 결코 일반적으로 그렇지 않다고 확신한다. 지금도 인간들이 그렇게 살고 있는 많은 장소가 있다. 왜냐하면 미국의 많은 곳에 사는 야만적 인민들은, 자연적(본성적) 육욕(natural lust)에 따른 합치에 기초한 작은 가족 단위의 통치를 제외하면, 정부를 전혀 가지고 있지 않고, (…) 오늘날도 동물적 방식으로 살고 있기 때문이다. 그러나 두려워해야 할 공동권력이 없는 곳에 어떤 생활양식이 있을지는, 이전에 평화로운 통치 하에 살던 인간들이 굴러 떨어지곤 하는 내전 속에서의 생활양식에 의해 인식될 수 있다. 그러나 개별적 인간들이 결코 서로서로에 대해 전쟁상태에 처해있던 어떤 시대도 존재한 적이 없었을지라도, 모든 시간에 늘 왕들과 주권적 권위의 인물들은 자기들의 독립성 때문에 지속적 경계태세에, 그리고 검투사의 상태와 자세에 있으면서 무기를 겨누고 서로에게 눈을 고정시키고 있다. 왕국의 변경에 설치된 요새·수비대·대포와 인방에 대한 지속적 스파이활동 등, 이것은 전쟁태세다." Hobbes, *Leviathan*, 114-115쪽.

들이 다른 치자와 동맹에 들어있든 아니든 "독립적" 공동체들의 모든 치자를 거명했다. 왜냐하면 자연상태를 종식시키는 것은 매 개별 계약이 아니라, 하나의 공동체로 들어가 하나의 정체政體를 만들기로 서로 동의하는 이 하나의 계약이기 때문이다. 사람들이 다른 약속과 계약들을 맺어도 여전히 자연상태에 들어있을 수 있다. 가르실라소 데 라 베가(Garcilasso de la Vega)가 페루의 역사에서 언급한 사막 섬에서의 두 사람 간, 또는 아메리카 삼림 속에서의 스위스인과 인디언 간의 무역거래 등을 위한 약속과 흥정은 그들이 서로에 관해 완전히 자연상태에 처해있을지라도 그들을 구속한다. 왜냐하면 진실과 신의는 인간으로서의 인간에 속하는 것이지, 사회구성원으로서의 인간에 속하는 것이 아니기 때문이다.[249]

홉스는 전쟁적 자연상태에서 계약이 하나의 "말과 호흡"에 불과하고 계약은 검의 힘에 의해 보장된다고 주장했다.[250] 그는 "미국의 많은 곳에 사는 야만적 인민들은, 자연적(본성적) 육욕에 따른 합치에 기초한 작은 가족 단위의 통치를 제외하면, 정부를 전혀 가지고 있지 않고, (…) 오늘날도 동물적 방식으로 살고 있다"고 주장하기도 하고, "사람들이 작은 가족 단위로 사는 모든 곳에서 서로서로 빼앗고 약탈하는 것은 생업이었고 자연법에 반하는 것으로 여겨지는 것과 아주 거리가 멀었고", 또 "더 큰 가족일 뿐인 도시와 왕국이 이제는 그들 자신의 안전을 위해, 위험, 침략의 공포, 침략자에게 주어질 수 있는 지원 등 온갖 구실로 지배영역을 확대하고, 힘닿는 데까지, 공공연한 힘과 비밀스런 기술에 의해, 다른 보장이 없다는 이유에서 정당하게 이웃나라를 정복하거나 약화시키려

---

249) Locke, *Two Treatises of Government*, Book II, Ch.2, §14 (276-277쪽).
250) Hobbes, *Leviathan*, 161쪽:

고 기도한다"고 주장한다.[251] 따라서 홉스는 약속 준수의 신의를 "제2의 자연법"으로 열거했으면서도[252] 이것을 깜박 잊었는지 다시 자연상태에서 신의의 자연법을 부정하는 논법상의 자가당착을 범했다.

그런 까닭에 라이프니츠는 홉스를 이렇게 맹폭했다. "우리 저자(홉스)의 여러 유식한 추종자들은 (국제관계에서) 특히 제諸인민이 상호적 조약에 의해 법을 성립시킬 수 없고 어떤 우월자에 의해 유효하게 만들어진 의무를 가지지 않는다는 이유에서 어떤 자발적 국제법도 인정치 않는다. 말하자면, 인간들이 그들 자신을 위한 어떤 우월자도 동의와 합의에 의해 설립할 수 없음이 이 논변으로 너무 많이 입증된다. 이것은 홉스가 인정하는 것(리바이어던의 설립을 위한 사회계약)과 반대된다."[253]

하지만 로크는 자연상태를 국제관계와 동일시함으로써 이해시키더라도 자연상태의 현존성을 이해시키는 홉스의 논법을 따르되, 자연상태와 국제적 계약관계에서도 진실과 신의의 자연법적 효력을 인정함으로써 홉스의 딜레마를 피해가고 있다. 로크는 "사막 섬에서의 두 사람 간, 또는 아메리카 삼림 속에서의 스위스인과 인디언 간의 무역거래 등을 위한 약속과 흥정"이 "그들을 구속한다"고 말하면서 "진실과 신의는 인간들로서의 인간들에 속하는 것이지, 사회의 구성원으로서의 인간들에게 속하는 것이 아니다"고 천명하고 있기 때문이다

- 자연상태에 어떤 인간이든 존재한 적이 없다고 말하는 사람들에 대해 나는 현명한 후커의 *Eccl. Pol.* Lib.1, Sect.10의 권위적 출처를 들이댈 뿐만이 아니다. 여기서 후커는 말한다. "지금까지 언급된 법들", 즉 자연법들은 "인간들이 어떤 확립된 동료 지위를 갖춘 적이 없을

---

251) Hobbes, *Leviathan*, 153쪽.
252) Hobbes, *Leviathan*, 121쪽.
253) Leibniz, "Opinion on the Principles of Pufendorf", IV(70쪽). 괄호는 인용자.

지라도, 무엇을 하거나 하지 않기로 하는 어떤 엄숙한 약속을 그들끼리 한 적이 없을지라도 그들이 인간인 바로 그 순간에(even as they are men) 그들을 절대적으로 구속한다. 그러나 우리 자신에 의해 우리의 본성이 욕망하는 생활, 인간의 존엄에 맞는 생활에 필요한 충분한 사물창고를 갖추는 것이 독력으로 족하지 않는 만큼, 단독으로, 그리고 단지 독력으로만 살 때 우리 내부에 존재하는 결함과 불완전성을 보충하기 위해 우리는 타인들과의 친교와 우의(communion and fellowship)를 찾도록 본성적으로 유도되고(naturally induced), 이것이 인간들이 최초에 정치사회 안에 자신들을 통합하는 이유였다." 그뿐만 아니라 나는 나아가 모든 인간이 자기들끼리의 동의에 의해 자신들을 모종의 정치사회의 구성원으로 만들기까지 본성적으로 그 상태에 있고, 그렇게 남아 있다고 단언한다. 그리고 나는 이 논의의 속편에서 그것을 명백하게 만들 거라고 의심하지 않는다.[254]

로크는 후커가 범한 근본적 오류를 깨닫지 못하고 무조건 그에게 동조하고 있다. "친교와 우의"는 사랑과 동일하게 본질적으로 '자기목적(self-purpose)'이지, 다른 목적을 위한 수단이 아니다. 사랑, "친교와 우의"를 맺는 본성적 경향은 당사자들이 때로 자발적으로 친구를 돕는 '수단'으로 투입될 수도 있지만, 이 친구가 저 친구를 일방적으로 수단이 되도록 강제해 '우정'을 명분으로 친구를 부려먹으며 그 자신의 실리를 추구하는 물질주의·실리(공리)주의는 "친교와 우의"를 파괴한다. '인생의

---

254) Locke, *Two Treatises of Government*, Book II, Ch.2, §15 (277-278쪽). 후커의 인용은 참조: Richard Hooker, *Of the Laws of Ecclesiastical Polity* (Books 1-4: 1594, Book 5: 1597, Books 6-8: posthumous: Oxford: At The Clarendon Press, 1888), Book I. Ch. x. 12. 바로 다음에 이 문장이 이어진다. "공적 사회를 지탱해주는 두 기초가 있는데, 하나는 만인에게 사교생활과 교우를 하고 싶게 만드는 본성적 성향이고, 다른 하나는 함께 사는 데 있어서 그들의 통합의 방식에 관하여 명시적으로 또는 비밀리에 합의된 질서다."

낙樂'을 일으켜 사람을 살리고 또 살고 싶게 만드는 사랑과 우정은 때로 '생산력'일 수 있지만, 이렇게 우정을 생산력으로 쓰는 것은 '인생의 낙'이라는 우정의 자기목적보다 한참 열등한 우연적·부차적 '용도'일 뿐이다.

인간은 본능적으로 "친교와 우의"를 찾는 사회성을 본성으로 가지고 있다. 따라서 우리의 정치학적·사회학적 논의는 인간의 이 사회적 본성으로부터 출발해야지, 이 본성 이전으로 거슬러 올라가 "친교와 우의"의 발생원인과 목적을 진화론적으로 추적하려고 할 필요도 없고, 그 원인과 목적을 고립된 개인적 인간들의 내적 "결함과 불완전성을 보충하는 것"으로 특정해서도 아니 될 것이다. 이것은 개미가 떼 지어 사는 군생群生본능의 '원인'을 '협업'으로 특정하는 우愚와 다름없는 것이다. 개미는 군생본능을 가졌기 때문에 개미다. 개미에 대한 논의는 이 군생본능을 전제로 출발해야 한다. 그런데도 이 군생본능을 파고들어 그 신학적 원인 또는 진화론적 원인을 추적하는 것은 정치철학의 경계는 넘는 무의미한 논의다.

유사하게 후커는 인간들이 "친교와 우의"를 맺는 목적을, '사회적·정치적 본성'을 타고난 동물인 인간의 '삶의 의미' 자체로 보는 것이 아니라, "친교와 우의"를 맺는 본성적 경향의 원인을 파고들어 이 "친교와 우의"의 본성을 "생활에 필요한 충분한 사물창고를 갖추는" 수단, "단독으로, 그리고 단지 독력으로만 살 때 우리 내부에 존재하는 결함과 불완전성을 보충하는" 수단으로 보는 공리주의적 메타사고를 하고 있다. 그는 '본성적으로 사회적인' 인간들이 홀로 있으면 배고파하기 전에 외로워하고 사람을 보고 싶어 그리워한다는 것, 애인과 친구가 없으면 우울해 결국 죽음에 이른다는 것, 사회적 교류를 차단하는 독방 감금이 인간에게 사형 다음의 엄한 형벌이라는 것을 모르는 사람처럼 논변하고 있다.

후커는 사회성을 본능으로 가진 인간을, 동료와 집단에 대한 헌신적 사랑 속에서 한 목숨 기꺼이 던지는 개미와 꿀벌, 늑대와 개만도 못한 수준으로 격하시키고 있다. 이 군생동물들의 이런 자기희생 행태는 마치 "이익을 보면 의리를 생각하고 위험을 보면 목숨을 내놓는(見利思義 見危授命)" 공자의 '성인成人(자기완성자)'과 유사하게 보일 정도다. 후커에 의하면, 인간들은 단지 물질적 부족을 보충하기 위한 저급한 공리적 목적에서 정치사회를 수립한다. 그럼에도 로크는 이 저급하고 그릇된 인간관·사회관·국가관에 동조하고 있다.

그러나 후커의 말에서 인간의 친교·교우 본성의 물질적·경제적 원인을 추적하는 어리석은 말들을 빼버리고 그의 말을 바로 인간의 본성으로서의 "친교와 우의", 또는 상호 간의 "사랑과 애정"으로부터 읽어갈 수 있다. 다른 곳에서 후커 자신이 국가의 두 기초 중 하나를 단도직입적으로 '사회적 생활과 교우의 본성적 성향'으로 제시하는 것을[255] 보면, 이런 독해의 충분한 근거가 있다.

후커는 위 인용문에서 인간들이 "친교와 우의"를 맺는 것을 "본성적 유인(natutral inducement)"으로 파악하고 있다. 또 그 이전의 인용문에서 후커는 "남들을 사랑할 의무"에 대한 깨달음, 또는 "본성이 나와 같은 사람들에게서 가급적 많이 사랑받기를 바라는 나의 욕구가 유사한 애정을 나와 같은 사람들에게 완전하게 주어야 할 본성적 의무를 내게 부과한다"는 것에 대한 깨달음을 인간들의 "유사한 본성적 유인(the like natural inducement)"에서 나오는 것으로 파악했다. 따라서 후커는 "인간들이 최초에 정치사회 안에 자신들을 통합하는 이유", 즉 직접적 이유

---

255) 후커는 말한다. "공적 사회를 지탱해주는 두 기초가 있는데, 하나는 만인에게 사교생활과 교우를 하고 싶게 만드는 본성적 성향이고, 다른 하나는 함께 사는 데 있어서 그들의 통합의 방식에 관하여 명시적으로 또는 비밀리에 합의된 질서다." Locke, *Two Treatises of Government*, Book II, Ch.11, §135 각주 (357쪽). Hooker, *Of the Laws of Ecclesiastical Polity*, Book I. Ch. x. 1.

를 독력으로 살아가는 개개인의 물질적 결핍과 부족을 보충하려는 저급한 공리적 이유로 본 것이 아니라, "타인들과의 친교와 교우를 찾도록"하는 "본성적 유인", 또는 서로 "가급적 많이 사랑받기를 바라는" 인간들의 "욕구"와 "유사한 애정을 주어야 할 본성적 의무"의 "본성적 유인"으로 본 것이다. 따라서 이렇게 읽으면, 후커는 자연상태의 인간들을 개개인으로 보는 원자적 자연상태론을 버리고, 타인들과 "친교와 교우"로 맺어진 군소집단으로 보는 인애仁愛공동체적 자연상태론을 택한 것이다. 후커의 이 관점은 자연상태를 '만인의 만인에 대한 인애'와 상호적 인애 의무로 얽힌 상태로 보고, 정치적 사회상태를 인애가 확장되고 강화되는 변곡점을 넘어 확립된 상대로 보는 공자·컴벌랜드·섀프츠베리·흄의 일원적 자연-사회상태론과 맞닿는다.

그러나 로크는 후커의 인애공동체적 자연상태·사회상태론을 오독하여 인간들이 개개인으로 분리되어 사는 원자적 자연상태와 계약으로 맺어지는 사회상태의 이론으로 이원화·변조하고 있다. 그리하여 그는 정치사회를 인애(친교·교우·사랑·애정)로 서로 얽힌 자연상태의 군소집단으로부터 '성장'하는 것이 아니라, 모든 개개인의 일반적 "동의"의 계약으로 뚝딱 '만들어지는' 것으로 스스로를 오도하고 있다. 즉, "모든 인간이 자기들끼리의 동의에 의해 자신들을 모종의 정치사회의 구성원으로 만든다"는 것이다.

이로 인해 이후 로크는 자신이 인용한 후커의 인애공동체적 자연상태론과 일원적 자연·사회상태론을 까맣게 망각하고 다른 이유에서의 동의에 의해 국가를 조직하는 홉스의 이원적 자연·사회상태론을 취한다. 로크는 국가수립의 이유 또는 목적과 관련하여 자기의 소송에서 자기가 재판관 노릇을 하는 폐단의 극복과 안전보장 사이에서 오락가락하게 된다.

공자는 인간들의 자연상태와 사회상태의 이원적 분단을 인정하지 않고 자연·사회상태를 통일적으로 파악한다. 인간의 본성은 불변적이라서 자연적·선사적 원시시대의 인성이든 문명적 역사시대의 인성이든 동일하기 때문이다. 선사적 원시시대와 문명적 역사시대 간에는 질적 차이가 없고, 인간적 도덕감정의 확충과 도덕적 인애의 추은推恩의 범위에서의 변곡점만이 있을 뿐이다. 상론했듯이 음양으로 공자를 추앙하는 컴벌랜드·섀프츠베리·라이프니츠는 공자처럼 일원적 자연·사회상태론을 대변하면서, 홉스의 이원적 자연·사회상태론을 명시적으로 거부했다. 후커의 입장은 공자·컴벌랜드·섀프츠베리·흄·라이프니츠의 국가관에 가까웠다. 반면, 로크는 홉스를 계승해 자연상태와 사회상태를 이원적으로 분리시켰다. 하지만 로크는 '자연상태'를 '전쟁상태'로 규정한 홉스와 달리 '자연상태'를 자연법에 의해 다스려지는 '평화상태'로 규정했다. 그리고 로크는 전쟁상태를 자연상태와 구분하여 별도로 논한다.

■ **자연상태와 전쟁상태의 명백한 구분?**

로크에 의하면 자연상태는 전쟁상태가 아니다. 그는 '전쟁상태'를 이렇게 정의하고 설명한다.

- "전쟁상태"는 적의敵意(enmity)와 파괴의 상태다. 그러므로 말이나 행동에 의해 타인의 생명에 대한 감정적이고 경솔한 살의가 아니라 진지한 확고한 살의를 선포하는 것은 그의 이러한 의도의 선포가 겨냥한 사람과의 "전쟁상태 속으로 그를 집어넣고", 이로써 타인에 의해, 또는 타인의 방어에서 타인과 연합하고 타인의 싸움을 편드는 어떤 사람에 의해서든 빼앗기도록 자기의 생명을 타인의 권력에 노정시켰다.[256]

---

256) Locke, *Two Treatises of Government*, Book II, Ch.2, §16 (278쪽).

로크의 이 전쟁 개념에서 두드러지는 것은 홉스처럼 전쟁을 국가 간의 무력공방만이 아니라 '개인들 간의 무력공방'으로도 이해하는 점이다.

한편, 로크는 적의 공격에 대해 적을 죽일 이유를 나의 생명을 노리는 맹수를 죽일 이유와 동일시하여 정당화한다.

- 내가 나를 파괴로 위협하는 것을 파괴할 권리를 가지는 것은 합당하고 정당하다. 왜냐하면 "기본적 자연법에 의해 인간은 가급적 많이 보존되어야 하므로" 모두가 보존될 수 없을 때, 결백한 자들의 안전이 우선시되어야 하기 때문이다. 그리고 자기에 대해 전쟁을 일으키거나 자기의 존재에 대해 적의를 드러낸 사람을 그가 "늑대"나 "사자"를 죽이는 이유와 같은 그 이유에서 파괴해도 된다. 왜냐하면 이러한 사람들은 이성의 공통된 법의 유대 아래 들어있지 않고, 물리력과 폭력의 규칙 외에 다른 어떤 규칙도 가지고 있지 않고, 따라서 맹수로 취급되어도, 즉 그가 그들의 권력 안에 떨어질 때는 언제든 확실히 그를 파괴할 저 위험하고 해로운 피조물들로 취급되어도 되기 때문이다.[257]

"내가 나를 파괴로 위협하는 것을 파괴할 권리를 가지는 것은 합당하고 정당하다"는 로크의 테제의 관점에서 보면, '방어전쟁'만이 자연법상의 정당한 전쟁으로 인정된다. 그리고 전쟁이 이런 '방어전쟁'인 한에서만 "자기에 대해 전쟁을 일으키거나 그의 존재에 대해 적의를 드러낸 사람"을 파괴하는 전쟁행위는 정당방위로 인정된다. 로크는 부지불식간에 홉스가 자연상태와 관련해 생각한 침략전쟁, 즉 사람들이 "서로서로 빼앗고 약탈하는" 전쟁을 전쟁개념에서 빼버리고 있다. 그러나 로크 자신이 자기의 전쟁개념이 홉스의 그것과 다르다는 것을 의식한 것 같지는

---

257) Locke, *Two Treatises of Government*, Book II, Ch.2, §16 (278-279쪽).

않다.

이어서 로크는 '전쟁'을 자유박탈·강제력·노예화의 관계의 관점에서도 고찰한다.

- 그것으로부터 타인을 자기의 절대적 권력 속에 획득하려고 기도하는 자가 이로써 "자신을 타인과의 전쟁상태로 몰아넣는" 일이 생기는 것이다. 전쟁이 그에 대한 살의의 선포로 이해되어야 하기 때문에 나는 나의 동의 없이 나를 그의 권력 속에 얻고 싶은 자가 나를 그의 권력 속에 얻었을 때 나를 자기 마음대로 쓰려고 할 것이고 자기가 하고 싶었을 때 나를 파괴하기도 할 것이라고 결론지을 이유가 있는 것이다. 왜냐하면 아무도 물리력에 의해 나의 자유의 권리에 반하는 것을 하도록 나를 강제하지 않는다면, 즉 나를 노예로 만들지 않는다면 그의 절대권력 속에 나를 가지기를 바랄 수 없기 때문이다. 이런 강제력으로부터 자유로운 것은 나의 보존의 유일한 안전보장이다. 그리고 이성은 내게 그것을 막는 장벽인 그 자유를 빼앗으려는 자를 나의 보존에 대한 적으로 간주할 것을 명한다. 그래서 나를 노예화하려고 기도하는 자는 이럼으로써 그 자신을 나와 전쟁상태 속으로 집어넣는 것이다. 자연상태에서 이 상태에서 누구에게나 속하는 자유를 빼앗으려는 자는 꼭 그 밖의 모든 것도 빼앗으려는 의도를 가진 것으로 상정되어야 한다. 자유는 나머지 모든 것의 기초이기 때문이다. 이것은 사회상태에서 그 사회나 그 나라의 사람들에게 속한 자유를 빼앗으려는 자가 그 밖의 모든 것을 그들로부터 빼앗으려고 의도하는 것으로 상정되어야 하고, 그래서 전쟁상태에 들어있는 것으로 간주되어야 하는 것과 유사하다.[258]

---

258) Locke, *Two Treatises of Government*, Book II, Ch.2, §17 (279-280쪽).

로크는 전쟁의 의도를 나의 자유를 박탈하려는 것으로 보고 자유박탈을 나의 나머지 모든 것의 박탈 및 나의 노예화와 연결시키고 있다. 다른 곳에서 로크는 이렇게 말한다. "이것(한 인간이 그의 노예상태의 역경이 그의 생명의 가치보다 더 무거운 것으로 느끼는 조건)은 '합법적 정복자와 포로 간의 지속되는 전쟁상태' 외에 다른 것이 아닌 노예상태의 완전한 조건이다."259)

로크는 침략적 전쟁을 일으킨 자에 대한 방어적 대항폭력을 강도의 예를 들어 정당화한다.

- 이것은 사람을 전혀 해치지도 않고 살의를 선포하지도 않고, 물리력의 사용에 의해 그 사람의 돈이나 자기가 좋아하는 것을 그 사람으로부터 빼앗는 것처럼 그 사람을 자기의 권력 속에 얻는 것 이상의 것을 선포하지 않은 "도둑을 죽이는 것"을 합법적으로 만들어준다. 그가 아무런 권리가 없는 경우에 나를 그의 권력 속으로 얻기 위해 물리력을 사용하는 것이 그의 구실이 그것이 의지하는 것이 되게 하기 때문에 나는 나의 자유를 빼앗아가는 자가 나를 그의 권력 속에 얻을 때 그 밖의 모든 것을 빼앗으려고 하지 않을 것이라고 상정할 이유가 없다. 그러므로 내가 그를 "나와의 전쟁상태 속으로 자기 자신을 집어넣은" 자로 취급하는 것, 즉 내가 할 수 있다면 그를 죽이는 것이 합법적이다. 왜냐하면 전쟁상태를 이끌어 들이고 이 상태에서 "침략자"인 자는 누구든 정확하게 그 자신을 그런 위험에 노정시키는 것이다.260)

로크는 "도둑(thief)" 개념을 "강도(robber)"와 같은 뜻으로 사용한다.

---

259) Locke, *Two Treatises of Government*, Book II, Ch.2, §24 (284쪽).
260) Locke, *Two Treatises of Government*, Book II, Ch.2, §18 (280쪽).

로크가 '도둑'을 "돈을 빼앗는 것처럼 사람을 자기의 권력 속에 얻는 것을 선포한" 자로 파악하고 있기 때문이다. 로크의 이런 도둑을 오늘날의 도둑으로 보면, '도둑을 죽이는 것'은 과잉방위로서 살인행위다. 그러나 강도와 같은 뜻의 도둑이라면 강도를 죽이는 것은 경우에 따라 정당방위로서 자기보존의 근본적 자연법에 합치된다. 로크는 이런 '강도'도 나에게 전쟁을 선포한 자로 취급하고 있다.

로크는 전쟁을 '살의(design on life) 또는 적의의 선포'와 동일시하고 전쟁상태를 이 살의(적의)가 지배하는 상태로 이해함으로써 전쟁상태를 선의와 평화가 지배하는 자연상태와 '명백히 다른' 상태로 부각시킨다.

- 여기서 우리는 "자연상태와 전쟁상태 간의 명백한 차이"를 얻는다. 몇몇 사람들은 이 상태들을 혼동했을지라도 이 상태들은 선의·상호부조·보존의 평화상태와 악의·폭력·상호파괴의 적의상태가 서로 별개로 구분되는 것만큼 아주 멀리 떨어진 것이다. 사람들이 이성에 따라 그들 사이에 재판할 권위가 있는 지상의 공동우월자 없이 함께 사는 것은 "정확하게 자연상태"다. 그러나 타인의 몸에 가해지는 물리력, 또는 이런 물리력의 선포되는 의도는 지상에서 구제를 위해 호소할 어떤 공동우월자도 없는 경우에 "전쟁상태"다.[261]

자연상태는 "선의·상호부조·보존의 평화상태"인 반면, 전쟁상태는 이것과 별개의 상태로서 "악의·폭력·상호파괴의 적의상태"다. 홉스는 이 전쟁상태를 자연상태에만 결부시켰다. 그러나 로크는 전쟁상태가 자연상태에서도 벌어질 수 있으나 사회상태에서도 벌어질 수 있다고 논변함으로써 전쟁을 자연상태나 사회상태와 독립된 별개의 비정상적 범법상

---

261) Locke, *Two Treatises of Government*, Book II, Ch.2, §19 (280쪽).

황으로 파악한다.

- 어떤 사람이 사회 안에 있고 동료신민일지라도 이 사람에게 "침략자"에 대항할 전쟁의 권리를 주는 것은 이러한 호소기구의 부재다. 그리하여 내 재산 전부를 훔친 탓으로 내가 법에 호소하는 방법 외에 해칠 수 없는 "도둑"을 나는 그가 내 말이나 코트만을 강탈하려고 나를 습격할 때 죽인다. 왜냐하면 나의 보존을 위해 제정된 법은 이 법이 현재의 물리력으로부터 일단 잃으면 돌이킬 수 없는 내 생명을 안전하게 보장해주려고 끼어 들 수 없는 경우에, 공동의 재판관에게 호소할 시간도, 법률의 결정도 침략자가 허용치 않으므로, 위해가 돌이킬 수 없는 경우에 해법으로 내게 나 자신의 방어, 전쟁의 권리, 침략자를 죽일 권리를 허락하기 때문이다. "권위 있는 공동재판관의 부재는 모든 사람을 자연상태에 처하게 한다." "사람의 몸에 가해지는 무법적 물리력(Force without Right upon a Man's Person)"은 공동재판관이 있는 곳에서든, 없는 곳에서든 양쪽에서 다 "전쟁상태를 만든다".[262]

그런데 전쟁이 침략에 대한 '자기방어(자위)의 전쟁'인 경우에 이 전쟁상태는 자연상태와 사회상태에 공히 승인되는 자연권적 정당방위로 일어나는 것이고, 따라서 비정상적이지 않다. 따라서 전쟁을 자연상태나 사회상태와 독립된 별개의 비정상적 범법사태로 파악하는 로크의 이 논변은 근본적으로 오류다. 모든 전쟁이 비정상적 범법사태가 아니기 때문이다. 일단 개념적 의미충돌이 툭 돌출된다. 앞서 로크는 "타인의 몸에 가해지는 물리력, 또는 이런 물리력의 선포되는 의도는 지상에서 구제를 위해 호소할 어떤 공동우월자도 없는 경우에 전쟁상태다"라고 말해놓

---

262) Locke, *Two Treatises of Government*, Book II, Ch.2, §18 (280-281쪽).

고, 여기서는 "사람의 몸에 가해지는 무법적 물리력은 공동재판관이 있는 곳에서든, 없는 곳에서든 양쪽에서 다 전쟁상태를 만든다"라고 말하고 있다.

이 개념적 의미충돌은 로크가 정당방위를 자연법상의 권리로 보지 않음과 동시에 호소할 공동우월자의 부재를 좁게 이해함으로써 야기되었다. 그러나 그가 『통치이론』의 뒷부분에서 인용하는 전투적 왕권신수론자 바클레이(John Barlclay)조차도 "자위自衛(self-defence)는 자연법의 일부이고, 그것이 왕 자신에 대항하는 것이라고 해서 공동체에 부정될 수는 없다"고 하고 있다.[263] 자위권 또는 정당방위는 부당한 위해가 코앞에 임박해서 공권력이나 사법적 판단을 기다릴 시간적 여유가 없는 상태에서 허용되는 자가사법의 자위自衛권리다. 로크는 앞서 침략을 당하는 전쟁상태에서 대항폭력을 이 정당방위의 의미로 정당화했고 이 정당방위를 "기본적 자연법"으로 간주했다. 즉, "내가 나를 파괴로 위협하는 것을 파괴할 권리를 가지는 것은 합당하고 정당하다. 왜냐하면 기본적 자연법에 의해 인간은 가급적 많이 보존되어야 하므로 모두가 보존될 수 없을 때, 결백한 자들의 안전이 우선시되어야 하기 때문이다." 또 "자기에 대해 전쟁을 일으키거나 자기의 존재에 대해 적의를 드러낸 사람을 그가 "늑대"나 "사자"를 죽이는 이유와 같은 그 이유에서 파괴해도 된다." 침략적 폭력에 대항하는 이 정당방위로서의 대항폭력은 사회상태에서도 인정된다. 로크는 "나의 보존을 위해 제정된 법이 현재의 물리력으로부터 내 생명을 안전하게 보장해주려고 끼어들 수 없는 경우에, 공동의 재판관에게 호소할 시간도, 법의 결정도 침략자가 허용치 않을" 때 "해법으로" 내게 허락되는 "나 자신의 방어, 전쟁의 권리, 침략자를 죽일 권리"를 언급하고 있다. 이것이 바로 사회상태에서의 정당방위인 것이

---

263) Locke, *Two Treatises of Government*, Book II, Ch.2, §233 (420쪽).

다.

　정당방위는 자기가 처한 문제 상황에 재빨리 자기가 재판관이 되어 침략자나 강탈자·폭행자를 유죄로 간주하고 응징대상으로 자율적으로 판결하고 다시 때를 놓치지 않고 이 응징적 자가사법의 판결을 자위적 대항폭력으로 집행하는 것이다. 따라서 정당방위는 늘 재빠른 '자율사법'과 적시의 즉각적 '자위조치'로 이루어진 것이다.

　따라서 호소할 공동우월자의 '부재'는 경찰·사법기구의 부재만이 아니라 경찰·사법기구가 존재하더라도 시간적 임박성이나 경찰·사법기구의 무능·부패·편파성 등 기타 이유로 동원할 수 없는 경우까지도 포함하는 것으로 넓혀서 이해해야 할 것이다. 그러면 개념적 의미충돌을 일으키는 저 "공동재판관이 있는 곳에서든, 없는 곳에서든 양쪽에서 다"라는 문장은 "공동재판관이 없는 곳에서"로 단순화될 수 있다. 그러면 개념적 의미의 충돌은 사라진다.

　사회상태에서의 정당방위의 권리도 자연상태의 정당방위의 권리와 본질적으로 동일한 자연권이다. 따라서 로크도 자기보존을 위한 정당방위로서의 자위적 대항폭력을 "기본적 자연법"으로 간주했다. 사회상태에서 도둑과 강도를 범법자로 판정하고 붙잡는 것이 '만인의 권리(everyman's right)'이듯이 위해와 침략을 가하는 자에 대한 정당방위의 권리도 '만인의 권리'인 것이다. 그런데 사회상태 안에서의 정당방위와 관련해서 로크는 "공동의 재판관에게 호소할 시간도, 법의 결정도 침략자가 허용치 않을" 때 "내게 나 자신의 방어, 전쟁의 권리, 침략자를 죽일 권리를 허락하는" 법이 "기본적 자연법"이 아니라, "나의 보존을 위해 제정된 법"이라고 잘못 말하고 있다. 이 "제정된 법"을 "기본적 자연법"으로 바꾸면 문장은 하자가 없을 것이다.

　이렇게 로크의 오류들을 다 바로잡고 나면, 뜻밖에 중요한 사실이 드러난다. 로크 자신이 부지불식간에 자연상태에서 사회상태로 이행한 뒤에도 개인들이 정치사회(국가)에 양도하지 않는 이른바 불가양의 자연권과 자연법이 잔존한다는 것을 인정했다는 사실이다. 그러나 뒤에 로크는 사회상태로 이행함과 동시에 개인들이 자유·평등·자기재판·자위조치 등의 자연권과 기본적 자연법마저 모조리 양도한다고 논변한다. 이로써 로크의 논변들은 곧 상론하듯이 결정적 대목에서 일관성을 다 잃는 사태가 벌어지고 만다.

한편, 로크는 전쟁의 종식을 살핀다. 그는 "실제적 물리력이 끝날 때, 사회 안에 존재하고 양측에서 동등하게 법의 공정한 결정에 굴복하는 사람들 사이에 전쟁상태가 끝난다. 그때 과거의 위해를 위하여 그리고 미래의 가해를 방지하기 위하여 호소의 치료책이 열려있기 때문이다"고 말한다. "그러나 자연상태에서처럼 그런 호소기구가 없는 곳에서는 실정법과 호소할 권위를 가진 재판관들이 없으므로 전쟁상태는 '한번 시작되면' 침략자가 강화를 제의하고 그가 이미 저지른 모든 잘못을 보상하고 미래를 위해 결백한 자에게 안전을 보장하는 조건으로 화해를 바랄 때까지 결백한 자들에게 주어진 권리와 함께, 그가 할 수 있는 때는 언제든 '계속' 타자를 파괴한다. 아니, 법에 대한 호소와 임명된 재판관들이 열려있지만 구제책이 몇몇 사람들 또는 패당의 폭력이나 위법행위를 보호하고 책임을 면해주기 위해 정의의 명백한 도착과 법의 노골적 견강부회에 의해 부정되는 곳에서는 전쟁상태 외에 어떤 것도 상상하기기 어렵다. 왜냐하면 폭력과 위해危害가 사법을 관장하기 위해 임명된 손에 의해 저질러지더라도 폭력이 쓰이고 위해가 저질러지는 곳에서는 어느 곳에서든, 그것은, 아무리 법의 지배를 받는 만인에 대한 법의 불편부당 적용에 의해 결백한 사람들을 보호하고 피해를 보상해 주는 것을 목적으로 삼는 법 형식과 명칭·구실로 채색되었을지라도, 여전히 폭력이고 위해 이기 때문이다. 그것들이 선의(bona fide)로 행해지지 않는 곳에서는 어디에서나 전쟁은 지상에서 그것을 바로잡을 항소기구를 가지지 못한 수난자들에게 대해 일으켜지고, 그것들은 이러한 경우의 유일한 해법, 즉 하늘에 대한 호소에 맡겨진다."[264]

그러나 다음 구절에서 로크는 지금까지의 논의를 무효로 만드는 중대한 이론적 실책을 불러들인다.

- 이 전쟁상태를 피하는 것이 인간들이 사회 속으로 자신들을 집어넣고 자연상태를 떠나는 하나의 커다란 이유다. 호소에 의해 구제책을 줄 수 있는 권위체, 즉 권력이 존재하는 곳에서는 전쟁상태의 지속이 배제되고, 분쟁은 이 권력에 의해 결정된다. 입다와 암몬사람들 사이에서 권리를 결정할 지상의 어떤 그런 법정, 어떤 우월적 사법권이 존재했다면, 그들은 결코 전쟁상태에 이르지 않았을 것이다."[265]

이 논의 속에서 로크는 암암리에 홉스처럼 자연상태를 전쟁상태로 전제하고 있다. 이 논의로써 그는 자신이 수행한, 자연상태와 전쟁상태의 명백한 구분을 무효화시키고 있다. 그리고 여기서 로크는 자연상태에서 사회상태로 이행하는 큰 이유를 '전쟁의 회피'로 내세움으로써, 사회상태를 전쟁상태에 대한 구제책으로 내세운 홉스주의적 논변의 함정에 빠져들고 있다. 위 글은 로크의 정치이론에서 홉스의 사회계약론에 가장 가까이 다가간 내용을 담고 있다.[266]

앞서 로크가 자기 재판에서 자기가 판사 노릇을 하는 것을 자연상태의 "폐단"으로 지적했고 뒤에 가서는 이 '폐단'의 극복을 사회상태로의 이

---

264) Locke, *Two Treatises of Government*, Book II, Ch.2, §18 (281-282쪽).
265) Locke, *Two Treatises of Government*, Book II, Ch.2, §18 (282쪽).
266) Locke, *Two Treatises of Government*, Book II, Ch.2, §18 (282쪽), 레슬렛의 편자 각주.

행의 이유로 내세운다. 그러나 여기서는 이 폐단을 전쟁의 원인으로 지목하고 전쟁의 회피를 사회상태로의 이행의 이유로 내세우고 있다. 이로 인해 그의 정치이론이 홉스의 틀을 벗어나지 않은 상태에서 자기재판의 폐단의 극복과 전쟁의 회피 사이에서 오락가락하고 있는 것이다. 그러나 이 전쟁의 회피를 사회상태로의 이행의 큰 이유로 내세우는 것은 홉스의 경우처럼 이중적 오류를 범하는 것이다. 첫째, 로크 자신이 지적하듯이 수립된 정부의 사법부가 절대군주정의 사법부이면, 또는 사법기구가 무능화거나 부패·타락하면, 또는 정당방위적 자위조치가 "기본적 자연법"으로 엄존한다면, 사법기구의 존재에도 불구하고 대규모의 내전이 일어나고, 이런 부패·타락한 사법기구와 정부 자체가 내전의 원인일 뿐이다. 그러면 전쟁을 제대로 불러들일 것이다. 둘째, 홉스와 로크가 공히 인정하듯이 국가들 간의 국제관계는 전쟁상태이고 사회상태의 국가로 이행함으로써 오히려, 그리고 비로소 국가 간의 전쟁으로서 대규모 전쟁이 초래되는 것이다. 국가로의 이행은 전쟁의 회피를 보장하는 것이 아니라, 바로 증강되고 결집된 국력으로 수행되는 각종 대大전쟁을 야기하는 원인이 될 수 있다.

6.3. 자연적 권리의 총체적 양도를 통한 사회로의 이행

앞서 시사한 바와 같이 로크는 자연상태에서 사회상태로 이행하는 이유를 제시하는 데서 자가재판의 극복과 전쟁의 종식(안보) 사이에서 오락가락하고 있다. 로크의 정치이론에서 더욱 큰 문제는 그가 사회상태(국가단계)로 이행하면서 개개인이 자연적 권리를 국가에 모두 다 양도하게 함으로써 개인이 아무런 자연권도 보유하지 못하게 만드는 식으로 사회계약론을 구성한 것이고, 또 국가수립에 대한 동의에서 '다수결'을 지나치게 강조하는 것이다.

■ 가족사회와 정치사회의 구분 및 노예제의 인정

로크는 홉스의 이원적 자연·사회상태론을 견지하면서도 사회상태의 국가단계로 이행하는 이유를 명쾌하게 제시하지 못한다. 그저 '목적·연줄·경계' 등이 서로 다르다고 할 뿐이다. 지근거리의 '면식사회'와 군중적 '익명사회' 간의 차이에 대한 이해가 전무하다. 또한 자연상태에 대한 로크의 관점도 오락가락한다. 그는 한편으로 자연상태가 고립된 개인들만이 활동하는 원자적 활동공간으로 관념하기도 하고, 다른 한편으로는 '사회 이전'의 자연상태를 가족단위의 집단들이 '첫 번째 사회들'로 존재하는 친애적 공간이라는 모순된 관념을 내비치기도 한다. 로크는 자연상태와 정치사회를 엄격히 구분하면서도 불가피하게 자연상태의 인간들을 가족단위로 파악한 것이다. 이것은 자연상태의 인간관계의 사회성을 부정하면서도 자연상태에서의 가족단위의 존재를 인정하는 홉스적 오락가락 이론의 재현처럼 보인다.

그런데 여기서 로크는 심지어 '가족'을 고용인과 노예까지 포함시킨 확장된 가족으로 정의한다.

- 하느님이 인간을 자신의 판단에서 '혼자 있으면 좋지 않은' 피조물로 만들고, 그를 사회 속으로 몰아넣는 필요·편의·성향을 그에게 집어넣고, 나아가 이 사회를 지속하고 향유하도록 그에게 지성과 언어를 주었다. 첫 번째 사회(the first society)는 남편과 아내 사이에 존재하고, 이것은 부모와 자식들 간의 사회에 단초를 주었다. 여기에 시간이 흐르면서 주인과 고용인(master and servant) 사이의 사회가 덧붙여지기에 이르렀다. 이 모든 사람들이 함께 만날 수 있고 보통 함께 만나,

가족의 주인이나 여주인이 가족에 고유한 모종의 지배권을 가진 단 하나의 가족을 구성했을지라도, 우리가 이 사회들 중 각각 사회의 상이한 목적·연줄·경계를 고찰하면 알게 되듯이, 이 사회들은 제각기, 또는 몽땅 합쳐서도 "정치적 사회"에 미치지 못했다.[267]

로크는 여기서 "정치사회"가 "상이한 목적·연줄·경계"에서 자연상태의 "최초의 사회"인 가족(고용인과 노예까지 포함한 '확장된 가족')을 능가한다고만 말하고 있지, 구체적으로 무엇이 다른지에 대해서는 말하지 않고 있다. 자연상태에서도 이미 이 가족과 확장된 가족 단위에서도 확보되는 상호적 살상의 방지, 자가재판의 폐단의 극복이나 '안전보장'(내·외적인 방어)과 같은 '협의의 정의(ius strictum)'를 들먹이는 것은 로크에게 이론적으로 유리하지 않다. 상론했듯이 공자만이 아니라 라이프니츠도 국가가 '아무도 해치지 말라(neminem laedere)'는 수준의 '협의적 정의'를 위해 존재하는 것이 아니라고 말했다. 라이프니츠조차도 "지혜로운 박애(보편적 인애와 행복을 규제하는 "높은 등급의 정의")를 국가의 고차적 목적으로 삼아야 한다고 주장했기[268] 때문이다.

---

267) Locke, *Two Treatises of Government*, Book II, Ch.7, §77 (318-319쪽).
268) 라이프니츠는 국가에 관해 "안보는 적어도 본질적이고, 이것이 없다면 모든 지복(祉福, well-being)은 끝나지만, 나는 우리가 안보 이상의 것, 즉 행복을 인간들에게 달성해줄 수 있고 이 목적에 전념할 것을 희망한다"고 말한다. "Leibniz's Letter to Falaideau"[1705], Riley, "Introduction", 29쪽에서 재인용. 그리고 "홉스와 필머는 협의적 정의(ius strictum)만을 고려한 것으로 보인다"고 홉스를 비판한다. Leibniz, *Meditation on the Common Concept of Justice* [1702], 60쪽. 국가의 목적으로서의 '행복'은 '박애(charity)'에서 생긴다. "박애는 보편적 인애(benevolence)이고, 인애는 사랑하는 습성 또는 선을 의지하는 습성이다. 그리고 사랑은 타인의 행복을 기뻐하는 것, (…) 타인의 행복을 자기의 행복으로 전환시키는 것을 의미한다. (…) 희망이나 공포, 어떤 유용성의 문제에 대한 중시로부터도 독립된, 이익에 초연한 사랑은 어떤 방식으로든 가능하다. 실은 우리를 기쁘게 하는 행복을 가진 사람들의 행복은 우리 자신의 행복으로 전환된다." G. Leibniz, "Codex Iuris Gentium" [1693]. 171쪽. Leibniz, *Political Writings* (Cambridge:L Cambridge University Press, 1971·2006). 그리고 다시 그는 "박애"를 "지혜로운 사람이 이성의 절차와 합치되게 최대의 선을 획득할 목적으로 집행

위 인용문의 "주인과 고용인(master and servant) 사이의 사회"라는 표현에서 "servant"는 '고용인(임금노동자)'만이 아니라, 슬그머니 '노예'도 의미한다. 로크는 이 고용인과 노예들을 둘 다 가족에 포함시킴으로써 노예제를 이론적으로 승인하고 있다. 그리고 이 대목을 이렇게 부연한다.

- 주인과 고용인(Master and Servant)은 역사만큼 오래된 이름들이지만, 아주 다른 상태의 사람들에게 주어진다. 자유인은 그가 받기로 하는 임금에 대한 교환으로 그가 떠맡아 하는 봉사를 주인에게 일정한 시간 동안 팖으로써 스스로를 타인의 고용인으로 만든다. 이것이 보통 그를 그의 주인의 가족 속으로 집어넣고 주인의 일상적 기율 아래 처하게 할지라도 이것은 주인에게 단지 그에 대한 한시적 권력만을, 그것도 그들 간의 "계약"에 포함된 것보다 더 크지 않은 권력만을 줄 따름이다. 그러나 우리가 특유한 이름 "노예"라고 부르는 다른 종류의 봉사자들이 있다. 이 노예는 정의로운 전쟁에서 붙잡힌 포로들이므로 자연권에 의해 그들의 주인의 절대적 지배와 자의적 권력에 종속된다. 이 사람들은 내가 말하듯이 그들의 생명을, 그리고 이와 함께 그들의 자유를 몰수당했고 그들의 재산을 상실했고 어떤 소유권도 가질 수 없는 노예상태에 처해 있기에 그 상태에서 시민사회의 어떤 부분으로든 간주될 수 없다. 시민사회의 주목적은 소유권의 보존이다.[269]

하는 보편적 인애"라고 정의한다. "Letter to Arnauld", Riley, "Introduction", 4쪽에서 재인용. 또 이 '지혜로운 박애'가 높은 등급의 정의다. "희랍인들이 필란쓰로피아(φιλανθρωπία)라는 애정을 규제하는 덕성인 정의는 (…) 지자의 박애로, 즉 지혜의 명을 따르는 박애로 정의될 것이다." *Codex Iuris Gentium*, 171쪽. 또 그는 '높은' 정의를 다시 '공평'이라고 한다. "이(협의적 정의)보다 더 높은 등급의 정의를 나는 '공평'이라고 부르고, (…) '박애'라고 부른다." *Codex Iuris Gentium*, 172쪽.

269) Locke, *Two Treatises of Government*, Book II, Ch.7, §85 (322-323쪽).

로크는 이미 자연상태에서 고용인만이 아니라 노예까지 존재하는 것으로 전제하고 있다. 이 노예는 노예사역 농장(plantation)의 노골적 노예만이 아니라, 17세기 당시 영국에서 흔히 볼 수 있던, 귀족가문에 묶여 가사노동을 하는 하인들(house servant + housemaid)과, 토지에 붙박여 소작하는 예농(cottiers)도 포함하는 것으로 보인다. 로크는 자연상태의 가족에 관한 논의에서 시민사회(국가)를 끌어들여 노예는 "시민사회의 어떤 부분으로든 간주될 수 없다"고 언명하고 있다. 따라서 하인·예농 등 노예는 시민사회(사회상태)로의 이행 시에도 이에 대한 찬반투표에 참여할 수 없다. 따라서 자연상태에서 로크가 의미하는 '자연적 자유와 평등' 조차도 이미 '자유인들(freemen)의 자유'와 '자유인들끼리의 평등'만을 뜻한다. 노예를 배제하는 '자연적 자유와 평등'은 실은 백성들의 '평민적 자유·평등'이 아니라, 노예·예농과 예속된 빈민 이상의 '자유인' 신분들의 '귀족적 자유·평등'인 것이다. 따라서 로크가 말하는 자연상태의 자연적 자유·평등과 사회상태의 정치적·사회적 자유·평등은 둘 다 노예를 배제하는 '귀족적 자유·평등'으로 폭로된다. 로크의 자유·평등론은 '자유인들'의 자유·평등만을 인정한 홉스의 이론과 상통한다. 로크는 뒤에서 사회상태로의 이행과정에서도 이에 대한 동의 주체를 "자유인들"로 한정함으로써 그의 사회계약론에 감춰진 자유·평등의 귀족주의적 제한을 더욱 분명히 드러낸다.

이어서 로크는 가장의 권력을 생사生死에 관한 입법권력을 결여한 제한적 권력을 가진 것으로 한정함으로써 가족사회와 정치사회 간의 본질적 구분을 위한 단초를 놓고 있다.

- 그러므로 한 가족의 제가齊家 규칙(Domestic Rule) 아래 통합된 "아내, 자식들, 고용인들, 그리고 노예들의 이 모든 예속적 관계들을 거

느린 "가족의 주인"을 고찰해보자. 이것은 그 질서, 직책에서, 그리고 수에서도 작은 나라를 닮았을지라도, 헌정제도, 권력, 그리고 목적에서 나라와 아주 거리가 멀다. 또는 이것이 군주정으로 생각되고, 가장(Paterfamilias)이 그 안의 절대군주로 생각되어야 한다면, "가족의 주인"이 가족 안에 있는 저 여러 사람들에 대해 시간과 범위의 양면에서 아주 판이하고 상이하게 제한된 권력을 가진 것이 이전에 얘기된 것에 따라 명백할 때, (이런 식의) 절대군주정은 단지 아주 박살난 짧은 권력만을 가질 것이다. 노예를 빼고 (그리고 가족 안에 노예들이 들어있든 안 들어있든 가족은 마찬가지로 가족이고 가장으로서의 그의 권력은 마찬가지로 크다) 그는 그들의 누구에 대해서든 생사에 관한 입법권력을 가지지 않았고, 가족의 여주인이 주인과 마찬가지로 가진 것 외에 아무도 가져서는 안 된다. 그리고 가족 안의 모든 개인에 대해 아주 제한된 권력을 가진 그는 온 가족에 대해 절대권력을 가질 수 없다. 그러나 가족이나 어떤 다른 사람들의 사회든 정확하게 정치사회인 사회와 어떻게 다른지를 우리는 정치사회 자체가 어디에 본질을 두고 있는지를 고찰함으로써 가장 잘 알 것이다.[270]

로크의 이 논변은 오류와 실언의 중첩이다. 우선, 그는 주인이 생사여탈권을 빼놓으면서 노예가 가족에 포함되는지 안 되는지는 중요한 문제가 아니라고 말하고 있다. 그러나 실제의 역사에서 가족 내에서의 노예의 존부는 가족의 권력관계에 엄청난 본질적 변화를 가져왔다. 노예를 가진 가족 안에서는 노예에 대한 가장의 권력으로 인해 가장의 지위가 생사여탈 권력의 수준으로까지 한껏 높아졌고, 이로 인해 가장으로서의 남편과 아내, 가장으로서의 아버지와 자식들 간의 권력격차도 크게 벌

---

270) Locke, *Two Treatises of Government*, Book II, Ch.7, §86 (322-323쪽).

어졌고 노예의 수가 증가할수록 천양지차로 확대되었다. 그리하여 그리스·로마 노예제 사회에서 노예주 가장은 아내와 자식들에 대해서도 생산여탈 권력을 행사하는 강력한 권력자로 변모했다. 로크는 노예의 존부와 증가에 따라 가내 권력관계가 근본적으로 변해서 성인·남편·아비의 가부장권이 초강력해지는 것을 시야에서 완전히 놓치는 큰 오류를 범하고 있다.

두 번째, '실언'에 해당되는 것으로는 "절대권력"이라는 술어의 오용을 들어야 한다. '절대권력'을 생사여탈 권력을 뜻하는 것으로 사용하는 것은 일종의 '실언'일 것이다. '절대권력'을 이런 식으로 쓴다면, 교수형과 총살형에 관한 처벌 법규를 제정하고 운영하는 국가의 권력도 이 국가가 아무리 선진적인 민주국가라 하더라도 '절대권력'이라 불러야 할 것이기 때문이다. '절대권력'은 다른 권력들에 의한 견제와 제한을 받지 않는 권력이라는 원래의 의미로 복원되어야 할 것이다.

■ **정치사회의 발단: 다수결에 의한 홉스주의적 안보국가의 창설**

로크는 정치사회의 특징을 부각시키기 위해 자연상태에서의 인간들의 권리들을 상기시킨다. 인간은 세계 안의 다른 사람이나 일정 수의 사람들과 동등하게 '완전한 자유'와 자연법의 모든 권리와 특권의 통제받지 않는 향유를 가지고 태어났다. 로크는 "properties"(고유소유들)라는 말로 생명·자유·재산의 소유권을 뜻한다. 그는 인간이 그의 '고유소유들', 즉 그의 생명·자유·재산을 타인들의 침해와 공격기도에 대해 보존할 뿐만 아니라 그가 그 위반이 그럴 만하다고 확신함에 따라 타인들의 자연법의 위반을 재판하고 사실의 가증스러움이 그의 의견에서 그것을 요구하는 범죄의 경우에 심지어 죽음으로도 처벌할 권력을 "본성에 의해"

가지고 있다고 말한다.[271]

"그러나 어떤 정치사회도 그 property를 보존하고 이를 위해 이 사회의 모든 사람의 위반을 처벌할 권력을 그 자신 안에 가지지 않고는 존재할 수도 없고 더구나 존속할 수는 더욱 없기 때문에, 구성원들의 모든 개개인이 자기의 본성적(자연적) 권력을 내놓고 공동체에 의해 제정된 법에 보호를 호소하는 것으로부터 그를 배제하지 않는 공동체의 수중에 모든 사건에서 그 권력을 양도한 곳에서, 그리고 그곳에서만 정치사회가 존재한다." 그리하여 모든 개별적 구성원의 모든 사적 재판이 배제되기 때문에 공동체가 모든 당사자에게 공평무사하고 동일한 기정旣定의 상비적 규칙에 의해 심판자가 되고 공동체로부터 저 규칙들을 집행할 권위를 가진 사람들에 의해 권리문제에 관한 그 사회의 어떤 구상들 간에 벌어지는 모든 분쟁을 심판하고, 어떤 구성원이 사회에 대항해 범한 저 위법행위들을 법이 제정한 형벌로 처벌한다. 이로써 누가 정치사회 안에 함께 들어있고 누가 안 들어있는지를 분간하기가 쉽게 된다. 하나의 단체로 통합되어 들어가서, 그들 간의 분쟁을 심판하고 위반자들을 처벌할 권위를 가진, 호소할 공통의 제정된 법과 사법을 갖게 된 사람들은 서로와 더불어 시민사회 안에 들어있다. 그러나 지상에서 공통의 이런 항소기구를 가지지 않은 사람들은 여전히 "각자가 다른 재판관이 없는 곳에서 그 자신을 위한 재판관이고 집행자인 자연상태"에 처해있는 것이다. 이것은 "완전한 자연상태"다.[272]

로크는 절대군주정을 절대군주와 백성 간의 관계에서 이런 의미에서의 자연상태에 있는 것으로 규정하고 거부한다.

---

271) Locke, *Two Treatises of Government*, Book II, Ch.7, §87 (323-324쪽).
272) Locke, *Two Treatises of Government*, Book II, Ch.7, §87 (324쪽).

- 여기로부터, 몇몇 사람에 의해 세계에서 유일한 정부로 간주되는 절대군정이 진정으로 시민사회와 불합치한다는 것, 그리고 어떤 형태의 시민정부도 전혀 그럴 수 없다는 것이 분명해진다. 왜냐하면 시민사회의 목적은 모든 개개인이 자기의 소송사건의 재판관인 것으로부터 필연적으로 생겨나는 자연상태의 이 폐단을 이 사회의 모든 개개인이 어떤 피해든 입으면 또는 분쟁이 일어나면 호소할 수 있는, 그리고 모든 사회의 개개인이 복종해야 하는 기지既知의 권위를 수립함으로써 피하고 시정하는 것이기 때문이다. 그들 간의 어떤 분쟁의 해결을 위해 호소할 이러한 권위가 없는 어떤 사람이 어디에 있든 그곳에서 그 사람들은 여전히 자연상태에 처해 있다. 그리고 모든 절대군주도 그의 지배하에 있는 사람들의 관점에서 그렇다.[273]

그러나 절대군주 치하의 자연상태는 통상적 자연상태가 아니라 인간들이 원래의 자연상태에서 절대군주를 자연법의 집행을 통해 재판하고 처벌하고 자기의 권리를 방어할 자연적 권리들을 몰수당한, 백성의 입장에서 비참하기 짝이 없는 자연상태다.[274]

로크는 정치사회의 "발단(beginning)"을 논하면서 이미 그의 이론적 결함과 오류를 들어낸다. 그는 국가의 발단을 사랑과 애정, 친교와 교우의 자연적 유인으로 보는 후커를 따르는 듯하다가 끝내는 후커를 버리고 국가의 발단을 평화와 안전보장으로 보는 홉스를 따른다. 이에 따라 로크의 평화적 자연상태도 슬그머니 홉스 쪽으로 기울어 불안하고 위험한 '살상과 침탈의 세계'로 둔갑한다. 그리고 국가로서의 정치사회도 단순다수결제가 판치는 '다수의 횡포(the tyranny of majority)'의 리바이어

---

273) Locke, *Two Treatises of Government*, Book II, Ch.7, §90 (326쪽).
274) Locke, *Two Treatises of Government*, Book II, Ch.7, §91 (326-327쪽).

던에 접근한다.

- 인간들은 말했듯이 본성상 모두 자유롭고, 평등하고, 독립적이기에 아무도 자기의 동의 없이 이 상태로부터 벗어나 타인의 정치권력에 복속당할 수 없다. 누군가 자기의 자연적 자유를 벗어던지고 시민사회의 구속을 받는 유일한 길은 그들의 고유소유들(properties)의 안정적 향유(secure enjoyment) 속에서, 그리고 공동체에 소속되지 않은 어떤 사람에 대해서도 더 큰 안전보장(greater security) 속에서 상호 간에 편안하고 안전하고 평화롭게 살기 위해 다른 사람들과 하나의 공동체 속으로 합류해 통합되어 들어가기로 합의하는 방도로다.[275]

로크는 여기서 국가의 '발단'에 대한 논의에서 사랑과 애정(친교와 우의)을 완전히 추방하고 '안보'만을 전면에 내세움으로써 전적으로 홉스의 안보국가론 속으로 쏠려들어 가고 있다. 그러나 그는 뒤에 다시 "만인의 사회적 생활과 우의의 본성적 성향"을 국가공동체의 첫 번째 "기초"로서 논하는 후커의 말을 인용함으로써 후커로 기울어진다. 그러나 '국가의 발단'과 '국가수립의 이유(목적)'에 관한 논의를 끝까지 추적해보면, 로크는 후커와 홉스 사이에서, 아니 공자와 홉스 사이에서, 또는 사랑과 안보 사이에서 오락가락하다가, 결국 홉스의 안보국가론으로 기울어지고 말았다.

이에 잇대서 로크는 홉스적 '다수결제'를 도입해 '국가의 철칙'으로 격상시켜 '다수의 횡포'를 제도화한다.

- 이것은 임의의 숫자의 사람들이 나머지 사람들의 자유를 침해하지 않

---

275) Locke, *Two Treatises of Government*, Book II, Ch.7, §95 (330-331쪽).

기 때문에 할 수 있다. 이 나머지 사람들은 그들이 자연상태의 자유 속에 있었던 바대로 남겨진다. 그리하여 임의의 숫자의 사람들이 "하나의 공동체"나 하나의 정부를 만드는 데 동의했을 때, 그들은 그럼으로써 당장 통합되어 "하나의 정체政體(one body politic)"를 만드는데, 이 정체 안에서는 "다수"가 행동해 나머지 사람들을 결정짓는 권리를 가진다.[276]

"나머지 사람들은 그들이 자연상태의 자유 속에 있었던 바대로 남겨진다"고 말했지만, "다수가 행동해 나머지 사람들을 결정짓는 권리를 가진다"는 마지막 구절은 정치공동체의 수립에 관한 동의까지도 '단순다수결'로 결정짓는다는 것, 따라서 나머지 사람들에 대해 '다수의 횡포'를 자행한다는 것을 함의한다. 문단의 처음과 끝이 서로 충돌하고 있다.

아무튼 나머지 사람들의 자연적 자유는 결국 단순다수결에 의해 제거된다. 따라서 이 마지막 구절은 "이것은 임의의 숫자의 사람들이 나머지 사람들의 자유를 침해하지 않기 때문에 할 수 있고", 또 "이 나머지 사람들은 그들이 자연상태의 자유 속에 있었던 바대로 남겨진다"는 구절 전체를 무효화시켜버리고 있다.

이후 로크는 네 차례나 다수결을 상론하면서[277] 집체적 결정(collegial decision)의 여러 방법 중 하나에 불과한 이 다수결을 '자연법', 즉 '이성의 법'으로까지 승격시키고, 정치공동체의 수립에 관한 동의까지도 '단순다수결'로 결정짓는다는 것을 더욱 분명히 한다.

- 왜냐하면 임의의 숫자의 사람들이 모든 개개인의 동의에 의해 한 공동

---

276) Locke, *Two Treatises of Government*, Book II, Ch.7, §95 (330-331쪽).
277) 참고: Locke, *Two Treatises of Government*, Book II, Ch.7, §96·97·98·99.

체를 만들었을 때, 그들은 이럼으로써 이 공동체를 한 몸(one body)처럼 행동하는 한 몸(one body)으로 만들었는데, 이런 일은 오로지 다수의 의사와 결정에 의해서만 존재하기 때문이다. 어떤 공동체든 공동체를 움직이게 하는 것은 오직 이 공동체의 개인들의 동의일 뿐이고, 한 방향으로 움직이는 것이 한 몸인 공동체에 필수적이므로, 그 몸이 다수의 동의인 그 더 큰 힘(the greater force carriest [...], which is the consent of the majority)이 끄는 길로 움직이는 것은 필요하다. 그렇지 않으면 동의가 한 단체, 한 공동체를 움직이거나 지속시키는 것이 불가능할 것이다. 그런데 하나의 공동체로 통합해 들어간 모든 개개인의 동의는 이 공동체가 그래야 한다는 데 합의했다. 그리하여 모든 개개인의 이 동의에 의해 다수결로 결정되어야 한다. 그러므로 우리는 실정법에 의해 행동하도록 권능을 부여받은 의회 안에서 의회에 권능을 준 그 실정법이 머릿수(의결정족수)를 정하지 않은 경우에 다수의 행동은 전체의 행동으로 통용되고 물론 자연과 이성의 법(the law of nature and reason)에 의해 전체의 권력을 가진 것처럼 결정한다.[278]

'집체적 결정'은 여러 가지 방법이 있다. 가령 만장일치, 타협적 합의(consensus by compromise), 비토권을 인정하는 합의결정, 가중다수결, 단순다수결 등이 그것이다. 단순다수결은 이 여러 방법 중 하나에 불과하다. 다수결제는 무한토론을 통해 만장일치의 결정이나 타협적 합의결정을 도출하는 것이 최선이지만, 시의적절한 행동의 필요성으로 인한 시간압박 때문에 무한토론으로 인한 행동불능 상태를 끝내기 위해 채택되는 임시방편이다. 그런데 집체적 결정의 한 임시방편에 불과한 이 다수결제를 '자연법', '이성의 법'으로까지 승격시키면, 이 다수결은 홉스

---

[278] Locke, *Two Treatises of Government*, Book II, Ch.7, §96 (331-332쪽). 괄호는 인용자.

적 의미의 다수결제,[279] 즉 '다수의 횡포'의 제도화로 전락한다.

그럼에도 불구하고 로크는 구성원의 건강, 잡다한 업무, 의견의 다양성을 들어 거듭 만장일치의 결정의 불가능성을 논하고 다수결제를 강요한다.

- "다수의 동의"가 이성에서 "전체의 행동"으로 받아들여져 모든 개개인을 결정하지 않는다면, 모든 개개인의 동의 외에 어떤 것도 전체의 행동이 되는 어떤 것도 만들 수 없다. 우리가 건강상의 허약성과, 나라의 직무보다 수에서 훨씬 더 적을지라도 필연적으로 많은 사람을 공적 집회에 불참하게 만들 업무상의 직무들을 고려한다면, 오히려 모든 개개인의 동의는 얻기 거의 불가능하다. 여기에 우리가 사람들의 모든 모임에서 불가피하게 나타나는 의견의 다양성과 이익의 상반성을 더하면, 이런 조건으로 사회로 들어가는 것은 한낱 카토(Cato)가 다시 나가기 위해서만 극장에 들어가는 것과 유사할 뿐이다. 이것과 같은 헌정제도는 가장 연약한 피조물보다 더 짧은 수명의 위력적 "리바이어던"을 만들어, 이것이 태어난 날을 넘기지 못하게 할 것이다. 이것은 우리가 합리적 피조물들이 사회가 단지 해체되기만을 바라고 해체되기 위해서만 사회를 구성한다고 생각하지 않는 한 상상할 수 없다. 왜냐하면 다수가 나머지 사람들을 결정할 수 없는 곳에서 그들은 한 몸처럼 움직일 수 없고, 결과적으로 다시 즉시 해체될 것이기 때문이

---

279) 홉스는 다수결에 의한 리바이어던의 설립을 말한다. 다음을 보라. Hobbes, *Leviathan*, 159쪽. 홉스는 다수결을 사회계약을 위한 모임에도 적용한다. "사람들이 나라를 세우기 위해 만났을 때 그들은 거의 그들이 만났다는 바로 그 사실에 의해 일종의 민주정(a Democracy)이다. 그들이 자발적으로 모였다는 사실로부터 그들은 다수의 합의에 의해 만들어진 결정에 의해 구속된 것으로 이해된다. 그리고 그것은 협정이 지속되는 동안, 또는 일정한 시간과 일정한 장소에서 재소집하기로 정립되어 있는 동안 민주국가다." Hobbes, *Philosophical Rudiments Concerning Government and Society (De Cive)* [1651], Ch.VII, §5.

다.[280)]

　로크의 이 주장은 다수결로 리바이어던을 설립한 홉스의 논리를 반복하거나 보강해 주는 논변이다. 상론했듯이 홉스는 다수결에 의한 초강력한 리바이어던의 산출을 이와 같이 주장했기 때문이다. "공적 국가는 다수의 사람들이 동의하고 만인과 만인이 계약해 그들 모두의 인격을 현시할 권리, 말하자면 그들의 대표자일 권리를 다수가 그 어떤 사람이나 사람들의 어떤 회의체에 부여할 때 설립된다. 모든 사람들은 이것에 찬성투표를 던진 사람이든 이것에 반대표를 던진 사람이든 그들끼리 평화롭게 살고 타인들에 대해 보호받을 목적으로 한 사람 또는 한 회의체의 모든 행동과 판단을 마치 그것들이 자신의 것과 동일한 방식으로 공인한다."[281)] 로크는 홉스의 이런 주장을 다짐하듯 반복한다. "그러므로 자연상태로부터 벗어나 하나의 공동체 속으로 통합해 들어가는 사람들은 누구나, 다수보다 더 큰 정족수에 대해 명시적으로 합의하지 않는 한, 그들이 사회 속으로 통합해 들어가는 목적에 필요한 모든 권력(all the power)을 공동체의 다수에게 양도하는 것으로 이해되어야 한다. 그리고 이것은 단순히 하나의 정치사회 속으로 통합해 들어가는 데에 합의함에 의해서 이루어지는데, 이것이 하나의 공동체로 들어가거나 이 공동체를 이루는 개인들 간에 존재하거나 존재할 필요가 있는 모든 계약내용이다. 그리하여 어떤 정치사회를 시작하여 실제로 구성하는 것은 통합하여 단체를 이루어 사회 속으로 들어가기로 하는, 다수의 자격이 있는 임의의 숫자의 자유인들(freemen)의 동의 외의 아무것도 아니다. 이것이 세계 안의 어떤 합법적 정부에 대해서든 발단을 주었거나 줄 수 있는 것이고, 이것만

---

280) Locke, *Two Treatises of Government*, Book II, Ch.7, §98 (332-333쪽).
281) Hobbes, *Leviathan*, 159쪽.

이 그것을 주는 것이다."[282]

로크는 동의의 자격을 가진 주체를 슬그머니 "자유인들"로 한정함으로써 노예를 홉스처럼[283] 국가의 수립과 운영에서 빼버리고 있다. 따라서 로크는 상론했듯이 자연상태의 '최초 사회'인 가정에서도 노예제를 인정하고, 사회상태의 나라 안에서도 노예제를 인정한 것이다. 그러므로 저 "자유인들"이라는 말은 당시 영국에 반입된 아프리카 노예와 북미주 식민지의 흑인노예, 그리고 전통적 솔거하인들(house servant + housemaid)과 예속소작농(cotters, cottagers, crofters), 신분적으로 종속된 임금노동자 등을 정치적으로 배제하는 것을 함의한다. 이것으로써 로크가 슬그머니 사회계약으로 설립되는 모든 국가를 아리스토텔레스적 의미에서의 '참주정'으로 기획했고, 그가 말하는 자유와 평등은 자연상태에서나 사회상태에서나 결코 공자가 천명하고 1644년 이후 청대 중국에서 완전히 구현된 '민본주의적 자유·평등', 즉 '백성의 자유·평등'이 아니었다. 그것은 명백히 자유인 신분의 '귀족적 자유·평등'만을 의미했다.

종합하면, 로크는 집체적 결정의 여러 방편 중 임시적 방편에 불과한 다수결을 홉스보다 한술 더 떠 '자연법' 수준으로 격상시켜 절대화하고 국가수립 또는 사회상태로의 이행에 동의하지 않은 나머지 사람들과 투표에 참여할 수 없는 노예를 포함한 "나머지 사람들"에 대한 '자유인 다수의 횡포(폭정·참주정)', 즉 "the tyranny of freemen's majority와 '귀족주의적 자유·평등' 제도, 그리고 노예를 부려먹는 '전제정(despotism)'을 제도적으로 정당화하고 있다고 말할 수 있다. 따라서 "인간들이 본성적으로 자유롭고, 역사의 실례들은 평화 속에서 발단했던 세계의 정부들

---

282) Locke, *Two Treatises of Government*, Book II, Ch.7, §99 (333쪽).
283) Hobbes, *Leviathan* [1651], 196-197쪽.

이 이 기초 위에 놓인 발단을 갖고 백성의 동의에 의해 만들어졌다는 것을 보여준다"는 로크의 말은[284] 대강 귀족주의적 허언이거나, 영국의 노예제도와 귀족제도에 무젖어 사물을 제대로 볼 수 없을 정도로 '눈먼' 소리다. 이것은 로크의 심각한 정치사상적 퇴행에 속한다.

그러나 로크가 애독한 푸펜도르프는 상론했듯이 홉스가 다수결을 절대화하고 단도직입적으로 제도화하는 것을 비판했다. 푸펜도르프는 말한다.

- 이 규약이 협의될 때, 그들 모두가, 그리고 그들의 각각이 동의를 부여하는 것이 필수적이다. 동의하지 않는 자는 나머지 사람들과 동일한 장소에 계속 있게 될지라도 흥기하는 국가의 경계 밖에 서 있고, 더 큰 수가 새로운 제도에 가담할 필요성에 처할지라도 그의 동료들의 투표에 의해 강요당하지도 않는다. 그는 그가 자기의 척도에 따라 자기의 사적 안전을 떠맡는 것이 합법인 자기의 자연적 자유의 상태로 남아있다."[285]

푸펜도르프는 이 비판을 더 확장한다. "어떤 사람도 자신의 동의를 이러한 공적 행정형태에 자기의 동의를 주기 전에 다수 투표에 의해 강요당할 수 없다." 그러므로 "홉스가 주장하는 것, '그들 자신이 다함께 자발적으로 모임으로써 우리는 그들이 다수가 결정하는 것이면 어떤 것에든 강요당하는 처지에 있다'는 것은 그릇된 것이다."[286] 이것은 바로 홉스의 리바이어던 설립 속에 숨겨진 '다수의 횡포(폭정 = 참주정)'를 지적한 것이다. 따라서 로크의 계약적 정치사회는 홉스의 리바이어던처럼 다수의

---

284) Locke, *Two Treatises of Government*, Book II, Ch.8, §104 (336쪽).
285) Pufendorf, *Of the Law of Nature and Nations*, 639쪽 (Book VII, Chap.II, §VII).
286) Pufendorf, *Of the Law of Nature and Nations*, 673쪽 (Book VII, Chap.V, §VI).

자유인들이 소수 자유민과 노예들에 대해 구축한 '다수의 횡포'로서의 일종의 참주정일뿐더러, 노예를 통치하는 아리스토텔레스적 의미의 전제정인 것이다.

상론했듯이 라이프니츠도 자의적 권력을 제어하는 데 다수결 방법이 불충분함을 지적하고,[287] 네덜란드 정부의 편에 서면 "사람들은 중요한 국사에서 이성과 같이 가는데", 그는 "이것은 무엇보다도 사람들이 거기서 과반수 투표(의 원리)를 맹목적으로 따르는 것이 아니라, 이 원리를 소위 '우호적 타협'과 혼합하기 때문에 이성과 같이 간다"고 말하고, 이 "우호적 타협"을 "어떤 사람이 다른 사람을 설득에 의해서(만) 자신의 목적으로 이끌려고 애쓰는 (사람들과의) 협상의 한 방법"으로 정의한다.[288] 이 '우호적 타협'은 필자가 상술한 '타협적 합의'와 같은 술어를 말하는 것으로 보인다.

그리고 실제적 경험에서 신국新國 창건 시에도 선언문과 결의문, 그리고 헌법 등은 다수결이 아니라 우호적 타협과정을 통해 거개가 만장일치로 통과된다. 가령 중국과 한국에서 역성혁명을 통해 새 나라가 창건되는 경우나 대한제국 창건 시에 왕이나 황제가 다수결에 의해서가 아니라 추대에 의해 선출되었고, 미국 독립선언문과 헌법, 프랑스의 인권선언과 혁명헌법은 모두 만장일치로 채택되었다. 결론적으로, 로크가 국가 창건에 단순 다수결을 고집한 것은 논리적 비판을 견디지 못할뿐더러 인류의 경험에도 반하는 것이다.

■ 정치사회의 홉스적 수립목적: 안보국가(야경국가)

로크의 자연상태는 홉스가 말한 '선악의 피안'으로서의 전쟁적 자연상

---

287) Leibniz, "Excerpt from Three Letters to Thomas Burnett", 193쪽(§II).
288) Leibniz, "Excerpt from Three Letters to Thomas Burnett", 193-194쪽(§II).

태가 아니라, 선악을 가르는 자연법에 의해 다스려지는 평화상태다. 그러나 로크는 정치사회의 목적 또는 존재이유에 대한 논의에서 평화적 자연상태를 홉스의 살상(전쟁)위험이 큰 불확실하고 불안한 전쟁적 자연상태에 접근시키고 국가의 존재 이유를 평화와 안보로 규정한다. 그리하여 국가의 존재 이유를 논하면서 인애와 안보 사이의 이론적 오락가락은 본문에서 사라진다. 그러나 다시 국가의 첫 번째 기초로 "사교생활과 우의의 본성적 성향"을 지목하는 후커를 각주에 감춰 인용함으로써 이론적 오락가락은 은폐된 형태로 계속된다. 그리고 국가의 존재 이유를 자연상태에서의 불가피하다는 자가재판 "폐단"의 극복으로 보았다가, '안보'로 보았다가 하는 이론적 오락가락도 종식되는데, 이것은 자연상태의 이 "폐단"으로서의 자가재판권과 자가재판의 집행권을 안보를 위해 둘 다 정치사회에 양도해버리는 것으로 재배치함으로써 종식된다.

로크는 국가의 존재 이유 또는 설립 목적에 관해 다음과 같은 홉스주의를 표방한다.

- 자연상태의 인간이 (…) 그렇게 자유롭다면, 인간이 그 자신의 인신과 소유물(possessions)의 절대적 주인이고 가장 위대한 사람들과도 평등하고, 아무에게도 종속되지 않는다면, 인간은 왜 자기의 자유와 결별할 것인가? 인간은 왜 그의 지배권을 포기하고 어떤 다른 권력의 지배와 통제에 복종할 것인가? 이 물음에 대해서는 자연상태에서 인간이 이러한 권리를 가지고 있지만 이 권리의 향유가 아주 불확실하고(uncertain) 끊임없이 타인들의 침범(invasion of others)에 노정되어 있다고 대답하는 것이 명료하다. 왜냐하면 만인이 그와 마찬가지로 왕이므로 모든 개개인은 그와 평등한 자들이고 대부분의 사람들(the greater part)이 공평과 정의의 엄격한 준수자들이 아니고, 그가

이 상태에서 가진 고유소유물(property)의 향유가 아주 불안전하고, 아주 불안하기(very unsafe, very unsecure) 때문이다. 이것은 인간을 아무리 자유로울지라도 공포와 지속적 위험(fears and continual dangers)으로 가득한 상태를 기꺼이 떠나게 만든다. 그리고 인간이 내가 일반적 명칭인 "고유소유권(property)"이라 부르는 생명·자유·재산의 상호적 "보존"을 위해 이미 통합했거나 통합하려는 마음을 가진 다른 사람들과의 사회를 모색해 기꺼이 이 사회에 합류하고자 하는 것은 이유가 없지 않다.[289]

로크는 앞서 줄곧 자연상태를 자연법이 준수되고 친교와 우의, 사랑과 애정이 추구되는 평화상태로 기술했으나, 여기서는 표변하여 "아주 불확실하고 끊임없이 타인들의 침범에 노정된", "아주 불안전하고, 아주 불안하고", 공포와 지속적 위험으로 가득한 상태"로 묘사하고 있다. 자기의 소송사건에서 자기가 재판관 노릇을 하는 부조리로서의 자연상태의 "폐단"에 대한 지적은 어디로 사라졌다. 그리고 『인간지성론』에서 도덕적 성백론性白論을 표방하던 로크는 여기서 입장을 확 바꿔 "대부분의 사람들이 공평과 정의의 엄격한 준수자들이 아니다"라고 함으로써 홉스처럼 성악설을 대변하고 있다.[290] 따라서 이렇게 묘사되는 자연상태

---

289) Locke, *Two Treatises of Government*, Book II, Ch.9, §123 (350쪽).
290) 로크는 자연상태에서의 "타락한 인간들의 부패와 사악성(the corruption and viciousness of degenerate men)"까지도 입에 담는다. Locke, *Two Treatises of Government*, Book II, Ch.9, §128 (352쪽). 후커는 어느 경우에도 타당한 법제도를 만들기 위해 인간을 최선자가 아니라 최악자로 '가정'했다. "인간들 사이의 외적 질서와 관리를 위해 제정되는 정치적 법률은 인간의 의지가 내면적으로 완고하고 반항적이고 인간본성의 신성한 법에 대한 모든 복종을 싫어한다고 가정하지 않을 경우에 제정되어야 하는 것처럼 결코 그렇게 제정되어 있지 않다. 한 마디로, 인간이 타락한 마음의 관점에서 야수보다 더 낫지 않다고 가정하지 않는다면, 이에 따라 정치적 법률은 그럼에도 불구하고 법률들이 사회들의 설치 목적인 공동선에 어떤 장애가 되지 않도록 인간의 외적 행동을 틀짓는 것을 규정한다. 법률들은 이것을 하지 않는다

는 만인이 만인을 끊임없이 침범할 위험과 공포로 가득한 전쟁상태로서의 홉스의 자연상태에 근접한다.

따라서 여기로부터 로크는 국가의 존재 이유 또는 국가목적을 도출한다. 그것은 "고유소유(property)"의 "보존", 즉 "생명·자유·재산의 보존"이다. "그러므로 인간들이 나라 속으로 통합해 들어가 통치권 아래로 스스로를 집어넣는 큰 주요목적은 그들의 고유소유(property; 생명·자유·재산)의 보존이다."[291] 한마디로, 국가의 존재 이유는 인간 개개인의 "생명·자유·재산"을 불확실·불안전·불안·침범·공포·위험으로부터 보존하는 것, 즉 "생명·자유·재산"의 '안전보장'이다. 로크의 국가는 바로 홉스의 리바이어던과 마찬가지로 '안보국가'인 것이다.

자연상태에서 인간들과 면식적 가족사회는 상론했듯이 사랑과 우의의 인격적·상호주관적 도덕과 자연법, 그리고 지도자의 인격적 권위의 지시와 가족 또는 가족연합 사회의 인격적 판단과 집행으로 다스려진다. 이 단계에서는 객관적·비인격적·일반적 '법률'과 권위적 사법司法·집행기구가 불필요하다. 그러나 객관적·일반적 법률과 엄격한 비인격적 권위의 사법기구가 필요한 단계는 자연상태의 가족적 면식사회들이 수적으로 증가해 단위사회가 여러 가족사회들이 집결한 익명적 군중사회로 확대·성장한 단계다. 따라서 가족적 면식사회 단계에서는 객관적·비인격적·일반적 법률과 비인격적 권위의 사법·집행기구가 불필요하므로 이 단계에서 이런 불필요한 것들의 불비不備는 '결여'라고 볼 수 없다. 이런 법과 기구들은 무조건 '결여'로 인지되어야 하는 것이 아니라, 발전에 따른 '필요'로 인지되어야 하는 것이다.

면 완벽한 것이 아니다." Hooker, *Eccl. Pol.* l.1, Sect.10. Locke, *Two Treatises of Government*, Book II, Ch.9, §135 (357쪽). 각주. 후커에게 "인간 야수"는 훌륭한 법 제정을 위한 "가정"인 반면, 로크에게는 인간이 진짜 '야수'다.

291) Locke, *Two Treatises of Government*, Book II, Ch.9, §124 (350-351쪽). 괄호는 인용자.

그러나 로크는 자연상태에서 사회집단이 단계적으로 확대·성장하고 이에 따라 법과 사법·집행기구들이 차차 필요해지는 변화·발전에 대한 의식이 없다. 따라서 그는 불필요한 객관적·일반적 규칙(법률)과 권위적 사법·집행기구의 불비를 바로 "결손"으로 여기고, 이것들을 갖추는 것을 역사적 과업으로 설정한다.

- 자연상태에서 그것(고유권의 보존)을 위해서는 많은 것들이 결여되어 있다. 첫째, 거기에는 제정되고 확립된 기지既知의 법이 결여되어 있다. 제정된 법은 공동의 동의에 의해 그들 간의 모든 분쟁을 판정하는 잘잘못의 기준과 공통척도인 것으로 수락·허용된 법이다. 법이 결여된 까닭은 자연법이 모든 합리적 피조물들에게 분명하고 알기 쉬울지라도 사람들은 그들의 이해利害에 의해 편향되고 또한 자연법에 대한 학습이 없어서 무지하기도 하여 특수한 사건들에 대한 자연법의 적용에서 자연법을 그들에 대해 구속력 있는 법으로 인정하기 쉽지 않기 때문이다.[292]

로크의 이 말들은 아주 자기모순적이고 아주 폄하적·편파적이다. 그는 자연법이 "분명하고 알기 쉽다"고 말해 놓고도 다시 "자연법에 대한 학습이 없어서 무지하다"고 모순된 말을 하고 있다. "분명하고 알기 쉬운" 것은 학습할 필요도 없고 무지할 수도 없는 법이다. 또 그가 자연상태에서 "사람들이 그들의 이해利害에 의해 편향된다"고 하고 있는데, 이 말은 나름대로 잘잘못의 공평한 칭찬과 비난(입방아), 심판·평가·상벌체계를 갖춘 자연상태의 인간사회를 폄하하는 것임과 동시에 사회상태에서 못지않게 이해利害에 영향받는 사법기구를 무조건 미화하는 것이다. 따

---

292) Locke, *Two Treatises of Government*, Book II, Ch.9, §124 (351쪽).

라서 그의 이 말은 아주 편파적이다.

또 로크는 "특수한 사건들에 대한 자연법의 적용에서 자연법을 그들에 대해 구속력 있는 법으로 인정하기 쉽지 않다"고 자연상태의 인간들을 헐뜯고 폄하하고 있는데, 이것은 이런저런 이유로 인간들이 자연상태에서 자연법을 잘 지키지 않는다는 말이다. 로크가 자연상태에서 인간들이 진짜 이렇게 군다고 생각한다면, 그는 자연상태에는 '자연적 자유'를 향유하기 어렵고 '방종'만이 거의 판친다고 생각하는 것이다. 그러나 그는 자연적 자유를 이렇게 정의했었다. "인간의 자연적 자유는 지상의 어떤 우월적 권력으로부터 자유로운 것이고, 자연법을 자기의 규칙으로 가지는 것 외에 인간의 의지나 입법적 권위 아래 있지 않는 것이다. (…) 그렇다면 자유는 로버트 필머 경이 O. A. 55쪽에서 우리에게 말해주는 것, 즉 '모든 개개인이 자기가 하고 싶은 것을 하는, 마음대로 사는, 어떤 법에 의해서도 구속되지 않는 자유'가 아니다."[293] 여기서 필머가 말하는 "모든 개개인이 자기가 하고 싶은 것을 하는, 마음대로 사는, 어떤 법에 의해서도 구속되지 않는 자유"는 '방종'인 반면, '자연적 자유'는 "지상의 어떤 우월적 권력으로부터 자유롭지만" 그래도 "자연법을 자기의 규칙으로 가지는" 자유라고 말하고 있다. 이렇듯 '자연적 자유'가 자연법도 무시하는 '방종'이 아니라면, 자연상태에서 인간들이 "자연법을 그들에 대해 구속력 있는 법으로 인정하기 쉽지 않다"는 로크의 말은 자신의 앞말을 부인하는 말이자 자연상태를 방종상태와 거의 동일시하는 말로서 그릇된 것이다.

또한 여기에 덧붙여야 할 중요한 비판이 남아있다. 그것은 일정한 단계까지 자연상태에서 가족사회 또는 이 가족사회들의 군락이 "제정되고 확립된 기지既知의 법"을 '불필요한 것'으로 여긴다는 것을 로크가 까맣

---

293) Locke, *Two Treatises of Government*, Book II, Ch.4, §22 (283-284쪽).

게 모르고 있다는 것이다.

로크는 자연상태에서의 두 번째 결손으로 권위적 재판관의 결여, 또는 권위적 사법기구의 결여를 든다.

- 둘째, 자연상태에서는 제정된 법률에 입각해 모든 분쟁을 결정한 권위를 가진 공평무사한 기지既知의 재판관이 결여되어 있다. 왜냐하면 그 상태에서 모든 개개인이 자연법의 재판관이고 집행자이고 인간들이 그들 자신을 편애하므로, 격정과 복수심이 자기들의 소송사건에서는 사람들을 너무 멀리, 너무 뜨거운 열기로 끌고 갈뿐만 아니라, 타인들의 사건에서는 태만과 무관심이 그들을 너무 굼뜨고 부주의하게 만들기 아주 쉽다.[294]

이것은 로크가 자연상태의 인간을 '원자적 개인'으로 여기며 쏟아놓은 말이다. 그러나 그가 인용하는 후커의 말대로 인간들은 개개인으로 존재하지 않고 사랑과 애정, 친교과 우의로 얽힌 초보적·원시적 사회 안에서 산다. 따라서 자연상태의 원시적 가족사회 또는 가족들의 연합사회도 비록 뚜렷한 권위적 사법기구가 없을지라도 사건당사자가 아니라 친애하는 제3자가 판결하는 애정어린 사법적 관행은 나름대로 존재한다. 로크는 자연상태를 헐뜯고 있다.

로크는 자연상태의 세 번째 '결손'으로 판결을 집행할 집행 권력의 '결여'를 든다.

- 셋째, 자연상태에서 올바를 때 판결을 지원하고 지지하고 판결에 마땅한 "집행"을 부여할 "권력"이 결여된다. 어떤 불의에 의해서든 위반하

---

294) Locke, *Two Treatises of Government*, Book II, Ch.9, §125 (351쪽).

는 자들은 강제력에 의해 불의를 관철시킬 수 있는 경우에 거의 반드시 그러할 것이다. 이런 저항 때문에 많은 경우에 처벌은 처벌을 기도하는 사람들에게 위험과, 때때로 파멸을 야기한다.[295]

그러나 자연상태가 로크의 정의대로 대체로 자연법이 준수되는 세계라면 처벌적 판결의 집행이 위험과 파멸을 초래하는 일은 없을 것이다. 자연법이 대체로 준수된다면 주변의 압도적 다수는 처벌을 집행하는 자를 편들고 원조하거나 그들 자신이 나서서 처벌적 판결을 집행할 것이기 때문이다. 따라서 자연상태라 하더라도 판결집행자를 단독적 개인으로 상정할 필요는 전혀 없을 것이다.

따라서 로크가 열거한 자연상태의 이 세 가지 결여 또는 결손은 '결여'가 아니고 나름대로 구비되어 있거나, 불필요한 것들이다. 따라서 이런 것의 결여로 인해 자연상태에서 자연법의 불인정, 자기 소송사건에서의 "격정과 복수심" 및 "너무 뜨거운 열기", 타인들의 사건에서의 "태만과 무관심 및 너무 굼뜸", 판결집행시의 "저항"과 이로 인한 "위험과 파멸" 따위를 걱정할 것이 없는 것이다. 그러나 로크는 자의적으로 이렇게 결론짓는다.

- 그리하여 인류는 자연상태의 모든 특전들에도 불구하고 이 자연상태 안에 남아 있는 동안 한낱 안 좋은 상황에만 처해 있을 뿐이므로 재빨리 사회 속으로 몰려 들어가는 것이다. 이로 인해 우리가 임의의 숫자의 사람들이 이 상태에서 언제든 함께 사는 것을 좀처럼 발견하지 못하는 일이 벌어진다. 인류가 모든 개개인이 타인들의 위반을 처벌하기 위해 가진 권력의 불규칙적이고 불확실한 행사로 인해 그 안에서 부딪

---

[295] Locke, *Two Treatises of Government*, Book II, Ch.9, §126 (351쪽).

히는 폐단 때문에 인류는 정부의 제정된 법률 아래서 안식처를 택하고 그 안에서 "그들의 고유소유의 보존"(즉, 안전보장)을 구하게 된다. 이것 때문에 그들은 다 제각기 아주 기꺼이 처벌권력을 포기하여 그들 가운데 이 권력에 지명될 사람에 의해서만, 그리고 공동체나, 이 공동체가 이 목적을 수행하도록 공인한 사람들이 합의한 규칙에 따라 행사되게 된다. 그리고 이것에서 우리는 입법권력과 집행권력의 기원적 권리만이 아니라 정부와 사회 자체의 기원적 권리도 얻게 된다.[296]

로크는 사람들이 자연상태에서 "언제든 함께 사는 것을 좀처럼 발견하지 못한다"로 말하지만, 인간들이 선사적先史的 자연상태에 산 기간은 역사적 사회상태에 산 기간보다 7-10배에 달한다. 따라서 로크의 결론은 모조리 비과학적이다.

따라서 "고유소유"의 보존, 즉 "생명·자유·재산"의 안전보장을 국가목적으로 삼는 로크의 홉스주의적 안보국가론은 국가설립의 이유를 설명하는 데 별 설득력이 없다. 나아가 생명·자유·재산의 안전보장이라는 것은 자연상태에서도 "최초의 사회들"(가족들) 또는 이 사회들의 연합체가 자연법에 입각하여 추구하던 것이기 때문에도 국가설립의 이유로서 '적확的確'하지도, '주요'하지도 않다.

자연상태에서의 '최초사회'(가족과 마을·촌·읍의 가족연합체)와 사회상태의 '정치사회'의 공통된 기반은 인간본성으로서의 '인애' 또는 '인간애'다. 최초사회를 정치사회로 확대시키는 것도 이 친교와 우의를 넓혀 공동체를 더욱 키워가려는 '인애의 추은推恩'이다. 인간애의 계속적 추은 과정에서 사회는 친애적·인격적 '면식사회'로부터 군중적·비인격적 '익명사회'로 넘어간다. 익명사회는 상호행위의 객관적·비인격적·일반

---

296) Locke, *Two Treatises of Government*, Book II, Ch.9, §127 (352쪽). 괄호는 인용자.

적·체계적 조절매체로서의 '법률'과 '법질서', 법률을 제정하는 비인격적 권위의 '입법기구', 그리고 법질서를 관철시키는 객관적 '집행기구'와 '사법기구'를 필요로 한다. 법을 제정하여 법질서를 수립하는 순간 이 세 가지 요소가 동시에 창설되어, 익명적·비인격적 군중사회는 정치사회(국가)로 올라선다. 자연상태에서 사회상태까지 나타나는 모든 형태의 사회의 기초이자, 이 사회들을 고차적 단계로 계속 밀어 올리는 동력은 인간의 사회적 본성으로서 백성끼리의 인애의 추은적推恩的 확장본능이다. 인애의 이 추은적 확장은 부부와 부자의 친애에 바탕을 둔 수 명의 가족으로부터 여러 가족이 지연地緣과 애향심으로 결집한 수백·수천 명 단위의 면식적 마을·향촌·소읍小邑을 거쳐 수만·수십만·수백만 명의 백성이 애국적 민심으로 결집한 익명적 도시국가(읍국邑國) 단계에 도달하고, 여기로부터 다시 인구 수천만 명의 광역국가를 거쳐 인구 수억·수십억 명의 천하제국으로, 나아가 인류의 온 누리로 뻗어나간다.[297] 따라서 자연상태와 사회상태의 기초는 '전쟁공포'와 '안전보장'의 두 요소가 아니라, 인애라는 일원적 요소이고, 인애의 추은적 확장본능에 따른 사회의 발전단계에서 모종의 비교적 현저한 '단절'이 있다면 그것은 다만 사회의 발전적 규모에 따른 '면식사회'와 '익명사회'의 차이뿐이다.

---

[297] 후커도 공자처럼 이렇게 말한다. "시민사회는 어떤 사적 유형의 고독한 삶보다 인간의 본성을 더 만족시킨다. 사회 안에서는 상호적 참여의 이 행복이 그렇지 않는 경우보다 훨씬 크기 때문이다. 그럼에도 불구하고 우리는 이에 만족하는 것이 아니라, (가능하다면) 심지어 온 인류와도 일종의 사교적 모임과 우의(society and fellowship)를 가지기를 몹시 원한다. 소크라테스는 바로 이것을 뜻하려는 의도에서 자신을 이 나라, 저 나라의 시민이 아니라 세계의 시민이라고 고백했다. 우리 마음속의 바로 이 본성적 욕망의 효과(우리가 일종이 만인과의 보편적 교우를 원한다는 명백한 징표)는 사람들이 느끼는 경이로운 기쁨에 의해 어떤 사람들이 외국을 방문하고 또 어떤 사람들은 전대미문의 나라들을 발견하고, 우리 모두가 다른 백성의 사건들과 거래들을 알고, 아니 그들과의 우호동맹 속 들어 있는 것으로 나타난다. 그리고 이것은 장사를 위해서나 많은 사람들이 동맹할 때 각자가 타자를 그만큼 더 강하게 만드는 목적을 위해서뿐만 아니라, 시바 여왕을 솔로몬 쪽으로 움직이게 만든 큰 목적을 위해서이기도 하다." Hooker, *Of the Laws of Ecclesiastical Polity*, Book I. Ch. x. 12.

후커는 이와 유사한 입장을 취했다. 로크는 자기의 논변을 꺼림칙하게 느꼈음인지 각주에다 '국가의 첫 번째 기초'로서의 '사교와 우의'에 관한 후커의 견해를 슬그머니 달아놓고 있다.

- 공적 사회(국가)를 지탱해주는 두 기초가 있는데, 하나는 만인에게 사교생활과 우의(sociable life and fellowship)를 욕구하게 만드는 본성적 성향이고, 다른 하나는 함께 사는 데 있어서 그들의 통합의 방식에 관하여 명시적으로 또는 비밀리에 합의된 질서다.[298]

여기서 후커는 국가의 두 기초를 "사교생활과 우의"의 "본성적 성향"과 "통합의 합의된 질서"로 들면서 '사교생활과 우의의 본성적 성향'을 국가의 제1기초로 제시하고 있다. 국가의 제1기초는 국가의 첫 번째 존재 근거 또는 존재 이유이자 국가설립의 제1목적이다. 후커에 의하면, 국가의 첫 번째 존재 이유는 생명·자유·재산의 안보가 아니라, 사랑과 애정에 입각한 '사교적 통합과 우의(유대)'인 것이다. 이 해석은 "우리는 타인들과의 친교와 우의를 찾도록 본성적으로 유도되고, 이것이 인간들이 최초에 정치사회 안에 자신들을 통합하는 이유였다"는 후커의 앞선 명제와 그대로 상통한다.[299]

그런데 로크는 위 인용문의 내용과 무관한 본문 맥락(입법권 한계를 논하는 대목)에서 슬그머니 후커의 위 인용문을 제시하고 있다. 그 이후에 로크는 유일하게 "전제적 권력"을 가진 "공격자"를 비판적으로 설명하는 부정적 맥락에서 딱 한 번 정치사회와 관련하여 친교와 우의(유대)를

---

298) Hooker, *Of the Laws of Ecclesiastical Polity*, Book I. Ch. x. 1. 괄호는 필자. Locke, Two Treatises of Government, Book II, Ch.11, §135 각주 (357쪽).
299) Hooker, Eccl. Pol. Lib. 1, Sect. 10. Locke, *Two Treatises of Government*, Book II, Ch.2, §15 (277-278쪽)에서 재인용.

들먹인다. 그는 전제적 공격자를 "인류를 단일한 우의와 사교단체 속으로 통합하는 공동적 유대(the common bond whereby human kind is united into one fellowship and societie)를 떠난" 자로 탄핵한다.[300] 이런저런 것을 보면, 로크는 홉스로 완전히 경도되는 것이 꺼림칙해서 각주에서 또는 부정적·소극적으로 교우와 친교를 거론한다는 것을 알 수 있다. 로크는 전반적 추세에서 갈수록 분명하게 홉스로 이동하면서도 친애와 우의를 국가의 제1기초로 중시하는 후커와 안보를 유일한 국가목적으로 중시하는 홉스 사이에서, 또는 공자의 인仁을 대변하는 컴벌랜드와 홉스 사이에서 오락가락하는 것을 알 수 있다. 그러나 강세는 분명이 공자·후커·컴벌랜드에 있는 것이 아니라, 갈수록 분명하게 홉스로 이동하고 있다.

이런 까닭에 로크는 정치사회 또는 국가의 창건이 단순한 '동의'로만 가능한 것이 아니라는 것을 모르고 있다. '동의'는 일회적이거나 일시적이고, 때로 흔들리거나 불연속적이고, 때로 취약하고 불안한 것이다. 공자와 맹자는 국가창건에 대한 이런 '동의'를 뛰어넘는 안정적·항구적·불변적 '민신民信'(백성의 믿음), 즉 정치지도자들과 국가를 믿고 지지하는 백성의 '확고한 민심'의 지속적·항구적 획득이 필요하다고 거듭 말했다. 주지하다시피, 공자는 특히 국가의 수립과 존속에는 궁극적으로 '백성의 믿음'으로서의 '민신'이 필수적이라고 말했다.[301] 로크는 공자의 이

---

300) Locke, *Two Treatises of Government*, Book II, Ch.11, §172 (383쪽).
301) 『論語』「顏淵」(12-7): "자공이 정사에 대해 묻자, 공자가 "풍족한 식량(足食), 강군(足兵), 백성의 믿음(民信)이다"라고 말했다. 자공이 "꼭 부득이하게 제거한다면 이 셋 중 어느 것을 먼저 제거하겠습니까?"라고 물었다. 그러자 "강군이다"라고 답했다. 자공이 또 "꼭 부득이해서 제거한다면 이 둘 중 어느 것을 먼저 제거하겠습니까?"라고 묻자, "풍족한 식량이다. 자고로 다 죽음은 있어왔다. 그러나 백성의 믿음이 없으면 국가가 서 있지 못한다"라고 답했다.(子貢問政 子曰 足食 足兵 民信之矣. 子貢曰 必不得已而去 於斯三者何先? 曰 去兵. 子貢曰 必不得已而去 於斯二者何先? 曰 去食. 自古皆有死 民無信不立.)"

민신民信철학을 잘 알고 있었다. 공자의 이 대화록을 전하는 라 루베르의 『태국왕국론』을[302] 정확히 읽었기 때문이다. '우호적 민심'이든, '민신'이든 둘 다 '인애'의 범주에 속하는 것이다. 로크는 사회상태와 국가 수립에서 이런 인애·민신·민심이 필수적임을 알지 못했다. 또 뭔가 부족하다는 문제의식도 전혀 없었다. 그리고 로크는 홉스주의적 지평에 서 있는 한 이런 문제의식을 가질 수가 없었다. 그래서 그는 후크의 자연적 사랑과 애정, 친교와 우의 명제로부터 근거 없이 사회진입에 대한 계약적 동의로 이동하고 만 것이다.

반면, 컴벌랜드, 섀프츠베리, 라이프니츠는 인애와 도덕 원칙을 근거로 정치상황을 '만인의 만인에 대한 전쟁' 상태로서의 자연상태와 '만인의 만인과의 계약'으로서의 사회상태로 구분하는 홉스의 이원론을 배격했다. 컴벌랜드는 반대로 자연상태와 사회상태를 아우르는 "만인의 만인을 향한 인애(Benevolence of all towards all)"라는 범애汎愛 상태를 주장하고 이 범애가 지구상에서 "가장 가치 있는 자산"이고 "가장 큰 영광 또는 안전장치"라고 주장했다. 로크는 단순한 '동의'로 갔다가 맥락 없이 후커의 견해를 인용함으로써 국가의 제1기초로서의 "만인에게 사교생활과 교우를 욕구하게 만드는 본성적 성향"을 슬쩍 다시 동조하는

---

[302] 라 루베르는 이 대화를 이렇게 전한다. "공자의 제자 중의 한 명인 자공이 어느 날 공자에게 훌륭한 통치에 어떤 것이 필요한지를 물었다. 공자는 대답했다. "풍족한 식량, 전쟁을 위한 충분한 수의 병사와 무기(足兵), 임금과 신민 속의 충분한 양의 덕성이다." 제자가 "하신 말씀을 이해하겠지만 이 셋 중 하나를 결하는 것이 필연적이라면 선생님께서는 어느 것을 먼저 제하겠습니까?"라고 되물었다. 철학자는 "병사들이다"라고 대답했다. "그러나 또 식량이나 덕성을 결할 필요가 있다면 이 둘 중 어느 것을 선택하시겠습니까?" 공자는 "식량이 없는 것을 선택할 것이다"라고 말했다. 그는 전쟁의 혐오와 좋은 도덕의 사랑을 이보다 더 잘 증명할 수 없었다. 플라톤은 너무 많은 수의 대중 안에서 부패를 두려워했기 때문에, 그리고 그의 공화국이 단순히 지속되는 것보다, 그것이 지속되는 한에서, 행복하고 따라서 덕스러운 데 더 마음을 썼기 때문에 그의 공화국에서 작은 수의 시민만을 갖기를 원했다." La Loubere, *A New Historical Relation of the Kingdom of Siam*, Vol. 2, 250쪽.

듯한 심사를 드러냈지만 그의 이론적 강세는 계약적 동의에 있는 것이다. 그의 정치이론이 홉스주의로 퇴락하고 자가당착적으로 오락가락하는 양상은 정치사회로의 이행과 관련해 자연적 자유와 평등을 처분하는 데서 더욱 분명히 드러난다.

■ 정치사회로의 이행과 자연적 자유·평등의 종말

공자는 "무위이치無爲而治", "유이불여有而不與", "백성자치百姓自治", "위정이덕爲政以德"(덕치를 통해 정형을 최소화하고 다스리는 정치) 등 여러 명제를 통해 백성의 '자연적(본성적) 자유'를 가급적 온전하게 보존하기 위해 덕치를 최대화하고 정형政刑의 정치를 최소화해 자유의 제한을 최소화하고 "백성자치"를 극대화하는 무위불여無爲不與의 덕치를 추구했다. 말하자면, 공자는 백성의 자연적 자유를 최대로 보존하려는 의도에서, 국가의 설립과 운영을 위해 불가피하게 요구되는 일부 자여적 자유의 제한을 최소화하고 남는 모든 본성적 자유를 마음대로 향유하도록 보장하는 모델로 사고했다. 따라서 '정형의 법', 즉 권위적 법률과 형벌적 법률은 최소화된다. '권위적 법률'은 권도權道로 강제·허용·금지를 명하는 법률들이고, '형벌적 법률'은 범죄를 단속하고 처벌하고 형사소송을 관리하는 법률들이다. 따라서 국가 안에서도 자유의 제한은 극소화되고, 결과적으로 최대로 잔존하는 자연적 자유는 백성과 개인에 의해 그대로 향유된다.

그러나 로크는 공자의 '무위불여' 모델과 정확히 반대되는 홉스주의적 모델로 사고했다. 그는 사회상태(국가)로의 이행과 동시에 모든 개개인들에게 '자연적(본성적) 자유'를 몽땅 포기하고 이 자유를 국가에 남김없이 양도하게 하고, 법에 의해 항목별로 사회적·경제적·정치적 자유를 인가하고 법의 한도 안에서 자유를 향유하게 허용하는 식의 모델을 쓴다.

그는 사회상태로의 이행에 대한 논의에서 '자연적 자유'를 거의 '방종'으로 취급한다. (이것은 훗날 몽테스키외에 의해 계승된다.) 로크는 말한다.

- (…) '법의 목적'은 자유를 폐지하거나 억제하는 것이 아니라 '자유를 보존하고 확장하는 것'이다. 왜냐하면 법을 만들 능력이 있는 피조된 존재자들의 모든 국가에서 '법이 없는 곳에서는 자유도 없기' 때문이다. 자유는 타인들의 속박과 폭력으로부터 자유로운 것인데, 이런 자유는 법이 없는 곳에서 존재할 수 없다. 그러나 자유는 우리가 들었듯이 "모든 개개인이 자기 좋아하는 것을 하는 자유"가 아니라 (...), 자기의 인신, 행동, 재산(possessions)과 자기의 모든 고유소유(property)를 자기에게 적용되는 저 법률들의 허용 안에서 그가 좋아하는 대로 처분하고 정돈하고, 또 그러는 가운데 타인의 자의적 의지에 종속당하는 것이 아니라 자유롭게 그 자신의 의지를 따를 자유다.[303]

'덕치의 비중'을 영화零化하고 '법률의 비중'을 전면화하는 것이 두드러진다. 특히 "자기의 인신, 행동, 재산과 자기의 모든 고유권을 저 법률들의 허용 안에서(within the allowance of those laws) 처분하고 정돈한다"는 구절은 로크의 전면적 법률주의를 잘 드러내고 있고, "자유는 모든 개개인이 자기 좋아하는 것을 하는 자유가 아니다"라는 말은 다른 맥락에서 들으면 방종을 비판하는 것으로 들릴 것이지만, 전면적 법률주의를 선언하는 맥락에서 대구對句로 등장하는 까닭에 자연적 자유의 추구를 '방종'으로 헐뜯는 것으로 들린다. 그러나 로크는 "법이 많으면 많을수록 불의不義(부정不正)가 많을 것이다(summum ius summa est injuria)"는 로마법학의 격언을 완전히 무시하고 있다. 공자의 술어로 표현하면, 로

---

303) Locke, *Two Treatises of Government*, Book II, Ch.6, §57 (305-306쪽).

크는 '무위지치無爲之治'를 제거하고 '유위지치有爲之治'을 전면화하고 있는 것이다.

로크는 자연상태에서 정치사회로 이행할 때 "포기해야(give up)" 하는[304] 권력과 권리를 구체적으로 자기보존을 위한 권력, 자기가 위법자를 심리하고 단죄할 처벌권력과 판결의 집행권력, 그리고 자연적 자유와 평등 등으로 열거한다. 그는 첫 번째 포기할 권력으로 '자기보존 권력'을 제시한다.

- 첫 번째 권력, 즉 "그 자신과 나머지 인류의 보존을 위해 적합하다고 생각되는 것은 어떤 것이든 할 권력"을 사회에 의해 만들어진 법률들이 조절하도록, 그 자신과 이 사회의 나머지 사람들이 요구하는 정도까지 "포기한다". 많은 것들에서 사회의 이 법률들은 그가 자연법에 의해 가진 자유를 가둬 차단한다(confine).[305]

"자연법에 의해 가진 자유"는 '자연적(본성적) 자유'를 말하는데, 이 자유는 이제 차단당한다. 이 "가둔다, 차단한다(confine)"는 말은 "많은 것들"과 관련해 제정된 "사회의 이 법률들"이 금지·제한·처벌의 법률들이라는 것을 함의한다.

로크는 두 번째로 포기할 권력으로 자가재판(self-justice), '자기 소송을 자기가 재판하는 사적 재판'의 권력을 제시한다.

- 둘째, 그는 처벌권력을 몽땅(wholly) 포기하고, (그가 이전에 자기의 권위에 의해 그가 적절하다고 생각한 대로 자연법의 집행에 투입했던) 그

---

304) Locke, *Two Treatises of Government*, Book II, Ch.9, §128 (352쪽).
305) Locke, *Two Treatises of Government*, Book II, Ch.9, §129 (352-353쪽).

의 자연적 물리력을 사회의 집행권력을 이 사회의 법률이 요구하는 대로 지원하기 위해 투입한다. 왜냐하면 그가 같은 공동체 안에서의 타인들의 노동과 원조와 사교로부터 많은 편의들만이 아니라 사회의 전체적 힘으로부터의 보호도 향유하게 될 새로운 국가 안에 이제 들어 있기 때문이다. 그는 사회의 복리·번영·안전이 요구하는 대로 많이(as much of ... as) 자활 시의 자연적 자유와 결별해야 한다. 이것은 필수적일 뿐 아니라, 정당하다. 사회의 다른 구성원들이 똑같은 것을 하기 때문이다."[306]

이 문장을 잘 읽다 보면, 자가재판의 권력만을 포기하는 것이 아니라, "자연적 자유"도 "사회의 복리·번영·안전이 요구하는 대로" 다 포기해야 한다는 것을 알 수 있다. 말하자면, "이 목적을 위해 인간들은 그들이 들어가는 사회에 그들의 '모든' 자연적 권력(all their Natural Power)을 양도하는 것이다."[307] 환언하면, "인간들은, 사회의 복리가 요구하는 한, 입법자들이 처분하도록, 사회로 들어갈 때, 그들이 자연상태에서 가졌던 평등·자유·집행권력(the equality, liberty, and executive power)을 포기해 사회의 수중에다 양도한다."[308] 여기에 로크는 멋쩍게도 다음 말을 덧붙인다. "이것은 모든 개개인에게서 그 자신, 그의 자유와 고유소유(property)를 그 만큼 더 잘 보존하려는 의도만을 가질 뿐이므로, (···) 사회의 권력, 또는 그들에 의해 구성된 입법권력은 결코 공동복리(the common good) 이상으로 확장되는 것으로 상정될 수 있는 것이 아니라, 자연상태를 그토록 불안전하게 불안하게 만들던, 위에서 언급된 세 가지

---

306) Locke, *Two Treatises of Government*, Book II, Ch.9, §129 (352-353쪽).
307) Locke, *Two Treatises of Government*, Book II, Ch.11, §136 (359쪽). 작은따옴표('')는 인용자.
308) Locke, *Two Treatises of Government*, Book II, Ch.9, §130 (353쪽).

결함을 막음으로써 모든 개개인의 고유소유를 안전하게 보장할 의무를 짊어진다."[309] 그리하여 이제 등장하는 것은 "즉흥적 칙령" 대신 "인민에게 반포되고 알려진 제정된 상비적 법률들", "이 법률들에 의해 분쟁을 결정하는 무사공평하고 올곧은 재판관들", "국내에서 오직 이런 법률들의 집행에만 공동체의 물리력을 투입하는" 기능, "외국으로부터 위반을 대외적으로 방지·시정하고" "공동체를 침입과 침략으로부터 안전하게 보장하는" 권력작용 등이다. 이 모든 작용과 기능의 "목적"은 "인민의 평화, 안전, 공공복리(the publick good)"다.[310]

여기서 로크는 "공동"복리와 "공공"복리도 언급하지만 이 복리는 곧 백성 개개인의 '경제적 복지와 행복'이 아니라 전체주의적 '국리國利' 또는 '국익'을 말하는 것이다. 그리하여 로크의 결론적 주장은 모든 개개인이 국가로 이행할 시에 "평화와 안전"을 보장하는 '안보국가'에 자연적 자유와 평등을 국가가 원하는 대로 모조리 다, 전면적으로 몽땅 양도하라는 것이다. '안보국가'는 주지하다시피 라이프니츠가 말하는 플라톤·홉스 식의 '협의적 정의(ius strictum) 국가', 즉 '야경국가'다. 말하자면, 로크는 자유와 재산을 안전하게 보장하는 이 협의적 정의국가로서의 야경국가를 위해 인간의 본성적 자유와 평등을 "몽땅" 양도하라고, 또는 "그들의 모든 자연적 권력"을 죄다 포기하라고 요구하고 있는 것이다.

로크는 마치 사랑을 위해 사랑을 버려야 하는 딜레마와 같은 가장 견딜 수 없는 딜레마, '나의 자유'를 보호해준다고 약속하는 국가가 내게 보장한다는 '자유'를 위해 '나의 타고난 자유'를 몽땅 양도해야 하는 딜레마를 개개인에게 강요하고 있다. 나의 모든 자연적 자유를 국가에 양도함으로써 자연적 자유가 수중에 없는 사람은 그 순간부터 노예다. 따

---

309) Locke, *Two Treatises of Government*, Book II, Ch.9, §130 (353쪽).
310) Locke, *Two Treatises of Government*, Book II, Ch.9, §130 (353쪽).

라서 '나의 본성적 자유'를 '몽땅' 포기하고 '모든' 자연적 권력도 국가에 양도하라는 로크의 요구는 국가가 지켜준다는 자유를 믿고 국가의 노예가 되라는 말이다. 로크 자신도 다른 맥락에서 사람들에게 "먼저 노예가 되라고 요구한 다음, 그들의 자유를 보살피라"는 말을 어불성설로 맹비판하듯이,[311] 국가에 "몽땅" 자유를 양도하고 국가가 자기의 자유를 대신 지켜줄 것을 기대하라는 그의 계약론적 요구는 중대한 논리적 자가당착을 안고 있는 것이다. 따라서 로크의 정치이론에서는 정치사회로 이행함과 동시에 자연적 자유·평등이 종말을 고한다고 정리할 수 있다.

그런데 모든 개개인이 자연적 자유와 평등의 권리를 국가에 유보 없이 완전히 양도하는 것을 반대하고 국가 수립 이후에도 불가양의 자연적 권리들이 개인에게 잔존한다고 주장하는 일군의 철학자들이 이미 일찍이 등장해 있었지만, 로크는 이들의 주장을 전혀 고려치 않고 있다. 이미 상론했듯이 가령 존 밀턴은 마르티니가 소개한 공자의 '민유방본론', 즉 인민주권론을 다시 분명히 하면서 – 홉스의 취소불가능한 권리이양론과 반대로 – 백성들이 권력을 치자에게 이양한 뒤에도 치자를 존치하고 폐위할 수 있는 불가양의 주권적 권리가 여전히 잔존한다고 주장한다.

- 왕과 치자의 권력이 만백성의 공동복리를 위해 백성으로부터 단지 도출되고 신임 속에서 그들에게 이양되고 위임된 것에 지나지 않지만, 권력은 근본적으로 잔존하고 백성의 자연적(본성적) 생득권의 침범 없이 백성으로부터 빼앗을 수 없는 것임은 명백하다.[312]

같은 논리의 연장선상에서 밀턴은 백성의 잔여주권으로부터 왕이 불법

---

311) Locke, *Two Treatises of Government*, Book II, Ch.19, §220 (411쪽).
312) Milton, *The Tenure of Kings and Magistrates*, 378쪽.

을 행하면 왕위와 그 세습권도 박탈할 수 있는 인민의 권리를 도출한다.

- 어떤 인간이 상속권을 가지는 것과 같이 왕이 그의 왕위와 지위에 대한 그런 정도의 권리가 있다고 보통 말하는 것은 신민을 왕의 매매 노예, 왕의 동산, 또는 왕의 재산보다 나은 것으로 삼지 않는다는 것이다. 그리고 의심할 바 없이 세습적 권리원천이 충분히 탐구된다면 그것의 최선의 기초는 한낱 호의나 편의에 있을 것이다. 그러나 그것이 세습권이라고 가정할 때, 어느 신민이 일정한 범죄 때문에 법률에 의해 모든 상속을 몰수당해서 그 자신과 후손으로부터 왕(국가)에게 귀속시키는 마당에, 왕이 비례적 범죄 때문에 그의 모든 권리원천과 상속을 몰수당해 백성에게 귀속시키는 경우보다 무엇이 더 정의롭고 합법적일 수 있는가? 백성이 그를 위해 모든 것을 만들어 주었지, 왕이 백성을 위해 모든 것을 만들어준 것이 아니라고 생각하지 않아야 한다면, 한 집단으로서의 만백성은 왕이라는 단독자보다 열등한 것이다. 이것을 긍정하는 것은 인류의 존엄성에 대한 일종의 반역일 것이다.[313]

그럴 만한 범죄를 저지를 시에 왕권세습의 계속 여부도 법의 결정에 따라 폭군에게서 박탈되고, 이것은 비례적으로 그럴 만한 중범죄를 저지른 자의 세습권의 몰수나 다름없다는 말이다. 밀턴의 핵심논지는 항상 백성에게 치자를 갈아치울 수 있는 근본적 자유와 권력이 잔존한다는 말이다.

따라서 로크가 말하는 '국가설립을 위한 개개인의 자연적 자유와 권력의 양도' 이후에도 모든 개인들로서의 만백성에게 자연적 자유와 권력

---

[313] Milton, *The Tenure of Kings and Magistrates*, 378쪽. 괄호는 인용자.

의 근본적·본질적 부분이 잔존하는 것이다. 상론했듯이 토머스 홉스조차도 신민이 계약에 의해서도 양도될 수 없는 '불가양의 잔존권리', 또는 양도한다는 어떤 약속이나 계약도 당연 무효가 되는 '불가양의 잔존권리'가 있다고 덧붙였다. 이 점에서 홉스는 로크보다 덜 폭군적이다. 홉스는 계약이 '당연무효'가 되는 두 가지 경우를 들었다. 하나는 폭력에 대해 자기 자신을 방어하지 않기로 하는 계약과, 사면의 확약 없이 자기를 고발하기로 하는 계약이다.[314] 홉스는 이 두 가지 자연법적 당연무효 계약 논변으로부터 만인의 만인과의 계약 이후에도 남는 불가양의 잔여 자연권을 찾는다. 홉스는 "모든 사람은 평등하게, 본성에 의해 자유롭다(all men equally are by nature free)"는 전제 아래서 개인의 복종의 목적과 국가설립의 목적을 고찰한다.[315] "첫째, 먼저 설립에 의한 주권이 만인의 만인에 대한 계약에 의한 것이고 획득에 의한 주권이 승자에 대한 피정복자들의 계약 또는 부모들에 대한 자녀들의 계약에 의한 것임을 알기 때문에, 모든 신민들은 계약에 의해 양도될 수 없는 권리들과 관련된 모든 일에서 자유가 있다는 것은 명약관화하다. 나는 (…) 사람 자신의 신체를 방어하지 않기로 하는 계약이 무효라는 것을 입증했다. 그러므로 주권자가 정당하게 명령할지라도 사람에게 그 자신을 죽이거나 부상을 입히거나 자신을 불구로 만들라고 명령한다면, 또는 그에 대한 공격에 저항하지 말라, 음식·공기·약 등 그가 사는 꼭 필요한 기타 어떤 것들의 사용을 삼가라고 명령한다면 이 사람은 이에 불복종할 자유를 가진다. 어떤 사람이 주권자나 그의 당국에 의해 그가 저지른 범죄에 관해 심문받는다면, 그는 사면의 보장 없이 그것을 자백할 의무가 없다. (…) 어떤 사람도 계약에 의해 그 자기를 고발할 의무를 지지 않기 때문이다."[316]

---

314) Hobbes, *Leviathan*, 127-128쪽.
315) Hobbes, *Leviathan*, 203쪽.
316) Hobbes, *Leviathan*, 204쪽.

그러나 이 논변은 홉스의 당연무효계약론이 궤변이기 때문에 이 주장도 다 부조리하다. (홉스에 관한 절 참조)

　결론적으로, 홉스가 전개한 '불가양의 잔여 자연권' 논변에서 건질 것은 전무하지만, 그래도 남는 자연권이 있다. 그것은 주권자가 몰라서 묵과하는 또는 법이 침묵한 소소한 자연권들이다. 홉스는 말한다. "다른 자유에 관한 한, 이 자유들은 법의 침묵에 달려 있다. 주권자가 아무런 규칙도 규정하지 않은 경우에 피치자들은 그 자신의 재량에 따라 하거나 하지 않을 자유를 갖는다. 그러므로 이러한 자유는 주권을 가진 사람이 가장 편리하다고 생각하는 바에 따라 어떤 곳에서는 더 많고 또 어떤 곳에서는 더 적으며, 어느 때는 더 많고 또 어느 때는 더 적다."[317] 이 마지막 구절은 잔여 자연권들이 모조리 주권자의 변덕과 자의에 따라 취소되고 파괴될 위험에 처해 있다는 것을 함의한다. 그러나 홉스의 '불가양의 잔여 자연권' 논변에는 오늘날도 유의미한 근대적 요소가 들어있다. 그것은 '주권자에 대한 신민의 소송권'이다. "신민이 선행하는 법률에 근거한 채무 또는 땅이나 재물의 소유권 또는 그의 손에 요구된 부역 또는 신체적 형벌이나 금전적 형벌을 두고 그의 주권자와 다툼이 있다면, 그는 마치 시민에게 하는 것처럼, 주권자가 임명한 판관들 앞에서 자신의 권리를 위해 소송할 동일한 자유가 있다."[318] 홉스가 주권자에 대한 신민의 정당한 소송권을 인정한 것은 신민의 '종복' 지위를 완화시켜주는 요소다. 그러나 실제로 폭군적 주권자에 대해 감히 소송을 거는 것은 소민小民에게 가능한 것이 아니라, 공·후·백·자·남작 등의 귀족적 대인大人들에게나 가능한 일일 것이다. 귀족의 편에서 글을 쓴 홉스가 군주에 대한 소송권을 신민에게 허용한 의도는 실은 대귀족들에게 군주에 대한 권력

---

317) Hobbes, *Leviathan*, 206쪽.
318) Hobbes, *Leviathan*, 206-207쪽.

다툼의 길을 터주기 위한 것임은 불문가지다. 아무튼 홉스도 기旣설립된 국가 안에서도 잔존하는 자연적 자유와 자연권을 인정함으로써 자연상태와 사회상태의 이원적 대립을 조금 완화했다.

이처럼 밀턴만이 아니라 심지어 홉스도 백성의 잔존하는 자연적 자유의 기본적 권리를 '명시적·의식적으로' 인정했다. 그러나 로크는 이 양도되지 않고 유보되는, 또는 잔존하는 자연적 자유와 평등의 기본적 권리를 '명시적·의식적으로' 지목하지도, 강조하지도 않는다. 따라서 로크에게서 자연상태와 사회상태의 이원적 대립성은 홉스의 이론에서보다도 더 현격한 셈이다.

하지만 로크도 절대군주정에 대한 거부감 속에서 국가의 통치권과 입법권을 제한할 수밖에 없었고, 또한 자기의 논변의 논리적 강제로 인해 이 잔존하는 자연적 자유와 자연법적 자연권을 몇몇 대목에서 지나가는 식으로, 또는 '묵시적·무의식적'으로 인정하지 않을 수 없었다.

첫째, 로크는 위에서 "처벌권력을 몽땅 포기한다"고 했지만, 정치사회 안에서 정당방위를 인정함으로써 부지불식간에 급박한 상황에서의 자가사법권과 자가사법적 판결집행권을 인정했다. 이미 상론했듯이, 로크 자신이 "나의 보존을 위해 제정된 법이 현재의 물리력으로부터 내 생명을 안전하게 보장해 주려고 끼어들 수 없는 경우에, 공동의 재판관에게 호소할 시간도, 법의 결정도 침략자가 허용치 않을" 때 "해법으로" 내게 허락되는 "나 자신의 방어, 전쟁의 권리, 침략자를 죽일 권리"가 있다고 말하고 있기[319] 때문이다. 이것이 바로 사회상태에서의 정당방위다. 위에서 논증했듯이 정당방위는 늘 신속한 '자가사법'과 재빠른 응징적 '자위조치'를 포함하는 것이다. "사람의 몸에 가해지는 무법적 물리력은 공동재판관이 있는 곳에서든, 없는 곳에서든 양쪽에서 다 전쟁상태를 만

---

319) Locke, *Two Treatises of Government*, Book II, Ch.2, §18 (280-281쪽).

들"므로[320] 정당방위는 자연상태에서든, 사회상태에서도 정당하게 인정되고 사회상태에서도 자연적 자유의 권리로 잔존하는 것이다. 따라서 사회상태로 들어가기 위해 "처벌권력을 몽땅 포기한다"는 로크 자신의 명시적 요청은 자신의 이 정당방위론과 배치는 오류의 논변인 것이다.

둘째, 로크는 "정부 아래에서의 인간들의 자유는 그 사회의 모든 개개인에게 공통된, 그리고 그 사회 안에 수립된 입법권에 의해 제정된, 살면서 준수하는 상설규칙을 가진다"고 말해 놓고는 지나가는 말로 "규칙이 규정하지 않는 모든 일에서 나 자신의 의지를 따를 자유, 타인의 일정치 않고 불확실하고 알려지지 않은 자의적 의지에 종속되지 않는 자유인데", 이것은 "자연본성의 자유가 자연법 외에 다른 어떤 속박 아래 처하지 않는 것과 유사하다"라고[321] 덧붙이고 있다. 따라서 사회상태에서도 상비적 법률이 "규정하지 않은 모든 일"에서 잔존하는 자연적 자유를 향유한다는 말이다.

주지하다시피, 로크는 '사회상태'(사회)와 '정치사회'(국가 또는 정부)를 구분하고, 따라서 "사회의 해체"와 "정부의 해체"를 구분한다.[322] 따라서 사회 또는 사회상태의 백성은 자연상태의 "모든 개개인(every man)"이 아니라 "인민(the people)" 또는 "인민단체(the body of the people)"다. 그는 정부가 해체되면 정치권력은 자연상태 속으로 사라져버리는 것이 아니라 이 '인민단체' 또는 '인민'에게로 귀속된다고 말한다. 이것은 홉스와 푸펜도르프가 말하는 "시원적 민주정(a democracy)"과 유사하다. 그리고 법률이 정하지 않고 침묵하는 사안을 둘러싼 다툼은 국가(군왕)가 결정하는 것이 아니라 '인민'이 결정한다고 말한다. 『통치이론』의 마지막 패러그래프 하나 앞의 패러그래프(§242)에서 로크는 이렇게 말

---

320) Locke, *Two Treatises of Government*, Book II, Ch.2, §18 (280-281쪽).
321) Locke, *Two Treatises of Government*, Book II, Ch.4, §22 (283-284쪽).
322) Locke, *Two Treatises of Government*, Book II, Ch.19, §211 (406쪽).

한다.

- 법률이 침묵하거나 애매모호한 사안에서 군주와 인민의 일부 사람들 간에 분쟁이 일어난다면, 그리고 그 일이 아주 중요하다면, 나는 이러한 경우에 적절한 심판자는 인민단체이어야 한다고 생각한다. 왜냐하면 군주가 그에게 의뢰된 신탁을 가지고 있고 법률의 통상적 보통규칙으로부터 면해지는 경우에, 어떤 사람이든 침해당했다고 느끼고 군주가 그 신탁에 배치되거나 신탁을 넘어 행동한다고 생각한다면, 누가 그 신탁이 얼마나 확장되는지를 의미했는지에 대해 (최초에 그 신탁을 군주에게 맡긴) 인민단체만큼 적절하게 판단하겠는가? 그러나 군주 또는 누가 행정을 담당하든 그 자가 이런 식의 결정을 거부한다면 호소는 하늘 외에 어디에도 없다.[323]

로크의 이 주장은 법률로 정해지지 않은 또는 법 자체가 애매모호한 문제는 자연상태의 개인은 아니지만 '인민'이라고 말하는 것이다. 그리고 국가가 인민단체의 이 결정권을 부인하면 자연상태나 전쟁상태처럼 "피해를 입은 측"이 결정한다고 말함으로써[324] 다시 인민단체의 결정권도 최종적으로 개인들에게 귀속시키고 있다. 이것은 사회상태와 정치사회로 이행한 뒤에도 법률이 남겨놓은 모든 사안에서 개인들은 자유롭고 평등하다는 것을 함의한다. 로크의 무의식 속에서는 이처럼 자연·사회상태의 이원적 대립구조가 허물어져 있다.

셋째, 상술했듯이 로크는 "인간들이 들어가는 사회에 그들의 '모든' 자연적 권력(all their Natural Power)을 양도한다"느니, "인간들은 사회로

---

323) Locke, *Two Treatises of Government*, Book II, Ch.19, §242 (427쪽).
324) Locke, *Two Treatises of Government*, Book II, Ch.19, §242 (427쪽).

들어갈 때 그들이 자연상태에서 가졌던 평등·자유·집행권력을 포기해 사회의 수중에다 양도한다"느니 하면서 자연권의 '전면적' 양도론을 전개했으나, 입법권의 한계에 관한 논변에서 지나가는 말로 부지불식간에 '사회상태 안에서의 자연법의 계속적 타당성'을 주장함으로써 다시 '전면적' 양도론을 부식腐蝕시킨다.

- 자연법의 의무는 사회 안에서 그치는 것이 아니라, 단지 많은 경우에 더 가까이 와 닿고, 자연법적 의무의 준수를 집행하기 위해 이 의무에 붙여진 기지既知의 형벌을 인정법人定法에 의해 갖출 뿐이다. 그리하여 자연법은 만인에게, 입법자들뿐만 아니라 다른 사람들에게도 영원법으로 우뚝 서 있는 것이다. 입법자들이 다른 사람들의 행동을 위해 만든 규칙들은 그들 자신과 다른 사라들의 행동만큼 잘 자연법과도, 즉 하느님의 의지와도 부합되어야 한다. 그것은 하느님의 선언이기 때문이다. 그리고 "기본적 자연법이 인류의 보존이므로" 어떤 인간적 제재도 이것에 반해서 좋거나 타당할 수 없다.[325]

이런 까닭에 자연법에 의해 인정된 자연적 자유와 평등, 이에 따른 여러 자연권리들과 자연적 권력이 국가 안에서도 인정되고 관철되는 것이다. 그래서 로크는 "사회의 보존과 (공공복리와 부합되는 한에서의) 모든 개개인의 보존"인 "기본적 자연법"은 "입법권 자체마저도 다스린다"고 단언한다.[326] 따라서 입법권은 자연법에 의해 규제되는 한계를 갖는다.

자연법에 의해 자연상태의 개인들이 그 상태에서 자기들이 가지지 않은 권력이나 권리를 국가에 양도하지 못하고, 따라서 입법부는 개인들이

---

325) Locke, *Two Treatises of Government*, Book II, Ch.10, §135 (357-358쪽).
326) Locke, *Two Treatises of Government*, Book II, Ch.10, §135 (355-356쪽).

양도하지 못한 권력을 가질 수 없다.

- 입법권은 인민의 생명과 재산에 대해 절대적으로 자의적이지 않고, 또 도저히 자의적일 수도 없다. 왜냐하면 입법권이 입법자인 그 인물이나 의회에 양도된 사회의 모든 개개 구성원의 연합권력이므로 입법권은 저 사람들이 사회로 들어가기 전에 자연상태에서 가지고 있다가 공동체에 양도한 것보다 더 많을 수 없기 때문이다. 어떤 사람도 그가 그 자신 안에 가진 것보다 더 많은 권력을 남에게 이양할 수 없는 법이다. 그리고 어떤 사람도 그 자신에 대해서나 타인에 대해서나 자기의 생명을 파괴하거나 타인의 생명과 고유권을 **빼앗을** 자의적 절대권력을 가지지 못했다. 인간은 입증된 바와 같이 타인의 자의적 권력에 복종할 수 없고, 자연상태에서 타인의 생명·자유·재산에 대해 어떤 자의적 권력을 가지고 있는 것이 아니라, 자연상태가 그 자신과 나머지 인류의 보존을 위해 그에게 준 만큼만 가진다. 이것은 그가 하는 모든 것, 또는 공동체에 양도할 수 있는, 이것에 의해 입법권력에 양도할 수 있는 모든 것이다. 그리하여 입법권은 이것 이상의 것을 가질 수 없다. 입법자들의 권력은 그것의 극한적 경계 안에서 사회의 공공복리에 제한된다. 그것은 보존 외에 다른 목적을 가지지 않은 권력이고, 그러므로 피치자들을 파괴하고 노예화하고 계획적으로 궁핍화시킬 권리가 없다.[327]

요는 사회상태로 이행한 이후 국가의 입법권도 자연법과 자연권에 제약당한다는 것이다.

또한 로크는 개인들이 사회상태로 이행할 때 '모든' 자연적 권력을 모든 자연적 자유와 더불어 국가에 양도한다고 말했으나 다른 곳에서는 자

---

327) Locke, *Two Treatises of Government*, Book II, Ch.10, §135 (357쪽).

기 입으로 이 자연적 권력을 다 양도한 뒤에도 권력이 유보되어 있다고 말한다. 그는 '정부의 해체'에 대한 논의에서 이렇게 말한다.

- 입법자들은 인민의 고유소유(생명·자유·재산)를 빼앗고 파괴하거나 인민을 자의적 권력 아래의 노예상태로 전락시키려고 애쓸 때는 언제든 인민과의 전쟁상태 속으로 자신들을 집어넣는 것이다. 이럴 때 인민은 그 이상의 복종으로부터 면해지고 하느님이 만인을 위해 마련해주신 강제력과 폭력을 막는 통상적 피난처에 남겨진다. 그러므로 입법자가 사회의 기본적 규칙을 어기고, 양심, 공포, 어리석음, 또는 부패에 의해 인민의 생명·자유·재산에 대한 절대권력을 스스로 장악하거나 어떤 타인의 수중에 집어넣으려고 애쓸 때면 언제든 이 신탁파기에 의해 그들은 인민이 아주 상반된 목적으로 그들의 수중에 넘겨주었었던 권력을 몰수당하고, 이 권력은 그들의 원천적 자유(original liberty)를 되찾아 (…) 새로운 입법부의 설립에 의해 그들의 사회 안에 들어온 목적인 자기들의 안전과 안보를 챙길 권리가 있는 인민에게로 넘어간다.[328]

여기서 분명히 로크는 입법자들이 신탁을 파기할 시에 인민은 "그들의 원천적 자유를 되찾아 (…) 자기들의 안전과 안보를 챙길 권리가 있다"고 말하고 있다.

또한 로크는 입법부에 문제가 있을 때 입법부를 폐지하거나 변경하거나 새로 세울 수 있는 권력이 자연상태에서처럼 '개개인'의 수중에 권력이 남아 있다고 말하는 것은 아니지만 '인민'에게는 '남아있다'고 말한다.

---

328) Locke, *Two Treatises of Government*, Book II, Ch.19, §222 (412쪽).

- 그러나 입법권은 일정한 목적을 위해 행동하라는 피被신탁 권력일 뿐이므로, 인민이 입법권이 그들에게 맡긴 신탁과 배치되게 행동하는 것으로 느낄 "입법권을 제거하거나 변경할 최고권력은 인민에게" 여전히 남아있다(remain). 왜냐하면 한 목적을 달성하기 위해 신탁으로 주어진 모든 권력은 그 목적에 의해 제한되어 있기 때문이다. 그 목적을 명시적으로 소홀히 하거나 반대하면, 신탁은 반드시 몰수되어야 하고, 그 권력은 그것을 준 사람들의 수중으로 이양되고 그들은 그들이 그들의 안전과 안보(safety and security)를 위해 최선이라고 생각하는 곳에 그것을 새로이 두어도 된다. 이와 같이 공동체는 그들이 아주 어리석거나 아주 사악하여 신민의 자유와 고유소유(property)를 침범하는 계획을 수립하거나 수행할 때는 언제든 어떤 사람의, 심지어 자기들의 입법자들의 기도와 계획으로부터 자신을 구하는 최고권력으로 남아있다. 왜냐하면 어떤 사람도, 또는 어떤 사람들의 사회도 자기들의 보존이나 보존의 수단을 절대의지와 타인의 자의적 지배권에 넘길 권력이 없기 때문이다. 어떤 사람이든 그들을 그러한 노예적 상태로 집어넣으려고 할 때는 언제든, 그들은 결별할 권능이 없는 것을 보존하고 그들이 사회로 들어온 목적인 이 신성한 불변적 자기보존의 기본법을 침범하는 자들을 제거할 권리를 언제나 가지고 있을 것이다. 이와 같이 공동체는 이 관점에서 언제나 최고권력이라고 얘기되어도 된다. 그러나 어떤 형태의 정부 아래서든 고찰되는 바처럼 얘기되서는 안 될 것이다. 왜냐하면 인민의 이 권력은 정부가 해체될 때까지 결코 모습을 보이지 않기 때문이다.[329]

"신성한 불변적 자기보존의 기본법을 침범하는 자들을 제거할" 최고

---

329) Locke, *Two Treatises of Government*, Book II, Ch.13, §149 (367쪽).

권력은 인민에게 "남아 있고", 그러다가 정부해체 시에 언제나 등장하여 기존의 "어리석고 사악한" 정부를 제거하고 새 정부를 세운다.

따라서 인민이 국가에 "자연적 권력"을 양도할 때도 로크가 앞서 말한 대로 "모든" 권력을 양도하거나 자연적 자유와 평등의 권리들을 "몽땅" 양도하는 것이 아니라 기본적 권리와 권력을 개개인이나 인민의 수중에 '유보'해 둔다는 관념은[330] 그의 머릿속에도 잠복해 있는 것이다. 인간은 자연상태에서 자연법상으로 자기와 인류의 보존을 위해 온갖 방법을 다 쓸 자연적 자유와 권리가 있고, 사회와 국가를 구성하기로 합의하여 국가의 '자유 수호자' 역할을 믿고 국가에 자기의 자연적 자유와 권리를 양도하는 것도 그 '온갖 방법' 중에 하나라고 할 수 있다.

이렇게 보면, 이전에 양도된 자유를 '자유 수호'의 차원에서 다시 되찾을 기본적 권리를 행사하는 것은 자기와 인류를 보존하는 '온갖 방법' 중의 하나이고, 따라서 그 기본적 권리는 모든 개개인에게 '유보'되어 있을 수밖에 없는 것이다. 그러므로 로크는 불가피하게 다시 이렇게 덧붙인다.

- 자기들의 대표자들의 선출권을 그들의 고유소유(생명·자유·재산)를 지키는 울타리로서 자기들에게 유보해둔(reserved) 인민은 대표자들이 언제나 자유롭게 선출되고 그렇게 선출되면, 나라의 필요와 공공복리가 정밀조사와 성숙한 토론을 할 때 필요한 것으로 판단되는 대로 자유롭게 행동하고 조언하는 것 외에 다른 목적으로 그것(새로운 입법부의 설립)을 할 수 없을 것이다.[331]

---

330) 상론했듯이 이 권리와 권력은 개인의 수중에도 유보된다고 보는 것이 옳지만, 여기서 '개인수중'과 '인민수중을' 가르는 논의는 실익이 없다.
331) Locke, *Two Treatises of Government*, Book II, Ch.19, §222 (413쪽). 괄호는 인용자.

로크는 여기서 자기 입으로 인민은 "자기들의 대표자들의 선출권"을 그들의 생명·자유·재산을 지키는 울타리로서 "자기들에게 유보해두었다"고 언명하고 있다. 그는 이 언명으로 '모든' 자연적 자유권과 자연적 권력을 남김없이, 즉 유보 없이 "몽땅" 양도한다는 자신의 앞말을 스스로 부정하고 있다.

따라서 개인과 인류의 생존·번영·향유·친애·인애의 자연법과 이 자연법에서 도출되는 자연적 자유와 평등과 직결된 제반 자연권들은 근본적으로 국가 안에서도 타당한 효력을 가진다. 입법권의 한계에 관한 이 논의에 이르러서, 로크가 앞서 강하고 거칠게 제시한 이원적 자연·사회상태의 이론적 대립구조는 부지불식간에 붕괴되었다.

넷째, 로크는 『통치이론』의 뒷부분에서 혁명권(저항권)을 이론화하고 있는데, 이 과정에서 그는 국가통치권의 자연법적 한계를 암묵적으로 전제하고 인민의 혁명권의 정당성을 논증하고 있다. 치자를 존치시키거나 바꿀 인민의 권리는 상론했듯이 밀턴이 강조하던 바이고, 그로티우스와 라이프니츠도 인정한 권리이다. (이에 대해서는 다음 절節에서 상론한다.) 인민에게 혁명권과 저항권이 있다는 것은 인간들이 정치사회로 이행한 뒤에도 자기들의 자연적 자유와 자연적 권력의 '근본적' 부분을 자신들에게 '유보'해두고 있음을 함의하는 것이다.

결론적으로, 로크는 암묵적·무의식적으로, 또는 지나가는 말로 사회상태로 이행한 뒤에도 자연법과 자연적 자유·평등의 자연권이 효력을 가지는 것을 여러 가지로 인정했다. 이로써 그는 자연·사회상태의 이원적 대립을 부지불식간에 해소시키고 있다. 이 관점에서 보면 자연상태와 사회상태의 기초는 두 상태의 구별 없이 자연법과 자연권, 즉 인간본성의 자연적 자유와 평등이다. 따라서 모든 인간은 사회상태로의 이행 시에 "사회의 법률들"로 자기와 타인의 보존을 위한 권력과 이를 위한 '자연법적 자유'를 "가둬 차단하는 것(confine)"도 아니고, 처벌의 권력을 "몽땅" 양도하는 것도 아니고, 자연적 자유와 평등을 남김없이 양도하는 것도 아니다. 굳이 사회상태로의 이행이라는 틀로 사고한다면, 국가구성 시에 양도하는 것은 자연권의 '극히 작은' 부분일 뿐이다. 따라서 자연상태에서 사회상태로 이행한 뒤의 결과적 상황은 자연적 자유·평등과 관련된 자연권의 근본적·본질적 부분이 개개인과 백성의 수중에 '불가양의 권리들'로 유보되어 있거나 잔존한다고 정식화되어야 하는 것이다.

필자의 이런 해석에도 불구하고 인간들이 사회상태로 들어갈 때 처벌권력을 "몽땅" 양도한다거나, 자연법적 자유를 "가둬 차단한다", 또는 "인간들은 그들이 들어가는 사회에 그들의 '모든' 자연적 권력을 다 양도한다", "사회로 들어갈 때 그들이 자연상태에서 가졌던 평등·자유·집행권력(the equality, liberty, and executive power)을 포기해 사회의 수중에다 양도한다"는 등 그 자신의 '강하고 거친' 표현들 때문에 로크는 그의 책을 대충 읽었거나 대충 훑어본 독자들에게 '모든' 자연적 자유·평등권의 '전면적' 포기와 양도를 주장한 것으로 간주될 우려가 크다. 또 이렇게 읽힐 위험 때문에 일반 백성들에 대한 귀족적 군주국의 지나친 우월적 권력과 귀족주의적 자유를 정당화하려는 몽테스키외를 비롯한 보수반동의 무리들에게 이용될 위험도 다대했고, 몽테스키외는 실제로 맘껏 이용해 먹었던 것이다.

이런 위험 때문에 로크와 몽테스키외의 이론적·사상적 한계를 꿰뚫어 봤던 미국의 국부들은 인간들이 계약에 의해 자연상태에서 사회상태로 이행함에도 불구하고 잔존하는 인간의 불가양의 권리를 미국독립의 주요문서들 안에 활자로 명문화했던 것이다. 1776년 6월 12일 '만장일치'로 통과된 「버지니아 권리장전」의 제1조는 이 점을 분명히 한다.

- 모든 인간은 본성에 의해 평등하게 자유롭고 독립적이고(all men are by nature equally free and independent), 그들이 사회상태로 들어갈 때 어떤 계약에 의해서도 그들의 후손으로부터 박탈하거나 빼앗을 수 없는 일정한 생득적 권리들을 가지고 있다. 그 권리들은 말하자면 소유물을 획득·보유하고 행복과 안전을 추구·달성하는 수단들과 함께 생명과 자유의 향유다."[332]

제1조 명문 중 "사회상태로 들어갈 때 어떤 계약에 의해서도 생명과 자유의 향유를 (…) 그들의 후손으로부터 박탈하거나 빼앗을 수 없다"는 구절은 명백히 로크의 명시적 주장을 반박하기 위해서 쓰인 것이 거의 틀림없다. 특히 메이슨 초안에는 "사회상태로 들어갈 때(when they enter into a state of society)"라는 구절이 없었다. 그러나 의회의 초안검토위원회는 검토과정에서 이 구절을 집어넣었다.[333] "enter into society(civil society, one [a] community, or a commonwealth)"라는 표현은 『통치이론』에서는 22번이나[334] 사용된 로크 특유의 표현이다. 홉스는 『리바이어던』 전편에서 단 한 번도 이 표현을 사용하지 않았다. 따라

---

332) *Virginia Bill of Rights*. Article 1. That all men are by nature equally free and independent, and have certain inherent rights, of which, when they enter into a state of society, they cannot, by any compact, deprive or divest their posterity; namely, the enjoyment of life and liberty, with the means of acquiring and possessing property, and pursuing and obtaining happiness and safety.

333) 메이슨 초안의 해당 구절: "That all Men are born equally free and independant, and have certain inherent natural Rights, of which they can not by any Compact, deprive or divest their Posterity; among which are the Enjoyment of Life and Liberty, with the Means of acquiring and possessing Property, and pursueing and obtaining Happiness and Safety."

334) Locke, *Two Treatises of Government*, Book II, Ch.2, §14(277쪽); Ch.7, §88(324쪽); §89(325쪽); §93(328쪽); §94(329쪽); Ch.8, §99(323쪽); Ch.8, §119 (347쪽); Ch.8, §120(348쪽); Ch.8, §122(349쪽); Ch.9, §131(353쪽); Ch.11, §134(355쪽 2회); §136 (359쪽); §138(360쪽 3회); Ch.12, §145(365쪽); Ch.13, §149(367쪽); Ch.14, § 163(376·377쪽); Ch.19, §217(410쪽); §222(412쪽 2회); §226(415쪽); §243(427쪽).

서 버지니아 주 제헌의회의 검토위원회가 나중에 「버지니아 권리장전」 제1조에 "they enter into a state of society"라는 표현을 삽입한 것은 로크의 '자연권의 전면적 양도론'을 명백히 배격하려고 의도한 것으로 해석된다. 이런 점, 저런 점을 음미해 보면, 버지니아 제헌의회 의원들은 미국에 로크의 사회계약론이 미칠 악영향을 차단하려는 분명한 의도를 가졌던 것이 틀림없다.

아예 토머스 제퍼슨은 자신이 직접 기초하고 1776년 7월 28일 선포된 「독립선언문」에서 로크의 자유와 평등의 전면적 포기·양도론을 명시적으로 반박하기 위하여 1610-1620년대에 처음 채록된 프랑스어 "aliénable"의 부정 접두사 "un-"의 결합으로 만들어진 신조어 "unalienable(불가양不可讓의)"라는 단어를 채택했다. "우리는 만인이 평등하게 창조되었다는 이 진리, 만인이 창조주에 의해 일정한 불가양의 권리들(certain unalienable rights)을 부여받았다는 이 진리, 이 권리들 가운데 생명, 자유, 그리고 행복추구가 들어있다는 이 진리들을 자명한 것으로 여긴다."[335] 제퍼슨은 로크가 묵시적·무의식적·반反의지적으로 본의 아니게 인정한 자연적 평등·자유 등의 기본적 자연권들을 "일정한 불가양의 권리들"이라는 명확한 범주로 개념화하고 있다. 미국의 독립혁명가들은 이와 같이 로크가 앞문으로 명시적·의식적으로 추방했다가 암묵적·무의식적·반의지적으로 본의 아니게 뒷문으로 받아들인 '자연적 자유·평등'의 잔존이념을 "불가양의 권리들"로 규정하여 앞문으로 받아들이고, 공자와 중국으로부터 들어온 본래적 형태의 본성적·생득적 자유·평등과 가장 유사한 이념으로 복원해낸 것이다.

로크에 대한 미국 국부들의 이러한 명문적 반박은 종교의 자유와 관련

---

[335] "We hold these truths to be self-evident, that all men are created equal, that they are endowed by their Creator with certain unalienable rights, that among these are life, liberty and the pursuit of happiness."

해서도 마찬가지다. 제퍼슨은 가톨릭과 무신론자의 신앙과 양심의 자유를 부정한 로크의 제한적 관용론에 내포된 종파적 불관용의 극복을 제안했고,[336] 「버지니아 권리장전」은 제16조에서 무제한적 자유 수준의 보편적 종교자유와 보편적 관용을 못박고 있다.[337] 또한 제퍼슨은 로크의 귀족주의적 자연권 말살을 계승한 몽테스키외의 오류와 비일관성도 예리하게 지적하고 매섭게 비판했다.[338] 제퍼슨의 눈에 명예혁명 이래 확립된 영국 대귀족의 정치적 분권지배와 신분제를 "절제국가"의 삼권분립 체제로 찬양하는 몽테스키외는 귀족주의적 자유와 평등을 수호하려는 '최후의 반동'을 전개한 귀족제도의 '후위(rear guard)'로 비쳐졌다. 이런 까닭에 제퍼슨은 1770-1780년대에 몽테스키외를 비판하는 콩도르

---

336) Thomas Jefferson, "Notes on Religion" Oct. 1776), 267쪽. *The Works of Thomas Jefferson*, vol. 2 (Correspondence 1771-1779, Summary View, Declaration of Independence) Collected and Edited by Paul Leicester Ford] (New York and London: The Knickerbocker Press, 1904. 2019 Liberty Fund).

337) Article 16. That religion, or the duty which we owe to our Creator and the manner of discharging it, can be directed by reason and conviction, not by force or violence; and therefore, all men are equally entitled to the free exercise of religion, according to the dictates of conscience; and that it is the mutual duty of all to practice Christian forbearance, love, and charity towards each other.

338) 제퍼슨은 "몽테스키외가 더 전제적이라고 생각한 터키에서는 반란이 일상사"라고 말하며 그의 이론적 오류를 꼬집는다. Thomas Jefferson, "To James Madison" (Dec. 20, 1787 Paris), 374쪽. *The Works of Thomas Jefferson*, vol. 5 (Correspondence 1786-1789), collected and edited by Paul Leicester Ford (New York and London: The Knickerbocker Press, 1904; Liberty Fund: 2019). 또 1790년 제퍼슨은 당시 22세의 청년 랜돌프에게 『법의 정신』을 경계하라는 가르침을 준다. "통치의 과학에서 몽테스키외의 『법의 정신』이 일반적으로 권해진다. 이 책은 진짜 아주 수많은 정치적 진리를 담고 있다. 그러나 마찬가지로 수많은 이설(異說)도 담고 있어서, 독자는 항상 경계해야 한다. 몽테스키외의 절친한 친구이고 몽테스키외가 저 책을 출간하기 전에 자문을 구한 엘베시우스의 한 편지가 출판되었다. 엘베시우스는 그에게 그 책을 출판하지 말라고 조언했다. 그리고 친구에게 보낸 이 편지에서 그는 우리에게 이 책 속에서 발견되는 진리와 오류의 혼재상태에 하나의 해법을 주고 있다." Thomas Jefferson, "To Thomas Mann Randolph" (May 30, 1790, New York), 63쪽. *The Works of Thomas Jefferson*, vol. 5.

세·엘베시우스·데스튀트 드 트라시(Destutt de Tracy) 등 세 명의 프랑스 철학자의 논문을 영역해 출판했던 것이다.[339]

 이로써 미국혁명은 로크와 몽테스키외의 귀족주의적 정치이론도 명시적으로 배격한 것이다. 지모가 모자란 적잖은 학자들이 미국혁명을 로크와 몽테스키외의 사상이 반영된 혁명으로 오해해 왔다. 하지만 뒤에 더 상론하듯이 미국혁명은 실은 명예혁명에 갇히고 매몰된 로크와 몽테스키외에 대항한 반反로크·반反몽테스키외 혁명이었다.

---

339) Antoine Louis Claude, Comte Destutt de Tracy, Thomas Jefferson (trans.), *A Commentary and Review of Montesquieu's 'Spirit of Laws'* (Philadelphia: Printed by William Duane, 1811).

제7절

로크의 유교적·근대적 혁명이론

로크는 혁명이론을 전개했는데, 로크 사상의 유교적 성격은 이 혁명이론에서 자연적 자유·평등론에서만큼이나 뚜렷하다. 그러나 그는 혁명권을 유교적 반정·혁명론에 비해 아주 좁게 제한했다.

7.1. 로크의 홉스적 안보국가관과 혁명론의 축소·왜곡

로크는 공맹의 반정反正·혁명론에 입각한 중국의 수많은 역성혁명으로부터 영향을 받은 뷰캐넌·수아레스·그로티우스·밀턴 등의 종교적·세속적 폭군방벌론을 계승해서 혁명권(저항권) 이론을 전개했다. 그러나 그가 정당화하는 저항과 혁명의 이유는 공맹의 반정·혁명론에 비하면 아주 협소하고 제한적이고 종교적으로 왜곡되었다.

■ 유교적 역성혁명론과 로크 혁명론 간의 긴밀한 연관성

로크의 혁명이론을 깊이 이해하기 위해 공자와 맹자의 반정反正·역성혁명론을 되돌아보자. 공자는 『서경』에서 반정과 역성혁명의 사례를 여러 가지 소개하고 있다. 첫 번째 사례는 하나라 태강太康 황제(재위 기원전 1983-1954)를 방벌한 반정 사건이다. 『서경』 「하서·오자지가五子之歌」는 태강의 타도에 대해 이렇게 적고 있다.

- 태강이 나라를 잃고 동생 다섯이 낙수의 물굽이에서 기다리며 오자지가를 지었다. 태강은 높은 지위에 앉아 자기 직무를 하지 않고 안일하게 즐기며(尸位以逸豫) 덕을 망쳤다. 백성들은 모두 두 마음을 갖게 되었으나, 그는 무절제하게 즐기며 놀았다. 어느 날은 낙수의 남쪽으로 사냥 가서 백날이 되어도 돌아오지 않았다. 그리하여 궁窮나라의 제후 예羿가 백성들이 견디지 못함으로 말미암아 황하에서 길을 막아 버렸다. 그의 다섯 동생들은 어머니를 모시고 따라갔다가 낙수의 북쪽 물굽이에서 그를 기다렸다. 다섯 동생들은 다 원망하며 우임금의 훈계를 노래로 지어 불렀다.[340]

태강은 하나라의 제3대 국왕이다. 그는 29년 동안 재위하는 동안 매일 사냥에만 몰두하여 정사는 뒷전이었기 때문에 궁나라 제후 후예后羿에 의해 방벌당했다. 그가 죽은 후 왕위는 그의 동생 중강이 계승했다. 제후 예羿가 백성을 대표해 태강에 대해 감행한 반정의 이유는 태강의 "시위이안예尸位以逸豫", 즉 "높은 지위에 앉아 자기 직무를 하지 않고 안일하게 노는 것"이다. 상론했듯이 마르티노 마르티니는 1659년의 『중국기

---

[340] 『書經』 「夏書·五子之歌」: "太康失邦 昆弟五人 須于洛汭 作五子之歌. 太康尸位以逸豫 滅厥德. 黎民咸貳 乃盤遊無度 畋于有洛之表 十旬弗反. 有窮后羿 因民弗忍 距于河. 厥弟五人 御其母以從 徯于洛之汭 五子咸怨 述大禹之戒以作歌."

(*Sinicæ Historiæ*)』에서 이 반정사건을 "태강황제가 그의 악덕으로 인해 퇴위를 당했다"고[341] 설명했다.

그런데 왕좌를 탈취한 뒤 제후 예도 또한 태강처럼 나라 일을 내팽개쳐 두고 자신의 궁술을 자랑하며 사냥에 빠져 돌아다니다가 한寒나라 군주 착浞의 아들에게 살해당한다.『춘추좌씨전春秋左氏傳』은 예의 반정에서부터 하 왕조의 소강少康과 저杼가 착의 두 아들을 격파해 왕권을 되찾고 태강의 동생 중강仲康이 보위를 오르기까지의 과정을 소상하게 전해주고 있다.[342]

로크는 그의 도서목록에서 확인했듯이 마르티니의『중국기』를 읽었다. 따라서 로크는 마르티니를 통해 이 태강 황제 방벌사건을 알았고,『서경』「하서」에 실린 하夏나라 태강 황제의 다섯 동생 중 제일 큰 동생(중강)의 '오자지가'와 여기에 담긴 "민유방본民惟邦本"의 의미도 잘 알았을 것이다. 마르티니는 제일 큰 동생의 시문을 이렇게 번역하고 있다. "*Hunc[Populus] enim regni radicem esse, cujus robore & constantia regni quoque firmitatem niti*(백성은 나라의 근본이기에, 이 근본의 공고성과 항구성에 국가의 안정성도 달려 있도다)."[343] 마르티니는 태강 방벌의 혁명사와 민본주의의 핵심논지를 나름대로 정확하게 전하고 있다. 따라서 마르티니의『중국기』를 읽은 로크는 번역문에 담긴 민본주의 사상과 중국의 혁명사를『통치이론』을 쓸 당시에 이미 잘 알고 있었다. 따라서『서경』의 민본주의 이념과 백성에 의한 태강방벌의 역사적 사실은 바로 16세기 이래 중국의 정치문화적 영향 하에 발전된 유럽의 왕권민수론(국민주권론), 군주정의 외피를 쓴 서구의 '귀족공화정의

---

341) Martinius, *Sinicæ Historiæ*, 41-42쪽. 이것은 퍼시의 영역문을 국역한 것이다. Percy, *Hau Kiou Choaan*, Vol. 4, 'Fragments of Chinese Poetry I. Elegiac Verses', 225쪽.
342) 『春秋左氏傳』「襄公四年」과 「哀公一年」. 다음도 참조: 김현자, 「고대 중국의 겨울 생활상」, 『종교와 문화』제39호(2020), 62쪽.
343) Martini, *Sinicæ Historiæ*., 42쪽. Percy, Hau Kiou Choaan, Vol. 4,, 225-226쪽.

민주화', 그리고 인민혁명론(저항권론)의 탄생과 발전을 뒷받침해준다. 그러나 로크는 공자의 '민본주의'와 귀천 없는 중국의 자유·평등사회를 잘 알고 있었지만 인민의 범위를 '자유인(freemen)'으로 한정하고 노예·예농·임금노동자·부랑자를 인민의 범주에서 제외시키는 신분제적 헌정체제에 굴복하고 말았다.

상론했듯이 『서경』은 천자가 직무를 유기하고 방탕하게 노는 제후를 타도한 사건도 소개하고 있다. 하나라 제4대 황제 중강仲康은 윤胤나라의 제후(胤后)에게 명해 희羲씨와 화和씨를 타도했다. 『서경』의 「하서·윤정胤征」은 희·화씨를 타도한 이유를 이렇게 적고 있다. "희·화씨는 그들의 덕을 엎어버리고 술에 빠져 어지러워져 관직을 등지고 숙소를 떠나 천기天紀를 어지럽히고 관아를 멀리하였고, 늦은 가을 월삭月朔에 해와 달이 방에 모이지 않았을 때 소경이 북을 치고 하급관리들은 제멋대로 굴고 백성들은 달아났으나 희·화씨는 관직에 앉아서 직무를 하지 않고 듣고 아는 것이 없고 천상天象에 어둡고 흐리멍덩하여 선왕이 주살할 짓을 범했다."[344] 여기서 희·화씨를 타도한 이유는 "반관이차畔官離次(관직을 등지고 숙소를 떠남)" "하기궐사遐棄厥司(관아를 멀리함)", "시권관尸厥官(관직에 앉아서 직무를 하지 않음)"으로 요약된다. 한마디로, "시관尸官"이다. 이것은 태강에 대한 반정의 이유("시위尸位")와 거의 동일하다.

또 『서경』은 은나라 탕湯 임금이 하나라 걸桀왕을 타도한 역성혁명과 관련된 혁명선언문 「탕서湯誓」도 전하고,[345] 탕 임금의 재상 이윤伊尹이 무도한 태갑太甲 임금(은나라 2대 황제)을 탕 임금의 무덤이 있는 동桐 땅에 유폐했다가 3년 뒤 태갑이 뉘우치자 왕위에 복위시킨 방벌 사건도 다

---

344) 『書經』「夏書·胤征」: "惟時羲和 顚覆厥德 沈亂于酒 畔官離次 俶擾天紀 遐棄厥司 乃季秋月朔 辰弗集于房. 瞽奏鼓 嗇夫馳 庶人走. 羲和尸厥官 罔聞知 昏迷于天象 以干先王之誅."
345) 『書經』「商書·湯誓」.

루고 있다.[346] 또한 기주岐周의 무왕武王이 은나라 주왕紂王를 타도한 역성혁명에 관련된 무왕의 혁명선언문「태서泰誓」와「목서牧誓」도 자세히 전하고 있다.[347]

공자는『역경』「택화혁澤火革·단전象傳」에서 탕왕과 무왕이 걸주桀紂를 타도한 역성혁명을 "탕무혁명湯武革命"을 부르고, "하늘에 순응하고 사람들에게 호응했으니 혁革의 때는 위대할 따름이로다(順乎天而應乎人 革之時大矣哉!)"라고 해설하여 탕무혁명에 정당성을 부여했다.[348] 그리고『대학』에서는 걸주의 폭정과 탕무혁명을 논하고 있다. 공자는 일단 은혜로운 임금을『시경』에서 "백성의 부모(民之父母)"라고 부르는 것을 상기시키며 그 의미를 새긴다.

- 『시경』에서 '즐거울사 군자님은 백성의 부모일세'라고 노래한다. 백성이 좋아하는 것을 좋아하고 백성이 싫어하는 것을 싫어하니, 이를 일러 백성의 부모라고 한다.[349]

그리고 나서 공자는 이에 직결시켜 "백성이 좋아하는 것을 좋아하고 백성이 싫어하는 것을 싫어하는" 인정仁政을 등진 편벽된 위정자의 혁명적 처형을 말한다.[350]

공자에 의하면, "사람들의 임금이 되어서는 인仁에 살아야 한다(爲人君 止於仁)."[351] 그러므로 임금과 위정자는 항상 백성을 '백성의 부모'처

---

346) 『書經』「商書·伊訓」.
347) 『書經』「周書·泰誓(上·中·下)」 및「牧誓」).
348) 『易經』「澤火革·象傳」.
349) 『大學』(傳10章). "詩云 樂只君子 民之父母. 民之所好 好之 民之所惡 惡之 此之謂民之父母."
350) 『大學』(傳10章): "위정자는 신중하지 않을 수 없느니, 편벽되면(허물이 있으면) 천하에 의해 죽임을 당한다(有國者 不可以不愼, 辟則爲天下僇矣)."
351) 『大學』(傳3章).

럼 인애하는 인자仁者이어야 한다. 불인不仁한 군주는 편벽한 폭군이다. 폭군은 태강이나 희·화씨처럼 음주·음행·사냥에 빠져 '백성의 부모'로서의 직무를 소홀히 하거나(시위시관尸位尸官하거나) 태갑과 걸왕桀王처럼 무도해서 백성의 자유와 평등을 유린하고 백성을 궁핍과 도탄에 빠뜨리거나 주왕紂王 수수受처럼 인의仁義를 유린하고 백성과 신하를 함부로 학살하는 '잔적자殘賊者'를 말한다. 이런 '불인불의不仁不義한 잔적자'는 천하에 의한 방벌과 처형을 면치 못한다. 여기서 위정자를 타도하는 반정과 혁명의 이유는 ① 시위시관尸位尸官(직무유기), ② 백성의 탄압과 궁핍화, ③ 치자의 도덕적 타락과 전적殘賊(인의의 유린) 등으로 나타나고 있다.

공자는 『대학』에서 "편벽되면 천하에 의해 죽임을 당한다(辟則爲天下僇矣)"는 말로[352] 백성들에 의한 '폭군방벌'을 언명하고, 이것으로 하나라의 걸과 은나라의 주에 대한 역성혁명을 뜻하고 있다. 걸과 주가 명령하는 바가 백성이 좋아하는 것에 반해서 "백성이 따르지 않았다"는 말은[353] 백성이 두 폭군에게 등을 돌렸고 탕왕과 무왕이 그들을 타도한 역성혁명을 함의한다.

맹자는 반정과 혁명 시의 폭군살해를 '시군弑君(regicide)'이 아니라 잔적殘賊한 필부匹夫에 대한 주살, 즉 살인을 저지른 "일개 사내(一夫)의 처형에 지나지 않는 것으로 규정한다.[354] 잔적한 폭군은 민중에게 버림받은 "일개 사내", 즉 백성에게 죄를 지은 일개 죄인에 지나지 않는다.

---

352) 『大學』(傳10章).
353) 『大學』(傳9章): "걸과 주가 폭정으로 천하를 통솔統帥하자 백성이 그들을 따랐으나, 그들이 명령하는 바가 백성이 좋아하는 것에 반해서 백성이 따르지 않았다.(桀紂帥天下以暴而民從之 其所令 反其所好 而民不從.)"
354) 『孟子』「梁惠王下」(2-8): "인(仁)을 해치는 것은 '적(賊)'이라고 하고, 의(義)를 해치는 것은 '잔(殘)'이라고 한다. 잔적인(殘賊人)은 '일개 사내'라고 한다. 일개 사내 주(紂)를 주살(誅殺)했다는 소리는 들었으나 시군했다는 소리는 듣지 못했다.(賊仁者謂之賊 賊義者謂之殘. 殘賊之人謂之一夫. 聞誅一夫紂矣 未聞弑君也.)"

또 맹자가 이 말을 하기 훨씬 전인 무도혁명武道革命에서 무왕은 주紂를 "외톨이 사내(獨夫)"라 칭했었다.[355]

상론했듯이 맹자는 이 혁명적 폭군방벌을 왕을 갈아 치워 사직과 백성을 구하는 '반정反正'과, 사직까지 갈아 치우고 새 나라를 세우는 '역성혁명易姓革命'으로 구분해서 좀 더 자세히 부연했다.[356] '사직'은 나라를 말한다. 여기서 희·화씨처럼 제후가 나라를 위태롭게 하면 제후를 갈아치워" 나라와 백성을 구하는 것은 단순히 폭군을 타도하는 '반정反正'이다. 즉, '폭군방벌'이다. 반면, 극진한 제천祭天에도 불구하고 (치수治水에 게을러서) 잦은 가뭄과 큰물로 백성의 생계가 위협받고 백성이 도탄에 빠져 민심이 흉흉해지면 만백성은 천명이 바뀐 것으로 알고 나라를 갈아치우고 새 나라를 개국해 백성을 구한다.

"희생이 성숙했고 기장과 피가 깨끗했고 제사의 때를 맞췄어도 날이 가물고 물이 넘치면 사직을 갈아치운다"는 말은 천재天災를 구실로 나라를 무너뜨리는 미신적 이데올로기가 아니라, 무능·패덕·패륜한 임금의 타도를 말하는 것이다. 극진한 제사에도 불구하고 한발과 큰물이 빈발해 백성이 도탄에 빠졌다는 것은 임금이 무능·패덕하거나 패륜에 빠져 놀다가 치수·수리사업을 게을리하거나 잘못해서 한발과 큰물이 빈발했고 도로·항만과 운하를 건설·보수·확장하고 농사기술을 보급하고 지도하는 식산흥업 정책을 게을리하거나 잘못해서 백성이 도탄에 빠졌다는 것을 뜻한다. 국가가 태만·무능하거나 무사안일하지 않다면 한발과 큰물 같은 천재天災도 얼마든지 극복할 수 있다. 그러나 임금이 무능·패덕·패륜으로 스스로 국무를 포기하고 재앙을 불러들이면 망국을 면할 수 없

---

355) 『書經』「周書·泰誓下 第三」.
356) 『孟子』「盡心下」(14-14): "제후가 사직을 위태롭게 하면 제후를 갈아치운다. 희생이 성숙했고 기장과 피가 깨끗했고 제사의 때를 맞췄어도 하늘이 가물고 물이 넘치면 사직을 갈아치운다.(孟子曰 [...] 諸侯危社稷 則變置. 犧牲旣成 粢盛旣絜 祭祀以時 然而旱乾水溢 則變置社稷.)"

다. 이윤은 은나라 태갑 황제에게 말한다. "하늘이 재앙을 일으키면 오히려 피할 수 있으나 스스로가 재앙을 일으키면 면할 수 없다.(天作孼猶可違 自作孼不可逭.)"[357]

따라서 이런 인재人災(무능과 패덕·패륜)로 인해 식산흥업이나, 천재天災(거듭되는 가뭄과 홍수)를 막을 치수治水사업에 실패할 경우에 백성은 민유방본의 주권자로서 나라를 무너뜨리고 새 나라를 세운다. 이것이 왕조를 교체하는 민본주의적 '역성혁명'이다. 이같이 왕조(사직)를 변치變置함으로써 새 나라를 새로 세워 백성을 구하는 '혁명'은 한 임금을 갈아치워 나라(사직·왕조)와 백성을 구하는 '반정'과 구별된다.

따라서 공맹의 경우에는 반정과 혁명의 대상이 잔적한(인의를 해친) 폭군의 폭정만이 아니라 세상물정에 어둡고 무능한 암주나 패륜적 혼주昏主로까지 확대된다. 나라의 안전과 안보를 확보하지 못하여 백성의 생명·자유·재산을 침탈과 외침으로부터 지켜주지 못하는 악정惡政, 그리고 스스로 백성의 이 생명·자유·재산을 침탈하는 잔적한 폭정으로 백성의 식산흥업(경제·산업·기술진흥)·민생·교육복지와 민복의 증진을 해쳐서 백성들을 경제적·문화적·도덕적으로 피폐시키는 난정亂政, 치자 자신의 도덕적 문제(황음荒淫·무도·패덕) 및 지성적 문제(무능·정신박약)까지도 그 반정과 혁명의 이유가 된다. 따라서 유교적 반정·혁명의 이유는 아주 폭넓다.

그런데 뷰캐넌의 폭군방벌론을 공격한 단호한 왕권신수론자 윌리엄 바클레이(William Barclay)는 비록 전투적 왕권신수론자였을지라도 왕이 왕의 자격을 갖추지 못했을 정도로 실격이라서 '일개 사인'이 전락하는 경우에 이에 저항하는 신민이 왕을 타도할 수 있다고 말했다. "그러므로 인민은 왕이 그를 왕이기를 그치게 만들 어떤 짓을 하지 않는 한 왕을

---

357) 『書經』「商書·太甲中第六」.

좌지우지할 권력을 획득할 수 없다. 그럴 때(그런 짓을 해서 왕이기를 그칠 때) 왕은 그의 왕관과 존엄을 다 벗어던지고 여느 일개 사인(*a private man*)으로 돌아가고, 인민은 자유로워지고 우월해지기 때문이다."[358]

그로티우스도 왕권신수론자조차도 뷰캐넌에 대한 반박 속에서 논리적으로 불가피하게 인정한 왕권의 실격과 '일개 사인'으로의 왕의 추락에 관한 논의에서 바클레이의 이 "일개 사인"이라는 표현을 말없이 따와서 이렇게 말한다. "왕이나 다른 치자가 통치를 포기하거나 명백하게 방기하면 그 시각부터 우리는 여느 사인私人(any private Man)에게 하는 것과 동일한 것을 그에게 해도 된다."[359] 그로티우스는 사인이 비방·매도당해서는 아니 되듯이 백성이 저항해야 할 폭군이더라도 적어도 '매도'당해서는 아니 된다고 주장할지라도 폭군을 "여느 사인(*any private Man*)"으로 대해도 된다고 말하고 있다. 이 경우의 "*private Man*"에는 '개인·민간인'이라는 뜻과 '외톨이', '자기 혼자인 사람'이라는 뜻이 둘 다 들어있다. 따라서 그로티우스가 『전쟁과 평화의 법』에서 폭군의 비방과 매도를 부정하면서도 이와 동시에 폭군을 이렇게 "여느 사인"으로 부른 것은 폭군이 살인범죄를 저지른 경우에 그를 '여느 사인'으로 취급해 처형할 수 있다는 논리를 암암리에 내포하고 있다. 따라서 바클레이와 그로티우스의 "여느 사인" 규정은 "외톨이 사내(獨夫)"라는 무왕의 표현이나, 이를 수용해 인의를 해친 잔적殘賊한 폭군을 '나라의 근본(邦本)'인 백성을 범한 '일개 사내(一夫)'로 부른 맹자의 표현과 아주 흡사하다. 그

---

358) Guilelmi Barclaii(William Barclay), *De Regno et Regali Potestati adversus Buchannaum, Brutum, Boucherium et reliquos Monarchomachos* (Paris: 1600), Lib. 3. c. 16. 여기서 로크의 영역문을 활용했음: Locke, *Two Treatises of Government*, Bk.II, Ch.19, §237 (423쪽). 괄호는 인용자.
359) Hugo Grotius, *The Rights of War and Peace*. Edited and with an Introduction by Richard Tuck, From the Edition by Jean Barbeyrac (London: Printed for W. Innys and R. Manby, and P. Knapton, 1738; Liberty Fund, Inc., 2005), 373쪽(Book I, Chapter iv, Section viii).

로티우스의 저항권론을 추종한 라이프니츠는 "나는 사람들이 죽이는 것 외에 달리 그를 중지시키는 것이 불가능하다면 그를 죽여서라도 그를 중지시킬 권리가 있을 것이라고 확신한다"고 언명하고, "이런 유형의 인간을 거의 일개 난폭자(a wild man)처럼 대해야 한다"고[360] 말한다. 그가 "외톨이 사내"라는 무왕의 표현과 "일개 사내'라는 맹자의 명제를 모방했는지, 그로티우스의 표현을 모방했는지, 둘 다 참고했는지 정확히 알 수 없다.

그런데 로크의 "a single private person(일개 외톨이 사인)이라는 표현은 무왕의 "외톨이 사내(獨夫)"라는 표현을 모방한 것이 틀림없어 보인다. "a single private person"의 'single'이 "독부獨夫"의 '독獨'자의 의미와 아주 근사해서 '독獨'자의 영역으로 보이기 때문이다. 로크는 "대표기능과 공적 의지를 버리고 자기의 사적 의지에 의해 행동함"으로써 "스스로를 격하시켜 복종을 요구할 어떤 권리를 가진 권력도, (공적) 의지도 없는 최고통치권자"를 "a single private person"이라고 불렀다.[361] 그런데 로크의 이 "a single private person"이라는 표현은 무왕의 "외톨이 사내(獨夫)", 맹자의 "일개 사내(一夫)", 바클레이와 그로티우스의 "*any private man*"의 표현을 둘 다 합친 것 같다. 특히 로크가 바클레이와 그로티우스의 표현에다 굳이 "*single*"을 추가한 것은 무왕의 "외톨이 사내"의 의미를 담으려고 한 것이 거의 틀림없다. 그는 『서경』의 일부 내용과 맹자철학을 서구에 최초로 소개한 마르티니의 『중국기』를 읽었기 때문이다.

'방본邦本'(나라의 주인)인 '백성'을 탄압·학살하고 직무유기로 백성을 궁핍화시킨 잔적·패덕하거나 무능하거나 패륜적인 폭군·암군·혼군을

---

360) Leibniz, "Excepts from Letters to Landgraf Ernst of Hesse-Rheinfels" [1683-1691], 187쪽.
361) Locke, *Two Treatises of Government*, Bk.II, Ch.13, §151 (368쪽).

'독부獨夫' 또는 '일부一夫'로 보고 주살하는 것은 "시군弑君"이 아니라, 범죄자에 대한 정의 사법司法행위인 것이다. 폭군에 대한 규탄과 주살에 대한 백성의 혁명적 권리는 백성이 인애 의무를 위배한 불인자 폭군에 대한 충성을 당연히 철회하고 그에게 저항할 권리에 맞닿아있다. 이 저항의 권리는 백성에 대한 임금의 인애 의무와 임금에 대한 백성의 공경(충성)의무의 쌍무관계로부터 도출되는 것이다.

그러나 주지하다시피 맹자는 '잔적한 일개 사내'도 백성이 떼로 몰려가 사법적 판단과 절차도 없이 주살하는 우중愚衆의 소위 '인민재판'과 폭민暴民의 '떼거리정치'를 부인했다. 맹자는 우중과 폭민이 설치기 쉬운 혁명의 와중에도 아무나 폭군을 방벌할 수 있는 것이 아니라 '천리天吏'(하늘의 관리)만이 그럴 수 있다고 말한다.[362] 하늘처럼 무친無親하고 백성의 마음처럼 무상한 마음을 가진 '천리'는 옥석을 가리지 않고 다 태워버릴 것 같이 사나운 불 같은 지도자가 아니라, 위엄으로 폭군괴수를 방벌하지만 괴수와 양민을 가리고 옛것과 새것을 가려 옛것을 새것으로 바꾼다. 『서경』「하서·윤정胤征」에서 윤후胤后는 말한다. "저 괴수들을 섬멸하되, 위협에 따른 자들을 다스리지 않고, 구태의 오염과 더러운 풍속만을 다함께 유신한다."[363]

인의仁義를 해치는 '잔적한' 군주를 "위협에 어쩔 수 없이 따른 자(脅從者)"와 구분하여 전자를 죽이고 후자들을 살리고 "구태의 오염과 더러운 풍속"을 미풍양속과 명변하여 구태와 오속汚俗을 혁신하기 위해 맹자는 천리가 직접 '외톨이 사내' 폭군을 '죽이는' 것이 아니라, 천리의 명령 하에 폭군을 심판하고 처형하는 사법적 임무를 "사사士師", 즉 전문적 사

---

362) 『孟子』「公孫丑下」(4-8): "彼如曰 孰可以伐之? 則將應之曰 爲天吏 則可以伐之.(만약 심동[沈同]: 제나라 대신]이 "누가 그 나라(연나라)을 방벌해도 되나"라고 물었다면, 나는 "천리[天吏]라면 그것을 방벌해도 된다"고 응답했을 것이다.)"
363) 『書經』「夏書·胤征」: "殲厥渠魁 脅從罔治 舊染汙俗 咸與惟新."

법관에게 위임해야 한다고 천명했다.³⁶⁴⁾ 여기서 맹자는 명시적으로 소위 '인민재판'이라는 혁명적 '떼거리정치'를 배제하고 폭군을 처리할 혁명재판과 전문적 사법관을 염두에 두고 있다.

그렇다면 혁명재판의 사법관을 임명할 수 있는 '천리'란 누구인가? 상론했듯이 맹자는 천리를 들녘 백성의 민심을 얻어 천하에 적이 없고 혁명 후에 왕위에 오를 '혁명적 지도자'로 규정했다. 민심을 얻어 천하무적이 되게 하는 것은 역시 지도자의 인애심과 인애정치다. 맹자는 "무릇 나라임금이 인을 좋아하면 천하무적이다(夫國君好仁 天下無敵)"라고 한 공자의 말을 인용해 "오늘날 천하에서 적을 없애고자 하면서 인을 쓰지 않는다면 이것은 뜨거운 것을 쥐고서 물로 씻지 않는 것과 같다(今也欲無敵於天下而不以仁 是猶執熱而不以濯也)"라고 갈파한다.³⁶⁵⁾ 역으로 인仁으로써 정사를 보면 천하에 적이 없어진다. 그래서 "인자는 무적인 것이다(仁者無敵)".³⁶⁶⁾ 그리하여 맹자는 '천리'를 '천하무적자'로 정의한다. "천하에 적이 없는 자가 천리다.(無敵於天下者 天吏也)"³⁶⁷⁾

그러므로 맹자에 의하면 천하무적의 인자로서 '천리'가 주도하는 혁명은 '무혈혁명'일 수밖에 없다. "인인仁人은 천하에 적이 없으니 지극한 인(至仁)으로써 지극한 불인(至不仁)을 벌伐하는데 어찌해서 방패를 떠

---

364) 『孟子』「公孫丑下」(4-8): "今有殺人者 或問之曰 人可殺與? 則將應之曰 可. 彼如曰 孰可以殺之? 則將應之曰 爲士師 則可以殺之.(지금 살인자가 있어 어떤 사람이 "이 자를 죽일 수 있는가"라고 묻는다면 나는 "그렇다"고 대꾸할 것이다. 그러나 "누가 그를 죽일 수 있는가"라고 그가 묻는다면 나는 "사사士師라면 그를 죽일 수 있을 것이다"라고 대꾸할 것이다.)" 참고로, 국역본 성서는 맹자의 이 '사사'라는 말을 따서 '재판관이 다스리던 시대의 기록'을 "사사기"로 국역했다.
365) 『孟子』「離婁上」(7-7).
366) 『孟子』「梁惠王上」(1-5).
367) 『孟子』「公孫丑上」(3-5). 그러나 『서경』에서는 '천리(天吏)'를 '천자의 관리' 즉 '제후'의 뜻으로도 쓰는 경우도 있다. 가령 다음을 보라. "불이 곤륜산 등성이를 불태우면 옥석을 가리지 않고 둘 다 불사른다. 천자의 관리의 실덕한 행동은 이 사나운 불보다 더 뜨겁다. (火炎崑岡 玉石俱焚. 天吏逸德 烈于猛火.)" 『書經』「夏書·胤征」.

내려 보낼 정도로 피가 흐르겠는가?"[368] 그리하여 맹자는 인덕을 갖춘 천하무적의 천리가 '천하를 바로잡는' 혁명적 정벌은 살상을 거의 수반하지 않는 무혈혁명이라고 말한다.[369] 이 말을 뒤집으면, 혁명적 봉기의 시점은 혁명의 분위기가 천하무적의 천리와 고독한 '일개 사내' 폭군과 백성의 관계에서 우적이 분명하게 갈릴 정도로 성숙할 때까지, 그리하여 백성의 입에서 이구동성으로 "바꾸자는 말이 세 번이나 나와서 믿고 따르는 자들이 생길(革言三就 有孚)" 때까지[370] 기다려야 함을 함의한다.

공자와 맹자는 국가의 백성(신하와 신민)이 군주를 충성으로 보필하는 공순한 신하일 뿐만 아니라 군주에게 충간忠諫하고 이 충간을 듣지 않으면 죽음으로 절개를 다하는 신하이어야 한다고 주장했다. 그러나 공맹은 충간을 듣지도 않고 절개를 다해도 바로잡을 수도 없는 잔적한 폭군을 당해서는 백성이 '천리'를 앞세워 이 폭군을 방벌·주살할 수도 있는 '주권자'임을 이렇게 정교하게 논했던 것이다.

■ 로크의 안보국가관과 혁명이유의 축소와 왜곡

공자와 맹자의 혁명론은 로크의 근대적 혁명이론에 지대한 영향을 미쳤다. 하지만 로크는 백성 개개인의 복지와 행복을 국가목적에서 배제

---

368) 『孟子』 「盡心下」(14-3): "仁人無敵於天下 以至仁伐至不仁 而何其血之流杵也?"
369) 『孟子』 「盡心下」(14-4): "孟子曰 有人曰 我善爲陳 我善爲戰. 大罪也. 國君好仁 天下無敵焉. 南面而征 北狄怨 東面而征 西夷怨 曰 奚爲後我? 武王之伐殷也 革車三百兩 虎賁三千人. 王曰 無畏! 寧爾也 非敵百姓也. 若崩厥角稽首. 征之爲言正也 各欲正己也 焉用戰?(나는 진을 잘 친다, 나는 전쟁을 잘한다"는 말하는 사람은 큰 죄가 있다. 나라임금이 인仁을 좋아하면 천하에 적이 없을 따름이다. 임금이 남쪽으로 정벌하면 북적[北狄]이 원망하고 동쪽으로 정벌하면 서이[西夷]가 "왜 우리가 뒤냐"라고 원망한다. 무왕이 은나라를 정벌할 적에 혁거가 300량, 호랑이 같은 용사가 3,000명밖에 되지 않았다. 무왕이 "두려워하지 말라! 너희를 평안케 할 것이고, 백성을 적으로 삼지 않는다"라고 하니 그 이마를 떨고 머리를 조아렸다. '정[征]'은 '정[正]'이다. 각자가 자기를 바로잡고 싶어 하는데 전쟁을 어디다 쓸 것인가?)"
370) 『周易』 「第四十九 澤火革」의 3효 효사.

하는 플라톤적·홉스적 안보·야경국가 개념에 사로잡혀 위정자와 국가의 혁명적 전복의 이유를 인민의 노예화(인민의 생명·자유·재산의 박탈·파괴)와 외적에 대한 국가의 양도(직권남용·직무유기에 의한 이적·외환의 죄)로 한정했다. 따라서 공맹이 중시한, 위정자의 정책적 태만과 직무유기로 인한 가뭄과 홍수의 빈발 및 이로 인한 백성의 궁핍과 도탄, 한마디로 민생복지와 행복의 말살은 혁명 이유에서 배제되었다. 로크가 가끔 "인민의 복리"를 언급하는 경우에도 이것은 '민복民福'(백성 개개인의 복지와 행복)이 아니라 인민의 공공복리, 즉 '국리國利와 국익'만을 의미한다. 그리고 로크 자신이 종교적으로 불관용적이었던 국교회 대귀족들이 관용적이었던 가톨릭 군주 제임스 2세를 방벌한 '불명예스런 명예혁명'에 구속되어 혁명의 이유에 종교적 이유를 집어넣음으로써 그의 혁명론은 종교적으로 뒤틀리고 왜곡되었다. 따라서 그의 혁명이론은 제한적일 뿐만 아니라, 동시에 퇴행적이다.

요약하면, 로크가 중시하는 혁명 이유는 위정자의 폭정과 종교적 이단이다. 그러나 그는 폭정(tyranny)과 전제정(despotism) 개념을 완전히 혼동한다. '전제정'을 '폭정'과 동일시하고 기존의 군주정을 공격하는 대중적 어법은 프랑스 귀족들의 프롱드 반란세력들에게 일반적이었다. 1640-50년대에 프랑스에서 *despotisme*이라는 단어는 루이 13·14세의 왕권강화(중앙집권화) 정책에 대해 파를레망 귀족들이 벌인 최후의 저항인 프롱드의 난(1648-1653)을 지원하는 봉건적 팸플릿 작성자들이 추기경 쥘르 드 마자랭(Cardinal Jules R. de Mazarin, 1602-1661) 재상(집권 1642-1653)을 공격하기 위해 동원한 단어다. 1690년대까지도 복고반동적 팸플릿작성자들은 왕권의 확장에 저항하기 위해 이 단어를 *monarchie despotique*(전제군주정), *pouvoir despotique*(전제권적), *puissance despotique*(전제적 권력), *gouvernement despotique*(전제정부) 등의 형태로 전용했다. 복고반동적 팸플릿작성자들의 이 전제정 개념은 보댕의 전제정 개념을 더 폄하적으로 변형시킨 것으로 보인다.

로크는 1675년에서 1679년까지 무려 5년 가까이 프랑스를 여행하며 살다시피 했었다. 따라서 이때 프랑스 귀족 팸플릿 집필자들의 이 어법을 채택했을 것으로 보인다. 따라서 여기서 잠시 '전제정' 개념의 원작자인 아리스토텔레스와 이 개념을 변형시킨 보댕의 개념들을 살펴볼 필요가 있다.

전제주의 또는 전제정(despotism)의 어근인 'despot(전제주)'는 그리스어 '데스포테스(δεσποτες)'에서 왔고, 이 '데스포테스'는 원래 가정에서 처자식과 노예를 다스리는 '가장'을 뜻했고, 정치영역에서는 '주군' 또는 '권력자'를 뜻했다. 『정치학』에서 아리스토텔레스는 '데스포스테스'를 이 이중적 의미로 사용한다.[371] 아리스토텔레스는 노예주의 시각에서 아테네의 노예·여성·어린이 등 (약 30만 아테네 인구 중) 25만 명의 비非자유인들을 망각하고 '전제적 지배(δεσποτικὴν ἀρχὴν)'를 '보다 순종적인' 아시아인들의 정치체제로 기술했다. 아리스토텔레스는 야만인과 아시아인들의 왕정이 전제정이라고 하면서 이것이 참주정과 유사하다고 말하고 있다. 그는 그러고 나서 바로 그 차이를 제시한다. 그 차이는 전제정은 "세습적이고 법치적"이라서 참주정과 달리 "안전하다"는 것이다. 이는 반대로 참주정이 '비非세습적'이고 '비법적非法的'이라는 것을 함의한다.[372] 그렇다면 전제정이 참주정과 어떤 점에서 유사하다는

---

371) 다음 문장의 '데스포테스'는 가장의 뜻으로 쓰였다: "하나의 지배 형태로는 가장의 지배(ἀρχὴ δεσποτική)가 있다. 이것은 가정의 필요한 노동과 관련된 지배력의 행사를 뜻한다. 가장은 이 노동을 어떻게 수행하는지가 아니라 실제로 어떻게 사용하는지를 알 필요가 있다. 이 손노동 임무에 실제로 봉사할 능력을 말하는 다른 역량은 정말로 노예의 자질이다." Aristotle, *Politics*, 1277a.

372) "그것(종신적 군사수령 형태의 스파르타식 군왕제) 옆에 나란히 또 다른 종류의 군주제(μοναρχια)가 있는데, 가령 왕정들(βασιλεῖαι)을 가진 몇몇 야만인들에게 있다. 이것들은 모두 참주와 유사한 권력을 보유하지만, 법률에 입각해 다스리고, 이것들은 세습적이

말인가? 아시아인이 그리스인보다 "더 순종적이다"는 그의 말로부터 짐작하면, 전제정 치하의 아시아인들은 참주에게 복종하듯이 전제주에게 복종하고, 전제주는 참주처럼 백성을 다스린다는 말이다. 결국 유사하다는 것은 전제주와 백성 간의 권력격차가 참주와 백성 간의 권력격차와 유사하다는 말이다. 그러나 아리스토텔레스는 참주정 치하의 신민을 '참주의 노예'라고 하지만 전제정 치하의 신민은 '왕의 노예'라고 하지 않는다. 그리고 전제정이 참주정과 다른 점들을 '자발적 순종'이냐 '비자발적 순종'이냐를 기준으로 더 구체적 제시한다. 순종적 아시아인들의 '전제적 지배'는 참주정(폭정)과 유사하되 그럼에도 자발적·법치적 지배체제로서 또 다른 유형의 '군주정'이다. 아리스토텔레스는 전제정 치하의 '자발적' 신민을 폭정(참주정) 치하의 '비자발적 신민'과 구별하고 노예로 규정하지 않고 있다. 그리고 아시아의 전제정과 스파르타의 군사수령 왕정이 둘 다 군주정의 일종이라고 말한다.[373] 아리스토텔레스는 "세 번째 유형"의 군주정으로서 오래 전의 선출직 참주 "아이쉼네타스($αισυμνήτας$)"를 소개한다. 보통 고대 그리스의 참주정, 심지어 고대 그리스에 자주 출몰한 이 "아이쉼네타스"도 '선출'이라는 사실만 빼면 그 권력

다. 왜냐하면 야만인들은 그리스인들보다 더 순종적 성격을 가졌고 아시아인들이 유럽인들보다 더 순종적인 성격을 가졌기에 어떤 저항도 없이 전제적 지배($δεσποτικὴν ἀρχὴν$)를 견딘다. 그러므로 이 군주정은 참주정적이지만 안전하다. 왜냐하면 이 군주정은 세습적이고 법치적이기 때문이다." Aristotle(Aristoteles), *Politics* (Politik), 1285a.

[373] "이런 까닭에 거기에서는 왕의 경호대도 참주적인 것이 왕도적이다. 왜냐하면 거기서는 시민들이 왕을 자기들의 무기로 경호하는 반면, 참주들의 경우에는 외국인 경호대를 두기 때문이다. 전제정에서는 법에 입각해 자발적으로 지배되는 반면, 참주정에서는 비자발적으로 지배되기 때문이다. 따라서 전자에서는 시민들이 보호를 마련해 주지만, 후자의 경우에는 용병들이 시민들에 대항한다. 그러므로 이것들이 군주정($μοναρχια$)의 두 종류다." Aristotle(Aristoteles), *Politics* (Politik), 1285a18-30. 그런데 코우는 아리스토텔레스가 '전제적 지배' 아래의 신민들을 "시민이 아니라 노예나 하인과 등가적인" 존재로 이해했다고 말하는데, 이것은 정교한 해석이 아니다. Kow, *China in Early Enlightenment Political Thought*, 146쪽.

의 크기 면에서 아시아의 법치적 전제정과 동일한 것이라고 말한다.[374] 즉, 아리스토텔레스는 시민들에게 자발적 순종을 확보하는 법치적 전제정이 권력의 크기 면에서만 그리스에 출몰한 '참주정(폭정)'과 유사하다고 본 것이다. 그러나 그에 의하면, 전제정은 어디까지나 법치적이고 따라서 백성들의 생활이 안전한 면에서 참주정과 본질적으로 다른 정통적 군주정의 '아시아적 이형異形'으로 본 것이다.

그러나 아리스토텔레스에 의하면, '참주정'은 기본적으로 '왕도정'의 타락형이다. 그는 통치형태를 왕정·귀족정·티모크라시의 세 가지로 구분하고, 왕정의 타락형을 참주정이라 부르고 이 참주정을 치자가 자기의 이익을 추구하고 피치자를 노예로 취급하는 정체로 정의한다. 반면, 왕정은 치자가 피치자의 이익을 대변하고 추구하는 정체다.[375] 따라서 아리스토텔레스는 '참주적'이라는 말을 가정에 적용하여 '노예화' 및 '노예제'와 연결시킨다. "페르시아사람들의 경우에는 아버지의 가정적 지배가 참주적이다. 그들은 아들들을 노예처럼 다루기 때문이다. 또한 노예에 대한 주인의 지배도 참주적이다."[376] 아리스토텔레스는 국가의 지배

---

374) Aristotle(Aristotels), *Politics* (*Politik*), 1285a30-35.
375) "국가는 세 가지 형태가 있고, 이 형태의 그만큼 많은 타락유형, 소위 파괴된 유형이 있다. 그 형태들은 왕정(Kingship), 귀족정, 세 번째 형태로 재산평가에 기초한, 본래 티모크라시라고 불러야 하는 형태다. 그러나 이 마지막 것을 사람은 대부분 폴리테이아라고 부른다. 이 중 최선의 형태는 왕정이고, 최악의 형태는 티모크라시다. 왕도정의 타락유형은 참주정이다. 양자는 둘 다 말하자면 군주정(단독지배)이지만, 격렬하게 구별된다. 왜냐하면 참주는 자기의 이익을 꾀하고, 왕은 신민들의 이익을 꾀하기 때문이다. 왕은 독립적이고 재산의 소유에서 만인을 능가하는 사람이다. 이러한 사람은 더 이상의 것이 필요 없다. 따라서 그는 자기의 이익을 꾀하는 것이 아니라, 신민의 이익을 꾀한다. 이 조건이 충족되지 않으면 그는 추첨으로 선출될 왕일 것이다. 참주정은 왕정과 반대된다. 참주정은 자기 자신을 위해 복리를 추구한다. 그것이 최악의 형태라는 것은 참주정에서 특히 뚜렷다. 왜냐하면 최선의 것에는 최악의 것이 대립되기 때문이다. 이행은 왕정으로부터 참주정으로 벌어진다. 왜냐하면 참주정은 왕정의 나쁜 형태이고, 나쁜 왕은 참주가 되기 때문이다." Aristotle(Aristoteles), *Die Nichomache Ethik*, 1160a31-1160b12.
376) Aristotle(Aristoteles), *Die Nichomache Ethik*, 1160b26-30.

형태로서 '참주정'도 정치적 노예제처럼 논한다.[377] 참주정에서 신민은 참주의 정치적 노예다. 이 점에서 아리스토텔레스의 아시아적 전제정은 왕정과 다르지만 참주정과도 뚜렷이 구분되는 군주정인 것이다.

그러나 상론했듯이 보댕은 성경에 기초해서 아리스토텔레스와 다른 유형의 정전론적正戰論的 전제정론을 전개했는데, 보댕의 전제정은 발생론적으로만 참주정과 다른 뿐이고 시간이 경과해 정착하면 참주정과 구분되지 않는다. 보댕은 그가 수립·강화·정당화하려는 유럽의 절대군주정을 '왕도적 또는 정통적 군주정(monarchie royale ou legitime)'으로 규정하고, 고대 아시아와 당대의 소아시아나 에티오피아에 존재한 '전제적 군주정(monarchie seigneuriale)'과 구별했다. 일단 보댕은 정부형태를 왕도적 군주정, 전제적 군주정, 참주정으로 대별한다. "왕도적 또는 정통적 군주정"은 "신민이 군주의 법에 복종하고 군주는 다시 신법과 자연법에 복종하고 자연적 자유와 재산에 대한 자연권이 만인에게 보장되는 군주정"이다.[378] 반면, "전제적 군주정"은 "군주가 정의의 전쟁에서의 정복의 권리에 의해 신민의 재산과 인신의 전제주(seigneur)인 군주정"이다. "전제주는 가부장이 그의 노예들을 다스리듯 자신의 신민들을 다스린다."[379]

그리고 "참주적 군주정"은 "자연법이 무시되고 자유로운 신민들이 마

---

377) "타락형들에서 우애는 정의만큼 축소되고, 최악의 통치형태에서 가장 적게 발견된다. 왜냐하면 참주정에서는 우애가 거의 또는 전혀 없기 때문이다. 치자와 피치자 간에 공동성이 없는 곳에서는 어떤 우애도, 어떤 정의도 없다. 그런 곳에서는 치자와 피치자든 오히려 수공업자가 도구를 취급하듯이, 영혼이 육체를, 주인이 노예를 취급하듯이 관계한다. (…) 노예는 영혼 있는 도구이고 도구는 영혼 없는 노예다. 피치자가 노예인 한에서 그와는 어떤 우애도 없고, 그런 한에서만 그는 인간이다." Aristotle(Aristoteles), *Die Nichomache Ethik*, 1161a30-1161b6.
378) Bodin, *The Six Books of the Commonwealth* [1576], Book II, "Chapter II. Concerning Despotic Monarchy".
379) Bodin, *The Six Books of the Commonwealth* [1576], Book II, "Chapter II. Concerning Despotic Monarchy".

치 노예인 것처럼 억압받고 그들의 재산이 마치 참주에게 속한 것인 양 취급되는 군주정이다."[380] 그러나 "정확한 동일한 변형태"는 귀족정과 인민국가에서도 발견된다. "왜냐하면 이것들의 각각이 다시 내가 묘사한 대로 정통적, 전제적, 또는 참주적일 수 있기 때문이다."[381]

여기에서 눈에 띄는 것은 보댕이 '왕도적·정통적 군주정'의 정의에서 만인의 "자연적 자유"와 "재산에 대한 자연권"이라는 이교적·유교적 개념을 부지불식간에 사용하고 있는 점이다. 이 지적을 견강부회로 느끼지 않으려면 이 대목에서 우리는 정통적·왕도적 군주정을 논하는 이 『공화국 6서』에서 보댕이 중국을 찬양하고 있는 것을 상기해야 한다. 보댕은 '중국은 덕스럽다'는 이 왕도정 논의가 진행되는 기존 관념을 새로이 확대했다. "스페인 사람들은 중국인들, 즉 우리가 아는 가장 동쪽에 사는 인민이 세계에서 가장 지성적이고 가장 예의바른 백성이라고 (…) 이야기해왔다."[382]

한편, 영어권 학자들은 보댕의 "*monarchie seigneuriale*"을 "*despotic monarchy*(전제적 군주정)"로 영역했다. 아리스토텔레스의 전제정은 상론했듯이 소아시아의 좀 더 순종적인 시민을 다스리는 (대체로 동족同族의) 군주의 지배체제를 뜻했지만, 보댕은 아리스토텔레스의 전제정 개념을 명시적으로 부정한다. "전제적 군주정은 인간들에게 가장 이른 시기에 알려진 통치형태인 만큼 맨 처음 고찰되어야 한다. 영웅시대의 원시적 왕들이 백성에 의해 선출되었다는 아리스토텔레스의

---

380) Bodin, *The Six Books of the Commonwealth* [1576], Book II, "Chapter II. Concerning Despotic Monarchy".
381) Bodin, *The Six Books of the Commonwealth* [1576], Book II, "Chapter II. Concerning Despotic Monarchy".
382) Jean Bodin, Six Books of the Commonwealth, Abridged and translated by M. J. Tooley (Oxford: Basil Blackwell, 1940·1955), Book V, 154쪽(또는 159쪽).

견해를 수용하는 사람들은 오류에 빠진다."[383] 보댕은 '전제적 군주정'을 성서적 근거에서 도출하고 정의의 전쟁에서 승리한 '이족異族 정복군주'가 "정복의 권리에 의해 신민의 재산과 인신의 주인" 노릇을 하는 지배체제로만 이해한다.[384] 신민을 노예로 취급한다면, 아리스토텔레스의 정의에 따를 때, 그것은 '전제정'이 아니라 '참주정'이다. 그러나 보댕은 "전제적 군주정은 참주정과 혼동해서는 아니 된다"고 말한다. "선하고 정의로운 전쟁에서 자기의 적들을 물리친 군주에게서 적합하지 않은 것은 아무것도 없고, 정복군주는 전쟁법 아래서 적들의 재산과 인신들에 대한 절대적 권리를 가정하고 이 가정에 따라 그들을 자기의 노예로 다스린다. 이것은 꼭 가장이 국법에 따라 그의 노예들과 노예들의 재산의 주인이고 이것들을 자기가 적당하다고 생각하는 대로 처분하는 것과 유사하다."[385]

그러나 보댕은 참주의 발생을 '불의의 전쟁'과 연결시킨다. "불의의 전쟁에 의해, 또는 다른 어떤 방법에 의해 자유로운 백성을 노예화하고 이

---

[383] Bodin, *The Six Books of the Commonwealth* [1576], Book II, "Chapter II. Concerning Despotic Monarchy".

[384] "우리는 맨 처음 출현한 군주정이 니므롯 시대에 앗시리아에서 일어났다는 증거를 가지고 있다. 성서는 군주를 히브리어에서 약탈자를 언급하는 통상적 방식인 강력한 사냥꾼으로 얘기한다. 아리스토텔레스와 플라톤은 산적을 수렵의 한 형식으로 포함시킨다. 니므롯 시대 이전에는 타인에 대한 권세나 지배권을 가진 자는 아무도 없었다. 바로 그의 이름은 그의 성격을 지시해준다. 니므롯은 "가공스럽고 강력한 주인"을 뜻하기 때문이다. 그의 시대 이후 오래지 않아 노아의 아들 셈의 시대에 세계는 노예로 가득 찬 것으로 나타나고 성서를 관통해서 앗시리아와 이집트의 왕들의 신민들이 언제나 노예로 언급된다. 그리스인들도 그들 자신이 자유로운 반면, 야만인들은 노예화되었다고 확신했고, 그들은 야만인이라는 말로 페르시아와 아시아의 주민들을 의미했다. 페르시아의 왕들이 전쟁을 일으켰을 때, 그들은 자기들이 모든 재산과 모든 인신의 절대적 주인이라는 점을 시사함에 의해 언제나 땅과 바다에 대한 권리요구를 제기했다고 플루타크는 말한다." Bodin, *The Six Books of the Commonwealth* [1576], Book II, "Chapter II. Concerning Despotic Monarchy".

[385] Bodin, *The Six Books of the Commonwealth* [1576], Book II, "Chapter II. Concerning Despotic Monarchy".

백성들의 재산을 장악하는 군주는 '전제주'가 아니라 '참주'다"라고 말한다.[386] 보댕은 중세적 정전론正戰論에 의거해 아리스토텔레스의 전제정 개념을 수정해서 정전正戰에 승리한 정복왕의 군주정으로 이해함으로써 전제정을 '발생론적'으로만 '참주정'과 구별한 것이다.

하지만 '내용'을 보면, 보댕의 '전제정' 개념은 아리스토텔레스의 참주정 개념과 동일하고, 시간이 흐른 뒤 전제정이 참주정의 일상체제로 정착하고 나면 그가 구분해낸 참주정과도 구별이 없어지고 만다. 그리고 그는 전제군주정 개념을 러시아·동유럽·아시아·에티오피아 지역의 왕조들에만 적용한다. "오늘날 참주정의 수에 비할 때, 아시아와 에티오피아, 그리고 타타르와 러시아의 왕들에 의해 다스려지는 유럽 지역들 외에 전제군주정은 거의 존재하지 않는다.『러시아의 역사(*History of Muscovy*)』에 의하면 신민들은 노예를 뜻하는 '흘로프'로 불린다. (…) 유럽의 다른 곳에서, 그리고 이집트 이외의 북아프리카 이슬람 지역에서 나는 전제적 군주정을 알지 못한다."[387] 그리고 서구 인민을 자화자찬한다. "유럽의 백성은 아시아와 아프리카 주민들보다 긍지가 더 강하고 더 호전적이고, 헝가리침입 이래 전제적 지배에 굴복한 적이 없다. (…) 어떤 사람에게 그의 인신적 자유와 그 자신의 재산의 자유처분을 부정하는 것이 자연법의 위반이라는 것을 보면서 어떤 사람에게는 전제군주정이 진짜 참주정이라는 생각이 들 수 있다."[388]

---

386) Bodin, *The Six Books of the Commonwealth* [1576], Book II, "Chapter II. Concerning Despotic Monarchy".
387) Bodin, *The Six Books of the Commonwealth* [1576], Book II, "Chapter II. Concerning Despotic Monarchy". History of Muscovy, 즉 *Rerum Muscoviticarum Commentarii*(1549)는 Sigismund, Baron d'Herberstein의 저작이다.
388) Bodin, *The Six Books of the Commonwealth* [1576], Book II, "Chapter II. Concerning Despotic Monarchy". *History of Muscovy*, 즉 *Rerum Muscoviticarum Commentarii*(1549)는 Sigismund, Baron d'Herberstein의 저작이다.

그럼에도 보댕은 전제정과 참주정의 구별을 고수한다. "그러나 정의로운 전쟁에서 얻은 것은 승자의 재산이라는, 그리고 정복당한 자들은 그의 노예라는 보편적 동의가 있고 또 있어 왔다. 이렇게 성립된 군주정은 참주정이 아니다. 우리는 야곱이 무력으로 그것을 얻었기 때문에 그가 자기의 것으로 주장한 재산을 자기의 자식들에게 유언으로 남기는 것을 성서에서 읽는다."[389] 그러나 실은 보댕은 성서를 인용해 전제정 개념을 수정해 놓고 스스로 헷갈리고 있는 셈이다.

보댕은 근거 없이 극동의 중국을 뺀 나머지 아시아를 비하하고 유럽을 띄우고 나서 이렇게 덧붙인다. "일반적으로 말해서 우리는 참주정이 빨리 멸망에 이르렀고 전제정이 (…) 거대하고 영속적인 것으로 입증되었다는 것을 발견한다. (…) 전제적 군주정이 다른 것들보다 더 지속적인 이유는 그것이 가장 권위적이기 때문이다. 신민들의 생명·재산·자유는 정의의 전쟁에서 그들을 정복한 군주의 절대적 처분에 처해 있다."[390] 보댕은 몽골의 러시아·인도·이란침략을 정의의 전쟁으로 보는 듯하다. 그러나 아시아와 러시아, 그리고 몽골과 만주 지역에서는 '정의의 전쟁' 개념 자체가 없었다. 그런데 보댕이 말하는 이 아시아 왕조에는 중국제국과 기타 극동제국은 들어가지 않는 것이 틀림없다. 상술했듯이 그는 스페인 학자들을 따라서 중국인들을 가장 "지성적이고 가장 예의 바른 백성"이라고 찬미했기 때문이다.

아무튼 보댕은 전제정 개념을 노예와 결합시켰다. 이럼으로써 이후 노예와 아리스토텔레스의 전제정 개념은 헝클어지고 참주정과 뒤섞이고

---

389) Bodin, *The Six Books of the Commonwealth* [1576], Book II, "Chapter II. Concerning Despotic Monarchy". *History of Muscovy*, 즉 *Rerum Muscoviticarum Commentarii*(1549)는 Sigismund, Baron d'Herberstein의 저작이다.
390) Bodin, *The Six Books of the Commonwealth* [1576], Book II, "Chapter II. Concerning Despotic Monarchy".

말았다. 이후 프랑스 루이 13·14·15세 국왕의 중앙집권화 정책으로 궁지에 몰리던 프랑스의 귀족들을 대변한 프랑스의 복고반동적 '팸플릿 작성자들'은 헝클어지고 뒤섞이면서 폄훼된 전제정 개념으로 프랑스 헌정을 비판했다. 프랑스의 절대왕정에 대한 전제정 개념의 확산과 확대 사용은 전제정 개념이 단순한 군주정 또는 왕정의 의미로 일반화되는 반작용도 불러와서, 단순히 '절대군주정' 또는 '군주정'을 뜻하는 술어로 일반화되기도 한다. 로크는 이런 혼돈된 전통 속에서 전제정과 참주정을 뒤섞고, 몽테스키외도 이를 따른다. 그러나 피에르 벨과 프랑수아 케네는 아리스토텔레스를 따라 전제정을 단순한 군주정의 의미로 사용한다. 19세기와 20세기 초의 국제법 교과서들도 전제정을 단순히 '왕정(군주정)'의 뜻으로 해설했다.

로크는 보댕의 전제정 개념을 계승하여 정의의 전쟁에 붙잡힌 포로들에 대한 전제정을 정당화하고, '혼동하지 말라'는 보댕의 경고를 무시하고 기타 전제정을 참주정과 뒤섞는다. 그러므로 로크의 '혁명'과 '저항'의 권리는 정의의 전쟁에 붙잡힌 포로들에 대한 전제정을 제외한 전제적 권력과 이와 등치된 참주정을 무차별적으로 겨냥한다.

로크는 "전제적 권력"을 "저 사람의 생명을 자기가 원하는 때는 언제든 빼앗을, 그에 대해 이 사람이 가지는 자의적 절대권력"으로 정의한다. 그러나 "이 권력은 자연이 주는 권력이 아니다. 이 사람과 저 사람을 그렇게 차별하지 않기 때문이다. 또한 계약도 그 권력을 양도할 수 없다. 왜냐하면 인간은 이러한 자기의 생명에 대한 자의적 권력을 가지지 않았으므로 다른 인간에게 이 생명에 대한 권력을 줄 수 없기 때문이다."[391] 그러나 거듭되는 로크의 이 말은 자기가 인정한 '간접적 자살'의 자유를 상기하면 그릇된 것이고, 정치권력은 생사여탈권을 가진 점에서 가부장

---

391) Locke, *Two Treatises of Government*, Book II, Ch.15, §172 (382쪽).

적 권력과 구분된다는 말과도 상치된다. 인간은 더 고귀한 뜻을 위해 살신성인하는 차원에서 자살할 수 있고, 그러므로 자기 생명에 대한 이 생사여탈권도 계약에 의해 국가에 양도할 수 있다고 논리를 수정해야 할 것이다. 정상적 정치권력은 생사여탈권의 측면에서 전제적 권력과 하등의 차이가 없다. 다만 정치적 정치권력에 의한 사형이나 군인에 대한 전투 명령은 민주적으로 제정된 법률과 재판 절차를 거치는 반면, 전제적 권력에 의한 살해는 자의적 법률에 따라 "자기가 원하는 때는 언제든" 남의 생명을 "빼앗는다"는 점에서 차이가 있을 뿐이다.

아무튼 전제적 권력을 휘두르는 자는 "짐승들의 것인 물리력을 권리의 척도가 되게 만듦으로써 자기의 부류를 저버리고 짐승의 부류로 떨어져 피해를 입은 사람과, 정의의 집행에서 이 사람 편에 합류할 나머지 인류에 의해 다른 어떤 야수나 해수害獸처럼 파괴되어도 싼 존재로 자신을 만든다."[392] 따라서 전제권력은 저항과 타도의 대상이라는 뜻이 저절로 도출된다.

그러나 로크는 정의의 전쟁에서 붙들린 포로들이나 정복민에 대한 전제적 권력을 정당화한다. "그리하여 합법적인 '정의의 전쟁'에서 붙잡힌 포로들, 그리고 이들만이 전제적 권력에 종속된다. 이 상태는 계약으로부터 생겨나는 것도 아니고 어떤 계약도 감당할 수 없다. 그 상태는 지속되는 전쟁상태다."[393] 또는 "정복자가 정의의 전쟁에서 이긴 자들에 대해 가지는 권력은 완전하게 전제적이다. 그는 자신을 전쟁상태에 집어넣음으로써 생명을 몰수당한 자들의 생명에 대한 절대권력을 가진다."[394] 바로 이 대목들에서 로크가 보댕을 따르고 있다는 것이 분명히 드러난다. '정의의 전쟁'이 무엇인지 모르겠으나 아무튼 로크는 여기에서도 노

---

392) Locke, *Two Treatises of Government*, Book II, Ch.15, §172 (383쪽).
393) Locke, *Two Treatises of Government*, Book II, Ch.15, §172 (383쪽).
394) Locke, *Two Treatises of Government*, Book II, Ch.16, §180 (388쪽).

예제를 정당화하고 있다. 그가 『통치이론』의 「서문」에서 쏟아놓은 말, "노예제 또는 노예상태는 인간의 아주 비루하고 비참한 상태이고 우리 국민의 관대한 기질과 용기에 아주 직접적으로 반대되는 것이어서 영국 인이 그것을 변호하는 것은 생각하기 어렵고, 신사는 훨씬 더 어렵다"는 말의 위선성을 절실히 느끼게 한다.

나아가 전제적 권력에 대해 로크는 더 부연한다. "고유권리들(생명·자유·재산)의 몰수는 제3의 권력, 즉 모든 고유권리들을 박탈당한 사람들에 대해 전제적 권력을 그 전제주(lords) 자신의 이익을 위해 전제주에게 준다."[395] 그리고 "전제적 권력은 고유권리들을 전혀 가지지 못한 이 사람들에 대한 권력이다."[396] "고유권리들을 박탈당했다", "고유권리들을 전혀 가지지 못했다"는 말은 피치자가 자기의 생명에 대한 처분권이 치자에게 있는 노예라는 말이다. 따라서 로크의 전제권력 설명은 아리스토텔레스의 참주정(폭정)과 혼동된다.

한편, 로크는 '참주정(폭정)'의 정의에서 아리스토텔레스와 보댕을 뒤섞어 따른다. "찬탈이 타인이 가질 권리가 있는 권력의 행사인 것처럼 폭정(참주정)은 아무도 가질 권리 없는 권력을 권리를 벗어나 행사하는 것이다."[397] 이것은 폭정의 비법적 측면을 말하는 것이다. 이것은 아리스토텔레스와 보댕을 공히 따르는 것이다. "이 폭정은 누구든 가질 권리가 있는 권력을 그 권력 아래에 처한 사람들의 복리를 위해서가 아니라, 그 자신의 사적인 특수이익을 위해 사용하는 것이다. 통치자가 어떤 명칭을 달고 있든 법이 아니라 의지를 척도로 삼을 때, 그의 명령과 행동은 그의 인민의 고유권리들(properties)의 보존을 겨냥하는 것이 아니라, 그 자신의 야심, 복수, 탐욕 또는 어떤 다른 불규칙적 감정의 만족을 겨냥한

---

395) Locke, *Two Treatises of Government*, Book II, Ch.15, §173 (384쪽).
396) Locke, *Two Treatises of Government*, Book II, Ch.15, §174 (384쪽).
397) Locke, *Two Treatises of Government*, Book II, Ch.18, §199 (398쪽).

다."[398] 이것은 '참주정은 참주 자신의 이익을 추구한다'는 아리스토텔레스의 말은 반복하는 것이다.

로크는 이것을 영국 국왕 제임스 1세의 1603년과 1609년 의회연설을 소개한 다음, 이것을 이렇게 정리한다. "이와 같이 사물의 이치를 잘 이해했던 이 유식한 왕은 왕과 참주 간의 차이를 오직 이것에만, 즉 전자가 법률들을 그의 권력의 경계로 삼고 공공복리를 그의 통치의 목적으로 삼고, 후자는 모든 것을 자기의 의지와 입맛에 굴복하도록 만드는 데에만 있게 하고 있다.".[399] 로크는 "이 결함이 오직 군주정에만 고유한 것으로 생각하는 것은 잘못이다. 다른 통치형태들도 군주정처럼 그런 결함에 빠지기 쉽다. 왜냐하면 백성의 통치와 백성의 고유소유들의 보존을 위해 어떤 수중에든 들어있는 권력이 다른 목적에 투입되고, 백성을 궁핍화하고 괴롭히고 이 권력을 가진 사람들의 자의적이고 불규칙적인 명령에 굴복시키기 위해 쓰이는 경우에는 어느 경우든 그 권력은 이 권력을 이용하는 사람들이 한 명이든 다수든 당장 폭정이 된다."[400] 이렇게 되면 폭정(참주정)은 아리스토텔레스가 말하듯이 군주정의 타락형태만이 아니다. 그것은 보댕이 참주정의 "정확한 동일한 변형태"가 "귀족정과 인민국가에서도 발견된다"고 했듯이 귀족정과 인민국가(민주정)의 타락형일 수도 있는 것이다. 여기까지 폭정(참주정)에 대한 로크의 논의는 전제적 권력에 대한 그의 논의와 별반 구별되지 않는다. 폭정의 권력도 "자기가 원하는 때는 언제든" 남의 생명을 "빼앗는" 전제적 권력처럼 비법적인 권력이고, 권력자의 '의지'와 '욕망'을 따르고 권력자의 이익을 위한 권력임은 마찬가지이기 때문이다.

로크가 말하는 혁명의 이유는 이 '폭정'이고, 혁명은 이 '폭정'에 대한

---

398) Locke, *Two Treatises of Government*, Book II, Ch.18, §199 (398-399쪽).
399) Locke, *Two Treatises of Government*, Book II, Ch.18, §200 (400쪽).
400) Locke, *Two Treatises of Government*, Book II, Ch.18, §201 (400쪽).

저항이다. 그런데 그는 이 혁명에다 군주나 치자의 이단종교에 대한 저항도 슬그머니 끼워 넣는다. 이단종교에 대한 로크의 이 공격과 불관용은 제임스 2세의 가톨릭에 대한 명예혁명적 종교전쟁의 논리를 따른 '봉건적' 퇴행에 속한다. 그리하여 로크는 혁명권을 '폭군'과 '이단군주(이단치자)'에 대한 저항의 권리로 전개한다.

- 법률을 위반해 타인에게 해를 입힌다면, 법률이 끝나는 곳에서는 어디에서든 폭정이 시작된다. 권위를 가진 사람이 법률에 의해 그에게 주어진 권력을 넘어서서 그의 명령으로 그가 가진 물리력을 써서 법률이 허용하지 않은 음모를 신민에 대해 꾸민다면 그가 누구든 그것으로써 치자이기를 그친다. 그리고 권위 없이 행동하는 것에 대해서는 물리력으로 타인의 권리를 침해하는 어떤 다른 사람에 대해서든 그렇듯이 대항을 해도 된다. 이것은 하급 치자들에게서 시인된다. (…) 권위의 경계를 넘는 것은 작은 관리에게서도 권리가 아니지만 큰 관리에서도 권리가 아니다. 국왕의 경우에는 순경에게서보다 더 정당화될 수 없는 정도에서 그치는 것이 아니라, (…) 왕은 그에게 위임된 더 큰 신뢰를 가지고 있기 때문에 왕의 경우에는 훨씬 더 나쁘다.[401]

이에 잇대서 로크는 이런 왕에 대한 '저항'의 정당성을 묻는다. "그러면 '군주의 명령에 대항해도' 되는가? 어떤 이든 피해를 입었다고 느끼지만 왕이 그에게 행사된 권리를 가지지 않았다고 생각하는 족족 저항해도 되는가? 이러면 모든 정치가 어지러워지고 전복되고, 다스림과 질서 대신에 무정부상태와 혼란만 남을 것이다."[402] 이럼에도 불구하고 로

---

401) Locke, *Two Treatises of Government*, Book II, Ch.18, §202 (400-401쪽).
402) Locke, *Two Treatises of Government*, Book II, Ch.18, §203 (401쪽).

크는 왕이 불법적 물리력를 구사할 때 정당방위적 물리력 사용을 인정한다. "이것에 대해 나는 이렇게 답한다. 부당하고 불법적 물리력에 대해서 대항하는 것 외에 어떤 것에 대해서도 물리력으로 대항해서는 아니 된다. 이 외에 다른 경우에 대항을 하는 자는 누구든 하느님과 인간으로부터 정당한 비난을 그 자신에게 불러들인다."[403]

로크는 물리력을 사용한 저항을 정당방위에 한정한다면 저런 무정부 상태의 위험과 혼란이 초래되지 않을 것이라고 말한다. 그는 이에 대해 ① 군주의 인신의 신성불가침 덕택에 사소한 이유로 군주에 대한 무력 저항을 하기 어려워 혼란 위험이 낮음,[404] ② 국왕보다 낮은 관리들의 부당한 폭력에 대한 소규모 대항과 저항은 방해받지 않음,[405] ③ 인신이 신성불가침하지 않은 최고위정자의 부당한 권력에 대한 법률구제의 길이 있음으로 인한 통치 혼란의 회피 가능,[406] ④ 법률구제의 길이 없더라도 승리 가능이 불투명하기 때문에 무력 저항의 어려움[407] 등 네 가지를 이유를 들고 있다.

그러나 로크는 혼란의 위험을 무릅쓰더라도 감행될 수 있고 감행되어야 하는, 군주와 최고통치자에 대한 저항의 권리도 인정한다. 군주의 신성불가침의 보장은 "군주가 실제로 자신을 그의 백성과의 전쟁상태로 집어넣고 정부를 해체하고 백성을 자연상태에서 모든 개개인에게 속하는 그 방어에 남겨두지 않는 경우"에[408] 한정되므로 만약 이럴 경우에는 군주에 대한 자위는 정당한 것이다. 무력은 "한 인간이 법률에 대한 호소로부터 차단된 곳"에서 사용될 수 있다. 왜냐하면 이러한 호소의 치료책

---

403) Locke, *Two Treatises of Government*, Book II, Ch.18, §204 (402쪽).
404) Locke, *Two Treatises of Government*, Book II, Ch.18, §205 (402쪽).
405) Locke, *Two Treatises of Government*, Book II, Ch.18, §206 (402-403쪽).
406) Locke, *Two Treatises of Government*, Book II, Ch.18, §207 (403쪽).
407) Locke, *Two Treatises of Government*, Book II, Ch.18, §208 (404쪽).
408) Locke, *Two Treatises of Government*, Book II, Ch.18, §205 (402쪽).

을 남겨놓지 않은 곳 외에는 아무것도 적대적 무력으로 간주되어서는 아니 되기 때문이다. 무력을 사용하는 사람을 전쟁상태로 집어넣고 이 사람에게 저항하는 것을 합법화하는 것은 오로지 이러한 무력뿐이다."[409]

그리고 로크는 위정자가 '백성의 믿음(民信)'을 잃을 때 저항권이 예방적으로 사용될 수도 있고, 위정자의 이단종교에 대해서 사용될 수 있다고도 말한다.

- (…) 이 불법적 행위들이 백성의 다수에게 확대된다면, 또는 해악과 박해가 몇몇 소수에게만 불시에 닥치지만 선례와 귀결이 모두를 위협하는 것으로 보이는 경우에 백성들이 그들 양심 속에서 백성의 법률들, 그리고 이것들과 함께 재산, 자유, 생명이 위험에 처하고 아마 종교도 그렇게 위험에 처한다면, 백성에 대해 사용되는 불법적 물리력에 백성이 저항하는 것을 어떻게 막을지에 대해 나는 할 말이 없다. 이것은 치자들이 일반적으로 백성의 혐의를 받는 이런 지경을 야기했을 때 정부형태를 불문하고 모든 정부를 따라다니는 폐단이라고 나는 고백한다.[410]

로크는 생명·자유·재산·법률의 안보에 대한 위협에 저항의 이유를 말하고 여기에 '종교의 안전한 보존'을 들고 있다. 종교의 안전을 저항의 이유로 든 것은 가톨릭 군주 제임스 2세를 개신교 귀족들이 방벌한 명예혁명을 정당화하기 위한 것이다. 그러나 제임스 2세는 자신이 개신교국가에서 살아남아야 하는 극소수의 가톨릭교도에 속했던 만큼 개신교 귀족들보다 더 관용적이었다. 그러나 귀족들은 1688년 태어나자마자 황태

---

409) Locke, *Two Treatises of Government*, Book II, Ch.18, §207 (403쪽).
410) Locke, *Two Treatises of Government*, Book II, Ch.18, §209 (404-405쪽).

자로 임명된 제임스 2세의 간난아기가 가톨릭으로 양육되어 가톨릭 군주의 대를 다시 이어가는 것을 관용할 수가 없었고 이 아기의 탄생과 거의 동시에 저항으로 돌변했다. 그리하여 '이단군주' 제임스 2세를 갑자기 방벌한 것이다. 따라서 이것은 이단종교에 대한 불관용적 박해였고, 명예혁명은 '불명스런 종교내전'이었다. 위 인용문의 "종교가 그렇게 위험에 처하다"는 말은 기실 엄살이고, 실상은 군주의 이단종교와 종교적 양심에 대한 탄압이다. 이런 까닭에 로크의 이 종교적 저항 논변은 폭군방벌론 또는 혁명론이 아니라, 수아레스의 이단군주방벌론으로 퇴행해 총구의 방향만 개신교 군주로부터 가톨릭 군주에게 바꿔 겨냥하는 논변이다. 로크는 다시 이 이단군주방벌론을 보다 명확하게 정식화한다.

- 인민이 자의적 권력과 관련하여 행해진 여러 번의 실험을 보고 자의적 권력을 도입하는 데 가장 열성적인 그 종교에다 (공식적으로는 반대한다고 선언했으면서도) 비밀리에 혜택을 부여하고, 그 종교 안의 경영자들이 할 수 있는 만큼 많이 후원을 받고, 그것이 그럴 수 없을 때 여전히 승인되고 더 애호되는 것을 본다면, 그리고 행동의 긴 행렬(a long train of actions)이 추밀원 내각위원들이 모두 그런 방향으로 기울어지는 것을 보여준다면, 어떤 사람이 자기가 탄 배의 선장이 (…) 언제나 알제리 행로로 조종하는 것을 보았을 때 그 선장이 그와 나머지 승객을 알제리로 싣고 가는 중이라고 생각하는 것을 막을 수 없듯이, 사람이 자기의 마음속에서 사물이 어느 방향으로 가고 있는지를 확신하거나 자신을 구할 방도를 찾는 것을 어떻게 막을 수 있겠는가?[411]

로크는 백성을 도탄에 빠뜨리거나 사회도덕적 혼란과 분열을 야기하

---

411) Locke, *Two Treatises of Government*, Book II, Ch.18, §210 (405쪽).

는 무능한 암군과 패륜적 혼군을 저항 대상에 포함하는 대신에 이단군주를 저항 대상에 집어넣는 퇴행을 저지르고 있다. 게다가 그는 백성들의 종교가 위험에 빠지는 것, 백성이 종교적 박해를 당하는 것이 아니라, 군주가 군주의 종교에다 "비밀리에 혜택"을 주는 것에 대해서조차 저항할 것을 선동하고 있다. 이쯤이면 로크도 명예혁명의 최악의 측면에 속하는 '이단군주 파문'에 자신을 던진 점에서 갈 데까지 가버린 것이다.

　로크가 말하는 혁명의 이유는 이와 같이 '폭정'에 대한 저항과 최고위정자의 이단종교에 대한 배척으로 한정된다. 따라서 나라의 안전과 안보를 확보하여 백성의 고유권리들(생명·자유·재산)을 침탈과 외침으로부터 지켜주고 스스로 백성의 이 고유권리들을 침탈하지 않는 치자는 백성의 민생·교육복지와 행복의 증진에 신경 쓰지 않아서 이들을 경제적·문화적·도덕적으로 도태시키거나 퇴행시키고 정신적으로 피폐 시키더라도, 또는 백성의 도덕생활과 동포애적 삶을 해치고 교란하는 황음荒淫·무도한 패덕폭군·무능암군·패륜혼군이라고 하더라도 타도를 면한다. 또한 인민의 생명과 자유의 박탈은 보편적으로 '혁명 이유'라고 인정하더라도 재산의 박탈은 재산이 없는 무산자 대중에게 해당 사항이 없고, 따라서 로크는 무산자의 혁명권 또는 임금노동자들의 저항권을 부지불식간에 또는 의도치 않게 부인한 것이다.

　로크가 인정한 저항권 발동의 이유는 극동의 반정·혁명의 이유에 비하면 아주 협소하고 매우 제한적이고 종교적으로 뒤틀렸다. 따라서 반정과 혁명의 이유는 치안과 안보정책의 실패와 혼선으로 백성의 고유소유들(생명·자유·재산)을 상호적 침탈과 외침外侵에 대해 지키지 못하는 악정과 난정, 그리고 백성의 이 고유권리들을 침탈하는 치자의 폭정과 군주의 이단종교에 국한된다. 그러므로 ① 백성의 경제·산업·기술진흥과 민생·교육복지·문화·도덕의 향상 및 민복의 증진에 신경 쓰지 않아서 백성 개개인을 정치적·경제적·문화적으로 도탄·퇴행·파탄에 빠뜨리고, 백성의 비전과 희망을 꺾고 미래를 암담하게 만들고, 백성을 정의감 훼손과 치욕에 빠뜨리고 정신적으로 피폐시키는 태만하고 무책임하고 무능한 악정·난정문제, ② 백성을 도덕적으로 타락시키고 분열시키는 치자 자신의 도덕적 패륜문제는 혁명의 이유에서 배제된다.

로크가 말하는 혁명의 사유에서 백성을 죽이고 백성의 자유를 유린하고 재산을 빼앗는 '폭정'과 '이단종교' 외에 경제적 혁명사유를 언급하는 경우는 딱 한 번이다. 그것은 상술한 바와 같이 "백성을 궁핍화하는 것"이다. 그러나 이 '백성의 궁핍화'도 적극적인 경제·민생복지 정책의 태만이라기보다는 '재산의 박탈' 범주에 속하는 것으로 봐야 할 것이다. 그리고 로크가 언급하는 나라나 인민의 "공공복리(the public[common] good of the people or the commonwealth)"는 인민의 고유소유들(properties: 생명·자유·재산)과 국가이익의 의미를 넘지 않는다. 로크는 딱 한 번 "Welfare"라는 단어를 쓴 경우가[412] 있는데, 이 단어도 이 단어의 당시 의미와 글의 맥락상 '복리'를 뜻하는 것에 불과하다. 따라서 로크의 혁명이론에서 혁명대상은 백성의 생명·자유·재산·종파의 안전을 위태롭게 하는 폭정 또는 전제권력으로 한정되고, 혁명과 반정의 이유에서는 폭정을 넘어가는 각종 경제적·사회적·문화적·도덕적 악정·난정과 위정자의 도덕적·지성적 파탄 등이 완전히 배제된다.

혁명 이유의 이러한 제한성과 종교적 봉건성(퇴행성)은 로크의 사회계약론적 국가관이 안보국가이기 때문에, 그리고 로크 자신이 청년기부터 가톨릭에 대해 줄곧 불관용적이고 명예혁명의 종교내전 성격에 사로잡혔기 때문에 불가피한 것이다. 그러나 안보가 아무리 필수적인 것이라고 하더라도 안보는 국가 이전의 원시적 사회집단들에게도 관심사항이었

---

412) Locke, *Two Treatises of Government*, Book II, Ch.19, §242 (427쪽).

고, 종교는 저자 자신이 공자와 벨처럼 무제한적·무차별적으로 관용적이라면 저항권과 관련해서 문젯거리가 아니다.

특히 안보는 국가 단계에서야 '비로소' 관심사항인 것도 아니고, 반드시 이 단계에서만 중시되는 것도 아니다. 따라서 '국가'는 안보 이상의 것을 위해 창설된 것이다. 안보 이상의 것은 '백성의 복지와 행복(부민·교민·민복)'이다. '잘 먹고 잘사는 것'(복지)과 '즐겁게 잘 사는 것'(행복)이다. 이것이 공맹국가의 출발점이고 존재이유다. 물론 인간들이 잘 먹고 경제적으로 잘살고 즐겁게 잘 살 목적으로 모여 나라를 세우려면 백성의 상호 믿음을 넘어 백성을 위해 족식足食과 족병足兵(강병)을 보장하려는 위정자의 의도에 대한 백성의 믿음이 있어야 한다. 그래서 공자가 국가의 성립과 존속의 필수요소들을 정치적 비중에 따라 "백성의 믿음(民信)", "풍족하게 먹고 잘 사는 것(足食)", "강병(足兵)" 순으로 열거했던 것이다. 즉, '족병'을 통한 튼튼한 안보보다 '족식'을 통한 백성의 복지·행복의 조성을 앞세운 것이다. 따라서 라이프니츠는 공맹을 따라서 복지와 행복을 근대국가의 제1목표를 삼는 국가개념을 전개했던 것이다.

그러나 로크는 플라톤적·홉스적 안보·야경국가 개념에 사로잡혀 국가목적을 안보로 국한시킨 데다 '특정 종교의 안전'이라는 종파적 불관용의 퇴행적 국가목표를 하나 더 추가했다. 이에 따라 그의 혁명권 이론에서 혁명의 이유와 혁명의 대상도 협소화되었을 뿐만 아니라, '전근대화'되기까지 한 것이다. 로크는 최고통치자의 '종교자유'와 통치자의 종교와 같은 종교를 믿는 일부 국민의 '종교자유'를 유린하는 이단종교 탄압과 추방을 '혁명 이유'로 추가함으로써 명예혁명을 종교전쟁 수준으로 추락시켜 이 국제적 종교내전을 주도한 대귀족들의 국교회적 입맛에 정치이론을 맞춘 것이다. 또한 폭정과 전제정을 혼동하고 뒤섞으면서 '정의의 전쟁'이라는 중세적 명목으로 노예제를 정당화한 것은 '노예화'나

'노예제도'의 철폐를 혁명 이유로 삼는 것을 가로막고 말았다. 훗날 토머스 제퍼슨은 아프리카 흑인에 대한 인간사냥과 노예화를 영국국왕 조지 3세의 죄목으로 규정하고 「독립선언문」 초안에 이것을 장문의 탄핵논변과 함께 혁명 이유 중 하나로 열거했었다. 그러나 노예주 대표들의 반발로 이 논변은 다 삭제되고 말았다. 노예와 노예화를 정당화하는 로크의 논변은 암암리에 노예주들의 이 반발을 부분적으로 뒷받침해 주었을 것으로 보인다.

7.2. 인민의 혁명권과 혁명의 요건

로크가 논하는 혁명적 저항이 '정당성'과 '권리', 그리고 '이유' 문제를 넘어 그 혁명권의 내용(기존 정부의 제거와 새 정부의 수립)과 발동요건(혁명열정의 일정한 성숙)을 탐구해야 할 단계다. 그러나 로크의 이 논의는 여기저기 흩어져 있어서 정밀한 재구성이 필요하다.

■ 혁명적 상황과 혁명을 통한 새 정부 수립의 권리

로크는 통치자에 저항해 새 정부를 수립할 수 있는 혁명적 상황을 '정부(국가)의 해체'로 이해한다. '정부(국가)의 해체'는 첫째, 외국군대의 침략과 정복으로 야기되거나, 둘째 입법부의 변경, 권력남용, 신탁위반 등으로 인해 내부로부터 야기될 수 있다. 그러면 혁명적 상황이 도래한다.

첫째, 외국군대의 침략과 정복으로 야기되는 정부의 해체에 대하여 로크는 이렇게 말한다.

- 공동체를 만들고 인간들을 허술한 자연상태로부터 "정치사회"로 집어넣는 것은 모든 개개인이 조직을 결성하고 하나의 단체로서 행동

하여 하나의 분명한 공동체가 되기 위해 나머지 사람들과 맺는 협정이다. 이 연합이 해체되는 통상적인, 그리고 거의 유일한 길은 인간들에 대해 정복을 행하는 외국군대의 침략이다. 왜냐하면 이 경우에 (온전한 독립단체로서 스스로를 부양하고 유지할 수 없으므로) 그것(합의)에 본질을 두는 이 단체에 속한 이 연합은 필연적으로 끝나고, 모든 개개인은 혼자 힘으로 이동하고 어떤 다른 사회 안에서 그가 생각하는 대로 자신의 안전을 준비할 자유를 가지고 그가 이전에 처해 있던 상태로 되돌아간다. 사회가 해체될 때는 언제든 그 사회의 정부가 남아있을 수 없다는 것은 확실하다. 그리하여 정복자의 검은 종종 정부의 뿌리를 잘라버리고 사회를 조각조각 토막 내고 정복되거나 흩어진 무리를 폭력으로부터 그들을 보존했어야 할 그 사회의 보호와 그 사회에 대한 의존으로부터 분리시킨다.[413]

이것은 분명 정부가 해체된 혁명적 상황이지만 정복자들이 '정부'만이 아니라 '사회'까지도 해체시키기 때문에 혁명은 쉽지 않다. 이 경우의 혁명은 정복자의 식민정부에 대한 혁명적 '독립운동'을 통해 의식적으로 또는 암암리에 단결해 새로운 사회를 만들고, 이 사회를 바탕으로 수립된 임시정부의 '독립혁명전쟁'을 통해 독립을 달성하는 2단계 혁명과정을 거칠 수밖에 없을 것이다. 그러나 로크는 이에 대해 침묵하고 있다. 그는 미국의 독립혁명을 우려했을 것으로 보인다.

둘째, 로크는 '내부로부터 정부의 해체'의 제1원인을 "입법부의 변경"으로, 제2원인을 '직무태만과 직무유기'로, 그리고 제3원인을 "위정자들의 신탁위반"으로 든다.

존 로크는 "입법부의 해체 상태"와 이에 따른 저항권에 대해 이렇게

---

413) Locke, *Two Treatises of Government*, Book II, Ch.19, §212 (407~408쪽).

말한다.

- 입법부가 붕괴될 때는 해체와 죽음이 뒤따른다. (…) 입법부의 구성은 사회의 제1의 기본적 행위다. 이것에 의해 인민의 동의와 임명으로 권위가 공인된 사람들의 지도 아래, 그리고 입법에 대한 권위를 공인받은 사람들이 제정한 법률의 구속 아래 인민의 연합의 지속이 규정된다. 이 동의와 임명이 없다면 단 한 사람도, 또는 단 한 인간집단도 인민 가운데서 나머지에 대해 구속력을 갖는 법률을 제정해서는 아니 될 것이다. 어떤 한 사람, 또는 그 이상의 사람이 인민이 그렇게 하도록 임명하지 않은 사람들에게 법률을 제정할 것을 맡기게 될 때, 그들은 인민이 복종할 의무가 없는 무無권위의 법률을 만드는 것이다. 이런 경로로 인민은 다시 복종상태로부터 벗어나게 되어 새로운 입법부를 그들이 가장 좋다고 생각하는 바대로 그들 자신에게 구성해도 되는 것이다. 그들은 권위 없이 그들에게 뭐든 강요하고자 할 자들의 물리력에 저항할 완전한 자유에 들어 있기 때문이다. 사회의 위임에 의해 공적 의지의 선언권을 가진 사람들이 사회로부터 배제되고 이러한 권위나 위임이 전혀 없는 다른 사람들이 자리를 찬탈할 때, 모든 개개인은 자기 의지대로 처신해도 된다.[414]

입법부가 불법적으로 변경되거나 변질되는 혁명적 상황에서 "인민은 다시 복종상태로부터 벗어나게 되어 새로운 입법부를 그들이 가장 좋다고 생각하는 바대로 그들 자신에게 구성해도 되고", 이를 위한 전제로서 인민이 "권위 없이 그들에게 뭐든 강요하고자 할 자들의 물리력에 저항할 완전한 자유"를 가진다는 점이 여기서 중요하다.

---

414) Locke, *Two Treatises of Government*, Book II, Ch.19, §212 (407-408쪽).

로크는 이러한 "권력남용"에 의한[415] 입법부 변경 또는 변질의 경우를 네 가지로 든다. 첫째, 단독 치자나 군주가 입법부에 의해 선언된 사회의 의지인 법률 대신에 자기의 자의적 의지를 세울 경우,[416] 둘째, 군주가 입법부의 집회와 활동을 방해하는 경우,[417] 셋째, 선거인단이나 선거방법을 자의적으로 무단 변경할 경우,[418] 넷째, 군주나 입법부가 인민을 외세에 양도할 경우[419] 등이 그것이다.

'내부로부터 정부의 해체'의 제2원인은 '직무태만과 직무유기'인데, 로크는 이에 대해 이렇게 논변論辨한다. "이러한 정부가 해체되는 방법이 하나 더 있는데, 그것은 최고집행권을 가진 자가 그 책임을 태만히 하거나 유기할 때다. 그러면 이미 제정된 법률들은 더 이상 집행될 수 없다. 이것은 노골적으로 만인을 무정부상태로 전락시키는 것이고, 정부를 실효적으로 해체시키는 것이다. (…) 법률이 집행될 수 없으면 그것은 법률이 없는 것과 마찬가지다. 법률이 없는 정부란 인간의 능력으로 이해할 수 없는, 그리고 인간사회와 불합치되는, '정치에서의 미스터리'다."[420] 이 '직무태만과 직무유기'는 『서경』에서 말하는 "시관尸官", 또는 "시위尸位"에 해당한다.

로크는 '내부로부터 정부의 해체'의 제3원인으로 든 "위정자들의 신탁위반"에 대해 이렇게 말한다. 그것은 군주나 입법부가 "그들의 신탁에 배치되게 행동할 경우"다. "입법부가 신민의 고유권리들을 침범하고 그들 자신이나 공동체의 어느 부분이든 인민의 생명·자유·재산의 주인이거나 자의적 처분권자로 만들려고 애쓸 때, 이 입법부는 그들에게 위임

---

415) Locke, *Two Treatises of Government*, Book II, Ch.19, §213 (408쪽).
416) Locke, *Two Treatises of Government*, Book II, Ch.19, §214 (408쪽).
417) Locke, *Two Treatises of Government*, Book II, Ch.19, §215 (409쪽).
418) Locke, *Two Treatises of Government*, Book II, Ch.19, §216 (409쪽).
419) Locke, *Two Treatises of Government*, Book II, Ch.19, §217 (409쪽).
420) Locke, *Two Treatises of Government*, Book II, Ch.19, §219 (410-411쪽).

된 신탁에 반해서 행동하는 것이다."[421] 입법자가 사회의 기본적 규칙을 어기고, 양심·공포·어리석음·부패에 의해 인민의 생명·자유·재산에 대한 절대권력을 스스로 장악하거나 어떤 타인의 수중에 집어넣으려고 애쓸 때면 언제든 이 "신탁파기"에 의해 그들은 인민이 아주 상반된 목적으로 그들의 수중에 넘겨주었던 권력을 몰수당하고, 이 권력은 그들의 "원천적 자유(original liberty)"를 되찾아 "새로운 입법부의 설립"에 의해 그들의 사회 안에 들어온 목적인 자기들의 안전과 안보를 챙길 권리가 있는 인민에게로 넘어간다. 그리고 "여기서 입법부에 관해 말한 것은 최고집행권자가 자기의 자의적 의지를 사회의 법률로 세우려고 할 때, 입법부 안에서 역할을 가지고 법률의 최고집행권을 가지도록 그에게 위임된 이중적 신탁을 받아 이 두 신탁에 배치되게 행동하는 최고집행권자에 관해서도 타당하다. 그는 의원들을 부패시키고 그의 목적을 위해 이들을 획득하기 위해 사회의 물리력·재물·관직을 사용하거나 선거권자들을 공개적으로 선취하고 그가 간청·위협·약속 등 기타 방식으로 그의 계획을 위해 얻은 가진 의원들을 선거권자들의 선출에 규정할 (…) 때도 그의 신탁에 배치되게 행동하는 것이다."[422]

나아가 로크는 '인민의 신탁'을 위반한 자에게 반란죄를 묻는다. "입법부가 변질되거나 입법자들이 그들이 임명된 목적에 배치되게 행동할 때, 죄가 있는 자들은 반란의 죄가 있다. 왜냐하면 누구든 물리력으로 어떤 사회의 확립된 입법부와, 입법부에 의해 그들에 대한 신탁에 따라 제정된 법률을 빼앗는다면, 그는 이로써 모든 개개인이 동의한, 모든 분쟁의 평화로운 결정을 위한 심판자 직책과, 그들 간의 전쟁상태를 막는 방벽을 박탈하는 것이기 때문이다."[423] 또 "무력으로 입법부를 박탈하는 자

---

421) Locke, *Two Treatises of Government*, Book Ⅱ, Ch.19, §221 (412쪽).
422) Locke, *Two Treatises of Government*, Book Ⅱ, Ch.19, §222 (412쪽).
423) Locke, *Two Treatises of Government*, Book Ⅱ, Ch.19, §227 (416쪽).

들이 반란자라면, 입법자들이 (…) 인민과 인민의 자유와 고유권리들의 보호와 보존을 위해 세워진 자들이 무력으로 이것들을 침범하고 **빼앗아** 가려고 애쓸 때, 이 입법자들도 못지않게 반란자로 간주될 수 있다. 그들이 그들을 인민의 평화 보호자요 수호자로 만든 사람들과 전쟁상태에 자신들을 집어넣기 때문에 그들은 정확하게, 그것도 최악의 의미에서 반란자들이다."[424]

■ 혁명적 분위기의 성숙과 혁명의 발발요건

로크는 위정자들의 단순한 잘못으로 혁명이 일어나거나 반란이 일어나는 것이 아니라고 거듭 말한다. 그는 이런 잘못들의 '오랜' 누적만이 인민의 혁명적 욕구를 팽배하게 만들 때에야 반란이든 혁명적 저항이든 발발한다고 말한다. 또한 지금 당장 시련을 겪거나 목전의 위험에 직면해서야 혁명적 욕구가 폭발하는 것이 아니라, 그럴 만한 불신과 의심이 계속 누적될 때도 혁명적 분위기는 조성되고 이러면 혁명은 '예방적'으로 발발할 수 있다고 생각한다.

먼저 로크는 예방혁명에 관하여 논한다. 그는 "정부가 해체되는 이런저런 경우에 인민이 사람과 형태, 또는 양자의 변경에 의해, 이것을 가장 안전과 복리를 위하는 것으로 느끼는 대로 다른 것과 다른 새로운 입법부를 수립함으로써 자기들 자신을 챙길 자유가 있다"는 전제하에 이렇게 말한다.

- 그러나 인류의 상태는 어떤 시정책是正策이든 찾는 것이 너무 늦을 때까지 이 시정책을 사용할 수 있는 능력이 없을 정도로 아주 비참하지 않다. 억압과 술수에 의해, 또는 외세에 양도됨으로써 인민의 옛 입법

---

424) Locke, *Two Treatises of Government*, Book II, Ch.19, §227 (416쪽).

부가 사라졌을 때 새 입법부를 세움을 통해 자기들 자신을 챙겨도 된다고 인민에게 말해주는 것은 인민이 너무 늦었을 때, 그리고 악폐의 치유 시기가 지났을 때 구제를 기대해도 된다고 말하는 것에 불과하다. 이것은 결과적으로 그들에게 먼저 노예가 된 다음에 그들의 자유를 돌보라고 청하는 것에 지나지 않는다. 그리고 인민의 사슬이 여전히 채워져 있을 때 그들 자유인들처럼 행동해도 된다고 말해주는 것에 불과하다. 단순히 이렇다면 이것은 구제라기보다 차라리 조롱이다. 그리고 사람들이 완전히 폭정 아래 처하게 될 때까지 폭정을 탈출할 수단이 없다면, 사람들은 폭정으로부터 결코 안전할 수 없다. 그러므로 폭정으로부터 벗어날 권리만이 아니라 폭정을 예방할 권리도 가져야 하는 것이다.[425]

이것은 예방적 저항권 또는 예방적 혁명권이다. 로크는 이 예방적 혁명권으로 명예혁명을 정당화하고 있다. 이 '혁명의 예방'도 상황에 따라 혁명의 요건에 속하는 것이다.

그러나 일반적으로 혁명적 분위기 성숙되는 의미에서 혁명의 요건은 갖춰지기 아주 어렵다. 그 이유는 첫째, 인민은 여간해서 기존의 삶의 패턴을 꺼리기 때문이다. "인민은 어떤 사람들이 시사하듯이 그렇게 쉽사리 옛 형태로부터 벗어나지 않는다. 그들을 설득하여 그들이 익숙해 온 틀 속에서 인지된 결함을 고치기는 어렵다. 어떤 원래적 결함이나 세월이 흐르면서 생긴 우연한 결함 또는 부패가 있더라도, 심지어 온 세상이 바꿀 기회가 있다는 것을 알고 있을 때도 이 결함을 바꾸는 것은 쉬운 일이 아니다. 옛 제도를 버리는 것에 대해 인민이 이렇게 느리고 싫어하는 것은 이 시대 또는 이전 시대에 이 왕국에서 보았던 많은 혁명에서 우리

---

425) Locke, *Two Treatises of Government*, Book II, Ch.19, §220 (411쪽).

를 군왕·귀족·평민의 옛 입법부에 우리를 여전히 붙들어 매고, 무익한 시도들이 벌어지고 얼마간의 시간이 흐른 뒤에 다시 이 옛 입법부에 여전히 우리를 되돌려 놓았다."⁴²⁶⁾ 인민 일반은 웬만해서는 기존의 틀을 벗어나기 싫어하고 영국 인민은 더욱 싫어한다. 따라서 혁명의 발발 요건 또는 혁명적 분위기의 성숙은 오래 기다려야 한다.

혁명의 요건이 갖춰지기 아주 어려운 두 번째 이유는 인민의 유별난 인내심이다. "지배하는 편에서의 큰 실책들, 많은 잘못되고 불편한 법률들, 그리고 인간적 취약성의 모든 조각들은 백성들이 폭동이나 불평 없이 인내할 것이다." 이 때문에 "그러한 혁명들은 공무 관리에서의 작은 잘못이 있는 족족 발발하지 않는다."⁴²⁷⁾ 일반적으로, "해악이 일반적으로 커가고 지배자들의 악한 계획이 가시화되거나 그들의 기도가 대부분의 사람들에게 감지될 때까지, 저항에 의해 스스로 시정하기보다 견디는 성향이 더 많은 인민은 쉽사리 분기奮起하지 않는다. 여기저기의 불행한 사람의 개별적 불의나 박해의 사례들은 인민을 움직이지 못한다." 따라서 혁명적 분위기의 이런 미성숙기에 "정부의 변경을 바라는 것이 머리가 바쁘거나 정신이 요란한 자들을 기쁘게 해주는 족족 이로 인해 해악이 생길 수 있다"고 하는 반론도 있고, "그러한 사람들이 마음 내키는 대로 선동하는 것"도 "사실이다". 그러나 이런 통상적 미성숙 분위기에서는 그런 선동은 "그들 자신의 정확한 멸망과 파멸"로 끝날 것이다.⁴²⁸⁾

그러나 악폐의 길고 긴 행렬이 오랜 세월 그치지 않고 정부와 치자들의 잘못이 만천하에 공개된다면 인민은 바람보다 빨리 일어나 악정과 난정을 일소한다. 상술했듯이 가령 "행동의 긴 행렬(a long train of actions)이 추밀원 내각위원들이 모두 그런 방향으로 기울어지는 것을

---

426) Locke, *Two Treatises of Government*, Book II, Ch.19, §223 (414쪽).
427) Locke, *Two Treatises of Government*, Book II, Ch.19, §225 (415쪽).
428) Locke, *Two Treatises of Government*, Book II, Ch.19, §230 (417-418쪽).

보여준다면," "사람이 자기의 마음속에서 사물이 어느 방향으로 가고 있는지를 확신하거나 자신을 구할 방도를 찾는 것을 어떻게 막을 수 있겠는가?"[429] 로크는 다시 명확하게 말한다.

- 그러나 모두 동일한 방향으로 기우는 남용·발뺌·계략들의 긴 행렬(a long train of abuses, prevarications and artifices, all tending the same way)이 그 의도를 백성들에게 볼 수 있게 만들고 백성들이 어떤 상황에 처해 있는지를 느끼고 또 그들이 어디로 가고 있는지를 알지 않을 수 없다면, 백성들이 들고 일어나 통치를 정부가 처음에 수립될 때 추구한 목적을 백성들에게 확보해 줄 수 있는 그런 손에 장악케 하려고 노력할 것이라는 것은 놀랄 것이 없다.[430]

"추밀원 내각위원들이 모두 그런 방향으로 기우는 것을 보여주는" "행동의 긴 행렬, 또는 "남용·발뺌·계략"의 "긴 행렬"이 그치지 않는다면, 구태에 익숙하고 인내력 있는 인민도 상황을 명확하게 파악하고 "백성들이 들고일어나 통치를 정부가 처음에 수립될 때 추구한 목적을 백성들에게 확보해 줄 수 있는 그런 손에 장악케 할" 것이다. 이것이 혁명이다.

인민은 대체로 익숙한 틀로부터 벗어나기를 꺼려하고 악조건을 견디는 인내력을 발휘한다. 그러나 저런 "남용·발뺌·계략"의 "긴 행렬"이 그치지 않는다면, "해악이 일반적으로 커나가 지배자들의 악한 계획이 가시화되고" 사악한 치자들의 기도가 "대부분의 사람들에게 감지된다". 그러면 일반 백성도 치자들의 그릇된 행동과 누적된 악폐를 일반적으로 환히 알게 된다. "인민이 계획들이 그들의 자유에 반해 수행되고 있고,

---

429) Locke, *Two Treatises of Government*, Book II, Ch.18, §210 (405쪽).
430) Locke, *Two Treatises of Civil Government*, Bk.II, Ch.XIX, §225 (415쪽).

사물들의 경향이 그들에게 통치자들의 악한 의도에 대한 강한 의심을 줄 수밖에 없다는 것에 대해, 명백한 증거에 근거한 확신을 보편적으로 가지게 된다면, 누가 이 때문에 비난받아야 하는가? 이것을 피할 수 있는 자들이 이 의심 속으로 자신들을 밀어 넣는다면, 누가 그것을 도와줄 수 있을까?"[431] 이에 책임 있는 위정자들은 인민의 혁명 속에서 "인류의 공적公敵으로, 페스트로 정당하게 간주되고 이에 입각해 처리되어야 할 것이다".[432]

이런 '혁명적 상황'에서는 이에 책임 있는 최고통치자는 지지자들을 거의 다 잃고 또 인민에게서 복종을 요구할 자격도 다 잃어버린 '일개 사사로운 외톨이 사내'로 전락한다. 입법부가 개회했든 아니했든 '최고통치권자'는 존재하기 마련인데, 이런 까닭에 혁명적 공방은 보통 이 치자 한 사람을 둘러싸고 벌어진다. 입법부가 언제나 소집되어 있지 않는, 그리고 집행부가 입법부에 한몫을 가진 단 한 사람에게 부여되어 있는 임의의 나라에서 그가 자기 손아귀 안에 입법권력인 모든 최고권력을 가졌다는 의미에서가 아니라 아주 양해할 수 있는 의미에서 이 단독인도 최고통치권자(Supreme)라 불릴 수 있기" 때문이다. "그는 모든 하위 행정관들이 자기들의 별개의 모든 하위권한들 또는 적어도 이 권력들의 최대 부분을 도출하는 최고집행권을 자기 안에 가지고 있기 때문에, 또 그가 자기보다 우위에 있는 어떤 입법권도 없기 때문에, 그리고 그를 입법부의 다른 부분(야당 - 인용자)에 종속시킬 것으로 기대될 수 없는 그의 동의 없이 만들어질 법률도 존재하지 않기 때문에 이런 의미에서 충분히 정확하게 최고권자다.[433]

따라서 백성의 혁명적 공격은 최고권자에게 집중된다. 이와 동시에 그

---

431) Locke, *Two Treatises of Civil Government*, Bk.II, Ch.XIX, §230 (418쪽).
432) Locke, *Two Treatises of Civil Government*, Bk.II, Ch.XIX, §230 (418쪽).
433) Locke, *Two Treatises of Civil Government*, Bk.II, Ch.XIII, §151 (368쪽).

는 모든 권력을 다 잃은 '일개 외로운 사내'에 지나지 않게 된다.

- 그러나 그에 대한 충성과 신의의 선서가 채택되더라도 그것은 최고입법자로서의 그가 아니라 그와 타자들의 공동권력에 의해 만들어진 법률의 최고집행자로서의 그에 대한 충성 선서라는 것이 언급되어야 할 것이다. 충성은 법률에 따른 복종에 지나지 않고, 또 그는 이 법률을 위반할 때 충성에 대한 어떤 권리도 없고 더구나 법률의 권력이 부여된 공적 인물로서와 달리 그것을 요구할 수 없다. 그리고 그는 사회의 의지에 의해 행해지는, 나라의 법률로 선언되는 나라의 이미지, 환영이나 대표자로 간주되어야 하는 것이다. 그리하여 그는 법의 의지 외에 아무 의지도, 아무 권력도 없다. 그러나 그는 이 대표권(representation), 즉 이 공적 의지를 버리고 자기의 사적 의지에 의해 행동할 때 스스로를 격하시켜 복종을 요구할 권리를 가진 의지도, 권력도 없는 일개 외톨이 사인私人(*a single private person*)에 지나지 않는다. 구성원들은 사회의 공적 의지에 대한 복종 외에 어떤 복종의 의무도 짊어지고 있지 않다.[434]

로크의 이 "*a single private person*" 규정에 무왕의 "외톨이 사내(獨夫)", 맹자의 "일개 사내(一夫)", 바클레이와 그로티우스의 "*a(ny) private man*"의 표현이 다 함께 들어있다는 것은 앞서 논한 바와 같다. 마르티니를 통해 『서경』과 『맹자』를 접한 로크가 바클레이의 "*a private man*", 또는 그로티우스의 "*any private man*"에다 "*single*"을 추가한 것은 무왕의 "외톨이 사내"와 맹자의 "일개 사내"의 표현에 담긴 '홀로 된 처지', 지지자 없는 '외로운 처지'를 반영하려고 한 것이다. 아무튼 혁

---

434) Locke, *Two Treatises of Civil Government*, Bk.II, Ch.XIII, §151 (368쪽).

명 발발의 요건이 갖춰진 상황에서는, 한 마디로 수없는 권력비리와 부정부패, 정치적 해악과 사회적 폐단이 누적되어 모든 인민이 명확하게 알게 된 마당에는 폭군과 암주들은 '외톨이'에 불과하다.

    로크의 혁명이론은 나름대로 치밀하다. 그러나 그가 홉스의 안보(야경)국가론에 말려들었기 때문에, 그리고 그가 명예혁명을 정당화하려는 정치적 의도에서 벗어날 수 없었기 때문에 그의 이론은 폭군방벌론으로 협소해지고 폭정타도로 제한되었다. 게다가 그가 명예혁명의 포로가 되어 그의 이론에 이단군주방벌론을 슬쩍 끼어 넣음으로써 그의 혁명이론을 음울하게 저만치 종교전쟁의 바로크 시대로 퇴행시키기도 했다. 이 때문에 80여 년 뒤 토머스 제퍼슨과 제임스 매디슨은 미국독립혁명의 정신과 버지니아헌법에서 이 종교적 방벌과 종교탄압을 쓸어 내버리고 역으로 '종교의 자유'를 선포하게 된다.

제8절

로크의
귀천차별과 신분제의 재생산

존 로크는 자연적 자유와 평등의 이념을 필머에 대항해 방어했으나 이 자연적 자유와 평등을 자연상태에 국한시키고 사회상태로 이행하면서 '몽땅' 정치사회에 양도하는 것으로 관념함으로써 결국 자연적 자유·평등 이념을 정치적으로 깡그리 부정했다. 물론 상론했듯이 자연적 자유와 평등 이념에 대한 이 이론적 전면 부정은 이론적 논증과정에서 빠져든 자가당착과 비일관성으로 인해 전면적으로 성공하지 못했다. 그럼에도 불구하고 정치사회 단계에서의 자연적 자유와 평등에 대한 그의 이론적 전면부정은 한편으로 몽테스키외와 같은 일부 보수반동적 독자들에게 정치적 반동의 빌미와 근거를 주었고, 다른 한편으로는 18세기 유럽 계몽주의자와 제퍼슨·매디슨·메이슨 등 북미국식민지 지식인 등 많은 독자들에게 그를 경계하게 만들었다.

로크는 실제세계에서 자연적 자유와 평등의 관념을 조금도 인정치 않았다. 반대로, 그는 보수적 신분주의와 귀족주의의 견지에서 귀족과 천민, 자유인과 노예의 차별을 인정하는 귀천제도를 답습하고 신분적 차별 교육론으로 재생산하는 길을 모색했다. 다른 한편으로 그는 노예제도를 정당화하고 자신이 식민지 노예제도를 기획하고 감독·운영했다. 이 노예제도의 인정은 그의 정치이론에 치명적인 신분적 제한을 가했다. 그의 이론은 식민지와 본국의 수입된 '노예'만이 아니라, 영국 귀족의 토지에 붙박인 토박이 '예농'들에게도 정치적 권리를 부인했기 때문이다. 이렇게 해서 그에게서 자연적 평등은 흔적 없이 사라진 것이다.

또한 로크는 자연적·정치적 자유를 이 귀천차별론에 따라 홉스처럼 귀족과 자유인에게만 허용함으로써 '자유'도 절름발이로 만들었다. 따라서 로크가 말하는 '인민'도 홉스의 인민처럼 젠트리 이상의 귀족집단이었다. 그리고 그의 관용론은 밀턴의 제한적 관용론과 가톨릭군주에 대한 국교회 대귀족의 명예혁명적 종교전쟁의 법리에 따라 관용의 범주로부터 가톨릭과 무신론을 종파적으로 배제했다. 이 종파적·제한적 관용론에 따라 가톨릭교도와 무신론자들에 대해서는 종교의 자유가 전면적으로 부인되었다.

그리하여 로크는 정치적 자유를 이론과 실제에서 개신교 귀족과 자유인에게만 인정하고, 예농과 노예에 대해서는 완전히 부정했다. 그리고 종교적 자유는 국교회 개신교도들에게만 종파적으로 인정했고, 청교도와 기타 개신교종파에 대해서는 부분적으로만 허용했다. 그러나 가톨릭과 무신론자(무종교자)들에 대해서는 완전부정했다. 결국, 로크의 정치이론과 정치실제 속에서 '자유'도 '평등'만큼 망가지고 신분제적·종파적으로 제한을 당한 것이다.

로크가 과연 근대적 자유·평등 이념의 '전위前衛'인가, 아니면 귀족주의적 자유·평등의 보수적 '후위後衛'인가? 일언이폐지一言以蔽之할 수 없을 정도로 그의 이론은 혼잡스럽지만, 자연상태론에서 그는 분명 유교적·자연적 자유와 평등 이념의 '전위'였고, 사회상태의 이론과 실제에서 귀족적 자유와 평등의 '후위'였다. 뿐만 아니라 '불가양'의 자연적 자유·평등권에 대해서는 '반동분자'였다.

그러나 반세기 뒤 동서 해상무역의 정착과 공자철학·중국문화의 더욱 거센 세례 속에서 공자열광이 절정에 도달했을 때부터 영국·네덜란드·프랑스 등지의 선진적 서구사회가 더 많은 자유와 평등을 향해 내달리면서 귀족들을 정치중심에서 밀어내는 추세가 역력해졌을 때, 로크 이론의 역할과 기능은 '후위'에서 '반동'으로 둔갑했다. 그래서 몽테스키외는 로크의 후위적 정치이론에서 자연적 자유와 평등에 대해 '최후의 반동'을 감행할 강력한 무기를 구해 귀족주의적 자유·평등론의 방어를 기도할 수 있었던 반면, 미국의 국부들은 로크를 몽테스키외와 함께 거부할 수밖에 없었던 것이다. 여러 가지 증좌에서 로크의 자연적 평등론은 "성상근性相近"·"천하무생이귀자天下無生而貴者"라는 공자의 본성적·태생적 평등론을 직접, 또는 뷰캐넌이나 수아레스 또는 밀턴을 매개로 간접적으로 수용해 영국식·유럽식으로 '번안'하거나 '리메이크'하려고 한 것이 틀림없어 보인다. 중국과 기타 극동제국에서 "천하무생이귀자" 명제는 중국에서 "왕후장상도 씨가 따로 있는 것이 아니다"는 기치로 쓰이면서 1640년대 전후까지 유사노비 대중의 신분해방을 관철시켰다. 그러나 로크의 자연적 자유·평등론은 그 자체가 제한적이고 불완전했고, 신분제를 이긴 것이 아니라 역으로 신분제에 의해 뒤틀려 기형화되었다. 따라서 영국사회에서 공자의 본성적·태생적 평등론은 중국에서 수행한 것과 같은 신분해방을 수행하지 못했다.

중국에서 귀족은 이미 송대에 공무담임 특권을 상실하고 평민 백성과 평준화되어 평민화되었다. 모든 백성은 마찬가지로 과거제를 통해서만 공무를 담임하고 또 이 공무담임권을 과거등과자 1대에만 행사할 수 있게 된 것이다. 이로써 송대 중국에서 이미 귀족이 소멸하고, 평민이 신분제로부터 해방되었고, 17세기 중반 이후에는 노비들이 '왕후장상이 씨가 따로 있냐?'는 구호를 걸고 일으킨 셀 수 없는 혁명적 민란을 통해 스스로를 해방했다. 이로써 1640년대 전후에 중국은 신분제를 전면적으로 철폐하고 완전한 평등사회를 이룩했다.

반면, 17세기 말과 18세기 초에도 존 로크는 그의 자연적 자유·평등 테제를 영국 귀족제와 예농제의 철폐로까지 밀고 나가기는커녕 오히려 영국의 구태의연한 신분제적 현실과 타협하고 만다. 로크는 귀족과 천민(예농·상공인·임금노동자·농예)을 차별하는 영국의 뿌리 깊은 신분제와, 여기에다 아프리카 흑인노예를 더해 신분제를 퇴행적으로 재생산하는 식민지 노예제도에 굴복하고 말았을 뿐만 아니라, 이 귀족·노예제도를 향유했던 것이다.

8.1. 귀천차별 교육과 신분제의 재생산

로크는 상론했듯이 모든 인간 개개인이 자연상태에서 정치적 사회상태로 이행함과 동시에 개개인의 '모든' 자연적 자유와 평등, 그리고 '모든' 자연적 권력을 사회에 양도하게 하고 만인을 정치사회의 입법부에서 제정한 법률에 복종시켰다. 그는 자연적 자유와 평등을 제거하고 모든 인간을 영국의 신분제적 법률에 복속시킨 이 이론적 정지작업으로써 『통치이론』 바깥의 다른 글들과 실제적 정치활동에서 그 자신이 영국의 신분제를 실질적으로 답습하는 길을 열어놓고 또 암암리에 정당화했다.

그리하여 로크는 자신의 자연적 자유·평등론의 연장선상에서 '신분철폐'의 혁명적 논변을 펼친 것이 아니라, 『통치이론』 바깥에서 자연적 평등론과 정면 배치되게 신분제도를 온존시키고 재생산하는 논리를 전개한다. 그의 신분제 존치 논변은 그의 교육이론과 노예제에 대한 그의 관점에서 노골화된다. 중국은 "천자에서 서민에 이르기까지 하나같이 다 수신을 근본으로 삼는다(自天子以至於庶人 壹是皆以修身爲本)"는 『대학』의 '만민교육' 명제와 "교육에는 차별이 없다(有敎無類)"는 『논어』의 '평등교육' 명제에 따라 '교육'을 만민에게 평등하게 보장해서 입신양명을 위한 학습경쟁을 통해 신분을 타파하는 동력으로 삼았다. 반면, 로크는 '교육'을 신분제적으로 차별함으로써 이 '교육'을 오히려 신분을 재생산하는 수단으로 삼았다.

따라서 로크의 신분제 답습은 그의 교육론에서 가장 자연스럽게 전제되고 가장 선명하게 노골화된다. 로크는 영국의 신분제사회를 추종·향유함으로써 반反유교적·신분제적 차등교육론을 피력한다. 필머에 대항해 자연적 자유·평등론을 주창하던 로크의 기세는 영국의 신분제적 현실 앞에서 온데간데없이 사라져 버렸다. 이로써 오늘날까지도 새 술을 마시면서도 헌 부대를 계속 쓰듯이 유럽에서 유일하게 영국은 구태의연한 귀족제도와 귀족원(상원)의 헌 제도를 끌어안은 '기형국가'로 남아있다. 스웨덴·노르웨이·덴마크·네덜란드도 군주제의 외피를 쓰고 있지만 귀족제도는 폐지했기 때문에 하는 말이다.

■ 로크의『교육에 관한 몇 가지 생각들』(1693)과 귀족교육론

로크는 1693년『교육에 관한 몇 가지 생각들』(1693)이라는 논고를 집필했다. 그는 이 논고에서 대귀족(aristocrat; major nobility)의 교육만을 취급하고 있다. 그는 이 논고의 최종본에서 교육대상을 소귀족(minor nobility)도 포함하는 '젠틀맨'으로 완화했다. 따라서 그는 자신의 교육론이 만인교육론이 아니라 귀족교육론임을 분명히 한다. 로크는 이 글의

서두에서 "나는 덕성을 인간 또는 젠틀맨에 속하는 첫 번째이자 가장 필수적인 자질로 친다"고 밝힌다.[435] 이로써 로크는 『교육에 관한 몇 가지 생각들』을 '인간 일반'을 위한 교육론이 아니라 젠틀맨 이상의 귀족들을 위한 교육론으로 못박았다. 젠틀맨 이상의 귀족만을 "인간"으로 본 것이다.

로크가 17세기 말에 말하는 '젠틀맨'은 오늘날의 '점잖은 신사'라는 의미의 도덕군자를 가리키는 것이 아니라, '젠트리'라는 '소귀족(nobilitas minor)'의 일원을 가리켰다. 기사·에스콰이어와 더불어 '젠트리'는 소귀족층에 속했다. 공작·후작·백작·자작·남작들은 '대귀족'이었다. 따라서 로크의 교육론은 대귀족과 소귀족의 자식들을 교육대상으로 설정한 귀족교육론이었다. 이 귀족교육론은 오늘날 무의미하므로 분석해 볼 가치가 없다.

실로 중요한 것은 로크가 자신의 교육론이 귀족주의적 성격을 가진 차별교육론임을 결론부분에서 다시 한번 명확하게 천명한다는 사실이다.

- 나는 군주·귀족·보통젠틀맨의 아들은 상이한 양육방식(different ways of breeding)이 있어야 한다고 생각한다.[436]

로크는 『교육에 관한 몇 가지 생각들』에서 군주·대귀족·소귀족(젠틀맨) 아들의 신분차별적 교육에 대해서만 논하고, 하층민 자식들의 교육에 관해서는 한 마디도 하지 않고 있다. 모든 어린이가 교육받아야 한다거나, 모든 어린이의 교육이 내용과 대우 면에서 똑같아야 한다는 것은 그의 생각 밖의 일이었다. 로크는 학교제도가 개혁될 때까지 젠틀맨은 그의

---

435) John Locke, *Some Thoughts on Education*, §135 (" Excuse ").
436) Locke, *Some Thoughts on Education*, §236 ("Conclusion").

자식을 가정에서 가정교사에 의해 훈육해야 하고 많은 고전교육과 인문교육을 실시해야 한다고 믿었다.

빈민에 관한 한, 그들의 자식들은 로크의 이 작은 책자 『교육에 관한 몇 가지 생각들』에서 "전혀" 등장하지 않는다.[437] 4년 뒤 로크는 빈민아동들이 다른 학교에서 차별적 내용의 직접교육을 받아야 한다는 차별교육론을 이 귀족교육과 별개로 집필했다.

■ 로크의 「빈민법에 관한 에세이」(1697)와 빈민아동 교육

로크는 교구의 빈민구휼 재정을 마련하기 위해 어린이와 소년들을 노역시키는 데 필요한 노동훈련·노동기율의 주입과 관련된 취지에서 '빈민 어린이의 교육'과 비슷한 모종의 내용을 논했다. 로크는 「빈민법에 관한 에세이」(1697)에서 "노동하는 인민들의 자녀들이 교구에 일상적 부담이고 보통 게으름 속에 지내서 그들의 노동도 일반적으로 12살이나 14살이 될 때까지 공적公的인 것을 모를 정도다"라고 말한다.[438] 그러므로 그는 "각 교구마다에 노무학교(*working schools*)를 세우고, 교구의 구제를 요하는 모든 사람들의 3살 이상, 14살 이하 자식들은 가정에서 부모와 같이 사는 동안 빈민감독관의 허가 없이 생계를 위해 투입되지 않아야 하고 노무학교에 가야 한다"고 주장한다.[439]

어린이들을 노동시키는 이 '노무학교'의 목적은 "유아기부터 노동에 익숙케" 하고 그들의 노동으로 얻는 이익으로 교구의 재정문제를 일부 해결하는 것이다. 로크는 이것이 "어린이들을 훗날 그들의 생애 내내 정

---

437) Peter Gay, "Locke on the Education of Paupers", 190쪽. Amélie Oksenberg Rorty (ed.), *Philosophers on Education: Historical Perspectives* (London: Routledge, 1998).
438) John Locke, "An Essay on the Poor Law", 190쪽. Locke, *Political Essays*, ed. by Mark Goldie (Cambridge: Cambridge University Press, 1997).
439) Locke, "An Essay on the Poor Law", 191쪽.

신적으로 맑게 하고 근면하게 만드는 적잖은 후과를 가져 온다"고 주장한다.[440] 그는 동시에 이 노무학교의 재무경제를 개략하고 이 학교가 교구에도 "훨씬 더 적은 부담"을 주므로 이득이고, 빈민아동들을 "노무학교에 와서 노동에 전념할 것"이므로 이 어린이들에게 좋은 노동윤리를 주입해 줄 것이라고 주장한다.[441]

종합하면, 로크는『교육에 관한 몇 가지 생각들』이라는 소책자와 「빈민법에 관한 에세이」에서 별개로 전개한 차별교육론을 통해 미래를 위해 귀족과 평민의 신분제적 재생산을 꾀하고 있다. 로크는 만민평등 교육을 통해 신분을 없앤 공자와 반대로 귀천차별 교육을 통해 귀족과 평민의 차별을 계속 유지하는 신분제도를 영구적으로 재생산하려고 있다. 여기에서 귀족주의적 자유·평등론을 위한 로크의 후위(rear guard) 역할이 실로 두드러진다.

8.2. 노예의 정당화와 노예제 인정

로크는 노예제를 정당화하고 승인함으로써 반상차별에 더해 귀천차별을 승인한다. 상론했듯이 그는『통치이론』안에서도 사회상태로 이행한 뒤에 정치를 '자유인'만의 일로 규정하고 자연상태의 최초 사회로서의 '가족' 안에 노예의 존재를 인정하고 정치사회에서도 정의의 전쟁에서 패배한 포로들을 노예화하는 것을 정당화하면서 노예의 참정권을 부인했다. 그리고 그는 보댕처럼 정의의 전쟁에서 붙잡히거나 정복당한 전쟁포로들을 당연히 정복자(전제주)의 노예로 취급하고, 정의의 전쟁에서 발생한 이 노예의 법적 지위를 법제적으로 승인했다. 그리고 그가 유

---

440) Locke, "An Essay on the Poor Law", 190쪽.
441) Locke, "An Essay on the Poor Law", 191쪽.

럽의 문명인들이 아프리카와 아메리카의 미개지에서 무력사용을 통해 흑인과 인디오를 포로로 붙잡아 부리는 것도 토인의 문명화를 위한 "백인의 의무(whiteman's burden)"로 여기고 '대對미개인 정복전쟁'까지도 '정의의 전쟁'으로 간주했을 것이라는 추정은 충분히 가능하다. 그러나 로크는 '정의의 전쟁이 무엇인지'에 대해 보댕처럼 침묵했다.

노예제에 대한 로크의 태도에서는 사상과 실천의 대립성과 그의 인간적 위선성이 노골적으로 드러난다. 앞서 시사했듯이 로크는 『통치이론』「머리글」에서 "노예제 또는 노예상태는 인간의 아주 비루하고 비참한 상태이고 우리 국민의 관대한 기질과 용기에 아주 직접적으로 반대되는 것이어서 영국인이 그것을 변호하는 것은 생각하기 어렵고, 신사는 훨씬 더 어렵다"라고[442] 극명했다. 로크의 자유에 대한 이런 찬양과 「머리글」의 노예제 비판은 보통 그의 자유주의의 증좌로 여겨져 왔고, 이것은 미국 찬양과 연결되어 왔었다. 그러나 로크의 귀족주의적 자유·평등론을 상기하고 이 「머리글」의 위선성을 알게 되면 그러한 찬양들이 얼마나 그릇된 것인지가 백일하에 드러난다.

로크는 나이가 37세가 되던 1669년 휘그당 당수 섀프츠베리 백작 1세와 함께 「캐롤라이나 기본헌법」을 공동으로 기초한 인물이었다. 이 「캐롤라이나 기본헌법」은 1669년 3월 1일 캐롤라이나 식민지의 '8인 Lord Proprietors(소유자 귀족들)'에 의해 채택되었다. 당시 캐롤라이나 지방은 오늘날 버지니아와 플로리다 사이에 있는 광대한 영역이다. 「캐롤라이나 기본헌법」 기초문은 1669년 캐롤라이나로 발송되었다. 하지만 '8인 소유자 귀족들'은 2개의 다른 버전의 기본헌법을 각각 1682년과 1698년에 도입하고 1690년 그 헌법을 유예했다. 그러나 식민지개척자들은 1669년 3월 1일의 헌법을 근간으로 한 1669년 7월 21일 버전의 헌

---

442) Locke, *Two Treatises of Government*, Book 1, Ch.1, §1 (141쪽).

법을 공식 승인하면서 6명의 소유권자들이 그 날짜로 이 헌법을 "통치의 영원히 불변적인 형태와 수칙"으로 선언했다. 로크가 만든 모법母法 「캐롤라이나 기본헌법」의 성격은 정치적으로 '반동적'이었고 봉건적 사회구조를 촉진하도록 설계된 성문법 체계를 실험하는 내용을 담고 있었다. 그러나 이 헌법은 이교도들의 노동력을 확보하기 위해 종교적 측면에서 상당히 진보적이었다.

로크는 1669년 이전부터 극동 관련 서적의 독서를 통해 중국과 극동의 종교적 자유와 무제한적 관용에 대해 잘 알고 있었다. 1667년 그는 이미 「관용에 관한 에세이(An Essay on Toleration)」를 집필해 둔 상태였다. 그러나 그는 아직 중국의 자연적 자유·평등이념에 대해 알지 못하던 시기였다. 그의 독서목록 속에서 등장하는 중국의 자유·평등과 관련된 저서들은 나중에 출판되었거나, 그가 나중에야 입수한 것들이었다. 따라서 그는 여전히 정치적으로 아주 보수적이었다. 1669년 3월 1일에 채택된 「캐롤라이나 기본헌법」은 당시 그의 사상적 심리상태에 따라 정치적으로 아주 보수·반동적이고, 종교적으로 진보적이었다.

「캐롤라이나 기본헌법」은 이 식민지에 대한 국왕의 더 이른 특허장에 근거한 법적 문서이자 당시의 법적 현실을 반영한 문서였다. 기본헌법의 규정들이 완전히 집행되거나 비준된 적이 없더라도, 이 헌법은 캐롤라이나에서의 권력의 형태를 형성하는 것을 돕고 특히 토지분배의 지침이 되었다. 이 헌법문서와 관련된 식민지 개척자들의 주된 관심은 소유권자들을 위계적으로 설계된 사회의 정점에 선 귀족으로 고양시키는 것이었다. 두 번째 관심은 실천적 이유에서 거주자들에 의해 집행되기 어려운 규칙들이 헌법에 들어있다는 것이었다. 이 때문에 소유권자들은 규칙을 다섯 번이나 수정했다. 명예혁명 이후에 일부 규칙은 폐지되기도 했다. 하지만 기본헌법의 제정자들인 8인 소유권자와 왕에게 그것은 적합한 통치

질서를 반영했다.

「캐롤라이나 기본헌법」은 캐롤라이나 식민지 소유권자들 중 하나인 섀프츠베리 백작 1세에 대한 존 로크의 봉직 기간에 기초되었다. 이 때문에 로크는 이 헌법의 제정과정에서 주된 역할을 했다. 이 문서는 찰스 2세로부터 그 식민지를 하사받은 '8인 소유권자 귀족'을 위해 작성되고 이들에 의해 서명되고 봉인된 합법적 문서였다. 혹자들은 로크가 '임금 받는 서기'에 불과했다고도 변호하지만, 그는 섀프츠베리 백작과 관련해서 단순한 서기가 아니라 백작의 일급 핵심참모였고, 또 37세의 나이로 볼 때 정치적으로 애송이도 아니었다. 더구나 당시 그는 '종교적으로 진보적'이면서도, '정치적으로 보수반동적'이었다. 「캐롤라이나 기본헌법」의 내용적 기괴성은 종교적으로 진보적이면서 정치적으로 보수반동적인 당시 로크의 '정신상태'를 그대로 반영한 것이다. 이 헌법의 종교적 자유와 관용정신은 노동력과 이주민 확보를 위해서 요구되었다. 그러나 당시 로크는 캐롤라이나 식민지의 경제적 최대이익을 위해 귀족제·농노제·노예제를 담은 엽기적·봉건적 헌법을 승인할 만큼 정치적으로 보수반동적이었던 것이다.

「캐롤라이나 기본헌법」에서 종교적 관용의 폭은 볼테르가 갈채를 보낼 만큼 광범했다. 볼테르는 "당신의 눈을 지구의 다른 반구를 넘어서, 지혜로운 로크가 입법자였던 캐롤라이나를 보라"고 조언했다.[443] 「캐롤라이나 기본헌법」은 노동력과 이주민 확보를 위해 종교적인 이유에서 피난처를 찾는 집단들에 대해 일정한 종교적 안전장치를 도입했다. 헌법 97조는 이렇게 규정하고 있다.

---

443) David Amitage, "John Locke, Carolina and the *Two Treatises of Government*", Political Theory, 32(No.5), Octover 2004, 607쪽에서 재인용.

- 기독교에 완전히 낯선 사람들인 토착인들의 우상숭배, 무지나 오류는 우리에게 그들을 추방하거나 그들을 학대할 권리를 주지 않는다. 그리고 다른 지역들을 떠나 여기에 식민하러 온 사람들은 불가하게 종교문제에 관해 다른 의견을 가질 것인데, 그들은 종교의 자유가 그들에게 허용되었다고 기대할 것이고, 그 유대인, 이교도, 그리고 기타 기독교의 순수성과 먼 기타 이견자들도 공포를 느끼거나 기독교로부터 거리를 두게 강제되어서는 아니 될 것이다. (…) 그러므로 어떤 종교든 동의하는 7명 이상의 사람들은 다른 것과 구별짓기 위해 모종의 이름을 단 교회를 세우거나 종교단체에 가입할 것이다.

따라서 「캐롤라이나 기본헌법」은 예배를 볼 권리와 교회를 세울 권리를 기독교 이단자들과 유대인과 같은 국외자들에게도 부여한 것이다. 그들은 인디언 우상숭배자와 이교도들에게도 종교적 관용을 약속했다. 이것은 로크가 극동의 종교적 자유와 관용으로부터 배운 내용을 캐롤라이나에 적용한 것으로 보인다.

그러나 「캐롤라이나 기본헌법」은 북미식민지에서 귀족제·농노제의 확립과 노예제의 확산을 장려했다. 악명 높은 헌법 110조는 말한다.[444]

- 캐롤라이나의 모든 자유인은 무슨 의견이나 종교를 가졌든 자기의 흑인 노예에 대해 절대적 권력과 권위를 가져야 한다.

이 규정에 따라 노예소유주는 노예에 대한 생사여탈권을 부여받았다. 「캐롤라이나 기본헌법」의 기초에 대한 로크의 참여는 제국 안에서 노예

---

444) *The Fundamental Constitutions of Carolina*, March 1, 1669. The Avalon Project, Yale Law School. 2021년 1월 25일 검색.

제와 위계체계를 장려·촉진하는 찰스 2세의 계획에 대해 그가 협조했다는 것에 대한 결정적 증거다.[445]

노예제와 별개로 세습귀족제의 수립과 귀족 칭호의 승인은 약간의 변화를 겪었다. 캐롤라이나의 8인 소유권자 귀족들에 대한 왕의 원래 특허장이 영국에서 이미 쓰이는 '백작'·'남작' 같은 칭호를 수여하는 것을 금지했기 때문에, 「캐롤라이나 기본헌법」은 '카지크'(cazique, 대지주라는 뜻)와 '랜드그레이브'(landgrave, 본래 독일의 백작 칭호)라는 새로운 세습 칭호를 두 개 창설했다. 이 귀족들은 대법원(Chief Justice's Court)에서만 재판을 받고, 1인 이상의 귀족을 포함한 배심원들에 의해 유죄로 인정받아야만 유죄로 판정받는 특권을 부여받았다.(제27조) 그리고 「캐롤라이나 기본헌법」은 노예제에 더해 '리트멘(leetmen)'이라고 불리는 세습적 농노체계(serfdom system)도 도입했다. 사고팔 수 있는 노예와 달리 토지에 붙박인 '리트멘'과 '리트우먼'은 이 토지를 소유한 귀족의 명령과 관할 아래 있었다.

헌법에 의해 대·소귀족들은 방대한 식민지 땅의 5분의 2를 소유했다.[446] 자유인들은 나머지 땅의 소유권을 가졌다. 그들 중 50에이커(306마지기[1마지기 = 200평]) 이상을 소유한 사람들이 의원선거 투표권을 가졌고, 500에이커(3,060마지기) 이상 소유한 사람들만이 의회 의원으로 선출될 피선거권을 가졌다.(제72조) 이 토지소유 요건은 영국과 비교해서 자유인에게 상대적으로 유리한 것이었다.[447] 선거권과 피선거권을 에스

---

445) Holly Brewer, "Slavery, Sovereignty and Inheritable Blood: Reconsidering John Locke and the Origines of American Slavery, *American Historical Review*, 122(No.4), Octover 2017, passim"
446) M. Eugene Simans, *Colonial South Carolina: A Political History*, 1663-1763 (Chapel Hill: University of North Carolina Press, 1966), 11-12쪽.
447) David Walbert, "A Little Kingdom of Carolina", *Anchor*. A North Carolina History Online Research.

테이트(읍면 이상 규모의 영지나 장원)를 소유한 '자유보유자(freeholder)'
로 제한하지 않았기 때문이다.

　선거는 비밀투표로 이루어졌는데, 이것은 당시 영국에서 아직 관행이
아니었다. 이처럼 근대적 진보와 봉건적 퇴행이 뒤엉킨 이 헌법은 종교
자유와 귀족제·노예제·농노제를 동시에 승인한 기괴한 헌법이었다. 그
러나 캐롤라이나 식민지 관청의 공직에 임용되는 자들은 당연히 종교자
유가 없었다. 그들도 심사율에 따라 영국에서와 마찬가지로 국교회 신앙
선서를 해야 했기 때문이다. 여기서 로크의 종교적 관용론의 위선성이
다시 드러난다.

　1670년과 1682년, 그리고 1698년의 「캐롤라이나 기본헌법」의 모태가
된 로크의 1669년 3월 1일의 「캐롤라이나 기본헌법」은 북미 전역에 노
예제를 확산시키고 정착시킨 모법이었다. 독립 미국도 이렇게 도입되어
뿌리박은 노예제로부터 19세기 중반을 넘어서까지 벗어날 수 없었다.
이 죄악은 다 로크로부터 비롯되었다.

　로크는 1669년 「캐롤라이나 기본헌법」의 단순한 기초자로 그치지 않
았다. 그는 1671년 왕립아프리카회사를 통한 영국 노예무역에 대한 주
요 투자자였다. 게다가 그는 1673년부터 1675년까지 영국정부 무역·플
랜테이션국(Board of Trade and Plantations)의 서기 겸 캐롤라이나 총
독의 서기 자격으로 캐롤라이나 식민지의 운영에 직접 참여했다. 그리
고 명예혁명 이후『통치이론』을 출판한 뒤에도 1696년부터 1700년 죽기
직전까지 5년 간 그는 이 무역·플랜테이션국의 감독관으로 활동했다. 이
시기에 그는 전 세계의 영국 식민지를 설치하고 식민지 노예체계를 수립
하고 감독한 정확히 6인 감독관 중의 1인이었다.[448] 그럼에도 불구하고
로크는 표리부동하게도 『통치이론』의 첫 구절을 저런 뻔뻔한 거짓말로

---

448) Cohen, *Philosophical Tales*, 101쪽.

시작했던 것이다.

결론적으로, 존 로크는 교육을 귀족교육과 빈민교육으로 양분함으로써 철저한 신분차별적 교육론을 펴고, 또 실천적으로는 귀족제도와 노예제를 이론적으로 승인하고, 노예제도는 경영하기까지 했다. 이것은 그의 커다란 정치적 위선이자 치명적 죄악이라고 평하지 않을 수 없는 것이다. 전반적으로 그의 교육론은 40년 전 존 밀턴의 평등주의 교육론보다 크게 후퇴한 것이었다.

공자가 만민평등교육으로 신분제도를 없애려고 했다면, 밀턴은 공자와 중국의 만민평등교육제도를 받아들여 선하고 지혜로운 사람들이 비록 소수더라도 이들이 다스려야 한다고 주장하고 덕성과 능력에 정비례하는 "모든 적당한 자유와 비례적 평등(all due liberty and proportioned equality)"이 만인에게 보장되어야 하므로[449] 이 보장을 위해 밀턴은 중국식 만민평등교육제도, 즉 보통교육제도를 기획했었다. 그는 읍마다 주민들이 "그들의 어린이들이 그들의 시야 안에서 모든 학문과 고상한 교육으로 양육될 수 있는 그들 자신이 선택하는 학교와 학당"을 가져야 한다고 선언했다. 그는 여기서 문법 같은 필수적 기초지식만이 아니라 인문학과 체육도 가르치기를 바랐다.[450] 이런 전제에서 밀턴은 "단독 치자나 귀족원이 없는 자유공화국이 단연 최선의 정부다". 정부가 이런 토대 위에 확립될 때 덕성이 번성하고 행복이 넘칠 것이다. 백성들은 곧 이런 정부의 "알맞은 질서·편이·혜택에 만족하고 기뻐할 것"이라고[451] 예상했다. 즉, 밀턴은 중국처럼 신분제를 폐지할 것을 꾀한 것이다.

반면, 로크는 공자와 밀턴을 등지고 차별교육과 노예제 존치로 신분제를 영구화시키려고 했다. 로크의 신분적 차별교육론에 대한 다른 해석들

---

449) Milton, *The Ready and Easy Way to Establishing a Free Commonwealth*, 178쪽.
450) Milton, *The Ready and Easy Way to Establishing a Free Commonwealth*, 189쪽.
451) Milton, *The Ready and Easy Way to Establishing a Free Commonwealth*, 180쪽.

이[452] 있다면, 그것은 로크의 거짓 명성을 연장하려는 '영국민족주의적' 싸구려 변호론에 불과한 것이다. 이렇게 하여 천년 혈통신분제 사회인 영국사회에서 로크를 통해 수입된 공자의 태생적 평등론은 여지없이 훼손되고 기형화되어, 영국에서는 '심각하게' 생각할 필요가 없는 한낱 추상적 '이념'으로 그치고 만 것이다. 이것이 로크의 자연적 평등론의 '한계'이자 '위선성'이었던 것이다. 그러나 영국의 신분제로부터 탈출해 북미 신세계로 이주한 미국인들이 중국의 저 자연적 자유·평등 이념을 로크와 달리 '심각하게' 받아들여 '진실하게' 해석하고 현실에 구현코자 했다.

---

452) 가령 액스텔(James Axtel)은 "로크가 이 작은 계급을 위해 집필한 것이 아니고 또 그가 교육에 대해 말한 많은 것, 특히 주요원리들은 모든 어린이들에게 평등하게 적용할 수 있는 가능성을 배제하지 않는다"고 변호한다. James L. Axtell, "Introduction", 52쪽. *The Educational Writings of John Locke*, ed. by James L. Axtell (Cambridge: Cambridge University Press, 1968). 동시대인 코스트(Pierre Coste)도 유사한 해석을 했었다. "이 저작이 젠틀맨 신분을 위해 기획된 것이 확실하지만, 이것이 그들의 계급이 무엇이든 모든 부류의 어린이들의 교육에 이바지하는 것을 방해하지 않는다."(Axtel, 52 쪽에서 재인용.) 액스텔과 코스트는 과잉해석을 하고 있고, 또 「빈민법에 관한 에세이」을 읽지 않은 것으로 보인다.

제9절

제한적 관용론과
가톨릭·무신론 탄압의 이론

　로크의 정치이론적 한계와 실천적 제한성은 신분적 귀천제도의 인정과 운영으로 그치지 않는다. 그는 종교문제에서도 특정 종파들에 대한 정치적 박해 의지의 불관용성과 정치적 보수성을 노정한다. 그런데 이 경우에 정치적·종교적 보수성과 한계는 밀턴을 등짐으로써 초래된 것이 아니라, 중국의 무제한적 관용문화와 공자의 무제한 관용론을 등지고 밀턴의 제한적 관용론(1644)을 거의 반세기가 지난 마당에 답습함으로써 야기되었다. 로크는 밀턴의 중국적 종교자유·관용론을 계승하면서 무신론자와 가톨릭교도에 대한 그의 종파적·예외적 불관용 원칙까지도 이어받았기 때문이다.

　로크의 종교자유론은 밀턴과 피에르 벨을 통한 중국적 종교자유론의 간접적 영향 외에도 자신의 독서를 통해 극동 종교자유정책으로부터도 직접 영향을 받았다. 이것은 앞서 살펴보았듯이 그가 「관용에 관한 에세이」(1667)와 『인간지성론』(1689)에서 일본과 중국의 종교자유와 종교철학을 활용하고 있기[453] 때문에 분명하다.

9.1. 유교적 관용론의 영향과 로크의 초기 관용론의 제한성

로크는 『관용에 관한 서한』(1689)을[454] 출판하기 전에 미공간 원고 「관용에 관한 에세이」(1667)를 썼고, 관용과 무신론에 관한 몇몇 조각 글을 작성했다. 그는 「관용에 관한 에세이」에서 '외적 신앙(confessio)'과 '내적 신앙(fides)'을 가리지 않고 이성적 양심의 결정권에 맡겨 '양심'을 종교적 논의의 중심에 끌어올림으로써 밀턴의 전통 속에서 홉스주의적 국가교권론에 대해 '광교주의적' 변형을 가한다.

성 토머스 브라운의 『어느 박사의 종교(Religio Medici)』(1643)와 케임브리지 플라톤주의자로부터 비롯되는 17세기 영국의 '광교주의(latitudinarianism)'는 성서를 새롭게 해석하는 독자적 신학에 기초해 신이 개인의 도덕상태를 보살피기 때문에 교회의 리더십을 아무래도 좋은 것으로 보고, 또 인간이성이 성령과 결합되면 스스로 교리적 진리를 결정하기에 충분하기 때문에 신도의 이성과 자유를 구속하는 법과 교리적 지배를 불필요하고 불건전한 것으로 여긴다. 따라서 '광교주의'는 교회제도 자체를 무시하고 종파마다 상이한 종교적 의례와 의전을 경시했다. 이런 까닭에 광교주의는 모든 기독교종파들을 광범위하게 인정했다. 하지만 광교주의는 종교적 통일성을 추구하는 가톨릭종파를 배격하는 영국적 전통을 견지하는 한에서 가톨릭까지 포함한 모든 기독교 종파를 망라하려는 '세계교회주의(Ecumenism)'와 다르고, 이슬람교·힌두교 등

---

453) Locke, "An Essay on Toleration" [1667], 158쪽; Locke, *An Essay concerning Human Understanding* [1689], Bk.I, Ch.IV, §8.
454) Locke, *A (First) Letter concerning Toleration* (1689).

이교異敎들을 관용할지언정 일상적 도덕생활에서 신과 성령을 부정하는 유교적·불교적 무신론을 비롯한 모든 형태의 무신론을 배격하는 한에서 관용의 범위를 무신론으로까지 확대하지 않는다. 그러므로 광교주의는 가톨릭과 무신론의 배격과 탄압에 국가의 교권적 권력을 적용하는 데 기꺼이 동의한다. 광교주의는 이 종교적 배격대상에서 밀턴의 제한적·종파적 관용론과 합치된다.

로크의 관용론은 이 광교주의의 색채가 강하다. 하지만 개신교적 성서해석에 기초한 홉스적 국가교권론을 광교주의적으로 변형하는 새로운 관용론을 주장할 용기를 준 그의 정신적 배경은 다시 동아시아였던 것으로 추정된다. 로크는 선교사들의 여행보고서와 공자경전 번역서들을 통해 공자의 도덕철학도 알고 있었고, 동아시아 유학자들의 일상적·철학적 무신론(정확히는, 일상생활과 학구생활에서 귀신을 멀리하는 '원신론遠神論'), 그리고 동아시아 지역의 무수한 종파들이 구가하는 무제한적 종교자유와 다종교적 관용도 잘 알고 있었기 때문이다.

로크는 네오에피쿠리언적 도덕철학 전통을 고수한 까닭에 공자와 동아시아의 공감도덕론을 중시하지 않았지만, 종교론의 관점에서 동아시아의 도덕론과 종교자유와 '무제한적' 관용에 흥미를 보였다. 스페인어를 잘 구사했던 로크는 나바레테와 기타 선교사들의 글을 1670년대에 탐독했다. 따라서 로크는 중국인들이 거의 다 무신론자들과 비슷하다는 보고만이 아니라 중국에는 '3,000개 종파가 평화롭게 공존한다'는 마테오 리치와 나바레테의 충격적인 보고도 읽었다.

로크는 이런 정보 루트 외에 아주 이른 시기의 다른 루트를 통해서도 이미 동아시아의 다종교 상황과 모든 종교와 종파에 대한 무제한적 관용에 대해 잘 알고 있었다. 1667년에 쓴 「관용에 관한 에세이」에서 그는 물리력(force)에 의한 종교적 신앙의 변경 시도의 무효성과 정교분리를 논한다.

- 물리력이 인류의 의견을 바꾸는 데 어떤 효과가 있는지 이와 관련된 사례는 역사에 가득할지라도 박해에 의해 어떤 의견이 세계로부터 추방되었다는 사례는 거의 하나도 발견되지 않는다. 폭력이 일시에 모든 교수들을 쓸어내 버린 곳에서도 역사 그렇다. 나는 아무도 폭력이 자기의 의견에 대해 어떤 영향을 가했는지에 관한 실험을 위해 자기의 가슴보다 더 멀리 가지 않기를 바란다.[455]

그럼에도 불구하고 "박해가 때때로 유약한 광신도를 (…) 정복할 수 있다면, 그리고 (…) 일시에 교회 경내의 모든 이단자들을 몰아낼 수 있다면, 그것은 이럼으로써 통치권을 안전하게 보장하는 것이 아니라 위협하고 위험을 정정당당하고 공개적인 적수라기보다 차라리 그릇되고 비밀스럽지만 분격한 적을 갖는 만큼이나 훨씬 더 크게 만들 것이다. 왜냐하면 처벌과 공포는 사람들을 하는 체하게 만들지 모르지만 어떤 사람의 이성을 확신시켜 그들을 도저히 그 의견에 동조하게 만들 수 없고 오히려 확실히 그들을 박해자의 인격을 증오하게 만들고 그들에게 양자(처벌과 공포)에 대한 더 큰 혐오감을 줄 것이기 때문이다."[456]

로크는 1637년 포르투갈 선교사들의 원격조정으로 일어난 가톨릭 일본농민들의 '시마바라의 난(島原の亂)'을 들어, 가톨릭이 그렇듯이 주민들의 신앙을 단일하게 통일시키거나 획일화하려고 시도하면 '피바다'를 면치 못할 것이라고 경고한다. 시마바라 농민반란군에 대한 일본 막부의 처단은 매우 가혹함을 더해 시마바라 반도의 남부지역 미나미메(南目)

---

455) Locke, "An Essay on Toleration" [1667], 154쪽.
456) Locke, "An Essay on Toleration" [1667], 155-156쪽.

와, 카라츠(唐津藩) 번藩에 속한 아마쿠사(天草) 제도諸島의 카톨릭 신자들은 난에 참가했든 아니든 간에 모두 죽임을 당했다. 간신히 살아남은 소수의 신자들은 깊이 숨어들어 지하신도가 되었다. '시마바라 난' 이후 막부는 금교령을 강화하고 엄격한 쇄국정책을 시행했다. 또 각지의 폐성廢城들은 반란군이 사용하지 못하도록 모두 헐거나 파괴했다.

시마바라와 아마쿠사 제도에서 반란이 일어났을 당시 막부 토벌군은 13만 명이었다. 그런데 그 중 1,300-5,712명이 전사하고, 6,000-7,000여 명이 부상을 당했다. 이에 반해 반란자 측은 12만 5,800여 명의 인원 중 3만 7,000명이 살해당했다. 하지만 실제 사망자는 이보다 많을 것으로 추측된다. 고문을 받거나 처형된 자만 1만 명을 넘었기 때문이다.

한편, 시마바라 번주였던 마쓰쿠라 카츠이에(松倉勝家)는 백성들에게 가혹한 연공과 노역으로 반란을 초래한 책임을 물어 해임된 후 다시 참수형에 처해졌다. (에도 시대에 다이묘가 할복이 아닌 참수를 당한 것은 이단 한 건이다.) 동시에 아마쿠사를 지배했던 테라자와 카타다카(寺沢堅高)도 책임을 물어 아마쿠사의 영지를 몰수당했다. 이로 인해 테라자와는 정신착란을 일으켜 자살하면서 테라자와 씨 가문이 끊겼다. 또 군기를 문란케 한 책임으로 사가(佐賀)번의 번주인 나베시마 카츠시게도 반년에 걸쳐 폐문당했다. 이후 시마바라와 아마쿠사는 막부의 직할령이 되었는데, 반란을 사후 수습하는 데만 30년이 걸렸고, 이 일대는 황폐화되었다.[457]

로크는 이 '시마바라 가톨릭농민반란'과 관련해 일본의 전통적 종교자유와 다종교 간 관용에 대해 다음과 같이 말한다.

- 일본인들은 7-8개의 종교와, 영혼에 관한 믿음이 영혼필멸과 영혼불

---

457) 참조: Hudson, *Europe and China*, 252-253쪽.

멸로 갈릴 정도로 서로 아주 다른 종교들을 관용하고, 또한 치자는 자신의 신민들이 어떤 교도인지에 대해 전혀 호기심도 없고 캐묻지도 않고, 또는 신민들에게 자신의 종교를 조금도 강요하지 않는다.[458]

극동아시아의 이러한 무제한적 종교자유에 대한 비교적 정확한 정보는 로크에게 큰 영향을 미쳤다. 포르투갈과 스페인 가톨릭선교사들의 종파적 획일화 정책이 빚은 참극으로서의 시마바라의 피바다에 대해 로크는 상론한다.

- 일본에 (…) 잠시 이식되어 작은 뿌리를 내렸던 로마가톨릭교는 수천 명의 사람들이 죽는 식이 아니고서는 근절될 수 없었다. 이 근절조치도 그들의 수를 줄일 정도로 위력적이 않았으나, 일본 당국자들은 이내 가톨릭신부를 맞아들인 가족만이 아니라, 이웃이 새로운 종교에 낯설거나 적대적인 사람일지라도 바로 이웃에 사는 좌우익 양쪽의 가족들에게까지도 다 박해를 확대해 죽이기에 이르렀고, 천 명의 죽음보다 더 지독한, 오래 질질 끄는 절묘한 고문을 발명해냈다. 몇몇이 이 고문을 도합 14일 정도 견디기에 충분한 힘을 가지고 있을지라도 많은 사람들은 자기들의 종교를 포기했다. 그러나 기독교 신앙고백자들이 모두 섬멸되었을 때, 이들도 역시 모두 어느 날 도륙할 의도로 그들의 이름은 다 기록되었다. 그들은 기독교를 조금이라도 아는, 또는 기독교에 대해 이름 이상으로 어떤 것을 들은 누구라도 살아 있어서 다시 유포될 가능성을 능가할 정도로 의견이 뿌리 뽑혔다고 결코 생각하지 않았다. 또한 거기서 장사하는 기독교인들도 일본인과 담화하거나 포옹하거나, 그들의 종교와 다른 것을 보여줄 수 있는 어떤 제스처도 쓰는

---

458) Locke, "An Essay on Toleration" (1667), 158쪽.

것이 용납되지 않았다.[459]

로크는 가톨릭선교사들의 종파적 획일화 기도가 빚은 일본의 이 종교적 참극에 대한 경험으로부터 영국을 위한 교훈을 도출한다.

- 누군가 이 일본과 같은 방법으로라도 우리 종교 안에 획일성이 복구되어야 한다고 생각한다면, 그는 이 획일성이 이루어진 시점까지 왕이 얼마나 많은 신민들을 자유롭게 놓아두어야 할 것인지를 숙고하는 것이 좋을 것이다. 이런 숙고는 (…) 종교에 획일적 통일성을 수립하지 않고 또한 기독교에 대해 전혀 혐오감도 보이지 않는 치자의 경우에 보다 더 현저할 것이다. 일본인들은 (종교적 획일성을 외치는 – 인용자) 교황의 성직자들의 독트린 때문에 '종교는 핑계에 불과하고 지배권이 그들의 의도'라는 것을 알아채고 그들에 대해 경계태세를 갖고 그들 국가의 전복을 두려워하게 되기까지 기독교를 상당한 기간 동안 그들 사이에서 조용히 성장하도록 허용했다. 이런 의심을 일본 성직자들은 이 성장하는 종교의 근절을 위해 가급적 모든 힘을 다해 활용했던 것이다.[460]

로크는 가톨릭에 대한 자신의 종파적 거부감과 함께 박해와 무력에 의한 종교적 획일화의 위험성을 저 일본 시마바라 지역 '피바다'의 역사적 교훈을 통해 뚜렷하게 가시화하고 있다.

그러나 로크에 대한 유교적 종교자유와 관용의 영향은 아주 제한적이었다. 밀턴과 광교주의의 전통이 그를 압도하여 극동의 무제한적 종교자

---

459) Locke, "An Essay on Toleration" [1667], 158쪽.
460) Locke, "An Essay on Toleration" [1667], 158쪽.

유와 관용의 수용을 제한했기 때문이다. 그것은 첫째, 유신론과 기독교적 유일신론에 대한 그의 신봉과 무신론에 대한 배격, 둘째, 그의 격렬한 반反가톨릭성향으로 인해 야기되었다. 이러한 제약 요소들 때문에 로크에게서는 – 동시대인인 피에르 벨과 달리 – 절대주의적 국가교권론으로부터 무차별적 종교자유·관용론으로의 '혁명적 패러다임 전환', 즉 '문화담론의 극적 변동'이 일어날 수 없었다.

무신론자들에 대한 로크의 단호한 반대입장은 오래된 것이다. 그는 1676년에 집필한 「무신론(Atheism)」이라는 짧은 글에서 무신론자를 비판한다. 그는 "보다 확실한 기초 위해 어떤 다른 가설을 확립하기까지" 잠정적으로 "유일신의 독트린과 영혼의 불멸성을 배격하는 것"도 "당치 않은 것"으로, "어떤 커다란 반칙"으로 규정하고, "유일신의 믿음에서보다 무신론의 조야하고 비일관적인 생각들 안에서 이성과 경험에 반하는 상치성을 더 적게 발견하지 않았다"고 "상상할 정도로 편견이나 타락에 의해 설복당한" 자는 확실히 "무한한 불행"을 당할 것이라고 경고를 한다.[461] 이것은 무신론자를 종교적 관용의 대상에서 제외시키는 선언이다.

또한 관용대상에서 가톨릭의 배제는 1667년의 「관용에 관한 에세이」에서부터 이미 확정적이었다. 그는 가톨릭에 대한 이 예외적 불관용 정책의 정당성을 이렇게 논변한다.

- 관용이 이 모든 것들(국부와 권력)에 대해 어떤 영향을 미치는지 우리들 사이의 상이한 당파들을 고려하지 않고는 잘 알 수 없다. 이 당파들은 이 두 범주, 교황파와 광신자들 아래 좋이 포괄될 수 있다. 교황파에

---

461) John Locke. "Atheism" (1676), 245, 246쪽. John Locke, *Locke. Political Essays* (Cambridge: Cambridge University Press, 1997·2006).

관한 한, 교황정부 외의 모든 정부에 대해 절대적으로 파괴적인 그들의 위험한 견해들 중 여러 개의 경우에 이 견해들을 포교하는 것이 관용되어서는 아니 된다는 것은 확실하다. 그리고 누가 이 견해들 중 어느 것을 퍼트리거나 출판하든, 치자는 그것을 억제할 수 있기까지 억압해야 한다. 이 규칙은 교황파들에게만이 아니라 우리들 사이의 어떤 다른 사람들에게도 미친다. 이러한 억제는 이 독트린들의 확산을 얼마간 방지할 것이다. 이 독트린들은 언제나 나쁜 결과를 가져오고 친절한 취급에 의해서는 결코 뱀들처럼 그들의 독을 포기하도록 설복되지 않는다."[462]

따라서 로크는 가톨릭교도에게 관용의 혜택을 주는 것을 명시적으로 거부한다.

- 교황파들은 관용의 혜택을 누리지 않아야 한다. 왜냐하면 그들은 권력을 가진 곳에서 타인들에게 권력을 부인해야 한다고 스스로 생각하기 때문이다. 아무도 종교에서 그와 다른 의견을 가졌다는 이유에서 박해하거나 괴롭혀서는 아니 된다는 것을 자기들의 원칙으로 인정하지 않는 어느 누구도 종교의 자유로운 자유를 가지는 것은 불합리한 것이다.[463]

불관용에 대해서는 불관용으로 대해야 한다는 것이다. 반면, 공자와 중국정부는 불관용적 가톨릭에 대해서도 포교의 자유를 주고 불관용도 관용하는 '무제한적' 관용정책을 가르치고 시행했다. 가톨릭과 같은 불

---

462) Locke, "An Essay on Toleration" [1667], 151-152쪽.
463) Locke, "An Essay on Toleration" [1667], 152쪽.

관용 종교도 수많은 다른 종파들 사이에 끼여 경쟁하다가 보면 그 불관용성이 다듬어지고 무디어질 수밖에 없다고 생각했기 때문이다.

그러나 로크는 1660-1670년대부터 이렇게 가톨릭교도와 무신론자에 대한 불관용 정책을 기획한 것이다. 그는 불관용을 관용하는 무제한적 관용을 부인하고 무신론자의 자유로운 양심을 물리력으로 박해하는 이런 제한적 종교자유·관용론을 죽을 때까지 견지한다. 말하자면, 이 종교적 불관용을 불관용으로 대하는 불관용 정책은 밀턴으로부터 시작되어 로크를 거쳐 루소로까지 이어진다. 서양은 루소에 이르기까지도 극동의 무제한적 종교자유 수준에 이르지 못한 것이다.

9.2. 후기 관용론과 가톨릭·무신론자에 대한 박해의 이론

로크는 명예혁명과 함께 네덜란드 망명지에서 영국으로 귀국할 즈음에 『관용에 관한 서한』을 썼다. 라틴어 원본에서 즉각 영역된 이 『관용에 관한 서한』(1689년 10월 3일 출판)은 그 어떤 신기원적 관용사상을 담고 있는 것이 아니라, 비국교도 개신교파들만이 아니라 가톨릭종파에게도 종교자유를 보장한 찰스 2세와 제임스 2세의 '신앙자유선언(Declaration of Indulgence)'을 부정하고, 혁명 후 1689년 5월 24일 영국의회에 의해 제정된 '관용법(Toleration Act)'을 그대로 '추종한' 것이었다. 이 '관용법'은 가톨릭과 무신론자를 관용대상에서 제외하고 비국교도종파들에게 자유를 제한적으로 인정하는 법률이었다. 1689년의 관용법은 말이 관용법이지, 실은 무신론자와 가톨릭을 엄히 박해하는 종교탄압법이었고, 이 점에서 제임스 2세의 저 선언들에 비하면 퇴행적인 법률이었다.

프랑스 망명지에서 왕정복고(1660)와 함께 돌아왔던 찰스 2세와 동생 요크 공(훗날 제임스 2세)은 프랑스 왕실의 보호 아래 자라면서 가톨릭교도로 키워졌다. 이에 영국 의회는 만일에 대비해 1661-1665년간에 자유도시 관리들에 대해 성공회신앙을 의무화하고 비국교 개신교도·가톨릭·무신론자를 공직에서 배제하고 청교도와 가톨릭교도들이 한 가족이 아닌 5인 이상 예배를 위해 집회하는 것을 금함으로써 영국국교(성공회)의 지위를 강화하는 일련의 법률들, 즉 이른바 '클래런던법전(Clarendon Code)'을 제정하고, 1673년에는 공직취임 시에 국교신봉의 선서를 규정하는 심사율(Test Act)을 제정했다. 찰스 2세는 종교적 관용정책을 바랐지만 일단 이것을 묵인했다. 반격의 기회를 노리던 찰스 2세는 1672년 '비국교도 개신교종파들(non-conformist Protestants)'에게만이 아니라 가톨릭종파에게도 종교자유를 허용하는 '신앙자유의 칙어선언(Royal Declaration of Indulgence)'을 반포했다. 그러나 의회는 국왕을 압박해 이 선언을 취소시켰다.

나아가 의회는, 가톨릭교도가 찰스 2세를 암살하려고 한다는 가공적 '교황의 음모' 사건(1678-1681)이 이슈가 되고 찰스 2세와 요크 공이 가톨릭교도라는 것이 폭로되자, 1679년 가톨릭교도 요크 공의 왕위계승권을 박탈하는 배제법(Exclusion Bill) 제정을 기도했다. 이 법안의 통과가 임박했을 때 찰스 2세는 의회를 해산했다. 그러나 새로 구성된 의회는 이 법의 제정을 다시 시도했고, 왕은 다시 의회를 해산했다. 이 과정에서 정파가 갈렸는데, 배제법 제정에 대한 찬성파는 휘그가 되고, 반대파는 토리가 되었다. 찰스 2세는 자연히 토리와 결탁해 1681년 상원에서 배제법안을 부결시키고 하원을 해산했고, 1683년 국왕과 요크 공을 암살하려는 음모의 발각을 기화로 휘그당의 몇몇 의원을 처형하거나 유배 보냈다. 그는 1681년 의회해산 이래 1685년 사망할 때까지 의회 없이 영국을 다스렸다. 그는 임종 시에 가톨릭교로 받아들여졌다. 의회세력이 휘그와 토리로 분열되고 휘그가 궁지에 몰린 틈새에 공공연한 가톨릭교도 요크 공이 왕위를 계승해 제임스 2세로 등극했다.

성서 구절대로 왕권신수설을 신봉하는 제임스 2세(재위 1685-1688)는 절대군주정의 복원을 추구했고, 이것은 결국 '명예혁명'을 초래한다. 제임스 2세가 1685년 왕위에 등극하자, 당시 영국에서는 전국적으로 왕에 대한 충성과 아부 경쟁이 벌어졌고, 제임스 2세는 보란 듯이 찰스 2세의 장례식을 가톨릭 의식으로 치렀다. 국민은 국왕을 편들어 의회를 비난했고, 왕의 자유권 침해를 기꺼이 감내했다. 그리고 특권박탈을 두려워하는 런던 등 자유도시들은 전국적으로 복종심을 표했다. 왕이 200만 파운드를 군주의 생활비에 할당하고 국방에 겨우 70만 파운드를 배정해도 국민은 이를 용납했다. 그런데 제임스 2세는 전통을 존중하겠다는 자신의 약속에도 불구하고 기존의 법률들을 무시하고 1687년 '비국교도 개신교종파들'에게만이 아니라 가톨릭종파에게도 종교의 자유를 허용하는 찰스 2세의 '신앙자유의 칙어선언'을 재확인하는 '신앙자유선언(Declaration of Indulgence)', 즉 '양심자유선언(Declaration for the Liberty of Conscience)'을 반포했다. 이 선언은 영국에 처음으로 '근대적' 종교자유와 관용을 향한 첫 걸음의 조처였다. 당시 영국 국민들은 당시 일련의 이 대권발동에 대해 왕에게 '지극히 따뜻한' 감사의 말들을 쏟아냈다. 법조인들은 "군왕의 대권은 바로 법률의 생명이다"고 언명하며 왕의 대권행사에 "감사하고" 이 대권을 "신이 수여한 것", 따라서 어떤 인간적 권위도 초월하는 것이라고 선언함으로써, 왕의 저 초법적 행동을 모조리 '군주대권론'으로 정당화하는, 더할 나위 없이 저열하고 역겨운 아첨을 부렸다.

이에 "발광한" 군주는 "다행히도" 한두 해에도 다 하지 못할 무모한 변혁을 한두 달 사이에 획책했다. '양심자유선언'에 반대한 7인의 주교들을 재판에 회부하고, 어떤 대학에서는 모든 프로테스탄트를 추방하고 다른 대학에서는 가톨릭총장을 임명하고, 옥스퍼드대학에서는 토론의 자유도 폐지했다. 그러자 왕권을 옹호하던 옥스퍼드대학이 갑자기 왕을 버렸고, 판사들도 등을 돌려 7인의 주교를 무죄 방면했고, 군대도 국교 포기를 거부했다. 성직자들도 궐기했다.[464] 그러자 3인의 토리를 포함한 영국의 7인 정치대표자들이 1688년 7월 프랑스 루이 14세의 절대주의에 대한 단호한 적대자인 네덜란드의 오렌지 공(제임스 2세의 딸 마리아의 남편)에게 밀사를 파견하고 불명예스럽게도 '영국의 침공'을 요청하여 명예혁명을 일으켰다.

그러나 제임스 2세의 저 신앙자유선언은 그 강압성에도 불구하고 당시로서는 매우 진보적인 것이었다. 그러나 영국 의회는 저 선언들을 다 무효화시키고 그 대신 1689년 5월 24일 '비국교도 개신교종파들'에게 신앙의 자유를 허용하고 가톨릭을 여기서 제외하는 '관용법(Toleration Act)'을 제정했다.[465] 또 의회는 어떤 가톨릭교도도 왕위를 계승할 수 없고, 어떤 영국 국왕도 가톨릭교도와 결혼할 수 없도록 한 왕위계승법을 제정했다.

1689년 10월 3일에 출판된 로크의 『관용에 관한 서한』은 영국 의회의 일련의 조치를 추종해 '관용의 이름'으로 가톨릭과 무신론자를 찍어서 불관용하는 자가당착적 관용론을 전개한다. 로크는 홉스주의적 국가교권론을 불관용적 종파(가톨릭교)와 무신론자들에게 더욱 철저히 적용하는 반면, 개신교종파들과 모든 유형의 유신론자들로부터는 홉스주의적 국가교권론을 걷어낸다. 이를 위해 그는 일단 내적·외적 신앙을 구분하지 않고 신앙의 선택을 개인의 사적 '양심', 또는 '마음'에 귀속시켰다. 마

---

464) Henry, Lord Brougham, *The British Constitution: its History, Structure, and Working* (London and Glasgow: Richard Griffin and Company, 1861), 245-249쪽.
465) 참조: Frederic Austin Ogg, *The Governments of Europe* (New York: The MacMillan Company, 1916), 32쪽 및 33쪽 각주2.

치 공자의 "자기의 악을 공박하고 남의 악을 공박하지 않는 것이 사특함을 고치는 것이다(攻其惡 無攻人之惡 修慝)", 또는 "이단을 공박하는 것은 재해일 따름이다(攻乎異端 斯害也己)"는 명제와 유사하게, 로크는 『관용에 관한 서한』에서 일단 다음과 같이 주장한다.

- 그리스도의 깃발 아래 자신을 등록하려고 하는 자는 누구나 첫째, 그리고 무엇보다도 그 자신의 악과 탐욕에 대하여 전쟁을 벌여야 한다. (…) 그 자신의 구원에 소홀한 것으로 보이는 사람이 나의 구원에 대해 극단적으로 근심한다고 나를 설득하는 것은 아주 어려운 일일 것이다. (…) 복음과 사도들이 신뢰할 수 있다면, 어느 누구도 박애가 없다면, 강제가 아니라, 사랑에 의해 작동하는 저 신앙이 없다면 기독교인이 될 수 없을 것이다. 나는 종교를 핑계로 타인들을 박해하고 고문하고 파괴하고 죽이는 사람들의 양심에 대고 그들이 이 짓을 타인들에 대한 우애와 친절에서 저지르는지를 묻고 싶다.[466]

그리하여 로크는 "종교문제에서 다르게 생각하는 사람들에 대한 관용은 예수 그리스도의 복음과 인간들의 진정한 이성에 아주 부합되는 것이어서, 사람들이 관용의 필연성과 유리함을 그렇게 명백한 빛 속에서 지각하지 못할 정도로 장님인 것이 괴기스럽게 느껴진다"고 천명한다.[467]

이런 전제 하에 로크는 기독교신자들에 대한 국가교권을 부정한다. 첫째, "참된 종교의 모든 생명력과 힘은 마음의 내적이고 완전한 확신에 본질을 둔다. 신앙은 믿음이 없으면 신앙이 아니다. 우리가 어떻게 외적으로 신앙을 고백하든, 우리가 무슨 외적 경배를 준수하든, 우리가 이것이

---

466) Locke, *A (First) Letter concerning Toleration*, 6쪽.
467) Locke, *A (First) Letter concerning Toleration*, 8쪽.

참이고 저것이 하느님에게 기쁜 일이라는 것을 우리 자신의 마음속에서 완전히 확신하지 않는다면, 이러한 외적 신앙고백과 이러한 관례는 우리의 구원에 어떤 발전요소이기는커녕 진정으로 장애가 된다."[468] 따라서 "아무도 설령 그가 원하더라도 그의 신앙을 남의 명령에 부합시킬 수 없다". 그러므로 "영혼을 돌보는 일은 남에게 위탁하지 못하는 것처럼 공적 치자에게도 위탁하지 못한다. 그 일은 신에 의해 치자에게 위임되지 않았다고 나는 말한다. 왜냐하면 신이 어떤 사람이든 자신의 종교로 강요할 정도로 사람을 지배할 권위를 준 적이 없는 것으로 보이기 때문이다. 또한 백성의 동의에 의해 이러한 권한이 치자에게 부여될 수도 없다. 왜냐하면 아무도 그가 무슨 신앙이나 경배를 마음에 품어야 하는지를 그에게 명하는 것을 어떤 다른 사람에게 - 이 사람이 군주든 신민이든 - 눈 멀게 내맡길 정도로 그 자신의 구원을 돌보는 일을 내동댕이칠 수 없기 때문이다." 따라서 "치자의 전 관할권은 저 세속적 관심사항들에만 미친다. 그리고 모든 공권력, 권리, 지배권은 이 일들을 진흥하는 것을 돌보는 유일한 일에 묶이고 국한된다. 치자의 관할권은 어떤 식으로든 영혼의 구원으로 확장될 수 없고 확장되어서도 아니 되는 것이다."[469] 그리하여 정치와 종교는 분리된다. 신앙을 통한 영혼의 구원은 강제 없는 내밀한 마음의 일이기 때문이다. "둘째, 영혼의 구제는 세속적 치자의 권력이 오직 외적 강제력에만 기초하기 때문에 세속적 치자에게 속할 수 없다. 그러나 참된, 구원하는 종교는 마음의 내적 확신에 본질을 둔다. 마음의 이 내적 확신이 없다면 아무것도 신에게 받아들여질 수 없다. 그리고 지성은 외적 강제력에 의해 강제되어서는 어떤 것도 믿지 않는 본성을 지녔다."[470] 따라서 "입법하고, 복종을 받고, 검으로 강제하는 것은 치자 외

---

468) Locke, *A (First) Letter concerning Toleration*, 10-11쪽.
469) Locke, *A (First) Letter concerning Toleration*, 10쪽.
470) Locke, *A (First) Letter concerning Toleration*, 11쪽.

에 누구에게도 속하지 않는다. 이런 까닭에 나는 치자의 권력이 법의 강제력으로 신앙조목이나 경배의 형태를 제정하는 것으로 확장되지 않는다고 단언한다. 법은 형벌이 없으면 아무 힘이 없고, 마음을 설득하기에 적절하지 않기 때문에 형벌은 이 경우에 절대적으로 불능이다." 따라서 "형벌은 어떤 식으로도 이러한 믿음을 낳을 수 없다. 사람들의 판단을 바꿀 수 있는 것은 오직 빛과 명증성이다. 그것도 빛은 어떤 식으로든 육체적 고통이나 어떤 다른 외적 형벌로부터도 생겨날 수 없다는 것이다."[471]

셋째, "사람들의 영혼의 구원을 돌보는 일은 설령 법률의 엄격성과 형벌의 강력성이 사람들의 마음을 설복하고 바꾼다고 하더라도 영혼의 구제에 전혀 도움이 되지 않을 것이기에 치자에게 속할 수 없다." 결론적으로 "세속적 통치권은 인간들의 세속적 이익에만 관계되고 이승의 일들을 보살피는 일에 국한되고, 내세와 무관한 것이다."[472] 이렇게 해서 국가는 기독교인들, 넓게 보면 유신론자들의 종교적 영혼구제 문제로부터 - 그것이 내적 신앙의 일이든 외적 신앙의 일이든 - 완전히 손을 뗀 것처럼 보인다. 따라서 마침내 홉스의 국가교권 패러다임이 해체된 것처럼 보인다.

로크는 이 결론에 대해서도 최후의 잠금장치를 해둔다. 성공회처럼 영국 여왕이 수장이라면, 또는 치자가 특정 종교의 신자라면, 이 특정 교회와 관련해서는 국가교권이 살아날 수도 있다. 로크는 전제한다. 교회는 "영혼의 구원을 목적으로 신이 가납하시는 방식이라고 인간들이 믿는 방식으로 신을 공개적으로 섬기기 위해 자발적으로 모인 자유로운 결사"다.[473] 따라서 교회는 이출입, 가입과 탈퇴가 자유로운, 일체의 강제가 없는 결사체다. 치자가 어느 교회에 속한다고 해서 이 교회가 교권의

---

471) Locke, *A (First) Letter concerning Toleration*, 11-12쪽.
472) Locke, *A (First) Letter concerning Toleration*, 12쪽, 12-13쪽.
473) Locke, *A (First) Letter concerning Toleration*, 12쪽, 12-13쪽.

강제력을 가지는 것이 아니다. 치자가 어느 교회에 속한다고 해서 이 교회가 이 교회의 신도들에 대해 또는 기타 백성과 다른 교회에 대해 교권을 행사할 권리를 얻게 된다면, 그것은 이미 '자유로운 결사'로서의 교회가 아닐 것이다. 따라서 로크는 말한다.

- 교회들 중 하나가 다른 교회에 대한 어떤 관할권도 갖지 않고, 흔히 있는 일이지만, 심지어 세속적 치자가 이 또는 저 교회의 교우에 속하게 되는 때조차도 그런 관할권을 갖지 않는다. 왜냐하면 세속적 정부는 교회에 새로운 권리를 줄 수도 없지만, 또한 교회도 세속적 정부에 그런 권리를 주지 않기 때문이다. 그리하여 치자가 어떤 교회에 속하든 이 교회로부터 탈퇴하든, 교회는 언제나 이전처럼 자유롭고 자발적인 사회로 남아 있다. 교회는 치자가 교회에 들어온다고 해서 검의 권력을 획득하지도 않고, 치자가 이 교회에서 나갔다고 해서 훈육과 파문의 권리를 상실하지도 않는다.[474]

나아가 로크는 "세속권력은 어디에서나 동일한 권력이라서, 세속권력이 기독교군주의 손 안에 들어 있다고 해서, 이교적 군주의 손 안에 있을 때보다 더 큰 권위를 교회에 부여할 수도 없고, 다시 말하지만, 전혀 아무런 권위도 부여할 수 없다"고[475] 박음질을 한다.

또한 로크는 광신종파들이 치자의 호의를 얻기까지 타종파들을 관용하는 체하다가 국가권력을 등에 업자마자 군주의 호의와 국가권력을 마치 국가교권처럼 활용할 것을 우려한다. 이 우려는 가톨릭종파를 염두에 둔 것이다. 이에 맞서 그는 말한다.

---

474) Locke, *A (First) Letter concerning Toleration*, 18쪽.
475) Locke, *A (First) Letter concerning Toleration*, 19쪽.

- 잘 살피고 개탄할 만한 사실은, 진리의 저 옹호자들, 오류의 반대자들, 종파 분립에 반대하여 고함치는 자들이 세속적 치자를 그들 편으로 얻지 않는다면, 신을 위해 자신을 달구고 불태우는 열정을 결코 터뜨리지 않는다는 것이다. 그러나 그들이 조정의 호의를 얻어 참모를 이길 권력을 얻고 그만큼 더 강해졌다고 느끼자마자, 당장 평화와 박애는 옆으로 제쳐진다. 그렇지 않을 경우에 그들은 상호적 관용(mutua tolerantia)을 준수한다. 아직 주인이 될 권력을 갖지 못해 박해를 가할 수 없는 곳에서는 공정한 조건에서 살고 싶어 하고 관용을 설교한다. 세속 권력에 의해 보강되지 않을 경우에는 이웃의 우상숭배·미신·이단의 접촉을 지극히 참을성 있게, 흔들림 없이 견딘다. 하지만 세속 권력에 의해 보강될 경우에는 종교의 권력 이익 때문에 이런 접촉을 극단적으로 싫어한다.[476]

"진리의 저 옹호자들, 오류의 반대자들, 종파 분립에 반대하여 고함치는 자들"은 개신교파들이 교황의 관할권을 거부하고 분립한 것을 비난하고 기독교적 통일성의 회복, 아니 아예 가톨릭에 의한 종교의 세계적 단일화와 획일적 통일성 수립을 외치는 가톨릭교도들을 말한다.

지금까지 로크의 주장은 국가 교권을 철저히 해소하고 종교를 말끔하게 개인의 사적인 양심에 귀속시킨 것처럼 느껴진다. 그리하여 그는 모든 기독교종파에게만이 아니라, 모든 이교종파들에게도 관용을 폭넓게 선언한다.

- 순수하고 나무랄 데 없는 예법과 평화적 교리를 가진 사람들은 동료 신민들과 동등한 대우를 받아야 한다. 그리하여 엄숙한 집회, 축제의

---

476) Locke, *A (First) Letter concerning Toleration*, 19-20쪽.

거행, 공개 예배가 어떤 다른 신앙고백자들에게 허용된다면, 이 모든 것은 장로파, 독립파, 재세례파, 아르미니우스파, 퀘이커 등에게도 동일한 자유권으로 허용되어야 한다. 아니, 우리가 진리를 허심탄회하게 말해도 된다면, 그것도 인간적으로 서로 말해도 된다면, 경전이 없는 이교도나, 마호메트교도, 유대인도 종교를 이유로 나라의 시민권으로부터 배제되어서는 아니 된다. 복음은 이런 배제를 명하지 않고 있다. '밖에 있는 사람들을 심판하지 않는' 교회(고린도전서 5장 11절)는 그런 것을 원치 않는다.[477)]

로크의 이 광범한 관용 천명은 피에르 벨이 로크보다 더 폭넓은 관용론을 먼저 주장했기 때문에 최초도 아니고 가장 폭넓은 것도 아니었다. 로크는 동아시아의 종교자유로부터 얻은 용기를 발휘하여 과감하게 광교주의를 모든 종파와 이교가 공유하는 유신론의 경우에 홉스주의적 국가교권을 폐지한 것이다.

그러나 영국적 광교주의의 경계 지점에서 로크는 홉스주의적 국가교권을 '전가의 보도'처럼 다시 꺼내 가톨릭과 무신론에 대한 경계임무를 주권자의 권력에 맡긴다. 가톨릭에 대한 지나친 영국적 적대감과 기독교적 유일신론에 대한 신봉으로 인해 그는 국가교권론자의 본심을 드러낸다. 그리하여 밀턴의 제한적 관용론의 답습 속에서 홉스적 국가교권론과 영국적 광교주의의 자연스런 '야합'이 벌어진다.

여기서 그는 관용이 허용되지 않는 범주 집단들을 열거한다. 첫째, 다른 치자에 대한 충성을 요구하거나 현지의 치자에 대한 반란을 획책하는 불충한 종파에게는 관용을 불허한다.

---

477) Locke, *A (First) Letter concerning Toleration*, 52쪽.

- 신앙이 굳고 경건하고 정통적인 자들에게, 솔직한 말로 하면 그들 자신에게 세속적 문제에서 다른 중생들에 대한 어떤 특별한 특권이나 권력을 돌리는 자들이나, 종교를 구실로 그들의 교회단체 안에서 그들과 연합하지 않은 사람들에 대한 그 어떤 식의 지배권을 노리는 자들, 나는 이 자들은 치자에 의해 관용될 어떤 권리도 없다고 말한다. (…) 이러저러한 교리가 그들이 통치권을 틀어쥘 기회를 준비할 수 있거나 준비하고 있고, 동료시민들의 부동산과 재산을 손에 넣는 것, 그리고 그들이 이것을 달성하기에 충분히 강해지기까지 치자로부터 한동안 관용을 받을 유예기간만을 구할 뿐이라는 것 외에 아무것도 뜻하지 않기 때문이다."[478]

로크는 이것을 다시 분명하게 정리한다. "그 교회에 가입하는 모든 사람이 이것에 의해 그 사실 자체로서 다른 군주의 충성과 봉임으로 들어가는 것이 되는 그런 토대 위에 제도화되어 있는 그런 교회는 치자에 의해 관용 받을 권리가 있을 수 없다."[479] 로크는 가톨릭을 겨냥해서 이 배제를 말하고 있다. 그러나 이것은 미래의 그런 정치적 범죄를 저지를 것을 예상하고 미리 이들을 배제할 것을 주장하는 한에서 지나친 것이고, 이런 정치적 범죄가 발생하면 관련법에 따라 처벌하면 될 것인데도 그들의 교리를 종교적으로 문제 삼는 점에서 논리적으로 그릇되고 위험한 불관용적 종교탄압이다.

둘째, 타종파들에 대한 관용의 의무를 인정하지 않는 불관용적 종파들(가톨릭종파들)에게도 관용이 부인된다. 이런 종파들은 "순수한 종교문제에서 만인을 관용할 의무를 고백하지 않고 가르치지 않는 자들"이다.

---

478) Locke, *A (First) Letter concerning Toleration*, 46쪽.
479) Locke, *A (First) Letter concerning Toleration*, 46쪽.

이 자들은 치자에 의해 관용될 어떤 권리도 없다.[480] 따라서 "관용이 마땅히 주어져야 하는 사람들에게 관용을 부여하는 법이 확립되어, 모든 교회들이 관용을 그들 자신의 자유의 기초로 정하고 양심의 자유가 그들 자신에게 속하듯이 마찬가지로 이견자들에게도 속하는 만인의 자연권이라는 것, 그리고 아무도 종교문제에서 법이나 강제에 의해 강요당해서는 아니 된다는 것을 가르치도록 해야" 한다.[481] 이것을 위배하는 종파는 법적으로 관용되지 않고 합법적으로 탄압된다. 이 구절에서 로크는 논리적 모순을 범하고 있다. "아무도 종교문제에서 법이나 강제에 의해 강요당해서는 아니 된다"고 말하면서 종교적 불관용을 법으로 강제하는 제한적 관용법을 제정할 것을 촉구하고 있기 때문이다.

셋째, 공안을 해치는 종파에 대해서는 관용이 아니라 처벌이 주어진다. "종교적 회합에서 공안을 해치고 공공평화에 배치되는 어떤 일이 발생한다면, 장터나 시장에서 발생한 경우와 동일한 방식으로, 그런 경우와 다르지 않게 처벌되어야 한다. 이 회합들은 반란적이고 극악무도한 자들의 성역이 되어서는 아니 된다."[482] 만약 로크가 이 말로써 일반형법으로 다스리면 된다는 것을 뜻했다면, 문제가 없지만, 이럴 염려가 있는 종교의 교리를 문제 삼거나 의도를 문제 삼아 처벌하는 것을 뜻한다면 이것은 명백한 종교적 불관용이다.

마지막으로, 무신론자는 불관용되고 처벌된다. 로크는 특별히 강조한다.

- 신의 존재를 부정하는 자들은 전혀 관용하지 않아야 한다. 인간사회의

---

480) Locke, *A (First) Letter concerning Toleration*, 46쪽.
481) Locke, *A (First) Letter concerning Toleration*, 47-8쪽. 일부는 다른 번역본에 따라 손질했음.
482) Locke, *A (First) Letter concerning Toleration*, 51-2쪽.

유대인 약속·규약·맹서는 무신론자에 대해서는 아무런 지배력도 가질 수 없다. 생각 속에서만이라도 신을 없애버리는 것은 모든 것을 해체시킨다. 게다가 또한 무신론에 의해 모든 종교를 파 허물고 파괴하는 자들은 이것으로 관용의 특권을 감히 요구할 아무런 종교적 구실이 있을 수 없다.[483]

상술했듯이 무신론자들에 대한 로크의 단호한 반대입장은『관용에 관한 서한』(1689)이 쓰이기 10여 년 전에 집필된「무신론」(1676)이라는 글에서 무신론자 배제론은 정식화되었었다.

아무튼 로크는 불충한 종파, 불관용적 종파, 치안문란 종파, 무신론자 등 이 네 범주에 대해서 국가교권을 강화한다. 특히 일반 형법으로 다스릴 수 있는 불충한 종파와 치안문란 종파는 국가교권의 대상이 아니라 국가속권의 통상적 대상이므로 여기서 제외하면, 로크는 불관용적 종파(가톨릭)와 무신론자에 대해서 더 철저한 국가교권이 적용되어야 한다고 주장함으로써 영국 의회의 제한적 관용론을 반복했다. 이것은 혹자가 '양심상' 가톨릭신앙과 무신론을 확신하더라도 이 가톨릭과 무신론자들을 국가권력으로 박해해야 한다는 주장이다. 그러므로 로크는 이 두 범주의 사람들에 대해서 '내외신앙을 가리지 않는' 무자비한 탄압을 가해야 한다고 외치는 것이다.

로크는 20대 때, 종교에 대한 완전한 통제권을 치자에게 부여하는, 아주 보수적인 홉스주의적 국가교권론자였다.[484] 이 홉스주의적 국가교권

---

483) Locke, *A (First) Letter concerning Toleration*, 47쪽.
484) 로크는 *Two Tracts on Government* (1660)에서 홉스주의적(절대주의적) 국가교권론을 피력한다. John Locke, *Two Tracts on Government* (1660). 참조: Sanford Kessler, "John Locke's Legacy of Religious Freedom"(1985), 203쪽. Richard Ashcraft (ed.), *John Locke. Critical Assessments*. Vol. II (London·New York: Routledge, 1991). J. T. Moore, "Locke on Assent and Toleration"(1978), 183쪽.

론의 끈질긴 잔재는 극동의 무제한적 종교자유와 관용에 관한 16-17세기 내내 전해졌음에도 로크의 머릿속에서 끈질기게 재생산된다.

『관용에 관한 서한』에서 로크는 한편으로 개인들의 사적 '양심'의 자연권을 중심에 놓고 '내적 신앙(fides)'과 '외적 신앙(confessio)'을 구별함이 없이 무차별적으로 신교信敎를 자유화했다. 비非가톨릭 유신론자들에 대해서도 국가교권을 해체한 것이다. 다른 한편으로는 '관용 의무를 인정치 않는 불관용적 종파'의 신앙과 '무신론자들'의 종교관에 대해서는 '내외신앙을 가리지 않고' 국가교권을 적용해 종교자유와 관용을 부정했다. 즉, 가톨릭종파와 같이 보편적 패권을 추구하는 불관용적 종파들의 내외신앙과 무신론자들의 내적 확신과 외적 표현은 제아무리 '양심적'이더라도 모조리 국법으로 금지한다는 말이다. 이렇게 하여 로크는 유신론자와 개신교도들을 위해 외적 신앙과 관련된 국가교권을 더욱 축소해 교권을 해소한 반면, 불관용적 가톨릭종파와 무신론자들에 대해서는 이들의 '콘페시오'는 물론 홉스가 내외신앙 분리론에 의해 보장한 '피데스'의 자유마저 부정하는 최강의 국가교권론을 주장한 것이다. 그리하여 정교분리는 유신론자들의 경우에 관철되었지만, 가톨릭 종파와 무신론자들에 대해서는 정교일체가 더욱 공고해졌다. 밀턴과 광교주의자들은 원래 유신론을 전제하고 가톨릭과 무신론자들을 적대하기 때문이다. 따라서 로크의 관용론은 독특한 개신교적 성서해석에 기초한 홉스주의적 국가교권론의 광교주의적 버전이라고 할 수 있다.

로크의 종교적 관용과 자유는 '로크의 관용론을 수용하는 개신교도와 유신론자들'만의 관용과 자유다. 가톨릭교도와 무신론자들에게 그것은 무시무시한 불관용론이다. 왜냐하면 로크의 관용론은 17세기라면 루실리오 바니니(Lucilio Vanini, 1585-1619)와 같은 무신론적 자유사상가

Richard Ashcraft (ed.), *John Locke. Critical Assessments*. Vol. II.

를 처형할 수 있고, 동아시아의 영향으로 무신론자들이 점증하던 시대인 18세기 계몽주의 시대라면 디드로·흄·프랭클린·제퍼슨과 같은 자유사상가들을 충분히 감옥에 처넣을 수 있는 국가교권적 불관용론이기 때문이다.[485]

로크의 제한적 관용론이 오늘날 적용된다면, 이 관용론은 거의 모든 동아시아인들과 대부분의 서양인들을 감옥에 처넣고, 남유럽과 중남미에서 북유럽과 북미로 옮겨온 가난한 가톨릭노동자들과, 모든 종교를 '인민의 아편'으로 배격하는 북한·중국·월남·쿠바 등지의 집권공산주의자들과 기타 지역의 야권 공산당 및 각종 '호변적 과격주의' 급진세력들을 가장 살벌하게 탄압해야만 하는 이론이다. 로크의 관용론은 종교적 '리바이어던'의 이론인 셈이다. 이런 까닭에 로크의 관용론은 일견에 홉스의 종교론에 비해 관대해 보일 수 있지만, 홉스주의적 국가교권 패러다임에 의해 본질적으로 제약되어 불관용적 종파와 무신론자에 대해서는 더욱 가차 없는 불관용론으로 뒤집히는 기이한 관용론이다. 이런 까닭에 불관용적 가톨릭 종파와 무신론자들에 대해서 정교일체를 더욱 공고화한 로크의 이 기이하고 위험한 관용론을 "자유의 범위를 확대하는 그의 프로젝트의 본질적인 부분"으로 보는 것은[486] 너무 안이하다 못해 실로 눈먼 평가일 것이다.

로크의 관용론은 홉스적 종교담론의 혁명적 극복 없이 홉스주의적 패러다임 안에서 도달할 수 있는 극한일 것이다. 홉스적 패러다임 안에서

---

485) 이탈리아 자유사상가 바니니는 1618년 프랑스에서 체포되어 1619년 혀가 잘린 채 교수형에 처해졌다. 그의 시신은 불태워졌다. 참조: Pierre Bayle, *Various Thoughts on the Occasion of a Comet* (Albany: State University of New York Press, 2000), §174 (215쪽). 디드로는 1749년 『맹인서간』을 출간한 뒤 무신론 혐의로 투옥당했다. 흄도 같은 혐의 때문에 평생 영국종단의 피소위협에 시달렸다. 1780년대에도 애덤 스미스는 흄의 유고관리인이었으면서도 흄의 종교론 원고를 무신론 혐의가 두려워 출판하지 못했다.

486) Kessler, "John Locke's Legacy of Religious Freedom", 206쪽.

는, 국가교권의 대상을 홉스처럼 '콘페시오' 전체로 확장하거나, 스피노자처럼 콘페시오 중의 종교적 '행동'으로, 로크처럼 콘페시오·피데스 구별 없이 불관용적 종파와 무신론자들로 축소하는 것만이 가능하다. 그리고 이에 따라 국가교권에 의한 종교탄압의 경계선을 가까이 당기거나 멀리 밀어내기만을 할 수 있을 뿐이다. 그러나 로크처럼 탄압대상을 줄여 국가교권적 탄압의 경계선을 멀리 밀어내더라도, 18세기 이래 무신론자들과 가톨릭교도의 인구수가 계속 폭발적으로 늘어 비非가톨릭 유신론자들의 인구를 훨씬 능가하게 된 마당에는, 국가교권의 탄압대상은 거의 무한대로 확장될 것이다. 반면, 로크의 관용개념을 향유할 자격이 있는 비가톨릭 유신론자들의 인구수는 매년 비례적으로 감소할 것이다. 그러면 홉스주의적 패러다임의 원래 의도대로, 로크의 관용론은 수십억 인구가 믿는 가톨릭주의와 다시 수십억에 달하는 양심적 무신론자들에 대한 세계적 박해이론으로서 절대적 국가교권론의 모습을 드러낼 것이다. 이것이 로크의 종교자유·관용론의 진상이다.

'근대적' 의미의 '종교자유'와 '종교적 관용'은 국가가 국가교권을 완전히 철폐함으로써 종교와 신을 믿고 안 믿는 문제에서 일절 손을 떼고, 국교를 정하지 않고, 불관용적 종파를 포함한 모든 종파와 무신론자들에게 대등하게 종교를 믿고 안 믿을 '종교부터의 자유'와, 종교를 믿을 경우에 개인이 자기의 종교를 마음대로 선택하고 이에 따라 활동할 '종교의 자유'를 보장하는 것을 뜻한다.

영국에서 가톨릭의 종교적 관용은 1829년의 가톨릭교도해방령(Catholic Emancipation)에 의해 가능해지는 듯했다. 그러나 이 법령은 조지 4세의 거듭된 반대로 '가톨릭구제법(Catholic Relief Act)'의 형태로 재정식화되어 1829년 4월에야 간신히 왕의 비준을 받음으로써 가톨릭에 대한 '정치적' 관용이 가능해졌다. 이에 따라 가톨릭교도에게도 국회

의원 피선, 공직취임이 허용되었다. 그러나 가톨릭교도에 대해 의사·법조인 같은 전문직 직업, 토지구입, 장기차지계약 등을 금지한 기타 법적 제한은 1926년까지도 존속했다.

제10절

로크 정치이론에 대한 총평: 위선·보수주의·자가당착

로크의 정치이론을 전반적·종합적으로 평가하면, 그것은 자유주의의 효시적 논고라는 소문과 정반대로 그 이론적 자가당착성과 위선적 보수성이 충격적으로 부각된다. 그간 로크를 '자유주의자'로 예찬한 사람들은 결코 그의 『통치이론』을 '정독'한 사람들이 아닐 것이다. 로크의 정치이론은 정치현실 속에서 드러난 역할과 기능에서도 결코 '자유와 평등의 이론'이 아니었다. 앞서 시사했듯이 미국독립혁명은 자연적 자유와 평등을 부정하는 로크의 '위험한' 보수적·위선적 정치이론을 분쇄하는 '반反로크' 노선으로 수행되었다.

10.1. 로크의 종교적 불관용론에 대한 제퍼슨의 비판

우선 로크의 관용론은 방금 살펴본 바와 같이 한편으로 종교적 자유와 관용을 설파하면서 무신론자와 불관용적 가톨릭 종파에 대해서는 전투적 불관용의 마각을 드러내고 있다. 이 때문에 훗날 미국을 건국하는 과정에서 토머스 제퍼슨은 영국에서 가톨릭과 무신론자의 신앙과 양심의 자유를 부정한 로크의 종교적 관용론의 한계를 지적하고 이것을 넘어갈 것을 주장했다.

제퍼슨은 말한다. "로크는 사회의 보존에 필요한 저 도덕률과 배치되는 의견들을 받아들이는 사람들에 대해 관용을 부인한다. 가령 신앙은 왕들이 파문당하면 왕권을 잃는다거나, 영유권이 은총에 기초한다거나, 복종은 어떤 외국 군주를 향해서도 당연하다는 식의 또 다른 확신의 신앙과 양립할 수 없다. 또는 그는 종교문제에서 모든 인간을 관용할 의무를 자인하고 가르치려고 하지 않는 사람에 대해, 그리고 신의 존재를 부정하는 사람들에 대해 관용을 부인한다." 로크의 주장을 이렇게 정리한 뒤에 그는 이렇게 제한한다. "로크 자신이 관용법을 제정한 의회에 대해 말하는 것처럼 여기까지 오는 것은 위대한 일이었다. 그러나 그가 갑작이 멈춘 곳에서 우리는 계속 나아갈 수 있다."[487]

그리고 조지 메이슨이 기초한 「버지니아 권리장전」 제16조에[488] 공자의 "이단을 공격하는 것은 재해다(攻乎異端 斯害也已)"는 명제의 무제한적 관용의 수준에 상응하는 일반적 종교자유와 보편적 관용을 명문화明文化했다. 이것으로써 그는 로크의 자가당착적 불관용론을 실천적으로 비판하고 청산한 것이다.

---

487) Jefferson, "Notes on Religion" Oct. 1776), 267쪽.
488) Article 16. That religion, or the duty which we owe to our Creator and the manner of discharging it, can be directed by reason and conviction, not by force or violence; and therefore, all men are equally entitled to the free exercise of religion, according to the dictates of conscience; and that it is the mutual duty of all to practice Christian forbearance, love, and charity towards each other.

10.2. 로크의 위선성과 이론적 자가당착성

로크는 『통치이론』의 머리말에서 노예제도와 노예상태를 규탄하면서도 이 책의 본론에서 가족개념 안에 노예를 집어넣고 정의의 전쟁으로 산출된 전쟁포로와 피정복민을 노예화하는 것을 정당화하는 이론적 자가당착을 범했다. 또한 노예제에 대한 규탄은 평생에 걸쳐 간간히 식민지 노예·예농제도를 기획하고 노예사역 플랜테이션 식민지를 경영한 그의 고위관직 활동의 관점에서 보면 지극히 위선적이다.

로크는 그밖에도 『통치이론』 전체에 걸쳐 엄청난 개념적·이론적 자가당착을 노정한다. 그는 앞서 가부장 권력이 생사여탈권이 없으므로 정치권력과 본질적으로 다른 것이고 정치권력을 사형과 그 이하의 모든 처벌을 가할 수 있는 법률을 제정할 권리이자, 생명·자유·재산을 규제하고 보존할 목적으로 그런 법률을 집행하고 나라를 외침으로부터 방어하기 위해 공동체의 물리력을 사용할 권리라고 정의했다. 즉, 정치권력은 인민에 대한 생사여탈권과 군사력 징발과 전쟁투입권과 이와 관련된 법률제정권이라는 말이다. 이 군사적 징발과 전쟁투입은 병사들의 죽음을 전제하는 것으로서, 이것을 집행할 권력도 생사여탈권을 내포한다. 그러나 로크는 나중에 슬쩍 정치권력의 개념정의에서 이 생사여탈권을 빼고 얼버무린다. "정치권력의 목적과 척도는 그것이 모든 개개인의 수중에 들어있을 때 그의 사회의 만인, 즉 인류 일반의 보존이었다. 그러므로 그 권력은 치자의 수중에 들어 있을 때 그 사회의 구성원들의 생명·자유·재산을 보존하는 것 외에 다른 목적이나 척도를 가질 수 없다. 그러므로 정치권력은 가급적 보존되어야 하는 사회구성원들의 생명과 재물을 지배하는 자의적 절대권력일 수 없다. 그것은 법률을 제정하고, 건전하고 건강한 부분들을 위협할 정도로 썩은 저 부분들을, 그리고 저 부분들만을 잘라냄으로써 전체를 보존하는 경향을 가진 형벌을 법률에 부가하는 권력이다. 전제의 보존이 없다면 어떤 가혹성도 합법적이지 않을 것이다."[489]

로크는 이 정치권력 개념의 정의에서 죄인에 대한 사법적 생사여탈권과 군사적 생사여탈권을 감쪽같이 소멸시키고 호도해 버리고 있다. 이 호도와 얼버무림은 개개인이 자기의 생명·자유·재산을 더 잘 지키기 위해 자기의 자연적 생명권·자유·평등권과 자연적 권력을 정치사회에 '몽땅' 양도하는, 가령 자기 생명을 보존하기 위해 타자에게 나의 생명에 대한 생사여탈권을 주고 자기의 자연적 자유를 지키기 위해 자연적 자유를 몽땅 포기하고 정치사회에 넘긴다는 자기의 논변에 담긴 근본적 자가당착성을 로크 자신이 느꼈기 때문에 벌어진 것이다.

로크의 이론구조의 근본적 자가당착은 여기서 끝나지 않는다. 앞서 상론했듯이 로크는 개개인이 자기의 자연적 자유를 지키기 위해 자연적 자유를 "몽땅" 포기하고 정치사회에 넘겨야 한다는 논변에도 불구하고 자연적 자유·평등권의 전면적 양도 명제를 좀먹는 정당방위권·자연법적 잔여권력 등 잔존하는 여러 권리와 권력의 개인유보와 집단유보를 부지불식간에 인정한다. 말하자면 그는 자연적 자유·평등을 자연상태론에서 전면적으로 방어하고, 사회로의 이행을 논하는 사회상태론에서는 전면적으로 포기하게 하고, 다시 이 전면적 양도론을 좀먹는 여러 개인적·집단적 권리들의 잔존과 유보를 인정하는 삼중적 자가당착을 범했다.

이런 까닭에 버지니아 주 제헌의회는 앞서 시사했듯이 개인들이 사회상태로 들어가더라도 자연적·천부적 권리들이 박탈되지 않는다는 것을 「버지니아 권리장전」 제1조에 명문으로 박아 넣었던 것이다. 지금까지 지적된 로크의 위선성과 보수성, 그리고 이론상의 근본적 자가당착성 때

---

489) Locke, *Two Treatises of Government*, Book II, Ch.15, §172 (382쪽).

문에 미국의 국부들은 이와 같이 그를 비판하고 그의 이론에 반발했고, 반反로크적 입장을 각종 건국문서와 비망록, 그리고 여러 서신에서 천명했던 것이다. 한 마디로, 미국독립혁명은 역사적 진보를 가로막는 '로크'라는 보수적·복고적 장벽을 부수는 '반反로크 혁명'이었던 것이다.

백세시대를 위한 서양철학사 시리즈 · 2

6 아이작 뉴턴의 경험론적 자연철학과 과감한 '궐의궐태'

제1절/
뉴턴의 과감하고 경건한 '궐의궐태'
제2절/
현상적 인과관계와 자연지식의 시효적 성격

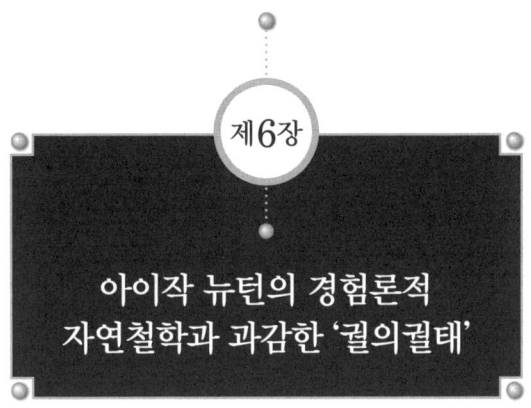

제6장
아이작 뉴턴의 경험론적 자연철학과 과감한 '궐의궐태'

　아이작 뉴턴(Isaac Newton, 1642-1727)의 천체물리학적 '만유인력의 법칙'은 뜻밖에도 중국 자연과학의 영향 아래 탄생했다. 아니, 중국의 허공우주론과 자기磁氣천체론이 없었다면 뉴턴의 만유인력론도 없었다. 중국의 자력磁力이론은 일찍이 영국의 자기물리학자 윌리엄 길버트(William Gilbert, 1544-1603)와 독일의 요하네스 케플러(Johannes Kepler, 1571-1630)에 의해 수용되어 유럽에 꽤나 널리 퍼져 있었다. 이 자력이론은 태동단계의 근대과학에 결정적으로 중요한 영향을 미쳤다.[490] 뉴턴은 중국인들이 우주허공에 만유萬有하는 것으로 이해한 '자력'(자기)을 '인력'(지구에서는 '중력')으로 교체해 중국의 '우주자력론'(우주자기론)을 '만유인력의 이론'으로 개량한 것이다.

　자기磁氣과학은 실로 근대과학의 본질적 부분이다. 나침반에 대한 중

---

490) Needham, "Science and China's Influence on the World", 236-237쪽.

세의 가장 위대한 학도인 마리코트(Peter Peregrinus of Maricourt)의 아이디어나 자력의 우주적 역할에 관한 길버트와 케플러의 아이디어는 모두 중국으로부터 온 것이다. 길버트는 모든 천체운동이 천체의 자력 때문이라고 생각했고, 케플러도 중력은 자력과 같은 어떤 것이라는 생각을 가졌다. 지상으로 추락하려는 물체들의 성향은 지구가 거대한 자석처럼 사물들을 자신에게로 끌어당기고 있다는 관념에 의해 설명되었다. 중력과 자력 간의 평행이론은 뉴턴의 '만유인력의 법칙'을 위한 이론적 준비에 결정적으로 중요한 부분이 되었다. 뉴턴의 종합 속에서 공리公理인 중력은 자력이 아무런 확실한 매개도 없이 우주를 가로질러 작용하는 것과 똑같이 모든 공간을 가로질러 확산되는 것으로 기술된다. 이와 같이 고대 중국인들이 전개한 '이격 상태에서의 (자력의) 작용 이론'은 길버트와 케플러가 뉴턴의 출현을 준비하는 과정에서 아주 중요한 부분이었던 것이다.[491]

중국의 독특한 천체우주론도 유럽의 과학 마인드에 직접 자극을 가한 과학이론이다. 중세 유럽인들은 '우주는 수정水晶으로 된 단단한 천체'라는 수정천체론을 견지했다. 그런데 이와 정면으로 대립되는 중국의 허공우주론, 즉 '무한한 허공'으로서의 우주의 개념은 중세 유럽인들의 수정천체론을 분쇄하고 이미 갈릴레오 시대로부터 유럽의 우주론을 석권했다.[492] 16세기 말경 동일한 사상을 대변한 유럽인들은 반드시 중국천체론의 서천西遷 사실을 인지한 것은 아닐지라도 새로운 우주체계의 타당성을 인정한 것으로 보인다.

뉴턴은 중국의 기론氣論과 자기론磁氣論을 응용한 길버트와 케플러의 근대적 자기이론과 우주자기론(이격상태에서의 천체들의 자력적磁力的

---

491) Needham, "Science and China's Influence on the World", 255쪽.
492) Needham, "Science and China's Influence on the World", 238-239쪽.

인력작용의 이론)을 더욱 발전시켜 1687년 『프린키피아』를 출간함으로써 우주의 천체들이 이격 상태에서 고유한 인력에 의해 상호작용하고 운동하는 법칙, 즉 '만유인력의 법칙'을 세상에 내놓은 것이다. 한편, 이 『프린키피아』와 동시에 나온 쿠플레의 『중국 철학자 공자』의 「예비논의」에 소개된 중국의 이기론理氣論(쿠플레의 설명에서의 '리'와 '신령'에 관한 논의)도 당대 서양 지식인들이 황당무계한 것으로 받아들인 뉴턴의 만유인력론을 쉽사리 이해할 수 있게 하는 데 기여했다. 그래서 중국의 허공우주론과 자기磁氣천체론이 없었다면 뉴턴의 만유인력론도 없었다고 한 것이다.

뉴턴은 경험론자 로크의 절친한 벗이었다. 따라서 그의 천체물리학은 원칙적으로 경험주의 방법을 바탕으로 수학적 원리의 발견을 적용한 자연과학이었다. 그러나 로크의 주장대로 이 자연과학을 '자연과학'이라 부르지 않고 '자연철학'이라 불렀다. 뉴턴은 근대 '자연과학'의 비조로 알려져 있지만, 정작 뉴턴 자신은 '자연과학'이 아니라 '자연철학'만을 말한 것이다. 이런 까닭에 그의 주저도 『자연철학의 수학적 원리(Philosophiae Naturalis Principia Mathematica)』(1687)라는 제목을 달고 있다. 이 책은 통상 '프린키피아(Principia)'라 불린다. 그러나 수학의 '과학성'도 의심하는, 환언하면 수학적 원리의 발견으로 자연세계를 수학적으로 다 설명할 수 있다고 생각하지 않는 신중한 이론 구성의 견지에서 뉴턴은 로크보다 공자와 베이컨에 더 가까웠다.

뉴턴은 자연사물의 존재의 원인을 알 수 없다고 생각하고 그가 발견한 중력(만유인력)의 법칙에서도 심지어 '중력의 원인'과 그 '작용의 비밀'을 불가지의 영역으로 간주하고 경험과학적 탐구에서 제외시켰다. 인식론적으로 '의심스럽고 위태로운 것을 비워두는' "궐의궐태闕疑闕殆"의 겸손을 발휘한 것이다. 그리고 그는 이 불가지의 영역과 관련해서 '위대한 지성의 신'이 존재하지 않는다면 우주의 그 코스모스 질서와 안정이 불가능할 것이라고 생각했다. 그렇다고 그는 칸트처럼 이 불가지의 영역을 – 경험적·실험적 자연철학의 연구대상인 – '현상들'의 기저에 있는 '본질(원인 = 원리)'로 여기지 않았다. 뉴턴 자신이 자연사물들의 '원인'을 알 수 없었으므로 사물적 '현상'을 그 어떤 미지의 '본질'에서 기인한 '결과'로 간주할 수 없었다. 사물의 '현상'이라는 '결과'로부터 그 '원인'을 인과율적으로 역추리해 이 가설적 '원인'을 '현상들'의 '본질(실체)'로 규정하는 것은 가당치 않았기 때문이다. 그러나 칸트는 그 자신의 말대로 현상세계의 한 관계에 불과한 인과관계를 불가지의 물자체物自體(Ding an sich)와 현상 간의 관계에 적용해서 '결과적' 현상이 있으므로 그 '원인'으로서의 물자체도 있어야 한다는 식으로 물자체의 존재를 도출하는 오류를 범했다. '현상이 있다면, 이 현상을 야기하는 물자체가 있어야 한다'는 칸트 식의 명제는 이미 모종의 인과율을 깔고 있는 것이다.

뉴턴은 '원인적 본질'의 가설을 거부하고 현상을 현상으로부터 설명하는 베이컨 식의 경험론적 "자연해설(interpretation of nature)"에 충실하려는 입장을 견지했다. 유용한 지식의 획득은 '현상'을 '현상'으로부터 설명하는 것으로 충분하기 때문이다. 이런 까닭에 뉴턴은 그의 벗 로크와 마찬가지로 감히 강한 의미의 '자연과학'을 주장하지 않고 '자연철학'이라는 겸손한 명칭으로 만족했던 것이다. '경험철학·실험철학(experimental philosophy)'으로서의 자연탐구는[493] 그 지식의 개연성과 잠정성 때문에 수학과 같은 등급의 '과학'으로 격상될 수 없기 때문이다.

---

493) 17-18세기에 "experiment"는 경험과 실험을 둘 다 의미했다.

제1절

뉴턴의
과감하고 경건한 '궐의궐태'

1.1. 불가지적 '원인'의 제외

뉴턴은 역사상 최초로 만유인력의 법칙을 논하는 『프린키피아』 제1판 서문(1686)에서부터 자연현상의 원인적 힘의 형이상학적 가설을 의심하고 거부했다.

- 이 모든 자연현상들이, 지금까지 알려져 있지 않는 어떤 원인에 의해 물체의 미립자들을 서로를 향해 상호 추진시키거나 규칙적 도형들에 응결시키거나 서로 반발하거나 물러나게 하는 일정한 힘들에 달려 있다는 것을 나는 많은 이유에서 의심한다. 이 힘들이 알려져 있지 않으므로, 철학자들이 지금까지 (이 힘들의 가설 아래) 자연의 탐구를 시도

해 온 것은 헛된 일이었다.[494]

뉴턴은 원인적 '현상'과 결과적 '현상' 간의 인과관계를 넘어 불가지의 '자연사물 자체의 원인'의 사변적 가설의 수립 하에 인지적人智的으로 그 원인을 인식하려는 독단적 이성의 사변적 형이상학을 의심하고 위험시하고 탐구 대상과 단언적 언표에서 제외시킨다. 이것은 공자의 "궐의궐태闕疑闕殆" 원칙, 즉 "많이 듣되 의심스런 것은 비워 놓고 나머지를 신중하게 말하고, 많이 보되 위태로운 것은 비워 놓고 나머지를 신중하게 행한다"(多聞闕疑 愼言其餘 多見闕殆 愼行其餘)는 원칙과 유사한 입장이다.

나아가 뉴턴은 공자와 베이컨처럼 다문다견의 내용 가운데 의심스럽지 않고 위태롭지 않은 '그 나머지'에서 지식을 얻는 '근도近道(개연적 지식)'가 설명에 충분하면 더 이상 '의태疑殆(의심스럽고 위태로운 것)'의 '원인'을 탐구대상에서 과감하게 제외시키는 것을 자신의 자연철학 연구의 '제1규칙'으로 선언한다. 현상적 원인 외에 '우주의 원인, 화강암·철·수소 등 특정한 사물의 존재 원인, 소금이 짠 원인, 동식물이 생겨난 원인' 등과 같은 사물 자체의 원인을 탐구하는 것은 사치와 낭비고, 그래도 이 사치와 낭비를 강행하면 사변적 오류의 위험 속으로 돌진해 형이상학으로 전락하고 만다. 가령 원자가 원자핵·전자·중성자의 조합과 운동으로 설명되면 충분한 것이지, 다시 원자핵의 존재의 원인, 전자의 존재의 원인, 중성자의 존재의 원인을 탐구하는 것은 사치와 낭비다. 그런데도 그 이상을 추구하면, 자연철학은 끝나고 위태로운 사변적 '부지이작不知而作'

---

494) Isaac Newton, *Philosophiae Naturalis Principia Mathematica* [1687]. English translation: Mathematical Principles of Natural Philosophy and System of the World (1729), Vol. I·II, trans. by A. Motte in 1729, revised, and supplied with an appendix, by F. Cajori (Berkeley·Los Angeles·London: University of California Press, 1934·1962), "Preface to the First Edition (1686)", XVIII. 괄호는 인용자.

의 형이상학이 생겨날 뿐이다. 자연의 현상에 대한 해설적 설명이 '충분하기'도 하고 '참되기'도 하면 이것으로 족한 것이지, 그 이상은 불필요한 것이다.

그러므로 뉴턴은 이 '궐의궐태闕疑闕殆'를 '철학의 추리 규칙(Rules of Reasoning in Philosophy)'의 '제1규칙'으로 삼는다.

- 우리는 자연사물의 현상을 설명하기에 충분하기도 하고 참되기도 한 (both true and sufficient) 원인보다 더 많은 자연사물의 원인도 인정하지 않아야 한다. 이 목적을 위해 철학자들은 "자연은 아무것도 헛되이 하지 않고, 더 적은 것이 가득 채우면 더 많은 것은 헛되다"고 말한다. 왜냐하면 자연은 단순성에 만족하고, 잉여 원인들의 화려한 겉치레(the pomp of superfluous causes)의 경향이 없기 때문이다.[495]

자연사물의 '현상'을 설명하기에 충분하고 참된 현상적 원인들을 알면, 자연지식으로 충분한 것이다. 이 '현상'의 기저에 놓인 궁극적 원인, 즉 현상적 원인들을 넘어가는 '자연사물의 초월적·본질적 원인'(아리스토텔레스의 형이상학적 '실체'나 '아르케' 또는 칸트의 '물자체')은 경험과학적 탐구의 대상이 아니다. 자연사물의 초현상적 원인(본질·실체)이 있다면, 이 원인은 사치스런 허식이고, 이런 허식의 '쓸데없는 원인들'에 대한 탐구도 '쓸데없는' 연구다. 자연의 관점에서 그런 원인은 '단순성에 만족하는' 자연에 존재하지 않는 "잉여 원인"이기 때문이다. '자연사물의 원인'은 신지神智의 영역('生而知之'의 영역)일지는 몰라도 인지人智의 영역(공자 식으로 말하면 "차선의 지식[學而知之]"의 영역)은 아니다. 뉴턴의 이런 관점은 무신론적이라는 비난을 받을 수 있고, 실지로 뉴턴은

---

495) Newton, *Principia*, "Rules of Reasoning in Philosophy", Rule I, 398쪽.

이런 비난에 직면한다.

  이에 압박을 느낀 뉴턴은『프린키피아』제1판 이후 25년 만에 출간된 재판에 뒤늦게 '일반주석(General Scholium)'을 붙인다.[496] 청년시절 신학도가 되려고도 했던 뉴턴은 여기서 무신론적 오해를 잠재우기 위해 자신의 신관神觀과 함께, 아리스토텔레스적 '목적인'의 개념을 포함하는 신론을 '자연철학'에 포함시킬 것을 제안한다.

- 우리는 신의 비본질적 속성들에 대해서 좀 알지만, 어떤 사물의 실재적 실체가 무엇인지는 알지 못한다. 물체들 속에서 우리는 한낱 그 모양과 색깔을 볼 뿐이고, 단지 소리를 듣고 풍미를 맛볼 뿐이다. 그러나 그 물체들의 내향적 실체(inward substance)는 우리의 감각에 의해서나 정신의 반성작용(reflex act)에 의해서 알 수 있는 것이 아니다. 더더욱 신의 실체에 대해서는 전혀 모른다. 우리는 단지 신의 가장 지혜롭고 탁월한 사물적 고안물들(contrivances of things)과 목적인들(final causes)에 의해서만 신을 알 뿐이다. 우리는 신을 신의 완전성 때문에 찬미한다. 그러나 우리는 신의 영유領有권능 때문에 신을 경배하고 찬미한다. 왜냐하면 우리는 신의 종으로서 신을 찬미하기 때문이다. 영유능력·섭리·목적인들을 갖추지 못한 신은 운명이나 자연에 불과할 것이다. (…) 우리가 상이한 시간과 장소에 적합하다고 느끼는 자연사물의 온갖 다양성은 오직 한 분의 존재자(a Being)의 관념과 의지가 필연적으로 존재한다는 사실로부터만 생겨나는 것이다. 그러나 신은 비유(allegory)의 방법으로 보고 말하고 웃고 사랑하고 미워하고 주

---

496) 버클리(Berkeley) 주교와 라이프니츠의 무신론 비난과 이에 대한 로저 코츠(Roger Cotes, 『프린키피아』재판 서문의 필자)의 主意 환기 및 뉴턴의 대응으로서의 '일반주석'의 준비 경위에 관해서는 참조: Florian Cajori, "An Historical and Explanatory Appendix", Note 52. Newton, *Principia*, 668-670쪽.

고받고 즐거워하고 성내고 싸우고 짜고 일하고 짓는다고 말한다. 우리의 모든 신 개념은 완전하지 않을지라도 얼마간의 유사성을 가진 비유(similitude)에 의해 인간의 양식으로부터 취한 것이다. 신에 관해서는 이 정도로 말하면 될 것이다. 즉, 사물들의 현상으로부터 신에 관해 논하는 것은 확실히 자연철학에 속하는 것이다.[497]

뉴턴은 여기서 아리스토텔레스처럼 '한 분의 존재자(a Being)'의 '의지', '목적인' 등 의인적擬人的 개념들에서 비유를 취해서 신 관념을 도입하고 있다. "상이한 시간과 장소에 적합하게" 만들어지고 또 알맞게 배치된 자연사물들, 그리고 공생관계 속의 꿀벌과 꽃, 포식자와 먹이, 신비스런 발생과 운동질서 속에 들어 있는 천체들과 미립자들처럼 서로에게 알맞은 목적으로 기여하는 다양한 온갖 자연사물들의 아기자기한 존재는 단순히 기계론적 작용으로 생겨났다고 생각할 수 없을 정도로 너무나도 신비스럽기 짝이 없어서, 어떤 전능한 조물주가 '의지'를 갖고 이 다양한 사물들을 서로에게 적합한 '목적인적' 관계로 창조하고 운행하고 있는 것 같은 장엄한 장면을 떠오르게 한다. 따라서 이런 신비스런 영역은 기계론적 원인을 더 이상 캘 수 없는 까닭에 인간과 목적론적 인간세계를 본뜬 '한 분의 존재자의 관념과 의지'의 필연적 존재에 대한 초超기계론적 요청 외에 다른 설명 방법이 없는 것이다. 또한 '궐의궐태'의 자

---

[497] Newton, *Principia*, "General Scholium", 546쪽. '목적인'은 아리스토텔레스가 분류한 네 가지 원인, 즉 질료인(material cause), 형상인(formal cause), 작용인(efficient cause), 목적인(final cause)의 하나다. 목적인은 어떤 사물의 생성과 존재의 목적을 뜻한다. 가령 "펜은 글씨를 쓰기 위해 만들어진 것이다"라는 명제에는 목적인이 들어 있다. Cajori, "An Historical and Explanatory Appendix", Note 53, 670쪽 참조. 따라서 목적인은 목적과 수단관계를 전제한다. 만유인력이 작용하는 우주에서 별들이 서로 충돌하지 않는 것은 별들이 엄청난 거리를 두고 떨어져 있기 때문이다. 이것은 마치 어떤 전능한 존재가 이런 충돌을 막을 목적으로 그렇게 멀리 떨어뜨려 배치한 것처럼 보인다. 뉴턴은 이 배치에 신적 목적인이 들어 있는 것으로 풀이하고 있다.

세로 자연사물의 원인에 대한 기계론적 설명을 삼가는 겸손한 자연철학과 초超기계론적 신학은 양립 불가능한 것도 아니다. 또한 관점을 바꿔보면, 신을 인간처럼 묘사하는 것이 인간의 인식능력에 포착되지 않는 '어둠' 속의 '신 자체'를 파악하기에 불완전한 비유의 방편이듯이, 자연철학 속에 신 개념의 필연적 존재를 상정하는 것 자체가 자연철학의 기계론적 설명의 불완전성과 함께 자연적 암흑세계('의심스럽고 위태로운 것')를 신학적 표현으로 돌려 표현하는 것이다.

그러므로 뉴턴은 기계론적 인과관계의 설명으로 해명할 수 없는, 따라서 기계론적 뉴턴 역학의 대상에서 벗어난 '자연적 신비'의 불가지 영역을 (무신론적 오해를 회피할 수 있는) 유신론적 표현으로 재현하는 묘수를 구사한 것이다. 말하자면, 뉴턴이 아리스토텔레스적 '목적인'과 신의 관념을 재활용한 것은 단순히 종교적 '양보'로 그치는 것이 아니라, 경험과학적 기계역학과 수학의 불완전성과 (이 불완전한 역학과 수학으로 끝내 밝힐 수 없는) 자연적 '어둠'에 대한 인간적 불안을 완화하는 '요청'이기도 한 것이다.

한편, 뉴턴은 현상들에 근거한 자기의 '보편적 중력(만유인력) 이론'이 사물적 실체의 '연장延長'이니, '침투불가능성'이니 하는 사변적 본질론보다 더 설명력이 있지만 그렇다고 중력을 이 '연장'이니 '침투불가능성'이니 하는 사물의 소위 '1차 속성' 같은 사물의 '본질'로 간주하는 것을 거부한다. '현상'으로서의 중력이면 충분한 것을 증명할 수 없는 사변적 '본질'로 여기는 것은 불필요하며 저 "철학의 추리 규칙"의 제1규칙에 어긋나는 것이기 때문이다.

- 현상들을 근거로 한 (나의) 논변은 모든 물체들의 침투불가능성에 대해서보다 더 많은 설득력으로써 그 보편적 중력에 대해 타당한 결론을

짓는다. (…) 하늘의 영역에 있는 것들 중 이것에 대해서 우리는 아무런 실험적 경험을 가지고 있지 않고 어떤 관찰의 방법도 가지고 있지 않다. 나는 중력이 물체의 본질이라고(essential to bodies) 단언하지 않는다. 또한 나는 (물체의 '본질'을 인정한 것으로 오독될 수 있는 표현인) 물체들의 '본유적 힘(vis insita)'이라는 말로는 단지 관성(inertia)을 뜻할 뿐이다.[498]

여기서 뉴턴은 중력을 '물체의 본질'로 해석하는 것을 거부하고 있다. 우리는 중력의 현상들을 알고 설명할 수 있지만, 중력 '자체'의 정체를 전혀 알 수 없기 때문이다.

나아가 그는 '자연사물의 원인'을 탐구의 대상으로 인정하지 않듯이 '중력의 원인'도 알 수 없는 사변의 가설로서 '궐의궐태'한다. 그리하여 뉴턴은 중력 또는 인력의 가설적 '발생원인(精氣, 에테르, 공기, 미지의 어떤 매질 등)'을 지목하는 것도 회피한다.

- 나는 여기서 '인력(attraction)'이라는 단어를 물체들이 서로 접근하기 위해 만드는 어떤 추구(endeavor)에 – 이 추구가 물체들 자체의 작용에서 서로를 향하거나 방사放射되는 정기(spirits)에 의해 서로를 일으키는 것처럼 발생하든, 에테르나 공기 또는 어떤 물질적인 또는 비물질적인 매질의 작용에서 서로를 향해 그 안에 배치된 물체를 추진하는 방식으로 발생하든 – 일반적으로 사용한다. 나는 '충격량(impulse)'이라는 단어도 그와 같은 일반적 의미에서 사용하는 바, 이 논저에서 힘들의 종류(species)나 물리적 성질을 정의하는 것이 아니라, '정의

---

[498] Newton, *Principia*, "Rules of Reasoning in Philosophy", Rule III, 400쪽. 괄호는 인용자.

(Definition)'에서 전에 관찰한 것처럼 힘들의 수량과 수학적 비율을 탐구한다.[499]

그는 일단 중력 또는 인력의 가설적 발생원인을 지목하는 것을 회피하고 이와 같이 '힘들의 수량과 수학적 비율'을 탐구의 중심에 놓고 있다.

1.2. '중력의 원인'의 불가지와 '부지이작不知而作'의 거부

한 걸음 더 나아가 뉴턴은 『프린키피아』 재판에 붙인 '일반주석'에서 '중력의 원인' 또는 '중력의 속성들의 원인'을 발견하지 못했다고 시인하고 그럼에도 애당초 '경험철학' 또는 '실험철학' 안에 들어설 자리가 없는 어떤 사변적 가설도 작화作話하지 않을 것임을 또는 허구虛構하지 않을 것임을 밝힌다. 뉴턴은 다음과 같이 '알지 못하면서 지어내는 것(不知而作)'을 거부한다.

- 지금까지 우리는 인력·중력에 의해 하늘과 바다의 현상들을 설명해 왔지만, 이 중력의 원인을 아직 지목하지 않았다. 확실한 것은 이것, 즉 중력은 그 힘을 조금도 감소시키지 않은 채 태양과 행성들의 바로 그 중심으로 침투하는 어떤 원인으로부터 생길 수밖에 없다는 것이다. 그런데 이 중력은 (기계적 원인이 통상적으로 그렇듯이) 그것이 작용을 가하는 입자들의 표면적의 양에 따라서가 아니라, 이 태양과 행성들이 포함하는 견고한 물질의 양에 따라서 작용하고, 그 잠재적 효능을 광대한 거리로 떨어진 모든 측면에 파급시키며 그 효능을 거리의 역제곱으로 줄인다. 태양을 향한 중력은 태양의 물체를 구성하는 개개 입

---

499) Newton, *Principia*, "Scholium", 192쪽.

자들을 향한 중력들로 이루어지고, 태양으로부터 물러나는 가운데 정확히 토성의 궤도만큼 먼 거리의 역제곱에 비례해서 줄어드는데, 이것은 행성들의 원일점遠日点의 정적靜寂으로부터, 아니 심지어 혜성들의 가장 먼 원일점에까지 – 저 원일점들도 역시 정적이라면 – 명백히 드러난다. 하지만 지금까지 나는 현상들로부터 중력의 속성들의 원인을 발견할 수 없었다. 그러나 나는 어떤 가설도 짜내지 않는다(hypotheses non fingo). 왜냐하면 현상으로부터 도출되지 않는 것은 무엇이든 가설이라 불러야 하기 때문이다. 가설은, 형이상학적이든 물리학적이든, 신비한 성질의 것이든 기계론적이든, 경험철학·실험철학(experimental philosophy) 안에서 들어설 자리가 없다. 이 경험철학(실험철학)에서 각각의 명제는 현상들로부터 도출되고, 나중에 귀납에 의해 일반화된다. 물체의 침투불가능성·운동성·추동력 및 운동과 중력의 법칙이 발견된 것은 이와 같은 방식이었다. 그리고 중력이 실제로 실존하고 우리가 설명한 법칙에 따라 작용하여 하늘의 물체들과 우리 바다의 모든 운동을 설명하는 데 풍부히 기여한다는 것으로 우리에게 충분한 것이다.[500]

뉴턴은 여기서 "현상들로부터 중력의 속성들의 원인을 발견해낼 수 없었음"을 솔직히 밝히지만, 이 원인을 설명하기 위해 어떤 '가설'을 짜내는 것도 거부하고 있다. 명제를 현상들로부터 도출하고 나서 귀납에 의해 일반화하는 경험철학·실험철학에 따라 뉴턴은 "중력이 실제로 실

---

[500] Newton, *Principia*, "General Scholium", 546-7쪽. 『광학』의 재판에 붙인 '광고'(1717. 7. 16.)에서의 진술은 『프린키피아』에서보다 더 적극적이다. "내가 중력을 물체의 본질적 속성으로 간주하지 않는다는 것을 보여주기 위해 나는 중력의 원인에 관한 한 가지 물음을 추가했다. 나는 실험의 부재로 이 문제에 만족하지 않기 때문에 그것을 물음의 방식으로 제기하는 길을 선택했다." Cajori, "An Historical and Explanatory Appendix", Note 6, 634쪽에서 재인용.

존하고 우리가 설명한 법칙에 따라 작용한다"는 것을 발견했고, 중력의 실존과 운동법칙에 대한 이 발견으로부터 "하늘의 물체들과 우리 바다의 모든 운동을 설명하면" 이것으로 "충분하다"고 생각하기 때문이다.

또한 뉴턴은 자신이 '중력의 원인'을 언명한 것처럼 오해되는 것에 특히 민감한 거부감을 보였다. 그리하여 뉴턴은 1692-1693년경에 쓴 여러 서한에서 중력이 물질의 본유적 속성이라는 교리를 강하게 반박한다. 뉴턴의 위대한 친구이자 찬미자인 리처드 벤틀리(Richard Bently)에게 보낸 편지에서 뉴턴은 다음과 같이 쓰고 있다. "자네는 중력을 종종 물질에 본질적이고 내재적인 것으로 말하고 있네. 제발, 그 개념을 나의 말로 돌리지 말게. 왜냐하면 중력의 원인은 내가 감히 아는 체하지 않는 것이기 때문이네. 그러므로 나는 그것을 고찰할 더 많은 시간을 갖고 싶네."[501] 중력의 본성에 대한 물음은 아인슈타인의 일반상대성이론의 등장으로 새로운 관심을 불러일으켰지만, '중력의 원인'은 오늘날도 오리무중으로 남아 있다.

아인슈타인의 일반상대성이론에 입각하면, 중력은 물체에 본유적인 것이 아니라 오히려 공간의 어떤 변형(some modification of space)에서 기인한다. 지구는 제 주위에 하나의 중력장(gravitational field)을 산출하고, 이 중력장이 사과에 작용을 가하여 추락의 운동을 일으키는 것이다. 아인슈타인의 '중력장'에서 일반적으로 광선光線은 곡선으로 퍼뜨려진다.[502] 아인슈타인도 중력이 물체의 본질적 속성이 아니라고 말한다. 그러나 중력을 일종의 '공간 변형'으로 정의한 아인슈타인의 새로운 정의도 중력의 원인을 밝혀낸 것이 아니라 '새로운 오리무중' 속으로 던져 넣어버렸다. 중력의 본성을 밝히는 문제는 여전히 신이 씌어 놓은 신비의

---

501) Cajori, "An Historical and Explanatory Appendix", Note 6, 633쪽에서 재인용.
502) Cajori, "An Historical and Explanatory Appendix", Note 6, 635쪽 참조.

베일로 덮여 있다. 뉴턴물리학과 현대물리학 사이에 차이가 있다면, "기계론적 양의 힘(mechanical quantity force)을 지배하는 뉴턴의 법칙과 대비되게 아인슈타인의 중력의 법칙은 기하학적 양의 곡률(geometrical quantity curvature)을 지배한다"는 것이다.[503] 그러나 두 체계의 차이에 대한 이런 능란한 설명에도 불구하고 "중력의 참된 본성"은 여전히 "어렵고 오묘한 주제"로서 "신비스럽고", 또한 "우리 시대에도 여전히 신비스런 것으로 남아 있다".[504] 오늘날도 '궐의궐태'의 대상인 것이다.

뉴턴 생전에도 태양과 지구 그리고 태양을 따르는 모든 하늘의 물체들이 서로를 끌어당긴다는 것은 알려진 상황이었다. 따라서 모든 물체들 속에 들어 있는 물질의 소립자들도 지상의 물체의 소립자들처럼 물질의 양에 비례해서 제각각의 인력을 가지고 있어야 한다는 것도 인정되어야 했다. 이 인력들도 거리의 제곱의 역비례로 작용해야 할 것이다. 다만, 이 법칙에 따라 당기는 구球들이 동일한 법칙에 따라 당기는 소립자들로 구성되어 있다는 것은 수학적 논증 사항이다. 지상과 천상의 모든 물체들은 다 질량을 갖기 때문에 이 물체들에 관한 실험적 경험과 관찰이 가능하다. 따라서 중력이 모든 물체 속에 보편적으로 발견된다는 것은 확실히 인정하는 것이 마땅하다. 중력의 속성이 신비스럽다고 해서 중력이라는 주제마저 연구대상에서 제외될 수는 없는 것이다.

당시 유럽 천문학계에서는 수정우주론을 대체한 데카르트의 소용돌이론이 유행이었다. 우주의 별들이 떠 있는 현상을 소용돌이의 작용으로 설명하는 데카르트의 소용돌이론을 따르는 독단적 형이상학자들은 원인을 알 수 없는 신비스런 현상이라는 이유로 뉴턴의 '중력' 개념을 연구대상에서 제거할 것을 요구했다. 이에 대해 뉴턴의 허가로 『프린키피아

---

503) A. S. Eddington, *The Nature of the Physical World* (New York: 1929), 133쪽. Cajori, "An Historical and Explanatory Appendix", Note 6, 635쪽에서 재인용.
504) Cajori, "An Historical and Explanatory Appendix", Note 55, 672쪽.

』재판의 서문을 쓴 영국의 저명한 수학자 로저 코츠(Roger Cotes, 1682-1716)는 강도 높은 장문의 반격을 가한다.

- 내가 아는 어떤 사람들은 이 결론을 부인하며 신비한 성질들에 관해 뭔가를 중얼댄다. 그들은 '중력'이란 신비한 성질(occult qualities)이고 신비한 원인은 철학으로부터 완전히 추방되어야 한다면서 계속 트집을 잡는다. 그러나 이에 대한 대답은 쉽다. 신비스런 원인이란 관찰에 의해 명백하게 입증되는 실재적 실존을 가진 원인이 아니라, 신비스럽다고 상상되기만 할 뿐 증명되지 못하는 원인들을 말한다. 그러므로 중력은 결코 천상天上운동의 신비스런 원인이라고 말할 수 없다. 이 힘이 실재로 실존한다는 것이 현상으로부터 명백하기 때문이다. 오히려 저 운동들을 가리키기 위해 완전히 허구적이고 우리 감각에 의해 지각될 수 없는 물질의 여러 상상적 소용돌이(vortices)를 설정하는 사람들이 신비적 원인에 의지하는 것이다. 그렇다면 중력의 원인이 아직 발견되지 않아 신비적이라 불린다는 이유로 철학으로부터 내던져져야 하는가? 이것을 긍정하는 사람들은 모든 철학의 기초를 전복할 어리석은 부조리 속으로 떨어지지 않도록 유의해야 할 것이다. 원인들은 보통 보다 복합적인 것으로부터 보다 간단한 것들로 연쇄적으로 진행된다. 따라서 가장 단순한 원인에 도달하게 되면 더 이상 앞으로 나아갈 수 없다. 그러므로 가장 단순한 원인에 대한 어떤 기계론적 설명이나 해명은 기대되거나 주어질 수 없다. 해명이 더 주어질 수 있다면 그것은 가장 단순한 원인이 아니기 때문이다. 그렇다면 이 가장 단순한 원인들을 당신은 신비적 원인이라고 부르며 이것들을 배격할 것인가? 그러면 당신은 가장 단순한 원인들에 직접 의존하는 원인들을, 그리고 이 최후의 원인들에 의존하는 원인들을 – 철학이 모든 원인으로부

터 완전히 청소되고 해방되기까지 – 배격해야 할 것이다. … 이 천체물리학이 데카르트의 견해와 모순되고 이 견해와 거의 화해되지 않을 것처럼 보이기 때문에 이 물리학을 싫어하는 사람들도 있다. 이들이 자신들의 견해를 즐기게 하라. 하지만 공정하게 행동하라. 그들이 자신들에게 요구하는 동일한 자유를 우리에게 부정하지 않게 하라. 뉴턴의 철학이 우리에게는 진리로 보이기 때문에, 우리가 이 철학을 기꺼이 받아들이고 보유할 자유와, 상상되었을 뿐이고 아직 증명되지 않은 원인들보다 오히려 현상에 의해 증명된 원인들을 탐구할 자유를 가지게 하라. 참된 철학이 할 일은 참으로 실존하는 원인들로부터 사물들의 본성을 도출하는 것과, 위대한 창조주가 내키는 대로 세계의 틀을 기초하면서 썼을 법칙들이 아니라, 실제로 고르고 골라 세계의 가장 아름다운 틀을 기초하는 데 주춧돌이 된 저 법칙들을 탐구하는 것이다. 약간씩 서로 다른 개개의 원인으로부터 동일한 결과가 생길 수 있다는 것을 상정하는 것은 충분히 일리가 있다. 그러나 참된 원인은 그 결과가 참으로 그리고 실제로 생겨나게 하는 원인일 것이다. 다른 원인들은 참된 철학에서 들어설 자리가 없다.[505]

이어서 코츠는 데카르트 등 교조적 합리주의자들의 '이성의 빛'에 맞서 뉴턴처럼 불완전한 기계론적 '필연성', 즉 '객관적 인과관계' 개념을 오만하게 과신하는 것을 질타하는 한편, 신의 의지 또는 신적 자유의지의 존재에 대한 요청을 전제한 가운데, '감각적 현상'을 중시하는 경험철

---

[505] Cotes, "Cotes's Preface to the Second Edition"(1713), XXV-XXVII. Newton, *Principia*. 본문에서 '소용돌이론'은 데카르트의 학설이다. 태양·행성·별들이 그 자리에 떠 있는 것은 그곳에 강력한 소용돌이가 형성되어 있고 저 천체물들은 흐르는 강물의 소용돌이치는 곳에 나뭇잎이 머물러 돌듯이 떠 있다는 가설이다. 반면, 뉴턴은 주지하다시피 태양·행성·별들이 만유인력(중력)과 원심력의 균형으로 떠 있다고 보았다.

학적 자연탐구의 방법론적 요지를 설명한다. "필연성의 그림자가 조금도 없고 진정 가장 지혜로운 고안의 많은 흔적들을 드러내 보여주는 '자연법칙'으로 불리는 저 법칙들은 이 신의 자유의지의 원천에서 흘러나오는 것이다. 그러므로 이 자연법칙들을 우리는 불확실한 추측으로부터 찾는 것이 아니라 관찰과 실험·경험(experiments)으로부터 배워야 한다. 그 자신의 정신의 힘과 이성의 내면적 빛(the internal light of his reason)만으로 물리학의 참된 원리와 자연사물의 법칙을 발견할 수 있다고 생각할 정도로 충분히 건방진 자들은 세계가 단지 필연성(신의 존재를 불필요하게 만드는 객관적·기계적 인과관계)에 의해서만 실존한다고, 그리고 동일한 필연성에 의해, 제시된 법칙들이 생겨난다고 상정하지 않을 수 없다. (…) 그러나 모든 건전하고 참된 철학은 사물의 현상들(appearances)에 근거한다. 이 현상들이 우리의 의지를 거슬러 우리에게 가장 명백하게 드러나는 원리들로 우리를 이끌어 간다면, 전지전능한 존재의 가장 훌륭한 계획 및 최고통제권과 같은 이 원리들은 어떤 사람들(데카르트주의자들)이 혹시 이것들을 싫어한다는 이유로 제쳐 놓아서는 아니 될 것이다. (…) 그러므로 공정하고 평등한 판관은 실험과 관찰에 기초한 철학의 이 가장 훌륭한 방법에 유리한 판결을 내릴 것이다. (…) 문은 이제 열려 있고, 뉴턴이 밝혀낸 통로를 거쳐 우리는 자유롭게 자연사물들의 숨은 비밀과 경이의 지식 속으로 들어가도 된다. (…) 이제 우리는 보다 더 가까이 자연의 아름다움을 목도하고 기쁜 관상觀賞(contemplation)으로 맞아들일 수 있다. 이 관상이 철학의 최선이자 최고가의 과실이다."[506]

뉴턴은 경험철학의 방법과 배치되는 자연사물의 원인, 중력의 원인 등

---

506) Cotes, "Cotes's Preface to the Second Edition"(1713), XXXII. Newton, *Principia*. 괄호는 인용자.

에 대해서 '궐의궐태'하고 신의 존재와 전능한 의지를 요청할 뿐만 아니라, 중력의 작용과 천체의 안정성도 미심쩍어하거나 위태롭게 여겨 전능한 존재자의 손을 요청한다. 먼저 중력(인력)의 상호작용은 참으로 신비스런 것이다. 어떤 이들은 천체들이 이격된 상태에 놓이면 서로 작용을 가하게 된다는 이른바 '이격상태작용론(the theory of action at a distance)'을 궁여지책으로 입에 올렸으나, 뉴턴은 이 동어반복적인 이론을 비판한다. 뉴턴은 벤틀리에게 보낸 1692-1693년경의 한 서한에서 다음과 같이 말한다.

- 중력이 에피쿠로스적 의미에서 물질에 본질적이고 내재적일 경우에 그러는 것처럼, 활기 없는 조야한 물질이 물질적이지 않은 다른 무언가의 매개 없이 상호접촉 없는 다른 물질에 작용을 가하여 영향을 미친다는 것은 생각할 수 없네. 그리고 이것이 자네가 본유적 중력을 내 것으로 돌리지 않기를 바라는 한 가지 이유라네. 중력이 물질에 본유적이고 내재적이고 본질적이어서, 한 물체가 이 물체에서 저 물체로 작용과 힘을 전달하는 어떤 다른 사물의 매개 없이 일정한 이격상태에서 진공을 뚫고 다른 물체에 작용을 가한다는 것이 내게 아주 지극히 불합리하게 느껴져서, 철학적 문제에서 유능한 사고능력을 가진 사람이라면 아무도 이 불합리한 사고에 빠져들지 않을 것이라고 나는 생각하네. 중력은 일정한 법칙에 따라 항상 작용하는 작용인자(agent)에 의해 야기되어야 한다네. 그러나 이 작용인자가 물질적인 것인지 비물질적인 것인지는 독자들의 성찰로 남겨 두었네.[507]

그러나 뉴턴이 나중에 붙인 '일반주석'에서 개인적으로 '비물질적 작

---

507) Cajori, "An Historical and Explanatory Appendix", Note 6, 634쪽.

용인자' 쪽을 택하고 신의 의지를 요청했다는 것은 주지의 사실이다.

"나는 가설을 짜내지 않는다(hypotheses non fingo)." 이것은 위에서 인용한 저 '일반주석'에 나타나는 뉴턴의 한 표현이지만, 이는 "무모한 사변(reckless speculation)에 대한 그의 경멸"과 "관찰과 실험·경험에 대한 절대적 신뢰"를 보여주기 위해 다른 곳에서도 빈번히 사용되는 표현이다. 뉴턴은 특히 신비하고 오묘한 문제와 관련하여 경험과 배치되는 사변적 '가설'을 수립하는 것을 거부했다.[508] 하지만 뉴턴이 경험적 관찰과 배치되지 않는 의문을 제기하는 방식으로서 가설을 사용하는 것마저 배격하는 것은 아니다. '일반주석'에서 뉴턴은 인력을 발생시키는 전기電氣 같은 어떤 '정기精氣'를 설명할 수 없는 의문으로 제기한다. "이제 우리는 모든 조야한 물체 속에 삼투하여 숨겨져 있는 모종의 가장 오묘한 정기(a certain most subtle spirit)에 관한 어떤 것을 덧붙이고 싶다. 이 정기의 힘과 작용에 의해 물체의 입자들은 가까운 거리에서 서로 끌어당기고, 연접하면 달라붙는다. 전기적電氣的 물체들은 더 먼 거리로 작용하여 이웃 미립자들(corpuscles)을 끌어당기고 밀어낸다. 그리고 빛은 방사放射되고 반사되고 안팎으로 굴절되고(refracted, inflected) 물체를 때린다. 모든 감성은 자극받고, 동물 육체의 구성 부위들은 의지의 명령에 따라 운동한다. 즉, 견고한 신경줄을 따라 외적 감관感官에서 두뇌로, 두뇌에서 근육으로 상호 파급되는 이 정기의 진동에 의해 운동한다. 그러나 이것들은 몇 마디 말로 설명될 수 없는 것들이고, 또한 우리는 이 전기적·탄력적 정기가 작용하는 법칙의 정확한 판정과 논증에 요구되는 충분한 실험(경험)을 갖추지도 못하고 있다."[509] 중력과도 무관하지 않은 하나의 '가설'로서의 이 의문의 '정기'는 오늘날도 해명되지 않았다. 다

---

508) Cajori, "An Historical and Explanatory Appendix", Note 55, 671쪽.
509) Newton, *Principia*, "General Scholium", 547쪽.

만 아인슈타인이 이 에테르(정기) 가설이 증명될 수 없다는 것만을 증명했을 뿐이다.

뉴턴은 자연철학적 정식 논의가 아니라 사사로운 사색 과정에서는 '에테르'의 가설을 좀 더 적극적으로 시험해 본다. 로버트 보일(Robert Boyle)에게 보낸 한 편지에서 뉴턴은 접근하는 두 물체 사이의 중력(인력)의 원인을 에테르의 가설로 설명하려고 시도한다. 이 물체들은 "물체들 사이에 있는 에테르가 희박해지기 시작하도록 만든다". 다시 빛에 관한 가설에서 이렇게 말한다. "지구의 중력적 인력은 에테르적 정기(ethereal spirit)와 같은 어떤 다른 것들의 계속적 농축(condensation)에 의해 야기된다. (…) 이 정기를 공급하기 위해 위로부터 큰 속도로 하강하도록 야기하는 방식으로 (…) 이러한 하강에서 정기는 그것이 작용을 가하는 물체들의 모든 부분들의 표면적에 비례하는 힘으로 그것이 삼투하는 물체들을 자기와 함께 서로 다가가게 할 수 있다."[510] 그러나 이러한 가설들은 다 비공식적인 것들이다.

또한 중력 못지않게 신비한 것이 바로 우주의 안정성이다. 만유인력이 복잡하게 작용하는 우주 안에서 태양과 행성들이 상호작용하는 태양계에 정기적인 혜성들이 간헐적으로 날아들고 게다가 느닷없는 별똥별과 유성우流星雨가 불규칙적으로 난무하는 가운데서도 태양계와 우주가 저렇게 상대적 안정성과 질서 속에서 떠 있는 것은 과연 신비 그 자체다. 뉴턴은 이런 신비적 안정성을 어떤 기계론적 방식으로도 설명할 수 없기 때문에 다시 전지전능한 신의 존재와 의지적 역할을 요청한다. 그는 '일반주석'에서 말한다.

- 열 개의 달이 지구·목성·토성과 동심적인 원을 그리며 같은 운동 방향

---

510) Cajori, "An Historical and Explanatory Appendix", Note 8, 637쪽에서 재인용.

을 취하고 저 행성들의 궤도 평면에서 돌고 있다. 단순한 기계론적 원인들이 그렇게 많은 규칙적 운동들을 산출할 수 있다고는 생각되지 않는다. 왜냐하면 혜성들이 아주 편심적인 궤도로 천체의 모든 부분을 건너뛰며 운동하기 때문이다. 바로 이런 유형의 운동에 의해 혜성들은 행성의 궤도를 뚫고 쉽사리, 그것도 엄청난 속도로 지나간다. 혜성들은 가장 천천히 움직이고 가장 오랫동안 붙들려 있는 원일점遠日点에서 태양으로부터 가장 먼 거리로 물러나고 이런 까닭에 그들 간의 인력적 당김으로부터 가장 적게 교란당한다. 태양·행성·혜성의 이 지극히 아름다운 체계는 지성적이고 강력한 존재자의 계획과 영유권능(counsel and dominion)에서만 생겨날 수 있을 것이다. 고정된 별들이 다른 동일한 체계의 중심들이라면, 이 별들도 동일한 지혜로운 계획에 의해 만들어져 모두 유일자(One)의 지배에 굴복한다. 특히 고정된 별들의 빛이 태양의 빛과 동일한 성질이고, 모든 체계로부터 빛이 모든 다른 체계들을 통과하기 때문에, 또 고정된 성좌星座들이 인력에 의해 서로의 위로 떨어지지 않아야 하기 때문에, 유일자는 광대한 거리를 두고 서로 떨어진 곳에 그 체계들을 배치한 것이다.[511]

여기서 뉴턴은 경험론적·현상론적·기계론적 설명의 한계로 인해 초경험적·초기계론적 요청으로서 신을 도입하고 있다. 이것도 '궐의궐태'의 한 방법이기 때문이다.

---

511) Newton, *Principia*, "General Scholium", 544쪽.

제2절

현상적 인과관계와 자연지식의 시효적 성격

2.1. 현상적 인과성과 귀납적 시효지식으로서의 자연지식

위에서 부분적으로 인용된 『프린키피아』의 "철학의 추리 규칙"은 총 4개로 구성되어 있다. "철학의 추리 규칙"은 뉴턴의 '인과적 추리' 이론을 이해하는 데 많은 도움이 되므로 여기서 그 전문을 소개한다.

- ◎ **규칙1.** 우리는 자연사물의 현상을 설명하기에 충분하기도 하고 참되기도 한 원인들보다 더 많은 자연사물의 원인들을 인정하지 않는다. 이 목적을 위해 철학자들은 '자연은 아무것도 헛되이 하지 않고, 더 적은 것이 가득 채우면 그 이상의 것은 헛되다'고 말한다. 왜냐하면 자연은 단순성에 만족하고, 잉여 원인들의 화려한 겉치레의 티를 내는 경향이 없기 때문이다.

◎ **규칙2.** 그러므로 동일한 자연적 결과에 우리는 가급적 동일한 원인을 배정해야 할 것이다. 인간의 호흡과 짐승의 호흡, 유럽에서의 돌의 추락과 미국에서의 돌의 추락, 우리의 부엌 불의 빛과 태양의 빛, 지구에서의 빛의 반사와 행성에서의 빛의 반사에 대해 그렇듯이.

◎ **규칙3.** 정도의 가감 없이, 우리의 경험과 실험(experiments)의 범위 내에서 모든 물체에 속하는 것으로 발견되는 물체들의 성질들은 어떤 물체든 모든 물체의 보편적 성질로 여겨져야 한다. 물체의 성질들은 오직 경험과 실험에 의해서만 우리에게 알려지므로 우리는 경험 및 실험과 보편적으로 합치되는 모든 것을 보편적인 것으로 간주해야 한다. 그리고 감소되기 쉽지 않은 것은 아주 사라질 수 없다. 우리는 확실히, 우리 자신이 고안한 몽상과 헛된 허구를 위해 경험과 실험의 증거(evidence)를 포기하지 않아야 한다. 또한 우리는 늘 자기 자신과 일치되려는 단순한 성향이 있는 자연의 유사성(analogy)으로부터 물러서지 말아야 한다. 우리는 감각들의 통로 외에 다른 방법으로 물체의 연장을 알지도 못하고, 또한 감각이 온갖 물체에서 이 연장을 포착하는 것도 아니다. 그러나 우리는 감각될 수 있는 모든 것에서 연장을 지각하므로 연장을 보편적으로 다른 모든 것들에도 귀속시킨다. 많은 물체들이 단단하다는 것을 우리는 경험(experience)에 의해 배운다. 전체의 견고성이 부분의 단단함에서 생겨나므로, 우리는 우리가 느끼는 물체들만이 아니라 다른 모든 물체들의 분할 불가능한 미립자들의 단단함을 추론한다. 모든 물체들이 침투 불가능하다는 것을 우리는 이성으로부터가 아니라 감성(sensation)으로부터 안다. 우리는 우리가 취급하는 물체들을 침투 불가능하다고 느끼고 여기로부터 침투불가능성이 모든 물체의 보편적 성질이라고 결론짓는다. 모든 물체는 운

동 가능하고 이들에게는 운동이나 정지를 견지하려는 일정한 힘들(우리는 이를 '관성'이라고 부른다)이 부여되어 있다는 것을 우리는 오로지 우리가 보아 온 물체들 안에서 관찰된 동일한 속성들로부터만 도출한다. 전체의 연장, 단단함, 침투불가능성, 운동성, 관성은 부분들의 연장, 단단함, 침투불가능성, 운동성, 관성으로부터 나온다. 따라서 우리는 모든 물체의 최소 미립자들이 모두 연장되고 단단하고 침투 불가능하고 운동 가능하고 적절한 관성을 부여받은 것이라는 결론을 짓는다. 그리고 이것은 모든 철학의 기초다. 더구나 물체들의 나누어졌지만 연접한 미립자들이 서로 분리되어 있을 것이라는 것은 관찰의 일이다. 나누어진 채 있는 미립자 속에서 우리의 정신은 수학적으로 논증되듯이 훨씬 더 적은 부분들을 구별할 수 있다. 그러나 분할되지는 않았지만 이렇게 구별되는 부분들이 자연의 힘으로 실제로 분할되고 상호 분리될 수 있는지는 우리가 확실히 판정할 수 없다. 하지만, 우리가 어떤 분할 불가능한 미립자가 단단하고 견고한 물체를 부수는 중에 분할됨을 겪은 단 하나의 실험(경험) 증거라도 얻었다면, 이 규칙에 의해 우리는 분할된 미립자와 마찬가지로 분할되지 않은 미립자도 나뉠 수 있고 실제로 무한히 분리될 수 있다고 생각한다.

마지막으로, 실험과 천문학적 관찰에 의해 지구 주위의 모든 물체들이 그것도 이 물체들이 포함하는 물질의 양에 비례해서 지구를 향해 끌려 내려간다는 것, 그리고 달이 마찬가지로 그 물질의 양에 따라 지구를 향해 끌려온다는 것, 다른 한편으로 우리의 바다가 달을 향해 끌려간다는 것, 그리고 모든 행성들이 서로를 향해 끌어당긴다는 것이 보편적으로 나타난다면, 우리는 이 규칙의 필연적 귀결에 따라 모든 물체가 그것이 무슨 물체든 상호적 인력의 원리를 부여받았다는 것을 보편적으로 받아들여야 한다.

왜냐하면 현상들을 근거로 한 논변(argument)은 모든 물체들의 침투 불가능성에 대해서보다 더 많은 설득력(force)으로 그 보편적 중력에 대해 타당한 결론을 짓기 때문이다. 하늘의 영역에 있는 것들 중 이것에 대해서 우리는 아무런 실험을 가지고 있지 않고 어떤 관찰의 방법도 가지고 있지 않다. 나는 중력이 물체들에 본질적이라고 단언하지 않는다(Not that I affirm gravity to be essential to bodies). 물체들의 '본유적 힘(vis insita)'이라는 말로 나는 단지 관성(inertia)만을 뜻한다. 이 관성은 불변적인 것이다. 물체들의 중력은 이 물체들이 지구로부터 물러남에 따라 줄어든다.

◎ **규칙4.** 실험·경험철학(experimental philosophy)에서 우리는 기존 명제들이 보다 더 정밀하게 만들어지거나 이의제기가 용이해지는 다른 현상들이 발생할 때까지, 상상할 수 있는 어떤 반대가설에도 불구하고, 일반적 귀납의 방법으로 현상들로부터 도출된 명제들을 정확히 또는 아주 근사하게 참된 것으로 간주해야 한다. 가설로 귀납의 논증을 회피할 수 없도록 우리는 이 규칙을 따라야 한다.[512]

우리는 자연철학에서 "자연사물의 현상을 설명하기에 충분하기도 하고 참되기도 한 원인들보다 더 많은 자연사물의 원인들을 인정하지 않는다". 이것은 자연사물의 '현상'과 '현상' 간의 인과관계가 자연적 '현상'을 설명하기에 충분하면, 이 '현상적 인과관계'는 자연철학의 탐구에 족하다는 말이다. '감각들'과 '경험'에 의해 지각되는 "현상들을 근거로 한 논변"은 어떤 추리보다도 "더 많은 설득력"을 가지고 있고, "단 하나의 실험(경험) 증거라도", 사변적으로 일관되게 짜 맞춰진 공상적 명제나,

---

512) Newton, Principia, "Rules of Reasoning in Philosophy", 398-340쪽.

기존의 경험들에 의해 공고하게 견지되던 믿음을 붕괴시킬 수 있기 때문이다. 뉴턴의 자연철학은 감각들에 의해 포착되는 이 '현상적' 원인들을 뛰어넘는 이른바 '참된' 초월적·본질적·궁극적 원인, 즉 아리스토텔레스적 의미에서의 형이상학적 '아르케'나 '실체'와 같은 '사물의 궁극적 원인'을 탐구하지 않는다. 이 사변적 실체나 아르케는 탐구할 필요도, 방도도 없기 때문이다. 뉴턴의 이 규칙을 훗날 흄은 아주 명쾌하게 "현상하지 않는 원인은 존재하지 않는 것으로 간주되어야 한다"고 풀이하고, 이것은 "모든 철학의 격률이다"라고 일반화했다.[513]

인과관계가 현상들 간의 관계에 한정되는 한에서 이 현상적 인과관계에 대한 지식의 타당성은 일정한 시점까지의 일정한 조건에 한정된다. 따라서 시간이 흐르고 조건이 변하면 경험현상들이 달라지거나 새로워져 기존의 지식도 변경된다. 그러므로 뉴턴은 그의 자연철학적 진리와 지식 개념을 '귀납적 시효지식'으로 간주하고, 이 자연지식에 '과학'의 지위를 부여하지 않은 것이다. 로크에게처럼 뉴턴에게도 자연지식의 절대진리는 존재할 수 없다. 이런 절대진리가 있다면, 자연철학은 자연과학으로 승격될 것이지만, 감각과 경험에 포착된 단 하나의 새로운 현상이나, '단 하나의 실험(경험) 증거라도', 기존의 자연지식의 타당성을 붕괴시킬 수 있다. 따라서 모든 자연철학적 지식과 진리는 잠정적 진리이고, 시효에 걸린 지식이다.

그러나 이 경험(실험)철학적 '잠정성'·'시효성' 테제의 역할은 이중적이다. 실험이나 경험의 증거가 아닌 단순한 가설에 대해서는 기존의 경험적·귀납적 테제가 잠정적으로 더 우월한 확실성의 지위를 점한다. 따라서 이때 잠정성 테제는 "가설로 귀납의 논증을 회피하는" '사이불학'

---

513) David Hume, "Of National Characters" [1748], 82-83쪽. *Hume, Political Essays*, edited by Knud Haakonssen (Cambridge·New York·Melbourne: Cambridge University Press, first Published 1994. Fifth printing 2006).

의 사변철학을 저지한다. 이것은 "철학의 추리 규칙" 제4규칙의 일차적 기본 취지다. 그러나 잠정성 테제의 두 번째 역할은 자연적 진리탐구를 미래로 개방하고 촉진한다. 실험·경험철학에서 온갖 "반대가설"에 맞서 "정확히 또는 아주 근사하게 참된 것"으로 견지해 오던, "일반적 귀납의 방법으로 현상들로부터 도출된" 기존 명제들도 이 "기존 명제들을 보다 더 정밀하게" 만들어 주거나 이 명제에 "이의제기를 용이하게" 해 주는 "다른 현상들이 발생한" 뒤에는 저 잠정성 테제에 따라 시효를 다하고 새로운 귀납적 명제에 지위를 양보할 수밖에 없기 때문이다.

새로운 현상의 경험적·관찰적 발견은 우연이고, 이런 의미에서 지식의 발전과 축적은 로크의 말대로 '이삭줍기'와 같은 것이다. 따라서 공자철학으로 표현하면, ① '다문다견'에도 '궐의궐태闕疑闕殆'할 것(의심스럽고 위태로워서 비워야 할 것)들이 존재하고 ② 그 나머지의 모든 경험적 지식도 기껏해야 특정 시점에서 '과우과회寡尤寡悔'한 것(오류와 후회가 적은 것)들일 뿐이라는 이중적 의미에서 '잠정적인 것'이다. 나아가 '궐의궐태'의 두 번째 목적은 인간의 경험에 '현상'으로 드러나지 않는, 따라서 인간의 인식능력으로 알 수 없는 소위 '궁극적 원인'이라는 형이상학적인 일체의 것들을 비워 두고 연구대상에서 제외하는 것이다. 이런 관점에서 보면 공자의 원칙과 뉴턴의 원칙은 상통하는 바가 있다.

종합하자면, 19·20세기의 합리주의 정신이 근대 자연'과학'의 창시자로 추앙해 온 뉴턴은 실은 자연'과학'을 입에 담지도 않았고 인간이성으로 만물만사를 명백하고 판명하게 인식할 수 있다는 '합리주의적' 망상 속에서 들끓는 어떤 '강한 과학 개념'도 인정치 않았다. 뉴턴은 현대에 혹세무민의 신앙이 된 과학주의적 '과학' 개념과 가장 먼 자연철학자였던 것이다. 자연사물의 원인이든, 중력의 원인이든, 엄청난 거리를 두고 서로 영향을 미치는 인력 작용의 수수께끼든, 우주의 안정성 문제든, '궐의 궐태'가 필요한 신비한 불가지의 영역이 너무 광대했기 때문이다.

뉴턴은 이 광대무변의 불가지 영역을 사변적 허구와 가설로 채우지 않고 과감하게 그냥 비워 두고, 하느님의 힘없는 종으로서의 겸손한 인간의 자세로 이 어둠 속에서 그의 길을 안내할 신의 손을 붙잡았다.

- 뉴턴을 통해 이 섬(브리튼 섬)은 인류의 휘황찬란한 영예와 교육을 위해 일어난 가장 위대하고 가장 희귀한 천재를 낳은 것을 자랑할 수 있을 것이다. 그는 경험에 기초한 원리 외에 어떤 원리도 받아들이는 데 조심하지만, 이런 경험적 원리라면 아무리 새롭고 특별할지라도 어떤 원리든 단호하게 받아들였다. 나머지 인류를 능가하는 그의 우월성을 모르고, 따라서 그의 추리를 범상한 이해에 적응시키는 데 덜 주의 깊고 명성을 얻기보다 받을 만한지에 더 전전긍긍하는 겸손으로 인해 그는 세계에 오랫동안 알려지지 않았다. 그러나 그의 명성은 마침내, 어떤 작자도 평생의 기간 동안 이전에 획득한 적이 없는 광채와 함께 터져 나왔다. 뉴턴은 자연의 신비들 가운데 어떤 것들은 베일을 걷어 젖힌 것처럼 보이는 한편, 동시에 기계역학 철학의 불완전성을 보여주었고, 그럼으로써 자연의 궁극적 비밀을 이 비밀이 일찍이 그렇게 남아 있었고 또 앞으로 그대로 남아 있을 어둠 속으로 복귀시켰다.[514]

이것은 흄의 『영국사』 6권에 붙여진 부록 「엄지손톱 전기」에서 기술된 뉴턴과 그의 철학에 대한 흄의 그 유명한 총평이다.

---

514) Hume, "Thumbnail Biographies" from History of England VI, 202쪽. 괄호는 인용자.

2.2. 오늘날 인과율 개념의 변모: 통계적 평균치(확률)

뉴턴이 훗날 칸트처럼 현상의 '원인'으로서 '본질' 또는 '실체'를 인과적으로 도출하지 않은 것은 원인적·능동적 힘과 실체를 일종의 정신적 가상假想으로 보는 그의 친구 로크의 영향도 있었겠지만, 뉴턴 자신의 저 '모든 귀납적 진리의 잠정성' 테제에 따를 때, 인과율마저도 잠정적인 것이라서 이 인과율을 절대적 근거로 삼아 자연사물의 '궁극적 원인'이나 '중력의 원인'과 같은 오묘하고 신비한 문제들을 해명할 수 있다고 생각하지 않았기 때문이었을 것이다. 그러나 이 인과율조차도 뉴턴 자신이 지식산출의 '잠정적' 규칙으로 삼은 것이다.

따라서 향후의 논의 전개를 위해 현대에 이르기까지 이 인과율에 대한 위치가位置價의 변천사를 자연과학 분야에 국한해서 간략히 살펴볼 필요가 있다.

원인과 결과의 문제는 '근도近道'(개연적·확률적 지식)를 위해 사물의 본말·시종·선후관계의 인식을 중시하는 공자만이 아니라 아리스토텔레스·로크·흄·칸트 등 모든 시대의 서양 철학자들의 관심을 사로잡아 왔다. 물리적 현상에 담긴 포괄적 인과성 체계의 실존에 대한 확신을 주입한 초기 철학자들에는 뉴턴도 들어 있다. 이전에 발견된 행성운동의 법칙들은 인과율의 필요조건을 충족시키지 못했다. 행성운동의 독립적인 법칙들이 자연의 한 근본법칙의 인과율적 귀결이라는 것을 입증한 학자는 뉴턴이었다. 뉴턴은 바로 위에서 전문을 소개한 "철학의 추리 규칙" 중 제2규칙에서 현상 차원의 원인-결과 관계를 규정했다.

그러나 주지하다시피 『프린키피아』에서 뉴턴은 인과율을 현상들 간의 관계에만 적용하고 자연사물의 원인, 중력의 원인, 우주의 안정성의 이유 등에 적용하는 모험을 하지 않았다. 이런 원인들은 단순태를 좋아하는 자연에 대해 다시 최후의 단순태의 원인을 찾는 것으로서 이른바 '과잉 원인'이기 때문이다. 그 이상의 원인 추구는 이런 물질적·우주론적 생성과 운동을 밝히기에 불충분한 기계론과 경험론을 벗어날 뿐만 아니라, 사변적 형이상학으로 빠지는 길이다.

차라리 뉴턴은 물리적 자연의 '현상들'만을 기계적 법칙에 복종시키려고 노력하는 한편으로, 그가 이 기계론적 설명에 총체적으로 성공한 것이 아니라는 것을 그의 직계 추종자들보다 더 완전하게 깨달았고, 따라서 – 신의 감독 없이 중력의 법칙에 따라 계속 돌아가는 어떤 '세계 기계(World Machine)'의 존재를 믿기보다 – 행성들과 혜성들의 상호작용에 의해 야기되는 태양계 내의 불규칙 사태들이 비상사태에 봉착하면 언제든 신의 손길에 의해 구제된다고 믿었다.

뉴턴의 법칙에 의거해 가령 목성과 토성의 운동에서 관찰되는 모든 불균등성을 완전하게 설명하고 뉴턴의 설명체계를 획기적으로 개선한 뉴턴의 위대한 계승자 라플라스(Pierre Simon de Laplace, 1741-1827)는 기계적 인과관계와 이것의 완전무결한 수학적 설명가능성을 믿었으며, 그러한 믿음에 의거해 태양계의 안정성을 정교한 수학적 해명에 의해 자신이 성공적으로 입증했다고 확신했다. 이것은 뉴턴이 만유인력의 법칙을 논의할 때 감히 시도하지 않았던 것이다. 뉴턴과 달리 라플라스는 당연히 창조주의 가설이 더 이상 필요하지 않다고 생각했다. 그러나 고전적 기계공학에서도 태양계의 안정성에 대한 라플라스의 인과율적 증명은 완결적인 것으로 인정되지 않았다.

또 19세기는 18세기보다 더 큰 수학적 엄밀성을 요구하기에 이르렀고, 라플라스의 인과율적 결정론은 완전히 다른 바탕 위에 올라선 현대 물리학과 통계·확률수학 속에서 점차 설득력을 잃어버렸다. 통계학과 확률이론이 이제 가장 기본적인 탐구에서 중추역할을 떠맡기에 이른 것이다. 과학은 큰 집단들의 양상 및 움직임과 관련된 것이다.

　이 관점에서 인과율적 문제가 아니라 이것과 전혀 다른 문제가 일상의 관심으로 부각된다. 가령 우리가 구입한 새 전구의 수명이 얼마나 될 것인가? 이것은 인과율적 물음이 아니다. 따라서 우리는 인과율적 탐구로 그 답을 구할 수 없다. 이것은 기존의 수학적 추리로 예견될 수 없다. 그러나 우리는 많은 수의 전구에 대한 통계학적 연구를 통해 전구의 평균 수명을 알아낼 수 있다. 이 새 전구의 확률적(개연적) 지속 기간에는 인과율적 관점이 전무하다. 우리는 여기서 인과율과 무관한 통계학적 평균의 문제를 만나게 된다. 칸트에 의하면, 인과법칙이란 '발생하는 모든 것은 어떤 규칙에 따라 이것들을 생겨나게 하는 무엇인가를 전제한다'는 것이다. 그러나 저 전구의 수명에는 이런 규칙이 전혀 먹혀들지 않는다. 현대 물리학의 주요 성과 가운데 상당수는 인과성의 토대에 근거하지 않는 통계학적 법칙들에 의해 달성되었다. 현대적 관점에 의하면, '에너지는 엔트로피(열의 이동과 더불어 유효하게 이용할 수 있는 에너지의 손실분량)가 증가하는 방향으로 흐른다'는 열역학 제2법칙도 통계학에 기초한다.

　인과율의 무력화는 현대의 원자물리학에서 이제 확립된 원칙이 되었다. 양자이론도 확률이론에 기초한다. 1927년 하이젠베르크(Werner Karl Heisenberg, 1901-1976)가 발표한 새로운 양자역학은 미시세계에서의 불확실성 원리(principle of uncertainty)를 강조한다. 하이젠베르크는 인간이 한 개별 미립자의 위치와 속도를 동시에 측정할 수 없다는 것을 입증했다. 우리는 어떤 주어진 순간의 전자電子의 위치와 속도를 둘 다 정확하게 알 수 없다. 원자적 그리고 원자내적(intra-atomic) 사건들을 우리에게 드러내 줄 만큼 강력한 현미경을 우리가 가지고 있다고 하더라도, 개개 전자는 관측될 수 없다. 왜냐하면 전자가 빛을 방사하거나 반사하지 않는다면, 우리는 대상을 볼 수 없기 때문이다. 그러나 전자가 빛을 방사한다고 가정하면, 전자는 빛의 양자量子 또는 광자光子와의 상호작용에 직면한다. 이 상호작용은, 당구공의 속도가 다른 공에 의해 맞을 때 변하는 것처럼, 또는 대포의 위치가 발사체의 방출로부터 반동할 때 변하는 것처럼 확실하게 전자의 속도를 바꿔 놓는다. 빛을 방사하는 작용 속에서라면 전자는 튀어나온다. 광선은 전자가 어디 있는지를 말해 줄 수 있으나, 튀기 전에 전자가 어떤 속도로 운동하는지를 말해 주지 못한다. 미래에 미립자의 위치에 대한 예견은 엄밀성으로서가 아니라 오로지 일정한 확률로 표현되는 제한된 정확성으로서만, 즉 공자의 개념으로 말하면 '근도近道'로서만 이루어질 수 있다. 이 불확정성 원리(indeterminism)는 위치와 속도가 기본인 옛 물리학의 뿌리를 절단하는 것이다. 이로써 라플라스의 저 일반적 확정성 원리(general determinism)는 붕괴된다. 이것은 미시세계만이 아니라 무한수의 천체들이 충돌과 폭발을 통해 직간접적으로 서로 영향을 미치는 우주라는 초거시超巨視세계에서도 마찬가지다. 불확정성 원리에 의하면, 우리는 물리학적 우주의 역사, 우주의 과거와 미래를 특정 시점의 엄밀한 우주 상태와 연결시키는 정밀한 인과관계의 연쇄라는 관념을 버려야 한다.[515]

미래의 연구는 이 불확정성 원리를 다시 수정하여 좀 더 '근도'할 수 있을 것이다. 그러나 '득도'와 '근도'의 차이는 우주의 팽창 속도와 인간 지식의 발전 속도 간의 차이와 같이 여전히 엄청날 것이다.

---

515) Cajori, "An Historical and Explanatory Appendix", Note 56, 676-9쪽.

백세시대를 위한 서양철학사 시리즈 · 2

7 섀프츠베리의 도덕감정론적 도덕과학

제1절/
섀프츠베리의 친중국 성향

제2절/
로크의 성백론에 대한 섀프츠베리의 비판

제3절/
섀프츠베리의 시비감각론

제4절/
섀프츠베리의 도덕감정적 도덕이론

제7장
섀프츠베리의 도덕감정론적 도덕과학

섀프츠베리는 컴벌랜드처럼 경험적 인식론을 전개하지 않았다. 하지만 그는 도덕이론을 반反합리론적·경험과학적으로 정립함으로써 허치슨·흄·애덤 스미스 등의 모럴리스트들로 이어지는 18세기 영국의 경험주의 도덕론의 물꼬를 텄다. 그는 유교적 도덕철학의 영향 아래 공자처럼 본성으로서의 인간의 도덕감정과 본성적 시비감각에 근거한 도덕이론을 전개한 것이다.

제1절

섀프츠베리의 친중국 성향

영국 휘그당의 창립자 섀프츠베리 1세 백작의 손자인 섀프츠베리 3세 (Anthony Ashley Cooper, Third Earl of Shaftesbury, 1671-1713)는 공자철학의 무신론 여부에 대한 유럽인들의 논쟁이 한창일 때 정치활동과 동시에 철학적 연구 활동을 개시했다. 주지하다시피 공자철학을 둘러싼 유·무신론 논쟁은 1704년 교황 클레멘스 11세가 공자철학을 무신론으로, 중국사회를 무신론사회로 규정하면서도 이와 배치되게 중국의 전통적 제례祭禮를 이교신앙으로 보는 '치명적으로 어리석은' 판결을 내림으로써 일단락되었다. 볼테르는 훗날 중국의 무신론을 공박하면서 공자에 대한 제사를 다른 신에 대한 유신론적 경배로 모는 어리석음을 풍자했다.

1.1. 섀프츠베리와 피에르 벨의 절친관계

가톨릭의 종교적 횡포에도 불구하고 섀프츠베리가 음양으로 도덕철학자로 떠오르기 시작할 당시는 피에르 벨(Pierre Bayle, 1647-1706)에 의해 강화된 '급진적 계몽주의'가 '광범하게' 확산되고 18세기 초로 넘어가면서 점차 다수파, 아니 계몽주의의 주류로 부상하기 시작하는 때였다. 아돌프 라이히바인(Adolf Reichwein, 1898-1944)의 말대로 "공자가 18세기 계몽주의의 수호성인이 되기"까지는 18세기 중반까지 기다려야 했지만, 적어도 "18세기 전반前半의 전全 기간 동안"에도 공자는 유럽인들의 "유일한 관심의 초점"이었고, "공자경전의 학습은 종교사의 발전에 결정적 추동력을 부여했다."[516] 따라서 유럽인들에게 중국은 '공자를 통해 본 중국'이었고, 다른 눈을 통해서는 중국을 알지 못했다.

섀프츠베리의 새로운 도덕철학의 최종적 완성을 뒷받침해 주었을 것으로 보이는『맹자』의 라틴어 완역판의 출간(1711)도 이런 사상적 대전환 속에 이루어진 것이다. 역성혁명론과 반정反正(폭군방벌)론을 이론화하고 도덕성의 원천을 신이나 신의 율법이 아니라 인간의 자연본성으로 환원해서 명쾌하게 정식화한, 따라서 선명한 무신론적 맹자경전은 서양 철학자들이 공자경전보다 가까이하기를 훨씬 더 꺼려했던 유학경전이었다.

공맹철학을 무신론으로 탄핵하는 반동적 가톨릭 신학자들의 논변이 갈수록 궁색해져 사상계로부터 떨려나고 공맹을 '무신론자'로 보고 찬미하는 벨의 대변자들과 스피노자주의자들, 그리고 공맹을 '유신론자'로 보고 흠모하는 친親예수회적 철학자들만이 점차 유럽 사상계를 지배하기 시작한 18세기 초의 야릇한 사상적 대변동 속에서 최초로 새로운

---
516) Reichwein, *China und Europa*, 87쪽. 영역본: *China and Europe*, 78쪽.

탈종교적·본성론적 도덕이론을 전개했던 섀프츠베리의 실천철학은 영국이 종교적 정통성 시비와 무신론에 예민한 사상적 종교전쟁 상태 속에 들어 있었기 때문에 이교적 원천을 깊이 숨겼을지라도 술어와 내용 면에서 누가 봐도 공자주의적일 수밖에 없었다. 그것도 그럴 것이 섀프츠베리는 특히 윌리엄 템플과 피에르 벨, 이 양인으로부터의 충격적 영향을 수용했기 때문이다.

■ 섀프츠베리와 벨의 긴밀한 우의

섀프츠베리는 1687년 쿠플레의 『중국철학자 공자』가 출판되었을 때 파리에 체류하고 있었다.[517] 섀프츠베리는 윌리엄 템플로부터 분명 비대칭적·자연모방적 중국정원에 관한 아이디어들을 취했던 것처럼 템플로부터 "윤리와 종교의 아주 다른 연결"에 관해서도 배웠을 것이다. 1670년 「고대학문과 현대학문에 관한 에세이」의 출판으로부터 시작된 논쟁에서 템플은 그의 기민한 적들로부터 비유럽적 문화 전통들, 특히 중국의 문화를 은밀한 촉진자로 비난받고, "기독교가 공허한 언어 형태에 지나지 않고 우연과 행우의 에피쿠리언적 변덕을 삼킬 수 없다"고 믿는 전복적 사상가로 간주되었다. 섀프츠베리는 윤리와 종교에 관해 달리 생각할 가능성을 시사하기 위해 극동을 암묵적으로 활용해서 그 자신이 "우리 자신을 들여다보는 이 뻔한 소박한 철학"이라 명명한 것을 개시한 것이다.[518]

그리고 섀프츠베리는 피에르 벨과 돈독한 친분관계를 맺고 있었고, 벨은 "극동의 무신론사회가 서방의 그릇된 유신론 사회보다 더 도덕적이다"는 것을 암시하는 도발적·전위적 암호 코드로 당대사상계를 휩쓸고

---

517) Yu Liu, *Seeds of a Different Eden: Chinese Gardening Ideas and a New English Aesthetic Ideal* (Columbia: The University of South Carolina Press, 2008), 119쪽.
518) Yu Liu, *Seeds of a Different Eden*, 119-120쪽.

있었다. 섀프츠베리는 중국과 일본에 가장 밝고 당대에 사상적으로 가장 개방된 서방국가이자 동방무역의 거점국가인 네덜란드 공화국에 자주 체류하면서 이곳에 진원지를 둔 피에르 벨의 '급진적 계몽주의'에 중심으로 공감하고 영국 땅에서 벨의 대변자 역할을 했다.[519]

섀프츠베리는 1698년부터 네덜란드 로테르담에 1년간 체류할 때 '극동마니아'인 피에르 벨과의 친교를 바탕으로 벨을 중심으로 교류하던 르클레르(Georges-Louis Leclerc)·펄리(Benjamin Furly)·림보루흐(Philipp van Limborch) 등 유명한 철학자들과 깊이 사귀었다. 런던보다 사상적으로 더 자유로웠던 로테르담의 분위기 속에서 섀프츠베리는 이들과 철학·종교·역사 등 많은 주제에 대해 토론했다. 그는 1699년 다시 영국으로 귀국해서 정치에 종사했으나, 천식이 악화되어 1703년 8월 정치일선에서 은퇴하고 요양 차 다시 로테르담으로 건너왔다. 건강이 좋아지자 그는 1704년 다시 영국으로 귀국했으나 이번에는 정치가 아니라 집필 작업에 몰두했다. 1711년 7월 그는 다시 천식이 재발하면서 요양 차 외국으로 나왔고 이때는 보다 따뜻한 이탈리아에 체류하면서 원고수정 작업을 계속했다. 그리고 원고수정 작업을 다 마친 뒤 1713년 2월 14일 사망했다.

섀프츠베리는 로테르담 체류 시에 벨과 같은 저택의 위아래 집에 살았다.[520] 당시 벨은 중국사상을 자기의 철학 속으로 받아들여 1670-1690년대에 이미 새로운 철학을 선보이기 시작한 당대의 가장 전위적인 계몽철학자였다.[521] 유사한 전위적 사상가들의 친교관계는 섀프츠베리와 벨의

---

519) 섀프츠베리에 대한 예비적 논의는 참조: 황태연, 『감정과 공감의 해석학(2)』(파주: 청계, 2015), 1714-1723쪽; 황태연, 『근대 영국의 공자 숭배와 모럴리스트들(하)』(서울: 한국문화사, 2023), 944-1058쪽.
520) Popkin, "Introduction", xxiii~xxiv.
521) 중국 및 동아시아 철학과 사상에 대한 피에르 벨의 철학적·종교문화적 지식과 관심에 관해서는 참조: 황태연, 「공자의 공감적 무위·현세주의와 서구 관용사상의 동아시아적 기

"절친한 관계"를 매개로 계속 확장되었다. 섀프츠베리의 스승인 존 로크, 그리고 존 톨런드, 앤터니 콜린스 등도 벨과 "절친한 관계"를 맺었다. 로크는 벨로부터 막대한 감화를 받고 청년기에 써두었던 '관용에 관한 에세이'를 상기해 『관용에 관한 서한』을 썼다.[522] 섀프츠베리에 대한 벨의 영향은 그 이상이었다. 섀프츠베리는 네덜란드 시절 벨과 맺은 긴밀한 친교의 인연으로 귀국 후에 영국에서 벨의 강력한 대변인이 될[523] 정도였다.

벨은 "기존의 사고방식으로부터 스스로를 해방하려고 시도하는 데 있어서 중국적 본보기를 사용한 자유사상가들의 긴 계보의 궁극적 성과"를 대변하며[524] 섀프츠베리에게 더 넓은 세계를 깨닫게 만들어 주었을 것이다.[525] 섀프츠베리는 그에 대한 벨의 사상적 충격에 관해 이렇게 말했다. "그의 날카로운 이성의 테스트를 통과하지 못한 나의 의견은 어떤 의견이든 나는 단계적으로 이전과 같은 과감함으로써 시시한 것으로 폐기하거나 신뢰하지 않는 것을 배웠습니다. 그러나 그 시험을 통과한 것을 나는 가장 순도 높은 황금처럼 소중하게 여겼습니다."[526]

섀프츠베리는 1708년 벨이 사망한 뒤 다비(Darby)라는 지인에게 보낸 한 서한에서 그와 벨의 우정관계를 이렇게 회고했다.

원(下)』, 8~77쪽. 『정신문화연구』 2013년 가을호 (제36권 제3호 통권132호).
522) Justin Champion, "Bayle in the English Enlightenment", 193쪽. Wiep van Bunge and Hans Bots (ed.), *Pierre Bayle (1647-1706), 'le philosphe de Rotterdam': Philosophy, Religion and Reception*, Selected Papers of the Tercentenary Conference held at Rotterdam, 7-8 December 2006 (Leiden·Boston: Brill, 2008).
523) Champion, "Bayle in the English Enlightenment", 193쪽.
524) Shaftesbury, "Letter to Jacques Basnage" (January 21, 1707), 374쪽. Shaftesbury, *The Life, Unpublished Letters, and Philosophical Regimen of Anthony, Earl of Shaftesbury*, edited by Benjamin Rand (London: Swan Sonnenschein & Co. Lim; New York: The MacMillan Co. 1900).
525) Yu Liu, *Seeds of a Different Eden*, 119쪽.
526) Shaftesbury, "Letter to Jacques Basnage" (January 21, 1707), 374쪽.

- 나는 당신과 당신의 친구인 미지의 인물에게 나의 죽은 친구 벨 씨에 관련된 헌정의 의도에 대해 감사한다. 그 분과 알고 지낸 일과 우정을 나는 내가 그 분이 살았을 때 자유로이 고백한 적이 있는 것처럼 그가 죽은 지금 기꺼이 고백하고 싶고, 그의 추념에 모양새 있게 보일 어떤 것이든 하고 싶다. 정치학이나 철학에서 그의 의견이 무엇이든 (그와 나보다 이 문제들에서 더 의견이 어긋나는 사람들도 없었기 때문에) 우리는 완전한(entire) 친구로 살고 서신을 교환했다. 그리고 나는 그를 공정하게 대한다면 그가 사변 속에서 무엇을 생각하고 있든 그가 실제에서 가장 훌륭한 기독교인이었고 철학을 공언하면서 참으로 철학자로 살았던 것으로 내가 아는 거의 유일한 인간이었다고 말해야 한다. 그는 본보기라고 부를 만한 그 결백, 덕성, 절제, 겸손, 세상과 이익에 대한 경멸감을 지닌 철학자로 살았다. 더욱이 그보다 더 공정한 추론가도, 대화에서 더 점잖고 더 예의바르고 더 위트 있는 사람도 없었다. 그러나 나는 그를 길고 친밀한 사귐을 통해, 그리고 나로 하여금 그의 모든 지혜와 학식보다 그를 훨씬 더 가치 있는 인간으로 여기게 만든 그의 완전무결한 인격과 품위에 대한 더 가까운 목격자로 나를 만들어 준, 그와 같은 지붕 밑의 삶을 경험하면서 그의 이런 점들을 알았다.[527]

섀프츠베리는 이 편지에서 "완전한 친구", "길고 친밀한 사귐" 등의 표현으로 벨과의 관계가 절친切親관계였음을 재확인해 주고 있다. 따라서 "정치학이나 철학"에서 그와 의견이 얼마나 어긋났었든 싸우면서 배운다는 말이 있듯이 섀프츠베리는 연장자이자 당대 최고의 자유사상가였

---

527) Shaftesbury, "To Mr. Darby" (Feb. 2, 1708), 385-386쪽. Shaftesbury, *The Life, Unpublished Letters, and Philosophical Regimen of Anthony, Earl of Shaftesbury*, edited by Benjamin Rand (London: Swan Sonnenschein & Co. Lim; New York: The MacMillan Co. 1900).

던 벨로부터 '완전한' 영향을 받았을 것으로 추정해도 무리가 없을 것이다.

■ **벨 사상의 전파로서의 섀프츠베리**

벨과 섀프츠베리의 우정은 계몽주의 초기의 수십 년 동안 강력한 영향력을 휘두른 영국 계몽사상가들과 정치가들의 네트워크로 통하는 가교가 되었다.[528] 그리고 "진정 휘그당 세력가들과 귀족들"은 벨과 연결되는 "영예를 얻기 위해" 섀프츠베리 집 앞에서 "줄을 섰다".[529]

영국에서 벨의 모든 저작은 늘 베스트셀러였다. 섀프츠베리는 벨의 사상을 영국에 공급하고 영국 국민의 계몽에 투입했다. 섀프츠베리는 벨의 저작을 인식의 확장과 "인성人性의 영예와 개선"을 겨냥하는 "통치의 고귀한 목적"에 봉사하는 것으로 인식했다. 그는 "인간 영혼을 꺾쇠로 속박하고 그릇된 두려움으로 사로잡고 어둠과 무지를 통해 영혼을 천박화함으로써 다른 정치를 실행하는 자들"은 참된 치자들이 아니라고 단언했다. "참되고 광범한 지식"의 보급은 "사회의 평화"에 근본적인 것이다.

그런데 그간 그릇된 지식과 무지는 근거 없는 공포와 선동적 행동들을 야기해 늘 정치를 더럽혔다. 따라서 섀프츠베리는 백성을 다스리기 쉬운 상태로 묶어두려는 전통적 '우민화愚民化' 정치를 물리치고 "지혜로운 사람들을 다스리는 것은 쉬운 일이지만, 어리석은 자나 미치광이들을 다스리는 것은 부단한 고역이라는 것은 참된 말씀이다"라고 천명했다.[530] 섀프츠베리의 이 말은 "군자가 도를 배우면 뭇사람을 사랑하고, 소인이 도를 배우면 다스리는 것을 쉽게 한다(君子學道則愛人 小人學道則易使

---

528) Champion, "Bayle in the English Enlightenment", 180~181쪽.
529) Champion, "Bayle in the English Enlightenment", 193쪽.
530) 참조: Champion, "Bayle in the English Enlightenment", 195쪽.

也)"는 공자의 말을[531] 연상시킨다. 이것으로 짐작하건대 공맹철학이 확산되는 시대적 분위기, 벨과의 사상적 친교, 프랜시스 노엘의 『맹자』 완역본의 출간 등은 섀프츠베리 도덕철학의 형성에 결정적 영향을 미쳤을 것으로 보인다.

1.2. 섀프츠베리와 벨 간의 친중국적 철학사상의 공유

피에르 벨은 로크를 제외할 때 섀프츠베리의 궁극적 스승이었고, 또 섀프츠베리 자신이 벨을 그렇게 섬겼다. 물론 양인 간에는 많은 종교적·사상적 지향의 차이가 있었다. 벨이 종교적으로 회의적이고 인간사회에 대해 비관적인 반면, 섀프츠베리는 이신론적 차원에서 아주 정통적으로 유신론적이고 인간적으로 낙관적이었다.[532] 이런 차이에도 불구하고 벨은 섀프츠베리의 사상적 성숙에 결정적 영향을 준 스승이었다. 섀프츠베리는 1698년 벨과 친교를 맺은 이래 1706년 그가 죽을 때까지 변함없는 우정을 유지했고, 그의 사후에도 그에 대한 공경심을 깊이 간직했기 때문이다.

섀프츠베리는 자기의 진짜 이름을 감추고 '애슐리 경(Lord Ashley)' 이라는 이름으로 벨과 사귀었기 때문에 벨이 '애슐리 경'과 '섀프츠베리 경'을 한 동안 다른 인물로 잘못 알았다. 섀프츠베리의 아들은 이와 관련된 한 우스운 일화를 전해주고 있다.

- 그분은 그가 원칙적으로 학습과 사적 방식의 학습을 따르려고 매진하는 것에서 방해받지 않기로 결심하고 자신의 이름을 숨기고 단지 물리

---

531) 『論語』「陽貨」(17-3).
532) Robert Voitle, *The third Earl of Shaftesbury* (Baton Rouge & London: Louisiana State University Press, 1984), 89-90쪽.

학도인 척했습니다. 그분은 그 인물로 유명한 벨 씨와 사귀었고, 그와 곧 친밀해졌습니다. 그러나 영국으로 귀국하기 직전 그분의 진짜 이름을 벨 씨에게 알려주려는 목적에서 한 친구가 섀프츠베리 경을 만나게 할 목적으로 그를 저녁 식사에 초청했습니다. 나의 아버지(섀프츠베리)를 아침에 모시기로 선약先約한 벨 씨는 아버지가 (저녁식사에서) 조금만 더 머물러 달라고 그를 조르자 "나는 결코 그럴 수 없습니다, 나는 애슐리 경과 만나기로 한 약속에 시간을 엄수해야 하기 때문입니다"라고 말했습니다. 두 번째 만남은 상상할 수 있는 바대로 초장에 상당한 웃음을 자아냈습니다. 서로에 대해 상호 존중의 직종을 갱신한 뒤에 – 이것은 미래를 위해 친밀성을 줄이기보다 차라리 늘려주었다 – 그분들은 나의 아버지가 귀국한 뒤에 벨 씨가 서거하기까지 자주 서신을 주고받았습니다.[533]

섀프츠베리는 그의 아들이 회고조로 증언하듯이 벨이 죽을 때까지 8년간 변치 않는 우정을 지속했고, 그가 죽은 뒤에도 자신이 죽을 때(1713)까지 15년간 그에 대한 공경심을 변함없이 간직했다. 이 공경심과 섀프츠베리와 벨의 특별한 관계는 1707년 1월 21일 로테르담의 위그노 목사이자 벨의 친구인 자크 바스나지(Jacques Basnage)에게 보낸 섀프츠베리의 서한에서 잘 드러난다.

- 나는 대부분의 일에서처럼 종교와 철학에서의 다른 의견들이 보통 혐오만이 아니라 적개심과 증오심을 야기한다는 것을 잘 압니다. 그러나 벨 씨와 나 자신 사이에는 단연코 달랐습니다. 왜냐하면 우리가 도덕적 실천에서의 근본규칙에서 합의하고 이 규칙들에 우리 스스로 충실

---

533) Voitle, *The third Earl of Shaftesbury*, 86쪽.

하다고 믿었던 한편, 의견의 지속적 차이들과, 우리 사이에 존재한 항구적 갑론을박은 우리의 우정을 개선하는 데 이바지했기 때문입니다. 나는 이 갑론을박이 나에게 그의 우정을 조금도 앗아가지 않은 것을 보는 행복을 가졌습니다. 그리고 나는 나의 이익이 그의 향상시키는 대화에 의해 증가한 만큼 매일 나 자신이 증가하는 것을 알고 있습니다. 나는 모든 관점에서, 심지어 벨 씨의 적들이 조금도 '주창자'의 역할을 허용하지 않을 원칙에 대해서도 '향상'이라고 말해도 됩니다. 그러나 어떤 훌륭한 원칙에서든 확증되는 것이 철저한 정사精査 후 논쟁과 논변에 의해 처음으로 금지에 의해 주입되었던 것을 재인정하는 것이라면, 나는 기실 내게 아주 가치 있는 이런 종류의 것은 무엇이든 세상이 '회의적'이라고 부르는 우리의 이 친구에게 크게 빚져왔다고 말할 수 있을 것입니다. 그의 날카로운 이성의 테스트를 통과하지 못한 나의 의견은 어떤 의견이든 나는 단계적으로 이전과 같은 과감함으로써 시시한 것으로 폐기하거나 신뢰하지 않는 것을 배웠습니다. 그러나 그 시험을 통과한 것을 나는 가장 순도 높은 황금처럼 소중하게 여겼습니다. 그리고 겸손의 경계를 간직하면서 이 방식으로 사실들을 정사하는 철학이 그 무슨 철학이든 종교나 인류에게 해로운 것으로 여기지고 이에 따라 세상으로부터 추방된다면, 나는 뒤따를 수밖에 없는 어둠과 무지 외에 아무것도 예견할 수 없습니다. 나는 세계, 특히 식자세계가 이들과 같은 '증명하는 정신들'에게 신세를 지고 있다고 생각합니다. 그리고 나 자신으로서는 벨 씨가 재검토할 기회를 주었던 진리들을 방어하기 위해 다른 손에 의해 쓰인 저 탁월한 것들까지도 그의 계좌에 집어넣는 바입니다.[534]

---

534) Shaftesbury, "Letter to Jacques Basnage" (January 21, 1707), 373-374쪽.

섀프츠베리가 벨의 테스트를 통과하지 못한 의견을 과감하게 폐기하고 그의 시험을 통과한 것을 "가장 순도 높은 황금처럼 소중하게 여겼다"는 말은 그가 벨을 자기 철학의 척도로 삼았다는 것이다. 이 한 마디 말은 상론했듯이 벨이 그의 철학적 발전에 얼마나 본질구성적 역할을 했는지를 잘 보여준다.

대부분의 학자들은 벨과 섀프츠베리가 많은 사상들을 공유하지 않았다면, 그리고 섀프츠베리가 상당한 정도로 벨의 사상에 물들지 않았다면 서로 가까이 하지 않았을 것으로 생각해온 것으로 보인다. 이런 공유된 사상들의 일부만 꼽아보면, 그것은 "무신론 사회가 그릇된 종교를 믿는 사회보다 도덕적으로 우월하다"는 벨의 명제(1683), 종교적 광신주의에 대한 태도, '조소는 어리석음에 대한 최선의 무기다'는 관념, 당대 정통종교의 일정한 상투어들에 대한 반대 입장 등이다. '자유저술가들'의 동아리와 저서들에 대한 그의 집착을 전제하면 섀프츠베리는 아주 논리적이고 예리하고 박식한 문장을 쓰는 벨 같은 동시대인에 의해 영향받지 않았다거나 그의 견해의 상당 부분에 대해 조금도 확신하지 않았을 것이라고 생각하는 것은 어려울 것이다.[535]

일반적 태도에 대한 특별한 사상이나 사유습관을 별도로 할 때, 섀프츠베리와 벨은 사상적 공감을 번창하게 할 한 필지의 땅을 공유하고 있었다. 그리하여 그들이 의견이 다를 때도 같은 땅의 공동언어를 썼다. 따라서 이견이 해소될 수 없을지라도 그 이견의 진정한 본질을 서로 이해할 수 있었다. 가령 철학자를 '형이상학자'와 '모럴리스트'로 나눌 때 벨과 섀프츠베리는 둘 다 모럴리스트에 속했다. 둘 다 기독교적 이상과 기독교적 실천 사이의 격차를 너무나도 명백하게, 너무나도 고통스럽게 알고 있었다. 현존하는 정통종교는 인간을 도덕적으로 개선하는 데 불능이

---

535) Voitle, *The third Earl of Shaftesbury*, 86-87쪽.

라는 결론도 양인이 같았다.[536]

또한 섀프츠베리와 벨은 둘 다 예외적으로 원칙을 고수하는 모럴리스트였다. 양인은 마치 도덕적 진리만을 추구하는 도인처럼 오류를 격렬하게 경멸했다. 둘 다 세간의 바람에 따라 자세를 바꾸는 것을 거부하고 고난의 길을 혼자서 갔다. 섀프츠베리는 이로 인해 정치적 치욕과 좌절을 겪었지만 개의치 않았다. 벨도 돈벌이를 위해 글 쓰는 것을 거부했고 자신의 종교적 입장을 버리지 않아서 교수직을 잃는 수모를 감수해야 했다. 그리고 양심의 자유와 종교적 관용에 대한 헌신에서 양인은 이유야 어떻든 동일한 노선을 취했다.[537]

섀프츠베리가 '로테르담의 극동마니아' 벨과 이런 동일 노선을 견지했다는 것은 양인 사이에 오갔을 중국사회와 공자철학에 대한 대화가 얼마나 섀프츠베리의 도덕철학에 큰 영향을 미쳤을 것인지를 짐작케 한다. 벨이 중국이라는 무신론사회와 무제한적 관용, 공맹의 본성론적 도덕철학을 잘 알고 있었다는 사실은 시비감각과 시비감정을 중심으로 한 섀프츠베리 도덕철학의 기원을 이해하는 데 매우 중요한 시사점을 주는 것이다. 또한 섀프츠베리 자신이 네덜란드와 영국의 공자열광과 중국친화적 사회분위기 속에서 시누아즈리(chinoiserie) 미감에 강하게 매료되어 있었다. 섀프츠베리는 로코코를 거부하고 고전주의를 견지했으면서도 시누아즈리에는 강한 호감을 보였다. 그는 『독백, 또는 한 저자에게 주는 조언(*Soliloquy: Or, Advice to an Author*)』(1710)에서 자신의 시누아즈리 취향에 관해 이렇게 말한다.

- 보다 부드럽고 기분 좋은 종류의 기쁨의 경우는 어떤가? – 여성스러움

---

536) 참조: Voitle, *The third Earl of Shaftesbury*, 87쪽.
537) 참조: Voitle, *The third Earl of Shaftesbury*, 87-88쪽.

은 나를 기쁘게 하고, 인도(중국)문양, 일본식 칠기, 법랑은 내 눈을 때리고, 칙칙한 색깔들과 거친 색칠은 나의 상상에 가까워진다.[538]

'중국'은 유럽에서 '인도'와 자주 혼동되어 쓰였다. 따라서 이 경우의 '인도문양'은 '중국문양'으로 읽어야 한다. 그리고 같은 글에서 섀프츠베리는 선교사들이나 여행가들이 쓴 중국, 일본, 인도, 미주 등지에 관한 보고서나 저작들을 많이 읽었다는 사실도 자기 입으로 밝힌다.

- 우리가 최근에 알려진 그 어떤 방식보다 더 새로운 방식으로 철학하려고 시도하기 때문에 무신론자들로 비난받는 것으로 듣고 있는 많은 신사들의 미감과 판단을 형성하는 것은 쉽게 믿지 않는 성격과 분명 다른 어떤 것임이 틀림없다. 내 자신에 관한 한, 나는 이제껏 단순한 대중들과 다른 방식에 따라 그럴지라도 이런 유형의 사람들이 일반적으로 더 잘 믿는다고 생각해왔다. 내가 이런 성격의 사람들과의 대화에서 관찰한 것 외에 나는 이스라엘 신앙을 결한다면 중국 신앙이나 인도 신앙으로 벌충할 수 있는 많은 파문당한 저자들을 보여줄 수 있다. 그 벌충이 시리아나 팔레스타인에서 부족하다면, 그들은 아메리카나 일본에서 완전히 벌충한다. 탁발승과 선교사들, 해적들, 기독교에서 이슬람교로 개종한 변절자들, 대양항해자들과 믿을만한 여행가들에 의해 쓰인 잉카 역사나 이로쿼이 인디언 역사는 신빙성 있는 기록으로 통하고 이런 유형의 대가의 기록과 더불어 경전 급級으로 인정된다. 기독교 기적들은 그들을 그리 잘 만족시킬 수 없다. 그들은 무어제국

---

538) Shaftesbury, *Soliloquy: Or, Advice to an Author* (1710), 209쪽. Shaftesbury (Anthony Ashley Cooper), *Characteristicks of Men, Manners, Opinions, Times* [1711], Vol.2 (Indianapolis: Liberty Fund, 2001). http://oll.libertyfund.org/title/811. 검색일: 2010. 11. 13.

諸國과 이교제국의 경이로운 불가사의들을 지극한 만족감 속에서 심사숙고하는 것이다.[539]

섀프츠베리는 여기서 선교사들과 여행가들이 쓴 수많은 중국·일본·인도·아메리카 관련 서적들을 알고 있음을 스스로 밝히고 있다.

그리하여 여기서 우리가 주목해야 하는 것은 섀프츠베리가 벨과의 교류를 통해 간접적으로 습득하거나 그 자신이 직접 습득한 극동의 문화·종교·철학에 관한 폭넓은 지식정보다. 이런 전제에서 볼 때 1687년과 1711년에 유럽 차원에서 쿠플레와 노엘에 의해 공간된 공맹경전 번역서들을 그가 직접 구해 읽지 않았다고 생각한다면, 이것이 오히려 이상한 생각일 것이다. 그가 죽을 때까지 결코 밝힐 수 없었던 그 자신의 공맹학습은 그가 도덕감각론과 본성도덕론을 수립하는 결정적 '밑천'이었을 것이다.

---

539) Shaftesbury, *Soliloquy: Or, Advice to an Author* (1710), 212쪽.

제2절

로크의 성백론에 대한 섀프츠베리의 비판

섀프츠베리는 자신의 본성적 도덕감정에 기초한 유사類似 유교적 도덕론을 전개하기 전에, 또는 이것과 나란히 로크의 도덕적 성백론性白論을 근본적으로 맹박했다. 그러나 이 비판은 공개출판된 적 없이 사적으로 토로되었다. 그러나 섀프츠베리의 사상을 들여다보는 데 중요한 단초들을 담고 있다.

2.1. 성백론에 대한 맹박

로크는 섀프츠베리의 스승이었다. 로크의 도덕이론이 도달하는 종점은 기독교 신앙이었다. 따라서 자칫 이 종점을 건드리게 되면 교단의 반격과 무신론 혐의를 자초할 수 있었다. 따라서 섀프츠베리에게 로크의 도덕적 성백론性白論에 대한 공개 비판과 극복은 어려웠다.

그러므로 섀프츠베리의 로크 비판은 사신私信이나 미공간 초고들에서만 등장한다. 1709년 에인스워스에게 보낸 7월 3일의 서한에서 섀프츠베리는 그와 로크의 철학적 차이를 상세히 밝히면서 로크의 도덕관을 근본적으로 비판하고 있다. 섀프츠베리는 일단 로크의 철학적 업적을 기본적으로 인정하지만,[540] 이런 인정의 전제 위에서 섀프츠베리는 로크의 도덕철학을 비판한다.

- 급소를 찌른 것은 로크 씨였다. 왜냐하면 홉스의 성격과 저급한 노예적 통치원리들이 로크 철학의 독약을 해독시켰기 때문이다. "모든 근본들을 타격하고 모든 질서와 덕성을 세상 밖으로 내던져버리고 (신의 관념과 동일한 것인) 이것들의 관념들을 '비본성적인 것'으로, 그리고 우리의 마음속에서 기초가 없는 것으로 만든 것은 로크 씨였다. 'innate(본유적)'은 그가 좋지 않게 여겨 잘못 쓰는 단어다. 바른 단어는 잘 사용되지 않을지라도 'connatural(생래적)'이다. 이 경우에 자궁으로부터 태아가 탄생하거나 발달하는 것이 무엇을 해야 하는가? 이것은 관념들이 처음 생기는 시간이나, 한 육체가 다른 육체에서 나오는 순간에 관한 물음이 아니라, 인간의 만듦새가 성인이 되고 성장하면 이러저러한 시점에 조만간 (언제든 상관없다) 질서·관리·신의 관념과 감각이 틀림없이, 불가피하게, 필연적으로 인간 속에서 솟아나는지에 관한 물음이다. 그 다음 귀가 얇아 잘 믿는 로크 씨가 (여행가, 유

---

540) Shaftesbury's letter to Michael Ainsworth, June 3rd., 1709. Rand (ed.), *The Life, Unpublished Letters, and Philosophical Regimen of Anthony, earl of Shaftesbury*, 403쪽: "내가 다른 저작들(즉, 통치·정책·무역·주화·교육·교용 등에 관한 저작들) 때문에 많이 찬양하고 내가 아는, 그리고 가장 열성적 기독교인이요 신앙자로서의 그의 진실성을 보증할 수 있는 로크 씨는 그래도 동일한 분야에서 틴들가 사람들(*the Tindals*)과 우리 시대의 다른 모든 독창적 자유저작자에 의해 추종되는 일이 일반적으로 참으로 벌어져왔다."

식한 저자들! 학자들! 그리고 위대한 철학자들이 그에게 알려준 대로) 이러한 관념을 가지지 않은 미개 민족들의 인디언적·야만적 스토리를 들고 나왔다. 그는 그것이 소문상의 부정적인 것에 불과하다는 것, 그리고 인디언의 해로운 기운에 대한 믿음이 이야기하는 자의 진솔성이나 판단만큼이나 의문시될 수 있음이 실증되었다는 것을 고려치 않는다. 그러나 이야기하는 자는 저 야만인들의 신비와 비밀을 충분히 안다고 여겨질 수 없고, 그들은 이 야만인들의 언어를 불완전하게만 알 뿐이다. 우리가 특히 약초들과, 우리가 페루의 기나피皮를 얻는 야채들, 그리고 다른 귀한 치료제들의 관점에서 알고 있는 것처럼, 우리 좋은 기독교인들은 그들에게 우리의 작은 자비에 의해 우리에 대해 많은 비밀들을 숨기기에 충분한 이유를 주어 왔다. 하지만 스페인 사람들의 잔학행위를 통해 그들이 고백한 대로 의약적 일에서의 많은 비밀들이 억압되어 왔다는 것은 확실하다. 그러나 보다 신앙심이 깊었고 고대철학에 대해서보다 현대의 경이로운 저술가들에 대해 더 박식했던 로크는 키케로가 (공언된 회의론자일지라도) 타파하지 않고 고대 무신론 철학자들의 수장도 인정했던 신을 변호하는 논증을 포기하고 단지 그들의 "세계 안에서 신을 처음 산출한 것은 공포였다(*primus in orbe deus feet timor*)"는 명제에 의해서만 설명했다.[541]

여기서 일단 섀프츠베리는 로크의 도덕철학과 신학 일반에 대해 비판을 가하고 있다. 그러나 그는 "세계 안에서 신을 처음 산출한 것은 공포였다"는 로크의 명제를 두둔하고 있다. 이 명제는 훗날 흄이 종교철학에서 제1명제로 활용한다.

---

541) Shaftesbury's letter to Michael Ainsworth, June 3rd., 1709 (403-404쪽). 섀프츠베리는 '본유적'이라는 단어를 '본능(instinct)'으로 바꿔 부르기도 한다. 참조: Shaftesbury, *The Moralists, A Philosophical Rhapsody* (1709), 230쪽.

이어서 섀프츠베리는 논점을 로크의 도덕철학으로 좁혀서 이에 대해 비판을 가한다.

- 그리하여 로크 씨에 의하면, 덕성은 유행과 관습과 다른 어떤 척도나 법칙 또는 규칙이 없다. 도덕성·정의·공정성은 법률과 의지에만 의거할 뿐이어서, 신은 진정으로 로크의 의미에서의 완전한 자유행위자다. 즉, 어떤 것에 대해서든 그것이 아무리 악하더라도 자유롭다. 왜냐하면 신이 그것을 의지하면 그것은 선하게 만들어질 것이기 때문이다. 덕성은 악덕이어도 되고, 다시 악덕은 신이 원하면 덕성이어도 된다. 그리하여 옳음도 잘못도, 덕성도 악덕도 그것들 자체에 있어서 어떤 것도 아니다. 더욱이 그것들의 어떤 흔적이나 관념도 인간 정신에 본성적으로 각인되어 있지 않다. 경험과 우리의 교리문답(*catechism*)이 우리 모두를 가르친다. 나는 그것이 새에게 둥우리를 가르치고 새에게 날개가 다 돋은 순간 어떻게 나는지를 가르치는 것이나 다름없는 짓이라 생각한다. 내가 찬양하는 너의 테오클레스(Theocles)는 이것을 보고 웃으며 가급적 겸손하게 여성의 관념(과 여성에게서 탐색되는 것)도 또한 모종의 교리문답에 의해 가르쳐지는지를 로크주의자에게 묻는다. 아마 우리가 비너스의 학교도 없고 그렇고 그런 지겹고 음란한 책이나 음란한 친구들이 없다면, 우리는 우리 부모에 의해 가르쳐질 때까지 여성을 전혀 몰랐을 것이다. 전통이 우연히 망실된다면 인류의 종족은 건전한 나라 안에서 멸망할 것이다. 이것은 아주 어설픈 철학이다. 그러나 이 여러 세기 동안 학교에서 듣는 알 수 없는 횡설수설은 근래 자유의 나날에 터무니없는 유형의 지성적 구속 상태에서 해방된 것과 같은, 좋은 풍미를 가진, 그리고 모든 현인들에게 고도로 기분 좋

은 어떤 반대되는 철학도 만들지 못했다.[542]

섀프츠베리는 로크가 '본유성'을 잘못 공격했을 뿐만 아니라, 도덕성이 '유행이나 관습'에 의해 만들어지고 측정된다고 주장했다고 비판하고 있다. 로크가 '시비'를 판명한 구별로서의 아무런 영구성도 없고 마음속에 본유하지도 않는 것으로 보기 때문이다. 로크가 홉스에 의해 얘기된 도덕성의 "급소(home blow)"를 찌르고 그의 성백론을 더 노골적으로 정식화했다는 것이다. 이에 대한 섀프츠베리의 반발강도는 로크와 대립적으로 인간본성의 철학을 정의해야 할 "절박성과 도전"을 시사해준다.[543]

섀프츠베리가 제기한 특유한 논제들은 도덕론적 '다양성(diversity)'을 그가 로크철학의 악영향으로 간주하는 것을 정의하는 데서 중심역할을 했다는 것을 보여준다. 상론했듯이 로크는 『인간지성론』의 제1권에서 본유적 도덕원리의 비판과 본유적 신神관념의 제거로 시작했다. 제2권에서는 도덕규칙이 실천 속에서 어떻게 기능하는지에 대한 사회학적 평가를 도입함으로써 더 나아갔다. 로크는 이것을 의견이나 유행의 법칙으로 채록했다. 이것은 섀프츠베리가 생각하기에 도덕세계 속에 "영구적 무질서"를 도입한 것이다. 이러한 평가는 자연법, 상벌의 역할, 성서의 가치와 같은 로크 도덕이론의 중대한 조항들을 배격하는 것과 직결되어 있다.[544]

섀프츠베리는 로크의 회의론적 경향에 반대해 우주의 질서와 공진하

---

542) Shaftesbury's letter to Michael Ainsworth, June 3rd., 1709 (404-405쪽). '테오클레스'는 섀프츠베리를 옹호하는 가상인물이다. 『모럴리스트들』에서 회의주의적 등장인물 '필로클레스(Philocles)'와 나란히 등장한다. 참조: Shaftesbury, *The Moralists, A Philosophical Rhapsody* (1709).
543) Carey, *Locke, Shaftesbury and Hutcheson*, 98쪽.
544) Carey, *Locke, Shaftesbury and Hutcheson*, 98-99쪽.

는 덕성과 신성神性의 공유된 관념들로 표현되는 '인간적 제일성齊一性과 보편성'에 대한 확신을 견지했다. 그의 미학적 세계관은 미美를 선善과 등치시켰다. 그리고 '미감美感'을 자기도야로 얻어진 공감적·교감적(consensual) 개념으로 간주했다. 오판, 도덕적 오류나 야만적 관습의 사례들은 규범적으로 구조화된 가치체계에 실재적 영향을 미치지 못한다. 그런 사례들은 다만 표준을 소급적으로 조회할 필요성과, 예의와 덕성이 여전히 – 만인이 다 달성하는 것은 아닌 – 인간본성의 목적이라는 사실을 상기할 필요성을 확인시켜 줄 뿐이다. 섀프츠베리는 로크가 과대평가하는 문화권 간의 윤리적·종교적 '차이'를 관습과 교육의 추악성이나 부정적 결과로 – 그의 도발적 정식화로 표현하면 – '종교 자체의 추악성'으로 인해 생겨난 것으로 주변화시켰다.[545] 당시 도덕철학에서 섀프츠베리는 로크에 대한 가장 유력한 대안이었다. 도덕적·종교적 '다양성' 문제를 처리하는 그의 예리한 통찰의 묘미는 그가 인쇄된 글에서 이름을 거명하지 않고 로크를 공격할 때마다 예고되었다.

2.2. 본유적 도덕감정에 대한 섀프츠베리의 확고한 논변

그런데 이 다양성·문화차이의 문제 외에 섀프츠베리가 로크를 거부한 것은 종교와 도덕성의 관계에서도 뚜렷했다. 로크는 적어도 도덕적 진리와 지도의 유일하게 확실한 원천인 성서의 계시된 말씀에 의존하는 기독교인들을 위해서 이 양자를 효과적으로 결합시켰다. 섀프츠베리는 이신론적 관점에서 이런 접근을 반박했다. 로크는 덕행을 확보하는 유일한 수단으로 상벌(rewards and punishments)을 주장했으나 섀프츠베리는 이것도 배격했다. 섀프츠베리는 인간의 '덕성'을 상벌과 관련된 정확한

---

[545] Carey, *Locke, Shaftesbury and Hutcheson*, 98-99쪽.

이익계산의 문제, 즉 '현명한 이해타산의 문제'로 보지 않기 때문이다. 그가 볼 때, 덕성은 '본성을 따르는 사안'이고, 다만 '영혼을 활성화하는, 이해利害와 무관한(disinterested) 감정·사랑·우정의 용출聳出'이었다.[546]

샤프츠베리는 1699년의 '도덕철학 시론'으로부터 이미 도덕과 종교를 분리해서 고찰했다. 도덕의 본질적 원리는 인류보편적으로 유사한 인간본성에 뿌리박은 것으로서, 추악한 관습·교육·종교에 의해 왜곡되지 않는다면 '다양성' 없는 인류적 보편성과 제일성을 보여주는 반면, 종교는 유신론과 무신론, 유일신론과 다신론, 부분적 유신론과 부분적 무신론, 나아가 셀 수 없이 많은 종파교리 등으로 '무한한 다양성'을 보여준다. 따라서 샤프츠베리는 이 종파적 다양성 때문에 종파들 간의 종교적 '관용'을 본질적으로 중요한 것으로 보았다. 종교의 영역에서 다양성을 기꺼이 인정하고 때로 고취하려고 하는 그의 자세는 인간본성·덕성·섭리에 뿌리박은 도덕적 영역의 보편성과 제일성을 주장할 때마다 예고되었다.[547]

그리하여 샤프츠베리는 1709년 11월 7일 스탠호프(James Stanhope) 장군에게 보낸 서한에서도 도덕적 실천원리의 '본유성'을 다시 강하게 주장하고 이를 부정하는 로크를 보다 통렬하게 비판한다. 지극히 중요한 논변이므로 길게 인용하자.

- 인간이 사회나 그의 동료인간들의 이익으로 통하는 것과 같은 어떤 본능을 가진 것을 부정하고 결과적으로 인간에게 공무를 단념시키고 인간이 인간 자신 안에서 발견한다면 이것과 같은 '부자연스런' 움직임에 복종하는 것을 단념시킨 철학자들이 존재해 왔다. 인간이 본성상

---

546) Carey, *Locke, Shaftesbury and Hutcheson*, 99-100쪽.
547) 참조: Carey, *Locke, Shaftesbury and Hutcheson*, 100쪽.

사회적이지 않다면 인간은 사회나 공공을 그의 실질적 보살핌이나 관심의 가장 적은 부분으로 만드는, 세상에서 가장 어리석은 피조물이라는 것은 확실히 가장 참되다. 인간이 이 원리를 떨어내 버리려고 애쓰는 통에 인간이 아무런 성공도 거두지 못하거나 사물들을 인간에게 이전보다 더 나쁘게 악화시킨다면, 이것은 그가 태생적으로 가지고 나온 것에 대한 예리한 추정적 증거다. 네가 언급하는 '본유적 원리'에 관한 한, 그것은 내 생각에 지금까지 있었던 가장 유치한 논쟁들 중의 하나다. 우리의 친구 로크 씨와 그의 조상의 다른 현대 철학자들은 싸워야 할 아리스토텔레스의 유령과 같이 어설픈 유령을 가지고 있다는 것이 그들에게는 잘 어울린다. 실로 유령이다! 그것은 실은 스타기라 사람(*Stagirite*; 아리스토텔레스의 속칭) 자신의 가설도 아니고, 원래의 소요학파적 가설도 아니다. 그것은 현대적·야만적 스콜라철학자들의 어설픈 이차적 비유적 체계인데, 이 체계는 그들의 지속적 승리의 주제다. 네가 천재라고 실토하듯, 아니 심지어 철학 안에서 근래 지도자들 가운데 독창적인 사람으로 실토하듯 인정하지 않을 수 없는 토머스 홉스는 월계관을 충분히, 그것도 싼값으로 이 분야로부터 수집했다. 바르게 기술될 때 그것은 동일한 옛 논쟁이다.

"*Natura potest justo secernere iniquum*"(자연본성이 시비를 분별할 수 있는 것이 아닌지? 호라티우스, 『풍자』, Bk.I, iii, 113쪽).

"*Quidve ad amicitias, usus rectumne, trahat nos*"(우리에게 우정을 맺도록 영향을 미치는 것이 무엇인가? 호라티우스, 『풍자』, Bk.II, vi, 75쪽).

문제는 '시비에 대한 바로 그 철학적 명제들이 본유하는지'가 아니라, '사회를 향한 감정이나 애정이 그와 같이 본유하는지', 말하자면, '그런 감정과 애정이 본성적이고 저절로 솟아나오는 것인지, 아니면 기술에 의해 가르쳐지는 것인지, 그리고 편견을 고취해 아래로 전달한 모모 제1 인간의 운 좋은 일격의 소산인지' 하는 것이다. 사회적 가설에 대한 그 시대의 반대자들이 본유성 테제가 진짜 그런 것으로 입증되지나 않을까 해서 모든 관념들에 대해 '본유한다'는 것을 부정할 정도로 지나치게 놀라지는 않았기 때문이다.[548]

샤프츠베리는 1709년 편지에서 언뜻 '시비감각'을 말하면서 맹자가 아니라 호라티우스를 인용하고 있다. 그러나 고대시인 호라티우스도 이미 공맹철학이나 힌두교나 브라만교, 불교 등으로부터 도덕감정과 도덕감각을 배워 알고 있었을 것이다. 호라티우스가 그리스 아테네의 아카데미아에 들어가 철학을 학구했던 기원전 65년에서 기원전 8년까지의 그리스는 알렉산더의 동방원정 이후 인도의 여러 철학사상을 받아들인 상태에 있었기 때문이다. 윌리엄 템플의 말대로 이 과정에서 힌두철학과 공자·중국철학의 편린들도 그리스로 전해져 소크라테스와 플라톤의 윤회설, 상기설, 사덕론 등, 또는 데모크리토스와 에피쿠로스의 원자론적 기론氣論 등으로 나타났다. 또한 이후에도 그리스의 피론은 알렉산더 대왕 수행단의 일원인 아낙사르코스를 제자로서 수행해 인도까지 갔다가 거기서 오랫동안 머물며 불교의 회의론을 배워 아테네 아카데미아에서 가르쳤었다. 따라서 호라티우스는 아테네 아카데미아 유학과정에서 한두·불교의 자비 개념이나 공맹의 본성적 인애·시비감각 개념도 전수받았을 것이다. 따라서 샤프츠베리가 일부러 이교혐의를 불러일으키지 않기 위해 맹자를 피해 호라티우스를 인용하고 있더라도 이 '시비감각'은 결코 공맹의 영향을 벗어난 '서양 고유의 소산'이 아닌 것이다. 나

---

548) Shaftesbury's letter to General Stanhope", November 7th., 1709. Rand (ed.), *The Life, Unpublished Letters, and Philosophical Regimen of Anthony, earl of Shaftesbury*, 414-415쪽.

아가 섀프츠베리는 도덕감정과 도덕감각의 본유성에 대한 부정이 아리스토텔레스 이래의 서양철학적 전통이 아니라, 최근의 "현대적·야만적 스콜라철학자들의 어설픈 이차적 비유적 체계"일 뿐이고 홉스의 견해에 지나지 않는다고 말하고 있다. 또한 근세 초에 호라티우스 등이 자주 인용된 것도 중국문화와 공자철학의 서천을 배경으로 조성된 친중국 분위기 속에서 가능했던 것이 사실이다.

섀프츠베리는 도덕적 본유성의 부정을 다시 로크와 관련시키며 자신의 반대 입장을 동물들의 사례를 들어 분명히 한다.

- "*Dente lupus, cornu taurus petit; unde nisi intus monstratum*"(늑대는 이빨로 공격하고 황소는 뿔로 공격한다. 이것이 안으로부터 모종의 충동에서 나온 것이 아니라면 무슨 이유 때문이겠는가?) – 호라티우스, 『풍자』, Bk.II, i, 52쪽. 늑대와 소는 자연본성이 형성했던 기관·역량·능력에 적합하고 비례적인 관념들을 부여하는 것을 자연본성에 허용한다. 가령 날개 없는 네발동물에게 절벽에서 떨어뜨려 죽이는 것의 관념을 부여하고, 같은 방식으로 날개를 가진 유익有翼동물에게 그들이 날려고 시도하기 전에도 공중에서의 안전 관념을, 젖꼭지를 가진 태생적 동물들과 그 새끼에게 빨고 빨림의 관념을 부여하는 것은 다른 방식에 의해서는 존재할 수 없고, 수단을 박탈당하더라도 그 관념을 향한 동물의 노력을 발견한다. 그러나 네가 너의 저자를 로크와 더불어 고찰한 뒤에 이 모든 것을 나는 너의 저자와 너에게 남겨두지 않을 수 없다. 로크 씨는 자신의 자연상태 개념을 키메라 같다고, 그리고 홉스 씨에게보다 로크 씨 자신의 체계에 덜 유용하다고 생각하는데, 나는 차라리 똑같다고 믿는다. 너는 기회 닿는 대로 이 신사(홉스)가 '자유와 필연'의 주제에 대해 쓴 것을 다시 읽고 이것을 로크 씨와 비교하고 로크

씨를 그 자신과 비교할 때 더 만족할 것이다. 이 말은 로크 씨의 버전들을 서로 비교하는 것을 뜻한다. 왜냐하면 그는 신이 종종 흔들릴지라도 철학자는 결코 흔들릴 수 없다고 생각하는 대목에서 이 논점들과 관련해 크게 변동을 보였기 때문이다. 추리의 귀결을 두려워하지 않는 곳에서는 (나는 간단히 보여줄 수 있다고 생각하는바) 내가 마지막 나열한, 그러므로 내가 철학에서 천재의 테스트와 시금석으로 간주하는 이것과 같이 쉽게 이슈가 되는 어떤 주제도 없으니까. (…)[549]

샤프츠베리는 동물에게도 본유하는 본능의 경험 사례를 들어 인간의 본유적 도덕성을 주장하고 있다. 이어서 로크와 상반된 자기의 철학을 주장하며 바로 로크를 정면으로 비판한다.

- 그래서 나는 감히 너에게 이 세상에서 가장 크게 터놓고 나의 옛 가정교사이자 관리자와 반대되는 나의 철학을 말했다. 그 가정교사의 명성은 세상에 아주 확립되었다. 그러나 나는 그에 대한 나의 차이를 줄곧 가급적 숨겨왔다. 왜냐하면 그가 나쁜 건축가일지라도, 그리고 철학의 급소논점들을 다룰 줄 모를지라도 그는 우리 대부분이 교육받은 학교의 어리석은 말에 대항하는 데 경탄할 만큼 유용하기 때문이다. 그러나 그가 반대하고 언제나 눈앞에 둔 환영 대신에 고대를 적이나 알았거나 고대인들에게 있어서의 철학의 상태에 웬만큼 박식했다면, 우리들 위에 그렇게 많은 말의 짐을 쌓아놓지 않았고, (그가 자신을 아주 수줍게 드러내는) 건전한 논리의 부족으로 인해, 한편으로 그가 지속적으로 기만에 대해 타인들에게 경고를 발하고 주의를 주면서도, 호명 소리에 의해 언제나 그 자신에게도 부과하지 않았을 것이다. 네가 그의

---

549) Shaftesbury's letter to General Stanhope", November 7th., 1709 (415-416쪽).

말 중 아무 특이한 말이나 취한다면, 가령 특히 '법'이라는 단어를 취한다면, 너는 로크를 읽자마자 이것을 쉽게 발견할 것이다. 이 법이라는 말은 너를 아주 많은 미로로 이끌어간다. 그것은 다른 유형의 법칙들을 발견해 낸 뒤에 그가 '유행과 의견'의 법칙을 원한 이유였다. 그리고 이 '유행과 의견'은 그에 의하면 덕성이고 정직이었다. 마치 이탈리아인이나 다른 훌륭한 선생들에게, 또는 음악을 이해하는 사람들에게 글을 쓰듯이 그는 '하모니의 법은 의견이다'라고 말했다. 또는 마치 학자의 조상彫像이나 건축물 속의 학자들을 만드는 사람에게 글을 쓰듯이 그는 도안기술에서의 설계 법칙이나 미의 법칙은 '의견'이어 왔다고 일반적으로 말했다. 로크 씨가 거장이었다면 그는 그렇게 철학하지 않았을 것이다. 왜냐하면 하모니는 본성상 하모니이기 때문이다. 특별한 귀는 그냥 그렇게 나쁘게 내버려 두고, 사람들로 하여금 음악을 그냥 그렇게 나쁘게 판단하도록 내버려 두라. 건축물은 그렇고 그 미도 동일하다. 그러나 본성에 기초해 사람들의 상상력을 그냥 그렇게 고딕적이도록 놓아두라. 왜냐하면 그릇된 고딕 건축물이 존재하면, 우리가 모두 고딕파들을 돌려놓더라도 그것은 그냥 그러다가 우리의 흥미를 잃을 것이기 때문이다. 동일한 것은 덕성과 정직의 경우에도, 내가 알기에 네가 흥미를 결코 잃을 수 없는 사회의 예의범절(the *honestum* and the *decorum*)의 경우에도 그대로 타당하다.[550]

섀프츠베리는 차마 공개적으로 비판할 수 없었지만 사신을 주고받을 정도로 친밀한 친구들과 의견을 주고받는 내적 소통공간에서는 자기 스승의 그릇된 철학을 신랄하게 비판하고 있다. 그의 주장의 핵심은 미감과 마찬가지로 도덕적 시비감각도 인간이 사회적 동물인 한에서 인간에

---

550) Shaftesbury's letter to General Stanhope", November 7th., 1709 (416-417쪽).

게 '본유한다'는 것이다. 그만큼 도덕철학에서 섀프츠베리는 로크의 도덕적 성백설性白說을 결코 조금도 용납할 수 없었던 것이다.

섀프츠베리가 이런 철학적 바탕 위에서 저술한 『덕성에 관한 탐구』가 나이 28세 때(1699) 그의 의도와 무관하게 출판되었다. 그는 이 원고에 불만이 많았다. 하지만 그래도 이 원고는 객관적으로 보면 편지에서 언급된 로크철학의 비판이 반영되고 또 그의 최종적 도덕철학에 대해서까지 지대한 영향을 미치게 된다.

섀프츠베리는 홉스와 로크에 대해 인간의 '도덕적 본성'을 근거로 강력하게 반발했다. 그는 인간본성을 규정하면서 홉스·로크 등이 이어가는 에피쿠리언 철학 전통에 단호하게 맞섰다. 그는 사람들이 이기적 이익에 의해 도덕적 행동의 동기를 얻는다고 보기보다 오히려 인간본성에 뿌리박고 있는 일련의 가치들을 정의하려고 시도했다. 이 중 첫 번째 가치는 경험 속에서 일상적으로 확인되는 '사회성(sociability)'이었다. 홉스가 그린 무자비한 반反사회적 인간행위의 초상이나 로크의 쾌락주의적 모델 대신에 그는 부모의 보살핌의 중요성, 새끼가 다른 종류의 동물들보다 훨씬 긴 양육기간을 요구한다는 사실을 강조했다. 완전히 고립된 개인을 관조하는 것은 두려운 광경이다. 반대로 사랑과 애정은 인간생활을 정의하는 사회적 경험의 항구적 면모다.

이런 맥락에서 섀프츠베리는 우정의 연결고리와 우의적 선행에서 감지되는 흡족함의 특별한 느낌을 언급하고, 이 애정감정을 우주 차원으로 확장하는 개념에 호소했다.

- 먹고 마시는 것이 본성적이라면, 떼 지어 사는 것도 역시 동일하게 본성적인 것이다. 어떤 욕망이나 감각이 본성적이라면, 유대의 감각도 본성적인 것이다. 양성 간의 애정 속에 본성의 어떤 것이 들어 있다면,

새끼들에 대한 애정도 동일하게 본성적이고, 같은 훈육과 제가齊家 아래서 길러진 혈육의 정과 사검 같은 새끼들끼리의 동반자적 애정도 다시 동일하게 본성적인 것이다. 그러므로 씨족이나 부족이 점차 형성되는 것이다. 그리하여 하나의 공공단체가 승인된다. 사회적 오락과 언어, 담화 속에서 발견되는 쾌락 외에도 이러한 선한 일치와 결합을 지속하는 것에 대한 아주 명백한 필연성이 있다. 그리하여 이런 종류의 감각이나 느낌, 조국·공동체·공동의 어떤 것들에 대한 사랑을 전혀 갖지 않는 것은 자기보존의 가장 평범한 수단과 자기향유의 가장 필수적인 조건에 대해서조차도 무감한 것과 같은 것이다. 인간의 슬기가 어떻게 공적 정부와 사회를 일종의 발명과 기술의 피조물로 나타나게 만드는 것처럼 이 원인을 당황스럽게 만드는지 나는 모르겠다. 내 쪽에서 보면, 이 군서群棲 원리와 연합 성향은 그렇게 많은 무질서가 일반적 인류사회 안에서 일어났던 것이 이 감정의 격렬성 때문이라고 쉽사리 확언할 정도로 대부분의 사람들 안에서 본성적이고 강렬하다. (…) 모든 인간들은 이 결합 원리의 자기 몫을 본성적으로 지니고 있다.[551]

또 섀프츠베리는 『모럴리스트들』에서 더욱 선명하게 인간의 사회성을 갈파한다.

- 사회는 인간에게도 본성적일 수밖에 없고, 사회와 공동체를 벗어나서 인간은 결코 생존한 적이 없고 또한 생존할 수도 없다.[552]

섀프츠베리는 인류사회 안에서 "그렇게 많은 무질서가 일어났던 것"

---

551) Shaftesbury, *Sensus Communis: An Essay on the Freedom of Wit and Humour*, 69-70쪽.
552) Shaftesbury, *The Moralists, A Philosophical Rhapsody*, 179쪽.

도 다 인간의 군서 원리와 연합 성향에서 나오는 연대와 사랑 감정의 "격렬성" 때문이었다고 말하고 있다. 사실 이 사회성 원리는 지나쳐서 악으로 흐를 때가 있을 정도로 아주 강렬한 것이다. 그리하여 병폐로 알려진 정파와 정당의 존재도 원래 사회적 충동으로 추적될 수 있는 것이다.

샤프츠베리는 정치이론의 프레임워크에서 '자연상태'도 전쟁상태가 아니라 도덕적 '사회상태'로 간주했다.[553] 이로써 그는 홉스와 로크의 성백론적 자연상태론을 완전히 분쇄했다.

---

553) 참조: Carey, *Locke, Shaftesbury and Hutcheson*, 109쪽.

제3절

샤프츠베리의 시비감각론

3.1. 샤프츠베리의 최초의 도덕철학 시론(1699)

샤프츠베리의 『덕성과 공덕에 관한 탐구』는 맹자의 시비지심론을 수용해 서양에서 처음으로 이른바 '도덕감각 학파(moral sense school)'를 태동시킨 위대한 기념비적 저작이다. 그러나 밀턴이나 로크처럼 샤프츠베리도 무신론적 이교철학으로 낙인찍힌 공맹철학의 영향에 대한 당대 성직자들의 '사상경찰적' 감시를 의식해 공자·맹자를 감히 언급하지 못하고 있다. (샤프츠베리 시대로부터 50-60년이 흐른 시기에도 흄과 애덤 스미스조차 성직자들의 감시를 의식해야 했던 것을 생각하면 맹자에 대한 샤프츠베리의 '무언급'은 이해할 만한 일이다.) 하지만 그의 도덕철학적 논지의 핵심구조와 개념술어는 맹자와 거의 '판박이'이고, 이것을 정밀 조사하면 그에 대한 맹자의 압도적 영향을 확인할 수 있다. 아무튼 이 저작은 허치슨·흄·스미스 등 18세기 영국의 대표적 모럴리스트들과 19세기 영국의 다윈·스펜서 등에 대해 직접적 영향을 미쳤을 뿐만 아니라, 라이프니츠·볼테르·디드로·레싱·멘델스존·빌란트 등 독일·프랑스 철학자들과 심지어 칸트처럼 중국을 혐오한 헤르더로부터도 열광적 예찬을 받았다.[554]

섀프츠베리가 맹자의 인간본성적 도덕감정(측은·수오·공경지심)과 시비지심 개념을 수용해 유럽의 새로운 도덕철학을 수립하기 위해서는 두 조류의 도덕철학을 분쇄해야 했다. 하나는 홉스 유형의 사회계약론에 따라서 도덕을 계약에 의해 합의·입법했다는 계약론적 '도덕제정론'이었다. 이것은 맨드빌의 『꿀벌의 우화』에서의 '정치적' 도덕제정론으로 대변되고 더 훗날에는 칸트의 실천이성적 도덕입법론으로 변천한다. 둘째는 자기의 스승인 로크의 도덕적 성백론性白論, 즉 성性백지론을 논파해야만 했다. 로크는 인간본성에 '본유하는' 일체의 도덕감정과 시비감각의 존재를 부정하고 인간의 마음을 '백지(*white paper*)'로 간주하고 도덕을 약속이나 계약의 산물로 보았다. 그러나 그는 인간들의 이 도덕계약을 취약하고 보편적이기 어려운 것으로 여겼다. 따라서 그는 이 도덕계약의 강화와 보편화를 위해 기독교적 신에 대한 믿음을 요청했다. 계약적 도덕제정론에서는 홉스와 로크가 한통속이었지만, 도덕적 성백론과 신에 대한 믿음을 전제하는 점에서 로크는 홉스와 본질적으로 달랐다. 홉스는 계약 이전의 인성人性을 백지로 생각한 것이 아니라 자연상태를 '선악의 피안'으로 본 사회계약론의 기본명제와 모순되게도 인성에 대해 희·칠정의 이기적·비사회적 단순감정들만이 아니라 인애(*benevolence*)·선의(*good will*)·박애(*charity*)·동정심(*pity*) 등 "선성(*good*

---

554) 데니 디드로는 1745년 섀프츠베리의 「덕성과 공덕에 관한 탐구」를 어떤 논문에서 인용·재생산했는데, 이것은 나중에 *Essai sur le Mérite et la Vertu* (『시비와 덕성에 관한 논고』)로 알려졌다. 그리고 1769년에는 서한집을 포함한 섀프츠베리 전작집이 제네바에서 불역출판되었다. 1738년과 1776~1779년에 걸쳐 독역본도 나왔다. 또한 독일에서는 섀프츠베리의 종교와 철학에 관한 연구서들도 나왔다.

nature)"을 가진 것으로 간주하고 통치자를 신의 대리인으로 보기[555] 때문이다. 반면, 로크는 상론했듯이 통치자를 신의 대리인으로 보지 않았고, 인간본성 속의 인애·선의·박애·동정심 등 어떤 "선성"도 인정치 않는 성백론자였다.

■ 홉스의 사회계약론에 대한 섀프츠베리의 비판

홉스는 사회계약 이전의 인애·선의·박애·동정심 등 인간본성적 "선성"의 자연적 존재를 인정했음에도 불구하고 이와 모순되게도 계약 이전의 자연상태를 '선악의 피안'으로 생각했고, 인간본성 일반을 로크처럼 '백지'라고 생각하지는 않았지만 도덕적 능력에서는 '백지'라고 생각했다. 따라서 홉스는 자연상태에서의 인간의 선성을 인정하면서도 앞뒤가 맞지 않게 로크의 성백론과 같은 인간본성의 도덕적 백지론을 피력하기도 하며 오락가락한다. 홉스는 『리바이어던』에서 말한다.

- 우리의 누구도 인간의 본성을 비난할 수 없다. 인간의 욕망과 기타 감정은 그것 자체로서 본다면 악이 아니다(no sin). 이러한 감정들로부터 생기는 행위들은 그 인간들이 그 행위들을 금하는 법률을 알 때까지 악이 아니다. 또 그들은 이 법률이 만들어질 때까지 그 법률을 알지 못한다. 또한 그들이 그 법률을 만들 법인격에 대해 동의할 때까지 어떤 법률도 만들어질 수 없다.[556]

---

555) Hobbes, *Leviathan*, Part 1, ch.6, 43, 47쪽. 홉스는 타인에게 좋은 것을 바라는 욕망은 인애, 선의, 박애이고 인간에 대해 일반적으로 좋은 것을 바라는 욕망은 '선성(善性)'이다"고 정의하고(43쪽), '동정심'을 "타인의 참화(calamity)로 인한 슬픔"으로 잘못 정의하고 "이 '동정심'은 그 같은 재앙이 그 자신에게도 닥칠 수 있다는 상상으로부터 생긴다"고 말한다.(47쪽)
556) Hobbes, Leviathan, Part 1, Ch.13, 114쪽.

이것은 자연상태가 마치 '선악의 피안'에 있고, 자연상태에서의 인간의 감정과 행동은 선할 수도, 악할 수도 없다는 말이다. 선악, 즉 도덕적 시비의 변별이 생기는 것은 사회계약으로 수립된 국가공동체에 의해 법률이 입법된 뒤라는 것이다. 즉, 도덕적 시비의 구별이 궁극적으로 사회계약에 의해 생긴다는 사회계약론적 도덕제정론이다. 홉스의 이 도덕제정론적 논지는 그 자신의 인간본성적 선성론과 충돌한다. 그러나 전체적으로 주요논지로 관철되는 것은 성백론과 도덕제정론이다.

홉스는 이 입장을 반복한다. 그는 자연상태에서의 전쟁상태와 관련해 이렇게 말한다.

- 만인에 대한 만인의 이 전쟁의 귀결은 이것이다. 즉, 어떤 짓을 해도 불의일 수 없다는 것이다. 시비是非, 정의와 부정의의 관념은 들어설 자리가 없다. 어떤 공동권력도 없는 곳에서는 법도 없고, 법이 없는 곳에서는 불의도 없다. 전쟁에서는 폭력과 사기詐欺(force and fraud)가 두 대덕大德이다. 정의와 불의는 신체의 능력도 아니고, 정신의 능력들도 아니다. 만약 정의와 불의가 있다면, 이 정의·불의도 세상에 홀로 존재하는 한 사람 속에 있을 것이다. 그의 감각과 감정도 그 한 사람 안에만 갇혀 있을 것이다. 정의와 불의는 고독 속의 인간과 관련된 성질이 아니라 사회 속의 인간들과 관련된 성질이다. 재산권도, 영유권도 없고 내 것과 네 것이 구분되어 있지도 않다는 것도 동일한 상태의 귀결이다. 그러나 오로지 만인이 얻을 수 있는 만인의 것인 소유권만이 존재하고, 그것도 그가 그것을 지킬 수 있는 동안만 존재한다. 그리고 인간이 단순한 본성에 의해 실제로 처해 있는 악조건이라는 것이 참으로 그렇다.[557]

---

557) Hobbes, *Leviathan*, Part 1, Ch.13, 115쪽.

어떤 "공동권력"도 없는 곳에서는 도덕적 시비, 정의와 부정의의 관념은 들어설 자리가 없다. 홉스는 시비와 정의·불의를 변별하는 도덕도 국가공동체의 공동권력이 계약에 의해 창설된 뒤 이 공동권력에 의해 비로소 제정되어야 한다고 주장하고 있다. 이런 의미에서 홉스는 성악설性惡說을 대변한 철학자가 아니라 계약에 의한 합리적 선악제정론자였다. 그리고 홉스는 뜻밖에도 도덕적 '성백론자性白論者'였던 것이다. 이것은 "정의와 불의는 신체의 능력도 아니고, 정신의 능력들도 아니다"는 그의 말에서 명백하다.

그러나 도덕적 성백론을 전제로 자연상태를 '선악의 피안'으로 보는 홉스의 사회계약론적 도덕제정론은, 거듭 말하지만, 자연상태의 인성과 관련해 인성을 '백지'로 생각한 것이 아니라, 희·노·애·구·애·오·욕의 이기적·비사회적 단순감정들뿐만이 아니라 인애·선의·박애·동정심 등 "선성"으로 보는 그의 다른 견해와 정면으로 충돌하는 이론이었다. 홉스는 "인간이 전쟁상태인 단순한 자연상태 속에 있는 한", 인애·선의·박애·동정심 등의 감정이 아니라 "사적 욕구(*private appetite*)"가 "선악의 척도다"라고 말한다.[558] 그러나 인애·선의·박애·동정심 등의 감정은 '사적 욕구'가 아니라 보편성을 지향하는 '사회적' 도덕감정이기 때문에 사적 감정일 수 없다. 따라서 선악을 공公과 사私로 구분하는 식으로 해서는 저런 이론적 충돌을 해소할 수 없는 것이다.

따라서 홉스 유형의 계약적 도덕제정론의 모순을 지적함으로써 그 이론구조를 분쇄하는 것은 로크의 도덕적 성백론과 계약적 도덕제정론의 극복보다 비교적 간단했다. 섀프츠베리는 홉스 유형의 계약론적 도덕제정론을 위트와 풍자로 간단히 분쇄한다. 그는 1709년에 출판한 『공통감각: 위트와 유머의 자유에 관한 논고(*Sensus Communis: An Essay on*

---

558) Hobbes, *Leviathan*, Part 1, Ch.15, 146쪽.

the Freedom of Wit and Humour)』라는 소책자에서 다음과 같이 계약적 도덕제정론을 비판한다.

- 기旣형성된 정부 안에서는 사회적으로, 또는 정직하게 행동할 어떤 의무든 인간에게 부과되어 있는 반면, 흔히 자연상태라고 불리는 곳에서는 그렇지 않다고 말하는 것은 우스꽝스럽다. 왜냐하면 우리 현대철학의 유행 언어로 말하면, "사회가 계약 위에 기초해 있고, 다수파의 손 안으로, 또는 다수파가 임명한 손 안으로의 모든 인간의 무한한 사적 권리의 양도가 이루어진 것은 자유선택이었고 약속에 의한 것이었다"고 하기 때문이다. 자, 약속 자체가 자연상태에서 맺어졌다. 그런데 자연상태에서 약속을 의무로 만들 수 있었던 것은 인간애(humanity)의 다른 모든 행동들도 마찬가지로 우리의 실재적 의무와 자연본성의 일부로 만들지 않을 수 없다. 그리하여 신의(Faith), 정의, 정직, 그리고 덕성은 이미 자연상태에서부터 있어온 것이 틀림없고, 그렇지 않았다면 아예 전혀 있을 수 없었을 것이다. 시민연합 또는 연맹은 시비是非(Right or Wrong)가 이전에 존재하지 않았다면 결코 시비를 만들어내지 못했을 것이다. 계약 이전에 어떤 악행이든 너무 서슴없이 저지르던 자는 자신의 계약도 마찬가지로 너무 서슴없이 취급하려고 하고, 또 그가 적당하다고 여길 때 그리하고야 말 것이다. 자연적 망나니는 동일한 이유에서 시민적 망나니이고, 기회 닿는 대로 자주 정치역량 없이 어영부영할 것이다. 즉, 오직 그의 말만이 그를 막고 있을 뿐인 것이다. – 사람은 자신의 약속을 지켜야 한다. 왜? 왜냐하면 그가 약속을 지킨다고 언질을 주었기 때문이다. 이것이 도덕적 정의의 기원과 시민정부와 충성의 발생에 대한 주목할 만한 설명이 아닌가![559]

---

559) Shaftesbury, *Sensus Communis: An Essay on the Freedom of Wit and Humour*

여기서 말하는 "현대철학"은 홉스의 철학이다. 섀프츠베리는 1709년 에인스워스에게 보낸 한 서한(7월 3일)에서 "요즘 자유문필가들이라고 부르는 그들은 홉스 씨가 지난 시대에 내놓은 저 원리들을 신봉하고 있다"고 말하고 있기[560] 때문이다. 따라서 1709년의 위 풍자문은 홉스의 사회계약론을 공격한 것이다.

위에서 "약속 자체가 자연상태에서 맺어졌다"고 한다면, 이 약속을 지켜야 한다는 도덕적 의무감이 이미 자연상태에 존재했다는 것을 뜻하고, 약속의 이 도덕적 구속력은 자연상태에서의 도덕적 신의를 전제하는 것이다. 따라서 "자연상태에서 약속을 의무로 만들 수 있었던" 도덕규범이 이미 존재했고, 이 도덕규범은 "인간애의 다른 모든 행동들도 우리의 실재적 의무와 자연본성 부분으로 만들지 않을 수 없는" 것이다. 따라서 인간애의 다른 모든 행동들인 "신의·정의·정직·덕성은 이미 자연상태에서부터 존재해온 것이 틀림없고, 그렇지 않았다면 아예 전혀 있을 수 없었을 것이다". 그러므로 시민공동체가 "결코 시비"의 감각이나 관념을 "만들어내는 것", 즉 '제정'하는 것이 "아니다". 왜냐하면 도덕적 시비의 감정과 관념은 사회계약의 약속이나 합의에 의해 비로소 '제정'되는 것이 아니라, 이런 약속이나 합의 "이전에 존재하던" 것이기 때문이다. 섀프츠베리의 이 탁월한 풍자적 논변은 실로 공감적 '연민(동정심)과 이기심의 교직交織'을 모든 도덕률의 원천으로 간주한 루소를 제외하고 로크와 칸트를 거쳐 존 롤스에까지 이르는 모든 사회계약이론을 분쇄하고도 남는다.

(1709), 68-69쪽. Shaftesbury, *Characteristicks of Men, Manners, Opinions, Times* (1711·1713·1732), Vol. I, (Indianapolis: Liberty Fund, 2001). http://oll.libertyfund.org/title/811 on 2010-11-13.

560)   Shaftesbury's letter to Michael Ainsworth", June 3rd., 1709 (403쪽"). Rand (ed.), *The Life, Unpublished Letters, and Philosophical Regimen of Anthony, earl of Shaftesbury*.

로크는 – 『인간지성론』의 성백론과 모순되게도 – 『통치이론』의 사회계약론에서 "진리와 신의 준수"를 "인간들에게, 사회의 구성원들로서의 인간들이 아니라 인간으로서의 인간에게 속하는" 것으로 규정하고[561] 정치적 사회의 계약적 수립 이전에 자연상태에서의 "부부사회(conjugal society)"와 "가족공동체"의 존재를 인정하고 있다.[562] 이 점에서 그는 섀프츠베리의 섬멸적 비판을 피할 수 있는 것처럼 보이지만 그의 사회계약론도 이 비판을 면할 수 없다. 로크는 홉스도 인정한 인애·선의·박애·동정심 등 인성적 공감감정 등의 성선을 인정치 않고 "모두가 평등하고 독립적이므로 아무도 타인의 생명·건강·자유나 재산을 해치지 않아야 한다고 이성에만 자문하는 인간들에게 가르치는" 역량을 "자연법"과 등치된 "이성"으로 규정하고 또 "인류의 나머지를 가급적 보존하는" 것으로 의무로 여기는 능력도 다시 "동일한 이성"으로 확인하고,[563] 자연상태의 '부부사회'도 "남녀 간의 자발적 계약(compact)"에 의해 창설되는 것으로 본다.[564] 이 때문에 로크도 이미 자연상태에서 이 부부계약을 지킬 남녀 간의 '신의(faith)'라는 – '이성'이 아니라 – 도덕감정의 既실존을 암암리에 자기모순적으로 전제하고 있다는 섀프츠베리의 비판을 면치 못하는 것이다.

홉스의 사회계약론은 자연상태에서도 존재하는 인애·박애 등의 도덕감정들에 대한 그의 언급과 모순되는 애매하고 비일관된 도덕적 성백론에 기초하고 있고, 로크는 훗날 도덕적 성백론을 '실천이성'이니 '무지의 베일'이니 하는 말로 전제하게 되는 칸트·롤스 등의 다른 사회계약론자들과 마찬가지로 분명하고 공공연한 도덕적 성백론자였지만 이와 정면

---

561) Locke, *Two Treatises of Government*, Bk.2, Ch.II, §14 (277쪽).
562) Locke, *Two Treatises of Government*, Bk.2, Ch.VII, §77 (319쪽).
563) Locke, *Two Treatises of Government*, Bk.2, Ch.II, §6 (271쪽).
564) Locke, *Two Treatises of Government*, Bk.2, Ch.VII, §77 (319쪽).

으로 모순되게도 부부간의 사랑·신의 등 본성적 도덕감정의 기旣존재를 인정하고 있는 것이다.

■ 공맹 도덕철학에 대한 당시 서구인들의 정보 수준

섀프츠베리를 포함한 당시 서구 철학자들은 홉스나 로크의 도덕백지론과 계약적 도덕제정론을 단순히 수용할 수 없는 사상적 전기를 맞고 있었다. 그들에게는 이미 공맹의 본성도덕론, 특히 맹자의 도덕감각론(시비지심론)이 알려지기 시작했기 때문이다.

영국 명예혁명 이전에 출판된 공맹·중국 관련 서적들 중에서 공자의 성선설과 맹자의 도덕철학을 비교적 상세히 소개한 의미 있는 서적은 마르티니의 『중국기』(1659), 존 웹의 『중국의 유구성』(1669), 니우호프의 『네덜란드연합주의 동인도회사로부터 북경 또는 중국황제에게 파견된 사절단』(1665), 나바레테의 『중국제국의 평가』(1675), 인토르케타·쿠플레·루지몽 등의 『중국철학자 공자』(1687) 등이다. 이 저작들 중 특히 예외적으로 마르티니와 나바레테의 저작은 맹자철학을 비교적 상세하게 소개하고 있다. 이 맹자 소개들은 루이 14세의 칙령으로 발간된 공자경전 번역서 『중국철학자 공자』가 '대학·중용·논어' 삼서三書만을 번역하고 『맹자』를 빼놓았기 때문에 아주 중요하다. 마르티니는 『중국기』(1659)에서 7쪽에 걸쳐 맹자의 사상을 소개하면서[565] 정치·사회철학만이 아니라 맹자가 고자告子와 논쟁으로 전개한 인성론과 성선설을 소개하고 있다. 앞서 한 번 인용했지만 여기서 다시 한번 인용해보자.

● 맹자는 본성(natura)에 관한 책도 썼는데, 이 책에는 철학자 고자

---

[565] Martino Martini(Martin Martinius), *Sinicae Historicae* (Amaterdami: Apud Joannem Blaev, MDCLIX.[1659]), 176-182쪽.

(Cautius)와 본성에 관해 논쟁했던 내용이 포함되어 있다. 고자는 본질(*essentia*)에 관해서만 말했고, 맹자는 그 작용(*efficientia*)에 관해서, 그것도 선한 성향(*bonum propensione*)으로 작용하는 것에 관해 진리를 말했다. 여러 말들이 설왕설래하다가 바로 판정이 난다. 즉, 본성은 적어도 본유하고(*tam esse proprium*), 마치 물이 아래로 흐르듯이 선을 낳는다는 것이다. 반대로 악(*malum*)을 낳는 것은 본성에 따른 것이 아니다. 그리고 물이 밀침으로 깊은 곳에서 치솟게 되지 않는다면 자신의 본성에 반해 흐르지 않듯이, 악은 사람이 자기 자신에게 반反하거나 대립하지 않는다면 마치 원인에서 생겨나듯 본성 측면에서 생겨나지 않는다. 위의 내용들은 맹자 사상의 전부라 해도 충분하다. 그의 교리들은 오늘날 중국에서 기독교 준칙들과 가장 다른 것이다.[566]

『중국기』가 공간된 당시 시점이 1659년이라서 마르티니는 맹자의 성선설이 기독교 교리(원죄론)와 "가장 다르다"고 말하고 있다. 쿠플레·인토르케타 등의 『중국철학자 공자』가 『맹자』를 빼고 번역하고 또 『맹자』가 유학경전 중에서 가장 뒤늦게 번역된 것(1711)은 바로 맹자의 성선설이 이렇게 기독교의 원죄론적 성악설과 대립되기 때문이었던 것으로 보인다. 그러나 맹자철학은 훗날 인간의 선한 도덕성을 신에게서 구하지 않고 자기의 본성에서 구한다는 바로 그 이유에서 기독교와 성직자의 전일적 지배를 거부하는 보시어스·섀프츠베리 등 서구 이신론자들에 의해 환호를 받게 된다.

세메도는 『중국제국기』(1643)에서 중국의 도덕철학을 소개하면서 인·의·예·지·신을 조목조목 설명하고 있는데, 이 중 '지'를 이렇게 해석한다.

---

566) Martino Martini, *Sinicae Historicae*, 176-182쪽.

- 지는 현명과 지혜를 뜻한다. 그들은 지를 책을 읽는 것, 학문을 배우는 것, 예술에서 완벽한 것, 유구한 것에 박식한 것, 현대적 사안들에 정통한 것, 현재와 미래의 일들을 잘 관리하는 위해 과거의 것을 잘 관찰하는 것, 시비(잘잘못)를 변별하는 것(to discern right from wrong)에 둔다.[567]

공맹은 지혜(知 또는 智)를 세메도가 여기서 설명하는 것처럼 두루 썼지만, 그럼에도 '지혜'를 '현명'과 구별했고,[568] 사덕 또는 오덕의 하나로 지혜를 열거할 때는 '지'의 의미를 시비지심에서 확충된 도덕적 지혜로만 한정했다.[569] 그러나 세메도는 여기서 이 '도덕적 지혜'를 '지 일반'으로 확대하고 있다. 오덕의 하나로서의 '지'는 위 해설에서 마지막에 열거한 "시비의 변별"과만 관련된 것이다.

26년 뒤 존 웹은 『중국제국의 언어가 원시적 언어일 개연성의 입증을 시도하는 역사적 논고』(1669)에서 세메도의 중국도덕철학론을 그대로 전재하고 공자의 '지' 개념을 이렇게 설명한다.

- 지(Chi)는, 그들의 철학에 따르면, 현명, 지혜를 뜻한다. 그들은 그것을 책을 읽는 것, 과학을 학습하는 것, 예술에 완벽한 것, 현대적 사안들에 관한 훌륭한 정보지식, 그리고 현재와 미래의 사건들을 더 잘 규제하기 위해 지난 일을 잘 관찰하는 것, 그리고 시비(잘잘못)를 변별하는

---

567) Alvaro Semedo, *The History of the Great and Renowned Monarchy of China* (London: Printed by E. Taylor for John Crook, 1655), 149쪽.
568) 『中庸』(4章): "子曰 道之不行也, 我知之矣 知者過之 愚者不及也. 道之不明也, 我知之矣 賢者過之 不肖者不及也."
569) 『孟子』「公孫丑上」(3-6): "是非之心 智之端也.": 「告子上」(11-6): "是非之心 智也.": 「離婁上」(7-27): "孟子曰 仁之實 事親是也, 義之實 從兄是也, 智之實 知斯二者弗去是也, 禮之實 節文斯二者是也(인의 실은 사친이고, 의의 실은 종형이고, 지의 실은 이 둘을 알고 버리지 않는 것이고, 예의 실은 이 둘을 끊고 매어 꾸미는 것이다)."

것(*discerning right from wrong*)에 둔다.570)

웹은 세메도의 지혜 해설을 그대로 옮겨놓고 있다. 웹은 인·의·예·지·신에 대한 두 쪽에 걸친 설명 전체를 A. Sem. *Rel. de la Cin*., part. I. cap. 29에서 인용한다고 밝히고 있다. 이 A. Sem.은 Alvaro Semedo의 약기略記이고, *Rel. de la Cin*.은 *Relatione della Grande Monarchia della Cina*(『중국제국기』)의 약기다. 세메도의 이 책은 1643년에 공간되었고, 1655년에는 영역·출판되었다. 웹의 글에서 "*discerning right from wrong*"는 세메도의 "*to discern right from wrong*"를 그대로 옮긴 것이다.571)

세메도와 웹의 "시비를 변별하는" 지혜는 맹자의 성선설에 관한 마르티니의 소개(1659)와 결합시키면 인간의 본유적(*innate*) 시비감각과 시비감정(*sense of right and wrong*)을 뜻하게 된다. 이것은 당시 세메도·마르티니·웹 등 유럽 지식인들이 공맹의 도덕철학에서 이미 본유적 시비감각을 인지했음을 보여준다. 아마 섀프츠베리는 최초의 도덕철학 시론인 『덕성에 관한 탐구(*An Inquiry Concerning Virtue*)』(1699)를 쓰기 전에 세메도의 『중국제국기』의 영역본(1655), 마르티니의 『중국기』(1659), 존 웹의 『중국제국의 언어가 원시적 언어일 개연성의 입증을 시도하는 역사적 논고』(1669), 또는 『중국의 유구성』(1678)에서 '시비변별'의 본유적 지혜 개념을 연달아 읽었을 것이다. 그리고 계몽주의의 도덕철학에

---

570) John Webb, *An[sic!] Historical Essay, Endeavoring a Probability that the Language of the Empire of China is the Primitive Language* (London: Printed for Nath. Brook, 1669), 100-101쪽; John Webb, *The Antiquity of China, or An[sic!] Historical Essay, Endeavoring a Probability that the Language of the Empire of China is the Primitive Language* (London: Printed for Obadiah Blagrave, 1678), 100-101쪽.
571) Semedo, *The History of the Great and Renowned Monarchy of China*, 149쪽.

심대한 영향을 미칠 그의 '시비감각' 또는 '도덕감각(moral sense)' 개념을 여기로부터 발전시켰을 것이다. 이것은 섀프츠베리가 피에르 벨의 중국친화적 교우범주에 들어 있는 핵심 인물이라는 점에서 충분히 짐작할 수 있는 것이다.

또한 공맹의 성선설은 다른 서적들을 통해서도 유럽에 이미 알려져 있었다. 따라서 섀프츠베리는 중국과 공자에 관한 여러 저작들을 통해 기독교의 원죄론적 성악설과 정면으로 배치되는 자신의 성선설을 공맹의 도덕철학으로부터 배웠을 가능성이 크다. 섀프츠베리는 가령 니우호프와 템플의 책도 읽었을 것이다. 니우호프의 『네덜란드연합주의 동인도회사로부터 북경 또는 중국황제에게 파견된 사절단』(1665)은 공자의 성선설과 이에 입각한 수신론을 이렇게 소개하고 있다.

- 이제 우리는 공자 뒤에 남겨진, 그리고 백성들 사이에서 그렇게 존경받는 공자의 교리를 언급하게 된다. 『대학』 또는 『대인의 학』은 만인이 그 자신을 먼저 완벽화에 달하게 한 다음에 타인들을 완벽화에 달하게 한다는, 그리하여 만인이 최고선最高善의 보유에 도달할 수 있다는 제목이나 명제들로 이루어져 있다. 그러나 완벽화 자체는 만인이 자기 자신 속의 본성적 빛을 불러일으키고, 그가 결코 본성의 법칙이나 이 법칙에 의해 인간 안에 본성화되어 있는 능력과 단초를 벗어나지 않도록 이 빛을 맑히는 데 있다. 동일한 것에 관해서는 사물에 대한 통찰과 감식 없이 이루어질 수 없다. 그러므로 인간들이 철학의 학습에 매진하는 것이 필수적이다. 그들은 이 철학으로 해야 할 것과 피해야 할 것을 배울 수 있다. 이 지식에 의해 (그들이 말하는바) 그들은 자신들의 일을 어떻게 올바로 질서 잡는지, 그리고 본성의 잣대와 척도에 의해 자신들의 욕구를 바로잡는지를 배운다. 여기에 심신의 완벽화

가 있다.[572]

"최고선의 보유에 도달하기" 위한 "자기완벽화"의 원리, 즉 '수신'의 원리가 "자기 자신 속의 본성적 빛을 불러일으키고 맑히는 것"이라는 말은 인간본성의 선성을 전제로 하는 말이다. 이것은 기독교의 원죄설적 성악설과 정면으로 상치되는 대목인데 니우호프는 비판 없이 그대로 소개하고 있다.

윌리엄 템플은 1687년경 집필한 것으로 보이는 「영웅적 덕성」에서 니우호프의 공자 논의를 거의 옮겨놓다시피 자기완벽화의 수신론과 관련된 공자의 성선설을 이렇게 논하고 있다.

- 공자가 정초로 수립하는 것으로 보이고 그가 그 위에서 세우는 주요원칙은 만인이 배워야 하고, 그가 결코 그의 생의 과정과 품행 속에서 본성의 법칙으로부터 벗어나거나 방향을 틀지 않도록 그 자신의 본성을 그가 할 수 있는 최대의 높이로 향상시키고 완벽화시키려고 힘쓰는 원칙이다. 그리고 이것이 많은 사상·탐구·근면 없이 수행될 수 없기에 학습과 철학을 필수적으로 만든다는 원칙이다. 이 철학은 철학의 본성에서나 인간들의 본성에서나 인간들에게 선한 것과 악한 것을, 결과적으로 여러 신분과 여러 능력 수준의 만인이 해야 하는 것과 피해야 하는 것을 가르쳐준다. 그리고 심신의 완벽화와 인간의 극대 행복 또는 최고행복의 근본은 본성의 이런 완벽화라는 원칙이다. 이 완벽화를 달성하는 수단과 잣대는 주로 그의 본성과 부합되는 것 외에 어떤 것도 의

---

572) John Nieuhoff, *An Embassy from the East-Indian Company of the United Provinces to the Grand Tatar Cham, Emperour of China, delivered by their Excellencies Peter de Goyer and Jakob de Keyzer, At his Imperial City of Peking* 1655 (Hague: 1669; 영역본 - London: Printed by John Mocock, for the Author, 1669), 218-219쪽.

욕하거나 욕구하지 않는 것이고, 우리 자신만이 아니라 타인의 복리나 행복과 합치되는 어떤 것도 의욕하지 않는 것이라는 원칙이다. 이 목적을 위해 세계에서 일반적으로 알려지고 동의되는 여러 덕목들의 불변적 과정과 실천이 규정되어 있다. 이 덕목들 중 예법과 사은은 그들에게 기본적인 것이다.[573]

여기서도 공맹의 성선설은 그대로 반복되고 있다. 이와 같이 이미 17세기 후반에 공맹의 성선설과 본성도덕론은 기독교의 원죄설을 마비시키고 홉스의 성악설을 쳐부술 만큼 유럽 식자층 안에서 널리 알려진 상황이었다.

인간의 본성으로부터 '선한 성향'이 산출된다는 것은 인간이 선악판단(시비판단)의 지혜를 낳는 본성적 맹아 또는 단초로서의 시비감각이 인간의 본성 속에 본유本有한다는 것을 함의한다. 물론 마르티니는 위 인용문에서 이 정도까지 자세히 설명하지 않았다. 그러나 존 웹은 시비판단의 능력을 공맹의 '지혜' 개념에 집어넣었다.

나바레테의 『중국제국의 평가』(1675)는 영역본 기준으로 5포인트 정도의 잔글씨로 7쪽에 걸쳐 맹자의 천명론 등 정치·사회철학을 소개하고 있다.[574] 그러나 나바레테는 맹자의 인성론과 성선설을 (기독교 교리와의 충돌을 염려해 아마 의도적으로) 소개하지 않고 있다.

마침내 1711년 노엘(Francisco Noël)은 『맹자』를 포함한 공맹경전 6경

---

573) Temple, "Of Heroic Virtue", 333쪽.
574) Domingo Fernandez Navarrete, *Tratados Historicos, Politicos, Ethicos, y Religiosos de la Monarchia de China* (Spanish; Madrid, 1676). 영역본: Dominick(sic!) Fernandez Navarrete, *An Account of the Empire of China; Historical, Political, Moral and Religious* (London: H. Lintot, J. Osborn, 1681), 153~156쪽, 171~173쪽.

을 라틴어로 완역한 『중국제국의 고전6서』를 출판했다.[575] 이 중 맹자의 시비지심과 관련된 대목을 번역한 부분을 보자. 일단 인·의·예·지를 노엘은 "*pietas, æquitas, honestas, intelligentia*(또는 prudentia)"로 옮기고, "시비지심이 없으면 사람이 아니다(無是非之心 非人也)"는 대목은 이렇게 옮긴다.

- 악을 그 아래 있는 것으로 암시하듯이, 그리고 선을 지시하듯이 변별할 줄 모르는 굳어진 마음을 가졌다면, 이 자는 인간으로 여겨지지 않는다(*si cui insit animus, qui Malum ad illud sugiendum, & Bonum ad illud amandum, discernere nesciat, hic non est censendus homo*).[576]

여기서 노엘은 도덕적 시비를 '선악(*Malum & Bonum*)'으로 바꿔 옮기고 있다. 그리고 "시비지심은 지혜의 단초다(是非之心 智之端也)"라는 대목은 이렇게 옮겨 놓고 있다.

- 악을 싫어하거나 선을 좋아함이 치솟듯이 터져 나오므로 이곳에서 현명 또는 지성의 특징의 섬광이 찾아진다(*cum in Mali odium, aut Boni amorem subito erumpit, tunc est scintillans quædam prudentiæ seu intelligentiæ nota*).[577]

노엘은 이신론적 또는 자연신학적 관점에서 시비지심을 저절로 '치솟

---

575) Francisco Noël, *Sinensis imperii libri classici sex* (Pragae: Typis Universitatis Carlo-Ferdinandeae, 1711).
576) Noël, *Sinensis imperii libri classici sex*, 266쪽.
577) Noël, *Sinensis imperii libri classici sex*, 266쪽.

듯이 터져 나오는' 식의 본성적 감성으로 번역하고 있다. 그러나 맹자의 '지혜(智)'를 '현명 또는 지성'으로 부적절하게 번역하고 있다. 'sapiens'로 옮겼다면 이것이 보다 정확한 번역일 것이다. 노엘의 이 번역문들 속에는 이와 같이 시비지심과 도덕적 지혜에 대한 맹자의 명쾌한 정의定義를 왠지 조금씩 희석시키고 모호하게 만들려는 의도가 엿보인다.

그래도 노엘은 시비지심을 "악을 싫어하거나 선을 좋아함이 치솟듯이 터져 나오는" 본성적 감성으로 번역하고 있다. 따라서 섀프츠베리는 노엘의 이런 번역문에서 세메도·마르티니·웹 등으로부터 기득旣得한 본유적 '시비감각' 개념을 재확인할 수 있었을 것이다. 그러므로 노엘의 이 1711년 맹자 번역본은 다른 공맹소개서 및 경전번역서와 더불어 섀프츠베리의 1713년 최종본『덕성과 시비에 관한 탐구(An Inquiry Concerning Virtue and Merit)』를 논리적으로 뒷받침하는 데 도움을 주었을 것으로 짐작된다. 그래서 섀프츠베리의 시비감각론에 반영된 공맹의 철학적 영향을 심층적으로 이해하기 위해서는 17세기 중후반에서 18세기 초 섀프츠베리의『덕성과 시비에 관한 탐구』의 최종본의 공간에 이르기까지의 시기에 벌어진, 동아시아와 공맹철학을 둘러싼 서양세계의 격렬한 사상논쟁을 고려해야 하는 것이다.

당시 서구 철학자들과 신학자들은 자신의 철학적 입장을 중국철학에 이입시키고 이 이입된 반영상을 도로 읽어내는 단계를 넘어섰지만, 그래도 로마교황을 중심으로 한 보수적 가톨릭 신학, 예수회의 유신론적 공자관과 중국관, 급진적 계몽주의자들의 무신론적 공자관 사이에 불꽃 튀는 논쟁이 계속되고 있었다. 결국 공자철학에 대한 유럽철학자들의 일반적 관점은 급진적 계몽주의자들의 주장에 의해 18세기 중반에 들어 정리되지만, 당시는 과도기적으로 격렬한 논박이 불가피했던 것이다. 이 와중에서 홉스와 로크의 자가당착적 도덕백지론과 계약론적 도덕철학에 대한 섀프츠베리의 비판은 불가피했을 것이다.

3.2. 섀프츠베리의 시비감각론(1713)

섀프츠베리가 최초에 수행한 도덕철학 연구는 1년간의 네덜란드 체류 기간에 해당하는 1699년에, 즉 그가 28세 때 익명으로 출판된 『덕성에 관한 탐구(An Inquiry Concerning Virtue)』로[578] 가시화되었다. 이 원고는 그가 20세 되던 1691년에 거친 형태로 완성되어 있었다. 이 책자는 그가 네덜란드로 외유를 나갔을 때에 그의 허락을 구하지도 않고 그의 친우 톨란드(John Toland, 1670-1722)에 의해 익명으로 출판되었다. 섀프츠베리는 이 소식을 듣고 처음에 화를 내고, 책의 유포를 막으려고 이 책 인쇄본을 가급적 많이 사들였다. 그러나 2년 뒤 피에르 데 메조(Pierre des Maizeaux)에게 보낸 서한(1701년 7월 21일)에서는 이 책의 불역본을 익명으로 출판하려고 한다고 쓰고 있다. 그리고 번역본 하나를 피에르 벨에게 보내주자는 데 메조의 제안에도 찬성했다.[579]

■ 『덕성 또는 공덕에 관한 탐구』(1713)

섀프츠베리의 완성된 도덕철학은 14년 뒤 『덕성 또는 공덕에 관한 탐구(An Inquiry Concerning Virtue or Merit)』(1713)로 모습을 드러냈다. 『덕성에 관한 탐구』와 『덕성 또는 공덕에 관한 탐구』, 이 두 책은 서양철학사에서 원죄설적 성경도덕론이나 이성도덕론, 공리주의적(쾌락주의적) 도덕론을 부정하고 돌비적으로 본성적 시비감각 또는 도덕감각을 중

---

578) Anonymous(Shaftesbury), *An Inquiry Concerning Virtue, in Two Discourses* (London: Printed for A. Bell in Cornhil, etc., 1699).
579) David Walford, "Introduction", ix-x쪽. Anthony Ashley Cooper, Third Earl of Shaftesbury, *An Inquiry concerning Virtue, or Merit* (Manchester: Manchester University Press, 1977).

심개념으로 내세우고 이를 중심으로 도덕론을 전개하고 있다. 1699년 출판된 '20세 때의 원고'『덕성에 관한 탐구』는 그 뒤에 계속 개작되고 수정되었다. 이 수정된 원고는 1711년『덕성 또는 공덕에 관한 탐구』라는 제명으로 저자 이름도 출판사 이름도 없는『인간·예절·의견·시대의 특징』에 실려 출판되었다. 그러나 섀프츠베리는 이 원고도 계속 고쳐서 1713년에야 비로소 최종본을 완성해 마침내 실명으로 공간한다.

1699년의『덕성에 관한 탐구』에 대해서도 출판 1년 뒤 이미 반론이 제기되었다. 데이(Robert Day)라는 사람이 익명으로『미래사회의 방위를 위한 자유사상(Free Thoughts in Defence of a Future State)』이라는 책을 내고『덕성에 관한 탐구』의 주장을 비판했다. 그러나 이 익명의 '데이'는 흥미롭게도 "저자를 모를지라도 이전에 원고를 본 적이 있다"고 말하고 있다.[580] 따라서 섀프츠베리의 원고는 출판되기도 전에 벌써 필사되어 돌아다닌 것으로 보인다.

1709년 섀프츠베리는 초기 원고『덕성에 관한 탐구』의 내용에 대한 불만을 에인스워스에게 보낸 편지에서 이렇게 적고 있다.

- 단지 나는 아직『탐구』라는 제목의 그 책을 네가 더 찾게 하지 않고 싶을 뿐이다. 왜냐하면 그것은 수년 전에 저자의 의도에 반해서 저자가 해외에 나가 부재중인 때에 익명으로 혼란스런 스타일로 세상에 나온 불완전한 것이기 때문이다. 다른 일들이 그 책을 찾도록 만들었기 때문에 아마 그 책은 어느 날 더 올바른 형태로 바로잡힐 것이다. 당분간 인내심을 가져라.[581]

---

580) Walford, "Introduction", x쪽.
581) Shaftesbury's letter to Michael Ainsworth, June 3rd., 1709. Rand (ed.), *The Life, Unpublished Letters, and Philosophical Regimen of Anthony, earl of Shaftesbury*, 405쪽.

섀프츠베리는 1709년에도 여전히 그 원고를 제대로 고쳐 다시 출판할 생각을 하고 있다. 그러나 이 원고를 제대로 뜯어 고치게 될 때까지는 2년을 더 기다려야만 했다.

2년 뒤인 1711년에 익명으로 출판된 『인간·예절·의견·시대의 특징』에 실린 『덕성에 관한 탐구』에는 "1699년 처음 인쇄됨"이라는 말이 붙어 있다. 그리고 섀프츠베리는 "이전에 불완전한 원고로부터 인쇄되었는데 지금 수정되고 전부가 출판되었음"이라는 설명도 달았다.

'시비감각(sense of right or wrong)'의 개념은 섀프츠베리가 20대부터 벌써 사용한 것으로 보인다. 그가 이미 1699년의 『덕성에 관한 탐구』에서부터 '시비감각'을 중심으로 도덕론을 전개하고 있기 때문이다.[582] 그는 맹자철학의 해석서나 『맹자』의 발췌번역서를 통해 인간본성의 감각적 '시비是非(Right or wrong)' 개념을 이미 잘 알고 있었던 것으로 보인다. 그는 그 이후에도 '시비' 개념을 계속 사용했다. 앞서 시사했듯이 1709년 『공통감각』에서 그는 "시민연합 또는 연맹은 시비(Right or Wrong)가 (사회계약) 이전에 존재하지 않았다면 결코 시비를 만들어내지 못했을 것이다"라고 말하고 있기[583] 때문이다. 물론 1713년의 『덕성 또는 공덕에 관한 탐구』에서는 본격적으로 시비감각 개념을 집중 투입한다.

1699년의 『덕성에 관한 탐구』는 「덕성과 신의 믿음에 관하여」와 「덕성에 대한 의무에 관하여」라는 두 논문으로 구성되어 전체 분량은 199쪽에 달하고, 이 중 첫 번째 논문은 81쪽을 차지하고 있다. 『덕성에 관한 탐구』는 이후 많이 수정되었지만, 그래도 1713년 실명 출판된 『덕성 또

---

582) Anonymous(Shaftesbury), *An Inquiry Concerning Virtu* (1699), Bk.I, Sect III, 29, 40쪽 이하.
583) Shaftesbury, *Sensus Communis: An Essay on the Freedom of Wit and Humour* (1709), 69쪽.

는 『공덕에 관한 탐구』와 본질적으로 통하는 동일한 기본개념들과 기본 관점들을 담고 있다. 따라서 『덕성에 관한 탐구』의 일부 내용들은 요약적으로나마 개관되어야 할 것이다. 이 개관은 행복을 위해 덕성에 대한 의무감을 가져야 한다는 취지를 논한 두 번째 논문이 아니라 덕성의 본질과 종교의 신학적 다양성을 논한 첫 번째 논문에 초점을 맞춰야 할 것이다.

『덕성에 관한 탐구』는 다음과 같은 '종교와 덕성의 분리고찰'이라는 도전적·도발적 선언으로 시작된다.

- 종교와 덕성은 상호 가까운 관계를 갖고 동거하는 것으로 간주되는 만큼 따로 고찰되거나 서로 구별되는 경우가 아주 드물다. 하지만 종교에 대단한 열성을 가지지만 인류애의 공통감정조차도 결하고 극단적으로 악덕하고 타락한 일부 사람들의 사례가 있어 왔고, 믿는 신이 거의 없지만 도덕성의 규칙들을 행하는 것으로 보이고 인류를 향한 선한 의미와 애정(affection)을 가지고 행동하는 것으로 보여 온 사람들의 사례가 있어왔기 때문에 이것은 덕성이 단독으로 얼마나 멀리 갈 수 있고, 종교가 덕성을 뒷받침하는 데 얼마나 필요한 것인지, 또는 덕성을 제고하고 향상시키는 데 얼마나 능한 것인지를 탐구할 기회를 몇몇 사람들에게 주어 왔다. (…) 우리는 무엇보다도 먼저 우리가 무신론이라고 부르는 것이 무엇이고, 덕성이 무엇인지를 고찰해야 할 것이고, 그리고 나중에 우리는 이 양자의 상호 부합성을 정사精查해도 될 것이다.[584]

"이 양자의 상호 부합성"은 '무신론과 덕성의 부합성'을 말하는 것이

---

584) Anonymous(Shaftesbury), *An Inquiry Concerning Virtu* (1699), Bk.I, Sect I, 3-4쪽.

다. 따라서 이것은 『혜성에 관한 다양한 생각』(1683)에서 중국을 사례로 '도덕적 무신론 사회'를 논한 피에르 벨의 주장을 수용한 것으로 보인다. 그리고 "종교에 대단한 열성을 가지지만 인류애의 공통감정조차도 결하고 극단적으로 악덕하고 타락한 일부 사람들의 사례"에 대한 섀프츠베리의 환기는 16-17세기 기독교의 실태를 비판하는 것이다. "신을 거의 믿지 않지만 도덕규칙들을 행하고 인류를 향한 선한 의미와 애정을 갖고 행동해 온 사람들의 사례"는 전자의 사례와 달리 시야를 유럽에 가두면 구할 수 없는 것이다. 그렇다면 이 사람들은 누구인가? 이 대목에서 '평상적 무신론'과 '간헐적 유신론'을 유연하게 교대로 겸용하는 극동의 유교국가와 불교국가에서 윤리와 종교가 분리되어 있다는 것, 그리고 극동사람들은 무신론자나 신을 제대로 믿지 않는 자들이더라도 유럽인들보다 더 도덕적인 삶을 산다는 사실은 유럽에서 광범하게 알려져 있었다. 특히 이에 정통했던 피에르 벨과 절친했던 섀프츠베리는 극동 사람들이 유럽 기준으로 볼 때 종교를 믿지 않는 자들이더라도 아주 도덕적인 삶을 영위하는 사람들이라는 사실을 특히 잘 알고 있었음이 틀림없고, 그가 "신을 거의 믿지 않지만 도덕규칙들을 행하고 인류를 향한 선한 의미와 애정을 갖고 행동해 온 사람들"로써 중국인·한국인·일본인들을 의미했음도 틀림없어 보인다.[585] 도덕철학에서 언급할 만한 당시의 '덕스러운 무신론 사회'는 전 세계에서 유교사회밖에 없었기 때문이다.

이런 세계적 맥락에서 보면, 섀프츠베리의 당시 도덕철학 시론이 이미 동아시아의 도덕철학, 특히 극동의 공맹철학에 무젖은 논의를 전개할 것이라고 예견할 수 있다. 무상불, 그는 1709년 『광신에 관한 편지』에서 성선설을 피력하면서 이에 기초한 '단순한 철학'이 기독교와 관련된 유럽의 종교적 오류를 교정할 것을 주장한다.

---

585) 참조: Yu Liu, *Seeds of a Different Eden*, 118-119쪽.

- 선善은 우리가 아주 잘 이해할 수 있는 다른 자질들과 같은 것이 아니다. 우리는 어떤 식으로든 노래하거나 연주할 수 없으면서 음악에 탁월한 음감을 가질 수 있다. 우리는 시인이 아니면서, 또는 시인 기질을 조금도 가지고 있지 않으면서도 시를 잘 비평할 수 있다. 그러나 우리는 자신이 웬만큼 선하지 않으면 웬만한 선 개념을 가질 수 없다. 그리하여 신에 대한 찬양이 신에 대한 숭배의 아주 커다란 부분이라면, 내 생각에, 우리는 어떤 괜찮은 방식으로 찬양하는 방법을 배우는 것 외에 다른 길이 없다면 선을 배워야 할 것이다. 왜냐하면 불건전한 빈 가슴으로부터 신을 찬양하는 것은 분명 세상에서 가장 큰 불협화음을 일으킬 것이다.[586]

그리고 바로 이어서 섀프츠베리는 "우리는 자신이 웬만큼 선하지 않으면 웬만한 선 개념을 가질 수 없다"는, 공맹의 명제로 여겨지는 이 간단한 도덕철학 명제로 유럽 기독교의 오류를 바로잡을 것을 주장한다.

- 우리 자신의 내면을 들여다보는 이 거짓 없는 소박한 철학(this plain home-spun Philosophy)이 우리에게 우리의 종교적 오류를 바로잡는 경이로운 역할을 해줄 수 있는 다른 근거들이 있다. 왜냐하면 전해 듣는 일종의 간접적 열정(a sort of enthusiasm of second-hand)이 있기 때문이다.[587]

---

586) Schaftesbury, *A Letter Concerning Enthusiam* [1709], 26-27쪽(1708년본: 42-43쪽). Anthony Ashley Cooper, Third Earl of Shaftesbury, *Characteristicks of Men, Manners, Opinions, Times*, Vol. I in 3 volumes [1732] (Indianapolis: Liberty Fund, 2001). LF Printer PDF (Accessed from http://oll.libertyfund.org/title/811 on 2010-11-13).
587) Schaftesbury, *A Letter Concerning Enthusiam* [1709], 27쪽(1708년본: 44쪽).

섀프츠베리는 중국과 유교경전으로부터 인간의 소박한 보편적 도덕생활과 도덕원칙을 전해 듣고 타오르는 간접적 열정에 의해 유럽 기독교인들의 종교적 오류를 교정하고 싶어 하고 있다. 여기서는 중국이나 극동, 또는 타문명권을 명시적으로 지목하고 있지 않지만, 『독백, 또는 어느 저자에게 주는 조언』(1710)에서 아예 이를 명시하고 아울러 다른 문화들을 향한 당시의 시대적 취향을 밝힌다.

- 우리가 무신론자들로 비난받는 것으로 알고 있는 많은 신사들의 취향과 판단을 형성하는 데는 쉽게 믿지 않는 회의적 성향 외에 다른 뭔가가 확실히 있는 것 같은데, 이것은 최근에 알려진 어떤 방식보다 더 새로운 방식으로 철학하려고 노력해볼 만하다. 내 보기에 늘 나는 단순한 대중적 방식과 다른 방식으로 그럴지라도 이런 종류의 사람들이 일반적으로 더 쉽게 믿는다고 생각해왔다. 내가 이런 성격의 사람들과 교류에서 관찰한 것 외에, 나는 그들이 이스라엘 신앙이 없으면 중국 신앙이나 인도 신앙으로 벌충할 수 있는 많은 저주받는 저자들을 제시할 수 있다. 그들은 시리아나 팔레스타인에 대한 지식이 얕다면 미국이나 일본에 대해서는 넉넉할 것이다. 탁발승과 선교사, 해적과 변절자들, 선장과 믿을만한 여행가들이 쓴 잉카의 역사나 이러쿼이 족의 역사는 신빙성 있는 기록으로 통하고 거장의 이런 유형의 기록은 경전으로 통한다. 기독교적 기적이 그들을 만족시킬 수 없지만, 무어제국과 이교국가들의 불가사의한 이야기들에 관해서는 최고의 만족감 속에서 숙고한다. 그들은 가장 지혜롭고 가장 세련된 사람들의 사건들, 정부, 삶에 관한 가장 세련되고 가장 훌륭한 이야기들을 듣는 데서보다 괴물 같은 인간들과 풍속에 관한 괴기스런 보고를 듣는 데서 훨씬 더 큰 기쁨을 느낀다. 우리들을 그리스·로마역사보다 튀르키예역사를

더 좋아하고 버질보다 (요나래[거란] 공주 이야기를 쓴 - 인용자) 아리오
스토를, 그리고 『일리어드』보다 모험 이야기나 소설을 더 좋아하게 만
드는 것은 동일한 취향이다.[588]

샤프츠베리는 여기서 무신론자로 비난받는 철학자들을 "이스라엘 신
앙이 없으면 중국 신앙이나 인도 신앙으로 벌충할 수 있는 많은 저주받
는 저자들"과 등치키면서 바로 자기 이야기를 하고 있다. 왜냐하면 그도
생전에, 그러나 사후에도 세간에서 무신론자 혐의를 받았기 때문이다.
그는 기독교 신앙을 중국의 도덕철학으로 대체하려는 시대 조류도 아울
러 거론하고 있다. "그리스·로마역사보다 튀르키예역사를 더 좋아하고
버질보다 아리오스토(의 중국 이야기)를 더 좋아하는" 취향을 가진 자들
은 부족한 이스라엘 신앙을 중국 신앙으로 벌충하는 무신론자들만이 아
니라 바로 "우리들"이기도 하기 때문이다.

그리고 1699년의 『덕성에 관한 탐구』에서 인용한 바로 위 인용문에서
무신론과 덕성의 상호부합성을 정밀 탐사한다는 샤프츠베리의 예고는
'무신론 사회가 유신론 사회보다 더 도덕적일 수 있다'는 피에르 벨의 도
발적 테제에 영향 받은 것임을 알 수 있다. 이를 위해 샤프츠베리는 『덕
성에 관한 탐구』에서 유신론, 유일신론, 다신론, 악령주의, 무신론 등을
다음과 같이 엄밀하게 정의한다.

- 만물만사가 선하고 영원한 설계원리나 정신에 의해 최선의 것에 따라
  다스려지고 질서 잡히고 규제된다고 믿는 것은 '완전한 유신론자'인

---

[588] Shaftesbury, *Soliloquy: or Advice to an Author* [1710], 212쪽(1710년본: 345-346
쪽). Anthony Ashley Cooper, Third Earl of Shaftesbury, *Characteristicks of Men,
Manners, Opinions, Times*, Vol. II in 3 volumes [1732] (Indianapolis: Liberty Fund,
2001). LF Printer PDF (Accessed from http://oll.libertyfund.org/title/811 on 2010-
11-13).

것이다. 설계하는 원리나 정신도 사물의 어떤 원인이나 척도 또는 규칙을 전혀 믿지 않고 우연을 믿고 그리하여 자연 속에서 전체의 이익도 어떤 특수자의 이익도 얘기되고 추구되고 설계되고 지향될 수 없다고 생각하는 것은 '완전한 무신론자'인 것이다. 단 하나의 최고의 선한 설계원리나 정신을 믿는 것이 아니라 여러 원리나 정신을 믿는 것은 다신론자인 것이다. 이 단일한 정신이나 이 많은 정신들이 절대적·필연적으로 그 본성에서 선한 것이 아니라 사악하고 부정의하다고 믿는 것은 악령주의자인 것이다. (…) 최고의 정신이 설계로부터가 우연으로부터 생겨나 한 정신이 이런 일들에서 지배하지만 다른 일들에서는 우연이 지배한다면, 이것은 '일정한 정도에서 무신론자'인 것이다.[589]

섀프츠베리의 정의에 따르면 극동의 유교국가 백성들은 "일정한 정도에서의 무신론자들"인 것이다. 유교국가의 무신론적 해석은 바로 예수회 신부들의 해석에 맞서는 벨의 기본 입장이다.

섀프츠베리의 20대 덕성 연구에서는 아직 로크의 에피쿠리언적(쾌락주의적) 공리주의 영향이 남아 있었다. '이익'과 '선'을 동일시하고 있었기 때문이다.

- 모든 피조물에게는 이 피조물 안에서 목적으로 존재하는 일정한 이익(*interest*) 또는 선이 있다. 그의 욕구·감정·애정이 이 목적에 기여하는 것 아니라 반대이면 이것은 그에게 악이다. 어떤 욕구나 감정이 그를 타인들에게 해롭게 만들 때 그가 타인들의 관점에서 악하다고 얘기되는 것처럼 이런 식으로 그는 그 자신의 관점에서도 악한 것이다.[590]

---

589) Anonymous(Shaftesbury), *An Inquiry Concerning Virtu* (1699), Bk.I, Sect I, 7-8쪽.
590) Anonymous(Shaftesbury), *An Inquiry Concerning Virtu* (1699), Bk.I, Sect I, 12-13쪽.

여기서 섀프츠베리는 아직 미숙해서 '선'을 '이익'과 혼동하고 있다. 그러나 섀프츠베리는 1709년경이면 벌써 선을 이익으로 환원하는 이 공리주의 도덕론을 걷어 차버린다. 1709년에 나온『공통감각』에서 이렇게 말한다.

- 당신들은 '이익이 세상을 지배한다(interest governs the world)'는 속언을 들었을 것이다. 그러나 나는 세상사를 좁게나마 꿰뚫어본 그 누구라도 이기적 이익(self-interest)과 대립되는 감정·유머·변덕·열정·당파심, 그리고 수천 가지 다른 스프링들이 세상이라는 이 기계의 움직임들에 상당한 참여지분을 가지고 있다는 것을 발견할 것이다. 이 엔진 속에서는 쉽게 상상되는 것보다 더 많은 바퀴와 대항추가 있다. 그것은 종류가 너무 복잡해서 하나의 단순한 관점 아래 들어오거나 한두 마디로 짧게 설명될 수 없다. 이 메커니즘을 연구하는 저 연구자들은 낮고 좁은 범위의 운동 외에 다른 모든 운동들을 간과할 정도로 아주 부분적인 눈을 가졌음이 틀림없다. 아마 이 기계의 주된 스프링들이 이 자연본성적 정감이거나 이 정감들로부터 도출된 합성된 종류라는 것으로 드러나고 본성의 반절 이상을 보유하는 것으로 나타날 때, 이 시계 장치의 계획이나 디자인 속에 더 좋고 더 확대된 정감 쪽의 바퀴나 균형추가 전혀 허용되지 않는 것, 아무것도 친절과 관후함 속에서, 그리고 아무것도 순수한 성선性善 또는 우정 속에서 또는 어느 종류의 사회적 또는 자연적 정감을 통해서 행해지는 것으로 이해되지 않는 것은 어렵다.[591]

섀프츠베리는 "이기적 이익과 대립되는 감정·유머·변덕·열정·당파심,

---

591) Shaftesbury, *Sensus Communis*, 72-73쪽.

그리고 수천 가지 다른 스프링들"이 세상의 메커니즘을 돌리고 있다는 말로써 공리적 행위동기의 파급력을 지극히 좁고 저급한 범위로 한정시키고 있다. 근면·청결·검소·인내심·견인불발성·모험심 등 개인과 관련된 도덕항목들도 개인 자신에게 이익이 되는 것으로만 본다면 이 항목들도 결코 도덕적일 수 없다. 그것은 단순히 그의 이익이지 그의 도덕성이 아니다. 그러나 그가 근면·청결·검소·인내심·견인불발성·모험심을 가졌다면 그가 남에게 폐를 끼치지 않는 점에서 간접적 차원에서 이 항목들은 도덕성을 얻는 것이다.

당시 아직 유행하던 '도덕은 신에 대한 의무'라는 기독교적 도덕관을 벗어나 공리주의 도덕관에 빠져들지 않는 것은 사실상 불가능한 일이었다. 하지만 섀프츠베리는 늦어도 10년 만에 네오에피쿠리언 공리주의 도덕관을 말끔히 청산함으로써 공맹의 도덕철학에 한 발 더 다가섰다. 맹자는 『맹자』 첫 장 「양혜왕」의 첫 구절에서 이렇게 '인의仁義'와 '이익'을 분리시킨다.

- 양혜왕이 맹자에게 "노인장께서! 불원천리 오셨으니 역시 내 나라에 장차 이로움이 있을 것인가요?"라고 물었다. 맹자가 대답하기를, "왕이시여! 어찌 하필 이익을 말하십니까? 역시 인의仁義가 있을 따름입니다. (…) 진실로 인의를 뒤로하고 이익을 앞세우면 찬탈하지 않고는 만족하지 못할 것입니다. 인애하면서 그 부모를 버리는 자는 없었고, 의로우면서 그 임금을 뒤로하는 자는 없었습니다. 그래서 왕도 역시 인의만을 말하는 것입니다. 그런데 어찌 하필 이익을 말하십니까?"라고 했다.[592]

---

592) 『孟子』「梁惠王上」(1-1). "孟子見梁惠王. 王曰 叟! 不遠千里而來 亦將有以利吾國乎? 孟子對曰 王! 何必曰利? 亦有仁義而已矣. (…) 苟爲後義而先利 不奪不饜. 未有仁而遺其親者也. 未有義而後其君者也. 王亦曰仁義而已矣 何必曰利?" 梁나라는 秦나라에 밀려

맹자는 여기서 '인의'을 단지 '이익'보다 높이 칠 뿐만 아니라 '나라의 이익', 즉 '국익(공익)'보다도 높이 놓고 있다. 인의도덕은 '이익 일반'과 차원이 다를 뿐만 아니라 또 이 이익 일반의 차원을 뛰어넘기도 하는 고차적 행동원리라는 말이다. 1699년의 『덕성에 관한 탐구』 이후 10년 동안에 섀프츠베리는 이런 공맹의 차원 높은 도덕철학을 완전히 소화·섭취한 것이다.

당시 서양사상계에서 기독교신학의 계시도덕론과, 이것과 연계된 스콜라철학자들의 독단적 합리주의 도덕론을 극복하고 홉스와 로크가 대변하는 에피쿠리언적(쾌락주의적) 도덕론에 빠져들지 않는 것은 매우 어려운 상황이었다. 그러나 도덕을 이성으로 설명하려는 스콜라철학적 합리주의 도덕론과, 도덕을 쾌락으로 설명하려는 에피쿠리언적 도덕론을 동시에 물리치고 놀랍게도 '제3의 길'로서 본유적 도덕감정과 시비감각에 기초한 공자주의 철학을 받아들인 것이다. 그가 비록 종교논쟁에 연루되는 것을 피해 공맹을 언급하지 않았을지라도 하늘에서 뚝 떨어진 것 같은 그의 '시비감각'이라는 용어와 사상체계는 '극동산'임을 금방 알 수 있다. 따라서 그는 서양철학 전통에서 자신을 정당화할 수 있는 철학자를 거의 인용할 수 없었고, 겨우 호라티우스의 시구詩句를 몇 대목 인용하는 것으로써 서양의 철학적 논의 전통 속에 통합시키려고 노력했다. 따라서 그의 도덕철학은 공맹철학에 정통하지 않은 사람들에게 아주 독창적으로 비쳐졌다.

그러나 섀프츠베리는 1699년의 『덕성에 관한 탐구』의 집필 단계에서도 공맹철학을 수용한 것을 알 수 있는 특별한 개념과 사고패턴을 보여준다. 가령 '시비감각'이 그 중 하나다.

※ 수도를 大梁(지금의 개봉)으로 옮긴 뒤 붙여진 魏나라의 별칭이다.

● 한 피조물이 관대하고 친절하고 변함없고 동정적인데 그가 행하는 것을 반성할 수도 없고, 관대하고 바르고 또는 정직한 그것을 관찰하고 선한 감정에 의해 행해지는 선행이나 선의 관념·개념을 그의 감정(affection)의 대상이 되게 만듦으로써 그가 행하거나 타인들이 하는 것을 보는 것을 평가하지 못한다면 이 피조물은 덕스럽다는 이름을 얻지 못한다. 왜냐하면 어떤 다른 식으로도 아니고 저런 식으로만 이 피조물은 무엇이 바른 것인지 또는 그른 것인지에 대한 – 어떤 종류의 감각이든 – 감각(a sense, in any kind, of what is right or wrong)을 가질 수 있기 때문이다. 즉, 저런 식으로만 바르고 합당하고 선한 감정(just, equal, and good affection)을 통해 행해진 것과 그렇지 못한 것에 대한 감각을 가질 수 있기 때문이다.[593]

섀프츠베리는 여기서 '인지적認知的' 지각(cognitive perception)으로서의 감각과 '느끼는' 감정(feeling emotion)으로서의 감각을 구분하지 못하고 있지만 "무엇이 바른 것인지 또는 그른 것인지에 대한 감각"이라는 말로써 서양철학에서 사상초유로 '시비감각' 개념을 선보이면서 이 시비감각의 꾸준한 개발과 함양에서 생기는 선악판단력 없이는 덕자일 수 없다고 말하고 있다. 이것은 도덕적 지혜 없이는 인의仁義덕자일 수 없다는 공맹의 말과 다름없다.

섀프츠베리는 다시 확인한다. "이와 같이 해서 우리는 덕성(합리적 피조물 안에서 감정의 선성善性이나 건전성)이 시비에 대한 바른 지식에 얼마나 많이 좌우되는지, 그리고 감정의 바른 적용과 발휘에 근거를 줄 수 있는 이성의 바른 사용에 얼마나 많이 좌우되는지를 발견하게 된다. 무

---

593) Anonymous(Shaftesbury), *An Inquiry Concerning Virtu* (1699), Bk.I, Sect II, 28-29쪽.

시무시하거나 비본성적인 어떤 것도, 모범적이지 않은 어떤 것도, 종이나 체계를 유지시키는 그 본성적 감정에 배치되거나 파괴적인 어떤 것도 어떤 영예 관념을 통해 어떤 이유가 있더라도 또는 어떤 원리에서든 또는 인류에 대한 선이나 최고권력에 대한 복종의 핑계에서든 어느 때든 경향적 애정·사랑·존경의 좋고 적절한 대상으로 추구되고 애호될 수 없다는 것을 발견하게 된다."[594]

그리고 섀프츠베리는 '부당한 감정(unequal affection)'을 설명하면서 맹자가 묵자의 겸애설을 비판할 때 사용한, '남의 아버지보다 나의 아버지를 먼저 위해야 한다'는 선근후원先近後遠 원칙을 모방하고 있다. "어떤 일이 바르지 않고 불공평하고 인간이 속한 종이나 체계의 선(the good)에 보편적으로 도움이 되지 않는 감정에 의해 행해진다면 이 일은 확실히 잘못된(wrong) 성질의 것이다." 반면, "감정이 적당하고 건전하고 선하다면, 그리고 감정의 주체가 사회에 유익하게 동일한 식으로 추구되고 애호된다면 이것은 바를(right) 수밖에 없다." 한편, "잘못(wrong)은 단지 위반의 원인인 행위(왜냐하면 적을 때려죽인 아들이 동일한 타격으로 아버지를 죽이면 잘못이기 때문이다 – 이것은 적을 죽인 것이 아니다)만이 아니라, (아들이 아버지의 안전에 아무런 관심이 없고 무관한 사람의 안전을 그의 아버지의 안전보다 먼저 챙길 때처럼) 불충분하고 부적당한 감정에 의해 행해진 행동이기도 하기 때문에 이 행동은 잘못된 성질의 것이다."[595]

섀프츠베리는 '부적당한 감정'의 이해를 돕기 위해 "부당한 감정"을 "실제로 늘 존재하는 대로의 대상을 향해서가 아니라(그것이 실존하는 대상과 관련된 것이라면 곤경에 빠진 아버지를 구하려 달려갔지만 잘못된 사람

---

594) Anonymous(Shaftesbury), *An Inquiry Concerning Virtu* (1699), Bk.I, Sect II, 34쪽.
595) Anonymous(Shaftesbury), *An Inquiry Concerning Virtu* (1699), Bk.I, Sect II, 29쪽.

을 아버지로 착각하는 것도 '부당한 감정'일 것이고 결과적으로 잘못이 될 것이기 때문), 존재하는 것으로 보이는 대로의, 즉 정신의 대상인 대로의, 그리고 감각에 의해 표현되는 대로의 대상(들)을 향해 불비례적으로 또는 부당하게 적용된 감정"으로 정의한다. "방금 언급된 이 사례에서 감정은 이 의미에 따르면 대상에 바르게 적용되었다. 그리하여 이 감정은 시력이 아마 나빴을지라도 부정한(*unjust*) 것이 아니라 합당하고 바른 것이었다. 그리고 이와 같이 생면부지의 인물을 자신의 아버지로 착각하는 자는 반半장님일 것이다."[596] '부당한 감정'이란 결국 '불비례적 감정'이고, '불비례적 감정'은 촌수寸數나 친소에 비례하지 않는 감정을 말한다. 공자의 '친친지쇄親親之殺', 맹자의 '추은推恩'의 선근후원 원칙을 들고 있는 것 같다. 맹자는 "묵적은 겸애하는데 이것은 아비를 무시하는 것이고, 아비를 무시하면 (…) 이것은 금수인 것이다(墨氏兼愛 是無父也 無父[...] 是禽獸也)"라고[597] 비판하지 않았던가?

샤프츠베리는 호감·사랑·존경·연민·동정심 등의 선한 감정을 인간본성으로 믿는 한에서 기본적으로 성선설을 믿는다.

- 악한 감정이나 정감이 휘저어지고 일관되게 사악한 본성적 성정의 어떤 부분이 존재한다면, 본성적 성정의 다른 부분에서 감정들은 배치되는 사악한 성정의 이 다른 기도를 제압할 정도로 선을 향해 아주 대단하게 강렬하고 시비·덕스런 삶·완전무결의 감정들이 아주 강렬하게 고착되어 있다는 것, 이것은 이러한 사람에 있어 덕성의 원리가 얼마나 강력한지, 그리고 (덕성의 참된 원리인) 선과 바름을 향한 철저한 감정이 본성적 성정 속에 얼마나 강렬하게 고정되고 이 성정에 얼마나 많

---

596) Anonymous(Shaftesbury), *An Inquiry Concerning Virtu* (1699), Bk.I, Sect II, 29-30쪽.
597) 『孟子』「滕文公下」(6-9).

이 씌었는지에 대한 상상할 수 있는 가장 큰 증거다.[598]

 "덕성의 참된 원리인 선과 바름을 향한 철저한 감정이 본성적 성정 속에 아주 강렬하게 고정되고 이 성정에 아주 많이 씌었다"는 말은 공맹의 성선설을 표현하는 것이다. 로크가 도덕적 성백론을 통해 기독교적 원죄설의 도그마를 무마했다면, 섀프츠베리는 강력한 성선설을 통해 제대로 원죄론적 성악설을 정면으로 돌파하고 있다.

 공맹은 덕성 개념에서 '지智'의 측면에도 유의했지만 특히 '체득體得'(德也者得於身也) 또는 '확충擴充'의 측면, 한 마디로 '수신교육'의 측면을 중시하고,[599] 아리스토텔레스는 '습관'을 중시했다.[600] 그런데 섀프츠베리는 덕성에서 인지적 측면을 중시한다. 그런 만큼 그는 덕성 개념을 인지적 시비감각의 도움에 의해 정의한다. "덕성의 본성이 우리가 이후부터 판단과 감정을 포괄하는 것으로서의 마땅한 시비감각(a due sense of right and wrong)이라고 불러도 될 '바르고 합당한 감정(just and equal affection)'에 있기 때문에 이러한 감각의 능력을 가진 피조물 안에서 다음의 예외적인 경우 외에 어떤 것도 덕성의 원리를 배제하거나 방해할 수 없고 덕성을 무효로 만들 수 없다."[601] 여기서 섀프츠베리는 인지적 시비감각(선악판단)과 시비감정을 결합시킨 맹자의 '시비지심'과 유사하게 '시비감각'을 "(인지적 - 인용자) 판단과 (느끼는) 감정을 포괄하는 것"으로 정의하고 있다. '시비감각'에 입각한 '시비감정'은 가可·불가不可감정(approbation & disapprobation), 즉 칭찬·비난감정, 자찬감(뿌

---

598) Anonymous(Shaftesbury), *An Inquiry Concerning Virtu* (1699), Bk.I, Sect II, 29-30쪽.
599) 『禮記』「鄕飮酒義 第四十五」;『孟子』「公孫丑上」(3-6).
600) Aristoteles, *Die Nikomachische Ethik*, 1103a14-17 (제2권-1): "윤리적 덕성은 습관(에토스[εθος])의 산물이다."
601) Anonymous(Shaftesbury), *An Inquiry Concerning Virtu* (1699), Bk.I, Sect II, 40쪽.

듯함), 결백감, 죄책감(미안함, 죄스러움) 등을 가리킨다. 덕성의 원리를 배제하거나 방해할 수 있고 덕성을 무효로 만들 수 있는 '예외적인' 경우는 "(1) 시비감각을 전체적으로 또는 일정한 정도로 배제하거나 박탈한 경우, (2) 시비에 대한 그릇되고 교란된 감각을 야기하는 경우, (3) 시비감각이 존재하더라도 감정을 반대되는 것으로 인도하는 수단인 경우"를 말한다. 이 '예외적인' 경우는 비인도적 관습·교육·종교 등에 의해 생겨난다.[602]

샤프츠베리는 『덕성에 관한 탐구』에서 '시비감각'이라는 용어를 26회 정도 사용한다. 따라서 이 단계에서 '시비감각'은 이미 그의 도덕철학적 중심용어로 정착한 상태였다. 1713년의 『덕성 또는 공덕에 관한 탐구』에서도 '시비감각'이라는 용어를 26회가량 쓰는 것을 감안할 때 시비감각을 중심으로 한 그의 도덕철학은 일정한 연속성을 가진 것이라고 할 수 있다.

이제 서두에 예고한 대로 무신론과 덕성의 관계에 대한 샤프츠베리의 입장을 살펴볼 차례다. 그는 무신론이 시비감각을 강화하지도 않지만 그렇다고 시비감각을 약화시키거나 해치는, 즉 그릇된 시비감각을 세우는 역할을 할 것이라고 보지 않는다.

- 무신론에 관한 한, 그것은 그것이 시비의 그릇된 체제 또는 가식을 세우거나 만드는 데 어떤 영향을 직접 가질 수 있는 것으로 보이지 않는다. 왜냐하면 한 인간이 무신론에 의해 야기된 그릇된 관행에 의해 모든 시비감각(말하자면 위에서처럼 어떤 도덕행위에 있어서든 모든 선악과 미추의 감각)을 다 잃어버리게 될지라도, 그리하여 어떤 피조물이 이기적 성질의 것, 계획적 자기목적과 관계된 것, 어떤 쾌락욕의 충족,

---

602) Anonymous(Shaftesbury), *An Inquiry Concerning Virtu* (1699), Bk.I, Sect II, 40쪽.

동물상태의 호기심 외에 그를 매혹시킬 어떤 것도 가지고 있지 않을 때처럼 무신론이 거의 철저한 이기심의 유인일지라도, 무신론은 그 자체로서 수행상 고귀하고 관대하고 자부심 있고 상 받을 만한 자격을 가진 것 - 이것은 이기적인 것의 정반대다 - 과 같은 어떤 판단이나 어떤 것의 평가의 원인일 수 있는 것으로 보지 않는다. 그리하여 사람의 고기를 먹고 짐승 짓이나 언급과 같은 유사한 어떤 행위든 저지를 수 있는 존재자들은 같은 식으로 그들 자체에 있어 선하고 훌륭하다고 생각될 것이다.[603]

샤프츠베리는 무신론을 고상한 도덕을 고취하지도 않고 이기심을 촉진할지 몰라도 시비체계를 망가뜨리지도 않는 중립적 요소로 보고 있다. 즉, 무신론은 도덕에 부정적 영향이든 긍정적 영향이든 아무런 영향을 끼치지 않는다.

이에 반해 종교나 미신을 조장하는 유신론은 덕성에 대해 무신론과 정반대되는 영향을 끼친다.

- 가장 으스스하게 비본성적이고 비인간적인 많은 일들이 가장 탁월한 것으로, 그 자체로서 선하고 칭찬할만한 것으로 받아들여지기에 이르게 되는 것은 악한 종교나 미신 때문이라는 것이 확실하다. 왜냐하면 짐승 같은 짓을 저지르는 것이 종교적 관행으로 가르쳐지는 곳에서는 그 짓이 일반적으로 높이 존중되고 그 자체로서 탁월한 것으로 가르쳐지기 때문이다. 그 까닭은 혐오스럽고 으스스한 일도 종교에 의해 언필칭 어떤 신의 명령으로 강요된다면, 그리고 거꾸로 어떤 일이 선하고 탁월한 것으로 여겨지는 것이 아니라 으스스하고 혐오스런 것으로

---

603) Anonymous(Shaftesbury), *An Inquiry Concerning Virtu* (1699), Bk.I, Sect III, 46쪽.

여겨진다면, 신은 그런 것으로 여기지고, 모든 종교가 믿는 것을 금하는 가증스럽고 악한 존재자(a Being)로 생각될 수밖에 없을 것이기 때문이다. 그리하여 어떤 악의 성질을 가진 신에 대한 사랑과 찬양을 가르치는 것은 그것이 무엇이든 동시에 그 악의 사랑과 찬양을 가르치게 되고 으스스하고 가증스런 것을 선하고 호감을 주는 것으로 여겨지게 만든다. 그러므로 신에 대한 찬송과 사랑이 모든 종교에 고유한 것인 한에서 신이 온전하게 선한 것으로 표현되지 않는 종교, 악과 불의와 잔학성으로부터 자유로운 것으로 표현되지 않는 종교가 존재할 때면 반드시 악하고 부정의하고 잔학한 어떤 종류의 일이든 선하고 바른 것으로 여겨 찬양되어야 할 것으로 만들지 않을 수 없는 짓, 그러므로 인간들이 본성적 감정에 반해 행동하고 인간들이 악해지고 부정의해지고 잔학해지는 원인이지 않을 수 없는 짓이 존재하게 되는 것이다.[604]

샤프츠베리는 종교를 '악한 종교'와 '선한 종교'로 나누고 악한 종교와 미신은 "가장 으스스하게 비본성적이고 비인간적인 것"을 "가장 탁월한 것", "그 자체로서 선하고 칭찬할만한 것"으로 둔갑시켜 백성을 도덕적으로 오도한다고 지적하고 있다. 이점에서 차라리 도덕과 자연본성적 시비감각에 대해 아무런 긍정적·부정적 영향을 끼치지 않는 무신론이 도덕을 해치고 인간본성을 왜곡시키는 악한 종교, 악한 유신론보다 낫다는 것이다. 이런 대비 속에서 샤프츠베리는 피에르 벨처럼 은근히 무신론을 편들고 있다.

나아가 샤프츠베리는 당연히 기독교가 '선한 종교'라고 전제하는 것처럼 보일지라도 정황상 기독교가 '선한 종교'라고 확신하기는커녕 기독교를 '악한 종교'로 비판하고 있다. 벨에 의하면, 기독교는 역사상 500-

---

604) Anonymous(Shaftesbury), *An Inquiry Concerning Virtu* (1699), Sect Ⅲ, 47-48쪽.

600년 동안 박해·학살·인종청소에 익숙해진 '살인종교'로서[605] 가장 '악한 종교'이기 때문이다. 기독교는 살인종교일 뿐만 아니라 원죄론적 성악설을 대변하는 악한 종교였다. 따라서 인간본성론적 성선설을 대변하는 섀프츠베리는 위 글에서 실은 암암리에 원죄론적 성악설의 종교적 발로로 대학살과 이교·이단박해를 일삼는 기독교를 '악한 종교'로 비판하고 있는 것이다. 이 해석은 섀프츠베리가 기독교를 '살인종교'로 단죄하는 벨의 정신적 제자인 한에서 전혀 사실무근이 아닌 것이다.

섀프츠베리의 은근한 무신론 옹호와 기독교 비판의 기조는 1713년의 『덕성 또는 공덕에 관한 탐구』에서도 그대로 이어진다. 로크는 신의 실존이 창조에서 명증적으로 드러난 지혜와 힘을 관조한 어떤 사람에게든 충분히 명백하다고 생각했다.[606] 자연법의 준칙들을 산출하기 위해서는 이성의 별도 노력이 요구되었다. 그러나 로크의 체계에서 자연법과 이성의 두 영역은 신에 의해 한 번 더 집행되는 자연법의 견지에서 도덕성을 구성함으로써 지워질 수 없이 연결되어 있었다. 도덕성에 대한 그의 후기 고찰(1695)에서 로크는 이성이 신적 계시의 도움을 받지 않으면 도덕성의 적합한 체계를 언제 성공적으로 이룰 것인지에 대해 비관적이 된다. 로크의 도덕이론 체계에서 성서의 계시된 명문은 신적 의지와 참된 도덕성의 불변적 요구에 대한 통찰의 중대한 원천을 제공한다. 따라서 기독교를 모르거나 경멸하는 사람은 로크의 이론체계에서 누구든 문

---

[605] 피에르 벨은 기독교를 500-600년 동안 학살에 익숙해진 '살인종교'로 보고 이를 이어받은 가톨릭의 폭력성·비이성·위선·정복성·침략성과 '기독교제국주의'를 비판한다: "그 끝을 완전한 통과하면서 기독교는 그의 위선을 끝내고, 온갖 방식의 폭력을 공인하고, 감히 그것에 반대하는 모든 사람들을 파괴했다. 십자군에 의해 멀리 드넓게 황폐화를 초래하고, 신세계를 경악스런 잔악 행위로 적시고, 이제 마침내 아직 피로 오염시키지 않은 지구의 나머지 땅인 중국, 일본, 타타르 등지에서 그 잔악 행위를 실행하려고 애쓰고 있다." Pierre Bayle, *A Philosophical Commentary on These Words of the Gospel, Luke 14.23, "Compel Them to Come In, That My House May Be Full"* [1686·1687·1688] (Indianapolis: Liberty Fund, 2005), 101-102쪽.

[606] Locke, *An Essay concerning Human Understanding*, Bk.I, Ch.iv, §9.

제 상황에 직면할 것이다. 로크는 윤리학의 완전한 체계가 그리스·로마의 고대인들이나 공자의 지혜를 끌어 모아 어떤 식으로든 상이한 원천들로부터 조립될 수 있다고 치더라도 그 결과가 집행자의 본질적 요소를 결할 것이기에 인류에 대해 아무런 영향을 미치지 못할 것이라고 생각했다.[607]

섀프츠베리는 이 문제들을 완전히 다른 시각에서 접근한다. 우리가 『덕성 또는 공덕에 관한 탐구』(1713)를 미리 엿보면, 섀프츠베리는 신 관념과 도덕성의 관념을 둘 다 내장된 본유관념으로 간주하지만 그래도 '시비감각이 신의 지식보다 앞서 생겨난다'고 강조한다.

- 반성을 사용할 줄 아는 피조물이 확정적 신 개념을 가질 시기에 앞서 도덕행위에 대한 호오감각, 즉 시비감각을 가지는 것이 가능하다는 것은 거의 의문시되지 않을 것이다.[608]

섀프츠베리의 이 입장은 '무신론자들의 사회가 반드시 부도덕성으로 내던져지는 것은 아니다'는 피에르 벨의 도발적 시사와[609] 관련된 것이다. 우리는 종교와 도덕성 간의 판명한 상이성을 그가 확인하는 방식에서 벨의 흔적을 찾을 수 있다. 제한된 나라들과 백성들을 검토해보면 종교관은 다양한 양상으로 나타난다. 어떤 나라는 교만하고 거칠고 잔인하며 폭력을 찬양하고 힘을 과시한다. 그러나 또 다른 나라들은 천성적으로 겸손하고 친절하고 우호적이며 우호적 행동을 사랑한다.[610]

---

607) Locke, *The Reasonableness of Christianity* (1695), 141-151쪽.
608) Shaftesbury, *An Inquiry Concerning Virtue or Merit*, 30-31쪽.
609) Pierre Bayle, *Pensées diverses sur la comète* (1682·1683·1704). Pierre Bayle, *Various Thoughts on the Occasion of a Comet* (Albany: State University of New York Press, 2000), §155(193-194쪽), §174, §178.
610) Shaftesbury, *An Inquiry Concerning Virtue or Merit*, 31쪽:

벨은 종교가 실제에서 도덕성에 거의 아무런 긍정적 영향을 미치지 않는다는 것을 입증했다. 오히려 종교는 무종교보다 신앙인의 잘못을 훨씬 더 크게 증폭시켰을 뿐이다.[611] 벨의 이런 도전적 견해는 섀프츠베리에게 큰 매력으로 다가왔다. 섀프츠베리는 영국에서 벨을 대변해 영국국교(성공회)의 영향과 제도적 권위를 제어하기를 원했다. 그는 종교의 참된 개념이 도덕성을 크게 고취할 수 있었지만 거꾸로 잘못된 종교는 인류에게 천문학적 피해를 가했다고 생각했기[612] 때문이다.

---

611) Bayle, *Various Thoughts on the Occasion of a Comet*, §134, §160.
612) Shaftesbury, *An Inquiry Concerning Virtue or Merit*, 27-30쪽.

제4절

샤프츠베리의
도덕감정적 도덕이론

『덕성 또는 공덕에 관한 탐구』가 처음 출판된 1711년은 『맹자』의 완역본을 포함한 노엘의 『중국제국의 고전6서』가 최초로 출판된 해이기도 하다. 1711년 샤프츠베리는 『덕성 또는 공덕에 관한 탐구』을 담은 가기의 전집 『인간·예절·의견·시대의 특징』을 익명 출판할 즈음에 같은 해에 출판된 노엘의 이 『맹자』 완역본을 접할 수도 있고 아직 접하지 못했을 수도 있다. 그러나 1711년의 『중국제국의 고전6서』가 유럽에서 널리 알려지면서 그도 1711-1712년경 어느 때쯤 이 책을 입수해 『맹자』 완역본을 읽게 되었을 것이다. 이것은 그가 1711년의 『덕성 또는 공덕에 관한 탐구』를 계속 수정해서 1713년에 다시 출판한 것에서 짐작할 수 있다.

샤프츠베리는 노엘의 맹자완역본을 보고 1711년의 도덕론 원고를 더욱 손질할 필요성을 느꼈을 것이다. 이후 2년 동안 샤프츠베리는 천식과 싸우면서 이 『인간·예절·의견·시대의 특징』에 실린 글들을 다시 수정하고 개작했다.[613] 아마 이 2년 동안의 거듭된 수정과 개작 과정에서 『덕성 또는 공덕에 관한 탐구』에 맹자의 도덕철학과 시비지심 개념이 좀 더 정확하게 반영되었을 것으로 보인다. 『인간·예절·의견·시대의 특징』은 그가 42세의 나이에 요절한 해인 1713년에 처음 실명 출판되었다. 따라서 여기에 같이 실려 공간된 1713년의 『덕성 또는 공덕에 관한 탐구』가 섀프츠베리의 최종적으로 완성된 도덕철학이다.

4.1. 본성적 도덕감정에 기초한 도덕이론

섀프츠베리는 1699년의 『덕성에 관한 탐구』에서처럼 1713년의 『덕성 또는 공덕에 관한 탐구』에서도 서양철학사 안에서 그야말로 돌출적·돌비적突飛的 개념인 '시비감각(Sense of Right or Wrong)'이라는 개념을 26회 가량 사용하고, 나중에 역사를 바꾸는 개념인 '본성적 도덕감각(natural moral Sense)'이라는 술어도 1회[614] 선보인다. 맹자처럼 그도 자타에 대한 시비평가 감정(결백감·자찬감·자탄감·자책감·수치심·미안함·송구스러움·죄송함)도 포괄하는 이 '시비감각'을 인간에게 '본성적' 감각으로 규정한다.

- 시비감각이 본성적 감정 그 자체처럼 우리에게 본성적이고 우리의 만듦새와 틀 속의 제1원리이기에, 이 시비감각을 즉각적으로, 또는 직접적으로 배제하거나 파괴할 수 있는 어떤 사변적 의견도, 확신이나 믿

---

613) Thomas Fowler and John Malcolm Mitchel, "Shaftesbury, Anthony Ashley Cooper, 3rd Earl of" (1911). Hugh Chisholm, *Encyclopædia Britannica* 24 (Cambridge University Press, 11th ed.), 763~765쪽.
614) Shaftesbury, *An Inquiry Concerning Virtue, or Merit*, 27쪽. 다른 저작에서도 한 번 "도덕감각" 개념을 쓴다. 참조: Shaftesbury, *The Moralist, a Philosophical Rhapsody*, 136쪽.

음도 존재하지 않는다. 원천적이고 순수한 본성을 가진 것은 배치되는 습관과 관습(제2본성) 외에 어떤 것도 대체할 수 없다. 그리고 이 감정이 영혼이나 감정적 부분 속에서 가장 일찍이 발생하는 원천감정이기에, 반대의 감정 외에 어떤 것도 빈번한 견제와 제어에 의해 이 감정을 부분적으로 감소시키거나 전체적으로 파괴할 정도로 이 감정에 작용을 가할 수 없다.[615]

일단 여기서 섀프츠베리가 시비'의 감각(sense)'과 시비의 '감정(emotion)'을 구별 없이 서로 바꿔 부르고 있다는 점을 양해해 둘 필요가 있다. 영어 'sense'가 원래 인지적認知的 '감각'과 느끼는 '감정'을 둘 다 의미하기 때문이다. 그도 맹자의 시비지심 속의 두 계기, 인지적 시비감각(시비판단)과 시비감정을 맹자처럼 구별하지 않은 것이다. 인지적 '시비감각'은 도덕감성적 '시비판단'을 가리키고, '시비감정'은 시비감각에 뒤따르는 훌륭하거나 못됐다는 감정, 가미·불가不可감정, 떳떳함(결백감), 뿌듯함(자찬감), 자책감, 죄스러움, 미안함 등을 '느끼는' 평가감정이다.

여기서 섀프츠베리는 시비감각이 희로애락의 본성적 감정과 마찬가지로 인간 본성의 일부이고 또 동시에 '제1원리', 또는 '제일 일찍이 발생하는 원천감정'이라고 말하고 있다. 따라서 어떤 이론적·철학적·종교적 의견·확신·신앙도 이 시비감각과 시비감정을 즉각, 직접 배제·파괴할 수 없다고 논변하고 있다. 오로지 '제2본성'으로서의 습성과 관습만이 이 시비감각을 대체하거나 뒤틀 수 있고 다른 감정만이 이 시비감각을 견제·제어할 수 있다는 것이다. 이 말은 시비감각이 좋은 감정적 습성과 관습에 의해 높이 발전해 덕성이 될 수도 있고, 시비감각의 본성에 거역하

---

615) Shaftesbury, *An Inquiry Concerning Virtue and Merit*, 25~26쪽.

는 나쁜 감정적 습성과 관습에 의해 저해되어 타락·왜곡될 수도 있다는 것을 뜻하는 것으로 보인다.

"시비감각은 본성적 감정 그 자체처럼 우리에게 본성적이다"는 섀프츠베리의 명제는 이전에 크게 논란되던 '본유적(innate)'이라는 말로 표현되던 것이다. 로크는 도덕적 지각의 본유성을 부정했고, 앞서 살펴보았듯이 섀프츠베리는 친구들에게 보내는 개인서한들에서 로크의 이 견해를 맹박했었다. 그리고 '본유적'이라는 말은 "생래적, 타고난(connatural)"이라는 용어로 대체하는 것이 좋다고도 했었다. 그리고『모럴리스트들』에서는 '본능'이라는 말로 대체해도 무방하다고도 말한다.

- 나(필로클레스)는 물었다. 그렇다면 당신은 이 정신적 자식들, 고움·정의·정직의 개념과 원리들이 이 관념들의 나머지와 더불어 본유하는(innate) 것이라고 주장하는 것인가? 그(섀프츠베리를 대변하는 테오클레스)는 말했다. "해부학자들은 몸의 원리인 알들(Eggs)이 본유한다고 우리에게 말해준다. 알들은 탄생하기 전의 태아 속에 이미 형성되어 들어있다. 이런 원리나 저런 원리, 감흥 기관들이나 감흥 자체가 처음 우리 안에서 형성되는 것이 언제인지, 즉 탄생하기 전인지, 탄생할 때인지, 탄생한 직후인지, 또는 그 이후에 어떤 시점인지는 의심할 바 없이 호기심을 일으키는 사색의 문제이지만, 크게 중요한 문제는 아니다. 물음은 '언급된 원리들이 기술(Art)로부터 생겨나느냐, 본성(Nature)으로부터 생겨나느냐?' 하는 것이다. 순수하게 자연본성으로 나오는 것이라면 시점은 중요치 않다. 또한 당신이 생명이 탄생의 순간에 앞서기보다 차라리 탄생순간에 뒤따른다고 생각하는 만큼 생명 자체가 본유적이지 않다고 부인할지라도 나는 당신과 다투지 않

을 것이다. 그러나 이것을 확신한다. 생명과, 이 생명을 따라다니는 감흥은 이것들이 하고자 할 때 오고, 단순한 자연적 본성으로부터 말미암지, 그 밖의 어떤 것으로부터도 말미암지 않는다. 그러므로 당신이 '본유적'이라는 단어를 싫어한다면, 당신이 원하면 이 단어를 '본능(Instinct)'이라는 말로 바꾸자. 그리고 기술·문화·훈육을 배제하고 본성이 가르쳐주는 것을 '본능'이라고 부르자."[616]

샤프츠베리는 당시 로크를 따르는 많은 독자들이 로크에 의해 오염된 '본유적'이라는 술어를 싫어할 것으로 생각해 '본능'이라는 술어로 바꿨다. 그러나 '본능'이 도덕성을 논하는 데 적절치 않다고 생각했는지 『덕성 또는 공덕에 관한 탐구』에서는 다시 '본성적'이라는 단어로 돌아오고 있다.

그런데 문제는 극동의 이교적 풍미가 느껴지는 이 본유적·본성적 '시비감각' 개념을 어떻게 '본유적'이라는 말조차도 싫어하는 당시의 로크주의적 영국철학계에 정착시키느냐 하는 것이다. 이를 위한 유일한 방도는 고대 그리스철학의 권위를 동원하는 수밖에 없었다. 테오클레스(샤프츠베리)는 필로클레스가 '본성적 (시비)감각' 대신에 에피쿠리언적 용어 "기성관념(프롤레페이스 $προλήφεις$)"을 쓰는 것을 인용認容한다. 그러나 이것은 시비감각이 '관념'이 아니라 감각적·감정적 '인상'이기 때문에 부적절한 것이다. 그러나 이때는 흄이 '인상'과 '관념'을 구분하기 전이므로 샤프츠베리는 로크의 미분화된 용어들을 섞어 쓰면서 이 대체언어를 그냥 무릅쓴다.

- 테오클레스는 응답했다. "그렇다면 이 찬탄할만한 사색은 대가·해부

---

616) Shaftesbury, *The Moralists, A Philosophical Rhapsody*, 229-230쪽.

학자·스콜라성직자들에게 맡겨두고, 우리는 이들 모두의 동의로 여러 기관들, 특히 생식기관들은 본성에 의해 형성된 것이라고 안전하게 단언해도 좋을 것이다. 당신은 이 기관들의 생후 사용(*after-use*)을 위한 본능이 자연본성으로부터 나온 것이라고 생각하는가? 아니면 학습과 경험이 이 생후 사용법을 압인押印해주어야(*imprint*) 한다고 생각하는가?" 필로클레스는 말했다. "그것은 충분히 양심 속에 압인되어 있다. 이 압인(*impression*) 또는 본능은 이 경우에 아주 강렬해서 다른 피조물들에서처럼 우리 자신의 종에서도 그것이 본성적이라고 생각지 않는 것은 황당무계할 것이다. 이 피조물들 가운데 (이미 당신이 내게 가르쳐준 대로) 새끼들의 단순한 생식뿐만 아니라, 이 새끼들을 부양하는 다양하고 거의 무한한 수단과 방법들은 모두 사전에 알려져(*foreknown*) 있다. 왜냐하면 이 야생적 피조물들의 선험적先驗的 (*preparatory*) 노동과 수법들 안에서 많은 것을 간취해 낼 수 있기 때문이다. 이것은, 네가 내게 어제 가르쳐준 단어를 써도 좋다면, 예감적 상상(*anticipating fancys*), 선선관념(*Pre-conceptions*), 또는 선선감지(*Pre-sensations*)를 증명해주는 것들이다." 테오클레스는 "나는 당신의 표현을 허용하고, 보다 높은 등급의 똑같은 선관념이 인간적 종 안에는 자리 잡고 있다는 것을 네게 보여주기 위해 노력할 것이다"라고 말했다.[617]

테오클레스는 에피구리언적 술어 "기성관념(프롤레페이스)"의 영역어 英譯語 "선관념"의 사용을 마지못해 용인해 주고 있다. '마지못해' 용인해준 까닭은 첫째, 본성적 시비감각이 '느낌(*feeling*)'인 반면, 기성관념은 '생각(*thinking*)'이기 때문이고, 둘째, 기성관념이 고대철학자들이 '본

---

617) Shaftesbury, *The Moralists, A Philosophical Rhapsody*, 230쪽.

유적'이라고 말하는 경우에도 그것은 근본적으로 '부지불식간에 누적된 경험지식'에 불과하기 때문이다.

섀프츠베리는 이어지는 대화에서 '본유성'이 시비의 '관념'(생각)에 적용되는 것이 아니라, 시비의 감정이나 감각, 즉 '느낌'에 적용되는 것임을 분명히 한다.

- 그(테오클레스)는 계속했다. (…) 그가 감사함이나 분노심, 긍지나 수치심을 가지고 있는가? 그것이 어떤 식으로든 존재한다면 그는 바름과 바르지 않음, 훌륭함과 상스러움에 대한 감각을 시인하는 것이다. 이에 필로클레스가 물었다. 그가 감사하다면, 또는 그가 감사를 기대한다면, "왜?, 그리고 무슨 이유에서?" 내(필로클레스)가 묻는다. 그가 화난다면, 그가 앙갚음을 충족시킨다면, "어떻게? 그리고 어떤 경우에? 무엇에 대해 복수하는가? 돌멩이에 대해, 또는 광인에 대해?" "누가 그렇게 미쳤는가?" "그런데 뭣 때문에? 우연한 상처 때문에? 생각이나 의도에 반대하는 사건 때문에?" "누가 그렇게 불의한가?" (테오클레스:) 그러므로 바름과 바르지 않음이 존재하는 것이다. 그리고 이것에는 분노나 화가 근거한 본성적 짐작(*presumption*)과 예감(*anticipation*)이 속한다. 만인에게 본성적인 잘못 감각(*sense of wrong*)과 이 잘못을 어떻게든 소추하려는 욕구만 빼고 그 밖의 무엇이 인류의 가장 사악한 자들로 하여금 종종 다른 모든 관심보다도, 심지어 생명 자체보다도 복수의 관심을 선호하게 만들 것인가? 이것은 그들 자신을 위해서가 아니다. 왜냐하면 자신들의 존재까지도 그것에 희생시키기 때문이다. 그것도 가상적 잘못에 대한 증오심에서, 그리고 심지어 불의한 인간들 안에서도 이런 사례에 의해 생명사랑 자체를 초

월하는 것이 입증되는 그 어떤 정의 사랑에서 그렇다.[618]

샤프츠베리는 필로클레스가 적용한 에피쿠리언적 술어를 넘겨받아 여기서 "*presumption*"과 "*anticipation*"이라고 영역하고 이것을 "잘못에 대한 감각(sense of wrong)", "생명 사랑", "정의 사랑" 등 감각과 감정에 적용하고 있다. 위에서 말한 이유에서 어감과 의미연관성은 어색하고 옹색하기 짝이 없다. 하지만 테오클레스(샤프츠베리)는 맹자의 시비지심에서 '유교' 냄새를 털어내고 이 시비지심을 서양철학의 전통 속에 통합시키기 위해 이 어색함과 옹색함을 감수하고 있다.

그러므로 이런 어색하고 옹색한 정황을 무시하고 샤프츠베리가 에피쿠리언적 기성관념을 시비감각에 적용하는 것을 허락해 줬다는 이유에서 그의 도덕철학을 스토아철학을 계승한 것으로 둔갑시킨다면 이것은 오류일 것이다.[619] 그리고 '프롤레페이스'를 심지어 '본유관념'과도 연결시키는 것은 더욱 큰 오류일 것이다.[620]

---

618) Shaftesbury, *The Moralists, A Philosophical Rhapsody*, 233-234쪽.
619) 그런데 대니얼 캐어리(Daniel Carey)가 바로 그런 시도를 하고 있다. "샤프츠베리 견해의 스토아적 내력은 우리가 잠시 고대적 원천으로 돌아가 보면 명백하다. 그는 원래 에피쿠리언적 개념이었던 것의 스토아적 각색물(adaptation)에 빚지고 있다. 그 개념은 '*preconception*' 또는 '*anticipation*'으로 영역될 수 있는 "프롤레페이스"의 개념이다. 무엇보다도 프롤레페이스는 자연적으로 형성되는 개념들이다. 그것은 교육이나 경험에 의존하지도, 이것들로부터 도출되지 않았다. (…) 에픽테토스(Epictetus)는 "프롤레페이스는 만인에게 공통된 것이고, 이 프롤레페이스는 저 프롤레페이스와 충돌하지 않는다. 우리들 중에 누가 선이 이롭고 선택될 어떤 것이라고, 그리고 모든 사정에서 우리가 선을 차고 추구해야 한다고 생각지 않겠는가?" Carey, *Locke, Shaftesbury and Hutcheson*, 112쪽.
620) 대니얼 캐어리는 '프롤레페이스'를 심지어 '본유관념'과도 연결시킨다. "프롤레페이스와 본유관념의 연결은 그의 입장을 지지해 달라고 르 클렉의 관점을 고취하는 선까지 가는 만큼 이 노트에서 명백해진다. (…) 르 클렉은 *Ideis Innatis*를 언급할 뿐만 아니라 그리스어의 등가적 술어 엠퓌톤 엔노이안(ἔμφυτον ἔννοιαν; 이식된 생각, 뿌리박은 개념)을 사용하고 했다. 이것도 역시 교육 없이 획득되는 본성적 덕성 개념을 가리키는 한 구절이었다. 중요하게, 그것은 타고난 선악개념과 해야 하고 하지 않아야 하는 행동이 있다는 사실을 시사했던 에픽테토스에 의해 사용되었다. 이와 같이 그들의 복수형태에서

섀프츠베리를 정확하게 읽어보면, 그는 본유적 '감각'과 '감정'만을 인정하고 본유'관념'은 부정하고 있다. 이것은 앞서 인용한 그의 편지글을 다시 읽어보면 분명해진다.

- 문제는 '시비에 대한 바로 그 철학적 명제들이 본유하는지'가 아니라, '사회를 향한 감정이나 애정이 그와 같이 본유하는지', 말하자면, '그런 감정과 애정이 본성적이고 저절로 솟아나오는 것인지, 아니면 기술에 의해 가르쳐지는 것인지, 그리고 편견을 고쳐 아래로 전달한 모모 제1 인간의 운 좋은 일격의 소산인지' 하는 것이다.[621]

철학적 명제는 이성적 사유가 만든 '관념'이다. 섀프츠베리의 입장은 사회적 감정과 애정의 '관념'이 본유한다는 말이 아니라, 사회적 '감정'이나 '애정' 자체가 '본유한다'는 것이다. 그가 로크를 적대적으로 비판한 것은 로크가 감각적 '인상'과 사유적 '관념'을 구별하지 못한 채 – 어리석은 애기엄마가 목욕물과 함께 애기까지 버리듯이 – 무분별하게도 도덕감정과 도덕감각의 본유심상들(innate images)까지도 몽땅 폐기해버렸기 때문이었다. 그런데 마찬가지로 인상과 관념의 분별의식이 없는 케어리는 이런 이유에서 섀프츠베리가 '마지못해' 수용한 "프롤레페이스(기성관념)", "*Ideae Innatae*(본유관념)", "엠퓌톤 엔노이안(뿌리박은 개념)"을 그의 본래적 용어인 양 그의 머릿속에 밀어 넣고 그를 스토아학파를 계승한 것으로 만들고 있다.

프롤레페이스, *Ideae Innatae*, 그리고 엠퓌톤 엔노이안은 동일한 의미론적 공간을 차지했고, 섀프츠베리는 이 용어들을 등가물로 취급했다." Carey, *Locke, Shaftesbury and Hutcheson*, 114-115쪽.

621) Rand (ed.), *The Life, Unpublished Letters, and Philosophical Regimen of Anthony, earl of Shaftesbury*, 414-415쪽 ("To General Stanhope", November 7th., 1709).

그러나 시비감각은 '관념'이 아니라 '감각'일 뿐이다. 따라서 이런 "프롤레페이스(προλήψεις)", "이데아에 이나타에(Ideae Innatae)", "엠퓌톤 엔노이안" 등의 '관념'이나 '개념'과 등치될 수 없다. 또한 이 모든 술어의 원천인 "프롤레페이스"는 시비감각처럼 본유적·생득적인 것이 아니다. 에피쿠르스의 말을 들어보자. 그는 「전범」에서 "진리의 척도는 우리의 감각과 프롤레페이스와 감정이다"고 언명한다.[622] 라에르티오스는 '프롤레페이스'를 다음과 같이 설명한다.

- 에피쿠리언들이 말하는 프롤레페이스는 우리 안에 축적된 이해, 우리 안에 축적된 바른 의견 또는 바른 관념, 즉 보편적 개념(카톨리켄 노에신; καθολικήν νόησιν)을 뜻한다. 그것은 가령 '이러저러한 사물은 사람이다'는 식으로 종종 현시되는 외부대상의 기억(회상)이다. 왜냐하면 '사람'이라는 낱말이 발언되자마자 우리는 감각들의 사전 작용에 의해 보유하게 된 프롤레페이스에 의해 사람의 모습을 지각하기 때문이다. 그렇다면 이와 같이 온갖 어휘들이 우리 안에서 일깨우는 첫 번째 관념은 바른 것이다. 실로 우리는 우리가 추적하고 있는 것을 미리 알지 않았다면 이것을 탐색할 수 없을 것이다. 가령 우리가 일정한 거리를 두고 저쪽에서 보는 것이 말이나 소라고 확인할 수 있기 위해서는 우리가 이 말과 소의 형태에 우리를 익숙하게 만든 모종의 프롤레페이스를 우리의 정신 속에 보유하고 있어야 한다. 우리는 사물들이 무엇인지에 대한 프롤레페이스를 가지고 있지 않다면 이 사물들에 대해 이름을 부여할 수 없을 것이다. 그렇다면 프롤레페이스는 확실한 것이다. 판단에 관한 한, 판단의 확실성은 판단을 자명한 기성관념과 비추어보는 것에 달려 있고, 이 프롤레페이스의 도움으로 우리는 이러

---

622) Diogenes Laertius, *Lives of the Eminent Philosophers*, "Book X - Epicurus", §31.

저러한 판단을 긍정한다.[623]

　라에르티우스의 이 설명을 통해 분명해지는 것은 '프롤레페이스'가 '뿌리박은' 관념이기는 하지만 '본유적·생득적' 관념인 것은 아니고, 부지불식간에 경험이 축적되면서 형성된 '경험적 일반자'(아리스토텔레스), 즉 '경험적 일반개념'이라는 것이다. 그러므로 '프롤레페이스'는 '예감적 상상(anticipating fancys)', '선선관념(Pre-conceptions)', '선선감지(Pre-sensations)' 등으로 번역되어서는 아니 되고 '기성旣成관념'으로 번역되어야 옳은 것이다. 동시에 에픽테토스의 "타고난 선악개념", "이데아에 이나타에", "엠퓌톤 엔노이안" 등 '프롤레페이스'의 스토아적 각색물들은 다 허황된 조작개념들인 셈이다. 이런 까닭에서인지 몰라도 섀프츠베리는 실명으로 출간된 그의 최후의 저작『덕성 또는 공덕에 관한 탐구』(1713)에서 '프롤레페이스'를 비롯해 그 어떤 스토아적 각색개념들을 단 한 번도 쓰지 않고 있다.

　따라서 섀프츠베리의 '시비감각'을 '프롤레페이스(기성관념)'의 일종으로 이해하는 것은 '이중적' 의미에서 그릇된 것이다. 왜냐하면 시비감각은 '관념'이 아니라 '감각'이고 '경험적'인 것이 아니라 '생득적'이기 때문이다. 이런 까닭에 섀프츠베리의 '본유적 시비감각' 개념을 스토아적 전통 속으로 밀어 넣고 이 개념의 극동적 유래를 말소하려는 케어리의 시도는 설득력이 전무하다고 결론지어야 할 것이다.

　다시『덕성 또는 공덕에 관한 탐구』에 대한 논의로 돌아오면, '시비감각'은 인간에게 본성적이기 때문에 이 감각이 타락하지 않는 한 인간의 덕성 원리로서 언제나 유력하게 살아있다. 섀프츠베리는 일단 "덕성의 본성"을 "도덕적 시비是非대상들(moral objects of right and wrong)에

---

623) Laertius, *Lives of the Eminent Philosophers*, "Book X - Epicurus", §33.

대한 합리적 피조물의 그 어떤 바른 성향(*just disposition*)이나 비례적 감정(*proportionable affection*)에 있는" 상태로 이해한다.[624] 그러므로 그는 "① 본성적이고 정확한 시비감각을 빼앗는 것, ② 그릇된 시비감각을 창출하는 것, ③ 상반된 감정으로 하여금 바른 시비감각을 대립시켜 저지하는 경우"를 "제외하면" 인간에게서 "아무것도 도저히 덕성의 원리를 배제하거나, 이 원리를 무효로 만들 수 없다"고 말한다. 다른 한편으로, "시비감각을 상당한 정도로 함양하고 촉진하거나 이 감각을 순수하고 타락하지 않은 채로 보존하는 것, 또는 이럴 때 다른 감정들을 정복해 이 원리에 굴복시킴으로써 이 원칙에 순종하도록 만드는 것만이 덕성원리를 지원하거나 진척시킬 수 있다".[625] 시비감각의 상당한 함양·촉진·보존과 (다른 감정들을 정복할 정도로의) 강화는 "무릇 사단四端이 자아에게 있는 것을 모두 다 알아서 이를 확충할 따름이니 이것은 불이 타오르기 시작하고 샘이 솟구치기 시작하는 것과 같다(凡有四端於我者 知皆擴而充之矣 若火之始然 泉之始達)"는 맹자의 사단확충론을[626] 반복하는 것처럼 보인다.

샤프츠베리는 시비감각의 저 박탈·왜곡·저지·약화의 경우들을 하나씩

---

624) Shaftesbury, *An Inquiry Concerning Virtue and Merit*, 23쪽. 이것은 덕성 개념의 정의가 아니라 덕성의 한 본성적 측면을 말한 것이다. 이것이 덕성의 정의라면 이것은 시비에 대한 느낌만 말하고 '체득(습관화)'의 측면을 결한 점에서 미흡한 것일 것이다. 그러나 이후 이것을 덕성의 정의로 오해해 비판하는 경우가 있었다. 존 브라운은 1751년 샤프츠베리가 "덕성이 (…) 우리의 감정과 시비의 도덕적 대상과의 일치에 있다"고 말했다고 비판했다. John Brown, *Essays on the Charackteristics of the Earl of the Shafttesbury* (London: Prited for C. Davis, 1751·1764), 116쪽. 게다가 브라운은 샤프츠베리가 동어반복적·순환적 정의를 하고 있다고 비판한다. "(…) 도덕적 시비대상에 따라 행동하는 것이라고 말하는 것은 진짜 하지만 원을 그리는 말 바꾸기에 지나지 않는다. 우리는 동등한 정당성을 갖고 '덕성은 덕스럽게 행동하는 데 있다'고 단언할 수 있을 게다."(117쪽) 그러나 덕성의 문제에서 도덕의 '습관화(체득)' 문제를 중시한다면, 샤프츠베리의 이 주장은 결코 순환논법일 수 없다. 브라운의 비판은 타당성이 없다고 할 것이다.
625) Shaftesbury, *An Inquiry Concerning Virtue and Merit*, 23~24쪽.
626) 『孟子』「公孫丑上」(3-6).

상론하고 있다.[627] 이 대목은 "진실로 사단지심을 확충하지 못하면 부모를 섬기기도 부족하다(苟不充之 不足以事父母)"는 맹자의 말을 부연하는 셈이다. 특히 시비감각이 저지당하는 경우는 섀프츠베리에 의하면 주로 사적 이익이나 격정에 의한 저지의 경우다.

- 한 피조물이 이런 유의 시비감각이나 선한 감정을 어느 정도 가지고 있기에 반드시 이 감각에 따라 행동하지 않을 수 없다는 것은 명백하다. 그러나 이것은 이 감각이 지각된 사적 복리를 향한 어떤 정착된 조용한 감정에 의해 저지당하지 않는 것, 또는 시비감각을 정복할 수 있을 뿐만 아니라 바로 사적 복리의 감각 자체를 정복하고 심지어 이기심에 이로운 것의 가장 친숙하고 표준적인 의견도 무력화시킬 수 있는 욕정이나 노기와 같은 어떤 갑작스런, 강렬하고 강력한 감정에 의해 저지당하지 않는 것을 전제하는 말이다.[628]

익히 알다시피 맹자는 격한 마음을 다스리는 수신의 문제만이 아니라, "닭 울면 일어나 부지런히 부지런히 선을 행한 자들은 순임금의 무리이고, 닭 울면 일어나 부지런히 부지런히 이익을 행한 자들은 도척의 무리다"라고[629] 하여 사적 이익추구에 의한 본성적 시비지심과 도덕감정의 말살의 사례를 '도척의 무리'를 들어 설명한 바 있다.

이어서 섀프츠베리는 일정한 상상과 사고실험을 통해 시비지심을 인간이 도덕적 신 개념의 형성에 앞서 갖추는 능력으로 보고 간접적으로 도덕적 신 개념의 역할을 '불필요한 것'으로 부정하는 듯한 논변을 전개

---

627) 참조: Shaftesbury, *An Inquiry Concerning Virtue and Merit*, 24~30쪽.
628) Shaftesbury, *An Inquiry Concerning Virtue and Merit*, 30쪽.
629) 『孟子』「盡心上」(13-25): "孟子曰 雞鳴而起 孶孶爲善者 舜之徒也. 雞鳴而起 孶孶爲利者 蹠之徒也. 欲知舜與蹠之分 無他 利與善之閒也."

한다.

- 반성을 사용할 줄 아는 피조물이 확립된 신 개념을 가질 시기에 앞서 도덕행위에 대한 호오감각과, 따라서 시비감각을 가지는 것이 가능하다는 것은 거의 의문시되지 않을 것이다. (…) 이성을 결하고 반성을 할 능력이 없으면서도 자기 종류에 대한 사랑·용기·감사·동정심과 같은 많은 선한 자질들과 감정들을 가진 피조물을 상정해보자. 당신이 이 피조물에게 반성능력을 부여한다면, 이 피조물이 동시에 감사·친절·동정심을 가미하게 평가하고, 사회적 감정의 표시나 표현을 좋아하고, 이것보다 더 친화적인 어떤 것도, 이것과 반대되는 것보다 더 가증스런 어떤 것도 생각하지 않을 것이라는 것은 확실하다. 그리고 이것이 덕성의 능력을 갖춘 것이고, 시비감각을 갖춘 것이다. 그러므로 어떤 심각한 종교사상에 입문한 적이 없는 곳에서 종교에 입문한 적이 없는 방식으로 살아왔지만 정직성과 가치의 품성 면에서 결코 그들 사이에서 아주 다르지 않은 사람들을 우리가 경험에 의해 알고 있는 것처럼, 어떤 피조물이 신이라는 주제에 관한 어떤 명백하거나 적극적인 개념을 이러저런 식으로 가질 수 있는 시기에 앞서 이 피조물은 시비감각이나 시비이해를 가진 것으로, 그리고 상이한 정도로 덕성과 악덕을 보유한 것으로 상정될 수 있다.[630]

이것은 1713년경 유럽에서 기독교를 무용지물로 만들 수 있는 경천동지할 폭탄선언의 논변이다. 섀프츠베리는 피에르 벨처럼 종교가 오히려 도덕을 방해할 수 있는 위험들과 함께 종교적 포상의 희망이나 처벌의 공포에 부응한 사리사욕적 선행의 도덕성을 "내재적으로 거의 가치 없

---

630) Shaftesbury, *An Inquiry Concerning Virtue and Merit*, 30~31쪽.

는" 것으로 부정하고 이 희망과 공포, 약속과 협박 자체를 – 칸트와 정반대로 – "덕성이나 선에 부합되지 않은 것"으로 지적하는 것을[631] 잊지 않았다.

나아가 섀프츠베리는 피에르 벨처럼 '해로운 종교'와 '해로운 신 관념'의 유신론은 무신론보다 더 나쁘다는 입장을 피력한다.

- 종교는 (그 종류가 입증할 수 있는 것에 따라) 큰 이익을 줄 수도 있고, 큰 해를 줄 수도 있다. 무신론은 이런 식으로든 저런 식으로든 아무런 적극적 영향을 줄 수 없다. 왜냐하면 무신론은 간접적으로 인간이 훌륭하고 충분한 시비감각을 상실하는 이유일 수 있을지라도 단지 무신론만으로서는 그릇된 종류의 시비감각을 조립해낼 이유가 되지 못할 것이기 때문이다. 그릇된 시비감각의 조립은 오직 미신과 경신輕信에서 흔히 유래하는 그릇된 종교나 광신적 의견만이 야기할 수 있을 뿐이다.[632]

섀프츠베리는 종교적으로 신실한 사람이었다. 하지만 그는 이런 도전적 종교관 때문에 『덕성과 공덕에 관한 탐구』의 실명實名출판 이후 기독교와 종교에 대한 이 비판적 견해 때문에 무신론자로 비난받는다.

이 인용문에서 "어떤 심각한 종교사상에 입문한 적이 없는 곳에서 종교에 입문한 적이 없는 방식으로 살아왔지만 정직성과 가치의 품성 면에서 결코 그들 사이에서 아주 다르지 않은 사람들"은 '극동아시아 사람들'을 뜻할 것이다. 이 대목에서 섀프츠베리는 공맹의 이교異敎철학을 수용한 사실을 최대한 감추기 위해 '노예의 언어'를 써서 복화술腹話術로 말

---

631) Shaftesbury, *An Inquiry Concerning Virtue and Merit*, 32~34쪽.
632) Shaftesbury, *An Inquiry Concerning Virtue and Merit*, 30쪽.

하고 있다.

맹자의 '시비지심'은 그가 별도로 언명하지 않았을지라도 원래 '시비감각'(선악판단력)과 '시비감정'의 두 측면을 둘 다 내포한다. 시비감각에 뒤따르는 '시비감정'은 앞서 시사했듯이 칭찬·책망감정으로서의 가피와 불가不可를 평가하는 가·불가감정(approbation & disapprobation), 가령 죄스러움, 자책감(이른바 '양심의 가책' - 미안함, 죄스러움), 자찬감, 결백감 등을 가리킨다. 시비지심의 '심心'이 영어 'sense'처럼 '감각'(변별감각)을 뜻함과 동시에 '심정', 즉 '감정'도 뜻하기 때문이다. 그 '심'이 변별감각이기도 하다는 점을 알게 되는 근거는 맹자가 시비지심을 도덕적 판단력으로서의 '지혜'의 단초로 삼았을 뿐만 아니라, 그 자신이 직접 "지智의 실은 이 둘(어버이를 섬기는 것과 형을 따르는 것)을 알고 이것들을 버리지 않는 것이다(智之實 知斯二者弗去是也)"라고[633] 언명하고 있기 때문이다.

그러나 맹자는 여기서 '시비지심'의 두 측면인 '시비감각'과 '시비감정'을 명확히 구분하지 않은 채 시비지심에서 시비감각의 측면만을 취해 도덕적 '지智'의 단초로 삼았다. 섀프츠베리의 '시비감각(sense of right of wrong)' 또는 '도덕감각(moral sense)'도 맹자의 '시비지심'처럼 본래의 '시비감각'과 '시비감정'을 둘 다 내포하고 있다. 영어 'sense'는 '감각'(감성적 지각)의 의미로 쓰일 때도 있고, '감정'의 의미로 쓰일 때도 있기 때문이다. 가령 '미감(sense of beauty)'의 'sense'는 (미적) 감각을 뜻하지만, '정의감(sense of justice)'의 'sense'는 (정의로운) 감정을 뜻한다.

섀프츠베리도 맹자처럼 '도덕감각'의 두 측면 '시비감각'과 '시비감정'을 구별하지 않는다. 하지만 도덕감정을 판단하는 '시비감각'을 일반적

---

633) 『孟子』「離婁上」(7-27).

'도덕감정'과는 구분했다. 위 인용문에서 "사랑, 용기, 감사, 동정심과 같은 선한 감정들"과 (도덕감정들의 가부를 판단하는) '시비감각'을 분리시키는 사고실험을 제시함으로써 일반적 '도덕감정'과 '시비감각'을 명확하게 구별했음을 보여주고 있다. 애당초 섀프츠베리는 도덕감정에 대한 가·불가 평가(변별판단)를 내리고 그것에서 나오는 가·불가감정(시비감정)을 느끼게 해주는 '시비감각'과 '선악의 변별지식'을 인간적 덕성의 조건으로 보고 논의를 시작했다.

- 단순한 생의 다양한 부분들에서 피조물들의 여러 동작·성향·감정·성질, 일관된 자세와 행실이 종種이나 공중公衆을 향한 선·악을 쉽사리 변별하는 정신에게 여러 시각과 관점에서 현시되기에, 마음의 새로운 시험 또는 활동이 일어난다. 마음은 올바르고 건전할 때라면 정의롭고 바른 것을 좋아하고, 반대되는 것을 싫어하고, 타락했을 때는 악한 것을 좋아하고, 가치 있고 선한 것을 싫어한다. 그리고 어떤 피조물이든 공익 개념이 있을 수 있고 도덕적 선악, 시비, 찬미할 만한 것과 비난할 만한 것 등의 사색이나 지식을 얻을 수 있는 이 경우에만 우리는 이 피조물을 훌륭하거나 덕스럽다고 부른다. 왜냐하면 통속적으로 우리가 못된 말(馬)을 '악덕하다'고 부를 수 있을지라도 우리는 좋은 말이 천성이 아주 착할지라도 이 말을 두고 결코 훌륭하거나 덕스럽다고 말하지 않고, 더구나 단순한 짐승, 천치 또는 '바꿔치기 아이'가 천성이 아주 착할지라도 이들을 두고 훌륭하거나 덕스럽다고 말하지 않기 때문이다. 그리하여 한 피조물이 후하고 친절하고 항구여일하고 온정적이더라도 그가 그 자신이 하는 것을 반성할 수 없거나 타자들이 하는 것을 보고 훌륭하거나 정직한 것을 알아차리고 훌륭함과 정직함의 이 인지나 지각을 자신의 감정의 대상으로 만들 수 없다면, 그는 덕스러움의

성품을 지니지 못하는 것이다. 왜냐하면 이런 식으로, 그리고 오직 이런 식으로만, 그는 시비감각, 즉 정의롭고 공평하고 선한 감정이나 반대의 감정을 통해 행위사실에 대한 감정이나 판단을 가질 수 있기 때문이다.[634]

섀프츠베리는 '시비감각'을 "정의롭고 공평하고 선한 감정이나 반대의 감정을 통해 행위사실에 대한 감정이나 판단"으로 이해하면서 이 시비감각을 통해 자신의 행동을 "반성할 수 없거나" 타인의 행동의 "훌륭하거나 정직함"을 "알아차리고" 이 "훌륭함과 정직함의 이 찰지察知나 지각을 자신의 감정의 대상으로 만듦"으로써 덕성("덕스러움의 성품")을 이룬다고 말하고 있다. 말하자면 그는 단순한 '선'과 '덕'을 구별하고 있다. 덕스러움이나 덕성에는 '반성적' 또는 공감적 시비감각이 개재되어 있기 때문이다.

단순히 선한 존재자(착한 초식동물들, 간난아이, 천치)와 선하면서도 이 선함을 아는 시비감각을 같이 갖춘 인간은 차원이 다른 것이다. 따라서 섀프츠베리는 "단순한 선으로 평가되는, 그리고 감각을 가진 모든 피조물의 도달범위와 역량 안에 들어 있는 것으로부터 덕성이나 공덕(*Merit*)으로 불리는 것으로 이행하는 것은 인간에게만 허용된다"고 말한다.[635] (스콜라철학으로부터 인식론적 '인간파시즘'을 이어받은 섀프츠베리는 인간만이 아니라 영장류, 그리고 심지어 개도 시비감각이 있다는 것을 아직 모르고 있다. 이 점은 그냥 넘어가자.)

'단순한' 시비감각은 있을 수 없다. 시비감각은 언제나 '교감적·공감

---

634) Shaftesbury, *An Inquiry Concerning Virtue and Merit*, 17~18쪽. '바꿔치기 아이'는 유럽설화에서 악마가 간난아이의 영혼을 몰래 바꿔치기해 요람에 넣어둔 이상한 아이다.
635) Shaftesbury, *An Inquiry Concerning Virtue and Merit*, 16쪽.

적'이기 때문이다. 따라서 시비감각은 늘 '교감적·공감적' 시비감각이다.[636] 섀프츠베리는 이 점도 알고 있다. 그는 인간의 정신을, "눈과 귀"를 갖고 "비례를 변별하고 소리를 구별하고, 각각의 소감, 또는 이 소감에 앞서는 생각들을 훑어 살펴" 어떤 것도 "자기의 비판검열을 피해가도록" 놓아두지 않는 "다른 정신들에 대한 관찰자나 청취자"로 이해하고 있기 때문이다.[637]

섀프츠베리는 맹자가 도덕감정들(시비지심·수오지심·사양지심) 외에도 이 도덕감정들을 판단·평가하는 '시비지심'을 말한 이유를 잘 이해하고 있다. 맹자는 시비지심에서 확충되어 얻어지는 지혜의 실질적 역할을 '도덕감정'과 여기서 확충된 '인덕·의덕·겸덕'을 '알고 고수하는' 것으로 규정하기 때문이다. 맹자에 의하면, "인仁의 실實은 부모를 섬기는 사친事親이고, 의義의 실은 형을 따르는 종형從兄이고, 지智의 실은 사친과 종형, 이 둘을 알고 이 둘을 버리지 않는 것이다".[638] 사친과 종형을 '버리지 않는' 것은 그것들을 '고수하는' 것이고 이것은 바로 도덕감정과 인의 도덕을 알고 습성화한 '수신·체득'을 전제한다. 선한 감정을 알고 수신·체득한 것, 즉 "몸으로 얻은 것이 덕이다(德也者得於身)".[639] 선악변별의

---

636) 황태연,『감정과 공감의 해석학(2)』, 1462-1463쪽: 교감과 공감이 없는 도덕행위는 존재하지 않기 때문에 시비감각에는 애당초 '단순한' 시비감각이 없고 '교감적' 시비감각뿐이다. 따라서 "이(도덕)행위의 도덕성을 판단하는 시비지심은 애당초 반드시 교감적, 공감적이어야 한다. 인간은 타인의 도덕행위에서 그의 도덕감정을 교감적으로 인지하고 그 중화성을 판단한다. 중화성 여부에 대한 교감적 판단에 따라 그의 도덕감정을 '중화적'이라고 판단하면 인간은 이 도덕행위에 '훌륭하다(가하다)'고 동조감정을 표하고 저 동기적 도덕감정에 공감한다. 이 '공감한다'는 것은 이 도덕감정을 판단주체의 마음속에서 재생하여 느낀다는 말이다. 만약 교감적으로 인지된 내용이 '비중화적'이라고 판단하면 인간은 이 행위에 '잘못이다'는 부정적 평가감정이나 '불가하다'는 거부감정을 표한다."
637) Shaftesbury, *An Inquiry Concerning Virtue and Merit*, 17쪽.
638) 『孟子』「離婁上」(7-27): "仁之實 事親是也 義之實 從兄是也 智之實 知斯二者弗去是也."
639) 『禮記』「鄕飮酒義 第四十五」(3).

지혜와 선의 수신·체득은 도덕감정과 인의도덕에 대한 시비감각적 지각과 이를 확충한 지혜 없이 불가능하다. 덕성은 반성적 시비인지와 습관적 체득의 두 계기가 있는 것이다.

섀프츠베리의 시비감각론적 도덕이론에 대한 이런 분석을 통해 알 수 있는 것은 그가 맹자를 얼마나 깊이 이해했고 또 이를 바탕으로 얼마나 더 사색을 진척시켰는지를 알 수 있다. 또한 그의 도덕이론이 맹자의 도덕철학과 얼마나 많이 아말감되어 있는지도 분명히 알 수 있다. 섀프츠베리는 공맹의 도덕철학을 깊이 이해하고 공맹을 단순히 암송만 하던 극동의 유자들보다 이에 대해 더 깊이 독자적 사색을 전개했기 때문에 자기의 스승 존 로크의 도덕적 성백론을 등지고 도덕감정론과 도덕감각론을 전개할 수 있었던 것이다.

4.2. 반反합리론적·반기독교적 도덕이론의 국제적 파장

본성적 도덕감정과 도덕감각에 기초한 섀프츠베리의 새로운 도덕이론은 영국만이 아니라 전 유럽에 광대한 충격파를 주었다. 자유사상가들은 열렬한 환영을 표했고, 기독교정통파는 강한 거부반응을 보였다.

■ **자유사상가들의 환호**

섀프츠베리는 스콜라철학의 계시적·합리적 도덕론과, 성서적 계시도덕과 결합된 홉스·로크 식의 도덕적 성백론性白論과 – 계약·유행·여론에 의한 – 도덕제정론을 물리치고 순수하게 도덕감정과 도덕감각의 인간본성에 기초한 도덕철학을 서구철학계에서 사상초유로 수립했다. 이로써 그는 서양의 도덕철학을 인간화·세속화함으로써 영국사회와 유럽사회를 탈脫주술화·세속화·인간화할 수 있는 사상적 토대를 놓았다. 이 점에서 공맹철학을 전적으로 수용한 섀프츠베리는 영국 계몽주의의 진정한 출발점이었다. 그의 세속적 도덕철학은 이후 허치슨·흄·애덤 스미스로 이어지고, 대륙으로 퍼져나가 볼테르·루소·디드로·달랑베르 등 백과전서학파의 도덕철학 교과서로 대우받게 된다.

독일의 합리주의적 계몽철학자 라이프니츠조차도 섀프츠베리의 새로운 도덕철학에 동조를 표했다. 그는 『덕성 또는 공덕에 관한 탐구』에 대해 이렇게 말한다.

- 그것은 완전히 체계적이다. 그것은 덕성과 행복의 본성에 관한 아주 건전한 의견을 담고 있고, 본성이 우리에게 준 애정감정(*affections*)이 우리를 우리 자신의 이익을 찾을 뿐만 아니라 우리의 관계의 이익과 심지어 사회의 이익을 얻도록 이끌어간다는 것을 보여준다. 내게는 내가 이것을 나 자신의 언어와 의견에 아주 쉽사리 화해시킬 수 있는 것으로 보인다. 사실, 우리의 본성적 애정은 우리의 만족감을 산출한다. 그리고 우리가 본성적이면 본성적일수록 우리는 타인의 이익에서 우리 자신의 기쁨을 느끼도록 이끌어진다. 이것은 보편적 인애·자비·정의의 기초이다.[640]

독일의 중국열광자 라이프니츠는 섀프츠베리의 유교적 도덕철학을 이처럼 아주 포근하게 느꼈다.

섀프츠베리의 도덕이론은 계몽사상가들에게 광범하게 받아들여지면서 계몽주의 도덕사상의 주류가 되었다. 이후 그의 본성론적 도덕이론은

---

640) Gottfried W. Leibniz, "Judgment of the Works of the Earl of Shaftesbury", 198쪽. Leibniz, *Political Writings*, translated and edited with an Introduction and Notes by Patrick Riley (Cambridge: Cambridge University Press, 1st ed. 1972, 2th ed. 1988, reprint 2006).

허치슨·흄·스미스 등 18세기 영국의 모럴리스트들에게서 도덕과학으로 발전하고, 19세기와 20·21세기에는 다윈·스펜서·윌슨·빔 등 경험과학적 진화론자들의 도덕과학으로 승화된다.

■ **위정척사파**(맨드빌, 버클리 등)**의 반발**

그러나 『성서』만 믿고 다른 문명권에서 온 철학과 문화를 배격하는 영국의 위정척사파, 즉 정통기독교 철학자(스콜라철학자)들은 한사코 공자철학을 배격했고 섀프츠베리의 새로운 세속적 도덕철학도 배척했다. 가령 공리주의적 성악설의 입장을 취했던 맨드빌(Bernard de Mandeville, 1670-1733)은 『덕성과 공덕에 관한 탐구』에 바로 뒤이어 출판한 『꿀벌의 우화』(1714)에서 '공자에 관한 보고'의 가치를 모세의 전언보다 터무니없이 낮게 깎아내린다.

- 더구나 세계와 인류의 태초에 관해 모세의 역사가 가장 유구하고 현존하는 것 중 가장 적게 미심쩍다는 것, 그 뒤에 같은 주제에 관해 글을 쓴 다른 사람들이 대부분 그의 불완전한 복제자들로 나타난다는 것, 모세로부터 빌려오지 않은, 우리가 가지고 있는, 소모나코돔(태국신화의 반신半神), 공자, 기타 사람들에 관한 보고들과 같은 이야기들은 『모세5경(Pentateuch)』에 포함된 어떤 것보다 덜 합리적이고 50배 더 터무니없고 더 신뢰할 수 없다는 것은 부정할 수 없다.[641]

그러나 전종서錢鐘書는 이를 단호하게 부인한다. "이 말은 하나의 실언이다. 왜냐하면 공자는 세계의 태초에 관한 신화에 대해 아주 회의적

---

641) Bernard de Mandeville, *The Fable of the Bees, or Private Vices, Publick Benefits* [1714·1723], Vol.2, 315-316쪽. Photographic Reproduction of the Edition published by Oxford University Press in 1924 (Indianapolis: Liberty Fund, 1988).

이었기 때문이다. 맨드빌이 염두에 둔 것은 아마 믿기 잘하는 예수회 신부들이 바꿔 말한, 공자 자신이 어디에서도 지지하지 않은 전설일 것이다."[642] 공자철학에서 마치 헛것을 보는 것 같은 이런 정서상태와 저급한 지식수준에서 맨드빌은 섀프츠베리의 도덕철학도 같이 깎아내린다.

- 이제까지 도덕론자들과 철학자들은 자기부정이 없다면 어떤 덕도 있을 수 없다는 것에 동의해 왔다. 그러나 지성인들이 요즘 많이 읽은 최근의 한 저자는 반대의 의견이다. 그는 인간들이 자기 자신에게 어떤 괴롭힘이나 폭력을 가하지 않는다면 본성적으로 덕스럽다고 상상한다. 그는 우리가 포도와 중국 오렌지에 단맛을 기대하는 것처럼 그의 종에게서 선을 요구하고 기대하는 것처럼 보인다. 포도나 오렌지 중 어느 것이 시다면 우리는 과감하게 그 본성이 할 수 있는 완벽성에 도달하지 않았다고 천명할 것이다. (내가 『(인간·예절·의견·시대의) 특징(*Characteristick*)』을 쓴 섀프츠베리 경을 뜻하는) 이 고귀한 필자는 인간이 사회를 위해 만들어진 만큼, 인간이 일부로서 속하는 전체에 대한 친애적 정감과 전체의 복지를 추구하는 성향을 갖고 태어나야 한다고 상상한다. 이러한 상정을 미루어 그분은 공공복리에 대한 존중에서 수행된 모든 행동을 덕스럽다고 부르고, 이러한 존중을 완전히 배제하는 이기성을 악덕이라고 부른다. 우리 인간종자의 관점에서 그는 덕과 악덕을 모든 나라와 모든 시대에 동일해야 하는 항구적 실재로 간주한다. 그리고 건전한 지성을 가진 사람은 양식良識의 잣대에 따름으로써 미와 덕(*pulchrum & honestum*)의 도덕 안에서도, 기술작품과 자연작품 안에서도 발견할 뿐만 아니라, 훌륭한 기수騎手가 잘 길든 말을 고삐로 부리는 것과 같은 편하고 손쉽게 이성에 의해 자기 자신을 다

---

642) Qian Zhongshu, "China in the English Literature of the Eighteenth Century", 124쪽.

스린다고 상상했다. (…) 인간의 선하고 사랑스런 자질은 인간을 다른 동물을 넘어서 사회적 존재로 만들어 주는 자질이 아닐 뿐 아니라, 더구나 우리가 본성적, 도덕적 악이라고 부르는 것의 도움이 없다면, 어떤 대중도 인구 많고 부유하고 번영하는 국민으로 키우거나 그렇게 키워졌으면 이들을 이런 상태에 지키고 유지하는 것은 극히 불가능할 것이다.[643]

섀프츠베리는 자기보존을 위해 먹고 마시는 이기심과 연민(사랑)을 대립시킨 것이 아니라 반대로 양자를 공존가능한 대등한 본성으로 이해했다. 즉 이기심을 악덕으로 보지 않았다.[644] 그러나 맨드빌은 섀프츠베리가 이기심을 악덕으로 간주한 양 무고誣告하고 있다.

그리고 섀프츠베리 같은 이런 믿음은 타인을 기만할 뿐 아니라 자기도 기만해서 자기 자신을 알지 못하게 될 것이라고 비판한다.

- 인간들이 자기부정 없이도 덕스러울 수 있다는 상상적 관념은 위선으로 가는 커다란 입구다. 이 위선이 한번 습관이 되면, 우리는 타인들을 기만하지 않을 수 없을 뿐만 아니라, 마찬가지로 우리는 우리 자신에게 전적으로 미지未知의 존재가 된다. 그리고 내가 제시하는 한 사례에서 같은 일이 그 자신을 정밀하게 검토하지 못하면 어떻게 재능과 박식의 자질을 갖춘 사람, 즉 모든 점에서 『(인간·예절·의견·시대의) 성격』의 저자를 닮은 사람에게도 일어나는지가 드러날 것이다.[645]

---

643) Mandeville, *The Fable of the Bees*, Vol. I, 323[372-373]쪽 ("A Search into the Nature of Society").
644) Shaftesbury, *Sensus Communis: An Essay on the Freedom of Wit and Humour*, 69-70쪽. Characteristicks, Vol.1.
645) Mandeville, *The Fable of the Bees*, Vol. I, 331[380]쪽.

"우리가 위선 없이 사회적 동물인 것은 불가능하다"고[646] 주장하는 성악론자性惡論者 맨드빌이 당치 않게 성선性善한 인간이 위선에 빠질까 봐 걱정하고 있다.

그리고 맨드빌은 대상이나 상황에 적절한 감정미발未發과 조화로운 감정발동을 뜻하는 '중도' 또는 '중화中和' 개념을 홉스처럼 전혀 이해하지 못한 채 섀프츠베리의 중도개념을 공격한다.

- 『(인간·예절·의견·시대의) 성격』에서 자랑삼고 있는 중도와 권고된 조용한 덕은 수벌 같은 게으름뱅이를 기르는 데에만 좋을 뿐이고, 사람에게 수도원 생활이나 잘해야 시골 치안판사의 생활을 멍청하게 즐길 자질을 갖춰줄 것이다. 그러나 결코 노동과 열성에 적합하게 만들어 주거나 그를 흔들어 위대한 업적과 위험한 기도로 나아가도록 만들지 못할 것이다. 편함과 게으름에 대한 사람의 사랑과 감각적 쾌락에 빠지는 성향은 교훈에 의해 치유될 수 없다. 사람의 강렬한 습성과 성향은 오로지 더 큰 맹렬성의 감정에 의해서만 정복될 수 있을 뿐이다.[647]

이처럼 맨드빌은 "강렬한 습성과 성향"을 "더 큰 맹렬성의 감정"에 의해 정복하는 것이 곧 '중화'라는 것을 모를 정도로 중용론에 무지하다.

그러면서도 맨드빌은 어쩔 수 없이 섀프츠베리의 본성적 사회성 테제, 즉 성선설을 자가당착적으로 수용한다.

- 우리가 우리의 종에 대해 본성적으로 가진 친절한 성향과 실제적 애정을 입증하는 다른 논변은 어울리는 것에 대한 우리의 사랑과, 감각이

---

646) Mandeville, *The Fable of the Bees*, Vol. I, 349[401]쪽.
647) Mandeville, *The Fable of the Bees*, Vol.1, 333[382]쪽.

있는 사람들이 고독에 대해 갖는 혐오, 다른 동물들을 뛰어넘는 혐오다. 이것은 『성격』에서 훌륭한 광택을 발하고 가장 유리하게 아주 훌륭한 언어로 표현되어 있다."[648]

이 자가당착을 맨드빌은 곧 애정과 우정도 다 이기심으로 환원시킴으로써 빠져나가려고 한다. "인간이 어울리기 좋아하는 것은 그 밖의 다른 모든 것을 좋아하는 것과 마찬가지로 자기를 위해서 좋아하는 것이 아닐까? 상호적이지 않은 우정이나 예절은 오래가지 않는다."[649] 맨드빌은 자식에 대한 부모의 사랑, 국가와 국민에 대한 전장의 군인의 애국심과 애족심, 처자식에 대한 생명보험에 든 가장의 사랑 등에는 상호성이 전무하다는 사실을 모르고 있다. 부모의 내리사랑, 백성의 일부를 사지死地로 보내는 정부의 정당한 명령권과 이 명령을 자발적으로 목숨 걸고 기꺼이 이행하는 이등병들의 살신성인, 생명보험에 든 인간들의 살신성인을 이해하지 못한다면, 가족이나 국가를 이해하기는커녕 생명보험업이 왜 '영업가능한지'도 이해하지 못할 것이다. 맨드빌이 주장하는 어불성설·형용모순의 '공리주의적 성선설'과 정치적 도덕제정론으로는 죽었다 깨나도 가족·국가·사회를 비로소 진정으로 가능케 하는 저런 보상 없는 초공리주의적 '살신성인'의 대덕大德을 설명할 수 없다.

당시에 맨드빌보다 더 기독교정통주의적인 입장에서 섀프츠베리의 도덕철학을 비판하는 논변도 당연히 튀어나왔다. 이들은 대부분 성직자들이었는데, 이들이 정말이지 진정한 '영국의 위정척사파'였다. 이런 사람으로는 가령 조지 버클리 주교가 대표적이다.

버클리는 기독교를 옹호하기 위해 섀프츠베리·맨드빌 등과 같은 자유

---

648) Mandeville, *The Fable of the Bees*, Vol.1, 336[386]쪽.
649) Mandeville, *The Fable of the Bees*, Vol. I, 341[392]쪽.

사상가들을 공격하는 대화편 『알키프론(Alciphron)』(1732)에서 자유사상가를 키케로의 명명에 따라 "사소한 철학자(minute philosopher)"라고 부른다. 이 이름은 "가장 가치 있는 모든 것 - 인간들의 생각·관점·희망 - 을 작게 만들기" 때문에, 즉 "인간들이 가진 모든 지식·관념·이론들을 감각으로 축소하고" 또 "인간본성을 동물생활의 협소하고 낮은 수준으로 쪼그라뜨리고 다운그레이드시키기" 때문에 자유사상가를 부르는 이름 치고 "탁월한 이름"이라고 말한다.[650]

버클리는 섀프츠베리를 "기독교를 까닭 없이 싫어하고" 또 "불건전한 심리상태를 가졌으며", 게다가 "관능적 악덕을 감당할 능력이 거의 없거나 부정직한 악덕에 유혹 당한다"고 비난한다. "그는(섀프츠베리는) 스스로를 설득해서(또는 스스로 생각해서) 덕성의 미에 대한 스토아적 열광을 갖도록 했다. 그 다음 인간들을 영웅적으로 덕스럽게 만든다는 구실 아래 그는 종교를 허물면서 인간을 합리적으로, 인간적으로 덕스럽게 만드는 수단들을 파괴하려고 애썼다." 또한 "종교적 불안, 즉 사후의 상벌과 이러한 것들에 대한 믿음에 관한 한, 이 위대한 사람은 자유롭고 세련되고 정제된 인간들이 그것을 어린이들의 이야기나 일반백성들의 오락거리로만 간주해야 한다고 선언하기를 주저하지 않는다. 그리하여 보다 나은 유형의 사람들을 위해 그는 그의 커다란 선심과 지혜에서 그 밖의 어떤 것, 즉 미감이나 풍미를 권한다! 그는 확언하기를, 이 미감은 (…) 점잖은 인상을 갖거나 세련되게 행동하는 사람은 누구든 사물들의 적합성과 우아함에 정통해서 이 미감의 생각에 의해 쉽사리 매끄럽게 넘어가기 때문에 사람들에게 영향을 미칠 그 무엇이다."[651] 버클리는 섀프츠베리를

---

650) George Berkeley, *Alciphron, or The Minute Philosopher – Containing An Apology for the Christian Religion, against those who are called Free-Thinkers* [1732] (London: Printed for J. and R. Tonson and Draper, 1752), "The First Dialogue", §10.
651) Berkeley, *Alciphron*, "The Third Dialogue", §13.

반기독교론자로 공개 고발하고 있다.

그리고 버클리는 섀프츠베리가 피에르 벨의 주장에 따라 당시 기독교는 선했던 원시기독교와 달리 악행을 서슴지 않는다는 비판을 반박한다. 버클리는 "최초의 기독교도 설교자들은 남몰래 기독교를 - 만인사랑, 자선, 온유, 인내 등으로 - 선하게 보이도록 만들었는데 세계의 대부분을 개종시키고 정치권력을 쥐게 된 다음 '그들은 곧 모습을 바꿔 잔학행위·야망·탐욕과 모든 악한 자질을 보여주었다'는 '우리의 위대한 저작가들 중 하나'의 견해"를 지적한다. 이 견해에 대해 버클리는 "이것은 아주 어리석다, 최초의 기독교 설교자들은 그들의 믿음을 위해 순사殉死했다"고 응수한다. 그는 "기독교는 종종 이런 악행들을 위한 구실이었다"는 것을 인정하지만 "이것이 악행의 원인이었다는 것을 뜻하지 않는다"고 주장한다. 그 다음 그는 "기독교 시대의 악행들은 전前기독교 시대의 악행들과 맞먹거나 이것에 의해 능가된다"는 것, "이 모든 악행은 이르든 늦든 인간의 감정과 악덕의 공동산물이고 이것들이 가끔 신성의 권능 없이 신성의 형상을 한 사악한 사람들이 종교의 마스크로 덮는다"고 변명한다.[652] "또는 사소한 철학자, 자유사상가라고 불리는 사람들에 맞서 기독교를 위한 변호론을 포함하여"라는 『알키프론』의 주제가 보여주듯이 이 책은 섀프츠베리의 반기독교성을 공개 비난하는 목적 외에 주목할 내용이 없다.

그리고 버클리의 이 비난에 반박할 필요가 없다. 18세기 중반을 향하던 영국은 당시 공자예찬과 중국열광이 최고조에 치달으면서 일반인들까지도 기독교를 버리기 시작했고, 특히 성공회 신도는 대폭 줄어들기 시작했다. 따라서 버클리의 종교적 비난은 당시 영국지성계에서 그것을 들어줄 귀가 없었다. 오히려 허치슨·흄·스미스 등 최고의 영국 지식인들

---

652) Berkeley, *Alciphron*, "The Fifth Dialogue", §16.

은 섀프츠베리철학을 통쾌하게 여겨 철학적으로 옹호했을 뿐만 아니라, 종교적으로도 방어했다.

백세시대를 위한 서양철학사 시리즈·2

8 프랜시스 허치슨의 경험론적 도덕감각론

제1절/
샤프츠베리의 철학적·종교적 방어

제2절/
허치슨의 도덕감각 개념

제3절/
허치슨의 미학: '다양성 속의 일률성'

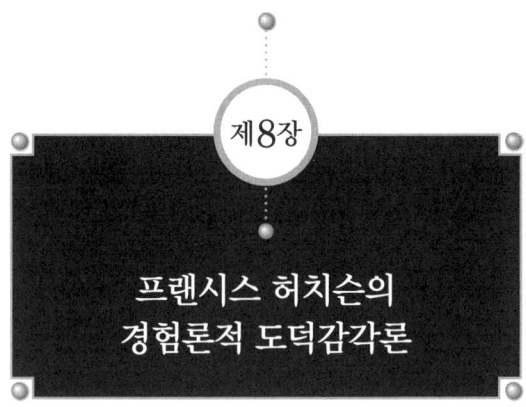

제8장
프랜시스 허치슨의 경험론적 도덕감각론

글래스고대학교 철학교수 프랜시스 허치슨(Francis Hutcheson, 1694-1746)은 섀프츠베리의 경험론적 시비감각론을 계승해 더욱 발전시킨다. 허치슨은 섀프츠베리의 '시비감각(sense of right and wrong)'을 '도덕감각(moral sense)'으로 바꿔 표현하고, 드물게는 '도덕적 선악 감각(sense of the moral good or evil)'이라 부르기도 한다. 이 '도덕감각'이라는 명칭은 섀프츠베리가 딱 한 번 사용한 '본성적 도덕감각(natural moral sense)'이라는 표현을 채택해서 일반화한 것이다.

제1절

샤프츠베리의
철학적·종교적 방어

 샤프츠베리는 1713년 『덕성 또는 시비에 관한 탐구』를 출판한 뒤 같은 해에 바로 사망했다. 이 책은 출판되자마자 평지풍파를 일으켰다. 풍파의 와중에 당연히 비난도 쏟아졌다. 비난은 합리론적 공리주의자들과 성공회 교단으로부터 날아들었다. 샤프츠베리는 도덕성의 단초를 도덕감정과 시비감각의 인간본성에서 구함으로써 기독교단의 스콜라철학적 계시도덕론을 무너뜨리고 이럼으로써 우글대던 성직자집단과 스콜라철학자들을 '실직' 위기로 내몰았다. 이 과정에서 영국교계의 반발은 당연한 것이었다. 그리고 합리론적 도덕형이상학과 로크의 쾌락론적 공리주의 도덕철학에 익숙한 합리론적 공리주의자들은 당연히 샤프츠베리의 '시비감각' 개념에 강력 반발했다.

 따라서 샤프츠베리를 계승하려고 작심한 허치슨의 도덕철학적 관점에서 교단과 공리주의자들의 비난에 대해 샤프츠베리를 방어하는 것은 그에게 가장 화급한 일이었다. 따라서 그는 1726년의 첫 저서 『미와 덕성 관념의 원천에 관한 탐구(An Inquiry into the Original of Our Ideas of Beauty and Virtue)』(1725)의[653] '머리말'에서 섀프츠베리에 대한 공격을 정면으로 반격하는 식으로 방어한다.

1.1. 성백론과 공리주의에 대한 반격과 섀프츠베리 방어

'머리말'에서 허치슨은 일단 본성적·생득적(본유적) 도덕성을 부정하는 로크의 도덕적 성백설과 쾌락설적 도덕론을 추종하는 합리론적 공리주의자들에 대해 섀프츠베리를 방어한다. 그는 로크주의적 공리주의자의 불쾌감을 언급하고 그 이유를 설명한다. "행동과 감정에서의 이 미美의 도덕감각(moral sense of beauty)은 첫눈에 이상하게 보일 수 있다. 그래서 모럴리스트들 중 어떤 이들은 섀프츠베리 경 저작 속의 그 도덕감각에 기분이 상했다." 왜냐하면 "그들은 모든 가부可否감정(Approbation or Aversion)을 (이것이 단지 외감의 단순 관념들 속에 들어 있는 경우를 제외하고) 합리적 이익 관점(rational Views of Interest)으로부터 연역하는 데 그만큼 많이 익숙해 있고, 가부감정이 본유관념과 가깝다고 생각해서 그런 공포를 느끼기"[654] 때문이다.

미감과 도덕감각은 본유관념이 아니라 본유감각·본유인상이다. 로크는 'impression(sensible image)'과 'idea', 즉 '인상(심상)'과 '관념(지식)'을 구분하지 못하고 모든 관념, 모든 인상(심상)이 다 우리 인간에게 본유

---

653) Francis Hutcheson, *An Inquiry into the Original of Our Ideas of Beauty and Virtue; In Two Treatises* [the first ed. 1726; the third ed. 1729] (London: Printed for J. and J. Knapton et al., 1729). Edited by Wolfgang Leidhold. Indianapolis: Liberty Fund, 2004. (http://oll.libertyfund.org/title/858. 최종검색일: 2010. 11. 13.)
654) Hutcheson, *An Inquiry into the Original of Our Ideas of Beauty and Virtue*, 'Preface', xiv-xv쪽.

하지 않고 모조리 외부에서 오감을 통해 들어왔다고 주장하고 도덕론에서도 도덕적 본유관념과 함께 본유인상(본유심상)까지도 부정했었다. 그러나 우리가 빨간색이나 녹색의 본유관념은 없지만 빨간색·녹색의 심상은 생득적으로 타고난다. (만약 이것을 타고나지 않으면 적색·녹색 색맹이다.) 마찬가지로 도덕감각의 시비(선악)심상도 본성적으로 타고나는 것이다. (만약 이것이 없으면 사이코패스다.) 그래서 공자는 "심상은 하늘에서 만든다(在天成象)"고 갈파했던 것이다.[655] 심상은 '천성天性'에 속한다는 말이다. 한마디로, 도덕관념은 본유하지 않지만, 심상으로서의 도덕감각과 도덕감정은 본유하는 것이다. 그러나 로크를 따르는 공리주의자들은 본유'심상'으로서의 도덕감정·도덕감각을 말하자마자 이것을 본유'관념'으로 착각하고 이에 반발했다. 그러나 허치슨은 이렇게 설명한다.

- 그러나 이 도덕감각은 (…) 본유관념과 아무런 관계가 없다. 훌륭한 미감美感을 가진 신사들은 우리들에게 그림과 시문에서의 미美·조화·모방에 대한 아주 많은 감각, 미감, 풍미(relishes)를 말해줄 수 있다. 그리고 우리는 인간들 안에서도 성품의 미, 매너의 미에 대한 풍미를 발견할 수 있지 않은가? 나는 우리가 우리의 어리석은 관리管理에 의해 종교만이 아니라 철학도 아주 엄격하고 아주 볼품없는 형상으로 만들어서, 어떤 신사가 그 자신을 쉽사리 그것을 좋아하도록 만들 수 없을 정도가 되어 버린 것이 아닐까 의심한다. 그리고 철학에 문외한들인 사람들은 철학에 대한 우리의 서술을 듣는 것을 거의 견딜 수 없다. 상황이 아주 변해서 고대인들 사이에서 한때 가장 훌륭한 신사들의 기쁨이었고 분망한 공무 뒤 그들의 레크레이션이었던 것으로부터 아주 멀

---

655) 『易經』「繫辭上傳」(1).

어져 버렸도다!⁶⁵⁶⁾

　허치슨은 본유감정(심상)까지 부정하는 로크를 추종하는 도덕적 성백론자들과 쾌락론적 공리주의자들의 비난으로부터 섀프츠베리의 도덕과학을 방어하고 있다. 도덕감정과 도덕감각은 본성적 감성 차원에 있는 것이고 아직 '관념' 차원, 사유(thinking) 차원의 '지식'이 아니기 때문이다. 그렇지 않아도 섀프츠베리는 로크를 공개적으로 비판한 적이 없을지라도 개인 서신들을 통해서 로크의 도덕적 성백론을 격하게 비판했었다.⁶⁵⁷⁾

1.2. 교단의 비난에 대한 섀프츠베리의 종교적 방어

　섀프츠베리는 공맹철학을 수용해 도덕성의 단초를 도덕감정과 시비감각의 인간본성에서 구했다. 이로 인해 기독교단의 계시도덕론이 무너지고, 우글대던 성직자집단과 스콜라철학자들이 '실업'의 위기로 내몰렸다. 이 때문에 영국국교회 교단으로부터 섀프츠베리를 무신론자로 비판하는 규탄이 요란했다. 19세기까지도 영국은 무신론자를 처벌하는 법률과 종교재판이 있었기 때문에 이 무신론 비판은 그를 계승하는 허치슨에게도 큰 위협이었다.
　이런 까닭에 허치슨은 섀프츠베리가 기독교에 반감과 편견을 가졌다는 비난에 대해 방어한다.

- 섀프츠베리의 저작들을 세상에 추천하는 것은 아주 쓸데없는 기도다.

---

656) Hutcheson, *An Inquiry into the Original of Our Ideas of Beauty and Virtue* [1726; the 3th ed. 1729], 'Preface', xv-xvi쪽.
657) 이에 대한 상론은 참조: 황태연, 『근대 영국의 공자 숭배와 모럴리스트들』, 962-996쪽.

이 저작들은 어떤 깊은 성찰이든 사람들 사이에 남아있는 동안 존중받을 것이다. 그가 자신이 받아들였던 기독교에 대한 모종의 반감적 편견들을 그러한 고귀한 업적과 뒤섞는 것을 삼갔었다는 것은 실로 소망스런 것이다. 기독교는 가장 참된 덕성관념을 우리에게 주고 모든 참된 종교의 총화로서 하느님과 인류의 사랑을 권장하는 종교다. 삶 속에서 가장 저급하고 가장 더러운 쾌락 외에 아무 것도 맛보지 않는 방종한 일단의 사람들이 자기들의 방탕(*debauchery*)을 그만큼 덜 자제할 수 있도록 기독교에 반하는 그렇고 그런 시사를 찾아 그의 저작들을 뒤지는 것을 발견했다면, 그리고 동시에 그들의 저급한 정신들이 그가 그토록 아름다운 빛을 표현한 덕성과 영예의 저 고상한 감정들을 맛볼 수 없을 때, 이것이 얼마나 이 독창적 귀족의 분개를 야기했을 것인가! 재간 있는 사람이 이 저작에서 무슨 오류를 찾아내든 나는 아무도 그 안에서 종교나 훌륭한 예절에 반하는 어떤 것도 전혀 발견하지 못하기를 희망한다.[658]

그리고 허치슨은 "재간 있는 사람"은 "그가 아주 상당히 중요하다고 여기는 이 주제들을 더 철저하게 정밀 검토할 기회를 식자 세계에 제공해 준다면 스스로 아주 즐거워질 것이다"는[659] 너스레를 덧붙인다. 그리고 허치슨은 제 발 저리듯이 섀프츠베리가 극동으로부터 영향받은 것이 아니라 고대 헬레니즘 철학으로부터 아이디어를 구했다는 취지의 말로 굳이 그의 도덕철학의 서구적 정통성을 입증하려고 든다. "그의 견해가 대강 올바르다는 나의 확신의 주요 근거는 그가 그의 견해의 첫 힌트를

---

658) Hutcheson, *An Inquiry into the Original of Our Ideas of Beauty and Virtue* [1726; the 3th ed. 1729], 'Preface', xix-xx쪽.
659) Hutcheson, *An Inquiry into the Original of Our Ideas of Beauty and Virtue* [1726; the 3th ed. 1729], 'Preface', xx-xxi쪽.

고대의 가장 위대한 몇몇 저자들로부터 얻었다는 것인데, 그렇게 때문에 내가 그들과 더 많이 대화하면 할수록 나는 그의 예시적 설명들이 그들의 정서와 더 많이 부합되는 것을 느낀다."[660] 그러나 이것은 실로 얼토당토않은 말이다. 고대철학자 중에 '도덕감각'을 언급한 철학자는 아무도 없기 때문이다. 아리스토텔레스도 용기·사랑(필리아) 등의 '도덕감정'을 논했지만 시비감각, '도덕감각'에 대해서는 단 한 번도 언급한 적이 없기 때문이다.

허치슨은 섀프츠베리를 철학적으로 방어할 뿐만 아니라, 비방자들에 대한 경멸감 속에서 종교적으로도 방어하려고 애썼다. 그도 그럴 것이 그가 철학적으로 비교적 안전하게 기댈 사람은 당시로서 오직 섀프츠베리밖에 없었기 때문이다. 그가 만약 공맹을 직접 인용했다면 그도 영락없이 무신론자로 몰렸을 것이다. 때는 아직 그가 공맹의 이교철학에 감염되었음을 감추기 위한 '연막용'으로 "고대의 가장 위대한 몇몇 저자들"까지도 들먹여야 하는 시대였다.

아무튼 도덕철학에서 섀프츠베리와 허치슨이 있었기 때문에 이후 공자를 존중했던 흄과 애덤 스미스가 공맹을 직접 전거로 끌어오지 않고도 도덕감정론적 도덕이론을 과학화하는 것이 가능하게 되었다. 영국 철학계에서 새로운 경험과학적 윤리학의 독자적 논장論場이 열린 것이다. 흄은 섀프츠베리와 허치슨의 정신적 제자였고, 애덤 스미스는 글래스고대학교 허치슨 교수의 공식적 제자였다. 그리고 스미스는 흄의 고향 후배이자 사적 제자였다.

---

660) Hutcheson, *An Inquiry into the Original of Our Ideas of Beauty and Virtue* [1726; the 3th ed. 1729], 'Preface', xxi쪽.

제2절

허치슨의 도덕감각 개념

허치슨의 탁월성은 미감과 도덕감각을 '외감'과 구별되는 내면적 감각으로 자리매김한 데 있다. 그는 섀프츠베리와 달리 미감과 도덕감각을 구별하고, 미감을 '내감'으로 보고, 도덕감각은 내감과 다른 별도의 내면적 감각 범주로 보았다.

2.1. 도덕감각의 본유성에 대한 허치슨의 논증

허치슨은 『미와 덕성 관념의 원천에 관한 탐구』에서 미감美感을 시·청·후·촉·미각味覺의 '외감'과 다른 감각으로 파악해 '내감(Internal Sense)'으로 분류한다. 그리고 섀프츠베리의 시비감각을 다시 이 '내감'과 구별해 별도의 감각으로 보고 '도덕감각(Moral Sense)'이라 부른다.

- 우리의 관찰에 나타나는 어떤 형상, 또는 관념을 기뻐하는 이 심적 결정(determinations)을 나는 감각(senses)이라 부르기로 한다. 그리고 이 감각을 이 이름으로 통용되는 능력들과 구별해서 규칙성·질서·조화의 아름다움을 지각하는 우리의 능력을 '내감(internal sense)'이라 부르기를 택한다. 그리고 우리가 덕스럽다고 칭하는 합리적 행위자의 감정, 행동, 또는 성품을 가미하다고 느끼는 그 심적 결정을 저자는 '도덕감각'이라는 명칭으로 구분하고자 한다.[661]

허치슨은 이런 분류와 개념정리를 통해 다음 두 가지 명제를 증명하려고 의도한다.

- I. "어떤 행위들은 인간들에게 즉각적 선성善性을 갖는다. 또는 내가 도덕감각이라고 부르는 탁월한 감각에 의해 우리들은 타인의 이런 행위들의 관상觀賞에서 쾌감을 지각하고, 이 행위로부터 그 이상의 비도덕적 편익의 어떤 전망도 없이 행위자를 좋아하도록 결정되어 있다. (그리고 우리는 이러한 행위들을 이 행위들로부터 생겨날 그 이상의 자연스런 편익[advantage]의 기대도 없이 우리 스스로 행했다는 것을 의식하는 속에 훨씬 더 많이 쾌감을 지각한다)."
  II. "우리가 덕스럽다고 하는 이 행위들을 하도록 우리를 자극하는 것은 이 감각적 쾌감을 얻으려는 의도도 아니고, 또 법률의 제재로부터 미래의 보상이나, 또는 덕행의 결과일 수 있는 어떤 다른 자연스런 복리를 얻으려는 의도는 더욱 더 아니고, 오히려 이익(Interest)이나 이기심(Self-Love)과 완전히 다른 행위의 원리라는 것이다."[662]

---

661) Hutcheson, *An Inquiry into the Original of Our Ideas of Beauty and Virtue* [1726; the 3th ed. 1729], 'Preface', xiii쪽.
662) Francis Hutcheson, *An Inquiry into the Original of Our Ideas of Beauty and*

허치슨은 도덕감각을 "우리가 타인들에게서 덕성과 악덕을 지각하고 이것들을 가미하다고 동조하거나 불가하다고 거부하는" 감각으로 규정함으로써[663] '도덕적 관념은 이익에서 나오지 않는다'는 반反공리주의 명제를 관철시키고자 한다. 그는 도덕감각의 개념규정을 미감과의 비유 속에서 모색한다.

- 도덕적 선악의 지각이 자연스런(비도덕) 복리(natural good) 또는 편익(advantage)의 지각과 완전히 다르다는 것을 만인은 이 대상들이 그에게 현상할 때 스스로 느껴지는 것을 감지하는 상이한 방식에 대해 성찰함으로써 모두 다 스스로 확신하지 않을 수 없다. 우리가 외감에서 생겨나는 편익이나 이익과 판이한 선善 감각이나 미와 화음의 지각들을 전혀 가지고 있지 않다면, 풍요로운 들녘이나 편리한 거주지에 대한 우리의 찬탄과 호감은 우리가 활수한 친구나 어떤 고상한 품성에 대해 갖는 것과 아주 동일하지 않을 수 없을 것이다. 왜냐하면 둘 다 우리에게 유익하거나 유익할 수 있기 때문이다. 그리고 우리는 (…) 우리에게 아무런 영향도 미칠 수 없는 먼 나라나 먼 시대의 어떤 행위를 찬양하거나 어떤 인물도 좋아하지 않을 것이다. 우리는 생명 없는 존재자들에 대해 합리적 행위자들(인간들)에 대해 갖는 것과 동일한 정감과 감정을 가질 것이다. 하지만 만인은 이것이 그르다는 것을 알고 있다. (…) 합리적 존재자들은 우리의 이익에 마음을 쓰고, 우리의 행복에 기뻐하고, 우리들에 대해 인애롭다(benvolent). 그렇다면 우리는 우리가 인애를 느끼는 인물을 향해 인애가 불러일으키는 사랑·존경(love and esteem), 또는 도덕적 훌륭함의 지각(perception of moral

---

　　　Virtue, 'Introduction', 88쪽.
663) Hutcheson, *An Inquiry Concerning Moral Good and Evil* (Treatise II), 89쪽.

excellence)과, 좋은 대상에 대해 오로지 소유의 욕구만을 일으킬 뿐인 자연적 복리에 대한 판단 간의 차이를 모두 의식한다. 지금 "가하다는 동조감정, 즉 선 감각이 편의의 전망에 기인한다면, 무엇이 이 판단 간의 차이를 만든단 말인가?" (…) 그것이 그렇지 않은 까닭은 이것임이 틀림없다. "우리는 합리적 행위자들(인간들)의 친절한 감정 속에서 미美 또는 훌륭함에 대한 판이한 지각을 얻는다"는 것이다. "이것으로 인해 우리는 이러한 성품과 인물들을 찬양하고 좋아하게 되어 있다"는 것이다.[664]

"미美 또는 훌륭함"이라는 표현에서 보듯이 허치슨은 선善을 "미"로 비유하고 있다. 그는 이 논의로부터 자연스럽게 도덕감각 개념의 정의를 도출한다.

- 이 사람은 우리의 행복에 대한 기쁨 때문에 우리에게 봉사하고, 저 사람은 이기심의 견지에서 또는 강제에 의해 우리에게 봉사한다고 할 때 이 두 사람으로부터 동일한 편익을 거둔다고 가정해보자. 둘 다 이 경우에 우리에게 동일하게 이롭거나 유익하지만, 우리는 이들에 대해 아주 상이한 감정을 가질 수밖에 없다. 그렇다면 우리는 확실히 편익의 지각과 상이한 도덕적 행위의 지각을 따로 가지지 않을 수 없다. 그리고 이 지각들을 받아들이는 그 능력은 정의定義가 이것에 합치되기 때문에 '도덕감각'이라, 즉 우리에게 우리의 의지와 독립되게 등장하는 대상의 현존으로부터 어떤 관념이든 받아들이는 마음의 결정(determination of the mind)이라 불릴 수 있다.[665]

---

664) Hutcheson, *An Inquiry Concerning Moral Good and Evil* (Treatise II), 89-90쪽.
665) Hutcheson, *An Inquiry Concerning Moral Good and Evil* (Treatise II), 90쪽.

우리의 가하다고 느끼는 동조감정의 근거는 '편익'(이익)의 기대나 전망이 아니다. 이 때문에 우리의 도덕감각은 도덕행위에서 결과적으로 이익이 생기더라도 이익감각에 의해 대체될 수 없는 성질의 것이다.

- 이 도덕감각은 우리 자신의 행동에 대해서든, 타인들의 행동에 대해서든 우리의 다른 감각들과 공통적으로 이 점을 공유한다. 즉, 덕성에 대한 우리의 욕망이 이익과 맞먹을지라도 덕성의 아름다움에 대한 우리의 감정이나 지각은 이익에 의해 상쇄될 수 없다는 것이다.[666]

또한 도덕감각은 매수되지 않는다. "이것은 타인의 행위에서 도덕적 선악의 감각(sense of the moral good or evil)이 이익의 관점에 의해 압도되거나 매수될지가 고찰되어야 할 두 번째 사항이다. 현재 내가 도덕적 악으로 혐오하는 행위가 내게 아주 유익하다면, 나는 다른 사람이 이 행위를 하기를 진실로 쉽사리 바랄 수 있다. 이 경우에는 내게 돌아올 이익이 내가 타인이 선행을 하기를 바라는 것을 압도할 수 있을 것이다. 그러나 전체적 효과들을 계산할 때, 내게 이롭지 않은 경우에도 그 행위가 내게 이로웠을 때 산출한 것만큼 굉장한 계기의 복리를 전체 안에서 산출하는 것처럼 보이더라도, 나 자신에게 돌아올 저런 이익이 없다면 도덕적 악으로 보였을 그런 행위를 내가 내 자신에게 어떤 이익이 있다고 해서 도덕적 선으로 인정하지 않을 것이다. 우리의 도덕적 선악 감각에서 제3자의 손익(advantage or loss)이 중요하지 않듯이 우리 자신의 사적 손익도 어떤 행위를 선하거나 악하게 보이도록 만드는 데 중요하지 않다. 그러므로 이 선악감각은 이익에 의해 압도될 수 없다. 포상으로 어떤 사람의 마음을 혹하게 끌거나, 어떤 사람의 도덕 개념과 배치되는 행

---

[666] Hutcheson, *An Inquiry Concerning Moral Good and Evil* (Treatise II), 95쪽.

위에 대해 좋게 생각하도록 그를 협박하는 것이 얼마나 우스꽝스런 기도일까? 우리는 이런 수단에 의해 위선을 산출해낼 것이고, 이것이 전부다."667)

인간은 또한 자기의 행위에 대해서도 도덕감각을 적용해 판단한다. "사람들이 편익에 의해 설복될 때, 사람들은 언제나 그들 자신의 행위를 가하다고 동조하는가? 아니, 그들의 남은 생은 이 비열한 행위로부터 이익을 얻는 타인들의 감각에서뿐만 아니라 이 행위에 대한 자기 자신의 감각에서도 얼마나 자주 가증스럽고 수치스러운가? 누군가가 이런 경우에 그 자신의 행위에 만족하게 된다면, 어떤 근거에서 그런가? 그가 어떻게 자신을 즐겁게 하는가, 아니면 어떻게 자신의 행위의 정당성을 남들에게 입증할 것인가? 그의 사적 편익에 대해 성찰하거나 타인들에게 이 사적 편익을 정당성의 증거로 주장함으로써가 아니라, 그것을 점차 그의 새로운 당파의 도덕원리 속으로 뒤틀어 집어넣음으로써 입증한다. 왜냐하면 어떤 당파도 도덕원리가 없지 않기 때문이다. 그리고 이로써 사람들은 겉모습이라도 편익과 다르게 보이는 도덕적 선의 그럴싸한 외형 아래서 자기들의 행동에 만족해하게 된다."668)

허치슨도 섀프츠베리처럼 '종교'를 모르는 사람들도 도덕적으로 훌륭한 생활을 영위한다는 극동의 경험 사실을 들어 도덕감각을 종교 이전에 갖춰지는 본성능력으로 논변한다.

- 어쩌면 누군가 "우리가 선하다고 하는 우리 자신의 저 행위들 안에는 우리의 '가하다고 동조하는 감정'의 근거가 되는, 모든 다른 편익을 능가하는 이런 항구적 편익과, 자기애에 기인한 행위의 동기가 들어 있

---

667) Hutcheson, *An Inquiry Concerning Moral Good and Evil* (Treatise II), 96-97쪽.
668) Hutcheson, *An Inquiry Concerning Moral Good and Evil* (Treatise II), 95-96쪽.

다"고, 즉 "우리는 신이 우리 자신의 행위들을 포상할 것을 상정한다"고 주장할지도 모른다. (…) 이 주장에 대해 현재는 신에 대해 거의 어떤 의견도 지니지 않거나 미래의 처벌에 대한 아무런 고려도 없이 배신적인 어떤 짓, 잔악한 어떤 짓, 또는 부정한 어떤 짓도 혐오하는 많은 사람들이 영예·신의·활수함·정의의 높은 개념들을 가지고 있다고 말하는 것으로 족하다.[669]

"신에 대해 거의 어떤 의견도 지니지 않거나 미래의 처벌에 대한 아무런 고려도 없이 배신적인 어떤 짓, 잔악한 어떤 짓, 또는 부정한 어떤 짓도 혐오하는 많은 사람들"은 섀프츠베리가 "어떤 심각한 종교사상에 입문한 적이 없는 곳에서 종교에 입문한 적이 없는 방식으로 살아왔지만 정직하고 가치 있는 성품 면에서 그들 간에 아주 다른 사람들"을 말하는 경우처럼 동아시아 사람들을 말한다. 당시로서는 도덕적 무신론사회들은 극동의 유교제국과 동남아시아의 불교제국밖에 없었기 때문이다. 허치슨은 이 대목에서 종교적 시비위험을 피해 섀프츠베리처럼 복화술로 말하고 있다.

허치슨은 도덕감각을 도덕적 본유'관념'(본유'지식') 또는 '이성의 사실로서의 도덕법칙'(칸트)으로 보지 않고 '마음의 결정', 또는 본유적 '감각'으로 봄으로써, 수신을 통해 비로소 도덕적 지식(관념)과 지혜로 '확충'되어야 할 인지적 '단초'로서의 맹자의 시비지심을 정확히 이해하고 있다. "우리는 다른 감각들이 그렇다고 상상해서는 아니 되는 것처럼 이 도덕감각도 어떤 본유관념, 본유지식, 또는 본유의 실천적 명제를 전제한다고 상상해서는 아니 된다. 우리는 도덕감각에 의해 다만, 행위들로부터 우리 자신에게 돌아오는 손익에 대한 의견에 앞서 이 행위들

---

669) Hutcheson, *An Inquiry Concerning Moral Good and Evil* (Treatise II), 96쪽.

이 우리의 관찰에 들어올 때, 심지어 우리가 어떤 수학지식도 가지지 않고 또는 규칙적 형상이나 화성적 음악작품 안에서 즉각적 쾌감과 다른 어떤 이익도 보지 않고 저런 형상이나 음악작품에 기뻐하는 것처럼 기분 좋은 또는 기분 나쁜 행위의 관념들을 받아들이도록 하는 마음의 결정(determination of minds)만을 뜻한다."[670] 이 '마음의 결정'은 맹자의 '단초'나 공자의 '심상'과 다름없는 표현이다.

2.2. 모성애의 본성에 대한 경험론적 논변

 허치슨은 "바로 상술한 도덕감각이 우리 자신이나 타인의 호감으로부터 발원發源하는 행동들을 가하다고 느끼도록 우리를 결정하는" 것처럼, "덕행의 참된 스프링", 즉 "타인들의 복리를 위해 노력하는 우리 본성의 어떤 결정(some Determination of our Nature), 또는 이익에 기인하는 모든 이성에 앞서 타인들의 호감을 받도록 우리에게 영향을 미치는 어떤 본능"을 "확정하자"고 하면서,[671] 맨드빌에 대항해 "사심 없는 애정(disinterested Affection)"을 제시한다. 허치슨의 논법은 맨드빌에 대해 세 단계로 아주 예리한 비판을 가한다. "한 정직한 농부는 우리에게, 그가 그의 자녀들의 보존과 행복을 위해 애쓰고 자신에 대한 복리의 어떤 의도도 없이 그들을 좋아한다고 말할 것이다. 그러나 우리의 철학자들 중 누군가는 '자녀들의 행복은 부모들에게 쾌감을 주고 자녀들의 불행은 부모들에게 통감을 주므로, 전자를 획득하고 후자를 피하기 위해 그들은 이기심(자기애)에서 자기 자녀들의 복리를 위해 애쓰는 것'이라고 말한다. 전체 재산의 동업소유에 참여한 여러 명의 상인들을 상

---

670) Hutcheson, *An Inquiry Concerning Moral Good and Evil* (Treatise II), 100쪽.
671) Hutcheson, *An Inquiry Concerning Moral Good and Evil* (Treatise II), 112쪽.

정해보자. 이들 중 한 상인은 해외에서 회사의 주식을 관리하는 일에 종사하고 있다. 그의 번영은 모두에게 이득을 발생시키고, 그의 손실은 손실에 대한 그들의 몫 때문에 그들에게 통감을 줄 것이다. 그렇다면 이것은 저 자녀들에 대한 부모의 감정과 같은 종류의 감정인가? 여기에 동일한 애정 어린 인간적 관심이 존재하는가? 나는 어떤 부모도 그렇게 말하지 않을 것이라고 생각한다. 이 상인들의 경우에는 명백한 이익 연관이 들어 있다. 그러나 부모와 자녀 간의 이익 연관은 어디서 오는가? 자녀의 감흥이 부모에게 쾌감이나 통감을 주는가? 자녀가 배고프고, 목마르고, 아플 때, 부모도 그런가? 아니다. 그러나 자녀에 대한 부모의 사랑이 부모로 하여금 자녀의 쾌감이나 통감에 감정적으로 영향받게 만든다. 그렇다면 이 사랑은 이익 연관에 앞서는 것이고, 이 이익 연관의 결과가 아니라, 이 이익 연관의 원인이다. 그렇다면 이 사랑은 사심 없음이 틀림없다."[672]

여기서 저 "우리의 철학자들 중 누군가"는 맨드빌을 가리키는데,[673] 허치슨은 "자녀들의 행복이 부모들에게 주는 쾌감을 획득하고 자녀들의 불행이 부모들에게 주는 통감을 피하기 위해 부모들은 자기애에서 자기 자녀들의 복리를 위해 애쓰는 것"이라는 맨드빌의 말에 담긴 논점절취를 예리하게 비판하고 있다. 이 쾌감과 통감은 자녀에 대한 부모의 사랑을 전제하기 때문이다. 그러나 "자녀가 배고프고, 목마르고, 아플 때, 부모도 그런가? 아니다"는 허치슨의 논변은 좀 빗나갔다. 공감에 의해 부모도 자녀의 배고픔, 목마름, 아픔을 같이 느끼고 사랑하므로 더욱 강렬

---

672) Hutcheson, *An Inquiry Concerning Moral Good and Evil* (Treatise II, 1753), 112-113쪽.
673) 참조: Bernard de Mandeville, *The Fable of the Bees, , or Private Vices, Publick Benefits* [1714·1723], with a Commentary by Frederick. B. Kaye. 2 Volumes. Photographic Reproduction of the Edition published by Oxford University Press in 1924 (Indianapolis: Liberty Fund, 1988), 75쪽.

하게 느끼기 때문이다.

맨드빌의 다른 반격에 대해서도 허치슨은 응수한다. "다른 소피스트는 말한다. '아니다. 자녀들은 우리 자신의 일부이고, 그들을 사랑하는 가운데 우리는 그들 안에서 우리 자신을 사랑할 뿐이다.' 아주 좋은 답변이다. 이것을 이것이 가는 데까지 끌고 가보자. 그들이 어떻게 우리 자신의 일부인가? 한 다리로서나 한 팔로서는 아니다. 우리는 그들의 감흥을 이식하지 못한다. '그러나 그들의 몸은 우리의 몸의 일부로부터 구성되었다.' 어떤 방출된 혈액이나 체액 속에서 자랄 수 있는 파리나 구더기도 그렇다. 확실히 아주 친애하는 벌레들이네! 그렇다면 자녀들을 우리 자신의 일부로 만드는 그 밖의 어떤 것이 있어야 한다. 이것은 본성이 자녀들에 대해 갖도록 우리를 결정하는 그런 애정 외에 무엇이겠는가? 이 사랑이 자녀들을 우리 자신의 일부로 만든다. 그러므로 이 사랑은 자녀들이 전에 우리의 일부였다는 것으로부터 발원하지 않는다. '우리 자신의 일부'라는 말은 실은 좋은 비유에 불과하다. 그리고 우리가 여러 합리적 행위자들 사이에서 상호적 사랑을 향한 심적 결정을 발견하는 곳에서는 어디서든지, 우리는 각 개인을 커다란 전체나 체계의 일부로 간주되도록 만들고 이 개인 자신으로 하여금 전체의 공공복리에 관심을 갖게 만든다."[674] 허치슨이 여기서 지목하는 이 "소피스트"도 역시 맨드빌이다.[675] 진짜 나의 혈액에서 자라난 구더기들이 나의 일부가 아니듯이 자녀는 그런 육체적 의미에서 나의 일부가 아니고 사랑 때문에 나의 일부로 느끼는 것이다. 감정으로서의 사랑은 일심동체의 일체'성'이 아니라 두 사람 간의 공감적 일체'감'인 것이다. "나의 일부"라는 표현은 사랑의 일체감을 비유적으로 표현할 뿐이다. 따라서 사랑을 느낄 수 있는 모든 단체나

---

674) Hutcheson, An Inquiry Concerning Moral Good and Evil (Treatise II), 113쪽.
675) 참조: Mandeville, The Fable of the Bees, 68쪽.

공동체에서도 이 단체나 공동체를 '자신의 일부'로 느끼는 것이다.

세 번째 반론에 대해서도 허치슨은 예리하게 응수한다. "근래의 한 저자는 '부모들 마음속의 본성적 애정이란 자녀들이 지식과 애정을 명백하게 보여주기 시작하기 전에는 취약하다'고 말한다. 하지만 엄마들은 애정을 바로 처음부터 강렬하게 느낀다고 말한다. 그러나 그의 가설을 파멸시키기 위해 나는 – 우리가 어떤 부모들에게서 백치들에 대한 애정을 발견할지라도 내가 그의 주장이 어느 정도 참이라고 상상하듯이 – 그의 주장이 참이기를 바랄 수 있을 것이다. 자녀들로 하여금 도덕적 행위자들로 보이도록 만드는 애정과 이해를 자녀에게서 목도하는 것은 이 자녀들에 대한 사랑을 이익 기대 없이 증가시켜줄 수 있다. 왜냐하면 나는 이익을 기대하지 않는 사랑의 이런 증가가 편익의 기대로부터 나오는 것이 아니라, 부모들이 여전히 이 자녀들을 위해 땀 흘려 일하고, 결코 극단적 궁경의 경우가 아니면 그들의 비용이 상환되거나 그들의 노동에 대해 보상받는 것을 원치 않는 자녀들의 지식이나 애정에서 나오는 것이라고 생각하기 때문이다. 이럴 경우에 도덕적 역량을 관찰하는 것이 이기심 없는, 정말이지 우리의 본성의 틀로부터 나오는 사랑을 증가시키는 원인일 수 있다면, 바라건대, 이것이 부모자식 관계의 선행적 유대가 전혀 없는 곳에서 보다 취약한 수준의 사랑의 기초이어도 되고, 또 보다 취약한 수준의 이 사랑을 전 인류에게로 확대해도 되지 않겠는가?"[676] '부모들 마음속의 본성적 애정이란 자녀들이 지식과 애정을 명백히 보여주기 시작하기 전에는 취약하다'고 말한 '근래의 한 저자'도 맨드빌이다.[677] 엄마는 육아의 수고에 대해 자식이 아무런 지식도, 애정도 보이지 않아도, 심지어 자식이 백치나 장애인이더라도 자식을 사랑하기 때문에 맨드빌의

---

676) Hutcheson, *An Inquiry Concerning Moral Good and Evil* (Treatise II, the 5th ed. 1753), 113-114쪽.
677) Mandeville, *The Fable of the Bees*, 75쪽.

주장을 더 비판할 필요가 없지만, 허치슨은 자식이 지식과 애정을 보여주면 부모의 사랑이 증가하는 것을 인정하더라도 이것은 편익에 대한 기대가 아니라, 바로 인간적 본성의 틀에 기인한 것이라고 비판하고 있다.

2.3. 사회적·일반적 애정(인애)의 본유성

허치슨은 일반적 사회 속에서도 사랑은 있을 수 있고 사회구성원들과 사회의 그 '지식과 애정' 때문에 더 증가할 수 있다고 말한다. 그는 이 사회적 사랑, 즉 '일반적·공적 애착심'도 '본성적인' 것으로 규정한다.

- 이것이 사실 그렇다는 것은 보다 먼 어떤 애착을 고찰함으로써 드러날 것이다. (…)제발 한 번, 어떤 중생에게든 '이웃들의 이익이 결코 그 자신의 이익과 배치되지 않을 때, 그가 그들의 불행·파멸보다 이웃들의 번영에 더 기뻐하지 않느냐'고 물어보아라. 그러면 당신은 유대가 가족만큼 그렇게 강렬하지 않을지라도 인애의 결속이 가족과 자녀들보다 더 멀리 뻗어나가는 것을 발견할 것이다. 다시, 무역을 위해 어떤 사람이 그의 모국을 떠나 돌아올 전망 없이 그의 모든 친족들과 함께 그의 재산을 해외로 이전시켰다고 상정하고, 오직 '그가 그의 고국으로부터 아무런 해도 입지 않았다'고 상상하기만 해보라. 그리고 이 사람에게 '자기의 고국의 번영을 전해듣는 것이 그에게 아무런 쾌감을 주지 않느냐?'고 물어보라. 아니면, '그가 그의 이익이 그의 고국의 이익과 분리되었기에 고국이 폭정이나 외국세력에 망가졌다는 소리를 저런 경우만큼 기쁘게 들을 수 있느냐?'고 물어보라. 나는 그의 답변이 이웃이나 아는 사람을 넘어 확장되는 인애를 우리에게 보여줄 것이라

고 생각한다.[678]

그리고 "균형 잡힌 성정을 가진 사람"으로 하여금 그의 개인 사무의 다망함으로부터 벗어나 정말이지 지구의 가장 먼 지방에 위치한 "외국"의 헌법을 읽어보고 이 연합체의 법률 속의 공공복리의 기술, 의도와 노력을 관찰하기만 하게 하라.

- 그러면 그는 자신의 정신이 이 연합체를 편드는 쪽으로 움직이는 것을 발견할 것이다. 그는 그들의 헌법의 수정과 개정을 궁리하고, 그들의 이익에 해로운 헌법의 어떤 불운한 부분을 애석해할 것이다. 그는 그들을 덮칠 어떤 재앙에 대해서도 통곡하고 친구의 애정으로 그들의 모든 운명을 동반할 것이다. 지금 이것은 자기애로부터 이것을 방해하는 어떤 간섭적 이익도 없는 곳에서 인애가 전 인류에로 어느 정도로 확대된다는 것을 증명한다. 그리고 우리가 가장 먼 행성에 사는 도덕적 정감에 능한 합리적 행위자들에 대한 어떤 관념들을 입수한다면, 우리의 좋은 소원은 여전히 그들을 돌볼 것이고, 우리는 그들의 행복에 기뻐할 것이다.[679]

허치슨은 먼 행성까지 미치는 이런 일반적 사랑의 인간본성으로부터 방향을 돌려 현실적으로 지상의 국가들과 관련된 애국심을 논한다.

- 여기서 일시 우리는 애국심, 또는 자기의 조국에 대한 사랑의 기초를 논평할 수 있다. 우리가 상당한 시간 동안 산 어떤 장소든 그곳에서 우

---

678) Hutcheson, *An Inquiry Concerning Moral Good and Evil* (Treatise II), 114쪽.
679) Hutcheson, *An Inquiry Concerning Moral Good and Evil* (Treatise II), 'Introduction', 114-115쪽.

리는 인성의 다양한 정감들을 지극히 판명하게 인지한다. 우리는 많은 인품 좋은 인물들을 알았다. 우리는 모임, 우정관계, 가족들, 본성적 애정, 기타 인간적 감정들을 상기한다. 우리의 도덕감각은 우리가 이 사랑스런 자질을 지극히 판명하게 관찰한 경우에 우리를 이 사랑스런 자질들을 좋게 느끼도록 결정한다. 그리고 우리의 인애심은 이 자질들을 보유한 인물들의 이익에 관심을 갖도록 한다. 우리는 판이하게 다른 나라에서 이와 유사한 것들을 마찬가지로 판명하게 관찰하기에 이를 때 이 나라에 대해서도 애국심을 획득하기 시작한다. 또한 우리 자신의 조국은 이것이 우리의 젊은 시절의 기쁜 관념들의 연상에 의해 우리가 이 관념들을 형성한 건물들, 들녘들, 그리고 숲을 마음에 간직하고 있지 않는다면 우리의 관념 속에서 어떤 다른 선호도 갖지 않는다.[680)]

허치슨은 이로부터 "폭정, 당파싸움, 정의의 태만, 예법의 부패, 그리고 피치자들의 불행을 야기하는 어떤 것이 어떻게 이 애국심과 친애하는 조국관념을 파괴하는지를 알" 수 있게 해준다고 말한다. 그의 논변은 자못 예리하다.

도덕감각만이 아니라 부모의 자애와 사회적·공적 사랑(인애)·애국심 등의 도덕감정까지도 '본성적인 것'으로 규정하는 것에 이르면, 허치슨의 도덕철학은 섀프츠베리의 도덕철학보다 더 유교적인 것으로 드러난다. 섀프츠베리는 도덕감정에 대해서는 많이 논하지 않았기 때문이다.

2.4. 허치슨 도덕철학의 두세 가지 문제점

---

680) Hutcheson, *An Inquiry Concerning Moral Good and Evil* (Treatise II), 'Introduction', 115쪽.

허치슨의 논변은 아직 공자의 '서恕'와 같은 공감개념을 알지 못해 때로 아슬아슬 하기도 하고 때로 빗나가기도 한다. 그리고 때로 로크와 같은 에피쿠리언적 공리주의에 말려들기도 한다.

■ 인애의 단순덕성론과 공리주의적 일탈

허치슨의 도덕론의 첫 번째 문제점은 그가 덕성을 인애로 단순화·유일화하는 대목이다. 그는 "모든 덕성은 인애적이다"고 선언한다.[681] 공자도 사덕을 이렇게 단순화해 "도는 두 가지인데 인仁과 불인不仁일 따름이다(孔子曰 道二 仁與不仁而已矣)"라고 단순화해 표현한 적이[682] 있지만, 다른 덕성들을 몰각한 "모든 덕성은 인애적이다"라는 이 선언은 그른 것이다. 사회적 정의는 인애심을 전제하더라도 '몫' 관념이 없으면 정의일 수 없는 반면, 자기 몫의 침해에 대한 분개는 정의롭지만 인애적이지 않으며, 사양하는 공손의 예절덕목은 인애와 별개의 덕목이기 때문이다. 또 근면·인내·검약·청결·민완 등의 '소덕'은 인애적이지 않고, 이기적이다.

두 번째 문제점은 도덕성과 이익을 예리하게 구별하는 허치슨이 뜻밖에도 종종 '공공복리'와 관련해서 공리주의적 편향에 굴복한다는 것이다.

- 다시, 사랑 또는 인애(Love, or Benevolence)가 어떻게 사회적 덕성들의 모든 감지되는 훌륭함의 기초인지를 우리가 알 수 있다는 것은 다양한 종파들 사이의 이런 유형의 다양한 감정들 한복판에서 이 인애가 어떤 논란되는 관행에 관한 논쟁이든 판정하는 길이라는 것, 즉 이 행위가 공공복리를 가장 효과적으로 증진할 것인지, 그 반대가 그럴 것

---

681) 참조: Hutcheson, *An Inquiry Concerning Moral Good and Evil* (Treatise II), 'Introduction', 116쪽.
682) 『孟子』「離婁上」(7-2).

인지를 묻는 것이라는 것이 그래도 인정된다고 우리로 하여금 말하게 만들 뿐이다. 인류의 자연적 보편복리에 대한 행동의 자연적 기여경향이나 영향이 동의되면, 도덕성은 즉각 조정된다. 전체 안에서 해악보다 더 많은 복리를 생산하는 것은 선한 것으로 승인된다. 그렇지 않은 것은 악한 것으로 승인된다. 이 경우에 우리는 행위자의 선이, 또는 이렇게 탐구하고 있는 사람들의 선을 그들이 커다란 체계의 일부를 이루는 것 외에 다른 방식으로 평가하지 않는다.[683]

"전체에서 해악보다 더 많은 복리를 생산하는 것은 선한 것으로 승인된다. 그렇지 않은 것은 악한 것으로 여겨진다", 또 "인류의 자연적 보편복리에 대한 행동의 자연적 기여경향이나 영향이 동의되면, 도덕성은 즉각 조정된다"는 이 대목들에서 허치슨은 공공복리를 추구하는 큰 체계에 대한 개인들의 '기능주의적' 적합성 또는 기여를 선으로 규정함으로써 공적인 기능주의적 공리주의로 일탈하고 있다. 공공복리를 늘리거나 줄이는 것은 공공의 '경제와 비경제'를 가르는 기준일 수 있지만, 도덕과 부도덕을 가르는 기준은 아니다. 제국주의 국가 또는 부패국가나 독재국가의 공공복리를 늘리는 것은 심지어 '계부繼富'(부자를 더 부자로 만들어주는 것)의 부도덕이거나 부정부패·독재의 공범죄共犯罪일 수 있다. 그리고 맹자가 갈파했듯이 공공복리, 즉 '국익'이라도 인의도덕의 기초이거나 원인인 것이 아니다.[684] 인의도덕은 국익을 포함한 모든 이익을 초월

---

683) Hutcheson, *An Inquiry Concerning Moral Good and Evil* (Treatise II), 'Introduction', 118쪽.
684) "맹자가 양나라 혜왕을 알현했다. 양혜왕이 맹자에게 '노인장께서 불원천리 오셨으니 역시 내 나라에 장차 이로움이 있을 것인가요?'라고 물었다. 맹자가 대답하기를, '왕이시여! 어찌하여 하필 이익을 말하십니까? 역시 인의가 있을 따름입니다'라고 대답했다."(孟子見梁惠王. 王曰 叟 不遠千里而來 亦將有以利吾國乎? 孟子對曰 王! 何必曰利? 亦有仁義而已矣. 王)『孟子』「梁惠王上」(1-1).

한다. '이익'은 공리주의적 '생존도덕'의 원천일지언정 결코 인의적 정체성도덕의 원천일 수 없는 것이다.

■ 도덕감각과 도덕감정, 선과 덕성의 혼동

허치슨의 마지막 문제점은 그가 공공복리의 공리주의적 논변 속에서 도덕감정과 도덕감각을 뭉뚱그려 놓는 것이다. 허치슨은 사익, 또는 이기적 이익이 선성에 부정적이라는 것을 알지만, 방금 살펴보았듯이 공공복리가 선 개념과 무관할 뿐만 아니라 선에 대해 부정적일 수 있다는 것은 알지 못한다. 그에게 공공복리를 증진하는 이로운 행위는 곧 도덕적 선행이다. 이런 혼동된 논변 속에서 도덕감정을 도덕감각으로 착각하고 '사회적 덕성들'을 도덕감각의 '보편적' 기초로 착각한다.

- (도덕적) 비난이나 비방은 공공의 해악을 야기하는 경향이나 행위자 안에서의 사적 악의의 원리, 또는 적어도 타인들의 복리에 대한 소홀, 즉 성정의 비인간성 또는 적어도 행위자로 하여금 타인들의 고통에 부주의하게 만드는 강렬한 이기심에 기인한다. 이런 식으로 우리는 행위가 우리 자신에 아무런 영향을 미치지 않을 때도 비난하고 비방한다. 어떤 부분적인 악한 경향 때문에 악하게 보일 수 있는 행동들의 정당성에 대한 모든 감동적이고 설득력 있는 입증은 이 행동들이 해악을 상쇄하는 어떤 더 큰 복리에 필요하다는 것으로부터 취해진다. (…) 어떤 행동의 정당성이 완전히 입증될 수 없을 때도, 우리가 "그것이 악의 없는 실수의 결과, 또는 당파적 선성, 우정, 연민, 본성적 애정, 한 당파의 사랑의 결과일 뿐이다"라고 주장할 수 있다면, 그 죄가 얼마나 크게 감해지는가? 이 모든 고찰들은 도덕적 선악감각(sense of moral good or evil)의 보편적 기초인 것, 즉 한편으로 타인들을 향한 인애와, 다른

한편으로 악의, 또는 정말이지 명백한 공적 해악에 대한 태만과 무관심을 보여준다.[685]

여기서 허치슨은 "도덕적 선악감각"의 "보편적 기초", 즉 도덕감각의 "보편적 기초"를 도덕감정("타인들을 향한 인애"와, "악의 또는 명백한 공적 해악에 대한 태만과 무관심")으로 보고 있다. 이 "도덕감각의 보편적 기초"="인애심"은 일시적 실수가 아니라 반복되는 그의 근본적 사고방식이다.[686] 도덕감정들은 도덕감각의 기초가 아니라, 상술했듯이 도덕감각이 지각하고 판단하는 대상이다.

섀프츠베리가 예리하게 논파했듯이 도덕감각 없이 도덕감정만 있는 사람이나 동물은 선할 수 있지만, 덕스러울 수는 없다. 왜냐하면 선을 항구적 선성, 즉 덕성으로 발전시키려면 도덕감정과 부도덕한 감정을 인지하고 알게 하는 도덕감각이 있어야 하기 때문이다. 도덕감정을 알지 못하면 수신을 알지 못하고, 단순한 선성과 덕성의 차이를 이해하지 못한다. 선 또는 선성은 도덕적 행위의 단순한 도덕성일 뿐이고, 덕성은 선을 알고 수신·훈육·체득한 결과다. 선과 덕성을 등치시키는 가령 "도덕적 선 또는 덕성"이라는 허치슨의 표현은[687] 선성과 덕성의 차이를 이해하지 못한 이런 몰이해의 결과다.

허치슨은 『감정과 정감의 본성과 행위에 관한 에세이(*An Essay on the Nature and Conduct of the Passions and Affections*)』(1728·1742)에서도 도덕감각론을 견지하는데 이번에는 상론했듯이 감각을 외감, 내감(미감), 공동감각(공감), 도덕감각, 영예감각 등 다섯 가지 감각으로 어지

---

685) Hutcheson, *An Inquiry Concerning Moral Good and Evil* (Treatise II), 'Introduction', 119-120쪽.
686) Hutcheson, *An Inquiry Concerning Moral Good and Evil* (Treatise II), 135쪽.
687) Hutcheson, *An Inquiry Concerning Moral Good and Evil* (Treatise II), 120쪽.

러이 열거하고 '도덕감각'을 이 중 네 번째 감각으로 자리매김한다. 여기서 그는 도덕감각을 이렇게 정의한다. "제4부류는 우리가 '우리 자신 안에서 또는 남들에게서 덕성이나 악덕을 지각하게 하는' 도덕감각이라고 부를 수 있다. 이것은 이전의 지각부류들과 명백히 판이하다. 왜냐하면 우리가 자기 자신이나 남이 지닌 덕성이나 악덕을 성찰하고 있지 않고 더구나 우리 자신의 덕성에 대한 지각을 즐거워하지도 않을 때도 우리의 행복이나 쾌락을 타인들의 그것들과 연결시키는 본성적 애착, 연민, 우정, 또는 심지어 인류에 대한 보편적 인애심 속에서 우리가 발견하는 것처럼, 자기들이나 타인들의 덕성이나 악덕을 좀처럼 대상으로 성찰하지 않는 많은 이들이 타인들의 운명으로부터 강렬한 감정적 영향을 받기 때문이다."[688]

이 저작에서는 이전 저서에서 주장한 도덕감각론에 대한 반론들을 원용하면서 도덕감각을 다시 한번 변호한다.

- 덕성이 온전히 인공적인 것으로 간주된다면, 이런 덕성에 대해서는, 마치 덕성이란 애당초 큰 인간단체나 결사체의 보다 큰 이익이나 치자들의 이익에 이바지하는 반면, 사인私人이 악덕하다고 여겨지는 실천에서 특히 그가 이 실천에서 비밀스러움의 어떤 개연성이라도 지녔다면 그의 이익을 더 잘 발견하거나 더 큰 쾌락을 발견하는 것인 양, 뭔지 모르는 미심쩍음이 존재한다. 이 미심쩍은 혐의는 그 충족이 본성에 의해 인간의 최강의 지속적 쾌감으로 만들어지는 도덕감각과 공적 애정을 우리가 지녔다면 완전히 제거될 수밖에 없다.[689]

---

688) Francis Hutcheson, *An Essay on the Nature and Conduct of the Passions and Affections, with Illustrations on the Moral Sense* [1728·1730·1742], ed. by Aaron Garrett (Indianapolis: Liberty Fund, 2002), Treatise I, 17-18쪽.
689) Hutcheson, *An Essay on the Nature and Conduct of the Passions and Affections*, with Illustrations on the Moral Sense, "The Preface", 9쪽.

동시에 허치슨은 완전히 정당하게 "우리의 도덕감각이 이 감각이 우리 본성의 최고의 완벽화임을 보여준다"고 말한다. 그리고 그는 이렇게 부연한다. "그러므로 누구든 이 묘사를 더 잘 하고 싶다면, 덕성을 많은 고대인들과 함께 '본성에 따른 삶(Vita secundum naturam)', 또는 '우리가 우리 본성의 만듦새로부터 알 수 있는 것에 따라, 즉 우리가 우리의 창조주에 의해 하도록 의도된 것에 따라 행동하는 것'이라 불러도 좋다. 이 도덕감각이 확신의 빛 속에 한 번 장착된다면, 어떤 이들이 놀랍도록 기뻐하는 덕스런 삶에 대한 반론의 저 헛된 그림자들은 속히 사라질 것이다."[690] 다 맞는 말이다.

그런데 허치슨은 여기서 "많은 고대인들"이 "덕성"을 "본성에 따른 삶(Vita secundum naturam)"이라 불렀다고 말하는데, 그 "고대인들"이 도대체 누구란 말인가? 소크라테스와 플라톤은 사덕론에서 사랑 또는 연민을 제외시키고 장애자와 허약자의 무자비한 물리적 제거를 주장했고, 아리스토텔레스는 본성적 감정에 근거한 인간적 덕성을 2등급 덕성으로 격하시키고 신적 지덕(소피아)을 이 인간적 덕성 위에 올려놓았다. 그리고 스토아학파는 동정심을 금하는 무정한 금욕주의를 설파했고, 에피쿠리언들은 인간의 본성적 도덕감정을 내버린 쾌락설을 대변하며 도덕을 일종의 사회계약으로 설명했을 뿐이다.[691] "본성에 따른 삶"이 '솔성率性 또는 진성盡性의 삶'을 뜻하는 것이라면 그것은 바로 공자의 가

---

690) Hutcheson, *An Essay on the Nature and Conduct of the Passions and Affections, with Illustrations on the Moral Sense*, "The Preface", 8쪽.
691) 흄도 허치슨과 유사하게 고대철학에 대한 그릇된 이해를 노정한다. "고대 철학자들은 종종 덕성이 이성에 대한 순응일 뿐이라고 주장할지라도, 일반적으로 도덕을 미감과 감정(taste and sentiment)에서 그 존재를 도출하는 것으로 간주하는 것처럼 보인다. 다른 한편, 우리의 현대 탐구자들은, 역시 덕성의 아름다움과 악덕의 추함에 관해 많이 입에 올리면서도 지성의 가장 추상적인 원리들로부터의 형이상학적 추론과 연역에 의해 이러한 차이를 설명하려고 흔히 노력해 왔다." David Hume, *An Enquiry concerning the Principles of Morals* [1751], edited by Tom L. Beauchamp (Oxford·New York: Oxford University Press, 1998·2010), 4쪽.

르침일 따름이다.

   아무튼 허치슨의 도덕감각 개념은 흄과 다윈에 의해 계승된다. 흄에 의해서는 간헐적으로, 다윈에 의해서는 확실하게 계승되어 그 형성이 진화론적 규명이 시도된다.

제3절

허치슨의 미학:
'다양성 속의 일률성'

허치슨은 독립적 감각으로서 '미감'을 발견하고 아름다움의 본질을 규명하기 위해서 상당히 깊이 있는 논의를 전개했다. 그는 아름다움을 '이익'으로부터 구분하고 자연미를 놓친 플라톤이나 아리스토텔레스와 반대로 최초로 자연미를 아름다움으로 고려하는 등 상당한 미학적 진전을 보였다. 하지만 그는 아리스토텔레스의 미메시스 미학을 무비판적으로 수용하고, 미의 본질을 '일목요연성'과 혼동하고 아리스토텔레스를 추종해서 아름다움(미감)을 '쾌감(기쁨)'과 혼동함으로써 '아름다움' 자체를 규명하는 데 결국 실패한다.

3.1. 미감의 발견: 미美와 이利의 구분

허치슨은 일단 미美의 "쾌감"을 이익보다 앞서고 이익과 판이하게 다른 감흥으로 본다. 이것으로 그는 미美와 이利를 동일시하는 플라톤의 미학을 넘어선다. 그는 '어떤 대상들이 즉각적으로 미적 쾌감의 원인이라는 것, 그리고 우리는 이 쾌감을 지각하는 데 적합한 감각을 가졌다는 것, 그리고 이 쾌감은 이익의 전망에 따른 자기애로부터 생겨나는 그런 기쁨과 판이하게 다르다는 것'은 "명백해 보인다"고 말한다. 인간은 미의 기쁜 관념들을 암시하는 것 외에 아름다운 형상 속에 이익 또는 편익에 대한 어떤 다른 기대도 없이, "미를 획득하기 위해 편의와 쓸모"를 "소홀히" 한다. 이것은 "우리가 건축, 원예, 그리고 많은 다른 일들에서처럼 미의 쾌감을 얻기를 바라고 자기애에서 아름다운 대상들을 추구할지라도, 이런 유익함에 대한 전망에 앞서 미의 감각이 있음이 틀림없다는 것을 보여준다"는 것이다.[692] 허치슨은 인간이 "쾌감을 지각하는 데 적합한 감각을 가졌다"고 말함으로써 미학사美學史에서 처음으로 미감을 발견했다. 미적 쾌감을 유익성(이익)과 구분한 허치슨의 이 미학이론은 이 양자를 뒤섞고 혼동한 데이비드 흄의 미학이론에 대한 비판을 선취한 것처럼 보인다.

그런데 허치슨은 "이 미의 감각이 없다면" 이 대상들이 "이렇게 유익하지 않을" 것이고, 또한 대상들을 "유익하게 만드는 이 미의 쾌감"을 우리 안에서 불러일으키지도 않을 것이라고 주장한다.[693] 그는 앞에서 미와 이익을 구별해야 한다고 말하면서도 여기서 미의 대상과 관련해 '유익함'을 운위함으로써 다시 이利와 미美의 혼동에 다시 빠져들고 있다. 그는 "이 미의 감각이 없다면 이 대상들은 이렇게 아름답지 않을 것이다"라고 말했어야 한다. 이런 실수는 나중에도 계속 반복된다.[694]

---

692) Francis Hutcheson, *An Inquiry into the Original of Our Ideas of Beauty and Virtue; In two Treatises* (1st ed. 1726; 3rd ed. 1729; London: Printed for R. Ware, J. Knapton etc., 5th ed. 1753, Indianapolis: Liberty Fund, 2004), 25-26쪽.
693) Hutcheson, *An Inquiry into the Original of Our Ideas of Beauty and Virtue*, 26쪽.
694) 참조: Hutcheson, *An Inquiry into the Original of Our Ideas of Beauty and Virtue*,

그럼에도 허치슨의 주된 의도를 이利와 미美의 구분으로 이해해야 할 것이다. 그는 "우리가 이러한 미와 화음 감각이 없다면 집·정원·의상·마차는 편리하고 효과적이고 따뜻하고 편안한 것으로 우리에게 권해졌을 수 있지만, 결코 아름다운 것으로서는 권해질 수 없었을 것"이라고 말하기 때문이다. "그리고 얼굴 속에서 우리는 색깔의 생생함과 표면의 부드러움 외에 우리를 기쁘게 할 수 있는 것을 아무것도 보지 못할 것"이라고 말한다.[695] 지당한 말이다.

3.2. 절대미(원천미)의 본질: 다양성 속의 일률성?

허치슨은 아름다움을 '원천미(original beauty)'와 '비교미(comparative beauty)', 또는 '절대미(absolute beauty)'와 '상대미(relative beauty)'로 구분한다. '원천미' 또는 '절대미'는 "대상이 모방이나 그림으로 생각되는 어떤 외적인 것과의 비교 없이 대상들 안에서 지각하는 그런 미, 가령 자연의 작품, 인공적 형상들, 도형, 정리로부터 지각되는 그런 미"라는 것이다. 이것은 아리스토텔레스가 끝내 설명하지 않은 미다. 비교미 또는 상대미는 "그 밖의 어떤 것의 모방 또는 유사성으로 간주되는 대상들 안에서 지각하는 것"이다.[696] 이 비교미 또는 상대미는 아리스토텔레스의 '미메시스 미학'의 반복이다. 그리고 원천미와 비교미의 구분은 섀프츠베리의 '원천미(original beauty)와 재현미(representative beauty)'의 구분을[697] 계승한 것으로 보인다. 이것은 필자가 이론화한 '자연미와 예

58쪽.
695) Hutcheson, *An Inquiry into the Original of Our Ideas of Beauty and Virtue*, 26쪽.
696) Hutcheson, *An Inquiry into the Original of Our Ideas of Beauty and Virtue*, 27쪽.
697) Anthony, Third Earl of Shaftesbury, *The Moralists, A Philosophical Rhapsody* (1709), 221쪽. Anthony, Third Earl of Shaftesbury, *Characteristicks of Men, Manners, Opinions, Times* (1732), 3 vols. Vol. II, edited by Douglas Den Uyl

술미의 구분'에 상응한다.

허치슨은 절대미의 개념에 따라 자연미도 인정한다. 그는 나뭇가지나 풀잎이 한 칸씩 위로 엇갈려 맞보는 식으로 하나씩 뻗쳐난 대칭적 질서를 나무와 풀의 아름다운 자연미로 언급한다. 대칭성은 분명 중화의 요소다. 따라서 그는 자연미의 감상에서도 중화 이념을 견지하고 있다.

그리고 허치슨은 자연미 속에 사는 동물들의 미감도 인정한다. "인간에게 결코 아름답게 보이지 않는 적잖은 대상들이 존재하는 만큼, 우리는 우리에게 아름답게 보이지 않는 이 대상들에 대해 기뻐하는 것처럼 보이는 가지각색의 다른 동물들을 본다". 따라서 다른 동물들은 인간의 감각과 다른 미감을 가질 수 있다. 그리하여 인간들에게 조악하고 볼품없이 보이는 것이나 역겹게 보이는 것이 동물들에게는 "천국"일 수 있는 것이다.[698] 허치슨은 실로 선구적으로 동물의 미감을 인정했지만, 인간과 동물 간의 미감적 '차이성'만을 강조하고 그 공통성은 완전히 놓치고 있다.

허치슨은 절대미의 근본원인을 "다양성 속의 일률성(Uniformity amidst Variety)"으로 규정한다. 그러나 "다양성 속의 일률성"은 이 중화의 이념에 가까워 보이지만 이것과 완전히 합치되지는 않는 것 같다. 그런데 그는 "대상들 속에 아름답다고 부르는 것은 수학적 양식으로 말하자면 일률성과 다양성의 합성비율(compound Ratio) 안에 들어 있는 것으로 보인다"고 논변한다. 여기서 허치슨은 비례·비율을 말함으로써 중화(균형과 조화)와 중도中度의 이념을 스치고 있고, 또 다른 곳에서는 "미·질서·조화의 쾌감"을 언급하기도 한다.[699]

"물체들의 일률성이 한결같은 곳에서 아름다움은 다양성 만큼이고,

(Indianapolis: Liberty Fund, 2001).
698) Hutcheson, *An Inquiry into the Original of Our Ideas of Beauty and Virtue*, 28쪽.
699) Hutcheson, *An Inquiry into the Original of Our Ideas of Beauty and Virtue*, 76쪽.

다양성이 한결같은 곳에서 아름다움은 일률성 만큼이다."[700] 이것은 일률성이 한결같은 곳에서 아름다움은 다양성이 증가하는 만큼 증가하고, 다양성이 한결같은 곳에서 아름다움은 일률성이 증가하는 만큼 증가한다는 말인데, 각각의 경우에 다양성과 일률성이 '지나치게' 증가해도 아름답다는 말인가? 또 다양성이 증가하는 대신 조화로운 동태성이 감소하는 경우에도 아름다움이 증가하는가? 이 경우의 사고에서는 일률성과 다양성 간의 '중화적(균형적·조화적)'·'중도적' 합성비의 정태적·동태적 관념이 결여되어 있는 것이다. "다양성 속의 일률성"이라는 절대미의 개념으로써 그는 기껏해야 '일목요연함'을 말하고 있을 뿐이다. '일목요연함'은 '정리정돈', '질서 있음', '규칙성', '깨끗함' 등과 마찬가지로 '지각知覺하기 쉬움'을 뜻할 뿐이지, '아름다움'과 관계없는 것이다.

허치슨에게 중화(정태적 균형과 동태적 조화)의 이념이 없다는 것은 그가 등변삼각형과 정사각형의 아주 간단한 아름다움을 비교하면서도 오류를 범하는 데서 명확하게 드러난다.

- 다양성은 한결같은 일률성 속의 미를 증가시킨다. 등변삼각형의 미는 정사각형의 미보다 덜하다. 사각형의 미는 오각형의 미보다 덜하다. 이것은 다시 육각형에 의해 능가당한다. 게다가 변의 수가 증가할 때, 도형, 또는 등변등각 다각형들이 명백한 관계를 갖는 원호圓弧의 반지름 또는 직경에 대한 변들의 비율은 변들의 수와 더불어 언제나 증가하지 않을 정도로 우리가 관찰하기에 많이 상실된다. 칠면체와 홀수 변의 기타 도형들의 변들의 평행의 결여도 그 미를 줄일 수 있다. 그리하여 입면체들에서 이십면체는 십이면체를 능가하고, 이것은 정팔면체를 능가하고, 이것은 정육면체보다 훨씬 더 아름답다. 그리고 정육

---

700) Hutcheson, An Inquiry into the Original of Our Ideas of Beauty and Virtue, 28-29쪽.

면체는 다시 정사면체를 능가한다. 이것의 명백한 근거는 한결같은 일률성을 가진 더 큰 다양성이다.[701]

이 말 속에 허치슨의 절대미 개념의 오류가 집약되어 있다. 보통사람들은 허치슨의 말과 반대로 정사각형보다 정삼각형을 더 예쁘게 느끼고, 정육각형보다 정오각형을 더 예쁘게 느끼고, 정육면체의 네모난 상자보다 피라미드를 더 멋있게 느끼기 때문이다.

3.3. 허치슨 미학의 한계

허치슨은 일률성과 다양성의 범주로만 생각하다가 '정태적 균형(中)과 동태적 조화(和)'가 미학적 아름다움의 근본원인임을 몰각하기 때문에 저렇게 상식에 반하는 소리를 하는 것이다. 중화의 기준에 따르면, 정태적 중中과 동태적 화和를 동시에 갖춘 도형이 더 아름답다. 정삼각형은 세 변의 길이와 각도(60도)가 동일하기 때문에, 그리고 동시에 빗변이 일정한 동태성을 보이기 때문에 균형미와 더불어 조화미가 있는 것이다. 삼각형의 두 빗변은 동태를 자아내는 데 두 변이 비율적 동태動態와 동세動勢 속에서도 정비례하므로 정사각형에는 없는 '조화의 미'가 더해지는 것이다. 그래서 정삼각형이 정사각형보다 좀 더 멋진 것이다. 같은 원리로 동세를 자아내는 빗변이 넷이나 되고 그러는 가운데서도 서로 정비례하는 정오각형은 육각형보다 더 예쁜 것이다. 그리고 같은 정삼각형보다 정오각형을 더 예쁘게 느끼는 것은 빗변의 증가로 동세의 증가와 함께 (다양성이 증가하기 때문이 아니라) 조화의 요소가 증가하기 때문이다. 그런데 정육각형 이상의 등변등각형은 불가피하게 빗변을 갖게 된다. 정

---

701) Hutcheson, *An Inquiry into the Original of Our Ideas of Beauty and Virtue*, 29쪽.

육각형도 네 개의 빗변을 갖는다. 따라서 짝수의 변을 갖는 등변등각형들도 변수가 증가함에 따라 동세적 조화의 아름다움이 증가하고, 그래서 정10각형이 정오각형보다, 정1000각형이 정육각형보다, 원이 1000각형보다 조금이라도 더 예쁜 것이다. 그러므로 "칠면체와 홀수 변의 기타 도형들의 변들의 평행의 결여도 그 미를 줄일 수 있다"는 허치슨의 말도 그릇된 것이다. 홀수 변의 다각형도 도형을 안정되게 놓는 밑변으로 기여하는 한 변을 제하면 나머지 변들이 동태적 빗변을 만들기 때문에 미를 결코 줄이지 않는다. 오히려 빗변들의 동세적 조화성으로 인해 미감이 증가한다.

 동일한 미의 원리는 정입면체들의 경우에도 적용된다. 조화미가 결여된 정육면체보다 조화미가 균형미와 같이 있는 정사면체가 더 아름답다. 정육면체는 균형만 있고 조화가 없기 때문이다.

 한편, 정1000각형이 육각형보다 아름답지만, 정1000각형은 거의 원과 근사할 것이다. 원의 아름다움은 균형미와 함께 놀라운 동태적 조화미를 가지고 있다. 원은 '항구적 동세' 속에서 정확한 비례를 맞추며 '돌고 있는' 것으로 보여 완벽한 조화미를 보여주기 때문이다. 물론 단순원형보다 균형미를 추가하고 변화를 더 추가하는 정타원형은 이 단순원형에 비해 더 멋지게 느껴진다. 따라서 "변의 수가 증가할 때, 도형, 또는 등변등각 다각형들이 명백한 관계를 갖는 원호의 반지름 또는 직경에 대한 변들의 비율은 변들의 수와 더불어 언제나 증가하지 않을 정도로 우리가 관찰하기에 많이 상실된다"는 허치슨의 논변도 그릇된 것이다. 변의 증가로 등변등각의 도형이 원형에 접근할수록 동태적 조화미가 더 증가하고 따라서 더 아름다워지기 때문이다.

 일률성에 대한 평가에서도 허치슨은 오류를 거듭한다. "더 큰 일률성은 다음의 사례에서 다양성의 한복판 속의 미를 증가시킨다. 정삼각형이나, 심지어 이등변삼각형도 부등변 삼각형을 능가한다. 정사각형은 사방형이나 마름모꼴을 능가하고, 이것은 다시 장사방형을 능가하고, 이것은 사다리꼴이나 불규칙적인 굽은 변들을 가진 어떤 도형보다 훨씬 더 아름답다. 그리하여 등변등각 입면체들은 동일수의 판판한 표면을 가진 모든 다른 입면체들을 한껏 능가한다. 그리고 같은 것은 5개의 완벽한 등변등각 입면체들에서만이 아니라, 원기둥, 각기둥, 각뿔, 사각뿔과 같이 어떤 상당한 일률성을 가진 모든 입면체들에서도 관찰할 수 있다. 이것들은 부분들끼리의 어떤 통일성이나 유사성도 없는 어떤 조악한 모형들보다 더 많이 모든 눈을 기쁘게 한다."[702] 등변등각형이 부등변부등각형의 아름다움을 능가하고, 등변등각 입면체들이 부등변부등각 입면체들의 아름다움을 능가하는 것은 균형미와 조화미의 증가 때문이지 일률성 때문이 아닐 것이다.

결론적으로 필자가 보기에 '다양성 속의 일률성'이라는 허치슨의 절대미 개념은 완전한 오류·오해의 산물이다. '다양성 속의 일률성'에서 우리는 명쾌함과 일목요연함을 느끼지만, 아름다움을 느끼지는 않는다. '다양성 속의 일률성'이라는 그의 미감은 아직 '비트루비우스 건축'을 모델로 삼는 전근대의 기하학적 미美 관념을 탈피하지 못하고 있다.

그러나 허치슨은 이런 그릇된 미美 개념으로 '자연미' 일반을 설명하려고 시도한다.

● 우리는 자연의 작품들 속에서도 우리의 미 감각에 대해 발견하는 것은 동일한 기초다. 우리가 아름답다고 칭하는 세계의 모든 부분에는 거의 무한한 다양성 속에 굉장한 일률성이 들어 있다. 우주의 많은 부분들은 전부가 인간의 사용을 위해 의도되지는 않은 것처럼 보인다. 아

---

702) Hutcheson, *An Inquiry into the Original of Our Ideas of Beauty and Virtue*, 29쪽.

니, 우리가 어떤 식으로든 아는 것은 아주 작은 지점에 불과하다. 거대한 물체의 모양과 운동은 우리의 감각에 명백하지 않지만, 많은 장기적 관찰 위에서 추리와 성찰에 의해 밝혀진다. 그러나 우리가 감각으로 밝혀낼 수 있는 한에서, 또는 추리에 의해 우리의 지식을 확대하고 우리의 상상을 확장하는 한에서 우리는 그 물체들의 구조, 질서, 운동이 우리의 미 감각에 기분좋다는 것을 일반적으로 느낀다. 자연 속에 있는 개개의 개별 대상은 정말로 우리에게 아름답게 현상하지 않는다. 그러나 우리의 감각이나 관찰에 따른 추리에 나타나는 대부분의 대상들에 걸쳐 미가 굉장히 풍요롭게 존재한다. 왜냐하면 거리를 잘 식별하지 못하는 우리의 시각의 불완전성에 의해 전적으로 야기되는, 거대한 구체球體의 원주 안의 천체들의 현상적 위치는 말할 것도 없고 우주 안의 거대한 물체들의 형상들은 거의 구체다. 천체들의 공전궤도는 일반적으로 타원형이고, 우리의 관찰에 계속 나타나는 천체들의 경우에는 큰 편심성偏心性도 없다. 이제 이것들은 굉장한 일률성의 도형들이고, 그러므로 우리를 기쁘게 하는 것들이다.[703]

허치슨의 이 자연미 개념 속에는 일률성과 질서만이 등장하고 균형과 조화는 안중에 없다.

또한 허치슨은 다른 측면에서 자연사물 안에서 규칙성·항구성·다양성만을 보고 있다. "천체들의 물질 양, 공전의 거리, 시간 간의 상호비례 안에서의 덜 분명한 일률성을 지나치면, 자기의 지축을 도는 데 거의 동일한 시간이 걸리는 각 행성의 공전의 항구적 행정과, 우리의 기록에 나타난 모든 시대를 관통해 거의 똑같은 궤도 안에서의 중심적 불, 또는 태양보다 더 커다란, '다양성 속의 일률성'의 사례를 무엇이 전시할 수 있단

---

703) Hutcheson, *An Inquiry into the Original of Our Ideas of Beauty and Virtue*, 30쪽.

말인가? 이 궤도에 의해 일정한 기간이 지난 뒤 모든 동일한 현상들이 다시 갱신된다. 빛과 그늘, 또는 낮과 밤의 번갈은 계기繼起들이 시간 속에서 기분좋은 규칙적 다양성을 갖고 각 행성을 주위에서 서로서로 추구하면서 행성들은 여름·가을·겨울·봄에 여러 반구체半球體를 가진다. 행성들의 서로에 대한 다양한 단계·국면·상황, 행성들이 일월식에 원뿔 그늘과 더불어 갑자기 서로 어둡게 하는 연관과 대립은 불변적 항상성으로 정해진 기간에 우리에게 반복되어 나타난다. 이것들은 천문학자를 매혹시키고 그의 지루한 계산을 기쁘게 하는 아름다움들이다."[704] 허치슨은 규칙성·항구성·일률성·다양성 등만을 언급할 뿐, '상호비례'를 언급하는 듯하다가 지나쳐버림으로써 균형과 조화, 즉 중화의 이념을 몰각한다.

'다양성 속의 일률성'의 관점에서 허치슨은 지구·초목·금수·액체·화음, 그리고 이론적 정리定理, 논리적 귀결, 기술작품 등의 절대미를 '일관되게' 설명한다.[705] 따라서 그의 이 설명들은 '일관되게' 그릇된 것이다. "이론적 정리"나 "논리적 귀결"의 '다양성 속의 일률성'까지도 절대미로 느끼는 것을 보면 그가 무한한 복잡성 속에서도 통일성을 드러내줌으로써 우리의 인식과 이해를 용이하게 하는 것들의 기능적 '일목요연성'을 절대미로 착각하고 있음이 더욱 확실해진다. 또한 그가 "이론적 정리"나 "논리적 귀결" 등 무형無形의 관념이나 지식까지도 미적 대상으로 여기는 것을 보면, 그가 미감이 반드시 "유형적有形的 대상(물체의 연장과 속성·운동, 기체·공기·빛의 색상, 광파와 음파, 이 모든 것들의 언어화된 형상 등)의 구성·배열·색상·소리·움직임(동세)"을 시청각적으로, 그리고 미각적으로 마주해야 하고, 또 미는 유형적 대상의 구성·배열·색상·소리·움직임(동세)의 객관적 중화中和에 대한 미적 느낌이라는 사실을 전혀 모르고

---

704) Hutcheson, *An Inquiry into the Original of Our Ideas of Beauty and Virtue*, 31쪽.
705) 참조: Hutcheson, *An Inquiry into the Original of Our Ideas of Beauty and Virtue*, 31-41쪽.

있는 것으로 보인다.

허치슨은 '상대미' 또는 '비교미'에서 아리스토텔레스의 미메시스 미학을 '표절'한다. 그는 일단 '상대미'의 개념에서 '상대적' 또는 '관계적(relative)'이라는 단어의 의미를 "진품의 모조품으로 간주되는 어떤 대상 속에서 파악되는 것"으로 정의한다. "이 아름다움은 원본(Original)과 모사본(Copy) 간의 일치성 또는 통일성에 기초한다. 원본은 자연 속의 어떤 대상이고 어떤 확립된 관념일 수 있다. 왜냐하면 표준으로 알려진 어떤 관념이 있고 이 이미지나 관념을 고정시키는 규칙들이 있다면, 우리는 아름다운 모방을 만들 수 있기 때문이다. 그러므로 조소가彫塑家·화가·시인은 그의 작품이 우리가 헤라클레스라는 그 영웅에게서 상상하는 그 영광, 그 힘의 표시들, 용기를 보유한다면 이 헤라클레스로 우리를 기쁘게 할 수 있다."[706] 여기서 허치슨은 헤라클레스를 묘사하는 예술작품의 아름다움, 헤라클레스의 영웅성이 주는 대리만족적 기쁨, 모방의 재미, 이 세 가지를 다 아름다움으로 혼동하고 있다.

나아가 허치슨은 아리스토텔레스에게 충성스럽게도 추한 것의 모방이 – 재미가 아니라 – 아름다움이라고 주장하는 미메시스 미학을 전개한다.

- 비교미만을 얻기 위해서라면, 원본 속에 어떤 미가 있을 필요가 없다. 절대미의 모방은 진정 전체적으로 좀 더 예쁜 작품을 만들 수 있지만, 엄밀한 모방은 원본이 완전히 미를 결여할지라도 여전히 아름다울 것이다. 그러므로 그림 속의 늙은 노인들의 추함, 풍경 속의 험악한 바위나 산은 잘 재현된다면, 어쩌면 원본이 절대적으로 아름답고 이것이 잘 재현된 경우만큼 그렇게 굉장하지 않을지라도, 풍요로운 미를 갖

---

706) Hutcheson, *An Inquiry into the Original of Our Ideas of Beauty and Virtue*, 42쪽.

지 않을 수 없을 것이다.707)

허치슨은 플라톤이 '중도적 인간'에게 의무로 요구하는 절대미의 원본의 모방이 추한 것의 모방보다 더 '굉장하다'는 것을 인정할지라도 아리스토텔레스를 대체로 따르고 있다. 물론 추한 것의 모방이 아무리 정확하다고 하더라도 이 모방적 정확성 때문에 이 모방이 재미있어질지언정 아름다워지는 것은 아니다. 추한 것의 모방이 아름다워지려면, 모방보다 더 많은 것이 필요하다. 추한 것, 가령 '노인의 주름'에 대한 화가의 독특한 미감적 해석과 의미부여, 그리고 이를 통한 새로운 예술적 대상의 창조와 – 중화의 원리에 따른 – 미적 형상화形像化에 성공해야만 가능한 것이다. 이것이 예술적 회화와 사진의 차이이고, 동일한 사건에 관한 신문기사와 문예적 묘사 간의 차이인 것이다.

허치슨이 아리스토텔레스처럼 모방적 재미와 예술적 아름다움을 혼동하고 있음은 그의 시문 분석에서도 잘 드러난다. "교양소설이나 아리스토텔레스의 에테(ἤθη, 윤리적 성품)에 의해 우리는 도덕감각 속의 덕스러운 예절을 이해할 수 없지만, 자연 속에 있는 대로의 예절이나 성품의 정확한 재현을 이해할 수 있고, 행동과 정감이 서사시와 희곡 시문 안에서 배정된 사람들의 캐릭터에 적합하다는 것을 이해할 수 있다. 어떤 시인이 자신의 완벽하게 덕스러운 캐릭터를 그리고 있지 않다는 것을 증명하기에 아주 좋은 근거가 아마 우리의 감정의 본성으로부터 시사될 수 있을 것이다. 실로 절대적인 것으로 생각되는 이 캐릭터는 더 많은 쾌감을 줄 수 있을 것이고, 선악이 혼합된 삶 속에서 일어나는 불완전한 것들보다 더 많은 미를 가질 수 있다."708) 그러나 "이런 선택에 맞서, 우리가

---

707) Hutcheson, *An Inquiry into the Original of Our Ideas of Beauty and Virtue*, 42쪽.
708) Hutcheson, *An Inquiry into the Original of Our Ideas of Beauty and Virtue*, 43쪽.

우리의 관찰에 한 번도 실제로 등장한 적이 없는, 따라서 우리가 모사본과의 일치성에 관해 정확하게 판단할 수 없는, 도덕적으로 완벽한 영웅들의 관념보다 온갖 감정을 다 가진 불완전한 인간들의 더 생생한 관념들을 가지고 있다는 것을 생각나게 하는 것이 당장에는 충분할 수 있다. 나아가 우리 자신의 상태에 대한 의식을 통해 우리는 불완전한 캐릭터에 의해 거의 영향받고 감동받는다. 왜냐하면 이 불완전한 캐릭터들 안에서 우리는 타인 인물형의 성향대비 효과 속에서, 그리고 우리가 종종 우리 자신의 가슴 속에서 느끼는 자기애의 감정과 영예와 덕성의 감정 간의 투쟁 속에서 재현되기 때문이다. 이것은 호머가 그의 캐릭터들의 다양성 외에 정당하게 찬미되는 아름다움의 완벽성이다."[709] 여기서 허치슨도 아리스토텔레스처럼 모방의 비교적 재미를 예술미로 착각하는 통속미학으로 전락하고 있다. 즉, 그는 시문에다 재미를 부여해주는 모든 부차적 모방요소들을 다 '미의 본질요소'로 둔갑시키고 있는 것이다.

그래서 허치슨은 개연성, 직유(simile), 은유(metaphor), 풍유(allegory) 등의 부차적 모방 요소들을 재미의 요소가 아니라 미의 요소로 착각한다. "시문의 많은 다른 아름다움들은 상대미의 범주 아래 환원된다. 개연성(probability)은 우리로 하여금 닮음(유사성)을 상상하게 하는 데 절대 필수적이다. 직유·은유·풍유가 주제나 주제와 비교되는 사물이 아름다움을 갖든 갖지 않든 아름답게 만들어지는 것은 닮음에 의한 것이다. 게다가 미는 주제와 비교되는 사물이 닮음만이 아니라 얼마간의 원천미나 품위를 가질 때 더 크다. 그리고 이것은 은유와 직유에서 유사성뿐만 아니라 품위(Decency)를 위해 애쓰는 수칙의 토대다."[710] 여기서 "개연성" 또는 "있음직함"(probability)은 오늘날 '그럴싸함 또는 그럴듯함

---

709) Hutcheson, *An Inquiry into the Original of Our Ideas of Beauty and Virtue*, 43쪽.
710) Hutcheson, *An Inquiry into the Original of Our Ideas of Beauty and Virtue*, 43쪽.

(plausibility)'을 가리킨다. 논픽션은 사실(있었던 것이나 있는 것)을 묘사하고, 픽션은 '있음직한 것, 그럴싸한 것'에 입각하고, 공상소설은 '있음직한 것, 그럴싸한 것'을 뛰어넘는다. 따라서 '있음직함' 또는 '그럴싸함' 여부는 아름다움의 기준이 아니라, 묘사대상의 종류에 따른 장르구분의 기준이다.

그리고 직유·은유·풍유의 닮음(유사성)은 직유를 제외하면 미메시스도 아니고, '아름다움'의 원인이 아니다. 그리고 직유는 비유적 언어유희의 '적절성'(균형과 조화), 즉 '재미'의 원인일 수 있지만, 은유와 풍유는 미메시스가 아니므로 재미의 원인도 아니다. '직유', 가령 "물 찬 제비 같이 말쑥하게 차려 입었다", "쏜살처럼 달려갔다"는 표현은 적절한 과장이라서 재미있게 느껴진다. 그러나 "내 마음은 바다"라는 전형적 '은유'는 어떤 사람의 넓은 마음을 과장하면서도 적당히 압축한 표현이라서 간명하게 느껴지고, "수양산 그늘 강동 70리 간다" 또는 "천리 길도 한 걸음부터"와 같은 속담이나 격언의 표현법인 '풍유'는 '크게 출세한 사람의 음덕蔭德이 보이지 않게 널리 미친다'는 숨겨진 뜻과 '아무리 큰 사업이라도 처음부터 차근차근 해야 한다'는 숨겨진 뜻을 적절히 암시하는 것이라서 사려 깊은 것으로 느껴진다. 플라톤과 아리스토텔레스는 '직유'만을 미메시스로 간주했다. 그리고 플라톤은 은유·풍유·환유換喩·상징 등을 미메시스로 보지 않았기 때문에 시가詩歌에서 사용하는 것을 허용했다. 그러나 허치슨은 직유·은유·풍유를 모두 다 미메시스로 보고 이것을 다 미의 원인으로 여기고 있다. 그리고 아름다움은 뭔가를 닮은 것에서 나오는 것이 아니라 아무것과도 닮지 않은 기상천외한 생각이나 감정이라도 이 생각과 감정의 유형적有形的 형상화가 중화의 이념에 적중한다면 아무것도 모방하지 않은 이런 독창적 생각이나 기이한 감정으로부터도 생겨날 수 있는 것이다. 하지만 허치슨은 이 점도 놓치고 있다. ∎

참고문헌

■ 공맹경전

『大學』
『中庸』
『論語』
『孟子』
『書經』
『詩經』
『易經』
『禮記』
『春秋左氏傳』

■ 동양문헌

杜預(注)·孔穎達(疏), 『春秋左傳正義』(開封: 欽定四庫全書, 宋太宗 淳化元年[976年]).
司馬遷, 『史記世家』. 『史記列傳』.
宋時烈, 「雜著·雜錄」. 『송자대전(VII)』(서울: 민족문화추진위원회, 1983).
이영재, 「공자의 '恕' 개념에 관한 공감도덕론적 해석」. 『정치학회보』 47집 1호 (2013) [29-46쪽].
丁若鏞(全州大 호남학회연구소 역), 『與猶堂全書』「經集 I·II·中庸自箴·論語古今註 」 (전주: 전주대학교출판부, 1989).
丁若鏞, 『孟子要義』[1814]. 丁若鏞(金誠鎭 編, 鄭寅普. 安在鴻 同校), 『與猶堂全書』第二集 經集 第五卷·第六卷 (서울: 驪江出版社, 1985 영인본).
鄭玄(注)·賈公彦(疏), 『周禮注疏』十三經注疏編纂委員會 간행 (北京: 北京大學校出版部, 2000).
鄭玄(注)·孔穎達(疏), 『禮記正義』. 十三經注疏整理委員會 (北京: 北京大學出版社,

2000).
조셉 니덤(김영식·김제란 역),『중국의 과학과 문명』(서울: 까치, 1998).
朱熹,『四書集註』. 주희 집주(임동석 역주),『四書集註諺解(전4권)』(서울: 학고방, 2006).
朱熹,『中庸章句』,「序」.
陳淳,『北溪字義』. 진순(김영민 역),『북계자의』(서울: 예문서원, 1994·2005).
何晏(注)·邢昺(疏),『論語注疏』, 十三經注疏整理本 (北京: 北京大學出版社, 2000).
韓非子,『韓非子』. 王先謙,『韓非子集解』(上海書店 諸子集成本).
劉安,『淮南子』. 劉安(안길환·편역),『淮南子(상·중·하)』(서울: 명문당, 2001).
황태연,『지배와 이성』(서울: 창작과비평사, 1996).
황태연,『계몽의 기획』(서울: 동국대학교출판부, 2004).
황태연,『실증주역』(파주: 청계, 2008·2012).
황태연,『공자와 세계(1-5)』(파주: 청계, 2011).
황태연,「서구 자유시장론과 복지국가론에 대한 공맹과 사마천의 무위시장 이념과 양민철학의 영향」,『정신문화연구』2012년 여름호 제35권 제2호 [316-410쪽].
황태연,「공자의 공감적 무위·현세주의와 서구 관용사상의 동아시아적 기원(上)」,『정신문화연구』제36권 제2호 통권 131호 (2013 여름호) [8-187쪽].
황태연,『감정과 공감의 해석학(1·2)』(파주: 청계, 2014·2015).
황태연,『공자의 인식론과 역학』(파주: 청계, 2018).
황태연,『공자철학과 서구 계몽주의의 기원』(파주: 청계, 2019).
황태연,『근대 영국의 공자 숭배와 모럴리스트들』(서울: 한국문화사, 2020·2023).
황태연,『극동의 격몽과 서구 관용국가의 탄생』(서울: 솔과학, 2021)
황태연,『한국 금속활자의 실크로드』(서울: 솔과학, 2023).
황태연,『유교적 근대의 일반이론』(서울: 한국문화사, 2023).
황태연,『근대 영국의 공자숭배와 모럴리스트들(상·하)』(서울: 한국문화사, 2023).
황태연,『공자와 미국의 건국(상)』(서울: 한국문화사, 2023).
황태연,『근대 프랑스의 공자 열광과 유교적 계몽철학』(서울: 한국문화사, 2023).
황태연,『도덕의 일반이론: 도덕철학에서 도덕과학으로』(서울: 한국문화사, 2024).
황태연,『정의국가에서 인의국가로: 국가변동의 일반이론』(서울: 지식산업사, 2024).
황태연,『예술과 자연의 미학』(서울: 지식산업사, 2024).

■ 서양문헌

Acosta, José de, *The Natural and Moral Histories of the East and West Indies* (London: Val. Sims, 1604).
Alexander, Richard D., *The Biology of Moral Systems* (New York: Aldine de Gruyter, 1987).
Anonym(Alessandro Valignano & Duarte de Sande), *Japanese Travellers in Sixteenth-Century Europe: A Dialogue Concerning the Mission of the*

Japanese Ambassador to the Roman Curia [1590], edited and annotated with introduction by Derek Massarella, translated by J. F. Moran (London: Ashgate Publishing Ltd. for The Hakluyt Society, 2012).

Aristoteles, *Die Nikomachische Ethik*, übersetzt v. Olof Gigon (München: Deutscher Taschenbuch Verlag, 1951·1986).

Aristoteles, *Politik*, übersetzt v. Olof Gigon (München: Deutscher Taschenbuch Verlag, 1955·1986).

Aristotle, *Eudemian Ethics, Aristotle*, vol. 20 (Cambridge, MA: Harvard University Press, 1935·1981).

Armstrong, Karen, *The Great Transformation: The Beginning of Our Religious Traditions* (Toronto: Vintage Canada, 2006).

Arnhart, Larry, *Darwinian Natural Right: the Biological Ethics of Human Nature* (Albany, NY: State University of New York Press, 1998).

Augustine (Aurelius Augustinus), *On Free Choice of the Will* (AD 396), translated by Thomas Williams (Indianapolis·Cambridge: Hackett Publishing Co., 1993), 아우구스띠누스 (성염 역주), 『자유의지론』(서울: 분도출판사, 1998).

Bacon, Francis, *The Advancement of Learning* [1605], edited by Joseph Devey (New York: Press of P. F. Collier & Son, 1901)

Bacon, Francis, *The New Organon* [1620] (Cambridge: Cambridge University Press, 2000).

Bacon, Francis, *Sylva Sylvarum: Or a Natural Historie in Ten Centuries* (London: John Haviland Augustine Mathews, 1627).

Bacon, Francis, *The New Atlantis* [1627]. Charles M. Andrews, *Ideal Empires and Republics: Rousseau's Social Contract, More's Utopia, Bacon's New Atlantis, Campanella's City of the Sun* (Washington.London: M. Walter Dunne, 1901).

Bacon, Francis, *The Essays or Counsels, Civill and Morall* (Cambridge: Cambridge University Press, 1985).

Bamgbose, Oluyemisi, "Euthanasia: Another Face of Murder". *International Journal of Offender Therapy and Comparative Criminology*, 48-1(2004): [111-121쪽].

Basch, Michael F., "Empathic Understanding". *Journal of the American Psychoanalytic Association*, Vol. 31 (1983), No. I [101-126쪽].

Bayle, Pierre, *Dictionnaire historique et critique* (2 vols., 1697; 4 vols., 1702). Selected English translation by Richard Henry Popkin: *Historical and Critical Dictionary* (Indianapolis·Cambridge: Hackett Publishing Company, Inc., 1991).

Bayle, Pierre, *Continuation des Pensées diverses, Ecrites à un Docteur de Sorbonne, à l'occasion de la Comte qui parut au mois de Decembre 1680: Ou Reponse à plusieurs dificultez que Monsieur a proposées à l'Auteur,* vol.1 in 2 vols. (Rotterdam: Reiner Leers, 1705).

Bayle, Pierre, *Pensées diverses sur la comète* (1682·1683·1704). Pierre Bayle, *Various Thoughts on the Occasion of a Comet*, translated with notes and an interpretative essay by Robert C. Bartlett (Albany: State University of New York Press, 2000).

Becker, Ernest, *The Denial of Death* (New York: Free Press Paperback, 1973·1997).

Bernier, François, "Introduction à la lecture de Confucius, Extrait de diverses pièces envoyées pour étrennes par M. Bernier à Madame de la Sablières". *Journal des Sçavans* (7 juin 1688) [pages 25-40].

Betty, L. Strafford, "The Buddhist-Humean Parallels: Postmortem". *Philosophy East and West*, vol.2. issue1, Jul. 1971 [237-253쪽].

Boehm, Christopher, "What Makes Humans Economically Distinctive? A Three-Species Evolutionary Comparison and Historical Analysis". *Journal of Bioeconomics* 6 (2004) [109-135쪽].

Boehm, Christopher, Moral Origins: *The Evolution of Virtue, Altruism, and Shame* (New York: Basic Books, 2012).

Buckle, Stephen, "Chronology". David Hume, *An Enquiry concerning Human Understanding and Other Writings* (Cambridge·New York·Melbourne: Cambridge University Press, 2007).

Buckle, Stephen, *Natural Law and the Theory of Property: Grotius to Hume* (Oxford: Oxford University Press, 1991).

Buss, David M., "Sex Differences in Human mate Preference: Evolutionary Hypothesis Tested in 37 Countries". *Behavioral and Brain Sciences* 12 (1989) [1-49쪽].

Byers, John A., & Curt Walker, "Refining the Motor Training Hypothesis for the Evolution of Play". *The American Naturalist*, Vol. 146, No. 1 (July, 1995).

Cabanac, Michel, "Physiological Role of Pleasure". *Science*, Vol. 173 (1971) [1103-1107].

Caillois, Roger, *Les jeux er les hommes* (Paris: Librairie Gallimard, 1958). English trans.: *Man, Play and Games* (Urbana·Chicago: University of Illinois Press, 1961·Reprint 2001).

Campanella, Tommaso, *City of the Sun* [1602]. Charles M. Andrews, *Ideal Empires and Republics: Rousseau's Social Contract, More's Utopia, Bacon's New Atlantis, Campanella's City of the Sun* (Washington·London: M. Walter Dunne, 1901).

Campbell, Donald T., "On the Conflicts between Biological and Social Evolution and between Psychology and Moral Tradition". *American Psychologist* 30(1975) [1103-1126쪽].

Capaldi, Nicholas, "Hume's Rejection of 'Ought' as a Moral Category", *Journal* of Philosophy 63 (1966) [126-137쪽].

Capaldi, Nicholas, *Hume's Place in Moral Philosophy* (New York: Peter Lang, 1989).

Carey, Daniel, *Locke, Shaftesbury and Hutcheson* (Cambridge: Cambridge University Press, 2006·2009).

Champion, Justin, "Bayle in the English Enlightenment". Wiep van Bunge and Hans Bots (ed.), *Pierre Bayle (1647-1706), 'le philosphe de Rotterdam'*: *Philosophy, Religion and Reception*, Selected Papers of the Tercentenary Conference held at Rotterdam, 7-8 December 2006 (Leiden·Boston: Brill, 2008).

Clarke, John James, *Oriental Enlightenment. The Encounter between Asian and Western Thought* (London.New York: Routledge, 1997).

Clarke, Samuel, *Discourse concerning the Unchangeable Obligations of Natural Religion* [1706]. Works of Samuel Clark 4 vols (London: 1738, New York: Garland Press, 1978).

Cleckley, Hervey M., *The Mask of Sanity: An Attempt to Clarify Some Issues About the So-Called Psychopathic Personality* (Saint Louis: Mosby, 1941·1964).

Conze, Edward, "Buddhist Philosophy and its European Parallels". *Philosophy East and West* (vol. 13, issue 1, Apr. 1963).

Conze, Edward, "Spurious Parallels to Buddhist Philosophy". *Philosophy East and West* (vol. 13, issue 2, Jul. 1963).

Cooley, Charles H., *Human Nature and the Social Order* (New Brunswick·London: Transaction Publishers, 1902·1922·1930·1964·1984, 7th printing 2009).

Cooley, Charles H., *Sociological Theory and Social Research* (New York: Augustus M. Kelley·Publishers, 1930·1969).

Cumberland, Richard, *De Legibus Naturae Disquistio Philosophica*, (1672). *A Treatise of the Laws of Nature* (1672), translated, with Introduction and Appendix, by John Maxwell (London: K. Knapton, 1727), republished, edited and with a Foreword by Jon Parkin (Indianapolis: Liberty Fund, 2005).

Darwin, Charles, *The Origin of Species by means of natural selection or the preservation of favored races in the struggle for life* (London: John Murray, 1859 1st. ed.; 1876 corrections ed.).

Darwin, Charles, *The Expression of Emotion in Man and Animals* (London: John Murray, 1872·1890).

Darwin, Charles, *The Descent of Man, and Selection in Relation to Sex* [1871·1874] (London: John Murray, 2nd edition 1874).

Davis, Walter W., *Eastern and Western History, Thought and Culture, 1600-1815*

(Lanham[Maryland]·London: University Press of America, 1993).
Dawkins, Richard, *The Selfish Gene* (Oxford: Oxford University Press, 1976).
Descartes, *Discourse on Method and Meditations on First Philosophy*, edited by David Weissman (New Haven.London: Yale University Press, 1996).
Deutsch, Morton, *Distributive Justice: A Social Psychological Perspective* (New Haven: Yale University Press, 1985).
de Waal, Francis, *Good Natured: The Origins of Right and Wrong in Humans and Other Animals* (Cambridge, Massachusetts: 1996·2003).
de Waal, Frans, *Our Inner Ape* (New York: Riverhead Books, 2005).
de Waal, Frans, "The Evolution of Empathy". *Greater Good*, September 1, 2005.
de Waal, Frans, "Morality Evolved - Primate Social Instincts, Human Morality and the Rise and Fall of 'Veneer Theory'". Stephen Macedo and Josiah Ober (ed.). *Primates and Philosopher - How Morality Evolved* (Princeton: Princeton University Press, 2006).
de Waal, Frans, "The Tower of Morality". Stephen Macedo and Josiah Ober (ed.). *Primate and Philosopher - How Morality Evolved* (Princeton: Princeton University Press, 2006).
de Waal, Frans, *The Age of Empathy: Nature's Lesson for Kinder Society* (New York: Three Rivers, 2009).
d'Holbach, Paul Henri Thiry(Ancien Magistrat으로 가명 출판), *La Politique naturelle, ou Discours sur les vrais principles du gouverement*, Tome premier et second (Londres: 1773).
Dickens, Peter, *Social Darwinism* (Buckingham: Open University Press, 2000).
Du Halde, Jean-Baptiste, *Description géographique, historique, chronologique, politique, et physique de l'empire de la Chine et de la Tartarie chinoise, enrichie des cartes generales et particulieres de ces pays, de la carte generale et des cartes particulieres du Thibet, & de la Corée* (Paris: A la Haye, chez Henri Scheurleer, 1735). 영역판: P. Du Halde, *The General History of China*, Volume II (London: Printed by and for John Watts, 1736), Volume I-IV.
Edmonds, David, and John Eidinow, "Enlightened enemies", *The Guardian* (Saturday 29 April 2006).
Edwardes, Michael, *East-West Passage: The Travel of Ideas, Arts and Interventions between Asia and the Western World* (Cassell·London: The Camelot, 1971).
Eibl-Eibesfeldt, Irenäus, *Human Ethology* (New York: De Gruyter, 1989).
Epicurus, "Sovran Maxims"(Principal Doctrines: Κυρίαις δόξαις), "Book X - Epicurus". Diogenes Laertius, *Lives of the Eminent Philosophers* (Cambridge, Massachusetts: Harvard University Press, 1925).
Epicurus, "Letter to Menoeceus" ("Book X - Epicurus"), Diogenes Laertius,

Lives of the Eminent Philosophers, translated by Robert Drew Hicks. A Loeb Classical Library edition; volume 1.2 (Cambridge, Massachusetts: Harvard University Press, 1925·1977); Diogenes Laertius, *The Lives and Opinions of the Eminent Philosophers* (1853년 재인쇄) (Davers, MA: General Books, 2009).

Fénelon, François, *Dialogues des Morts* [1683]. Mediterranee.net[검색일: 2017년 5월 16일].

Foucault, Michel, *Die Ordnung der Dinge* (Frankfurt am Main: Suhrkamp, 1974).

Foucault, Michel, *Surveiller et punir: La naissance de la prison* (Paris: Gallimard, 1975). 독역본: Michel Foucault, *Überwachen und Strafen: Die Geburt des Gefängnisses* (Frankfurt am Main: Suhrkamp, 1976).

Foucault, Michel, "Der Ariadnefaden ist gerissen"(1969). Gilles Deleuze & Michel Foucault, *Der Faden ist gerissen* (Berlin: Merve Verlag, 1977).

Fowler, Thomas, and John Malcolm Mitchel, "Shaftesbury, Anthony Ashley Cooper, 3rd Earl of" (1911). Hugh Chisholm, *Encyclopædia Britannica* 24 (Cambridge University Press, 11th ed.).

Gächter, S., & B. Herrman, "Human Cooperation from an Economic Perspective". P. M. Kappeler & C. P. van Schaik (eds.), *Cooperation in Primates and Humans* (New York: Springer-Verlag, 2006) [275-302쪽].

Gallagher, Luis J., *China in the Sixteenth Century: The Journals of Matthew Ricci* (New York: Random House, 1942.1953). Nicolas Trigault, *De Christiana expeditione apud Sinas* (Augsburg, 1615)의 영역본. 국역본: 마테오리치 (신진호·전미경 역), 『중국견문록』(서울: 문사철, 2011).

Gerhard, Johann E. & Christian Hoffman, *Umbra in Luce sive Consensus et Dissensus Religionum Profanorum* (Jenae: Charactere Bauhofferiano, 1667).

Goody, Jack, *The East in the West* (New York: Cambridge University Press, 1996).

Gould, Stephen Jay, "Darwinian Fundamentalism", *New York Review of Books* 44 (12 June 1997): [34-37쪽].

Greenberg, Jerrold S., & Ronald Cohen, *Equity and Justice in Social Behavior* (New York: Plenum Press, 1980).

Greene, Joshua, "The Secret Joke of Kant's Soul". W. Sinnott-Armstrong (ed.), *Moral Psychology*, Vol. 3: *The Neuroscience of Morality* (Cambridge, Massachusetts: MIT Press, 2008).

Greene, Joshua, *Moral Tribes - Emotion, Reason, and the Gap between Us and Them* (London: Atlantic Books, 2013·2014).

Groves, Colin, "Canine and Able: How Dogs made us Human". *The Conversation*, 7 June 2012.

Gould, Stephen Jay, "Darwinian Fundamentalism". *New York Review of Books* 44 (12 June 1997) [34-37쪽].

Haidt, Jonathan, "The Emotional Dog and Its Rational Tail: A Social Intuitionist Approach to Moral Judgement". *Psychological Review*, 2001, Vol. 108. No. 4 [814-834쪽].
Haakonssen, Knud, "Introduction". Adam Smith, *The Theory of Moral Sentiments*, edited by Knud Haakonssen (Cambridge/New York: Cambridge University Press, 2002.2009[5. printing]).
Haldane, J. B. S., "Population Genetics". *New Biology* 18 (1955) [34-51쪽].
Hamilton, William D., "Evolution of Social Behavior". *Journal of Theoretical Biology* 7 (1964) [1-51쪽].
Hare, Robert D., *Without Conscience: The Disturbing World of the Psychopaths among Us* (New York·London: The Guilford Press, 1993·1999).
Hatfield, Elaine, John T. Cacioppo, & Richard L. Rapson, *Emotional Contagion* (Cambridge: Cambridge University Press, 1994).
Hatfield, Elaine, & Richard L. Rapson, "Emotional Contagion: Religious and Ethnic Hatreds and Global Terrorism". Larissa Z. Tiedens & Colln Wayne Leach (eds.), *The Social Life of Emotions* (Cambridge: Cambrige University Press, 2004) [129-143쪽].
Hatfield, Elaine, Richard L. Rapson & Yen-Chi L. Lee, "Emotional Contagion and Empathy". Jean Decety and William Ickles, *The Social Neuroscience of Empathy* (Cambridge, Massachusetts: MIT Press, 2009).
Hauser, Marc D., *Moral Minds: The Nature of Right and Wrong* (New York: HarperCollins Publishers, 2006).
Hawkins, Mike, *Social Darwinism in Europe and American Thought* 1860-1945 (Cambridge: Cambridge University Press, 1997).
Hiroshi Mizuda, *Adam Smith's Library: A Catalogue* (Oxford: Oxford University Presss, 2000·2004).
Hobbes, Thomas, *Leviathan or The Matter, Form, and Power of a Commonwealth Ecclesiastical and Civil* (1651), *The Collected Works of Thomas Hobbes*. Vol. III. Part I and II. Collected and Edited by Sir William Molesworth (London: Routledge/Thoemmes Press, 1992).
Hobbes, Thomas, *Philosophical Rudiments Concerning Government and Society(De Cive)* [1651], *The Collected Works of Thomas Hobbes*, collected and edited by Sir William Molesworth, Vol II (London: Routledge/Thoemnes Press, 1992).
Hobson, John M., *The Eastern Origins of Western Civilization* (Cambridge·New York: Cambridge University Press, 2004·2008).
Hooker, Richard, *Of the Laws of Ecclesiastical Polity* [Book 1-4, 1594; Book 5, 1597; Book. 6-8, 유고출판]. *The Works of Mr. Richard Hooker* (Oxford: At the Clarendon Press, 1888).
Hudson, Geoffrey F., *Europe and China: A Survey of their Relations from the*

Earliest Time to 1800 (Boston: Beacon Press, 1931·1961).

Hume, David, *A Treatise of Human Nature: Being an Attempt to Introduce the Experimental Method of Reasoning into Moral Subjects* [1739-40]. Book 1·2·3. Edited by David Fate Norton and Mary J. Norton, with Editor's Introduction by David Fate Norton (Oxford.New York.Melbourne etc.: Oxford University Press, 2001·2007).

Hume, David, "Of the Rise and Progress of the Arts and Science" [1742]. David Hume, *Political Essays* (Cambridge·New York: Cambridge University Press, 1994·2006).

Hume, David, "Of Commerce". David Hume, *Political Essays* (Cambridge·New York: Cambridge University Press, 1994·2006).

Hume, David, "Of Superstition and Enthusiasm" [1741]. David Hume, *Political Essays* (Cambridge·New York: Cambridge University Press, 1994·2006).

Hume, David, *An Enquiry concerning the Principles of Morals* (1751), edited by Tom L. Beauchamp (Oxford·New York: Oxford University Press, 1998·2010).

Hume, David, "Concerning Moral Sentiment". Appendix I, Hume, *An Enquiry concerning the Principles of Morals* (1751), edited by Tom L. Beauchamp (Oxford·New York: Oxford University Press, 1998·2010).

Hume, David, "The Sceptic". David Hume, *An Enquiry concerning Human Understanding and Other Writings* (Cambridge: Cambridge University Press, 2007).

Hume, David, "Of the independence of Parliament"[1741]. David Hume, *Political Essays* (Cambridge: Cambridge University Press, first Published 1994. 5th printing 2006).

Hume, David, "That Politics may be Reduced to a Science"(1741), David Hume, *Political Essays* (Cambridge: Cambridge University Press, first Published 1994. Fifth printing 2006).

Hume, David, "Whether the British Government inclines more to Absolute Monarchy, or to a Republic"(1741), David Hume, *Political Essays* (Cambridge: Cambridge University Press, first Published 1994. Fifth printing 2006).

Hume, "Of Civil Liberty" [1741]. David Hume, *Political Essays* (Cambridge·New York: Cambridge University Press, 1994·2006).

Hume, David, "Of National Characters" [1748]. Hume, *Political Essays*. (Cambridge·New York: Cambridge University Press, 1994·2006).

Hume, David, "Of Taxes" [1752]. Hume, *Political Essays*. (Cambridge·New York: Cambridge University Press, 1994·2006).

Hume, David, "Idea of Perfect Commonwealth" [1752]. Hume, *Political Essays*. (Cambridge·New York: Cambridge University Press, 1994·2006).

Hume, David, "Of the Populousness of Ancient Nations". David Hume, *Essays Moral, Political, and Literrary*, editedand with a Forward, Notes and Glossary by Eugene Miller. Revised Edition (Indianapolis: Liberty Fund, 1985).

Hume, David, "Concerning Moral Sentiment". Appendix to David Hume, *An Enquiry concerning the Principles of Morals* (1751), edited by Tom L. Beauchamp (Oxford·New York: Oxford University Press, 1998·2010).

Hume, David, *The Natural History of Religion* [1757], with an Introduction by John M. Robertson (London: A. and H. Bradlaugh Bonner, 1889). 국역: 데이비드 흄(이태하 역), 『종교의 자연사』 (서울: 아카넷, 2004).

Hume, Hume, *The History of England*, vol. 6 [1778]. David Hume, *The History of England from the Invasion of Julius Caesar to the Revolution in 1688*, Foreword by William B. Todd, 6 vols (Indianapolis: Liberty Fund 1983).

Hume, David, "Of Self-Love". Appendix II. Hume, *An Inquiry Concerning the Principles of Morals* (Oxford·New York: Oxford University Press, 1998·2010).

Hume, David, *Dialogues Concerning Natural Religion* (London: 출판사 표기 없음, 1779).

Hume, David, "My own Life". Hume, *An Enquiry concerning Human Understanding and Other Writings* (Cambridge·New York·Melbourne: Cambridge University Press, 2007).

Husserl, Edmund, *Ideas pertaining to a Pure Phenomenology and to Phenomenological Philosophy*, First Book *General Introduction to a Pure Phenomenology* [1913], trans. by F. Kersten (The Hague/ Boston: Martinus Nijhoff Publisher, 1983).

Husted, David S., Nathan A. Shapira & Wayne K. Goodman, "The Neurocircuitry of Obsessive-Compulsive Disorder and Disgust". *Progress in Neuro-Psycho-Pharmacy and Biological Psychiatry*, 30, 2006 [389-399쪽].

Hutcheson, Francis, *An Inquiry into the Original of Our Ideas of Beauty and Virtue; In two Treatises* (1st ed. 1726; 3rd ed. 1729; London: Printed for R. Ware, J. Knapton etc., 5th ed. 1753 - Indianapolis: Liberty Fund, 2004).

Hutcheson, Francis, *An Essay on the Nature and Conduct of the Passions and Affections, with Illustrations on the Moral Sense* (1728), ed. Aaron Garrett (Indianapolis: Liberty Fund, 2002).

Huxley, Thomas, *Evolution and Ethics* (1894). Thomas Huxley, *Evolution and Ethics and Other Essays*, scanned and edited by T. Dave Gowan for Project Gutenberg HTML (검색일: 2014. 8. 21.).

Intorcetta, Prosperi, Christian Herdtrich, Francisci Rougemont, Philippi Couplet, *Confucius Sinarum Philosophus, sive Scienttia Sinensis Latine Exposta* (Parisiis: Apu Danielem Horthemelis, via Jacoaea, sub Maecenate, M DC

LXXXVII [1687]). 영역본: Prospero Inntorcetta, Filippo Couplet etc., *The Morals of Confucius: A Chinese Philosopher* (Lomdon: Printed for Randal Fayram, 1691·1724).

Israel, Jonathan I., *Enlightenment Contested - Philosophy, Modernity, and the Emancipation of Man 1670-1752* (Oxford: Oxford University Press, 2006).

Jacobson, Nolan Pliny, "The Possibility of Oriental Influences in the Philosophy of David Hume". *Philosophy East and West* (vol. 19, Issue 1, Jan. 1969).

Jefferson, Thomas, "Notes on Religion" Oct. 1776). *The Works of Thomas Jefferson*, vol. 2 (Correspondence 1771-1779, Summary View, Declaration of Independence) Collected and Edited by Paul Leicester Ford] (New York and London: The Knickerbocker Press, 1904. 2019 Liberty Fund).

Jefferson, Thomas, "To James Madison" (Dec. 20, 1787 Paris). *The Works of Thomas Jefferson*, vol. 5 (Correspondence 1786-1789), collected and edited by Paul Leicester Ford (New York and London: The Knickerbocker Press, 1904; Liberty Fund: 2019).

Jefferson, Thomas, "To Thomas Mann Randolph" (May 30, 1790, New York). *The Works of Thomas Jefferson*, vol. 5.

Jefferson, Thomas (trans.), *A Commentary and Review of Montesquieu's 'Spirit of Laws'* (Philadelphia: Printed by William Duane, 1811).

Joyce, Richard, *The Evolution of Morality* (Cambridge, Massachusetts: The MIT Press, 2006).

Kant, Immanuel, *Prolegomena zu einer jeden künftigen Metaphysik, die als Wissenschaft wird auftreten können* [1783]. *Kant Werke*, Bd. 5, hr. v. W. Weischedel (Darmstadt: Wissenschaftliche Buchgesellschaft, 1983).

Kant, Immanuel, *Kritik der Urteilskraft. Kant Werke*, Bd. 8 (Darmstadt: Wissenschaftliche Buchgesellschaft, 1983).

Kaye, Frederick B., "Introduction" (1924), Bernard de Mandeville, *The Fable of the Bees, or Private Vices, Publick Benefits* (1714.1723), with a Commentary by Frederick. B. Kaye. 2 Volumes. Photographic Reproduction of the Edition published by Oxford University Press in 1924 (Indianapolis: Liberty Fund, 1988).

Kircher, Athansius, *China Monumentis, qua sacris qua Profanis, nec vanriis naturae and artis spectaculis, aliarumque rerum memorablium argumentis illustrata [China Illustrata]* (Amsterdam: 1667)다. 1986년 영어 완역본은 참조: Athansius Kircher, *China Illustrata*, translated by Charles D. Van Tuyl (1986). http://hotgate.stanford.edu/Eyes/library/kircher.pdf. 최종검색일: 2013.1.20.

Krebs, Dennis, *The Origins of Morality: An Evolutionary Account* (Oxford: Oxford University Press, 2011).

Kropotkin, Pyotr A., *Mutual Aid: A Factor of Evolution* (London: William

Heinemann, 1902·1919).
Labrune, Jean de, Louis Cousin & Simon Foucher (trans.), *La morale de Confucius, philosophe de la Chine* (Amsterdam: Chez Pierre Savouret, dans le Kalver-straat, 1688).
Laertius, Diogenes, *The Lives and Opinions of the Eminent Philosophers* (1853년 재인쇄) (Davers, MA: General Books, 2009).
Le Comte, Louis-Daniel, *Nouveaux mémoires sur l'état present de la Chine* (Paris, 1696). 영역본: Louis Le Compte, *Memoirs and Observations made in a Late Journey through the Empire of China* (London, 1697).
Lee, Christina H., "Introduction". Christina H. Lee (ed.), *Western Visions of the Far East in a Transpacific Age, 1522-1657* (London and New York: Routledge, 2012).
Lee Eun-Jeong, *Anti-Europa: Die Geschichte der Rezeption des Konfuzianismus und der konfuzialnischen Gesellscjaft seit der frühen Aufklärung* (Münster: Lit Verlag, 2003).
Lehner, Georg, *China in European Encyclopaedias, 1700-1850* (Leiden, The Netherland: Koninklijke Brill NV, 2011).
Leibniz, Gottfried Wilhelm, *New System of the Nature and Communications of Substances* (1695).「자연, 실체들의 교통 및 영혼과 육체 사이의 결합에 관한 새로운 체계」. 라이프니츠(윤선구 역),『형이상학 논고』.
Leibniz, Gottfried W., "Judgment of the Works of the Earl of Shaftesbury". Leibniz, *Political Writings*, translated and edited with an Introduction and Notes by Patrick Riley (Cambridge: Cambridge University Press, 1st ed. 1972, 2th ed. 1988, reprint 2006).
Leibniz, Gottfried W., "Opinion on the Principles of Pufendorf". *Selections from Paris Notes*, in: Lorey Loemker, *Leibniz: Philosopihical Papers and Letters*, Chicago: Chicago University Press, 1956).
Leidhold, Wolfgang, "Introduction". Francis Hutcheson, *An Inquiry into the Original of Our Ideas of Beauty and Virtue in Two Treatises*, ed. Wolfgang Leidhold (Indianapolis: Liberty Fund, 2004).
Leroy, Luis, *De la Vicissitude ou Variété des Choses en L'univers* [1575]. 영역본: *Of the Interchangeable Course, or Variety of Things in the Whole World* (London: Printed by Charles Yetsweirt Esq., 1594).
Locke, John, *An Essay concerning Human Understanding* [1689] (New York: Prometheus Books, 1995).
Locke, John, *Two Treatises of Government* [Dec., 1689, but marked 1690] (Cambridge: Cambridge University Press, 1960·2009).
Locke, John, "Of Ethic in General" (1686-8?). John Locke, *Political Essays*, edited by Mark Goldie (Cambridge.New York: Cambridge University Press, 1997).

Locke, John, *Some Thoughts Concerning Education* [1690], *The Works of John Locke*, Vol.8 in 9 Volumes, (London: Rivington, 1824 12th ed.).

Locke, John, *Four Letters concerning Toleration* [1689], The Works of John Locke, Vol.5 in 9 Vols. (London: Rivington, 1824 12th ed.).

Lockwood, William W., "Adam Smith and Asia", *The Association for Asian Studies*, Vol.23, No.3(May, 1964).

Lovejoy, Arthur O., "The Chinese Origin of a Romanticism", Arthur O. Lovejoy, *Essays in the History of Ideas* (Baltimore: Johns Hopkins University Press, 1948, New York: George Braziller, 1955).

Lux, Jonathan E., "'Character reall': Francis Bacon, China and the Entanglements of Curiosity", *Renaissance Studies*, Vol. 29, Issue 2 (April 2015).

Markley, Robert, *The Far East and The English Imagination, 1600-1730* (Cambridge: Cambridge University Press, 2006·2009).

Mandeville, Bernard de, *The Fable of the Bees, or Private Vices, Publick Benefits* [1714.1723], with a Commentary by Frederick. B. Kaye. 2 Volumes. Photographic Reproduction of the Edition published by Oxford University Press in 1924 (Indianapolis: Liberty Fund, 1988).

Marco Polo (Ronald Latham, trans.), *The Travels of Marco Polo* (London: Penguin Books, 1958). 마르코 폴로(김호동 역주), 『동방견문록』(파주: 사계절, 2000·2017).

Martin, Marie A., "Hutcheson and Hume on Explaining the Nature of Morality: Why It is Mistaken to Suppose Hume Ever Raised the 'IsOught' Question", *History of Philosophy Quarterly* 8 (1991) [277-289쪽].

Marx, Karl, *Das Kapital I·III, Marx Engels Werke* (MEW), Bd. 23·25 (Berlin: Dietz Verlag, 1981).

Maverick, Lewis A., *China - A Model for Europe*, Vol.I·II (San Antonio in Texas: Paul Anderson Company, 1946).

Maxwell, John, "Introductory Essay II: Concerning the Imperfectness of the Heathen Morality". Richard Cumberland, *A Treatise of the Laws of Nature* (1672), translated, with Introduction and Appendix, by John Maxwell (London: K. Knapton, 1727), republished, edited and with a Foreword by Jon Parkin (Indianapolis: Liberty Fund, 2005).

Mendoza, Juan Gonzalez de, *The History of the Great and Mighty Kingdom of China and The Situation Thereof*, the First and the Second Part, reprinted from the early translation of R. Parke (1588), edited by George T. Staunton, and with an Introduction by R. H. Major (London: Printed for the Hakluyt Society, 1853).

Meynard, Thierry (ed. & trans.), *Confucius Sinarum Philosophus* [1687], *The Fist Translation of the Confucian Classics* (Roma: Institutum Historicum

Soietatis Iesu, 2011).

Milton, John, *Areopagitica. The Prose Works of John Milton*, vol. 1 in Two Volumes [1847] (Philadelphia: John W. Moore, 1847).

Montaigne, "Of Coaches". *The Complete Works of Michael de Montaigne, comprizing The Essays* [1571-1592], ed. by W. Hazlitt (London: John Templeman, 1842).

Mossner, Ernest Campbell, *The Life of David Hume* (Oxford: Clarendon Press, 1954·1980·2001).

Navarrete, Domingo Fernandez, *Tratados Historicos, Politicos, Ethicos, y Religiosos de la Monarchia de China* (Madrid: 1676); *An Account of the Empire of China: Historical, Political, Moral and Religious* (London: H. Lintot, J. Osborn, 1681).

Needham, Joseph, "Science and China's Influence on the World". Raymond Dawson (ed.), *The Legacy of China* (Oxford·London·New York: Oxford University Press, 1964·1971).

Needham, Joseph, Ho Ping Y·Lu Gwei-Djen·Wang Ling, *Science and Civilization in China*, Vol. (7): *Military Technology: Gunpowder Epic* (Cambridge: Cambridge University Press, 1986).

Newton, Isaac, *Philosophiae Naturalis Principia Mathematica* [1687]. English translation: Mathematical Principles of Natural Philosophy and System of the World (1729), Vol. I·II, trans. by A. Motte in 1729, revised, and supplied with an appendix, by F. Cajori (Berkeley·Los Angeles·London: University of California Press, 1934·1962).

Nietzsche, Friedrich, "Ueber Wahrheit und Lüge im aussermoralischen Sinne". *Nietzsche Werke*, V-I, hg. v. G. Colli und M. Montarinari (BerlWalter de Gruyer, 1973).

Nieuhoff, John, *An Embassy from the East-Indian Company of the United Provinces to the Grand Tatar Cham, Emperour of China, delivered by their Excellencies Peter de Goyer and Jakob de Keyzer. At his Imperial City of Peking* (Hague: 1669; 영역본 - London: Printed by John Mocock, for the Author, 1669).

Noël, Francisco, *Sinensis imperii libri classici sex* (Pragae: Typis Universitatis Carlo-Ferdinandeae, 1711).

Norton, David F., "Introduction". David Hume, *A Treatise of Human Nature* (Oxford: Oxford University Press, 2007).

Panksepp, Jaak, "Bones, Brains, and Human Origines". Appendix A to Jaak Panksepp, Affecthustedive Neuroscience: The Foundations of Human and Animal Emotions (Oxford: oxford University Press, 1998).

Pascal, Blaise, Pensees. 영역본: Blaise Pascal, *The Thoughts of Blaise Pascal* [1669] (London: George Bell and Sons, 1901). Online Library of Liberty

(2019).

Passmore, John Arthur, *The Perfectibility of Man* (Indianapolis: Liberty Fund, 2000 [Republication of the Original of 1970]).

Platon, Gesetze (『법률』). *Platon Werke*, Zweiter Teil des Bd. VIII in Acht Bänden, hg. v. G. Eigner, deutsche Übersetzung von Friedrich Schleiermacher (Darmstadt: Wissenschaftliche Buchgesellschaft, 1977). 플라톤(박종현 역주),『법률』(파주: 서광사, 2009).

Platon, Politeia (『국가론』). *Platon Werke*. Bd 4 in Acht Bänden, hg. v. G. Eigner, deutsche Übersetzung von Friedrich Schleiermacher (Darmstadt: Wissenschaftliche Buchgesellschaft, 1977).

Poivre, Pierre, *Voyages d'un philosophe ou observations sur les moeurs et les arts des peuples de l'Afrique, de l'Asie et de l'Amerique* (Yverdon: chez M. le Professeur de Felice, & à Paris, chez Desaint, Libraire rue du Foin Saint Jacques, 1768).

Pomeranz, Kenneth, *The Great Divergence: China, Europe, and the Making of the Modern World Economy* (Princeton: Princeton University Press, 2000).

Popkin, Richard H., "Introduction". Pierre Bayle, *Historical and Critical Dictionary* [1697], selected and translated, with an Introduction and Notes by Richard Henry Popkin (Indianapolis·Cambridge: Hackett Publishing Company, Inc., 1991).

Pufendorf, Samuel von, *The Whole Duty of Man According to the Law of Nature* [1673] (Indianapolis: Liberty Fund, 2003).

Pufendorf, Samuel von, *De jure naturae et gentium* [1672]. 영역본: *Of the Law of Nature and Nations*, trans. by B. Kenneth et al. (London: Printed for J. Walthoe et al., The Fourth Edition 1729).

Purchas, Samuel, *Purchas, his Pilgrimage. Or Relations of the World and the Religions observed in all Ages and Places discovered, from the Creation unto this Present* (London: Printed by William Stansby for Henrie Fetherstone, 1614).

Purchas, Samauel, *Hakluytus Posthumus, or Purchas, His Pilgrimes*, in 4 Parts [4 volumes] (London: by Wliiams Stansby, 1625); in 20 volumes (Glasgow: James MacLehose & Sons Publishers to the University of Glasgow, MCMV[1905]).

Quesnay, François, *Despotism in China*. Lewis A. Maverick. *China - A Model for Europe*, Vol.II (San Antonio in Texas: Paul Anderson Company, 1946). 국역본: 프랑수와 케네 (나정원 본문대역).『중국의 계몽군주정』(서울: 앰-메드, 2014).

Quesnay, François, *Tableau économique*, edited and introduced by Marguerite Kuczynski and Ronald L. Meek (London: MacMillan, New York: Augustus

M. Kelley Publishers, 1972)..
Rae, John, *Life of Adam Smith* (London & New York: Macmillan, 1985).
Ramsay, Andrew Michael, *Les voyages de Cyrus* [Paris, 1727]; 영역본]: *The travels of Cyrus to which is annexe'd a discourse upon the theology & mythology of the pagans* [London: 1728]; *A New Cyropaedia, or The Travels of Cyrus* [1799] (Norderstedt, Schleswig-Holstein: Hansebooks, Reprint of the original edition of 1779, 2016).
Reichwein, Adolf, *China und Europa im Achtzehnten Jahrhundert* (Berlin: Oesterheld Co. Verlag, 1922); 영역본: Reichwein, *China and Europe Intellectual and Artistic Contacts in the Eighteenth Century* (London·New York: Kegan Paul, Trench, Turner & Co., LTD and Alfred A. Knopf, 1925).
Rivière, Le Mercier de la, Rivière, *L'ordre naturel et essentiel des sociétés politiques* (Londres: Chez Jean Nourse, librairie, & se trouve à Paris, Chez Daint, librairie, 1767).
Rizzolatti, Giacomo, Luciano Fadiga, Vittorio Gallese, & Leonardo Fogassi, "Premotor Cortex and the Recognition of Motor Actions". *Cognitive Brain Research*, 3 (1996) [131-141쪽].
Rorty, Richard, *Contingency, Irony, and Solidarity* (Cambridge: Cambridge University Press, 1989).
Rousseau, Jean-Jacques, *Discours sur l'inégalité* (1755). *A Discourse on the Origin of Inequality*, Jean-Jacques Rousseau, *The Social Contract and Discourses*, translated and introduced by G. D. H. Cole, revised and augmented by J. H. Brumfitt and John C. Hall, updated by P. D. Jimack (London.Vermont: J. M. Dent Orion Publishing Group, 1993).
Rousseau, Jean-Jacques, *Du Contrat Social* (1762). *The Social Contract*, Jean-Jacques Rousseau, *The Social Contract and Discourses*, translated and introduced by G. D. H. Cole, revised and augmented by J. H. Brumfitt and John C. Hall, updated by P. D. Jimack (London.Vermont: J. M. Dent Orion Publishing Group, 1993).
Rousseau, Jean-Jacques, *Émile ou de l'Education* (1762). 독역본: *Emil oder Über die Erziehung* (Paderborn.München.Wien.Zürich: Verlag Ferdinand Schöningh, 1989 [9. Auflage]).
Rowbotham, Arnold H., "The Impact of Confucianism on Seventeenth Century Europe", *The Far Eastern Quarterly*, Vol. 4, No. 3 (May, 1945).
Rozin, Paul, Jonathan Haidt & Clark R. McCauley, "Disgust". Michael Lewis, Jeannette M. Haviland-Jones & Lisa Feldman Barrett, *Handbook of Emotions* (New York: The Guilford Press, 2008) [757-776쪽].
Schopenhauer, Arthur, *Die Welt als Wille und Vorstellung I·II* (1818·1859), *Arthur Schopenhauer Die Welt als Wille und Vorstellung I·II. Sämtliche Werke*, Band I·II (Frankfurt am MaSuhrkamp, 1986).

Schopenhauer, Arthur, *Preisschrift über die Grundlage der Moral* (1840, 개정판 1860), *Arthur Schopenhauer Kleine Schriften. Sämtliche Werke*, Band III (Frankfurt am MaSuhrkamp, 1986).

Semedo, Alvarez (Alvaro Semedo), *Imperio de la China y Cultura Evangelica en el por les Religios de la Compania de Jesus* [Madrid: 1641]. English edition: *The History of the Great and Renowned Monarchy of China* (London: Printed by E. Taylor for John Crook, 1655).

Shaftesbury, Anthony, Third Earl of (Anonymous), *An Inquiry Concerning Virtue, in Two Discourses* (London: Printed for A. Bell in Cornhil, etc., 1699).

Shaftesbury, Anthony, Third Earl of (Anthony Ashley Cooper), *An Inquiry Concerning Virtue and Merit* (1713), Shaftesbury, *Characteristicks of Men, Manners, Opinions, Times*, Vol. II, edited by Douglas Den Uyl (Indianapolis: Liberty Fund, 2001).

Shaftesbury, Anthony, Third Earl of (Anthony Ashley Cooper), *Miscellaneous Reflections on the Said Treatises, and Other Critical Subjects* (1714), Anthony, Third Earl of Shaftesbury, *Characteristicks of Men, Manners, Opinions, Times* (1713-1732), 3 vols. Vol. III. Edited by Douglas Den Uyl (Indianapolis: Liberty Fund, 2001).

Shaftesbury, Anthony, Third Earl of (Anthony Ashley Cooper), *Sensus Communis* (1709), Shaftesbury, *Characteristicks of Men, Manners, Opinions, Times*, Vol. I (1713-1732), edited by Douglas Den Uyl (Indianapolis: Liberty Fund, 2001).

Shaftesbury, Anthony, Third Earl of, *The Moralists, A Philosophical Rhapsody* (1709), Anthony, Third Earl of Shaftesbury, *Characteristicks of Men, Manners, Opinions, Times* (1713-1732), 3 vols. Vol. II.

Shaftesbury, "Letter to Michael Ainsworth" (June 3rd., 1709). Shaftesbury, *The Life, Unpublished Letters, and Philosophical Regimen of Anthony, Earl of Shaftesbury*, edited by Benjamin Rand (London: Swan Sonnenschein & Co. Lim; New York: The MacMillan Co. 1900).

Shaftesbury, "Letter to General Stanhope" (November 7th., 1709). Shaftesbury, *The Life, Unpublished Letters, and Philosophical Regimen of Anthony, Earl of Shaftesbury*, edited by Benjamin Rand (London: Swan Sonnenschein & Co. Lim; New York: The MacMillan Co. 1900).

Silhouette, Etienne de(Anonyme), *Idée genénérale du gouvernement et de la morale des Chinois - tirée particulièrement des ouvrages de Confucius* (Paris: Chez Quillau, 1729-1731-1764).

Smith, Adam, *The Theory of Moral Sentiments, or An Essay toward an Analysis of the Principles by which Men naturally judge concerning the Conduct and Character, first of their Neighbours, and afterwards of themselves*

[1759, Revision: 1761, Major Revision: 1790], edited by Knud Haakonssen (Cambridge·New York: Cambridge University Press, 2002.2009[5. printing]).

Smith, Adam, *An Inquiry into the Nature and Causes of the Wealth of Nations* [1776], volume I·II, textually edited by W. B. Todd (Glasgow·New York: Oxford University Press, 1976).

Spencer, Herbert, *Social Statics: or, The Conditions essential to Happiness specified, and the First of them Developed* (London: John Chapman, 1851).

Spencer, Herbert, *The Inadequacy of Natural Selection* (London: Williams & Norgate, 1893).

Stiner, Mary C., "Carnivory, Coevolution, and the Geographic Spread of the Genus homo". *Journal of Archaeological Research* 10 (2002) [1-63쪽].

Temple, William, "An Essay upon the Ancient and Modern Learning"(London: First printed by J. R. for Ri. and Ra. Simpson under the title Miscellanea. *The second part in four essays*, 1699), *The Works of William Temple* (London: Printed by S. Hamilton, Weybridge, 1814).

Temple, William, "Of Heroic Virtue". *The Works of William Temple* (London: Printed by S. Hamilton, Weybridge, 1814). First printed 1699 in London by J. R. for Ri. and Ra. Simpson under the title *Miscellanea. The second part in four essays.*

Temple, William, "Essay on the Original and Nature of Government". *The Works of Sir William Temple*, Vol. I (London: Printed for Rivington et al. and by S. Hamilton, 1814).

Trivers, Robert L., "The Evolution of Reciprocal Altruism". *Quarterly Review of Biology* 46(1971) [35-57쪽].

Trivers, Robert L., "Reciprocal Altruism: 30 Years later". P. M. Kappeler & C. P. van Schaik (eds.), *Cooperation in Primates and Humans* (New York: Springer-Verlag, 2006) [67-84쪽].

Wennerlind, Carl, and Margaret Schabas (ed.), *David Hume's Political Economy* (London: Routledge, 2008).

West-Eberhard, Mary J., "Sexual Selection, Social Competition, and Speciation". *Quarterly Review of Biology* 58(1983) [155-183쪽].

Wilson, James Q., "The Moral Sense". Presidential Address 1992 of American Political Science, American Political Science Review, Vol. 87 (No.1 March 1993)

Wilson, James Q., *The Moral Sense* (New York: Free Press, 1993).

Wolff, Christian, *Oratio de Sinarum philosophea pratica* [1721.1726] - *Rede ber die praktische Philosophie der Chinesen. Lateinisch-Deutsch*. Übersetzt, eingeleitet und herausgegeben von Michael Albrecht (Hamburg: Felix

Meiner Verlag, 1985).
Wollaston, William, *Religion of Nature Delineated* (London: 1724; facsimile: New York, Garland Press, 1978).
Wrangham, Richard W., "African Apes: The Significance of African Apes for Reconstructing Social Evolution". W. G. Kinzey (ed.), *The Evolution of Human Behavior Primate Models* (Albany: State University of New York Press, 1987).
Wrangham, Richard W., "The Evolution of Cooking" - A Talk with Richard Wrangham, Edge, 8. 8. 2009.
Wrangham, Richard W., *Catching Fire: How Cooking Made Us Human* (New York: Basic Books, 2009·2010).
Xenophon. *Memorabilia (Recollections of Socrates)*, translated and annotated by Amy L. Bonnette (Ithaca·London: Cornell University Press, 1994). 크세노폰(최혁순 역), 『소크라테스의 회상』 (서울: 범우사, 2002).
Young, Leslie, "The Tao of Markets: Sima Quian and the Invisible Hand". *Pacific Economic Review* (1, 1996).
Young, Liane, Joan Albert Camprodon, Marc Hauser, Alvaro Pascual-Leone, and Rebecca Saxe, "Disruption of the Right Temporoparietal Junction with Transcranal Magnetic Stimulation Reduces the Role of Beliefs in Moral Judgments", *Proceedings of the National Academy of Sciences of the U.S.A.*, vol.107, no.15 (2010) [6753-6758쪽].
Young, Liane, A. Bechara, D. Tranel, H. Damasio, M. Hauser, A. Damasio, "Damage to Ventromedial Prefrontal Cortex Impairs Judgment of Harmful Intent", *Neuron*, vol.65 (2010)

백세시대를 위한
서양철학사 시리즈 １

서양 경험론과 정치철학 **베이컨에서 홉스까지**

공자의 눈으로 읽고 따지다

신국판(15.2×22.5cm) | 527쪽 | 값 35,000원

백세시대를 위한
서양철학사 시리즈 2

서양 경험론과 정치철학 **로크에서 섀프츠베리까지**

공자의 눈으로 읽고 따지다

신국판(15.2×22.5cm) | 552쪽 | 값 35,000원

백세시대를 위한
서양철학사 시리즈 3

서양 경험론과 정치철학 **데이비드 흄에서 다윈까지**

공자의 눈으로 읽고 따지다

신국판(15.2×22.5cm) | 766쪽 | 값 39,000원